2014
中国保税区出口加工区年鉴
CHINA FREE TRADE ZONE AND EXPORT PROCESSING ZONE YEARBOOK

中国保税区出口加工区协会◎编

中国海关出版社

图书在版编目（CIP）数据

中国保税区出口加工区年鉴．2014/中国保税区出口加工区协会编．—北京：中国海关出版社，2014.11
ISBN 978-7-5175-0041-4

Ⅰ.①中…　Ⅱ.①中…　Ⅲ.①自由贸易区—中国—2014—年鉴②出口加工区—中国—2014—年鉴　Ⅳ.①F752-54

中国版本图书馆 CIP 数据核字（2014）第 241757 号

中国保税区出口加工区年鉴（2014）

ZHONGGUO BAOSHUIQU CHUKOU JIAGONGQU NIANJIAN（2014）

作　　者：中国保税区出口加工区协会
责任编辑：左桂月　熊　芬
助理编辑：李璞娜　李　多
出版发行：中国海关出版社
社　　址：北京市朝阳区东四环南路甲 1 号　　邮政编码：100023
网　　址：www.hgcbs.com.cn
编 辑 部：01065194242-7527（电话）　　01065194231（传真）
发 行 部：01065194221/4238/4246（电话）　　01065194233（传真）
社办书店：01065195616（电话）　　01065195127（传真）
http：//store.hgbookvip.com（网址）
印　　刷：廊坊市晶艺印务有限公司　　经　　销：新华书店
开　　本：787mm×1092mm　1/16
印　　张：37.75　　字　　数：883 千字
版　　次：2014 年 11 月第 1 版
印　　次：2014 年 11 月第 1 次印刷
书　　号：ISBN　978-7-5175-0041-4
定　　价：280.00 元

《中国保税区出口加工区年鉴（2014）》
编委会

编写人员名单

（以姓氏笔画为序）

丁雯妍	马京河	王　伟	王莉芳	王振涛	毛丽洁	邓晓丽	邓浩淼
艾建军	东　超	石冬梅	叶　红	申　艳	史秀艳	兰　淑	司　雯
曲直园	任　远	任晓锋	刘　婵	刘本梅	刘凯明	刘金华	刘险峰
汤　俊	许　涛	许建民	杜　琳	杨　军	杨晓键	李斯塔	沈　霓
沈玲艳	陆凯凤	陈　坚	陈　岩	陈　涛	陈思娴	邵春芳	林　巍
林佩荣	周　文	周　佳	周　炜	郑小萍	胡孟影	赵苏峰	钟宏波
侯翊超	施一玉	袁　璐	贾　帆	顾　泓	夏美文	徐锦春	郭荔欣
高照庆	唐顺德	涂　楠	黄婷婷	盛　瑞	崔莉娟	程　烨	谢　丽
谢　炜	谢文玉	黎发明	潘　英	魏亚輝			

编辑部成员

主　任： 普　娜

副主任： 李春生

成　员： 左桂月　刘　锋　刘　继　王金刚　朱月青　苗维翠

CFEA

天津出口加工区

天津出口加工区是2000年4月27日由国务院批准设立的首批15个出口加工区之一，规划面积2.54平方公里。天津出口加工区A区开发面积1平方公里，位于天津经济技术开发区东北部，2001年6月29日通过海关总署等国家相关部委的联合验收，封关运作。天津出口加工区地理位置优越，距离天津港5公里，距离天津滨海国际机场38公里，距天津市区40公里，距离北京市145公里，距离北京首都机场150公里。

天津出口加工区经过10多年的发展建设，已经日趋完善、成熟。凭借京津冀一体化的机遇，坚持将大项目、好项目带动作为实现天津出口加工区经济可持续发展的重要抓手，实施重大项目带动战略，切实转变招商思路，拓展招商渠道，强化企业服务，夯实区域发展后劲。天津出口加工区将打造成为高端制造业中心、国际物流中心和进口商品展示、交易中心。

主任 许红星

天津出口加工区B区开发面积0.435平方公里，位于天津经济技术开发区西区内，2007年12月6日通过海关总署等国家相关部委的联合验收，封关运作。

广州白云机场综合保税区是广东省首个经国务院批准成立的综合保税区，规划面积为7.385平方公里，共分为中区、南区、北区三个区域。

广州白云机场综合保税区

区域概况

中区卡口

验收仪式

周边交通路网图

广州白云机场综合保税区地处广州空港经济区核心区内，毗邻国内三大枢纽机场之一的广州白云国际机场、京广高铁的广州北站和规划中的大田铁路集装箱中心站，目前已初步形成了广州白云国际空港枢纽、广州北站综合交通枢纽和大田铁路集装箱货运枢纽“三港联动”的发展格局。依托广州白云国际机场多达222条国内外航线的航空网络，凭借广州空港经济区内“三横三纵”的高速公路网络、“环形＋放射”的快速路网，以及囊括了城际、市域、轻轨、有轨电车线路的共16条线、总长度316公里的轨道交通网络，广州白云机场综合保税区交通物流条件极为便利，具有“连接珠三角、服务南中国、辐射东南亚”的独特区位优势。

2014年4月17日，广州白云机场综合保税区（一期）正式通过国家验收，区内企业享有境外货物入区保税、境内货物入区退税、区内流转自由免征增值税和消费税等优惠政策，可以开展保税仓储物流、国际贸易、检测维修、商品展示、研发制造、国际采购分销和配送等多项业务。其中，中区位于花都区，紧临广州白云国际机场北出口，一期（围网）建设用地面积0.537平方公里，进驻了DHL、TNT等一批国际物流企业，依托广州白云国际物流有限公司、联邦快递亚太转运中心、广州飞机维修工程有限公司、广州新科宇航科技有限公司等企业，形成了口岸作业和保税物流服务等主要功能，2013年货邮处理量已突破38万吨；北区位于花都区，一期（围网）建设用地面积0.468平方公里，网外区内已进驻中国移动通信集团广东有限公司、广东中烟工业

有限责任公司、浙江淘宝供应链管理有限公司等企业，形成了仓储、转运等主要功能；南区位于白云区，一期（围网）建设用地面积0.64平方公里，网外区内已进驻一批从事汽车、建材、电子、化工、食品、玩具等行业的制造型企业。

广州市将白云机场综合保税区定位为全市临空产业的重大战略性发展平台，充分发挥航空枢纽港优势，坚持以保税仓储物流为基础、现代保税服务为主导、高端保税加工为辅助的产业方向发展，以建设全球保税物流中心、全球保税维修中心、亚太贸易展销中心为目标，加大招商引资力度，积极构建产业集群。目前，已与国药集团、固特异轮胎橡胶公司等一批国内外知名企业达成投资意向，拟打造华南最大医药采购物流基地等一批优质项目。在新业态方面，以飞机租赁和跨境贸易电子商务为代表的临空功能服务业务展现出了蓬勃的生命力，围绕机场构建的临空功能服务产业链已基本成型。

重点项目

根据《广州白云机场综合保税区产业发展规划（2013 — 2020年）》，广州白云机场综合保税区现已策划了航材国际贸易分拨中心、生物医药贸易分拨中心、保税展示交易中心、亚太冷链贸易分拨中心、生物医药研发中心、文化展示交易中心、影视作品后期制作中心、飞机检测维修中心等八个重点发展项目，热诚欢迎投资者前来考察洽谈。

中区办公楼

飞机检测维修

中区鸟瞰图

办事大厅

2013 年 8 月，国务院批准设立中国（上海）自由贸易试验区（以下简称“自贸试验区”），范围涵盖上海外高桥保税区、上海外高桥保税物流园区、洋山保税港区和上海浦东机场综合保税区等 4 个海关特殊监管区域，规划总面积 28.78 平方公里。

中国（上海）自由贸易试验区

中国（上海）自由贸易试验区是国家推进改革开放的重大战略举措，是中国主动对外开放的试验田，肩负着我国在新时期加快政府职能转变、积极探索管理模式创新、促进贸易和投资便利化，为全面深化改革和扩大开放探索新途径、积累新经验的重要使命。为了推进自由贸易试验区建设，2013 年 9 月，上海市委、市府批复在上海综合保税区管理委员会基础上，组建中国（上海）自由贸易试验区管理委员会，为上海市人民政府派出机构，负责自由贸易试验区范围内的相关改革试点任务和行政事务。

2013 年，面对全球经济延续低速增长、我国经济增速放缓的形势，自由贸易试验区紧抓机遇，在多个领域进行改革突破，区域经济继续保持稳中有进的态势。商品销售额、税务部门税收等主要经济指标继续保持两位数增长，增速均高于全国海关特殊监管区域平均水平。全年完成商品销售额 12 373.4 亿元，比 2012 年增长 12.5%；完成税务部门税收 475.8 亿元，比 2012 年增长 10.9%。二者在全国海关特殊监管区域中的比重分别为 51.9% 和 52.2%。

外高桥保税区于1990年设立，是中国第一个保税区，也是目前中国国内经济规模最大，业务功能最丰富的海关特殊监管区。外高桥保税区诞生了我国第一家外商独资贸易企业、我国第一家中外合资物流企业和全国保税区第一家中外合资出口加工企业。2010年，伦敦《金融时报》旗下的《FDI》杂志对世界1 200多个自由贸易区进行指标测评，外高桥保税区综合排名第一。截至2014年6月，外高桥保税区已引进超过1.5万家投资企业。

外高桥保税物流园区于2004年设立，是中国第一个保税物流园区，以进出口物流服务为主要功能，是外高桥保税区的重要组成部分，已形成跨国公司面向东北亚的出口采购中心和有色金属、IT零部件进口分拨基地。截至2014年6月，外高桥保税物流园区已引进各类专业国际物流、国际配送、国际采购企业60余家。

洋山保税港区于2005年年底设立，是中国第一个实行“区港一体”封关运作的特殊监管区域，形成了面向欧美的分拨配送基地、大宗商品产业基地，面向国内的进口贸易基地及航运龙头企业集聚地。截至2014年6月，洋山保税港区累计引进近1500家投资企业，集聚了80余家通信及电子产品、汽车及零部件、高档食品的分拨配送中心，并积极培育拓展金融服务、服务贸易等新型功能。

浦东机场综合保税区于2009年设立，实行保税物流区域与机场货运区一体化运作模式，形成融资租赁、空运亚太分拨中心、快件转运中心、航空维修、高端消费品保税展销等临空功能服务产业链。截至2014年6月，浦东机场综保区累计引进500多家投资企业，包括近200个融资租赁项目，20余家电子产品、医疗器械、高档消费品等全球知名跨国公司空运分拨中心。

前海湾保税港区

前海湾保税港区是前海深港现代服务业合作区的重要组成部分。2008 年 10 月 18 日，国务院正式批准设立前海湾保税港区，是中国第 9 家保税港区。总规划面积 3.71 平方公里，2009 年 7 月一期围网通过封关验收。前海湾保税港区封关运作 5 年来，已建成 7 栋现代化仓储设施，吸引了 DHL、TARGET、NYK、CAFOM-BUT、马士基、飞利浦等 50 多家国际知名企业入驻，形成了以出口集拼、离岸配送中心、区域 / 全球配送中心为核心业务，覆盖一般贸易、国际中转、转口贸易、采购分销等多种类型，初步形成了连接深港、融合珠三角、服务全国、辐射全球的区域性国际物流中心。前海湾保税港区实行“政府主导、企业运作”的管理体制，政企双方本着“创新、市场化、与国际接轨”的原则，创新合作、先行先试，推动监管模式优化和政策功能完善，探索适应我国国情的自由贸易园区发展之路，实现保税港区又好又快发展。

前海湾保税港区是前海合作区发展现代物流、航运服务、国际贸易及离岸金融的核心功能平台。由于兼具前海深港合作区和保税港区双重政策优势，前海湾保税港区成为国内成本最低、功能最全、通关最快、与国际市场接轨程度最高的保税港区之一。前海湾保税港区正按照前海深港合作区总体发展目标，加快实施产业转型升级。“转型”，主要是指功能定位的转型，将从港口物流基地向与国际接轨的自由贸易园区转型；“升级”，主要是紧密依托深港合作，共建全球供应链管理中心、亚太国际贸易平台、深港航运服务基地、创新金融示范基地，并以物流与供应链、国际贸易、高端航运服务、创新金融服务为重点，提升保税功能，构建要素平台，发展总部经济，提升产业能级，推动产业向价值链高端环节延伸，实现前海发展高端服务业的战略目标。

目前，依托政策叠加、深港联动、背靠珠三角世界级制造基地等独特优势，前海湾保税港区产业转型升级成效显著，融资租赁、跨境电商、进口贸易、航运服务等战略性产业均呈现良好的发展态势。同时，前海湾保税港区是目前前海合作区内深港融合程度最高、合作基础最好的区域之一。在深圳海关、检验检疫、边检、海事等部门的支持下，前海湾保税港区大力推行通关改革，推出了十大通关服务品牌，大大提升了贸易便利化程度，如实现电子围网封关，实行分类通关；完成“跨关区”调拨解决方案，实现保税港区与西部港区各码头的一体化运作；实施“入区即卸货”模式，并实现查验场所多元化；利用 GPS 等信息技术打通园区至香港的跨境快速通关通道；启用“分送集报”模式，建设进口分拨中心，推进“港仓”内移等措施，有效提升了通关效率；实施“无纸化”通关作业，通关效率提高 30%。下一步，前海湾保税港区将率先以实现深港两地“货物贸易便利化、服务贸易自由化”为目标，通过推行贸易便利化措施，逐步实现深港两地机场、港口、口岸的功能联动和一体运作，共同打造全球超级港口群、超级机场群，共建全球首屈一指的国际供应链管理中心。

广西钦州保税港区

广西钦州保税港区是中国西部地区唯一沿海的保税港区，是中国距东盟最近的保税港区，是连结中国—东盟自由贸易区的桥梁和纽带。钦州保税港区规划面积 10 平方公里，其中一期 2.5 平方公里已于 2011 年 2 月 16 日正式开港运营，各项业务开展顺利，通关运营顺畅，政策功能正在逐步发挥。二、三期 7.5 平方公里已有 10 个加工、物流项目进驻，即将正式封关运营。

广西钦州保税港区管理委员会

地址：广西钦州保税港区八大街 1 号
电话：0777-5881098 0777-5880052
传真：0777-5881338
邮箱：qzbsgq@163.com 网址：www.qzbsg.gov.cn

• 发展方向 •

区域性国际航运物流枢纽

面向中国—东盟合作的自由贸易港

西南最大的汽车、机械进出口基地

西南最大的国际酒类及食品储存展示交易中心

低物流成本的出口加工产业园

港口物流

钦州保税港区目前已建成8个10吨级泊位，开通至我国香港、我国台湾高雄、新加坡、泰国曼谷、越南海防等港口的外贸集装箱航线，以及至国内沿海主要港口的直航航线，集装箱吞吐量连续三年位居环北部湾各港口之首。

汽车、机械设备进出口

钦州保税港区是中国第五个海港整车进口口岸，目前已建成1.6万平方米的国际汽车城、进口汽车检测线，汽车进口业务正在蓬勃发展。7万吨级的汽车滚装泊位、15万平方米的汽车堆场也将全面竣工，将形成年进出口汽车30万辆以上吞吐能力，成为西南地区重要的汽车进出口基地。

进口酒类储存展销

钦州保税港区目前建成总面积3.2万平方米的国际酒类交易中心，进驻酒类经营企业达到36家，2013年酒类进口量超过148万升。2013年钦州保税港区获国家质检总局批准筹建全国进口酒类综合服务产业知名品牌创建示范区，这是全国首个获准筹建的进口酒类品牌示范区。

原油仓储交易

钦州保税港区已建成420万立方米容量的原油储备库，累计收储进口原油300多万吨。

有色金属储存交易

钦州保税港区已成为南方最大的锰矿交易市场及矿石集散基地。

冷冻食品进口分销

钦州保税港区正在申报成为进口肉类指定口岸、进口水果指定口岸，努力打造西南地区进口肉类、水产品、水果、蔬菜物流分拨中心。

大宗农副产品进出口

钦州保税港区正在积极培育面向中国—东盟合作的农副产品集散基地。

广州保税物流园区
广州出口加工区
广州保税区

广州保税区于1992年5月经国务院批准成立，面积1.4平方公里，建成完善的服务配套设施，包括：海关、商检办公楼、货检场，专用码头，厂房、仓库、堆场、展示厅等。

广州出口加工区是2000年4月经国家批准成立的首批15个出口加工区之一，封关运作0.9平方公里，配套设施不断升级完善，拓展了保税物流、检测维修、研发等功能，汽车零部件国际物流配送业务形成规模。

广州保税物流园区于2007年12月经国务院批准在广州保税区内设立，规划面积0.5平方公里，与临近的黄埔新港开展联动，实现保税物流园区及港口功能、政策的叠加。

广州保税区、出口加工区和保税物流园区设立以来，培育了加工、物流、商贸、展示销售四个产业集群，形成了有色金属、塑胶原料、电子零配件及产品、食用油、化工原料、进口葡萄酒等六大进口贸易平台。近年以发展现代服务业为重点，在建设国际酒类交易中心、有色金属交易中心等专业市场的基础上，打造"广州保税区物流新干线"和"广州保税区进口商品基地"，开拓国际检测维修等业务，成为开发区与国际接轨，开展业务功能创新的试验田。

广州开发区保税业务管理局

电话：020-82112051 82112052 82112053 82112058
传真：020-82112070
网址：http://bsj.getdd.gov.cn/index.asp

西安高新综合保税区

通关服务中心

报关报检大厅

三星主厂区

空气化工厂区

西安高新综合保税区规划面积 3.64 平方公里，于 2012 年 9 月 22 日经国务院正式批准设立，于 2014 年 4 月 18 日封关运行。西安高新综合保税区承载着陕西电子信息产业、三星电子高端闪存芯片项目及其配套企业建设用地和中期扩展用地。西安高新综合保税区是贯彻西部大开发战略深入实施，把陕西打造成我国内陆型经济开发开放的战略高地、统筹科技资源改革示范基地和先进制造业的重要基地。

三星电子高端闪存芯片项目是改革开放以来我国引进的最大的电子类外商投资项目，在西安高新综合保税区建设 10 纳米级世界最先进的高端存储芯片生产线，总投资 300 亿美元，一期一阶段总投资 70 亿美元， 每月可生产芯片 10 万片，实现年销售收入 660 亿元人民币。随着三星项目落户西安高新综合保税区，已有 15 家配套企业在三星厂区周围设厂，未来将有 160 余家配套企业相继入驻。

陕西西安出口加工区 B 区

陕西西安出口加工区 B 区于 2005 年 12 月经国务院批准设立，于 2006 年 11 月在西安高新区封关运行，规划面积 1.338 平方公里，一期已建设 0.7 平方公里，区内基础设施配套齐全，实现“七通一平”。陕西西安出口加工区 B 区是国家级出口加工区，是政策最优惠、通关最快捷、设施最完善、管理最规范的海关特殊监管区域，为出口加工企业降低物流成本、提高运营效率、提升国际竞争力搭建平台。

陕西西安出口加工区 B 区管理办始终坚持完善配套服务，优化投资环境，进出口总值从 2007 年的 3 683 万美元，迅速发展到 2013 年的 88.82 亿美元，对区域经济发展的促进作用日益明显。区内有世界 500 强企业美国美光半导体、美国应用材料、中航汉胜航空电力（合资）等优秀进出口企业。

加工区 B 区远景图

美光外景

应用材料外景

保税专区

成都高新综合保税区

成都高新综合保税区于 2010 年 10 月经国务院批准设立，2011 年 2 月通过验收，分为 A、B、C 3 个区域，规划面积 4.68 平方公里。成都高新综合保税区位于成都高新区西部园区，距成都双流国际机场 22 公里，距成都火车北站 8 公里，紧邻成灌高速公路和绕城高速公路，交通便利，地理位置优越。

成都高新综合保税区现有英特尔、富士康等 40 家企业入驻，各项经济指标在全国综合保税区中名列前茅。其重点开展保税加工、保税物流、国际商品展示交易、检测维修和售后服务维修、国际转口贸易等业务。作为西部“重镇”成都对外开放的前沿阵地，成都高新综合保税区是企业投资创业的理想沃土。

西安综合保税区

西安综合保税区于 2013 年 12 月 23 日正式封关运行，是国务院在西北地区批准设立的第一个综合保税区，规划面积 6.17 平方公里，与西安铁路集装箱中心站一路之隔。

西安综合保税区作为陕西省对外开放开发的战略高地，抢抓“丝绸之路经济带”建设新机遇，加快基础配套建设，加大招商引资力度，大力发展以保税物流、保税加工、商品展示展览、跨境电子商务、文化保税等业务，努力建设面向中亚的“丝绸之路经济带”（西安）自由贸易园区的核心区。

截至 2014 年 7 月，园区累计完成投资 14 亿元，建成 8 万平方米的仓库，7 万多平方米的标准厂房，以及 5 万平方米的酒店、写字楼、餐饮等设施，投资硬环境初现雏形。园区累计引进各类企业 42 家，包括日本通运、英国塔塔、京东商城等国内外知名企业项目，总投资 130 亿元；累计实现进出口贸易额 12.5 亿美元，年均增长 40% 以上，业务辐射陕西全境及甘肃、宁夏、河南、山西等周边省份。特别是 2014 年 3 月，海关总署正式批准同意开展跨境贸易电子商务服务试点，成为园区发展的新亮点。2014 年 5 月 22 日，西安综合保税区完成跨境贸易电子商务服务试点“出口第一单”的测试工作，引起良好的社会反响。

苏州工业园综合保税区

苏州工业园综合保税区规划总面积为 5.28 平方公里，分为东、西两个围网区，其中东区面积 3.88 平方公里，西区面积 1.4 平方公里。综合保税区内可以从事的业务包括：存储进出口货物和其他未办结海关手续的货物，国际转口贸易，国际采购、分销和配送，国际中转，检测和售后维修服务，商品展示，研发、加工、制造，港口作业，经海关批准的其他业务。

苏州工业园区航港物流有限公司

苏州工业园区航港物流有限公司是苏州工业园综合保税区的场站经营人，主要经营口岸物流、保税物流、保税加工、虚拟空海港、公保仓等业务，为苏州工业园区及周边企业提供高效、便捷的“一站式”通关和物流服务平台的同时，创立了全国首个虚拟空港“SZV”、内陆无水港，开辟了与口岸海港的“区港联动”模式，取得了“进口食品（化妆品口岸）”、“进口药品口岸”、“进境种苗口岸”等资质，设立了跨境电商监管中心。航港物流先后获得了“全国高新技术企业”、“全国 3A 物流企业”、“江苏省重点物流企业”、“江苏省物流企业技术中心”等荣誉。面对国家政策的调整、海关通关模式的改进，航港物流积极转型，尝试向电商、贸易等多元化领域开拓。

厦门象屿保税区

厦门象屿保税区于 1992 年 10 月经国务院批准设立。如今，象屿保税区已从仅 0.63 平方公里的单纯保税区发展成为目前包括象屿保税区、象屿保税物流园区、东渡港区、保税区二期及航空港工业与物流园区五大片区，总面积 9 平方公里，保税与非保税物流并举，国际物流与国内物流、城市物流与区域物流互动的厦门现代物流园区，是我国东南沿海和海峡西岸重要的国际物流节点与平台，也是全国保税区拓展保税物流的典型。

22 年来，厦门象屿保税区坚持攻坚克难，先行先试，不断试验，发挥政策和平台作用，成功走出了一条具有特色的自由贸易园区发展路子，成为政策功能较完善、产业结构较合理、辐射带动较突出的综合型保税区，成为东南国际航运中心重要支撑和海西重要现代物流园区，有力促进了厦门乃至福建全省的改革开放。当前，象屿保税区正按照厦门市委、市政府的决策部署，根据厦门海关特殊监管区域整合和自贸区建设工作组的要求，坚持“边报批边建设”的原则，通过自贸区建设，以开放倒逼改革，积极推动象屿保税区、保税物流园区在某些政策、某些领域、某些方面先行先试，增创园区转型升级新优势，努力把象屿保税区建设成为厦门自由贸易园区核心区、闽南国际商贸总部服务中心区、两岸经贸合作交流先行区，成为“美丽厦门”的“试验区”、“先行区”和对外“窗口”。

厦门自由贸易园区研讨会

福建省首个现代化冷链物流中心

厦门象屿保税区一角

山东青岛保税港区

青岛保税港区于 2008 年 9 月 7 日经国务院批复设立，规划面积 9.72 平方公里，是我国首家由保税区、保税物流园区整合临近港口转型升级设立的保税港区，也是我国目前政策最优惠、功能最齐全、通关最便捷的特殊开放区域。

2012 年 11 月 6 日，国务院正式批复青岛保税港区为汽车整车进口口岸，成为山东省乃至沿黄流域唯一获批开展汽车整车进口业务的开放口岸。

青岛保税港区在国内立足青岛，服务山东，依托陇海线，支撑环渤海，打造山东半岛蓝色经济区的核心政策功能区；在国际面向环黄海，构筑世界先进的自由贸易港区，建设东北亚最具影响力的国际航运中心核心区。

山东烟台保税港区

烟台保税港区于 2009 年 9 月 7 日经国务院批复设立，是全国第一家以出口加工区和临近港口整合转型升级形成的保税港区，于 2011 年 1 月 12 日正式开关运作，规划控制面积 7.26 平方公里，一期封关面积为 4.86 平方公里。

开关运作以来，烟台保税港区突出“发挥好保税港区政策功能优势”这一重点，着力转变经济发展方式，加快功能产业培育，初步形成了东区以港口作业和保税物流为主、西区以高端加工制造为主的产业发展格局。目前区内已建成国际葡萄酒、进口奶粉、国外工业名优产品和保健食品等国际商品展示中心，汇集了 30 多个国家的 3 000 多个品种、近百个国际知名品牌。通过引导帮助加工制造企业增资扩股、项目嫁接和研发高新技术等，逐步淘汰落后产能，提升产业层次，区内出口货物种类扩展到集成电路系统、海洋工程等高技术含量和高附加值产品。跨境贸易电子商务产业园、捷时达物流港悦大厦、益通仲伯物流仓储、中外运仓储集装箱场站等一批重点项目全面启动建设，园区产业集聚和功能承载能力显著提升。

2013 年，全区完成外贸进出口 157.4 亿美元，其中出口 90.9 亿美元，进口 66.5 亿美元，在全国保税港区中位居前列；完成保税物流货值 98 亿美元，创历史新高。

江苏昆山综合保税区

昆山综合保税区是在原有昆山出口加工区的基础上整合转型而来。2009 年 12 月 20 日，国务院批准在昆山出口加工区基础上设立昆山综合保税区，规划面积 5.86 平方公里。2010 年 6 月 30 日、2012 年 12 月 3 日，昆山综合保税区分期通过国家验收并封关运作。

截至 2014 年 5 月，昆山综合保税区已引进各类企业 203 家，总投资 32 亿美元。2013 年，昆山综合保税区实现进出口总额 573 亿美元，其中出口 358 亿美元；实现工业总产值 1 757 亿元；实现保税物流金额 695 亿美元。

结合昆山出口加工区的发展现状、综合保税区功能特色、转型升级发展方向等综合因素考虑，昆山综合保税区将不断发挥其功能优势、产业优势、政策优势，做强现代制造业、做大货物贸易业、做优现代物流业、做精服务贸易业，着力打造“三大基地、三大平台”。

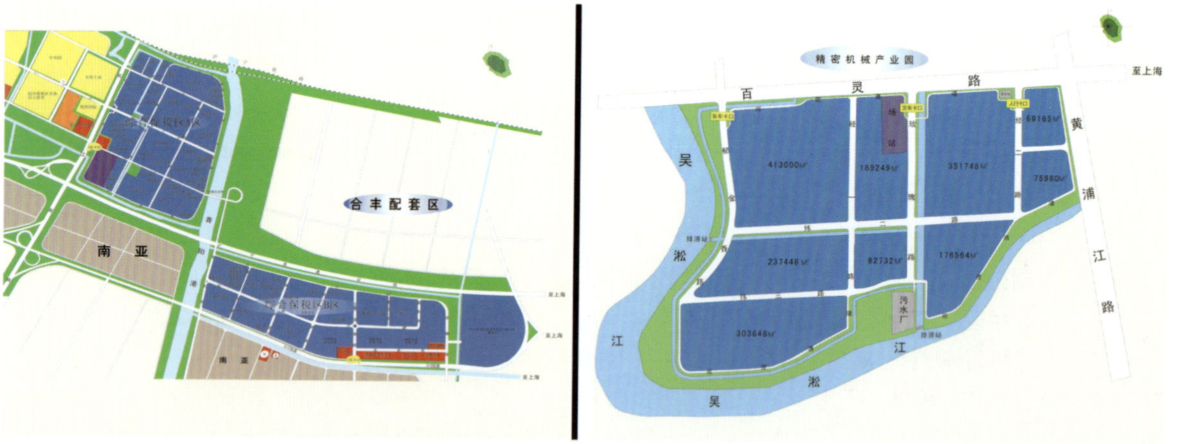

昆山综保区规划图

梅山保税港区（产业集聚区）

梅山产业集聚区位于北仑区东南部，规划面积约 240 平方公里，是浙江省委、省政府着眼于全省“十二五”时期加快推进产业转型升级谋划设立的 14 个大平台之一。集聚区的核心——梅山保税港区位于集聚区中部，于 2008 年 2 月 24 日经国务院批准设立，规划面积 7.7 平方公里，计划分三期建设，其中一期 2.5 平方公里于 2010 年 6 月封关，同年 8 月正式运作。集聚区实施“市里领导、北仑统筹管理、保税港区管委会承担开发建设等职责”的管理体制。

截止到 2013 年年底，区域累计完成固定资产投资近 413 亿元，一批支撑区域发展的基础设施和城市功能配套设施相继建成投用；累计引进各类企业 3 569 家，注册资金 1 102.4 亿元，产业培育初见成效；梅山港区已开通至韩国、西非、南美、美东国际集装箱班轮航线达 35 条，2010 年、2011 年、2012 年、2013 年分别完成集装箱吞吐量 10.9 万标箱、54.3 万标箱、87.3 万标箱、110.4 万标箱。区域公共财政预算收入保持快速增长，近 3 年分别为 9.87 亿元、20 亿元、24.75 亿元。

梅山保税港区（产业集聚区）空间规划布局总体开发架构为“一核两带四片区”。“一核”指现代化滨海城市核心商务区，“两带”指中央生态带和梅山湾风情带，“四片区”指梅山、春晓、上阳、郭巨四大发展片区。其中，梅山片定位为国际贸易与现代物流发展区；春晓片定位为集聚区现代化滨海城市新区和临港先进制造业基地；上阳片定位为特色宜居组团、滨海休闲旅游基地；郭巨片定位为海洋高端制造业基地和预留发展区。

珠海保税区 | 珠澳跨境工业区

珠海保税区一期面积 3 平方公里，预留发展用地 2.89 平方公里；珠澳跨境工业区珠海园区占地面积 0.29 平方公里。珠海保税区作为横琴新区“桥头堡”，无缝对接港珠澳大桥客货运出口，与澳门隔水相望，具备得天独厚的区位优势。

目前，珠海保税区正依托港珠澳大桥桥头堡的优势及横琴新区开发的辐射效应，由原来的发展工业为主向发展商贸服务业转型升级，珠澳跨境工业区珠海园区也向产业定位为商贸服务业的珠澳跨境合作区转型升级。热诚欢迎社会各界人士共谋发展。

ZHUHAI FREE TRADE ZONE

ZHUHAI-MACAU CROSS-BORDER INDUSTRIAL ZONE

南通综合保税区

南通综合保税区是在原南通出口加工区基础上转型升级而成，于2013年1月3日经国务院批准设立，规划面积为5.29平方公里，实行“一区两片”的发展格局。

南通综合保税区A区面积2.75平方公里，地处南通经济技术开发区中心区域，周边商业和产业环境已经成熟，着重发展研发、展览展示、检测维修等保税服务业，适当增加环境友好型保税加工业。B区面积3.79平方公里，位于规划中的年吞吐量200万标箱的通海港区集装箱码头后延，着力发展保税加工和保税物流业。2013年12月27日，南通综合保税区一期1.77平方公里区域通过国家十部委正式验收，其中A区一期验收面积0.62平方公里，B区一期验收面积1.15平方公里。2013年，南通综合保税区完成进出口额8 020万美元，其中出口额6 066万美元，进口额1 954万美元。区内已投产保税加工型企业产品主要为医药健康产品、汽车配套产品、纺织产品、家具等，在建保税加工型企业建成投产后产品包括新能源、生物医药、智能家电、电子元器件、汽车零配件、海洋工程产品、消防设备、通讯器材等。南通福汉兴业现代物流中心有限公司的物流仓库和分拨场所已经落成，可开展进口产品的分拨业务和出口产品的集拼业务，并提供供应链一体化服务。另外，中国供销集团南通综合保税物流园项目、中外运保税物流项目、综合保税区发展公司保税仓库项目正在积极建设之中。珠宝展览展示项目、进口食品展示直销项目、纺织原料交易中心的落户进一步促进了南通综合保税区保税服务产业的发展。

银川综合保税区

银川综合保税区于 2012 年 9 月 10 日经国务院批准设立。园区位于银川河东国际机场南侧，规划控制面积 4 平方公里。2013 年 9 月 10 日，即国务院批准设立银川综合保税区一周年之际，一期围网 2.13 平方公里正式通过国家十部委的联合验收，并于 12 月 29 日实现封关运行，顺利实现了当年开工、当年建成、当年通过验收、当年封关运行的奋斗目标。

封关运行以来，银川综合保税区紧紧围绕“引领全区、面向全国、融入世界”的定位，结合保税加工、国际贸易、保税服务（物流、金融、租赁、电子商务等）和口岸功能，立足园区的资源禀赋和产业发展实际，充分发挥“先行先试”政策优势和综合保税区功能优势，坚持国际国内两个市场、区内与区外联动，努力建设“三大基地”，即东中部产业转移的承接地、沿黄经济区外向型经济产业集聚地、丝绸之路经济带现代服务业创新基地；着力发展“六大产业”，即航空产业、红酒产业、黄金珠宝产业、羊绒棉纺为重点的轻纺产业，以清真食品穆斯林用品产业、融资租赁电子商务等为重点的现代服务产业，全力打造引领全区外向型经济发展的新平台、我国向西开放的先导区、中阿投资与贸易合作的先行区。

计划总投资 3 亿元人民币和 1.8 亿元人民币的懿丰葡萄酒产业园项目、澳洲清真牛羊肉加工生产基地项目正式签约；宁夏神马通用航空装备制造有限公司引进的 4 架俄罗斯旋翼机在银川综合保税区正式报关；山东如意、中银绒业、西部黄金珠宝、领鲜普诺斯仓储等项目已经开工建设。至此，综合保税区六大主导产业已经全部有项目落地。截至 2014 年 8 月中旬，综合驻区海关机构统计和企业报送数据，完成进出口贸易额近 5.6 亿美元。

招商电话：0580-8065065 0580-8068068

舟山港综合保税区

2012 年 9 月 29 日，舟山港综合保税区经国务院正式批复设立，规划总面积 5.85 平方公里，分为本岛分区和衢山分区，是浙江舟山群岛新区建设国际物流岛的核心载体，也是深化开发开放，推进海上开放门户建设的重要条件。本岛分区规划面积 2.83 平方公里，重点建设以船舶及船用设备交易、高档进口水产品及冷链交易、中高档进口食品交易、有色金属交易、重型装备交易为主的五大专业市场。衢山分区位于衢山港区鼠浪湖岛，规划面积 3.02 平方公里，重点建设以油品化工品交易、铁矿砂交易、煤炭交易为主的三大专业市场。

重点发展产业

- 舟山港综合保税区本岛分区保税物流园区仓储项目
- 舟山港综合保税区大型冷链保税仓储物流中心项目
- 舟山港综合保税区专业交易市场项目（八大专业交易市场项目）
- 舟山港综合保税区衢山分区保税燃油加注基地
- 舟山港综合保税区进口商品基地
- 舟山港综合保税区国际商品博览中心

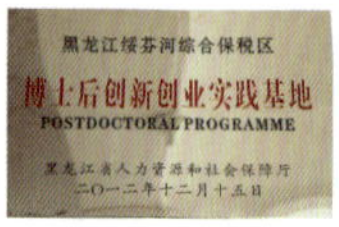

黑龙江绥芬河综合保税区

黑龙江绥芬河综合保税区于 2009 年 4 月 21 日经国务院批准设立，规划面积 1.8 平方公里，是以东北亚为背景的中俄边境线上唯一一个综合保税区，运营以来，已有摩尔多瓦、俄罗斯、韩国、中国台湾等国家和地区的 300 多户入驻，招商引资实际到位资金 31 亿元，建设标准化工业厂房 55 万平方米，实现贸易额 12 亿美元，过货 248 万吨，税收收入完成 1.2 亿元（不含土地出让金）。今后，黑龙江绥芬河综合保税区将紧紧围绕“进口抓落地，出口抓加工”战略，重点建设“六大中心”，即加工制造中心、贸易销售中心、物流配送中心、交易结算中心、研发设计中心和维修服务中心，服务黑龙江省对俄经贸升级，努力建设成为中俄边境最大的外向型产业集聚区。

汕头保税区

2013年，汕头保税区实现工业总产值46.55亿元，同比增长11.2%；完成固定资产投资48 200万元，同比增长33.2%；同口径缴入地方库财政总收入（含政府性基金收入）12 872万元，同比增长14%；外商合同投资额810万美元，同比增长213%，实际外商投资额300万美元，同比增长55%。

招商引资

汕头保税区管委会主要领导带队赴深圳拜托汕头商会，宣传区内优惠政策，吸引项目入区发展，抓住汕头市举办侨博会的有利契机，全力筹划招商活动获得较大成果。在谈的还有新东方家居酒店用品物流配送及生产项目、天誉食品加工、宝商奶粉仓储物流项目和伟联装饰材料等项目。同时，跟踪落实在建项目，积极培植新的增长极，通过召开项目单位座谈会，全力以赴推动项目开工建设。对2012年纳税超千万的4家重点企业进行授牌表彰，提高企业积极性。

优化投资环境

积极协调电力、供水、供气等部门，解决企业实际问题。与汕头市自来水总公司进行协调，达成共识，共同投资解决保税区内企业的供水水压问题；投入建设资金，建设N4S路一期便道和市政工程电力通道建设项目，方便企业生产设备进出；经与海关联络沟通，协商新佳兴公司各批次设备报关手续，提前为生产线各项组件作了商品编码预归类，确保生产线顺利通关；华美油脂公司精炼车间产生的气味困扰周边村民生活，汕头保税区积极协调周边村居委，并对精炼车间技改项目的立项报批手续予以指导协调；主动联系市外经贸局，积极为西电公司解决增加广交会展位问题；组织企业参加各类经贸活动，开拓市场空间；组织多家企业参加了广交会，广东省省经贸代表团赴广西、湖南考察活动及泛珠三角经贸洽谈会。

盘活闲置土地

集中人力、物力、财力，积极主动开展闲置土地、厂房盘活工作。2013年来共收回闲置用地42宗共56万平方米。按照国家有关法律法规，按照以用为先、依法合理、分类处置的原则，采取不同的处理对策，用活用强政策，采用协商收回、挂账回购和依法强制收回相结合办法。对于有意向收回的用地，不厌其烦，反复商谈，争取尽快达成处置意见；对于有自建意向的用地，发出书面通知，敦促业主作出建设计划；对近年来招拍挂出让的未开工用地，及时向用地单位发出“开工督办单”，督促项目单位尽快组织开工建设；对处置意见不明确及不配合的用地单位，拟请示汕头市政府批准后强制收回；主动与央企、大型国企洽谈，积极推进填海工程前期准备工作。

开展学习教育活动

组织学习党的十八届三中全会精神，统一思想，改革创新，增强队伍凝聚力。组织好“共筑中国梦”百姓宣讲系列活动，邀请汕头市委宣讲团、汕头保税区管委会领导、保税区内企业代表开展“中国梦”系列讲座，进一步凝聚干部职工的工作干劲和创业热情。保税区地税分局被汕头市文明委命名为“汕头市全民立德修身行动实践基地”。保税区深入开展纪律学习教育月活动，组织观看反腐倡廉警示教育片，加强教育。持之以恒开展暗访和问责工作，以正为要，落实三公费用公开，筑牢拒腐防变思想防线。

淮安综合保税区

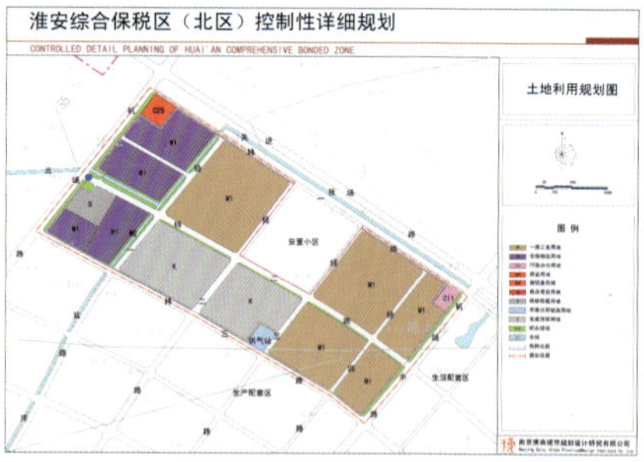

多措并举建设学习型综合保税区

淮安综合保税区牢固树立“为民务实清廉”宗旨意识，着力提升专业知识水平和综合服务能力，拓展学习内容，丰富学习方式，确保知识能力始终走在全国综合保税区的一线和前列。

明确思路建设创新型综合保税区

围绕淮安综合保税区“立足淮安，辐射苏北、鲁南、豫东、皖北”的发展思路，全面深化改革，重抓转型升级，先行先试，着力打造全市改革和提高开放型经济水平的试验田。

打造平台建设服务型综合保税区

以平台创新强化服务，促进综合保税区“大加工、大物流、大服务”同步发展，全面建成五大平台，即口岸作业服务平台、保税物流服务平台、跨境电子商务平台、研发检测维修平台、政务服务平台。

广西凭祥综合保税区

广西凭祥综合保税区于 2008 年 12 月经国务院批准设立，规划总面积 8.5 平方公里，分 3 期建设，其中一期工程为 1.2 平方公里，分为保税物流区、口岸作业区和配套服务区 3 个功能区，于 2010 年 11 月 11 日正式开工建设，2011 年 9 月 30 日正式封关运营。二期 3 平方公里的建设也在积极推进，正在加快推进卡凤保税物流加工区集装箱堆场、仓库和标准厂房项目建设。

园区充分发挥综合保税区连接国内外两个市场、利用境内外两种资源的桥梁纽带作用，引导现代生产型服务业和先进制造业入区发展，重点开展国际贸易、国际中转、分包配送、保税物流、保税仓储、展览展销、检测维修、国际租赁、保税加工、口岸业务，以及与之配套的金融、保险、代理、劳务等业务，积极拓展相关功能。

2013 年，通过综合保税区口岸作业区出入境车辆达 84844 辆（次），进出口货物为 71.85 万吨，完成贸易额 70.24 亿美元。300 多家企业依附综合保税区平台开展进出口贸易、保税仓储物流、工程机械展销与国际租赁等业务，行业涵盖贸易、物流、金融、文化等领域。

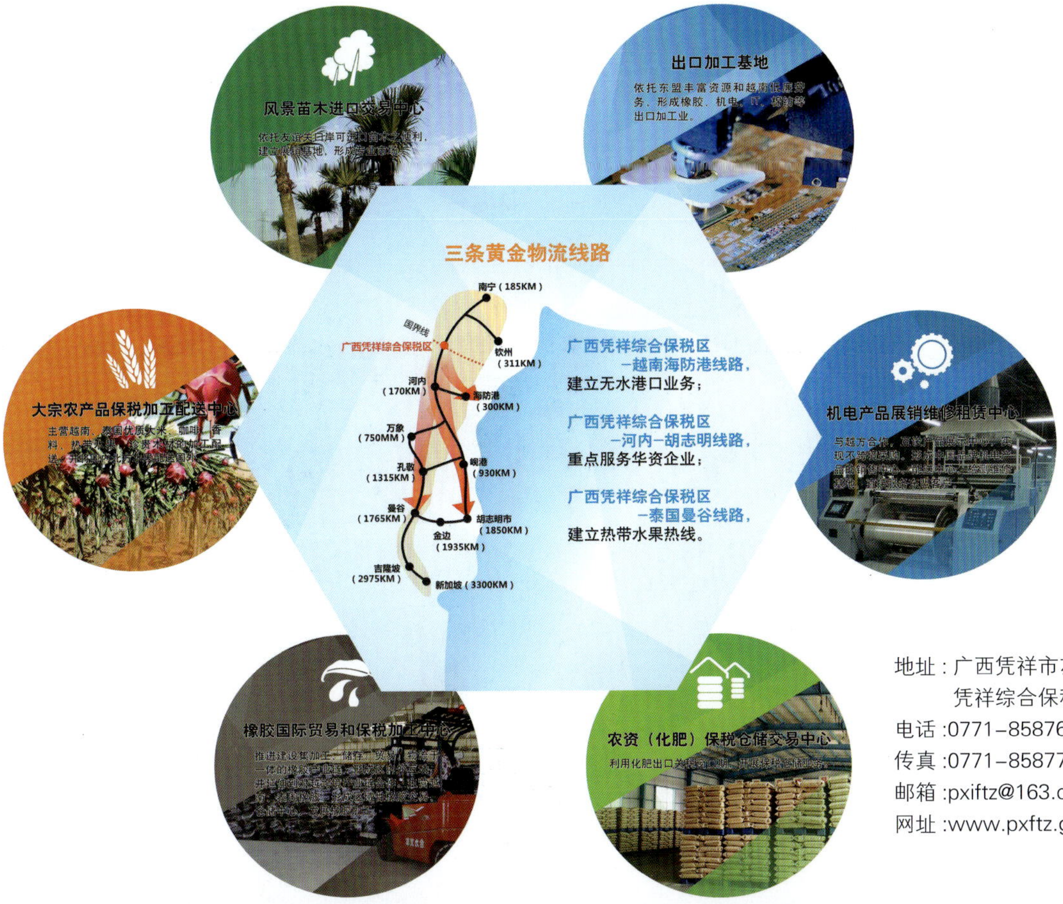

地址：广西凭祥市友谊关口岸
凭祥综合保税区大楼
电话 :0771-8587688
传真 :0771-8587766
邮箱 :pxiftz@163.com
网址 :www.pxftz.gov.cn

宁波保税区（出口加工区）

宁波保税区（出口加工区）规划面积 5.3 平方公里，具有国际贸易、进出口加工、保税仓储、国际采购配送等功能，实行“免证、免税、保税”等特殊政策，是国家进口贸易促进创新示范区，浙江省外商投资新兴产业示范基地，国家跨境进口贸易电子商务服务试点区，全国模范劳动关系和谐工业园区。宁波保税区（出口加工区）毗邻国际深水良港——宁波北仑港，区内现有 3 500 多家企业，来自全球 60 多个国家和地区。2013 年实现地区生产总值 150 亿元，财政总收入 35 亿元，海关税收总额 12.9 亿元，外贸进出口 116 亿美元，工业总产值 460 亿元。区内形成国际贸易、仓储物流、先进制造业三大产业，设有金属、固体化工品、煤炭、船舶等大宗商品交易市场和进口生活消费品市场，形成了以进口分拨、国际采购配送、期货交割、供应链管理和物流金融为特色的保税物流服务体系，集聚了国家留学人员创业园、国际软件园、国家集成电路（宁波）产业园、高新技术创业服务中心等一批国家级创新载体，成为华东地区投资环境一流的战略性新兴产业创新创业基地。

大连保税区

大连保税区行政管辖面积 251.3 平方公里，由保税区、大窑湾保税港区、出口加工区 A 区、大连汽车物流城和专业化港区五部分组成，是目前国内管辖面积最大的保税区，也是唯一集保税区、保税港区、出口加工区管理于一身的特殊经济区。

大连保税区现有企业 5 437 家，包括外资企业 770 家，内资企业 4 667 家。2013 年，园区深入推进区域转型升级，全面提升基础配套能力，坚持“汽车、物流、城市”三位一体协调发展，“三城联创”战略取得阶段性成果；统筹推进以设施农业为主的都市型现代农业，以汽车产业为核心的先进制造业和以国际物流为代表的现代服务业，加速产业结构优化升级；东风日产大连工厂正式投产，奇瑞新款车型瑞虎 5 顺利下线，黄海轻型客车批量生产，大连汽车广场正式开业，汽车产业向千亿级产业目标稳步迈进；远东工具产能不断扩大，迪日坤船舶、幸照机械、中源汽车零部件等一批高端制造类项目相继投产，19 家企业跻身全市出口百强；基础设施建设年成果突出，“三横一纵”交通网络基本形成；保税生态城带动区域城市化水平进一步提高，就业、教育、医疗、社会保障等民生问题得到较好解决；能源港区管控一体化扎实推进，成为国内首个 24 小时电子化封闭管理化工区域，安全管控水平进一步提升；特殊监管区联动运作水平得到提高，监管部门通过推行双无纸放行、关检联合查验等模式，开展电子支付、直通报检等业务，创新服务手段，强化口岸监管，通关效率显著提升。

深圳盐田综合保税区

2014年1月22日，国务院正式批复同意设立深圳盐田综合保税区。综合保税区在原沙头角保税区、盐田港保税区和盐田港保税物流园区的基础上，通过整合优化打造保税产业转型发展新载体。园区位于深圳东部，规划面积2.17平方公里，紧邻盐田港码头和沙头角口岸，通过专用通道实现区港联动。综合保税区以深港共建世界级港口群为目标，通过区域整合和制度创新，重点发展国际贸易、远洋航运、跨境电商、融资租赁、研发设计、保税展示交易、大宗商品交易、供应链管理等产业，拓展与港航相关的金融、保险、咨询等增值服务，打造东部临港产业集聚区与临港物流总部基地。

烟台保税港区西区

烟台保税港区西区位于经济技术开发区内，封关面积 1.81 平方公里，注册企业 45 家，竣工厂房 126 万平方米，保税物流仓储库房 10 万平方米。设有专业物流中心和大型综合查验场站，海关、商检和物流公司集中办公，可提供“一站式”审批和“一条龙”服务。现已形成以电子信息为主、保税物流为辅的产业结构。2013 年实现工业总产值 953.1 亿元，进出口值为 141.7 亿美元（其中进口 58.9 亿美元，出口 82.8 亿美元），工业利税 24.6 亿元。

园区重点发展现代出口加工、保税仓储分拨、国际中转、商品展示、研发、检测和售后服务维修、国际采购分销等功能性业务。

天津东疆保税港区

天津东疆保税港区是滨海新区功能区之一，位于滨海新区东部，坐落于天津港东疆港区内，是中国探索自由贸易港区建设的先行区，北方国际航运中心和物流中心的核心功能区，也是国务院批准设立的功能最全、面积最大、政策最优惠、开放度最高的保税港区。

东疆保税港区是天津港的重要组成部分，总面积约 30 平方公里，分为码头作业区、物流加工区、综合配套服务区三大区域。目前已建成 6 个集装箱泊位，4 个杂货泊位，可停靠目前世界最大集装箱船；已建成 4 个邮轮泊位，拥有美国皇家加勒比邮轮等三条母港航线，累计接待游客愈 50 万人次。2013 年，实施建设项目 60 多项，约 12.2 万平方米住宅即将具备入住条件，商业项目在建建筑面积约 18.9 万平方米。

自 2007 年 12 月一期开关运作以来，东疆保税港区在基础设施建设、经济社会发展、功能创新和口岸管理创新等方面实现了快速发展。2013 年，全区共注册企业 648 家，同比增长 45.9%，企业总注册资本 263.58 亿元人民币，再创历史新高。全区实现增加值 52.5 亿元，现价增长 102%；税收收入 20.2 亿元，同比增长 119.2%；外贸进出口完成 119.5 亿美元，同比增长 123.9%；港口货物吞吐量 4 391 万吨，同比增长 20.4%，集装箱吞吐量达到 285.1 万标箱，同比增长 9.1%。增加值、税收收入、外贸进出口等反映经济发展水平的核心数据实现翻番。

2013 年，注册的 648 家企业中，航运、物流、租赁、贸易及市场类企业占已注册企业的 76.9%，东疆保税港区主导产业的集聚效应持续扩大。2013 年，注册融资租赁公司 207 家，累计达 559 家，全年完成 154 架飞机的租赁业务，形成租赁资产 80 亿美元，同比增长 180%，占中国以租赁形式引进飞机业务的 90%。东疆保税港区正在成为飞机、船舶、大型设备融资租赁最大聚集地，租赁出口退税、购买国外租赁资产包、跨境转租赁、跨境双 SPV 租赁等一系列租赁创新业务在东疆保税港区完成。

未来，天津东疆保税港区将积极推动投资和贸易便利化综合改革，进一步落实《国务院关于天津北方国际航运中心核心功能区建设方案的批复》各项试点政策，加快推进向自由贸易港区转型，围绕北方国际航运中心和物流中心建设，继续全力打造北方国际商品进口基地、高端航运物流业基地、国家租赁业创新基地，培育国际航运融资中心。

河北秦皇岛出口加工区

秦皇岛出口加工区坐落在秦皇岛市的东部沿海，地处正在迅速崛起的环渤海经济圈中心地带，毗邻京津，连接华北和东北两大经济区，于 2003 年 9 月通过海关总署等八部委验收，正式封关运行。

秦皇岛出口加工区立体交通优势明显。有高速公路出口连接加工区，距首都北京 280 公里，距天津 220 公里，距沈阳 350 公里，距山海关港、秦皇岛港山海关机场等地车程均在半小时内，海、陆、空立体交通优势为企业运输提供了极大的便利。

秦皇岛出口加工区地质条件优越，建设高层、大型建筑物不需打桩，可以极大地节约建设成本。区内基础设施配套完备，不仅早已完成水、电、路、暖、讯等配套设施的“九通一平”，而且已建成多种类型的标准厂房和保税仓库，具备良好的招商条件。

经过 10 多年的开发建设，秦皇岛出口加工区已逐渐形成了以商业成品油储运基地、杂粮储运交割基地和冷链物流产业基地项目为主的保税物流产业基地。秦皇岛出口加工区将借力京、津、冀一体化进程的不断推进，为秦皇岛这颗“渤海明珠”增加更为绚丽的光晕。

上海松江
出口加工区
SHANGHAI SONGJIANG EXPORT PROCESSING ZONE

上海松江出口加工区 A 区于 2000 年 4 月 27 日经国务院批准设立，规划面积 2.98 平方公里，于 2001 年年初封关运作，现已全部开发完毕。B 区于 2003 年 3 月 14 日经国务院批准设立，规划面积 2.98 平方公里，分两期开发，2003 年 11 月一期 1.33 平方公里封关运作。

上海松江出口加工区地理位置优越，距上海虹桥国际机场 20 公里，距上海浦东国际机场 42 公里，周边有沪昆高速公路、沈海高速公路、申嘉湖高速公路、嘉金高速公路等高等级的公路，构成便捷的公路交通网络。上海市区外环线距松江出口加工区仅 18 公里。2007 年，上海松江出口加工区在原先的保税加工功能之外，拓展了保税物流功能。目前，物流、研发、测试和维修等新业务已全面推开，为企业打通上下游形成完整的产业链提供了政策支持。

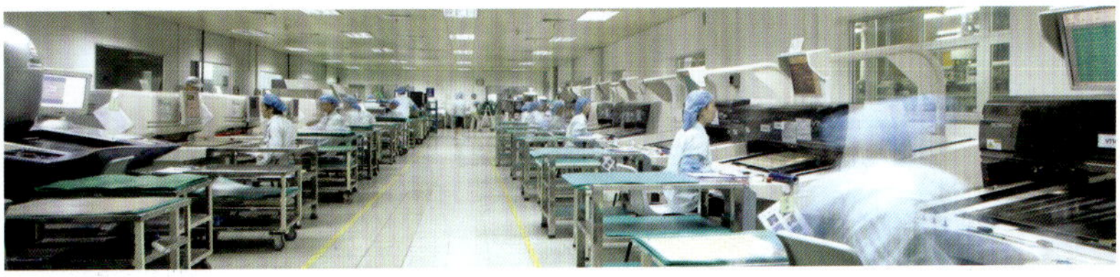

作为全国最早的出口加工区之一，上海松江出口加工区经历 12 年的快速发展，基础设施配套完善，管理机构运作娴熟，各类服务措施齐全。区内电子信息技术产业链日趋完善，目前，区内货物进出口的通关物流时间只需 4 小时，达到先进国家水平。截至 2013 年年底，上海松江出口加工区累计完成工业生产总值 17 623 亿元；累计实现进出口总额 3 584 亿美元，约占全国出口加工区累计实现进出口总值的 1/3；为国家提供各类税收 139 亿元，是我国最大的以加工制造为主导的特殊监管区之一。

陕西西安出口加工区 A 区

SHANXI XI'AN EXPORT PROCESSING ZONE

国家级陕西西安出口加工区 A 区于 2002 年 6 月 21 日经国务院批准设立，于 2004 年 4 月 5 日封关运行，2006 年 12 月被批准为全国 7 个拓展保税物流等功能试点的出口加工区之一。

西安出口加工区 A 区的规划面积为 1.47 平方公里，现已开发面积 0.75 平方公里，加工区新片区规划调整审批工作正在进行中，新片区规划面积 0.6 平方公里。

西安出口加工区 A 区引进了英国罗尔斯罗易斯、法国赛峰、德国蒂森克虏伯、美国联合技术、GE 等 8 家世界 500 强企业，世界知名企业英国 AMS 航材、瑞士 BIBUS 航材、日本大河、美国雅奇等，以及国内行业龙头企业中航国际，中航材，中航工业西飞集团、西航集团、庆安集团，世纪互联，康龙化成等 65 个项目入区，初步形成了以高端航空制造为主，新能源、珠宝加工、服务贸易为辅的产业格局。

西安出口加工区 A 区各类项目总投资超过 65 亿元人民币，历年累计实现进出口总额 61.75 亿美元，各项主要经济指标连续八年保持 40% 的增长，保税物流业务量位居西安关区第一。

西安出口加工区 A 区将依托陕西及西安地区的产业优势，着力发展以航空产业为代表的拥有高附加值与自有知识产权的高端装备制造业，形成航空产业链最为完善、最具航空特色出口加工区，形成上下游配套完善的新能源产业链，形成投入产出比高的珠宝加工产业集群，不断提升极具内陆特色和规模的服务贸易产业水平。与此同时，积极进行产业结构调整升级、转型，提高加工贸易整体水平，提高附加值，延长产业链，实现加工制造与服务贸易并重发展，加工贸易由规模速度型向质量效益型转变。

江苏镇江出口加工区

镇江出口加工区于 2003 年 3 月 10 日经国务院批准设立，规划面积为 2.53 平方公里，首期开发 0.91 平方公里，于 2003 年 12 月底正式封关运作。

镇江出口加工区位于江苏省镇江市的东侧，坐落在镇江经济技术开发区（镇江新区）内，地处中国经济发展最具活力的“长三角”地区，位于长江和京杭大运河“黄金水道”的十字交汇处、上海经济圈和南京都市圈的交汇处，是长江经济带建设的重要节点城市，区域位置得天独厚，具有“铁、公、水、空”立体大交通的独特优势。

镇江出口加工区实行“境内关外”的管理模式，实行全封闭的海关监管管理，区内企业不仅享有海关、国检提供的简单、快捷的通关便利，还享有国家级经济技术开发区和出口加工区的各项优惠政策，享有专职部门为落户企业提供的一切便捷的配套服务。区内建有一流的基础设施和配套设施，区外建有各种生活商务配套，可以满足企业的生产生活需求。

镇江出口加工区正以转型升级为目标，以重大项目为抓手，按照海关特殊监管区域“六个中心”建设的要求，着力构建出口产品加工贸易中心、进口商品展示交易中心、保税仓储物流集散中心、研发检测维修服务中心等“四大中心”，重点发展新型能源、新型材料、电子信息、精密机械、冷链物流等产业，加快并行复制上海自贸区成功经验，联动中瑞镇江生态产业园，为瑞士（欧洲）精品名品提供保税展示、仓储交易、维修保养、研发检测等综合保税服务，提升园区保税加工、保税物流、展示交易、研发检测和综合服务等功能。已有台湾先进光电、江苏汇鸿国际集团冷链物流基地、江苏奇观新能源有限公司铜铟镓锡薄膜太阳能（CIGS）等项目入驻，拥有独特的比较优势，潜力巨大，前景广阔。

热诚欢迎中外投资者前来考察洽谈投资兴业！

区内保税仓库

区内企业外景

标准厂房

江苏扬州出口加工区

截至2013年年底，扬州出口加工区累计完成注册项目36个，投资总额14.797亿美元，注册资本9.12亿美元，累计完成进出口总额53.5亿美元，实际进出境20.15亿美元。其中，已投产和开工项目15个，主要有易倍得电子、峻茂光电、荣德太阳能、天威新能源、力铼光电、川岳科技、芯际半导体、晋皇科技、凯发高科技、日新意旺、派氪电视等，初步形成了电子信息、太阳能光伏、装备制造和LED芯片封装检测等特色产业。2013年，扬州出口加工区实现外资到帐5289万美元，完成工业产值39.99亿人民币，进出口总额15亿美元，实际进出境5.2亿美元。

扬州地处"长江三角洲"经济圈内，是上海经济圈和南京都市圈的节点城市，与南京、镇江构成"宁镇扬都市圈"，辖区面积6638平方公里，人口470万，市区面积973平方公里，人口120万。扬州先后荣获国家卫生城市、中国优秀旅游城市、全国生态示范城市、全国科技兴市先进城市、全国信息化试点城市、全国社会治安综合治理先进城市和联合国人居奖等多项殊荣。

扬州经济技术开发区为国家级经济技术开发区，综合实力在江苏省全部130多家开发区中列前五位，对外交通十分便捷。区内设有太阳能光伏产业基地、汽车产业基地、出口加工区、半导体照明产业基地、港口物流园区等特色园区，基本形成了太阳能光伏、LED、TFT-LCD等重点主导产业；有朴席生态新城、扬州"第二城"、南部临港新城区等商务、休闲、生活配套区，投资者创业投资、兴业经商皆能各得其所；有新光源公共服务中心、标准检测中心、设施共享中心、研发协作中心、创业孵化中心等八大系统高效运转；有江海学院等高级技术学校，人力资源丰富，技术支撑有力；拥有国家级经济技术开发区、中国扬州出口加工区、国家级绿色新能源特色产业基地、国家循环经济试点单位、国家火炬计划扬州汽车及零部件产业基地、国家半导体照明产业化基地、国家生态工业示范园区、国家级高新技术创业服务中心、国家光电产品检测重点实验室、中国国际人才市场扬州市场等10个"国字号"品牌。

扬州经济技术开发区目前正重点打造太阳能光伏、半导体照明（LED）、智能电网、现代物流等特色产业，努力构建技术先进、主导明显、特色鲜明的产业发展和功能分区体系，逐步建设成为上海、南京两大都市圈交互影响的门户，镇扬组合城市的合力增长板块，扬州城市的副中心和现代产业高地，文化与生态交融的滨江国际生态城。

江苏武进出口加工区

江苏武进出口加工区于2009年6月23日经国务院批准设立，2010年3月15日正式开关运作。2013年，江苏武进出口加工区各企业产品市场需求量持续放大，企业经营良好。截至2013年年底，区内全年企业工业总产值64.2亿元，同比增长24.5%；区内实际进出口额6.8亿美元，同比增长21.4%；境内区外（不含进出境）23.5亿美元，同比增长20.2%；监管货物量总计17.2万吨，报关单量累计49 180票（占整个常州市65%），海关税收及代征税1.23亿元。

江苏武进出口加工区位于武进高新技术产业开发区，东至凤林路，南至武进大道，西至淹城路，北至阳湖路，地理条件优越，交通便捷，紧邻沿江高速和建设中的常泰高速，上海虹桥、浦东机场，上海港口及南京禄口机场均在1～2小时车程范围内。

武进出口加工区把招商引资作为全年的头等大事来抓，随着不懈努力与发展，现已得到了众多企业的认可与青睐，2013年，武进出加区共新增瑞声光电、道达纺织、能盛线缆、杰宝钢带4个项目，进区企业从开始只有光宝、晶品两家企业，到生产型企业达到9家，物流服务型企业8家。

2014年，江苏武进出口加工区将全面平衡发展各项业务，为了更好地服务武进乃至周边的企业，未来江苏武进出加区将加快拓展4项业务：做强保税物流，重点建设进口铜、棉花、塑料粒子等大宗物资的物流中心、分拨中心；做优进口食品检验检疫监管样板区，积极招引进口红酒、奶粉、橄榄油等进口商和经销商，同时吸引供应链公司、物流公司、中介服务公司进驻，实现进口食品集中展示、交易、仓储、物流的全面开花；做精企业研发中心，发挥在出口加工区设立研发中心的特殊优势，重点鼓励企业在区内设立高科技研发中心，以光宝科技研发中心、瑞声光电研发中心等为重点，在政策、服务、资金上对企业给予优惠，争取将武进出口加工区打造成为专业化、规模化、国际化的高科技研发基地；做宽属地申报、口岸验放业务，借助海关打造大通关、便捷通关的契机，将该业务向周边企业推广，提升通关效率，降低企业成本。

招商联系人：李海标　联系电话：0519-86221205　传真：0519-86221200

广西北海出口加工区

北海出口加工区由A区和B区组成，分别于2003年和2012年经国务院批准设立，是我国西部地区唯一临海、最靠近东盟的国家级出口加工区，是广西唯一拥有2个封关区的海关特殊监管区。A区位于北海市区西侧、毗邻石埠岭港，封关面积1.135平方公里，已基本填满项目。B区位于铁山港（临海）工业园区，一期封关面积1.141平方公里，于2014年4月18日通过国家验收。B区通过依托铁山港临港优势和北海福成机场空港优势，构建以电子信息、机电产品等为主导产业的外向型特色产业园区。

浙江嘉兴出口加工区B区

浙江嘉兴出口加工区B区位于嘉善县西塘镇，2010年1月15日经国务院批准设立，总规划面积1.65平方公里，一期0.68平方公里于2010年8月6日通过国家九部委联合验收组验收，同年12月1日正式封关运行。

园区地理位置优越，依托沪杭甬高速、申嘉湖高速、苏通高速、沪杭高铁等实现与上海、宁波、杭州、苏州1小时经济圈，具备接轨上海、辐射长三角的优越区位和交通条件。同时，嘉善县是全国唯一国家级批复的县域科学发展示范点，区域经济具有先行先试的优势。

区内实行“境内关外”政策，同时具有保税仓储、物流、配送、国际贸易和转口贸易、国际物流分拨配送、检测维修、国际商品展示、进口设备售后服务、设计研发等功能。为方便企业通关、提高办事效率，嘉兴海关驻出口加工区B区办事处及嘉兴出入境检验检疫局驻出口加工区B区现场办均已入驻。园区基础配套设施日臻完善，已具备“八通一平”条件。

区内现有世界500强企业富士康科技集团——富鼎电子科技（嘉善）有限公司入驻。2013年，全区实现产值26.55亿元，同比增长8.26%；利税7.46亿元，同比增长53.81%；税收8 489万元，同比增长42.55%；实现进出区货物总值14.61亿美元，同比增长29.64%。

江苏常州出口加工区

2013年，常州出口加工区在园区龙头企业的带动下，积极应对加工贸易整体形势不利影响，产品销售收入有所回升，企业经营运作正常，园区各项指标形态相对稳定。园区全年实现工业总产值15亿元；工业产品销售收入14.5亿元；利税总额2亿元；进出口总额2.8亿美元，其中进口额1.7亿美元，出口额1.1亿美元。

常州出口加工区位于常州市北部、国家高新技术产业开发区内，交通便捷，沪宁高速公路沿区而过，距上海、南京两个国际机场分别为160公里和120公里，距国家一类开放口岸常州长江港8公里，距常州民航机场15公里，距京沪铁路常州站8公里，客货运输便捷。

园区现分四大功能片区：一是标准厂房区，占地248亩，建有16万平方米一层、二层、四层3种规格的标准厂房；二是物流配套区，其中，区内保税物流规划占地100亩，建有监管仓库、保税仓库及查验场站等设施，目前配合保税物流拓展的一期8 000平方米保税仓库已全面投入使用，另区外有占地10万平方米的嘉迅物流（海关直通点），已建仓库1.1万平方米；三是自建厂房区，占地99万平方米；四是生活配套区，占地3.3万平方米，一期已建蓝领公寓1.4万平方米、白领公寓1.5万平方米和综合配套场地8 000平方米，二期20万平方米的公共保障房正在建设中。

2013年，园区共实际到账外资4 272万美元。其中，高博能源增资至1亿美元，已被万向集团收购。在谈项目马可波罗汽车、史密斯钻井设备有望投资落户。

2013年5月，常州出口加工区管理局向常州高新区政府行文，提出在江苏常州出口加工区1.66平方公里范围内，设立“江苏常州综合保税区”；同月，高新技术产业开发区向常州市政府行文申报综合保税区；9月，常州市政府向江苏省政府行文申报综合保税区。

常州出口加工区管理委员会与常州国家高新技术产业开发区管理委员会实行“两块牌子、一套班子”。出口加工区管委会下设立常州出口加工区管理局，作为加工区日常管理机构。

辽宁大连出口加工区 B 区

LIAONING DALIAN EXPORT PROCESSING ZONE B

辽宁大连出口加工区 B 区，是经国务院批准成立的出口加工区，占地面积 1.45 平方公里，一期占地 60 万平方米。2007 年 6 月 28 日，大连出口加工区 B 区完成了一期围网、巡逻路、主卡口、海关、检验检疫综合楼、查验场地、查验库房等设施的建设，并通过海关总署及八部委的正式验收，正式封关运作。大连出口加工区 B 区拥有其独有的发展特色，是大连承接高端半导体生产制造这一战略新兴产业的核心区。目前，出口加工区内只有英特尔（大连）一家生产企业，也是英特尔在亚洲设立的第一家芯片制造企业。

发展趋势

在大连市政府领导下，金州新区正在以位于大连出口加工区 B 区的英特尔芯片项目为龙头，全力打造半导体产业千亿集群。规划了高端芯片制造基地，占地 3 平方公里，承接半导体制造、封装测试类企业；规划了半导体服务基地，占地 2 平方公里，承接半导体设计、研发、软件外包及相关服务业类项目；规划了 IT 产业基地，占地 5 平方公里，主要承载 LED、OLED、TFT 配套等产业类项目。以“三个基地”为核心的产业平台逐步形成。

英特尔芯片项目的入驻促进了加工区内外的产业结构优化和半导体产业集群的形成。德国林德旗下的联华气体、美国空气产品、美国摩西湖化学制品有限公司等气体供应商已在大连投资设厂；美国联邦快递、敦豪快递、日本近铁、德国辛克等世界级物流服务商承担了项目的物流配送业务。一批英特尔芯片及半导体产业相关的服务性公司正纷至沓来，呈现出良好的发展态势。

机构设置

2010 年，大连经济技术开发区与大连金州区合并成立大连金州新区，大连金州新区管委会经贸局下设出口加工区管理局，专门负责大连出口加工区 B 区事务的综合协调和日常管理工作。

招商及管理部门：出口加工区管理局 **电话**：0411–87630195 **传真**：0411–87614959

广东深圳出口加工区

广东深圳出口加工区是2000年4月27日经国务院批准成立的首批15家出口加工区之一，规划面积3平方公里，位于深圳市坪山新区内，2001年3月通过国家八部委联合验收并一次性封关运作，范围西起深汕路，东至绿荫路，北起丹梓西路，南至金牛西路。

加工区是由海关监管的特殊区域，实行“境内关外”管理，海关实行“一次报关、一次审单、一次查验”通关管理模式，通过预约加班的方法，区内企业实现了24小时通关的需求。

加工区内市政基础设施全部实现“七通一平”，区内设有管委会、海关、检验检疫和物流公司等管理和服务机构，区内企业可就近办理全部进出口手续。

加工区区内企业全部实行EDI联网管理，不实行银行保证金台账制度；免征企业流转环节的增值税和消费税，不实行增值税“免、抵、退”税政策；外汇管理宽松，不实行结售汇制度；进口设备全额保税，不实行免税额度控制；国内采购的货物视同出口，实行入区退税政策。加工区是国内唯一在同一海关关区内拥有进出境陆运、海运和空运优势的出口加工区，其距深圳宝安国际机场仅60公里，距盐田国际集装箱码头仅25公里，距文锦渡、罗湖、皇岗、深圳湾等陆路口岸仅40公里。从加工区出发，车行100分钟内可抵达香港国际机场。

截至2013年年底，加工区已吸引来自美国、日本、荷兰、英国、新加坡、加拿大、英属维尔京群岛、开曼群岛、萨摩亚、中国香港、中国台湾等12个国家和地区的79家投资企业入区经营，入区企业中，外商投资企业有37家，仓储物流企业23家，累计投资总额10.6亿美元，注册资本5.13美元，企业实际到位外资3.61亿美元。已投产的企业共有66家，其中工业企业37家、物流企业29家。

截至2013年年底，出口加工区实现进出口总值99.56亿美元，同比增长了38.1%。其中，物流业务实现60.53亿美元，同比增长了107%，在全国出口加工区中，按进出口额排名位列全国第五。

上海嘉定出口加工区

■ 投资环境

上海嘉定出口加工区处于江浙沪交通枢纽、长三角经济圈的中心地带。园区北邻江苏太仓，西接江苏昆山，东临长江口，离石洞口码头、张华浜、宝钢码头及华东最大的铁路枢纽南翔站都在30分钟车程以内，距虹桥国际机场25公里。周边路网发达，临近嘉金高速、郊环高速和204国道、宝钱公路、浏翔公路等主干道。上海11号轨道交通嘉定北站连接上海浦东，后期直达洋山深水港区。交通十分方便，区位优势明显。

■ 发展状况

上海嘉定出口加工区将在主动对接自由贸易区建设的同时推动出口加工区的转型升级，结合嘉定产业发展的结构性优势，打造四大功能性平台：一是推进跨境电子商务平台建设；二是推进离岸金融平台建设；三是推进汽车及零部件进出口交易平台建设；四是推进食品、化妆品交易平台建设。为配合拓展功能和招商引资的需要，新建完成了一期2.3万平方米的标准厂房，二期3万平方米的厂房建设正在规划实施。随着物流企业的入驻，为周边数百家企业提供保税物流和物流仓储等服务。

■ 经济发展

2013年全年，上海嘉定出口加工区累计进出区总货值为14.83亿美元，同比增长6.78%。海关共征收税款3.52亿元；上海出入境检验检疫局嘉定出口加工区办事处为区内外企业提供进出口检验放行9 119批次。2013年，上海嘉定出口加工区发展有限公司与上海泰士星日用制品有限公司签署了相关合约，预计在2014年开工建设厂房后入驻嘉定出口加工区。入驻出口加工区的6家保税物流企业，积极为周边企业提供便捷的保税物流业务，全年保税物流业务进出区货值总额达到10.14亿美元，同比增长14.50%。

上海嘉定出口加工区

地址：上海市嘉定宝钱公路4500号
邮编：201815
电话：021-39568000
网站：www.jdepz.com

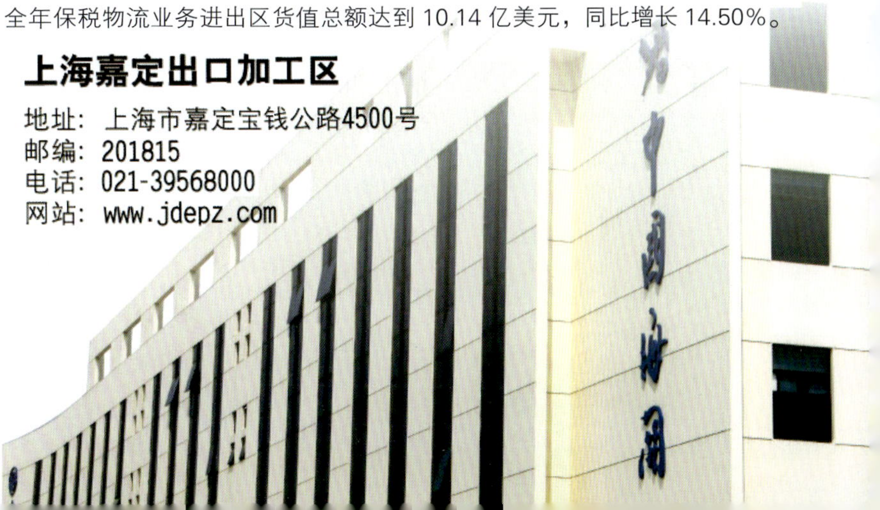

云南昆明出口加工区

云南国资昆明经济开发区产业开发有限公司作为昆明出口加工区的开发商、运营商，经过7年多努力，累计投资近100亿元，引进上千家企业、商户落户昆明出口加工区，一座珠宝加工贸易、汽车4S店集群、保税物流、总部经济等产业共同发展，基础设施配套完善，景观环境宜人，可容纳5万～8万人生产、生活的产业新城已初具规模。目前，昆明出口加工区正朝着打造云南省千亿产值园区、建设国家级综合保税区的方向努力奋进。

上海闵行出口加工区

上海闵行出口加工区于2003年3月10日经国务院批准设立，坐落于上海市工业综合开发区境内。作为上海西南部地区唯一的加工区，上海闵行出口加工区所在位置交通四通八达，左临洋山，右是上海连接外省市主要的水路、陆路、铁路出口通道，同时功能多样化，拥有出口加工制造、保税仓储、国际物流分拨配送、售后服务、设计研发、维修、检测等众多功能。

截至2013年12月，闵行出口加工区共有注册企业26家，投资总额5.22亿美元，注册资本2.81亿美元，实际运作企业19家，其中保税加工企业15家，保税物流企业4家，产业涉及电子信息、机械设备制造、汽车配件等。

2013年，闵行出口加工区共实现进出口总额（含深加工结转和内销）32.39亿美元，同比下降0.15%。其中，进口额为15亿美元，同比下降0.27%；出口17.39亿美元，同比下降0.09%。实际进出口额为15.51亿美元，同比下降19.51%。其中，进口4.81亿美元，同比下降15.17%；出口10.7亿美元，同比下降21.32%。工业总产值785 116万元，同比下降19.6%。工业产品销售额783 567万元，同比下降18.6%。税收总额26 118万元，同比增长17%。其中，海关税收及代征税21 259万元，同比增长26%；税务部门税收为5 458万元，同比下降11%。从业人员6 518人，同比下降21.6%。

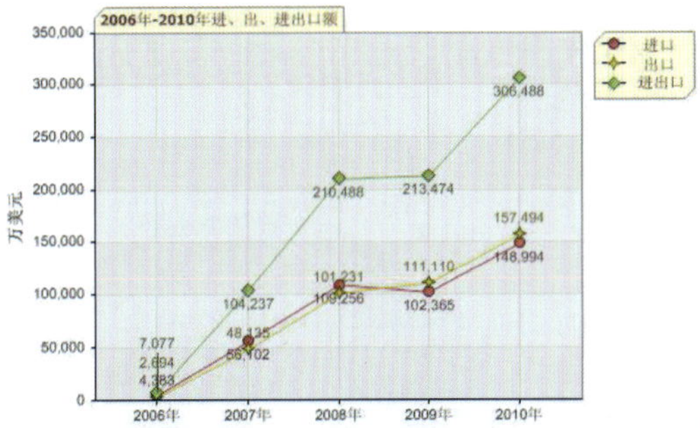

山东威海出口加工区

2000 年 4 月 27 日，威海出口加工区经国务院批准设立。2001 年 1 月 8 日，通过国务院八部委联合验收小组的验收，同年 10 月 8 日正式封关运作。园区规划面积 2.6 平方公里，一期使用面积 1.34 平方公里，建有 2 万平方米的综合办公楼、5 000 平方米的保税仓库和 1 万平方米的综合验货场。

2000 年 6 月 8 日，威海市委、市政府成立威海出口加工区管理委员会（正县级）。同年 9 月 30 日，经济技术开发区管委会增挂威海出口加工区管理委员会牌子，实行一套工作机构、两块牌子的管理体制，并设立威海经济技术开发区出口加工区管理局，负责出口加工区管理工作。

至 2013 年年末，出口加工区累计入区项目 76 个，总投资 7.4 亿美元，其中外资企业 57 个，实际到账外资 4.2 亿美元；累计实现工业总产值 263.2 亿元，年均增长 32.19%；固定资产投资总额为 20.7 亿元，年均增长 46.8%；完成进出口额 83.87 亿美元，年均增长 38.29%；实现税收 3.28 亿元，年均增长 70.03%。自 2009 年 3 月出口加工区叠加保税物流功能以来，区内物流企业累计完成进出区货值 24.26 亿美元，年均增长 34.4%。

2013 年，出口加工区内投产企业为 45 家，其中电子企业 16 家，食品企业 4 家，汽车零部件企业 4 家，物流企业 7 家，其他企业 14 家，就业人数为 10 662 人。

招商电话：0631 － 5981061，传真：0631 － 5981632

浙江杭州出口加工区

杭州出口加工区位于国家级开发区杭州经济技术开发区内，是杭州地区唯一一个集保税加工和保税物流两大基本功能于一身的综合性政策平台。

杭州出口加工区自 2001 年 5 月 18 日封关运作以来，以优惠的政策和先进的服务管理理念陆续吸引了日、美等 10 个国家和地区的 33 家企业，累计外商投资总额 4.97 亿美元，已逐步形成了笔记本电脑、汽车配件、家用电器三大产业集群。2013 年，杭州出口加工区工业综合排名位列全国出口加工区第 8 位。

自 2012 年起，杭州出口加工区管委会拓展发展思路，抓住国家宏观政策机遇，大力发展进口业务，工作得到上级部门肯定，已于 2013 年、2014 年先后成为浙江省第一批“省级进口平台”，以及杭州跨境贸易电子商务（进口）试点唯一实施单位，为打造浙江省进口商品交易基地打下基础。同时，杭州出口加工区已于 2013 年 6 月启动升级综合保税区的申报工作，目标通过整合升级推动产业转型升级。

2014 年，杭州出口加工区将加大产业转型升级和创新力度，以“拓功能、优环境、谋创新、重服务”的理念推动园区经济持续健康发展。

东芝厂房

杭州松下住宅生产线

杭州出口加工区一角

招商热线：0791－88161548 88161320　传真：0791－88161548 88161055

江西南昌出口加工区

南昌出口加工区于2006年5月经国务院批准设立，规划总面积1平方公里，其中一期（A区）0.31平方公里于2007年9月通过国家九部委验收正式封关运行，二期（B区）0.69平方公里于2010年12月28日通过国家九部委验收并正式封关运行。自2007年封关运行以来，南昌出口加工区始终本着“企业是园区生命力”的宗旨，在加强招商引资工作的同时，努力提升园区服务水平，助推区内企业做大做强，从而加快园区的产业聚集和辐射带动效应。历年来，园区累计引入企业19家，签约总投资达10.06亿美元，实现合同外资4.53亿美元，实际利用外资2.01亿美元、内资1.24亿元。基础设施建设投资近10亿人民币，建有标准厂房超过30万平方米，员工配套区近4万平方米，区内从业人员超过4 000人。2013年园区出口创汇首次突破5亿美元，园区进出口总量及出口创汇在中部9家出口加工区中位列第二，在省内4家出口加工区中位列第一。南昌出口加工区正逐步成为以光电产业先进制造为主导、以产业链高端延伸为带动、以保税物流功能服务为辐射的外向型经济核心平台。

区位图

区内企业

区内企业

出口加工区A区卡口

江西赣州出口加工区

赣州出口加工区于2007年5月9日经国务院批准设立，位于赣州经济技术开发区内，规划面积2.93平方公里，首期开发建设0.933平方公里；邻近105、323国道，距大广、蓉夏高速公路10公里，距赣州新机场16公里，距京九铁路赣州货运南站5公里，距火车客运站10公里，交通十分便捷。

赣州出口加工区实行“一次申报、一次审单、一次检查”，24小时通关服务的新通关模式。区内企业不仅享有海关提供的简单快捷的通关服务，还享受出口加工区特有的税收等优惠政策。出口加工区管理委员会、海关、检验检疫、银行、运输、仓储等机构一应俱全，落户企业不出园区即可办完一切进出手续，大大提高通关效率。

赣州出口加工区基础设施完善、配套设施齐全。设有监管大楼、卡口、监管仓库、验货平台、验货场地、监管系统、围网、巡逻通道及熏蒸房，完成了供水、供电、通信、雨水、污水管网等配套基础设施建设，实现了“七通一平”。已建成标准厂房10万平方米，员工宿舍14万平方米。

上海青浦出口加工区

2013 年，上海青浦出口加工区主要经济指标稳步增长，各项重点工作有序推进，全面实现了年度目标。100 家规模以上企业全年完成工业产值 207.95 亿元，同比增长 8.91%，位列全区第二名，增幅全区第一。其中，41 家亿元产值重点企业完成 184.75 亿元，占全部产值的 88.85%，同比上升 1.85%，重点企业贡献进一步扩大。全年完成全口径税收 9.48 亿元，同比增长 8.87%；完成区级地方收入 2.21 亿元，同比增长 5.9%。全年完成合同外资 8 209 万美元，到位资金 5 002 万美元；完成内资项目注册资金 3.11 亿元；引大引强引实 11 户；引进总部型企业 2 户。

完成固定资产投资 12.75 亿元，同比增长 16.97%，完成年度目标的 106.25%。其中，工业固定资产投资 11.92 亿元，同比增长 19.2%，完成年度目标的 108.36%。

全年共有 16 个项目开工，16 个项目竣工。3 条中修道路和 3 条新建道路完成施工，另有 9 条道路分别完成设计、立项、招投标等工作。全年实现动迁 186 户，完成全年确保目标任务 127 户的 146%。新城一站安置基地已完成桩基工程，正在进行基础施工。规模以上企业万元产值能耗下降 6.6%，超额完成区下达的 3% 的指标。

■ 发展趋势 ■

产业集聚初具规模

民用航空·青浦园：全年实现工业产值 20.03 亿元，税收 1 886 万元。新引入法荷航、啸翔、天致 3 家企业，累计引进包括普惠、东航等龙头企业 6 家。

尚之坊·时尚文化创意园：全年实现销售收入 5.91 亿元，税收 2 112 万元。新引进米格、尚层、昱购等 6 家企业，累计引进企业 20 家。

移动智地·上海移动互联网产业基地：全年实现销售收入 22.97 亿元，税收 1013 万元。

转型发展初显成效

企业转型方面：希悦尔包装已成立亚太区管理型总部；长悦涂料和毓恬冠佳已分别申报区、市研发中心，加工区内已经认定研发中心累计 7 家。

盘活闲置厂房方面：盘活闲置厂房 2.684 万平方米，完成全年目标 1.2 万平方米的 223.67%。

盘活闲置土地方面：开工项目 4 个，盘活闲置土地 4.8 万平方米。

中国·青岛出口加工区
Qingdao Export Processing Zone

青岛出口加工区是 2003 年 3 月 10 日经国务院批准设立的全国第三批出口加工区之一，同年 12 月 8 日通过国务院八部委联合验收，2004 年 8 月 3 日正式封关运作。经过近 10 年的运行，园区基础设施配套完善，截至 2013 年年底，累计引进项目 73 个，其中外资项目 66 个，投资总额 15.8 亿美元，合同外资 7 亿美元，实际利用外资 4.5 亿美元，已形成电子信息、装备制造、保税物流等几大优势特色产业。

自 2013 年以来，青岛出口加工区紧紧围绕青岛市“三城联动”战略部署，牢牢把握新国际机场建设和申报综合保税区两大战略机遇，全面实施“一二三四”发展战略：“一”是建立加工区与河套街道一体化和谐发展机制；“二”是实现园区由出口加工区向综合保税区转型，产业结构由单一的保税加工向保税物流和保税服务共同发展转型；“三”是把握抓规划调布局、抓项目提层次、抓财源增实力三个工作重点；“四”是打造国际保税物流检测中心、跨境金融租赁业务中心、进口商品保税展示交易中心、体育文化及生态休闲中心。努力建设胶州湾北部新城的外经外贸示范区、临空经济配套区和生态宜居商住区。

管委会领导走访企业

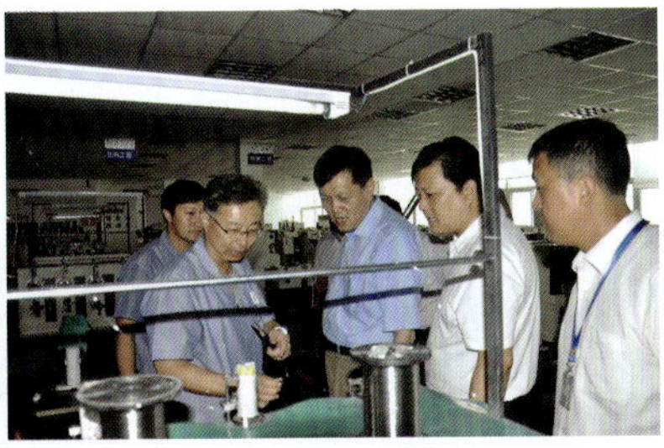

管委会领导走访企业

园区企业斯蒂尔动力二期厂房开业典礼

招商电话：021-64296666　网址：www.chj-pj.com

上海漕河泾出口加工区

上海漕河泾出口加工区于 2003 年经国务院批准设立，规划面积 2.9 平方公里，一期开发 0.9 平方公里。加工区于 2003 年 11 月成功通过国务院八部委验收，并于次年 3 月 1 日正式封关运作。上海漕河泾加工区经过多年不断的投入，基础设施配套齐全，管理机构运作成熟，各类服务措施到位，受到各行业投资商的青睐。加工区内已经建成标准厂房 11 万平方米，区内道路、供电、供水、排水、排污、供暖、照明、网络通信等基础设施已经完善，区内海关商检、金融服务、政策咨询、注册服务、报关服务等软环境一应俱全。

此外，由于加工区的对外辐射经济带动了周边地域经济的又一次快速发展，目前，与加工区毗邻的地块已建成多块高档住宅，大型的商业设施也纷纷落户周边，这些生活辅助设施使得出口加工区的投资环境有了本质的提高，也为加工区进一步招商引资打下了坚实的基础。

在 2013 年，漕河泾出口加工区进出口总额为 115.24 亿美元。其中，进口总额为 19.54 亿美元，出口总额为 95.70 亿美元。其进出口数据仍在中国出口加工区中位列前三。2013 年，园区共创造 2.2 万就业岗位。经过多年的发展，2013 年漕河泾出口加工区工业产值已提升至 624.37 亿元，园区每平方公里实现工业总产值 639 亿元。2013 年全年漕河泾出口加工区税收总额为 7.1 亿元。建区至今，漕河泾出口加工区累计进出口总额已达到 1 151.80 亿美元，经济发展水平位列全国出口加工区前列。

湖北武汉出口加工区

HUBEI WUHAN EXPORT PROCESSING ZONE

2000 年 4 月 27 日，湖北武汉出口加工区经国务院批准设立，成为全国首批 15 家试点之一。2001 年 6 月 20 日，湖北武汉出口加工区通过国家八部委的验收，正式封关运行。

加工区首期围网面积 0.3 平方公里，二期扩建后围网面积增加到 1.3 平方公里。在围网区内完成了道路、雨水、污水、给水、电力、电信和场地平整等基础设施建设，固定资产投资约 2 亿元。

湖北武汉出口加工区位于武汉经济技术开发区内，武汉经济技术开发区（下称开发区）于 1991 年 5 月动工兴建，1993 年 4 月经国务院批准为国家级经济技术开发区，2000 年 4 月国务院批准在区内设立湖北武汉出口加工区，2003 年科技部批准建立国家电动汽车研发、产业化及示范运营基地。2006 年 8 月，商务部、国家发展改革委批准在开发区设立“国家级汽车及零部件出口基地”。2011 年 4 月，环保部、科技部、商务部批准开发区建设“国家级生态工业园”。开发区主导产业特色鲜明。汽车及零部件产业是开发区支柱产业，已形成近 100 万辆整车产能。电子电器产业是开发区第二大支柱产业，代表企业有冠捷电子、武汉海尔、武汉美的、武汉格力等。此外，开发区还形成了造纸印刷包装、食品饮料、生物医药、环保新材料及装备制造等产业集群。

武汉出口加工区依托武汉经济技术开发区空间和产业布局现状，坚持“特色化、高端化、集群化”的开发路径，重视发展质量和效益，以具有比较优势的产业，具有产业集聚效应、辐射效应强的产业和适应转移趋势的产业作为园区主导产业，同时拓展保税物流、研发、检测、维修业务等功能，推动产业链、价值链上下游的紧密合作，从而形成布局集中、产业集聚、用地集约、效能集现的出口加工区综合优势。

电话：027-84297672 84297401 地址：武汉经济技术开发区海关大楼

浙江慈溪出口加工区

2005 年 6 月，浙江慈溪出口加工区经国务院批准设立，区域总规划面积 2 平方公里，一期开发面积 0.7 平方公里。2006 年 11 月，通过海关总署等九部委联合验收，正式封关运作。

该区按照“七通一平”标准配套建设道路、电力、供水、供热、供气、通讯、绿化等设施，具有 2 台 50 千伏箱变配，1 台 160 千伏箱变配；铺设了电信、网通 2 条线路；建成 6 800 平方米的海关监管场站和 1 000 平方米的监管仓库，单层 30 000 平方米的轻钢结构厂房，18 700 平方米的三层框架结构标准厂房及 10 栋员工宿舍。截至 2013 年，累计引进各类企业 27 家，项目总投资超过 20 亿元人民币；投入运作企业 18 家，其中生产企业 3 家，物流仓储企业 15 家，包括大型央企中国外运长航集团，国内最大的户外休闲用品制造商永强集团，香港上市企业兴业铜业国际集团投资的项目，世界 500 强 DHL 全球货运也入区开展国际配送业务。

2009 年，该区在原先加工制造的基础上叠加了保税物流、研发、检测、维修等功能，具有保税加工、保税物流、货物贸易、服务贸易等四大功能，可开展保税加工出口、国外采购保税仓储、国内采购出口集运、国际分拨及配送、中转及转口贸易、出口复进口，以及研发和检测、维修等业务。

2013 年，该区引进奕辉电子科技、西班牙加泰罗尼亚出口分拨、君璐红酒、京兰芯片物流等 6 个项目，总投资超过 3 亿元；实现进出区监管货值 3.1 亿美元，固定资产投资 1.9 亿元。

湖南郴州出口加工区

招商热线：0735-2654988

郴州出口加工区于2005年6月经国务院批准设立，2007年11月封关运行，是湖南省目前唯一的国家级出口加工区，2009年6月叠加保税物流功能。

郴州出口加工区重点发展以出口为主的电子视讯产业、保税物流业和有色金属新材料产业，有色金属新材料、电子信息产业已初具规模。目前园区共有加工贸易企业15家，主要是电子信息、新材料等产业。其中，电子信息主要产品有DVD影碟机、液晶电视、液晶显示器制造、电子变压器及电感等电子器件，以及手机及通讯电子产品的组装、测试和维修，代表企业有台达电子、华录、科达等；新材料产业主要产品有精铟、白银、氧化铅精矿的精深加工，代表企业有金旺、国达等。

开放度最高·政策最优·机制最活的国家特许经济区域

盐城综合保税区

江苏盐城综合保税区规划面积 2.28 平方公里，是江苏江北第一家综合保税区。封关区内已落户企业 36 家。其中，世界 500 强投资企业 6 家；外商投资企业 23 家，分别来自于美国、法国、英国、韩国、印度、俄罗斯、日本，以及中国香港、中国台湾等国家和地区。盐城综合保税区重点鼓励电子信息、汽车配件、高端装备、新能源、国际保税物流产业入区发展。

YANCHENG INTEGRATED FREE TRADE ZONE

江苏苏州高新区综合保税区

苏州高新区综合保税区位于苏州国家高新区北部，区域规划控制面积 3.51 平方公里，由原苏州高新区出口加工区和原苏州高新区保税物流中心（B 型）整合形成。全区以“信息化围网”手段进行监管，共分为口岸作业区、保税物流区、保税加工区 3 个功能区域。

截至 2013 年年底，苏州高新区综保区（含围网外）投产运营企业共计 143 家，其中保税加工企业 70 家，贸易企业 25 家，物流仓储等其他服务业企业 48 家，累计项目总投资 31.88 亿美元。2013 年全年，全区完成工业总产值 500 亿元，实现监管货值 538 亿美元，进出口总值 121 亿美元，其中出口 83 亿美元。

江苏泰州出口加工区

泰州是长三角经济圈16个中心城市之一，位于江苏中部，濒临长江，与苏州、无锡、常州隔江相望。泰州出口加工区紧邻泰州主城区，于2010年4月经国务院批准设立，规划面积1.76平方公里，其中0.99平方公里区域已封关运作。

泰州出口加工区着力发展以光电、电子信息、精密机械产业为主的先进制造业，同时努力拓展保税物流业、生产型服务业。区内基础设施完善，供电充足，园区海关实行24小时通关。园区现有土地资源及已建成的标准厂房、保税仓库，可满足各类企业的入驻需求。热忱欢迎国内外客商来泰州出口加工区考察、洽谈、投资兴业。

地址：泰州市永定西路泰州出口加工区办公楼212室　邮编：225312　电话：0523-80817303　传真：0523-80817305

福建泉州出口加工区

福建泉州出口加工区于2005年6月3日经国务院批准设立，2006年12月22日通过商务部、海关总署等国家九部委封关验收，2009年1月9日获批叠加保税区、保税物流园区的保税物流和研发、检测、维修等功能，2009年1月16日正式封关运作。泉州出口加工区是改革开放以来泉州市第一个具有开放功能的国家级的特殊经济区，是福建省内面积最大的保税区，具备保税物资仓储、中转、配送等所有功能，拥有“一日游”、保税深加工等政策优势，同时享受各级政府为“海西”建设提供的配套优惠政策。园区设立海关、商检专门办事机构，实行“境内关外”管理模式，入区企业享受“一次申报、一次审查、一次查验”24小时通关模式，手续办理方便快捷。

截至2013年12月份，全区累计引进项目62个（包括围网内保税区项目32个及围网外配套区项目30个，现已投产项目29个），项目总投资规模约25.938亿元，外资项目8个，合同外资1.054亿美元，涉及航空零部件修造、高档印刷、贵金属加工、光电电子、玻璃钢、塑胶、日用纸制品、新材料、机电设备、工程机械、研发、商贸物流等多个特色产业。

安徽芜湖出口加工区

电话：0553-5772018 5772016 5772017 5772785

芜湖出口加工区是国务院于 2002 年批准设立的国家级出口加工区，位于芜湖经济技术开发区内，规划面积 2.95 平方公里，已开发面积 2.17 平方公里。

芜湖出口加工区实行境内关外的管理模式，区内企业享有高效、便捷的通关服务。区内水、电、气等生产要素供应充裕，道路、绿化及物业环境良好，区外周边 300 米范围内有建筑面积 66 万平方米的生活、商务配套区，设施齐全，是投资者兴业的福地。

芜湖出口加工区，不仅拥有芜湖经济技术开发区的资源优势、产业优势、人才优势，而且具有国际加工、保税物流等优势，还是皖江地区复制、推广上海自由贸易区先行经验及发展跨境电子商务等新型业态的重要平台。

广东合捷国际供应链有限公司

广东合捷国际供应链有限公司是一家专业和勇于创新的供应链服务提供者，是佛塑科技集团股份有限公司和香港巨龙集团共同成立的合资企业，享有母公司在物流尖端技术和海内外广泛而优越的网络的支持。

合捷国际供应链拥有创新的供应链解决方案、专业人员和高效的运作队伍，为在中国营运的企业提供供应链服务，服务内容包括供应链的整合和全方位的物流服务，如运输、保税和非保税仓储服务、清关、商检、捡货、包装、拼装、拼箱、分拨、供应链信息管理和采购服务。

合捷国际供应链的客户群包括跨国的工业产品企业和著名的消费品品牌，也包括国内各种制成品和半成品的生产企业。

广州保税区洪翔物流有限公司

广州保税区洪翔物流有限公司成立于1998年3月，总资产超过3 000万人民币，有进出口经营权及报关报检、仓储和运输等资质，已通过ISO9001认证、RSQAS认证，并拥有自主知识产权的专业物流综合电子管理系统。公司员工120人左右，具有报关、报检专业资格人数超过30人，与多家跨国企业合作十年以上。

公司主要提供报关报检服务、代理进出口服务、保税物流园区业务、保税仓储服务、国内仓储服务、国际运输与国内配送服务、企业手册核销业务，另还提供专业物流策划服务、企业关务咨询服务、增值服务、其他个性化服务等。

公司在广州保税区、广州出口加工区、黄埔新港、黄埔新沙港、黄埔老港、白云机场等口岸均设有分公司，在国内设有多个大型仓库，规格高，配备齐全，安全可靠。

洪翔物流遵循“守法才能快捷”的经营理念，严格遵守国家相关的法律、法规，坚信只有诚信经营，才能树立信任，快捷通关。

地址：广州保税区东涌路5号　网址：www.elogistics.com.cn　电话：020-82224438　传真：020-82216897

江西九江出口加工区

江西九江出口加工区于2005年6月3日经国务院批准设立，总规划面积2.81平方公里。区内一期0.987平方公里于2006年6月正式封关运行，重点发展电子信息、光机电、精密机械等项目和一般加工贸易项目；区外规划面积10平方公里，重点发展玻纤新材料、光伏新能源、机械制造、食品饮料、彩印包装、环保设备等国家产业政策鼓励的加工制造业项目。出口加工区位于庐山西麓，鹤问湖畔，距离九江市中心区9公里、九江机场14公里、九江外贸码头15公里、昌北国际机场100公里，京九、武九、合九、铜九、昌九等5条铁路在此交汇，福银、杭瑞、合九、武九、大广等5条高速公路从旁经过。

园区先后投入8亿元用于开发建设和生态绿化建设，已建成园区道路20公里，标准厂房、生活配套设施共22万平方米，基础设施完备，海关、检验检疫、电信、邮政、银行超市、酒店餐饮、医疗教育、公交物流、员工公寓、休闲娱乐等各类配套服务设施齐全。园区基本形成了以旭阳雷迪为龙头的新能源产业，以巨石玻纤为龙头的新材料产业，以佳能数码相机、尚诺电子、瀚森科技为龙头的电子信息产业发展格局。2013年出口加工区实现出口40 367万美元。

按照“将九江出口加工区作为江西省第一个创建绿色生态工业园试点园区”的指示精神，九江出口加工区紧扣加快项目建设发展园区经济，加快设施配套推进生态建设两大主题，努力创建资源节约型、环境友好型、经济循环型、生活配套型的绿色生态工业园。

沈阳综合保税区

沈阳综合保税区于2011年9月7日经国务院批准设立，规划面积7.2平方公里，一期启动1.854平方公里，于2012年10月30日顺利通过国家十部委的联合验收。

沈阳综合保税区始终围绕“建设内陆一流综合保税区，助推沈阳外向型经济跨越式发展”这一总体目标，打造装备制造业进出口基地和保税商品展览展示交易中心。区块一位于沈阳近海经济区范围内，主要依托沈西工业走廊和沈阳近海经济区的资源优势，吸引大型仓储、分拨、配送型物流企业及加工贸易企业入驻，突出保税加工和保税物流功能；区块二位于沈阳浑南新区范围内，主要依托高新技术产业集群优势及背靠桃仙机场的区位优势，吸引高科技、高附加值产业入驻，突出口岸通关和保税加工功能。

沈阳综合保税区服务温馨、环境一流，行政审批服务中心为驻区企业提供优质高效的服务，综合保税区海关实行一次申报、一次查验、一次放行的“三个一次”通关模式，实现高效便捷通关。

沈阳综合保税区必将开启沈阳的港城时代，进一步完善和提升沈阳作为国家级中心城市的功能与地位，进而推动整个东北地区外向型经济的快速发展，实现沈阳经济区与辽宁沿海经济带的良性互动。

福建福州出口加工区

福州出口加工区于2005年6月经国务院批准成立，规划面积1.14平方公里，位于福州市区东面闽江出海口，坐落在宜居宜业、开放现代的福州马尾新城，镶嵌在海峡西岸经济区——两岸经贸往来的最前沿，集聚海关特殊监管区域功能和政策优势。

福州出口加工区首期用地内已建成各项隔离和监管设施，实现了区内“七通一平”基础设施配套；引进东芝照明、华昆特种汽车配件等18家企业，总投资7 243万美元；入区开展保税物流业务的企业已达70多家，保税物流业务辐射福州市区、闽东和闽北地区，大大促进区域物流服务业，政策园区的平台效益显著。2013年，园区完成工业产值2亿元，税收收入为6.28亿元(含海关税收及代征税)，完成2.33万单保税物流业务，货运量达120万吨，进出区货值为24.8亿美元，进出口总额为4 383万美元。福州出口加工区将以承接国际制造业、国际物流配送产业、服务贸易业为主，打造集保税加工、保税物流和贸易服务于一体的外向型产业集聚区。

华东信息科技有限公司

www.ecidh.com

华东信息科技有限公司是立足长三角、面向全国的口岸信息和物流信息的软件开发和平台运营企业。公司的研发和运行中心设在昆山，在北京、上海、南京、苏州工业园区、成都、重庆、杭州等地都设有分公司、办事处及子公司。

公司自 2003 年成立以来，始终致力于开发物流信息平台，以及电子商务和电子政务集成软件，为华东地区的众多大型跨国企业和全国海关特殊监管区域提供全面的物流解决方案。

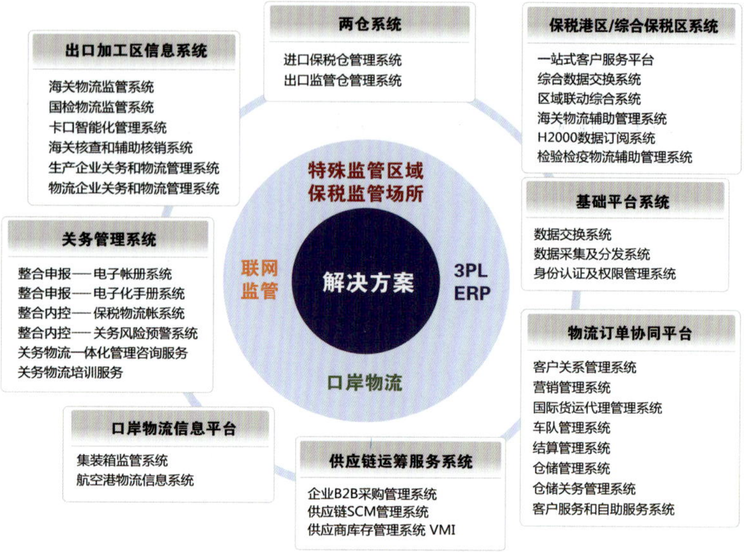

企业文化

- 质量方针：开发顾客需求，缔造行业精品，提供优质服务，提高管理效益。
- 公司使命：通过不断创新，为顾客创造价值，成为受人敬仰的公司。
- 公司理念：流畅地进行物流、资金流、信息流的传递，实现电子政务和电子商务的合二为一。
- 公司口号：服务赢得尊重，细节决定成败。
- 我们的追求：提供整体物流解决方案，降低企业物流成本。
- 公司定位：保税加工与保税物流 IT 专家。

解决方案

- 为全国特殊监管区域提供信息管理平台方案及系统，同时提供物流平台的运营服务；
- 为大型物流企业和 3PL 提供 Logistics Hub 和 VMI Hub 的平台建设和运营服务；
- 为跨国公司和进出口企业提供加工贸易联网监管、数据传输和采集、电子报关和通关的专业管理软件；
- 为地方电子口岸提供规划咨询服务及信息化解决方案。

公司荣誉

- 获得 2007 年度全国优秀民营科技企业“民营科技发展贡献奖”；
- 2008 年江苏省中小企业信息化服务示范单位；
- 2008 年通过 ISO9001 质量管理体系认证；
- 2009 年 6 月通过 ISO9001 认证；
- 2009 年 10 月通过 CMMI3 认证；
- 2010 年成为江苏省规划布局内重点软件企业；
- 2011 年 9 月通过 ISO27001 信息安全体系认证；
- 2011 年通过江苏省软件企业技术中心认定；
- 2013 年通过计算机信息系统集成企业资质认定。

编辑说明

一、《中国保税区出口加工区年鉴》（以下简称《年鉴》）是由中国保税区出口加工区协会主编，中国海关出版社编辑出版的大型资料性实用工具书，公开向国内外发行。

二、《年鉴》的宗旨是面向海内外政府官员、投资商、研究机构、科技界及其他各界人士，用翔实的统计数据和文字全面、系统、准确地介绍中国保税区、出口加工区、保税港区（综合保税区）的开发建设历程和成就，介绍其基础条件、投资环境及有关法规和优惠政策等，为各有关机构与单位提供媒介服务，以推动中国保税区、出口加工区、保税港区（综合保税区）经济的协调发展。

三、《年鉴》中的数据已经上海市外高桥保税区统计调查所审核，《年鉴》部分区域经济发展分析中的数据，由于统计口径不同，方法不一，可能出现不一致，应以统计资料篇中的数据为准。

四、《年鉴》中的数据表格“比上年增长（%）”显示为“—”或“-100”的，表示上年同期数据没有或不可比。

五、《年鉴》中的数据表格如“历年招商引资情况表”、“历年外商投资情况表”中的“历年”数据截至2013年年底。

六、《年鉴》中深圳保税区包括福田、盐田港和沙头角3家保税区。

七、《年鉴》在编撰过程中，得到了海关总署领导及各保税区、出口加工区、保税港区（综合保税区）领导和有关人员的关心和支持，在此深表谢意。

八、由于我们水平有限，经验不足，请社会各界对《年鉴》提出宝贵意见。今后我们将充分汇集保税区、出口加工区、保税港区（综合保税区）的信息资料，逐步充实《年鉴》内容，使其发挥更大的作用。

《中国保税区出口加工区年鉴》编辑部

2014年8月

目　录

文献法规篇

文字资料篇

保税区（保税物流园区）

出口加工区

保税港区（综合保税区）

统计资料篇

保税区（保税物流园区）

出口加工区

保税港区（综合保税区）

工作与研究篇

文献法规篇

中华人民共和国海关总署令 第211号

（关于公布《中华人民共和国海关审定内销保税货物完税价格办法》的令）

《中华人民共和国海关审定内销保税货物完税价格办法》已于2013年12月9日经海关总署署务会议审议通过，现予公布，自2014年2月1日起施行。

署 长

2013年12月25日

中华人民共和国海关审定内销保税货物完税价格办法

第一条 为了正确审查确定内销保税货物的完税价格，根据《中华人民共和国海关法》、《中华人民共和国进出口关税条例》及其他有关法律、行政法规的规定，制定本办法。

第二条 海关审查确定内销保税货物完税价格，适用本办法。涉嫌走私的内销保税货物计税价格的核定，不适用本办法。

第三条 内销保税货物的完税价格，由海关以该货物的成交价格为基础审查确定。

第四条 进料加工进口料件或者其制成品（包括残次品）内销时，海关以料件原进口成交价格为基础审查确定完税价格。

属于料件分批进口，并且内销时不能确定料件原进口一一对应批次的，海关可按照同项号、同品名和同税号的原则，以其合同有效期内或电子账册核销周期内已进口料件的成交价格计算所得的加权平均价为基础审查确定完税价格。

合同有效期内或电子账册核销周期内已进口料件的成交价格加权平均价难以计算或者难以确定的，海关以客观可量化的当期进口料件成交价格的加权平均价为基础审查确定完税价格。

第五条 来料加工进口料件或者其制成品（包括残次品）内销时，海关以接受内销申报的同时或者大约同时进口的与料件相同或者类似的保税货物的进口成交价格为基础审查确定完税价格。

第六条 加工企业内销的加工过程中产生的边角料或者副产品，以其内销价格为基础审查确定完税价格。

副产品并非全部使用保税料件生产所得的，海关以保税料件在投入成本核算中所占比重计算结果为基础审查确定完税价格。

按照规定需要以残留价值征税的受灾保税货物，海关以其内销价格为基础审查确定完税价格。按照规定应折算成料件征税的，海关以各项保税料件占构成制成品（包括残次品）全部料件的价值比重计算结果为基础审查确定完税价格。

边角料、副产品和按照规定需要以残留价值征税的受灾保税货物经海关允许采用拍卖方式内销时，海关以其拍卖价格为基础审查确定完税价格。

第七条 深加工结转货物内销时，海关以该结转货物的结转价格为基础审查确定完税价格。

第八条 保税区内企业内销的保税加工进口料件或者其制成品，海关以其内销价格为基础审查确定完税价格。

保税区内企业内销的保税加工制成品中，如果含有从境内采购的料件，海关以制成品所含从境外购入料件的原进口成交价格为基础审查确定完税价格。

保税区内企业内销的保税加工进口料件或者其制成品的完税价格依据本条前两款规定不能确定的，海关以接受内销申报的同时或者大约同时内销的相同或者类似的保税货物的内销价格为基础审查确定完税价格。

第九条 除保税区以外的海关特殊监管区域内企业内销的保税加工料件或者其制成品，以其内销价格为基础审查确定完税价格。

除保税区以外的海关特殊监管区域内企业内销的保税加工料件或者其制成品的内销价格不能确定的，海关以接受内销申报的同时或者大约同时内销的相同或者类似的保税货物的内销价格为基础审查确定完税价格。

除保税区以外的海关特殊监管区域内企业内销的保税加工制成品、相同或者类似的保税货物的内销价格不能确定的，海关以生产该货物的成本、利润和一般费用计算所得的价格为基础审查确定完税价格。

第十条 海关特殊监管区域内企业内销的保税加工过程中产生的边角料、废品、残次品和副产品，以其内销价格为基础审查确定完税价格。

海关特殊监管区域内企业经海关允许采用拍卖方式内销的边角料、废品、残次品和副产品，海关以其拍卖价格为基础审查确定完税价格。

第十一条 海关特殊监管区域、保税监管场所内企业内销的保税物流货物，海关以该货物运出海关特殊监管区域、保税监管场所时的内销价格为基础审查确定完税价格；该内销价格包含的能够单独列明的海关特殊监管区域、保税监管场所内发生的保险费、仓储费和运输及其相关费用，不计入完税价格。

第十二条 海关特殊监管区域内企业内销的研发货物，海关依据本办法第八条、第九条、第十条的规定审查确定完税价格。海关特殊监管区域内企业内销的检测、展示货物，海关依据本办法第十一条的规定审查确定完税价格。

第十三条 内销保税货物的完税价格不能依据本办法第四至十二条规定确定的，海关依次以下列价格估定该货物的完税价格：

（一）与该货物同时或者大约同时向中华人民共和国境内销售的相同货物的成交价格。

（二）与该货物同时或者大约同时向中华人民共和国境内销售的类似货物的成交价格。

（三）与该货物进口的同时或者大约同时，将该进口货物、相同或者类似进口货物在第一级销售环节销售给无特殊关系买方最大销售总量的单位价格，但应当扣除以下项目：

1. 同等级或者同种类货物在中华人民共和国境内第一级销售环节销售时通常的利润和一般费用以及通常支付的佣金；

2. 进口货物运抵境内输入地点起卸后的运输及其相关费用、保险费。

3. 进口关税及国内税收。

（四）按照下列各项总和计算的价格：生产该货物所使用的料件成本和加工费用，向中华人民共和国境内销售同等级或者同种类货物通常的利润和一般费用，该货物运抵境内输入地点起卸前的运输及其相关费用、保险费。

（五）以合理方法估定的价格。

纳税义务人向海关提供有关资料后，可以提出申请，颠倒前款第（三）项和第（四）项的适用次序。

第十四条 本办法中下列用语的含义：

内销保税货物，包括因故转为内销需要征税的加工贸易货物、海关特殊监管区域内货物、保税监管场所内货物和因其他原因需要按照内销征税办理的保税货物，但不包括以下项目：

（一）海关特殊监管区域、保税监管场所内生产性的基础设施建设项目所需的机器、设备和建设所需的基建物资；

（二）海关特殊监管区域、保税监管场所内企业开展生产或综合物流服务所需的机器、设备、模具及其维修用零配件；

（三）海关特殊监管区域、保税监管场所内企业和行政管理机构自用的办公用品、生活消费用品和交通运输工具。

内销价格，是指向国内企业销售保税货物时买卖双方订立的价格，是国内企业为购买保税货物而向卖方（保税企业）实际支付或者应当支付的全部价款，但不包括关税和进口环节海关代征税。

拍卖价格，是指国家注册的拍卖机构对海关核准参与交易的保税货物履行合法有效的拍卖程序，竞买人依拍卖规定获得拍卖标的物的价格。

结转价格，是指深加工结转企业间买卖加工贸易货物时双方订立的价格，是深加工结转转入企业为购买加工贸易货物而向深加工结转转出企业实际支付或者应当支付的全部价款。

第十五条 纳税义务人对海关确定完税价格有异议的，应当按照海关作出的相关行政决定缴纳税款，并可以依法向上一级海关申请复议。对复议决定不服的，可以依法向人民法院提起行政诉讼。

第十六条 违反本办法规定，构成走私或者违反海关监管规定行为的，由海关依照《中华人民共和国海关法》和《中华人民共和国海关行政处罚实施条例》的有关规定予以处理；构成犯罪的，依法追究刑事责任。

第十七条 本办法由海关总署负责解释。

第十八条 本办法自2014年2月1日起施行。

中华人民共和国海关总署令 第212号

（关于公布《海关总署关于修改〈中华人民共和国海关暂时进出境货物管理办法〉的决定》的令）

《海关总署关于修改〈中华人民共和国海关暂时进出境货物管理办法〉的决定》已于2013年12月9日经海关总署署务会议审议通过，现予公布，自2014年2月1日起施行。

署　长

2013年12月25日

海关总署关于修改《中华人民共和国海关暂时进出境货物管理办法》的决定

根据财政部、国家发展改革委有关通知，“ATA单证册调整费”正式取消，海关总署决定对《中华人民共和国海关暂时进出境货物管理办法》（2007年3月1日海关总署令第157号公布）作如下修改：

删除该办法第三十四条第二款“发生前款规定情形的，ATA单证册持证人应当按照规定向海关交纳调整费。在我国海关尚未发出《ATA单证册追索通知书》前，如果持证人凭其他国海关出具的货物已经运离我国关境的证明要求予以核销单证册的，海关免予收取调整费”的表述。

《中华人民共和国海关暂时进出境货物管理办法》根据本决定作相应修改，重新公布。

本决定自2014年2月1日起施行。

附件　中华人民共和国海关暂时进出境货物管理办法（略）

中华人民共和国海关总署令 第213号

（关于公布《中华人民共和国海关审定
进出口货物完税价格办法》的令）

《中华人民共和国海关审定进出口货物完税价格办法》已于2013年12月9日经海关总署署务会议审议通过，现予公布，自2014年2月1日起施行。

署 长
2013年12月25日

中华人民共和国海关审定进出口货物完税价格办法

第一章 总 则

第一条 为了正确审查确定进出口货物的完税价格，根据《中华人民共和国海关法》（以下简称《海关法》）、《中华人民共和国进出口关税条例》的规定，制定本办法。

第二条 海关审查确定进出口货物的完税价格，应当遵循客观、公平、统一的原则。

第三条 海关审查确定进出口货物的完税价格，适用本办法。

内销保税货物完税价格的确定，准许进口的进境旅客行李物品、个人邮递物品以及其他个人自用物品的完税价格的确定，涉嫌走私的进出口货物、物品的计税价格的核定，不适用本办法。

第四条 海关应当按照国家有关规定，妥善保管纳税义务人提供的涉及商业秘密的资料，除法律、行政法规另有规定外，不得对外提供。

纳税义务人可以书面向海关提出为其保守商业秘密的要求，并且具体列明需要保密的内容，但是不得以商业秘密为理由拒绝向海关提供有关资料。

第二章 进口货物的完税价格

第一节 进口货物完税价格确定方法

第五条 进口货物的完税价格，由海关以该货物的成交价格为基础审查确定，并且应当包括货物运抵中华人民共和国境内输入地点起卸前的运输及其相关费用、保险费。

第六条 进口货物的成交价格不符合本章第二节规定的，或者成交价格不能确定的，海关经了解有关情况，并且与纳税义务人进行价格磋商后，依次以下列方法审查确定该货物的完税价格：

（一）相同货物成交价格估价方法；

（二）类似货物成交价格估价方法；

（三）倒扣价格估价方法；

（四）计算价格估价方法；

（五）合理方法。

纳税义务人向海关提供有关资料后，可以提出申请，颠倒前款第（三）项和第（四）项的适用次序。

第二节　成交价格估价方法

第七条　进口货物的成交价格，是指卖方向中华人民共和国境内销售该货物时买方为进口该货物向卖方实付、应付的，并且按照本章第三节的规定调整后的价款总额，包括直接支付的价款和间接支付的价款。

第八条　进口货物的成交价格应当符合下列条件：

（一）对买方处置或者使用进口货物不予限制，但是法律、行政法规规定实施的限制、对货物销售地域的限制和对货物价格无实质性影响的限制除外；

（二）进口货物的价格不得受到使该货物成交价格无法确定的条件或者因素的影响；

（三）卖方不得直接或者间接获得因买方销售、处置或者使用进口货物而产生的任何收益，或者虽然有收益但是能够按照本办法第十一条第一款第（四）项的规定做出调整；

（四）买卖双方之间没有特殊关系，或者虽然有特殊关系但是按照本办法第十七条、第十八条的规定未对成交价格产生影响。

第九条　有下列情形之一的，应当视为对买方处置或者使用进口货物进行了限制：

（一）进口货物只能用于展示或者免费赠送的；

（二）进口货物只能销售给指定第三方的；

（三）进口货物加工为成品后只能销售给卖方或者指定第三方的；

（四）其他经海关审查，认定买方对进口货物的处置或者使用受到限制的。

第十条　有下列情形之一的，应当视为进口货物的价格受到了使该货物成交价格无法确定的条件或者因素的影响：

（一）进口货物的价格是以买方向卖方购买一定数量的其他货物为条件而确定的；

（二）进口货物的价格是以买方向卖方销售其他货物为条件而确定的；

（三）其他经海关审查，认定货物的价格受到使该货物成交价格无法确定的条件或者因素影响的。

第三节　成交价格的调整项目

第十一条　以成交价格为基础审查确定进口货物的完税价格时，未包括在该货物实付、应付价格中的下列费用或者价值应当计入完税价格：

（一）由买方负担的下列费用：

1. 除购货佣金以外的佣金和经纪费；

2. 与该货物视为一体的容器费用；

3. 包装材料费用和包装劳务费用。

（二）与进口货物的生产和向中华人民共和国境内销售有关的，由买方以免费或者以低于成本的方式提供，并且可以按适当比例分摊的下列货物或者服务的价值：

1. 进口货物包含的材料、部件、零件和类似货物；

2. 在生产进口货物过程中使用的工具、模具和类似货物；

3. 在生产进口货物过程中消耗的材料；

4. 在境外进行的为生产进口货物所需的工程设计、技术研发、工艺及制图等相关服务。

（三）买方需向卖方或者有关方直接或者间接支付的特许权使用费，但是符合下列情形之一的除外：

1. 特许权使用费与该货物无关；

2. 特许权使用费的支付不构成该货物向中华人民共和国境内销售的条件。

（四）卖方直接或者间接从买方对该货物进口后销售、处置或者使用所得中获得的收益。

纳税义务人应当向海关提供本条所述费用或者价值的客观量化数据资料。纳税义务人不能提供的，海关与纳税义务人进行价格磋商后，按照本办法第六条列明的方法审查确定完税价格。

第十二条 在根据本办法第十一条第一款第（二）项确定应当计入进口货物完税价格的货物价值时，应当按照下列方法计算有关费用：

（一）由买方从与其无特殊关系的第三方购买的，应当计入的价值为购入价格；

（二）由买方自行生产或者从有特殊关系的第三方获得的，应当计入的价值为生产成本；

（三）由买方租赁获得的，应当计入的价值为买方承担的租赁成本；

（四）生产进口货物过程中使用的工具、模具和类似货物的价值，应当包括其工程设计、技术研发、工艺及制图等费用。

如果货物在被提供给卖方前已经被买方使用过，应当计入的价值为根据国内公认的会计原则对其进行折旧后的价值。

第十三条 符合下列条件之一的特许权使用费，应当视为与进口货物有关：

（一）特许权使用费是用于支付专利权或者专有技术使用权，且进口货物属于下列情形之一的：

1. 含有专利或者专有技术的；

2. 用专利方法或者专有技术生产的；

3. 为实施专利或者专有技术而专门设计或者制造的。

（二）特许权使用费是用于支付商标权，且进口货物属于下列情形之一的：

1. 附有商标的；

2. 进口后附上商标直接可以销售的；

3. 进口时已含有商标权，经过轻度加工后附上商标即可以销售的。

（三）特许权使用费是用于支付著作权，且进口货物属于下列情形之一的：

1. 含有软件、文字、乐曲、图片、图像或者其他类似内容的进口货物，包括磁带、磁盘、光盘或者其他类似载体的形式；

2. 含有其他享有著作权内容的进口货物。

（四）特许权使用费是用于支付分销权、销售权或者其他类似权利，且进口货物属于下列情形之一的：

1. 进口后可以直接销售的；

2. 经过轻度加工即可以销售的。

第十四条 买方不支付特许权使用费则不能购得进口货物，或者买方不支付特许权使用费则该货物不能以合同议定的条件成交的，应当视为特许权使用费的支付构成进口货物向中华人民共和国境内销售的条件。

第十五条 进口货物的价款中单独列明的下列税收、费用，不计入该货物的完税价格：

（一）厂房、机械或者设备等货物进口后发生的建设、安装、装配、维修或者技术援助费用，但是保修费用除外；

（二）进口货物运抵中华人民共和国境内输入地点起卸后发生的运输及其相关费用、保险费；

（三）进口关税、进口环节海关代征税及其他国内税；

（四）为在境内复制进口货物而支付的费用；

（五）境内外技术培训及境外考察费用。

同时符合下列条件的利息费用不计入完税价格：

（一）利息费用是买方为购买进口货物而融资所产生的；

（二）有书面的融资协议的；

（三）利息费用单独列明的；

（四）纳税义务人可以证明有关利率不高于在融资当时当地此类交易通常应当具有的利率水平，且没有融资安排的相同或者类似进口货物的价格与进口货物的实付、应付价格非常接近的。

第四节　特殊关系

第十六条　有下列情形之一的，应当认为买卖双方存在特殊关系：

（一）买卖双方为同一家族成员的；

（二）买卖双方互为商业上的高级职员或者董事的；

（三）一方直接或者间接地受另一方控制的；

（四）买卖双方都直接或者间接地受第三方控制的；

（五）买卖双方共同直接或者间接地控制第三方的；

（六）一方直接或者间接地拥有、控制或者持有对方5%以上（含5%）公开发行的有表决权的股票或者股份的；

（七）一方是另一方的雇员、高级职员或者董事的；

（八）买卖双方是同一合伙的成员的。

买卖双方在经营上相互有联系，一方是另一方的独家代理、独家经销或者独家受让人，如果符合前款的规定，也应当视为存在特殊关系。

第十七条　买卖双方之间存在特殊关系，但是纳税义务人能证明其成交价格与同时或者大约同时发生的下列任何一款价格相近的，应当视为特殊关系未对进口货物的成交价格产生影响：

（一）向境内无特殊关系的买方出售的相同或者类似进口货物的成交价格；

（二）按照本办法第二十三条的规定所确定的相同或者类似进口货物的完税价格；

（三）按照本办法第二十五条的规定所确定的相同或者类似进口货物的完税价格。

海关在使用上述价格进行比较时，应当考虑商业水平和进口数量的不同，以及买卖双方有无特殊关系造成的费用差异。

第十八条　海关经对与货物销售有关的情况进行审查，认为符合一般商业惯例的，可以确定特殊关系未对进口货物的成交价格产生影响。

第五节　除成交价格估价方法以外的其他估价方法

第十九条　相同货物成交价格估价方法，是指海关以与进口货物同时或者大约同时向中华人民共和国境内销售的相同货物的成交价格为基础，审查确定进口货物的完税价格的估价方法。

第二十条　类似货物成交价格估价方法，是指海关以与进口货物同时或者大约同时向中华人民共和国境内销售的类似货物的成交价格为基础，审查确定进口货物的完税价格的估价方法。

第二十一条　按照相同或者类似货物成交价格估价方法的规定审查确定进口货物的完税价格时，应当使用与该货物具有相同商业水平且进口数量基本一致的相同或者类似货物的成交价格。使用上述价格时，应当以客观量化的数据资料，对该货物与相同或者类似货物之间由于运输距离和运输方式不同而在成本和其他费用方面产生的差异进行调整。

在没有前款所述的相同或者类似货物的成交价格的情况下，可以使用不同商业水平或者不同进口数量的相同或者类似货物的成交价格。使用上述价格时，应当以客观量化的数据资料，对因商业水平、进口数量、运输距离和运输方式不同而在价格、成本和其他费用方面产生的差异做出调整。

第二十二条 按照相同或者类似货物成交价格估价方法审查确定进口货物的完税价格时，应当首先使用同一生产商生产的相同或者类似货物的成交价格。

没有同一生产商生产的相同或者类似货物的成交价格的，可以使用同一生产国或者地区其他生产商生产的相同或者类似货物的成交价格。

如果有多个相同或者类似货物的成交价格，应当以最低的成交价格为基础审查确定进口货物的完税价格。

第二十三条 倒扣价格估价方法，是指海关以进口货物、相同或者类似进口货物在境内的销售价格为基础，扣除境内发生的有关费用后，审查确定进口货物完税价格的估价方法。该销售价格应当同时符合下列条件：

（一）是在该货物进口的同时或者大约同时，将该货物、相同或者类似进口货物在境内销售的价格；

（二）是按照货物进口时的状态销售的价格；

（三）是在境内第一销售环节销售的价格；

（四）是向境内无特殊关系方销售的价格；

（五）按照该价格销售的货物合计销售总量最大。

第二十四条 按照倒扣价格估价方法审查确定进口货物完税价格的，下列各项应当扣除：

（一）同等级或者同种类货物在境内第一销售环节销售时，通常的利润和一般费用（包括直接费用和间接费用）以及通常支付的佣金；

（二）货物运抵境内输入地点起卸后的运输及其相关费用、保险费；

（三）进口关税、进口环节海关代征税及其他国内税。

如果该货物、相同或者类似货物没有按照进口时的状态在境内销售，应纳税义务人要求，可以在符合本办法第二十三条规定的其他条件的情形下，使用经进一步加工后的货物的销售价格审查确定完税价格，但是应当同时扣除加工增值额。

前款所述的加工增值额应当依据与加工成本有关的客观量化数据资料，该行业公认的标准、计算方法及其他的行业惯例计算。

按照本条的规定确定扣除的项目时，应当使用与国内公认的会计原则相一致的原则和方法。

第二十五条 计算价格估价方法，是指海关以下列各项的总和为基础，审查确定进口货物完税价格的估价方法：

（一）生产该货物所使用的料件成本和加工费用；

（二）向境内销售同等级或者同种类货物通常的利润和一般费用（包括直接费用和间接费用）；

（三）该货物运抵境内输入地点起卸前的运输及相关费用、保险费。

按照前款的规定审查确定进口货物的完税价格时，海关在征得境外生产商同意并且提前通知有关国家或者地区政府后，可以在境外核实该企业提供的有关资料。

按照本条第一款的规定确定有关价值或者费用时，应当使用与生产国或者地区公认的会计原则相一致的原则和方法。

第二十六条 合理方法，是指当海关不能根据成交价格估价方法、相同货物成交价格估价方法、类似货物成交价格估价方法、倒扣价格估价方法和计算价格估价方法确定完税价格时，海关根据本办法第二条规定的原则，以客观量化的数据资料为基础审查确定进口货物完税价格的估价方法。

第二十七条 海关在采用合理方法确定进口货物的完税价格时，不得使用以下价格：

（一）境内生产的货物在境内的销售价格；

（二）可供选择的价格中较高的价格；

（三）货物在出口地市场的销售价格；

（四）以本办法第二十五条规定之外的价值或者费用计算的相同或者类似货物的价格；

（五）出口到第三国或者地区的货物的销售价格；

（六）最低限价或者武断、虚构的价格。

第三章 特殊进口货物的完税价格

第二十八条 运往境外修理的机械器具、运输工具或者其他货物，出境时已向海关报明，并且在海关规定的期限内复运进境的，应当以境外修理费和料件费为基础审查确定完税价格。

出境修理货物复运进境超过海关规定期限的，由海关按照本办法第二章的规定审查确定完税价格。

第二十九条 运往境外加工的货物，出境时已向海关报明，并且在海关规定期限内复运进境的，应当以境外加工费和料件费以及该货物复运进境的运输及其相关费用、保险费为基础审查确定完税价格。

出境加工货物复运进境超过海关规定期限的，由海关按照本办法第二章的规定审查确定完税价格。

第三十条 经海关批准的暂时进境货物，应当缴纳税款的，由海关按照本办法第二章的规定审查确定完税价格。经海关批准留购的暂时进境货物，以海关审查确定的留购价格作为完税价格。

第三十一条 租赁方式进口的货物，按照下列方法审查确定完税价格：

（一）以租金方式对外支付的租赁货物，在租赁期间以海关审查确定的租金作为完税价格，利息应当予以计入；

（二）留购的租赁货物以海关审查确定的留购价格作为完税价格；

（三）纳税义务人申请一次性缴纳税款的，可以选择申请按照本办法第六条列明的方法确定完税价格，或者按照海关审查确定的租金总额作为完税价格。

第三十二条 减税或者免税进口的货物应当补税时，应当以海关审查确定的该货物原进口时的价格，扣除折旧部分价值作为完税价格，其计算公式如下：

$$\text{完税价格} = \frac{\text{海关审查确定的}}{\text{该货物原进口时的价格}} \times \left[1 - \frac{\text{补税时实际已进口的时间（月）}}{\text{监管年限} \times 12}\right]$$

上述计算公式中“补税时实际已进口的时间”按月计算，不足 1 个月但是超过 15 日的，按照 1 个月计算；不超过 15 日的，不予计算。

第三十三条 易货贸易、寄售、捐赠、赠送等不存在成交价格的进口货物，海关与纳税义务人进行价格磋商后，按照本办法第六条列明的方法审查确定完税价格。

第三十四条 进口载有专供数据处理设备用软件的介质，具有下列情形之一的，应当以介质本身的价值或者成本为基础审查确定完税价格：

（一）介质本身的价值或者成本与所载软件的价值分列；

（二）介质本身的价值或者成本与所载软件的价值虽未分列，但是纳税义务人能够提供介质本身的价值或者成本的证明文件，或者能提供所载软件价值的证明文件。

含有美术、摄影、声音、图像、影视、

游戏、电子出版物的介质不适用前款规定。

第四章　进口货物完税价格中的运输及其相关费用、保险费的计算

第三十五条　进口货物的运输及其相关费用，应当按照由买方实际支付或者应当支付的费用计算。如果进口货物的运输及其相关费用无法确定的，海关应当按照该货物进口同期的正常运输成本审查确定。

运输工具作为进口货物，利用自身动力进境的，海关在审查确定完税价格时，不再另行计入运输及其相关费用。

第三十六条　进口货物的保险费，应当按照实际支付的费用计算。如果进口货物的保险费无法确定或者未实际发生，海关应当按照“货价加运费”两者总额的3‰计算保险费，其计算公式如下：

保险费＝（货价＋运费）×3‰

第三十七条　邮运进口的货物，应当以邮费作为运输及其相关费用、保险费。

第五章　出口货物的完税价格

第三十八条　出口货物的完税价格由海关以该货物的成交价格为基础审查确定，并且应当包括货物运至中华人民共和国境内输出地点装载前的运输及其相关费用、保险费。

第三十九条　出口货物的成交价格，是指该货物出口销售时，卖方为出口该货物应当向买方直接收取和间接收取的价款总额。

第四十条　下列税收、费用不计入出口货物的完税价格：

（一）出口关税；

（二）在货物价款中单独列明的货物运至中华人民共和国境内输出地点装载后的运输及其相关费用、保险费。

第四十一条　出口货物的成交价格不能确定的，海关经了解有关情况，并且与纳税义务人进行价格磋商后，依次以下列价格审查确定该货物的完税价格：

（一）同时或者大约同时向同一国家或者地区出口的相同货物的成交价格；

（二）同时或者大约同时向同一国家或者地区出口的类似货物的成交价格；

（三）根据境内生产相同或者类似货物的成本、利润和一般费用（包括直接费用和间接费用）、境内发生的运输及其相关费用、保险费计算所得的价格；

（四）按照合理方法估定的价格。

第六章　完税价格的审查确定

第四十二条　纳税义务人向海关申报时，应当按照本办法的有关规定，如实向海关提供发票、合同、提单、装箱清单等单证。

根据海关要求，纳税义务人还应当如实提供与货物买卖有关的支付凭证以及证明申报价格真实、准确的其他商业单证、书面资料和电子数据。

货物买卖中发生本办法第二章第三节所列的价格调整项目的，或者发生本办法三十五条所列的运输及其相关费用的，纳税义务人应当如实向海关申报。

前款规定的价格调整项目或者运输及其相关费用如果需要分摊计算的，纳税义务人应当根据客观量化的标准进行分摊，并且同时向海关提供分摊的依据。

第四十三条　海关为审查申报价格的真实性、准确性，可以行使下列职权进行价格核查：

（一）查阅、复制与进出口货物有关的合同、发票、账册、结付汇凭证、单据、业务函电、录音录像制品和其他反映买卖双方关系及交易活动的商业单证、书面资料和电子数据；

（二）向进出口货物的纳税义务人及与

其有资金往来或者有其他业务往来的公民、法人或者其他组织调查与进出口货物价格有关的问题；

（三）对进出口货物进行查验或者提取货样进行检验或者化验；

（四）进入纳税义务人的生产经营场所、货物存放场所，检查与进出口活动有关的货物和生产经营情况；

（五）经直属海关关长或者其授权的隶属海关关长批准，凭《中华人民共和国海关账户查询通知书》（见附件1）及有关海关工作人员的工作证件，可以查询纳税义务人在银行或者其他金融机构开立的单位账户的资金往来情况，并且向银行业监督管理机构通报有关情况；

（六）向税务部门查询了解与进出口货物有关的缴纳国内税情况。

海关在行使前款规定的各项职权时，纳税义务人及有关公民、法人或者其他组织应当如实反映情况，提供有关书面资料和电子数据，不得拒绝、拖延和隐瞒。

第四十四条 海关对申报价格的真实性、准确性有疑问时，或者认为买卖双方之间的特殊关系影响成交价格时，应当制发《中华人民共和国海关价格质疑通知书》（以下简称《价格质疑通知书》，见附件2），将质疑的理由书面告知纳税义务人或者其代理人，纳税义务人或者其代理人应当自收到《价格质疑通知书》之日起5个工作日内，以书面形式提供相关资料或者其他证据，证明其申报价格真实、准确或者双方之间的特殊关系未影响成交价格。

纳税义务人或者其代理人确有正当理由无法在规定时间内提供前款资料的，可以在规定期限届满前以书面形式向海关申请延期。

除特殊情况外，延期不得超过10个工作日。

第四十五条 海关制发《价格质疑通知书》后，有下列情形之一的，海关与纳税义务人进行价格磋商后，按照本办法第六条或者第四十一条列明的方法审查确定进出口货物的完税价格：

（一）纳税义务人或者其代理人在海关规定期限内，未能提供进一步说明的；

（二）纳税义务人或者其代理人提供有关资料、证据后，海关经审核其所提供的资料、证据，仍然有理由怀疑申报价格的真实性、准确性的；

（三）纳税义务人或者其代理人提供有关资料、证据后，海关经审核其所提供的资料、证据，仍然有理由认为买卖双方之间的特殊关系影响成交价格的。

第四十六条 海关经过审查认为进口货物无成交价格的，可以不进行价格质疑，经与纳税义务人进行价格磋商后，按照本办法第六条列明的方法审查确定完税价格。

海关经过审查认为出口货物无成交价格的，可以不进行价格质疑，经与纳税义务人进行价格磋商后，按照本办法第四十一条列明的方法审查确定完税价格。

第四十七条 按照本办法规定需要价格磋商的，海关应当依法向纳税义务人制发《中华人民共和国海关价格磋商通知书》（见附件3）。纳税义务人应当自收到通知之日起5个工作日内与海关进行价格磋商。纳税义务人在海关规定期限内与海关进行价格磋商的，海关应当制作《中华人民共和国海关价格磋商记录表》（见附件4）。

纳税义务人未在通知规定的时限内与海关进行磋商的，视为其放弃价格磋商的权利，海关可以直接使用本办法第六条或者第四十一条列明的方法审查确定进出口货物的完税价格。

第四十八条 对符合下列情形之一的，经纳税义务人书面申请，海关可以不进行价格质疑以及价格磋商，按照本办法第六条或者第四十一条列明的方法审查确定进出口货物的完税价格：

（一）同一合同项下分批进出口的货物，海关对其中一批货物已经实施估价的；

（二）进出口货物的完税价格在人民币10万元以下或者关税及进口环节海关代征税总额在人民币2万元以下的；

（三）进出口货物属于危险品、鲜活品、易腐品、易失效品、废品、旧品等的。

第四十九条 海关审查确定进出口货物的完税价格期间，纳税义务人可以在依法向海关提供担保后，先行提取货物。

第五十条 海关审查确定进出口货物的完税价格后，纳税义务人可以提出书面申请，要求海关就如何确定其进出口货物的完税价格做出书面说明。海关应当根据要求出具《中华人民共和国海关估价告知书》（见附件5）。

第七章 附 则

第五十一条 本办法中下列用语的含义；

境内，是指中华人民共和国海关关境内。

完税价格，是指海关在计征关税时使用的计税价格。

买方，是指通过履行付款义务，购入货物，并且为此承担风险，享有收益的自然人、法人或者其他组织。其中，进口货物的买方是指向中华人民共和国境内购入进口货物的买方。

卖方，是指销售货物的自然人、法人或者其他组织。其中进口货物的卖方是指向中华人民共和国境内销售进口货物的卖方。

向中华人民共和国境内销售，是指将进口货物实际运入中华人民共和国境内，货物的所有权和风险由卖方转移给买方，买方为此向卖方支付价款的行为。

实付、应付价格，是指买方为购买进口货物而直接或者间接支付的价款总额，即作为卖方销售进口货物的条件，由买方向卖方或者为履行卖方义务向第三方已经支付或者将要支付的全部款项。

间接支付，是指买方根据卖方的要求，将货款全部或者部分支付给第三方，或者冲抵买卖双方之间的其他资金往来的付款方式。

购货佣金，是指买方为购买进口货物向自己的采购代理人支付的劳务费用。

经纪费，是指买方为购买进口货物向代表买卖双方利益的经纪人支付的劳务费用。

相同货物，是指与进口货物在同一国家或者地区生产的，在物理性质、质量和信誉等所有方面都相同的货物，但是表面的微小差异允许存在。

类似货物，是指与进口货物在同一国家或者地区生产的，虽然不是在所有方面都相同，但是却具有相似的特征，相似的组成材料，相同的功能，并且在商业中可以互换的货物。

大约同时，是指海关接受货物申报之日的大约同时，最长不应当超过前后45日。按照倒扣价格法审查确定进口货物的完税价格时，如果进口货物、相同或者类似货物没有在海关接受进口货物申报之日前后45日内在境内销售，可以将在境内销售的时间延长至接受货物申报之日前后90日内。

公认的会计原则，是指在有关国家或者地区会计核算工作中普遍遵循的原则性规范和会计核算业务的处理方法，包括对货物价值认定有关的权责发生制原则、配比原则、历史成本原则、划分收益性与资本性支出原则等。

特许权使用费，是指进口货物的买方为取得知识产权权利人及权利人有效授权人关于专利权、商标权、专有技术、著作权、分销权或者销售权的许可或者转让而支付的费用。

技术培训费用，是指基于卖方或者与卖方有关的第三方对买方派出的技术人员进行与进口货物有关的技术指导，进口货物的买方支付的培训师资及人员的教学、食宿、交通、医疗保险等其他费用。

软件，是指《计算机软件保护条例》规定的用于数据处理设备的程序和文档。

专有技术，是指以图纸、模型、技术资料和规范等形式体现的尚未公开的工艺流程、配方、产品设计、质量控制、检测，以及营销管理等方面的知识、经验、方法和诀窍等。

轻度加工，是指稀释、混合、分类、简单装配、再包装或者其他类似加工。

同等级或者同种类货物，是指由特定产业或者产业部门生产的一组或者一系列货物中的货物，包括相同货物或者类似货物。

介质，是指磁带、磁盘、光盘。

价格核查，是指海关为确定进出口货物的完税价格，依法行使本办法第四十三条规定的职权，通过审查单证、核实数据、核对实物及相关账册等方法，对进出口货物申报成交价格的真实性、准确性以及买卖双方之间是否存在特殊关系影响成交价格进行的审查。

价格磋商，是指海关在使用除成交价格以外的估价方法时，在保守商业秘密的基础上，与纳税义务人交换彼此掌握的用于确定完税价格的数据资料的行为。

起卸前，是指货物起卸行为开始之前。

装载前，是指货物装载行为开始之前。

第五十二条　纳税义务人对海关确定完税价格有异议的，应当按照海关作出的相关行政决定依法缴纳税款，并且可以依法向上一级海关申请复议。对复议决定不服的，可以依法向人民法院提起行政诉讼。

第五十三条　违反本办法规定，构成走私行为、违反海关监管规定行为或者其他违反《海关法》行为的，由海关依照《海关法》和《中华人民共和国海关行政处罚实施条例》的有关规定予以处理；构成犯罪的，依法追究刑事责任。

第五十四条　本办法由海关总署负责解释。

第五十五条　本办法自2014年2月1日起施行。2006年3月28日海关总署令第148号发布的《中华人民共和国海关审定进出口货物完税价格办法》同时废止。

附件　格式文本

附件1

中华人民共和国
＿＿＿＿＿＿海关账户查询通知书

＿＿＿＿＿关账户查询〔20××〕号

＿＿＿＿＿＿＿＿银行：

因核查进口/出口货物申报价格的真实性和准确性的需要，现根据《中华人民共和国进出口关税条例》第三十三条之规定，特派我关核查人员＿＿＿＿＿＿前往你处查询＿＿＿＿＿＿（企业/当事人）的银行账户的资金往来情况，请予以协助。

（关印）
年 月 日

附件 2

中华人民共和国
________海关价格质疑通知书

________关编号：

贵公司/单位于____年____月____日向海关申报的______________（报关单号__________），因有下列原因：		
[ ]	货物的申报价格与海关掌握的价格存在差异；	
[ ]	买卖双方存在特殊关系，并且可能对成交价格有影响；	
[ ]	单证之间与价格有关的项目存在矛盾或者疑问；	
[ ]	其他怀疑申报价格真实性或者准确性的理由。	
详细说明		
按照《中华人民共和国进出口关税条例》第三十四条规定，海关需对成交情况进行核实。请自收到本通知之日起5个工作日内提供下列单证资料，并且协助我关进一步了解与进/出口货物成交价格相关的信息。若明确不能提供、逾期不提供资料、所提供的资料不足以证明申报价格的真实性或者准确性，以及不足以证明买卖双方间的特殊关系对成交价格没有造成影响的，海关将依法另行估价。		
	□有关成交的书面情况说明（如提供价格偏低的理由、价格构成情况、交易各方作用）	
	□中华人民共和国海关进口货物价格申报单	
	□合同、协议或者订单	□业务函电
	□厂商发票	□运费发票
	□保险单	□信用证
	□进口付汇核销单（付汇备案表）	□结付汇凭证
	□会计账册	□国内销售单据
	□商检证	□货物说明书
	□其他有关单证：	

关（处）盖章　　　　经办人（签字）：　　　　年 月 日
受送达人（签字）：　　　　年 月 日

第一联：企业留存

中华人民共和国
________海关价格质疑通知书

________关编号：

<table>
<tr><td colspan="3">贵公司/单位于____年____月____日向海关申报的__________（报关单号________），因有下列原因：</td></tr>
<tr><td>[ ]</td><td colspan="2">货物的申报价格与海关掌握的价格存在差异；</td></tr>
<tr><td>[ ]</td><td colspan="2">买卖双方存在特殊关系，并且可能对成交价格有影响；</td></tr>
<tr><td>[ ]</td><td colspan="2">单证之间与价格有关的项目存在矛盾或者疑问；</td></tr>
<tr><td>[ ]</td><td colspan="2">其他怀疑申报价格真实性或者准确性的理由。</td></tr>
<tr><td>详细说明</td><td colspan="2"></td></tr>
<tr><td colspan="3">按照《中华人民共和国进出口关税条例》第三十四条规定，海关需对成交情况进行核实。请自收到本通知之日起5个工作日内提供下列单证资料，并且协助我关进一步了解与进/出口货物成交价格相关的信息。若明确不能提供、逾期不提供资料、所提供的资料不足以证明申报价格的真实性或者准确性，以及不足以证明买卖双方间的特殊关系对成交价格没有造成影响的，海关将依法另行估价。</td></tr>
<tr><td></td><td colspan="2">□有关成交的书面情况说明（如提供价格偏低的理由、价格构成情况、交易各方作用）</td></tr>
<tr><td></td><td colspan="2">□中华人民共和国海关进口货物价格申报单</td></tr>
<tr><td></td><td>□合同、协议或者订单</td><td>□业务函电</td></tr>
<tr><td></td><td>□厂商发票</td><td>□运费发票</td></tr>
<tr><td></td><td>□保险单</td><td>□信用证</td></tr>
<tr><td></td><td>□进口付汇核销单（付汇备案表）</td><td>□结付汇凭证</td></tr>
<tr><td></td><td>□会计账册</td><td>□国内销售单据</td></tr>
<tr><td></td><td>□商检证</td><td>□货物说明书</td></tr>
<tr><td></td><td>□其他有关单证：</td><td></td></tr>
</table>

关（处）盖章　　　　　　经办人（签字）：　　　　　　年　月　日

受送达人（签字）：　　　　　　　　　　　　　　　　年　月　日

第二联：海关留存

附件 3

中华人民共和国
______海关价格磋商通知书

关编号：

______公司/单位：

经审核，海关不接受你公司/单位于____年____月____日向海关申报的______（报关单号______）的申报价格，拟重新估价。为保障进出口货物纳税义务人的合法权益，根据《中华人民共和国进出口关税条例》第二十一条、第二十七条规定，海关依法与你公司/单位进行价格磋商，请自收到本通知书之日起 5 个工作日内至______与海关进行磋商，磋商内容将成为海关的估价依据。如在规定期限内不与海关进行磋商的，海关将根据海关掌握的资料审查确定进出口货物的完税价格。

______海关

受送达人（签字）：　　　　年　月　日

第一联：企业留存

中华人民共和国
______海关价格磋商通知书

关编号：

______公司/单位：

经审核，海关不接受你公司/单位于____年____月____日向海关申报的______（报关单号______）的申报价格，拟重新估价。为保障进出口货物纳税义务人的合法权益，根据《中华人民共和国进出口关税条例》第二十一条、第二十七条规定，海关依法与你公司/单位进行价格磋商，请自收到本通知书之日起 5 个工作日内至______与海关进行磋商，磋商内容将成为海关的估价依据。如在规定期限内不与海关进行磋商的，海关将根据海关掌握的资料审查确定进出口货物的完税价格。

______海关

受送达人（签字）：　　　　年　月　日

第二联：海关留存

附件 4

中华人民共和国
＿＿＿＿＿海关价格磋商记录表

关编号：

经审核，海关不接受申报价格，拟重新估价。为充分获取信息，依法审定货物的完税价格，保障进出口货物纳税义务人的合法权益，根据《中华人民共和国进出口关税条例》第二十一条、第二十七条规定，海关依法与你公司/单位进行价格磋商。磋商内容将成为海关的估价依据。如你公司/单位提供不实资料，将承担相应法律责任。

磋商地点			磋商时间		
报关单编号			进/出口日期		
商品名称					
纳税义务人情况					
姓名		性别		职务	
身份证号码				联系电话	
纳税义务人地址					
相同或者类似货物成交价格估价方法	纳税义务人能否提供该进/出口货物的相同或者类似货物的成交价格 能□ 否□				
倒扣价格估价方法	纳税义务人能否提供该进口货物或者相同/类似货物在境内第一销售环节销售的价格 能□ 否□ 纳税义务人能否提供与该进口货物同等级或者同种类货物在境内销售时通常的利润和一般费用 能□ 否□				
计算价格估价方法	纳税义务人能否提供该进/出口货物的生产成本 能□ 否□ 纳税义务人能否提供向境内销售与该进口货物同等级或者同种类货物通常的利润和一般费用或者在境内生产该出口货物的相同或者类似货物的利润和一般费用 能□ 否□				
合理方法	纳税义务人能否提供进一步的信息 能□ 否□				
纳税义务人提供的价格信息资料：					
海关所掌握的价格信息资料：					
价格磋商结果					

海关经办人：（签名） 年 月 日

纳税义务人授权人：（签名） 年 月 日

第一联：企业留存

中华人民共和国
＿＿＿＿＿海关价格磋商记录表

关编号：

经审核，海关不接受申报价格，拟重新估价。为充分获取信息，依法审定货物的完税价格，保障进出口货物纳税义务人的合法权益，根据《中华人民共和国进出口关税条例》第二十一条、第二十七条规定，海关依法与你公司/单位进行价格磋商。磋商内容将成为海关的估价依据。如你公司/单位提供不实资料，将承担相应法律责任。

<table>
<tr><td>磋商地点</td><td colspan="2"></td><td>磋商时间</td><td colspan="2"></td></tr>
<tr><td>报关单编号</td><td colspan="2"></td><td>进/出口日期</td><td colspan="2"></td></tr>
<tr><td>商品名称</td><td colspan="5"></td></tr>
<tr><td colspan="6">纳税义务人情况</td></tr>
<tr><td>姓名</td><td></td><td>性别</td><td></td><td>职务</td><td></td></tr>
<tr><td>身份证号码</td><td colspan="3"></td><td>联系电话</td><td></td></tr>
<tr><td>纳税义务人地址</td><td colspan="5"></td></tr>
<tr><td>相同或者类似货物成交价格估价方法</td><td colspan="5">纳税义务人能否提供该进/出口货物的相同或者类似货物的成交价格
能□　　　　否□</td></tr>
<tr><td>倒扣价格估价方法</td><td colspan="5">纳税义务人能否提供该进口货物或者相同/类似货物在境内第一销售环节销售的价格
能□　　　　否□
纳税义务人能否提供与该进口货物同等级或者同种类货物在境内销售时通常的利润和一般费用
能□　　　　否□</td></tr>
<tr><td>计算价格估价方法</td><td colspan="5">纳税义务人能否提供该进/出口货物的生产成本
能□　　　　否□
纳税义务人能否提供向境内销售与该进口货物同等级或者同种类货物通常的利润和一般费用或者在境内生产该出口货物的相同或者类似货物的利润和一般费用
能□　　　　否□</td></tr>
<tr><td>合理方法</td><td colspan="5">纳税义务人能否提供进一步的信息
能□　　　　否□</td></tr>
<tr><td colspan="6">纳税义务人提供的价格信息资料：</td></tr>
<tr><td colspan="6">海关所掌握的价格信息资料：</td></tr>
<tr><td colspan="6">价格磋商结果</td></tr>
</table>

海关经办人：(签名)　　　　　　　　　年　月　日

纳税义务人授权人：(签名)　　　　　　年　月　日

第二联：海关留存

附件 5

中华人民共和国
＿＿＿＿＿＿海关估价告知书（样式）

经营单位：　　　　　　　　　　　　　　　　　　　　　＿＿＿＿＿关估价告知书编号：

进出口岸	海关编号	申报日期
商品名称	商品编号	贸易方式
规格型号	原产国（地区）	
申报单价	成交方式	数量及单位
收（发）货单位		合同协议号
海关根据《中华人民共和国海关审定进出口货物完税价格办法》（以下简称《审价办法》）＿＿＿＿＿＿＿＿＿＿＿＿＿＿＿＿＿＿的规定，不接受进/出口货物的申报价格，同时根据《审价办法》＿＿＿＿＿＿＿＿＿＿＿＿的规定，对所进/出口货物按照＿＿＿＿＿＿＿＿＿＿＿＿进行估价。 年　月　日（盖章）		

中华人民共和国海关总署公告

2013 年第 30 号

（关于修改进出口货物报关单填制规范的公告）

为有效落实“由企及物”管理理念，进一步深化企业风险分析工作，现对海关总署公告 2008 年第 52 号的附件《中华人民共和国海关进出口货物报关单填制规范》中“九、收货单位/发货单位”项下的第（三）项内容修改如下：

“收、发货单位已在海关注册登记的，本栏目应填报其中文名称及海关注册编码；未在海关注册登记的，本栏目应填报其中文名称及组织机构代码；未在海关注册登记且没有组织机构代码的，本栏目应填报 NO。使用《加工贸易手册》管理的货物，报关单的收、发货单位应与《加工贸易手册》的‘经营企业’或‘加工企业’一致；减免税货物报关单的收、发货单位应与‘征免税证明’的‘申请单位’一致。”

本公告内容自 2013 年 7 月 1 日起实施。

海关总署

2013 年 5 月 28 日

中华人民共和国海关总署公告

2013 年第 36 号

（关于海关特殊监管区域和保税监管场所货物内销享受优惠税率有关事宜的公告）

根据《中华人民共和国海关进出口货物优惠原产地管理规定》（海关总署令第 181 号）第二十九条的有关规定，现就海关特殊监管区域（以下简称“区域”）和保税监管场所（以下简称“场所”）内销货物适用协定税率或者特惠税率的有关事宜公告如下：

一、对于出区域（场所）内销时申请适用协定税率或者特惠税率的进口货物，其收货人或者代理人（以下统称“进口人”）应在货物从境外首次申报入区域（场所）时按照《中华人民共和国海关进出口货物报关单填制规范》的有关要求填制进口报关单或者进境货物备案清单，并以“有纸报关”方式录入电子数据报关单和备案清单。同时进口人须向区域（场所）所在地海关（以下简称“所在地海关”）提出内销申请，并提交下列单证：

（一）有效的原产地证书（正本或者正本及第二副本）或者原产地声明；

（二）商业单证和运输单证；

（三）“入区域（场所）优惠贸易协定项下货物内销申请登记表”（格式见附件，以下简称“登记表”）

（四）海关认为必要的其他证明文件。

二、经所在地海关审核，原产地证书（原产地声明）真实有效，货物属于“同一批次”进口且货物运输符合有关“直接运输”要求的，所在地海关应在原产地证书（原产地声明）正本上进行批注，并填写“登记表”有关内容，同时在原产地证书（原产地声明）正本和“登记表”上加盖骑缝章后退还进口人，作为所在地海关同意进口人内销申请的凭证。

对于原产地证书的真实性或者对货物是否原产于优惠贸易协定成员方存疑的，所在地海关将留存原产地证书（原产地声明）正本，并按照有关程序开展原产地对外核查，同时填写“登记表”并在原产地证书（原产地声明）正本复印件和“登记表”上加盖骑缝章后退还进口人。

由于不可抗力等客观原因，进口人在货物首次申报入区域（场所）提出内销申请时无法提交原产地证书的，应按照海关有关规定进行原产地补充申报。同时，所在地海关填写“登记表”并在原产地补充申报单复印件和“登记表”上加盖骑缝章后退还进口人。

三、货物出区域（场所）内销时，进口人应向所在地海关提交第二款所述的已加盖骑缝章的有关单证和填写完“企业填写（内销环节）”栏目有关内容的“登记表”，按照《中华人民共和国海关进出口货物报关单填制规范》的有关要求填制进口报关单。经所在地海关审核无误的，有关货物可适用相应的协定税率或者特惠税率。所在地海关同时收回原产地证书（原产地声明）正本和“登记表”。

对于进口人申请分批内销有关货物的，所在地海关将在有关货物首次内销时收回原产地证书（原产地声明）正本，同时在“登记表”上签章后，在原产地证书（原产地声明）正本复印件和“登记表”上加盖骑缝章后退还进口人。货物再次申请内销时，所在地海关在“登记表”上签章后，将已加盖骑缝章的原产地证书（原产地声明）正本复印件和“登记表”退还进口人。当原产地证书（原产地声明）所列货物内销完毕或者办理最后一次内销申请时，进口人应将“登记表”正本交所在地海关。

四、货物出区（场所）内销时，如进口人仍无法补充提交符合要求的原产地证书或者正在开展原产地对外核查的，进口人应向所在地海关提出凭保放行的申请，所在地海关应进口人的申请可以按照有关规定收取相当于应缴税款的等值保证金后办理货物放行手续。

进口人及时补充提交符合要求的原产地证书或者经核查有关货物的原产地真实无误的，所在地海关可准予适用相应的协定税率或者特惠税率，已收取保证金的，同时办理保证金转退手续。

五、自公告施行之日起，准予在天津、上海、南京、青岛、广州和深圳等6个直属海关所辖海关区域（场所）受理区域（场所）内销货物分批申请适用协定税率或者特惠税率。其他海关所辖海关区域（场所）内销货物分批申请适用协定税率或者特惠税率事宜由海关总署另行公告后实施。

进口人申请区域（场所）货物一次性全部内销的，不受前述条款限制，全国海关均可受理。

区域（场所）间结转货物内销申请适用协定税率或者特惠税率事宜由海关总署另行公告后实施。

六、具有下列情形之一的，货物出区域（场所）内销时不能适用协定税率或者特惠税率：

（一）进口人在货物首次申报入区域（场所）时未向所在地海关提出内销申请或者内销申请未获得批准的；

（二）内销时进口人提交的有关单证上所在地海关施加的骑缝章有缺失的；

（三）内销时原产地证书超出有效期的；

（四）内销时货物的实际报验状态超出相关优惠贸易协定原产地管理办法中所述的微小加工或处理范围的；

（五）其他海关认定的情形。

七、进口人办理内销申请时，应自行打印“登记表”。

“登记表”应采用A4纸。进口人应根据实际内销的商品项数对附件中“登记表”格式样本中“项号”所包含的具体行数进行调整；应根据分批内销情况打印足够页数的“登记表”，并在登记表中注明总页数，以便海关加盖骑缝章。

八、本公告中，“同一批次”进口货物是指由同一运输工具同时运抵同一口岸，并且属于同一收货人，使用同一提单的进口货物。对于客观原因导致有关进口货物在运抵中国关境（运抵口岸）前必须分批运输的情况，不影响同一批次的认定。

本公告自发布之日起施行。

特此公告。

附件 入区域（场所）优惠贸易协定项下货物内销申请登记表（格式样本）

附件

入区域（场所）优惠贸易协定项下货物内销申请登记表（格式样本）

首次入区域（场所）			
首次入区域（场所）日期		原产地审核情况	
申请企业名称		原产地证书编号	
入区域（场所）报关单号		□正在开展原产地对外核查	
入区域（场所）备案清单号		□原产地证书未提交	

企业填写（内销环节）						海关签注
内销日期	出区域（场所）报关单号	项号	货物名称	进境数量及单位	剩余数量	

中华人民共和国海关总署公告

2013 年第 51 号

（关于广东省行政审批制度改革中涉及海关保税监管业务有关问题的公告）

为落实《国务院关于执行〈全国人民代表大会常务委员会关于授权国务院在广东省暂时调整部分法律规定的行政审批的决定〉的通知》（国函〔2013〕9 号），现就广东省内加工贸易企业合同备案（变更）、异地加工、内销等有关问题公告如下：

一、加工贸易合同备案（变更）

（一）广东省内经营企业向海关申请加工贸易合同备案（变更），不再提交“加工贸易业务批准证”、“联网监管企业加工贸易业务批准证”和变更证明。

（二）广东省内经营企业申请加工贸易合同备案，应向主管海关提交由商务主管部门签发的“加工贸易加工企业生产能力证明”，另有规定的除外。

（三）加工贸易合同所对应的料件、成品及单耗等有关情况，由企业直接向海关申报。

（四）开展加工贸易涉及贸易管制商品，按照现行规定需要在备案（变更）环节提交相关批准文件的，广东省内经营企业应在备案（变更）时提交相关批准文件。

（五）经营企业申报的手册有效期原则上不得超过一年，经主管海关批准可予以延期，有效期最长不得超过两年。开展飞机、船舶等大型装备制造业加工贸易业务的企业，可按实际出口合同有效期备案手册有效期。

二、异地加工贸易管理

企业开展异地加工贸易业务时，经营企业和加工企业均属于广东省内企业的，不再提交“加工贸易业务批准证”，其他事项仍按照《中华人民共和国海关关于异地加工贸易的管理办法》（海关总署令第 74 号）办理；经营企业或加工企业有一方不属于广东省内企业的，按照第 74 号署令办理。

三、加工贸易内销

广东省内的经营企业申请加工贸易货物内销，不再向海关提交“加工贸易保税进口料件内销批准证”。

四、其他相关事项

经营企业和加工企业均属于广东省内企业的，经营企业通过“纸质手册电子化系统（企业端）”、“电子账册系统（企业端）”和“加工贸易内销管理系统（企业端）”录入合同备案（变更）、内销申请表等电子数据时，应在“批准文号”栏目统一填写“1111”；其他情况按原有规定要求录入。

特此公告。

海关总署
2013年9月2日

中华人民共和国海关总署公告

2013 年第 62 号

（海关总署 国家发展改革委关于发布 37 项加工贸易单耗标准的公告）

海关总署和国家发展改革委批准《液晶电视机用外壳加工贸易单耗标准》等 37 项加工贸易单耗标准（标准名称、文本见附件），自 2013 年 12 月 10 日起执行，原《工业纯钛及 Ti－6Al－4V 钛合金棒材加工贸易单耗标准》（标准编号：HDB/YS009－2005）、《玻璃纤维及制品加工贸易单耗标准》（标准编号：HDB/JC003－2001）、《实木地板加工贸易单耗标准》（标准编号：HDB/LY003－2007）、《女式长裤加工贸易单耗标准》（标准编号：HDB/FZ035－2008）同时废止。

特此公告。

附件 1　37 项加工贸易单耗标准列表
附件 2　37 项加工贸易单耗标准文本

中华人民共和国海关总署
中华人民共和国国家发展和改革委员会
2013 年 10 月 31 日

附件 1

37 项加工贸易单耗标准列表

序号	标准号	标准名称	批准日期	实施日期
1	HDB/YD026—2013	液晶电视机用外壳加工贸易单耗标准	2013 年 10 月 31 日	2013 年 12 月 10 日
2	HDB/YD027—2013	液晶电视机底座加工贸易单耗标准	2013 年 10 月 31 日	2013 年 12 月 10 日
3	HDB/YB018—2013	贴片式网路脉冲变压器加工贸易单耗标准	2013 年 10 月 31 日	2013 年 12 月 10 日
4	HDB/YB019—2013	手机显示屏用钢制托板（无冲孔）加工贸易单耗标准	2013 年 10 月 31 日	2013 年 12 月 10 日
5	HDB/YB020—2013	钢丝制冷卷螺旋弹簧加工贸易单耗标准	2013 年 10 月 31 日	2013 年 12 月 10 日
6	HDB/YS017—2013	工业纯钛及 Ti－6Al－4V 钛合金棒材加工贸易单耗标准	2013 年 10 月 31 日	2013 年 12 月 10 日

续表

序号	标准号	标准名称	批准日期	实施日期
7	HDB/YS018—2013	钽丝加工贸易单耗标准	2013年10月31日	2013年12月10日
8	HDB/JC019—2013	硅基薄膜太阳能电池组件加工贸易单耗标准	2013年10月31日	2013年12月10日
9	HDB/JC020—2013	卫生间附属配件（铜制）加工贸易单耗标准	2013年10月31日	2013年12月10日
10	HDB/JC021—2013	卫生洁具排水配件（铜制）加工贸易单耗标准	2013年10月31日	2013年12月10日
11	HDB/JC022—2013	玻璃纤维及制品加工贸易单耗标准	2013年10月31日	2013年12月10日
12	HDB/LY010—2013	厨柜类木家具加工贸易单耗标准	2013年10月31日	2013年12月10日
13	HDB/LY011—2013	实木地板加工贸易单耗标准	2013年10月31日	2013年12月10日
14	HDB/LY012—2013	集装箱底板用胶合板加工贸易单耗标准	2013年10月31日	2013年12月10日
15	HDB/LY013—2013	实木窗加工贸易单耗标准	2013年10月31日	2013年12月10日
16	HDB/LY014—2013	实木门加工贸易单耗标准	2013年10月31日	2013年12月10日
17	HDB/LY015—2013	木制平托盘加工贸易单耗标准	2013年10月31日	2013年12月10日
18	HDB/QB076—2013	直链烷基苯磺酸加工贸易单耗标准	2013年10月31日	2013年12月10日
19	HDB/QB077—2013	2－苯基乙醇（β－苯乙醇）加工贸易单耗标准	2013年10月31日	2013年12月10日
20	HDB/QB078—2013	羽绒被加工贸易单耗标准	2013年10月31日	2013年12月10日
21	HDB/QB079—2013	羽绒床垫加工贸易单耗标准	2013年10月31日	2013年12月10日
22	HDB/QB080—2013	羽绒靠垫加工贸易单耗标准	2013年10月31日	2013年12月10日
23	HDB/QB081—2013	羽绒枕芯加工贸易单耗标准	2013年10月31日	2013年12月10日
24	HDB/QB082—2013	棉制男式羽绒大衣加工贸易单耗标准	2013年10月31日	2013年12月10日
25	HDB/QB083—2013	棉制男式羽绒短上衣及背心衣加工贸易单耗标准	2013年10月31日	2013年12月10日
26	HDB/QB084—2013	棉制女式羽绒大衣加工贸易单耗标准	2013年10月31日	2013年12月10日
27	HDB/QB085—2013	棉制女式羽绒短上衣及背心加工贸易单耗标准	2013年10月31日	2013年12月10日
28	HDB/QB086—2013	晴雨伞加工贸易单耗标准	2013年10月31日	2013年12月10日

续表

序号	标准号	标准名称	批准日期	实施日期
29	HDB/QB087—2013	庭院用伞及类似伞加工贸易单耗标准	2013年10月31日	2013年12月10日
30	HDB/QB088—2013	电磁炉加工贸易单耗标准	2013年10月31日	2013年12月10日
31	HDB/QB089—2013	换气扇(不大于125瓦)加工贸易单耗标准	2013年10月31日	2013年12月10日
32	HDB/FZ101—2013	棉制及合成纤维制帆布加工贸易单耗标准	2013年10月31日	2013年12月10日
33	HDB/FZ102—2013	聚氯乙烯涂层织物加工贸易单耗标准	2013年10月31日	2013年12月10日
34	HDB/FZ103—2013	切片熔纺高模低缩聚酯工业长丝加工贸易单耗标准	2013年10月31日	2013年12月10日
35	HDB/FZ104—2013	棉制及化学纤维制传动带、输送带加工贸易单耗标准	2013年10月31日	2013年12月10日
36	HDB/FZ105—2013	毛制、棉制及化学纤维制机织男式棉背心加工贸易单耗标准	2013年10月31日	2013年12月10日
37	HDB/FZ106—2013	机织女式长裤加工贸易单耗标准	2013年10月31日	2013年12月10日

附件2

37项加工贸易单耗标准文本

1. 液晶电视机用外壳加工贸易单耗标准

HDB/YD026—2013

序号	成品				原料				工艺损耗率(%)
	名称	单位	商品编码	品质规格	名称	单位	商品编码	品质规格	
1	液晶电视机用前壳	个	85299081		丙烯腈—丁二烯—苯乙烯共聚物(ABS)	千克	39033010		2
2	液晶电视机用后壳	个	85299081		聚苯乙烯(PS)	千克	39031910		1.5

注:1. ABS树脂是丙烯腈—丁二烯—苯乙烯聚合而成的一种热塑性高分子化合物;

2. 此单耗标准适用于生产过程中产生的料把可多次循环利用的液晶电视机用外壳。

2. 液晶电视机底座加工贸易单耗标准

HDB/YD027—2013

序号	成品				原料				净耗	单位	工艺损耗率（%）
	名称	单位	商品编码	品质规格	名称	单位	商品编码	品质规格			
1	液晶电视机底座	千克	8529908100	不限	聚碳酸酯—丙烯腈—丁二烯—苯乙烯（PC/ABS）	千克	3907400000	改性、已着色	≤1	千克/千克	1
2					丙烯腈－丁二烯－苯乙烯共聚物（ABS）	千克	3903301000	改性、已着色	≤1	千克/千克	1

备注：1. ABS树脂是丙烯腈—丁二烯—苯乙烯聚合而成的一种热塑性高分子化合物，如在生产过程中原料添加色母，则净耗小于1；

2. PC/ABS树脂是聚碳酸酯与丙烯腈—丁二烯—苯乙烯聚合而成的一种热塑性高分子化合物，如在生产过程中原料添加色母，则净耗小于1；

3. 本标准中成品液晶电视机底座重量中不含塑料垫脚、塑料固定带、塑料底座支架、螺丝、螺母及钢铁固定架等副资材；

4. 本标准中加工过程中产生的料把及毛边损耗可回收再利用，不计入工艺损耗；若料把及毛边损耗不回收，则不参照此标准。

3. 贴片式网路脉冲变压器加工贸易单耗标准

HDB/YB018—2013

序号	成品				原料				工艺损耗率（%）
	名称	单位	商品编码	品质规格	名称	单位	商品编码	品质规格	
1	贴片式网路脉冲变压器	个	85043190	24PIN 48PIN	漆包线	千克	85441100	耐压14000V/0.5mA	39
2					端子	千克	85369000	端子成分含80%的磷青铜	2

注：1. 成品贴片式网路脉冲变压器规格：24PIN、48PIN指产品连接脚有24个或48个；

2. 漆包线规格：耐压14000V/0.5mA指漆包线耐压14000伏电流5毫安。

4. 手机显示屏用钢制托板(无冲孔)加工贸易单耗标准

HDB/YB019—2013

序号	成品				原料				净耗	单位	工艺损耗率(%)
	名称	单位	商品编码	品质规格	名称	单位	商品编码	品质规格			
1	手机显示屏用钢制托板(无冲孔)	个	8517703000	72毫米×53毫米×2毫米	冷轧不锈钢带卷材	千克	7220202000	Sus304厚度0.15毫米/宽度90毫米	0.0095	千克/个	32
2		个	8517703000	72毫米×50毫米×2毫米	冷轧不锈钢带卷材	千克	7220202000	Sus304厚度0.15毫米/宽度90毫米	0.0087	千克/个	37

注:成品品质规格表示为长×宽×外侧面高。

5. 钢丝制冷卷螺旋弹簧加工贸易单耗标准

HDB/YB020—2013

序号	成品				原料				净耗	单位	工艺损耗率(%)
	名称	单位	商品编码	品质规格	名称	单位	商品编码	品质规格			
1	冷卷螺旋弹簧包括:冷卷螺旋压力弹簧、冷卷螺旋拉力弹簧、冷卷螺旋扭力弹簧、冷卷螺旋截锥形弹簧、冷卷螺旋中凸形弹簧、冷卷螺旋中凹形弹簧	千克	73202090		钢丝	千克	72171000	直径0.08毫米~2.00毫米	1	千克/千克	5

6. 工业纯钛及 Ti－6Al－4V 钛合金棒材加工贸易单耗标准

HDB/YS017—2013

序号	成品				原料				单耗（千克/千克）
	名称	单位	商品编码	品质规格	名称	单位	商品编码	品质规格	
1	工业纯钛棒材	千克	8108901090	6 毫米＜直径≤10 毫米	海绵钛	千克	81082021	粒度 2 毫米～70 毫米	2.49
				10 毫米＜直径≤30 毫米					2.31
				30 毫米＜直径≤80 毫米					1.80
				80 毫米＜直径≤200 毫米					1.76
				直径＞200 毫米					1.72
2	Ti－6Al－4V 钛合金棒材（重要用途）	千克	8108901090	6 毫米＜直径≤10 毫米					2.69
			8108901090	10 毫米＜直径≤30 毫米					2.49
			81089010	30 毫米＜直径≤80 毫米					1.94
			8108901010	80 毫米＜直径≤200 毫米					1.85
			8108901010	直径＞200 毫米					1.73
3	Ti－6Al－4V 钛合金棒材（一般用途）	千克	8108901090	6 毫米＜直径≤10 毫米					2.38
			8108901090	10 毫米＜直径≤30 毫米					2.20
			81089010	30 毫米＜直径≤80 毫米					1.76
			8108901010	80 毫米＜直径≤200 毫米					1.66
			8108901010	直径＞200 毫米					1.65

注：重要用途产品包含宇航及外科植入物用途的相关产品，一般用途产品为其余用途产品。

7. 钽丝加工贸易单耗标准

HDB/YS018—2013

序号	成品				原料				净耗	单位	工艺损耗率（%）
	名称	单位	商品编码	品质规格	名称	单位	商品编码	品质规格			
1	钽丝	千克	81039011	直径＜0.5 毫米，含钽量≥99.9%	钽废碎料	千克	81033000	含钽量 100%	1	千克/千克	32.53

注：本单耗标准中原料品质规格的金属钽含量 100% 为理想值，实际加工生产的原料品质规格金属钽含量依据计算公式进行折算。

8. 硅基薄膜太阳能电池组件加工贸易单耗标准

HDB/JC019—2013

序号	成品				原料				净耗	单位	工艺损耗率(%)
	名称	单位	商品编码	品质规格	名称	单位	商品编码	品质规格(厚度)			
1	硅基薄膜太阳能电池组件	平方米	85414020	成品面积>2平方米	导电玻璃	平方米	70200011	2毫米~5毫米	1	平方米/平方米	13.54
2	硅基薄膜太阳能电池组件	平方米	85414020	1平方米≤成品面积≤2平方米	导电玻璃	平方米	70200011	2毫米~5毫米	1	平方米/平方米	12.11

9. 卫生间附属配件(铜制)加工贸易单耗标准

HDB/JC020—2013

序号	成品				原料				工艺损耗率(%)
	名称	单位	商品编码	品质规格	名称	单位	商品编码	品质规格	
1	卫生间附属配件(铜制)	件	74182000	应符合QB/T 1560《卫生间附属配件》标准的要求	黄铜锭	千克	74032100	含铜量:40%~85%	13.10
					铜杆(棒)		74072111 74072119	外径:3毫米~140毫米	7.50
					铜管		74112110 74112190	外径:6毫米~100毫米	3.50

注:损耗已考虑回收再利用的情况。

10. 卫生洁具排水配件(铜制)加工贸易单耗标准

HDB/JC021—2013

序号	成品				原料				工艺损耗率(%)
	名称	单位	商品编码	品质规格	名称	单位	商品编码	品质规格	
1	排水器	件	74182000	应符合JC/T 932《卫生洁具排水配件》标准的要求	黄铜锭	千克	74032100	含铜量:40%~85%	9.90
					铜杆(棒)		74072111 74072119	外径:16毫米~36毫米	4.20
					铜管		74112110 74112190	外径:25.4毫米~40.5毫米	3.20
2	存水弯管	件	74182000	应符合JC/T 932《卫生洁具排水配件》标准的要求	铜管	千克	74112110 74112190	外径:25.4毫米~40.5毫米	3.20

注:该损耗已考虑回收再利用的情况。

11. 玻璃纤维及制品加工贸易单耗标准

HDB/JC022—2013

序号	成品				原料				工艺损耗率（%）
	名称	单位	商品编码	品质规格	名称	单位	商品编码	品质规格	
1	无碱玻璃纤维短切原丝	千克	7019110090	增强型（废丝回收利用）	硼钙石	千克	2528001000 2528009000	粉末状，三氧化二硼含量：40% ±0.5% 氧化钙含量：26% ~ 28%	30.06
2	无碱玻璃纤维短切原丝	千克	7019110090	增强型（废丝不回收利用）	硼钙石	千克	2528001000 2528009000		35.66
3	无碱玻璃纤维粗纱	千克	7019120010 7019120090	增强型（废丝回收利用）	硼钙石	千克	2528001000 2528009000		28.58
4	无碱玻璃纤维粗纱	千克	7019120010 7019120090	增强型（废丝不回收利用）	硼钙石	千克	2528001000 2528009000		33.58
5	无碱玻璃纤维粗纱布	千克	7019400000	增强型（废丝回收利用）	硼钙石	千克	2528001000 2528009000		28.58
6	无碱玻璃纤维粗纱布	千克	7019400000	增强型（废丝不回收用）	硼钙石	千克	2528001000 2528009000		32.86
7	无碱玻璃纤维短切原丝毡	千克	7019390000 7019902100 7019902900 7019909000	增强型（废丝回收利用）	硼钙石	千克	2528001000 2528009000		30.06
8	无碱玻璃纤维短切原丝毡	千克	7019390000 7019902100 7019902900 7019909000	增强型（废丝不回收利用）	硼钙石	千克	2528001000 2528009000		35.66
9	无碱玻璃纤维纱	千克	7019190019	电子级（废丝不可回收利用）	硼钙石	千克	2528001000 2528009000	粉末状，三氧化二硼含量：40% ±0.5% 氧化钙含量：26% ~ 28%	33.84
10	无碱玻璃纤维布	千克	7019520090	电子级（废丝不可回收利用）	硼钙石	千克	2528001000 2528009000		35.50

注：净耗取决于各企业的配方，玻璃成分中 B_2O_3 含量有所不同，会导致吨玻璃液配合料中硼钙石用量有差异，随着工艺革新，无碱玻璃纤维企业生产的玻璃纤维产品已趋向微硼化甚至无硼化。

12. 厨柜类木家具加工贸易单耗标准

HDB/LY010—2013

序号	成品				原料				净耗	单位	工艺损耗率(%)
	名称	单位	商品编码	品质规格	名称	单位	商品编码	品质规格			
1	吊柜	立方米	94034000	宽度:300 毫米、350 毫米、400 毫米、500 毫米、600 毫米、700 毫米、750 毫米、800 毫米、900 毫米 深度:320 毫米、350 毫米、400 毫米 高度:500 毫米、600 毫米、700 毫米、800 毫米	刨花板	立方米	44101100 44109019	长度:2440 毫米 宽度:1220 毫米 厚度:16 毫米~22 毫米	1	立方米/立方米	8.5
					中密度纤维板		44111411 44111419 44111421 44111429				
2	灶具柜	立方米	94034000	宽度:600 毫米、800 毫米、900 毫米、1000 毫米、1200 毫米 深度:550 毫米、600 毫米、650 毫米、700 毫米 高度:750 毫米、800 毫米、850 毫米、900 毫米	刨花板	立方米	44101100 44109019	长度:2440 毫米 宽度:1220 毫米 厚度:16 毫米~22 毫米	1	立方米/立方米	10.9
					中密度纤维板		44111411 44111419 44111421 44111429				
3	洗涤柜	立方米	94034000	宽度:600 毫米、800 毫米、900 毫米、1000 毫米、1200 毫米 深度:550 毫米、600 毫米、650 毫米、700 毫米 高度:750 毫米、800 毫米、850 毫米、900 毫米	刨花板	立方米	44101100 44109019	长度:2440 毫米 宽度:1220 毫米 厚度:16 毫米~22 毫米	1	立方米/立方米	10.9
					中密度纤维板		44111411 44111419 44111421 44111429				
4	操作台柜	立方米	94034000	宽度:150 毫米、200 毫米、300 毫米、400 毫米、450 毫米、500 毫米、600 毫米、750 毫米、800 毫米、900 毫米、1000 毫米、1200 毫米 深度:550 毫米、600 毫米、650 毫米、700 毫米 高度:750 毫米、800 毫米、850 毫米、900 毫米	刨花板	立方米	44101100 44109019	长度:2440 毫米 宽度:1220 毫米 厚度:16 毫米~22 毫米	1	立方米/立方米	12.0
					中密度纤维板		44111411 44111419 44111421 44111429				

续表

序号	成品				原料				净耗	单位	工艺损耗率（%）
	名称	单位	商品编码	品质规格	名称	单位	商品编码	品质规格			
5	高柜	立方米	94034000	宽度:600 毫米~1200 毫米 深度:550 毫米~700 毫米 高度:1000 毫米~2200 毫米	刨花板	立方米	44101100 44109019	长度:2440 毫米 宽度:1220 毫米 厚度:16 毫米~22 毫米	1	立方米/立方米	12.0
					中密度纤维板		44111411 44111419 44111421 44111429				

13. 实木地板加工贸易单耗标准

HDB/LY011—2013

序号	成品				原料				净耗	单位	工艺损耗率（%）
	名称	单位	商品编码	品质规格	名称	单位	商品编码	品质规格			
1	实木地板	立方米	44091010 44091090 44092910 44092990	长度:450 毫米~1200 毫米 宽度:75 毫米~125 毫米 厚度:15 毫米~20 毫米	原木	立方米	44031000~44039990	直径≥300 毫米	0.99	立方米/立方米	67.0
					方料		44031000~44039990	长度≥470 毫米 宽度≥83 毫米 厚度≥18 毫米	0.99	立方米/立方米	55.0
					整边板锯材		44071010~44079990				41.0
					规格板锯材						33.0

14. 集装箱底板用胶合板加工贸易单耗标准

HDB/LY012—2013

序号	成品				原料				净耗	单位	工艺损耗率（%）
	名称	单位	商品编码	品质规格	名称	单位	商品编码	品质规格			
1	集装箱底板用胶合板	立方米	44123100 44123210 44123290 44123900 44129910 44129991 44129999	2400 毫米×1160 毫米×28 毫米 1626 毫米×636 毫米×28 毫米 1388 毫米×1160 毫米×28 毫米 1010 毫米×1160 毫米×28 毫米	原木	立方米	44034100 44034920 44034930 44034940 44034960 44039980 44039990	长度:2 米~13 米 直径≥26 厘米	0.99	立方米/立方米	58

续表

序号	成品				原料				净耗	单位	工艺损耗率（%）
	名称	单位	商品编码	品质规格	名称	单位	商品编码	品质规格			
2	集装箱底板用胶合板	立方米	44123100 44123210 44123290 44123900 44129910 44129991 44129999	2400 毫米×1160 毫米×28 毫米 1626 毫米×636 毫米×28 毫米 1388 毫米×1160 毫米×28 毫米 1010 毫米×1160 毫米×28 毫米	单板	立方米	44081019 44081020 44083119 44083120 44083919 44083920 44089019 44089021 44089029	宽度：1190 毫米～1210 毫米 长度：1060 毫米～2450 毫米 厚度：1.8 毫米～2.2 毫米	0.99	立方米/立方米	30

15. 实木窗加工贸易单耗标准

HDB/LY013—2013

序号	成品				原料				净耗	单位	工艺损耗率（%）
	名称	单位	商品编码	品质规格	名称	单位	商品编码	品质规格			
1	实木窗	立方米	44181010 44181090	洞口宽：600 毫米、900 毫米、1200 毫米、1500 毫米、1800 毫米、2100 毫米 洞口高：600 毫米、900 毫米、1200 毫米、1400 毫米、1500 毫米、1800 毫米、2100 毫米 窗框的厚度： 70 毫米、90 毫米、105 毫米、125 毫米 窗扇的厚度： 35 毫米、40 毫米、50 毫米	锯材	立方米	44071010～44079990	厚度：25 毫米～50 毫米	1	立方米/立方米	40.0

16. 实木门加工贸易单耗标准

HDB/LY014—2013

序号	成品				原料				净耗	单位	工艺损耗率(%)
	名称	单位	商品编码	品质规格	名称	单位	商品编码	品质规格			
1	实木门	立方米	44182000	高度:2000毫米~2100毫米 宽度:700毫米~1200毫米 厚度:30毫米~50毫米	锯材	立方米	44071010~44079990	厚度:38毫米~40毫米	1	立方米/立方米	47.7

注：本标准所指实木门不含仿古及其他特殊工艺制造的实木门。

17. 木制平托盘加工贸易单耗标准

HDB/LY015—2013

序号	成品			原料				净耗	单位	工艺损耗率(%)
	名称	单位	商品编码	名称	单位	商品编码	品质规格			
1	木制平托盘	立方米	44152010 44152090	原木	立方米	44031000~44039990	长度:2米~8米 直径≥22厘米	1	立方米/立方米	49.0
2	木制平托盘		44152010 44152090	锯材		44071010~44079990	长度:1000毫米~4200毫米 宽度:150毫米~300毫米 厚度:25毫米~90毫米	1		29.0

18. 直链烷基苯磺酸加工贸易单耗标准

HDB/QB076—2013

序号	成品				原料				净耗	单位	工艺损耗率(%)
	名称	单位	商品编码	品质规格	名称	单位	商品编码	品质规格			
1	直连烷基苯磺酸(磺酸)	千克	34021100	合格品(磺酸) 含量≥96%	直链烷基苯(烷基苯)	千克	38170000	可磺化物≥98.5%	0.751	千克/千克	1.07
					硫磺	千克	25030000	含量≥99.95%	0.102	千克/千克	9.09

注：直链烷基苯应符合GB/T 5177—2008《工业直链烷基苯》中优等品标准或合同对品质的认定，硫磺应符合GB/T 2449—2006《工业硫磺》中优等品标准或合同对品质的认定，直链烷基苯磺酸应符合GB/T 8447—2008《工业直链烷基苯磺酸》中合格品标准或合同对品质的认定。

19. 2-苯基乙醇(β-苯乙醇)加工贸易单耗标准

HDB/QB077—2013

序号	成品				原料				单耗	单位
	名称	单位	商品编码	品质规格	名称	单位	商品编码	品质规格		
1	2-苯基乙醇(β-苯乙醇)	千克	2906291000	含醇量≥98.0%	苯乙烯	千克	2902500000	纯度≥99.3%	1.15	千克/千克

20. 羽绒被加工贸易单耗标准

HDB/QB078—2013

序号	成品					原料				单耗	单位	工艺损耗率（%）
	名称	单位	商品编码	品质规格		名称	单位	商品编码	品质规格（幅宽）			
				充绒量	含绒率							
1	单人羽绒被 1.50 米×2.20 米	条	94049010	200 克/平方米以下（薄被）	80%～95%	其他非色织丝机织物、漂白全棉平纹府绸及细平布、染色的其他聚酯变形长丝机织物及与棉混纺色织的聚酯短纤平纹布	米	5007909029 5208220010 5407520092 5513310000	90 英寸	3.32	米/条	
					70%～80%					3.30	米/条	
					70%以下					3.28	米/条	
						填充用羽毛羽绒	克	05051000		1.01×充绒量		1
				200～300 克/平方米（中被）	80%～95%	其他非色织丝机织物、漂白全棉平纹府绸及细平布、染色的其他聚酯变形长丝机织物及与棉混纺色织的聚酯短纤平纹布	米	5007909029 5208220010 5407520092 5513310000	90 英寸	3.40	米/条	
					70%～80%					3.36	米/条	
					70%以下					3.34	米/条	
						填充用羽毛羽绒	克	05051000		1.01×充绒量		1
				300 克/平方米以上（厚被）	80%～95%	其他非色织丝机织物、漂白全棉平纹府绸及细平布、染色的其他聚酯变形长丝机织物及与棉混纺色织的聚酯短纤平纹布	米	5007909029 5208220010 5407520092 5513310000	90 英寸	3.50	米/条	
					70%～80%					3.44	米/条	
					70%以下					3.42	米/条	
						填充用羽毛羽绒	克	05051000		1.01×充绒量		1

续表

序号	成品					原料				单耗	单位	工艺损耗率(%)
	名称	单位	商品编码	品质规格		名称	单位	商品编码	品质规格(幅宽)			
				充绒量	含绒率							
2	双人羽绒被 2.00 米×2.20 米	条	94049010	200 克/平方米以下(薄被)	80%～95%	其他非色织丝机织物、漂白全棉平纹府绸及细平布、染色的其他聚酯变形长丝机织物及与棉混纺色织的聚酯短纤平纹布	米	5007909029 5208220010 5407520092 5513310000	90 英寸	4.34	米/条	
					70%～80%					4.32	米/条	
					70%以下					4.30	米/条	
						填充用羽毛羽绒	克	05051000		1.01×充绒量		1
				200～300 克/平方米(中被)	80%～95%	其他非色织丝机织物、漂白全棉平纹府绸及细平布、染色的其他聚酯变形长丝机织物及与棉混纺色织的聚酯短纤平纹布	米	5007909029 5208220010 5407520092 5513310000	90 英寸	4.42	米/条	
					70%～80%					4.38	米/条	
					70%以下					4.36	米/条	
						填充用羽毛羽绒	克	05051000		1.01×充绒量		1
				300 克/平方米以上(厚被)	80%～95%	其他非色织丝机织物、漂白全棉平纹府绸及细平布、染色的其他聚酯变形长丝机织物及与棉混纺色织的聚酯短纤平纹布	米	5007909029 5208220010 5407520092 5513310000	90 英寸	4.52	米/条	
					70%～80%					4.46	米/条	
					70%以下					4.44	米/条	
						填充用羽毛羽绒	克	05051000		1.01×充绒量		1

注:1. 本标准只适用于面料幅宽≥羽绒被边长+0.03 米(缝位)的情况。

2. 当羽绒被规格或面料幅宽与表 1 规定不同时,按以下公式进行计算:羽绒被单耗值=(b+0.03 米)×2+C。其中,a 为羽绒被边长之一(与面料幅宽相近);b 为与 a 相邻的边长;0.03 米为缝位;C 为因蓬松度而放出的长度(含损耗),C 值可在下表中查得:

表 1　C 值对照表

名称	充绒量	含绒率	C 值(米)	名称	充绒量	含绒率	C 值(米)
单人羽绒被	薄被	80% ~95%	0.26	双人羽绒被	薄被	80% ~95%	0.28
		70% ~80%	0.24			70% ~80%	0.26
		70%以下	0.22			70%以下	0.24
	中被	80% ~95%	0.34		中被	80% ~95%	0.36
		70% ~80%	0.30			70% ~80%	0.32
		70%以下	0.28			70%以下	0.30
	厚被	80% ~95%	0.44		厚被	80% ~95%	0.46
		70% ~80%	0.38			70% ~80%	0.40
		70%以下	0.36			70%以下	0.38

3. 填充用羽毛羽绒单耗 = 充绒量 ÷ (1 − 工艺损耗率) = 1.01 × 充绒量。
4. 拆分式复合羽绒被(即子母被,上下层可拆分)的单耗值为每条被子的单耗值相加。
5. 采用暗立衬工艺、滚边工艺或四周暗线车缝工艺(即内止口缝制工艺)的羽绒被,其单耗值最高加3%。
6. 采用拼幅对格、对花工艺的羽绒被,不适用于此标准。

21. 羽绒床垫加工贸易单耗标准

HDB/QB079—2013

序号	成品						原料				单耗	单位	工艺损耗率（%）
	名称	单位	商品编码	品质规格			名称	单位	商品编码	品质规格（幅宽）			
				长度	宽度	厚度							
1	羽绒床垫	条	94049010	2 米	1.2 米	0.07 米	棉机织物	米	5208、5209、5210、5211，以上所列品目号项下全部 8 位编码	90 英寸	2.86	米/条	
							填充用羽毛羽绒	克	05051000		1.01×充绒量		1
						0.09 米	棉机织物	米	5208、5209、5210、5211，以上所列品目号项下全部 8 位编码	90 英寸	2.94	米/条	
							填充月羽毛羽绒	克	05051000		1.01×充绒量		1
						0.11 米	棉机织物	米	5208、5209、5210、5211，以上所列品目号项下全部 8 位编码	90 英寸	3.02	米/条	
							填充月羽毛羽绒	克	05051000		1.01×充绒量		1
2	羽绒床垫	条	94049010	2 米	1.5 米	0.07 米	棉机织物	米	5208、5209、5210、5211，以上所列品目号项下全部 8 位编码	90 英寸	3.46	米/条	
							填充月羽毛羽绒	克	05051000		1.01×充绒量		1
						0.09 米	棉机织物	米	5208、5209、5210、5211，以上所列品目号项下全部 8 位编码	90 英寸	3.54	米/条	
							填充用羽毛羽绒	克	05051000		1.01×充绒量		1
						0.11 米	棉机织物	米	5208、5209、5210、5211，以上所列品目号项下全部 8 位编码	90 英寸	3.62	米/条	
							填充用羽毛羽绒	克	05051000		1.01×充绒量		1

续表

序号	成品						原料				单耗	单位	工艺损耗率（%）
	名称	单位	商品编码	品质规格			名称	单位	商品编码	品质规格（幅宽）			
				长度	宽度	厚度							
3	羽绒床垫	条	94049010	2 米	1.8 米	0.07 米	棉机织物	米	5208、5209、5210、5211，以上所列品目号项下全部 8 位编码	90 英寸	4.06	米/条	
							填充用羽毛羽绒	克	05051000		1.01×充绒量		1
						0.09 米	棉机织物	米	5208、5209、5210、5211，以上所列品目号项下全部 8 位编码	90 英寸	4.14	米/条	
							填充用羽毛羽绒	克	05051000		1.01×充绒量		1
						0.11 米	棉机织物	米	5208、5209、5210、5211，以上所列品目号项下全部 8 位编码	90 英寸	4.22	米/条	
							填充用羽毛羽绒	克	05051000		1.01×充绒量		1

注：1. 本标准适用于长度为 2 米，宽度为 1.0 米～2.0 米的羽绒床垫。

2. 当床垫规格或面料幅宽与 3.3 中表 1 规定不同时，按以下公式进行计算：羽绒床垫单耗值 = (b + 0.03) × 2 ÷ n + (c + 0.03) × 4 × n。其中，a 为羽绒床垫边长之一（与面料幅宽或幅宽倍数相近），b 为与 a 相邻的边长，c 为床垫厚度，n 为幅宽/a 的倍数（整数），0.03 米为缝位。

3. 填充用羽毛羽绒单耗 = 充绒量 ÷ (1 - 工艺损耗率) = 1.01 × 充绒量。

4. 采用暗立衬工艺、滚边工艺或四周暗线车缝工艺（即内止口缝制工艺）的羽绒床垫，其单耗值最高加 3%。

5. 分层（采用三层或四层面料工艺）和复合羽绒床垫，不适用本标准。

22. 羽绒靠垫加工贸易单耗标准

HDB/QB080—2013

序号	成品				原料				单耗	单位	工艺损耗率(%)
	名称	单位	商品编码	品质规格	名称	单位	商品编码	品质规格(幅宽)			
1	羽绒靠垫	只	94049010	单层结构 方形:0.45 米×0.45 米 圆形:直径 0.45 米	棉机织物	米	5208、5209、5210、5211,以上所列品目号项下全部 8 位编码	63 英寸	0.32	米/只	
					填充月羽毛羽绒	克	05051000		1.01×充绒量		1
2	羽绒靠垫	只	94049010	双层结构 方形:0.45 米×0.45 米 圆形:直径 0.45 米	棉机织物	米	5208、5209、5210、5211,以上所列品目号项下全部 8 位编码	63 英寸	0.32	米/只	
					填充月羽毛羽绒	克	05051000		1.01×充绒量		1
3	羽绒靠垫	只	94049010	三层结构 方形:0.45 米×0.45 米 圆形:直径 0.45 米	棉机织物	米	5208、5209、5210、5211,以上所列品目号项下全部 8 位编码	63 英寸	0.64	米/只	
					填充月羽毛羽绒	克	05051000		1.01×充绒量		1

注:1. 本标准只适用于无立边的方形或圆形羽绒靠垫。

2. 靠垫尺寸或面料幅宽与3.3表规定不同时,按以下公式进行计算:羽绒靠垫单耗值 $=2\times(a+0.03$ 米$)\div n$。其中,a 为方形羽绒靠垫边长或圆形羽绒靠垫的直径,n 为幅宽/a 的倍数(整数),0.03 米是缝位。

3. 填充用羽毛羽绒单耗 = 充绒量 ÷ (1 - 工艺损耗率) = 1.01 × 充绒量。

4. 采用滚边工艺或四周暗线车缝工艺(即内止口缝制工艺)的羽绒靠垫,其单耗值最高加3%。

23. 羽绒枕芯加工贸易单耗标准

HDB/QB081—2013

序号	成品				原料				单耗	单位	工艺损耗率（%）
	名称	单位	商品编码	品质规格	名称	单位	商品编码	品质规格（幅宽）			
1	羽绒枕芯	只	94049010	单层结构 0.48 米×0.74 米	棉机织物	米	5208、5209、5210、5211，以上所列品目号项下全部8位编码	64 英寸	0.51	米/只	
					填充用羽毛羽绒	克	05051000		1.01×充绒量		1
2	羽绒枕芯	只	94049010	双层结构 0.48 米×0.74 米	棉机织物	米	5208、5209、5210、5211，以上所列品目号项下全部8位编码	64 英寸	0.77	米/只	
					填充用羽毛羽绒	克	05051000		1.01×充绒量		1
3	羽绒枕芯	只	94049010	三层结构 0.48 米×0.74 米	棉机织物	米	5208、5209、5210、5211，以上所列品目号项下全部8位编码	64 英寸	1.02	米/只	
					填充用羽毛羽绒	克	05051000		1.01×充绒量		1

注：1. 本标准只适用于无立边的长方形羽绒枕芯。

2. 枕芯尺寸或面料幅宽与3.3表规定不同时，按以下公式进行计算：羽绒枕芯单耗值 = 2×(b + 0.03 米) ÷ n。其中，a 为羽绒枕芯边长之一（与面料幅宽或幅宽倍数相近），b 为与 a 相邻的边长，n 为幅宽/a 的倍数（整数），0.03 米为缝位。

3. 填充用羽毛羽绒单耗 = 充绒量 ÷ (1 − 工艺损耗率) = 1.01×充绒量。

4. 采用滚边工艺或四周暗线车缝工艺（即内止口缝制工艺）的羽绒枕芯，其单耗值最高加3%。

24. 棉制男式羽绒大衣加工贸易单耗标准

HDB/QB082—2013

序号	成品				原料					单耗	单位	工艺损耗率（%）
	名称	单位	商品编码	品质规格	名称		单位	商品编码	品质规格（幅宽）			
1	棉制男式羽绒大衣	件	6201121000	常规款欧码	棉制织物	面料	米	5208、5209、5210、5211、5212，以上所列项下全部编码	145 厘米/57 英寸	3.25	米/件	
					棉制、化纤及混纺织物	里料	米	5208、5209、5210、5211、5212、5407、5408、5512、5513、5514、5515、5516、5801、5903，以上所列项下全部编码		2.55	米/件	
						胆料	米			4.75	米/件	
					填充用羽毛、羽绒		克	0505100090				1
				常规款亚码	棉制织物	面料	米	5208、5209、5210、5211、5212，以上所列项下全部编码	145 厘米/57 英寸	2.94	米/件	
					棉制、化纤及混纺织物	里料	米	5208、5209、5210、5211、5212、5407、5408、5512、5513、5514、5515、5516、5801、5903，以上所列项下全部编码		2.25	米/件	
						胆料	米			4.12	米/件	
					填充用羽毛、羽绒		克	0505100090				1

注：1. 本标准中面料、里料和胆料的单耗数据根据亚码、欧码不同尺寸常规款式的羽绒服统一排料测算得出。

2. 本标准中提到的棉制男式羽绒大衣常规款式，指带帽、内部结构双层胆料（四层工艺），有挂面，有门襟，前下左右各一侧兜，有一内里袋，有防风袖，无防风裙，无左右胸兜，衣长在85厘米以上、120厘米（含）以下的棉制面料男式羽绒服。

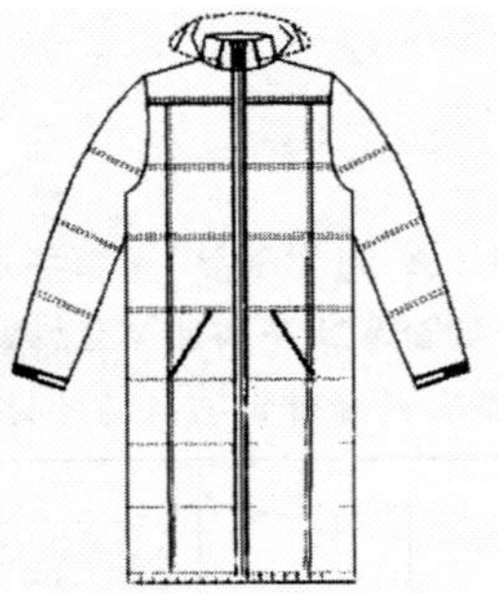

常规款正面

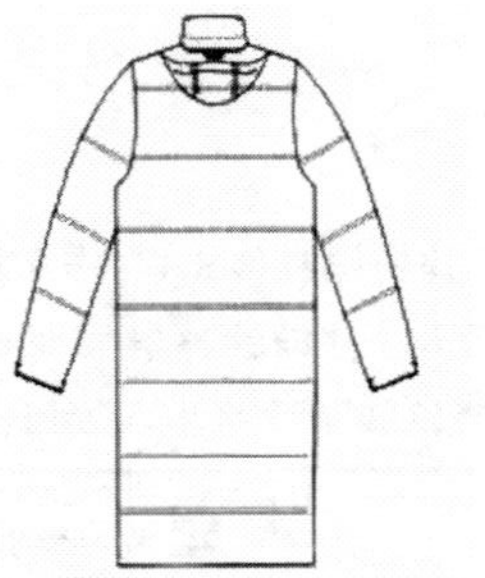

常规款背面

3. 本标准适用于面料已做预缩处理的情况。
4. 如果羽绒服是单层胆料常规款，胆料的单耗应为本单耗标准规定数值的50%。
5. 本标准只适用于幅宽为56英寸~60英寸的面料。面料幅宽与本标准规定不同时，换算公式为：非标准幅宽情况下的单耗标准=标准幅宽情况下的单耗标准×标准幅宽÷实际幅宽。
6. 双面穿以及表里共布的羽绒服，棉制面料用量=面料+里料。
7. 印花面料、起绒织物面料在相应单耗标准基础上加8%。
8. 格子面料：格子平均边长在10厘米（含10厘米）以下的，面料单耗在相应单耗标准基础上增加15%；格子平均边长在10厘米以上，面料单耗在相应单耗标准基础上增加20%。
9. 异于常规款式的，如加袋、加兜盖、加隐藏帽、加收纳袋、加腰带、结构变化等，增加相应部分用料。
10. 采用绗缝工艺或胸围130厘米以上的数量超过50%或批量小于500件时，不适用于此标准。
11. 本标准不适用于胸围140厘米以上尺寸。

25. 棉制男式羽绒短上衣及背心衣加工贸易单耗标准

HDB/QB083—2013

表1 棉制男式羽绒短上衣及背心加工贸易单耗标准(欧码)

序号	成品				原料					单耗	单位	工艺损耗率(%)
	名称	单位	商品编码	品质规格	名称		单位	商品编码	品质规格(幅宽)			
1	棉制男式羽绒短上衣	件	6201921000	常规款欧码	棉制织物	面料	米	5208、5209、5210、5211、5212,以上所列项下全部编码	145厘米/57英寸	2.60	米/件	
					棉制、化纤及混纺织物	里料	米	5208、5209、5210、5211、5212、5407、5408、5512、5513、5514、5515、5516、5801、5903,以上所列项下全部编码		2.00	米/件	
						胆料	米			4.00	米/件	
					填充用羽毛、羽绒		克	0505100090				1
2	棉制男式羽绒背心	件	6201921000	常规款欧码	棉制织物	面料	米	5208、5209、5210、5211、5212,以上所列项下全部编码	145厘米/57英寸	1.60	米/件	
					棉制、化纤及混纺织物	里料	米	5208、5209、5210、5211、5212、5407、5408、5512、5513、5514、5515、5516、5801、5903,以上所列项下全部编码		1.20	米/件	
						胆料	米			2.45	米/件	
					填充用羽毛、羽绒		克	0505100090				1

表 2　棉制男式羽绒短上衣及背心加工贸易单耗标准(亚码)

序号	成品				原料					单耗	单位	工艺损耗率(%)
	名称	单位	商品编码	品质规格	名称		单位	商品编码	品质规格(幅宽)			
1	棉制男式羽绒短上衣	件	6201921000	常规款亚码	棉制织物	面料	米	5208、5209、5210、5211、5212，以上所列项下全部编码	145 厘米/57 英寸	2.30	米/件	
					棉制、化纤及混纺织物	里料	米	5208、5209、5210、5211、5212、5407、5408、5512、5513、5514、5515、5516、5801、5903，以上所列项下全部编码		1.50	米/件	
						胆料	米			3.40	米/件	
					填充用羽毛、羽绒		克	0505100090				1
2	棉制男式羽绒背心	件	6201921000	常规款亚码	棉制织物	面料	米	5208、5209、5210、5211、5212，以上所列项下全部编码	145 厘米/57 英寸	1.25	米/件	
					棉制、化纤及混纺织物	里料	米	5208、5209、5210、5211、5212、5407、5408、5512、5513、5514、5515、5516、5801、5903，以上所列项下全部编码		0.80	米/件	
						胆料	米			2.00	米/件	
					填充用羽毛、羽绒		克	0505100090				1

注：1. 本标准中面料、里料和胆料单耗数据根据亚码、欧码中不同尺寸常规款式的羽绒服统一进行排料测算得出。

2. 本标准所指常规款棉制男式羽绒短上衣为带帽、内部结构双层胆料（四层工艺），有挂面，无防风袖，无防风裙，衣长小于 85 厘米（含）的男式棉制羽绒服。

图 1　常规款正面

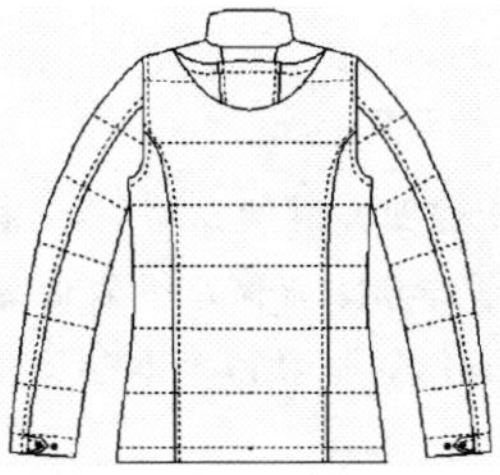

图 2　常规款反面

本标准所指常规款棉制男式羽绒背心为不带帽、内部结构双层胆料（四层工艺），有挂面，无防风裙，欧码衣长在 80 厘米（含）以下，亚码衣长在 70 厘米（含）以下的男式无袖棉制羽绒服。

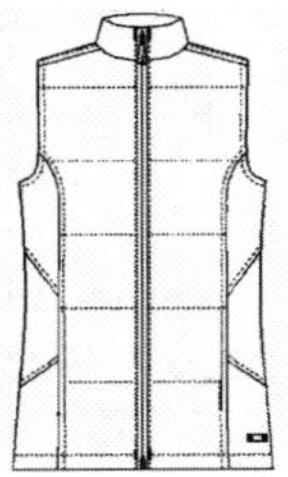

图 3　常规款正面

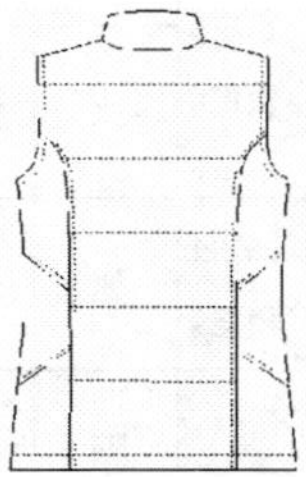

图 4　常规款反面

3. 本标准适用于面料已做预缩处理的情况。
4. 如果羽绒服是单层胆料常规款，胆料的单耗应为本单耗标准规定数值的 50%。
5. 本标准只适用于幅宽为 56 英寸 ~60 英寸的面料。面料幅宽与本标准规定不同时，换算公式为：非标准幅宽情况下的单耗标准 = 标准幅宽情况下的单耗标准 × 标准幅宽 ÷ 实际幅宽。
6. 双面穿以及表里共布的羽绒服，棉制面料用量 = 面料 + 里料。
7. 印花面料、起绒织物面料单耗在相应单耗标准基础上增加 8%。
8. 格子面料：格子平均边长在 10 厘米（含 10 厘米）以下的，面料单耗在相应单耗标准基础上增加 15%；格子平均边长在 10 厘米以上，面料单耗在相应单耗标准基础上增加 20%。
9. 异于常规款式的，如加袋、加兜盖、加隐藏帽、加收纳袋、加腰带、结构变化等，增加相应部分用料。
10. 采用绗缝工艺或胸围 130 厘米以上的数量超过 50% 或批量小于 500 件时，不适用于此标准。
11. 本标准不适用于胸围 140 厘米以上尺寸。

26. 棉制女式羽绒大衣加工贸易单耗标准

HDB/QB084—2013

序号	成品				原料					单耗	单位	工艺损耗率（%）
	名称	单位	商品编码	品质规格	名称		单位	商品编码	品质规格（幅宽）			
1	棉制女式羽绒大衣	件	6201121000	常规款欧码	棉制织物	面料	米	5208、5209、5210、5211、5212，以上所列项下全部编码	145 厘米/57 英寸	3.05	米/件	
					棉制、化纤及混纺织物	里料	米	5208、5209、5210、5211、5212、5407、5408、5512、5513、5514、5515、5516、5801、5903，以上所列项下全部编码	145 厘米/57 英寸	2.10	米/件	
						胆料	米		145 厘米/57 英寸	4.50	米/件	
					填充用羽毛、羽绒		克	0505100090				1
				常规款亚码	棉制织物	面料	米	5208、5209、5210、5211、5212，以上所列项下全部编码	145 厘米/57 英寸	2.65	米/件	
					棉制、化纤及混纺织物	里料	米	5208、5209、5210、5211、5212、5407、5408、5512、5513、5514、5515、5516、5801、5903，以上所列项下全部编码	145 厘米/57 英寸	1.80	米/件	
						胆料	米		145 厘米/57 英寸	3.70	米/件	
					填充用羽毛、羽绒		克	0505100090				1

注：1. 本标准中面料、里料和胆料单耗数据根据亚码、欧码中不同尺寸常规款式的羽绒服统一排料测算得出。

2. 本标准中提到的棉制女式羽绒大衣常规款式，指带帽、内部结构双层胆料（四层工艺），有挂面，有门襟，前下左右各一侧兜，有一内里袋，有防风袖，无防风裙，无左右胸兜，衣长在80厘米以上、110厘米（含）以下的棉制面料女式羽绒服。

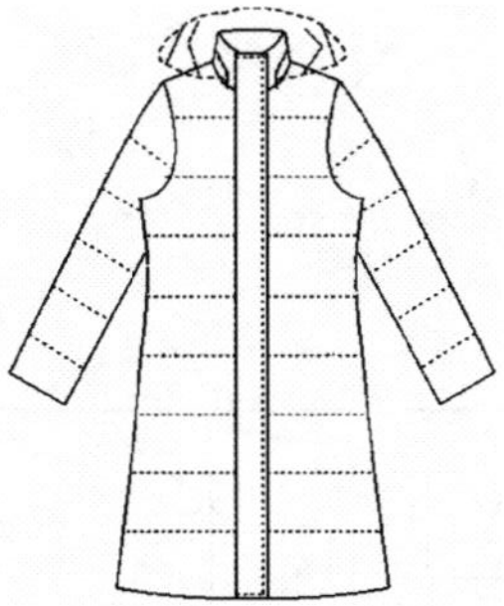

图1　常规款正面

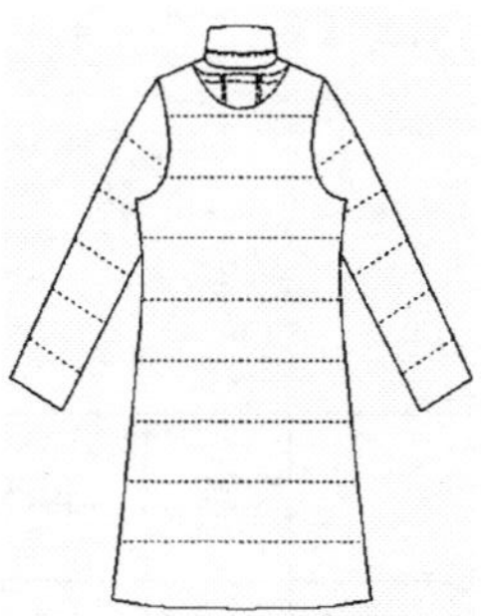

图2　常规款反面

3. 本标准适用于面料已做预缩处理的情况。
4. 如果羽绒服是单层胆料常规款，胆料的单耗应为本单耗标准规定数值的50%。
5. 本标准只适用于幅宽为56英寸~60英寸的面料。面料幅宽与本标准规定不同时，换算公式为：非标准幅宽情况下的单耗标准＝标准幅宽情况下的单耗标准×标准幅宽÷实际幅宽。
6. 双面穿以及表里共布的羽绒服，棉制面料用量＝面料＋里料。
7. 印花面料、起绒织物面料在相应单耗标准基础上加8%。
8. 格子面料：格子平均边长在10厘米（含10厘米）以下的，面料单耗在相应单耗标准基础上增加15%；格子平均边长在10厘米以上，面料单耗在相应单耗标准基础上增加20%。
9. 异于常规款式的，如加袋、加兜盖、加隐藏帽、加收纳袋、加腰带、结构变化等，增加相应部分用料。
10. 采用绗缝工艺或胸围120厘米以上的数量超过50%或批量小于500件时，不适用于此标准。
11. 本标准不适用于胸围130厘米以上尺寸。

27. 棉制女式羽绒短上衣及背心加工贸易单耗标准

HDB/QB085—2013

表1　棉制女式羽绒短上衣及背心加工贸易单耗标准(欧码)

序号	成品				原料					单耗	单位	工艺损耗率(%)
	名称	单位	商品编码	品质规格	名称		单位	商品编码	品质规格(幅宽)			
1	棉制女式羽绒短上衣	件	6201921000	常规款欧码	棉制织物	面料	米	5208、5209、5210、5211、5212，以上所列项下全部编码	145 厘米/57 英寸	2.40	米/件	
					棉制、化纤及混纺织物	里料	米	5208、5209、5210、5211、5212、5407、5408、5512、5513、5514、5515、5516、5801、5903，以上所列项下全部编码		1.70	米/件	
						胆料	米			3.60	米/件	
					填充用羽毛、羽绒		克	0505100090				1
2	棉制女式羽绒背心	件	6201921000	常规款欧码	棉制织物	面料	米	5208、5209、5210、5211、5212，以上所列项下全部编码	145 厘米/57 英寸	1.30	米/件	
					棉制、化纤及混纺织物	里料	米	5208、5209、5210、5211、5212、5407、5408、5512、5513、5514、5515、5516、5801、5903，以上所列项下全部编码		0.90	米/件	
						胆料	米			2.00	米/件	
					填充用羽毛、羽绒		克	0505100090				1

表 2　棉制女式羽绒短上衣及背心加工贸易单耗标准（亚码）

序号	成品				原料					单耗	单位	工艺损耗率（%）
	名称	单位	商品编码	品质规格	名称		单位	商品编码	品质规格（幅宽）			
1	棉制女式羽绒短上衣	件	6201921000	常规款亚码	棉制织物	面料	米	5208、5209、5210、5211、5212，以上所列项下全部编码	145 厘米/57 英寸	2.00	米/件	
					棉制、化纤及混纺织物	里料	米	5208、5209、5210、5211、5212、5407、5408、5512、5513、5514、5515、5516、5801、5903，以上所列项下全部编码		1.30	米/件	
						胆料	米			3.00	米/件	
					填充用羽毛、羽绒		克	0505100090				1
2	棉制女式羽绒背心	件	6201921000	常规款亚码	棉制织物	面料	米	5208、5209、5210、5211、5212，以上所列项下全部编码	145 厘米/57 英寸	1.15	米/件	
					棉制、化纤及混纺织物	里料	米	5208、5209、5210、5211、5212、5407、5408、5512、5513、5514、5515、5516、5801、5903，以上所列项下全部编码		0.70	米/件	
						胆料	米			1.80	米/件	
					填充用羽毛、羽绒		克	0505100090				1

注：1. 本标准中面料、里料和胆料单耗数据根据亚码、欧码中不同尺寸常规款式的羽绒服统一排料测算得出。

2. 本标准所指常规款棉制女式羽绒短上衣为带帽、内部结构双层胆料（四层工艺），有挂面，无防风袖，无防风裙，衣长小于 80 厘米（含）的女式棉制羽绒服。

图1　常规款正面

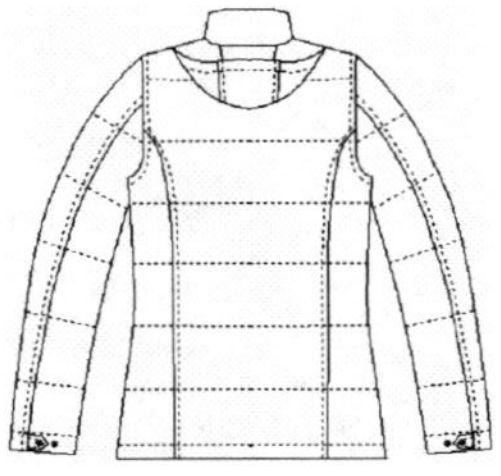

图2　常规款反面

本标准所指常规款棉制女式羽绒背心为不带帽、内部结构双层胆料(四层工艺)，有挂面，无防风袖，无防风裙，欧码衣长在76厘米(含)以下，亚码衣长在66厘米(含)以下的女式棉制无袖羽绒服。

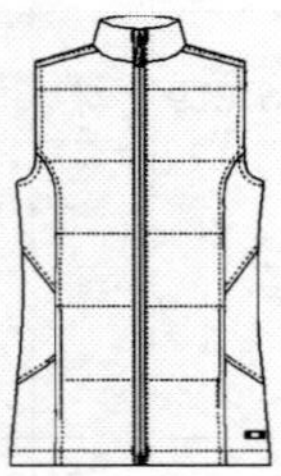

图3　常规款正面

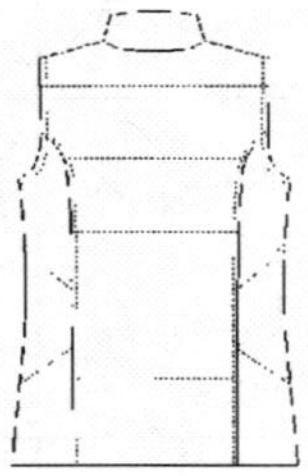

图4　常规款反面

3. 本标准适用于面料已做预缩处理的情况。
4. 如果羽绒服是单层胆料常规款，胆料的单耗应为本单耗标准规定数值的50%。
5. 本标准只适用于幅宽为56英寸～60英寸的面料。面料幅宽与本标准规定不同时，换算公式为：非标准幅宽情况下的单耗标准＝标准幅宽情况下的单耗标准×标准幅宽÷实际幅宽。
6. 双面穿以及表里共布的羽绒服，棉制面料用量＝面料＋里料。
7. 印花面料、起绒织物面料在相应单耗标准基础上加8%。
8. 格子面料：格子平均边长在10厘米(含10厘米)以下的，面料单耗在相应单耗标准基础上增加15%；格子平均边长在10厘米以上，面料单耗在相应单耗标准基础上增加20%。
9. 异于常规款式的，如加袋、加兜盖、加隐藏帽、加收纳袋、加腰带、结构变化等，增加相应部分用料。
10. 采用绗缝工艺或胸围120厘米以上的数量超过50%或批量小于500件时，不适用于此标准。
11. 本标准不适用于胸围130厘米以上尺寸。

28. 晴雨伞加工贸易单耗标准

HDB/QB086—2013

序号	成品				原料				工艺损耗率(%)
	名称	单位	商品编码	品质规格	名称	单位	商品编码	品质规格	
1	晴雨伞	千克	6601990000	从伞帽中心位置沿伞骨至伞面珠尾孔中心距离：45 厘米～76 厘米	合金钢、非合金钢卷板(伞杆用)	千克	7209179000、7217100000	0.2 毫米≤厚度≤0.6 毫米	9.00
					合金钢、非合金钢卷板(伞骨用)	千克	7209179000、7217100000	0.2 毫米≤厚度≤0.6 毫米	21.75
					合金钢、非合金钢线材	千克	7209179000、7217100000	(圆形截面)直径<16 毫米	3.00
					化纤、棉质、涤纶过胶等面料	千克	54076900、54077200、54074200、54075200、54076100、55121900、55122900、55129900、52121300、59032090	幅宽:120 厘米～200 厘米	8.90

注:本单耗标准不适用于绣花加工的晴雨伞。

29. 庭院用伞及类似伞加工贸易单耗标准

HDB/QB087—2013

序号	成品				原料				工艺损耗率(%)
	名称	单位	商品编码	品质规格	名称	单位	商品编码	品质规格	
1	庭院用伞及类似伞(三角弧形伞型)	千克	66011000	从伞帽中心沿伞骨至伞面珠尾距离：120 厘米～250 厘米	合金钢卷板	千克	7209179000	0.4 毫米≤厚度≤1.2 毫米	6.81
					非合金钢卷板	千克	7209171000	0.4 毫米≤厚度≤1.2 毫米	6.81
					合金钢线材	千克	7213910000	直径(圆形截面)<16 毫米	2.58
					非合金钢线材	千克	7217100000	直径(圆形截面)<14 毫米	2.58
					化纤面料	千克	54076900、54077200、54074200、54075200、54076100、55121900、55122900、55129900	幅宽:120 厘米～250 厘米	6.19

续表

序号	成品				原料				工艺损耗率(%)
	名称	单位	商品编码	品质规格	名称	单位	商品编码	品质规格	
2	庭院用伞及类似伞（直线平面伞型）	千克	66011000	从伞帽中心沿伞骨至伞面珠尾距离：120厘米～250厘米	合金钢卷板	千克	7209179000	0.4毫米≤厚度≤1.2毫米	6.81
					非合金钢卷板	千克	7209171000	0.4毫米≤厚度≤1.2毫米	6.81
					合金钢线材	千克	7213910000	直径(圆形截面)<16毫米	2.58
					非合金钢线材	千克	7217100000	直径(圆形截面)<14毫米	2.58
					化纤面料	千克	54076900、54077200、54074200、54075200、54076100、55121900、55122900、55129900	幅宽:120厘米～250厘米	4.40

30. 电磁炉加工贸易单耗标准

HDB/QB088—2013

序号	成品				原料				工艺损耗率(%)
	名称	单位	商品编码	品质规格	名称	单位	商品编码	品质规格	
1	电磁炉	台	85166010	双灶	聚丙烯(PP)	千克	39021000	颗粒状树脂	5.0
					丙烯腈—丁二烯—苯乙烯共聚物(ABS)	千克	39033010、39033090	颗粒状树脂	4.0
					聚碳酸酯(PC)	千克	39074000	颗粒状树脂	13.0
					不锈钢板	千克	72193500	0.3毫米≤厚度≤0.5毫米	12.0
2	电磁炉	台	85166010	单灶	聚丙烯(PP)	千克	39021000	颗粒状树脂	5.2
					丙烯腈—丁二烯—苯乙烯共聚物(ABS)	千克	39033010、39033090	颗粒状树脂	4.2
					不锈钢板	千克	72193500	0.3毫米≤厚度≤0.5毫米	12.5

注：该标准适用于聚丙烯(PP)、丙烯腈—丁二烯—苯乙烯共聚物(ABS)、聚碳酸酯(PC)塑料可回收再用。

31. 换气扇(不大于125瓦)加工贸易单耗标准

HDB/QB089—2013

序号	成品				原料				工艺损耗率(%)
	名称	单位	商品编码	品质规格	名称	单位	商品编码	品质规格	
1	换气扇	台	8414512000	功率≤125瓦 扇叶直径:200毫米~300毫米 (8寸~12寸)	聚丙烯(PP)	千克	3902100090	颗粒状树脂	5.0
					丙烯腈—丁二烯—苯乙烯共聚物(ABS)	千克	39033010 39033090	颗粒状树脂	3.0
					彩涂钢板(有色钢板)	千克	7210700000	宽度≥600毫米	12.6
					彩涂钢板(有色钢板)	千克	7212400000	宽度<600毫米	18.6
					镀锌铁板(镀锌板)	千克	7212300000	宽度<600毫米	45.0
					硅电钢板(矽钢片)	千克	7226190000	宽度<600毫米	44.0

注:1. 本标准适用于聚丙烯(PP)、丙烯腈—丁二烯—苯乙烯共聚物(ABS)可回收再用。
2. 本标准中彩涂钢板采用平衡直冲工艺。

32. 棉制及合成纤维制帆布加工贸易单耗标准

HDB/FZ101—2013

序号	成品				原料				净耗	单位	工艺损耗率(%)
	名称	单位	商品编码	品质规格	名称	单位	商品编码	品质规格			
1	未漂白或漂白棉制帆布	千克	5209110030、5209190030、5209210030、5209290030、5211110019、5211110099、5211190013、5211190093	每平方米重>200克,含棉50%及以上	棉纱线	千克	5205、5206品目项下全部商品编号	按重量计含棉量在50%及以上	0.99	千克/千克	5.8

续表

序号	成品					原料				净耗	单位	工艺损耗率（%）
	名称		单位	商品编码	品质规格	名称	单位	商品编码	品质规格			
2	印染棉制帆布	不涂层	千克	5209310093、5209390030、5211310013、5211310023、5211310093、5211390013、5200390023、5200390093、5209510093、5209590030、5211510013、5211510023、5211510093、5211590013、5211590023、5211590093	每平方米克重＞200克，含棉50%以上	棉纱线	千克	5205、5206品目项下全部商品编号	按重量计含棉量在50%及以上	0.98	千克/千克	12.6
		涂层								0.78		13.4
3	未漂白或漂白合成纤维长丝制帆布		千克	5407102090、5407510020、5407610020、5407610031、5407690011、5407710000、5407810030、5407810090	每平方米重＞170克（含），合成纤维长丝50%及以上	合成纤维长丝	千克	5402品目项下全部商品编号	合成纤维长丝、纱线，包括细度在67分特以下的合成纤维单丝	0.99	千克/千克	3.7
4	印染合成纤维长丝制帆布	不涂层	克	5407520092、5407610041、5407690021、5407540020、5407610061、5407690041	每平方米重＞170克（含），合成纤维长丝50%及以上	合成纤维长丝	千克	5402品目项下全部商品编号	合成纤维长丝、纱线，包括细度在67分特以下的合成纤维单丝	0.99	千克/千克	9.1
		涂层								0.79		9.8
5	未漂白或漂白合成纤维短纤制帆布		千克	5512110050、5512190035、5512210050、5512290035、5512910050、5512990035、5514111030、5514112030、5515110025、5515110035、5515190025、5515190035、5515290025、5515290035、5515990025、5515990035	含合成纤维短纤量50%及以上	合成纤维短纤纺制的纱线	千克	5509品目项下全部商品编号，5511100000、5511200000	按重量计含合成纤维短纤量在50%及以上	0.99	千克/千克	5

续表

序号	成品					原料				净耗	单位	工艺损耗率(%)
	名称		单位	商品编码	品质规格	名称	单位	商品编码	品质规格			
6	印染合成纤维短纤制帆布	不涂层	千克	5514210030、5514230020、5514290030、5514410030、5514430020、5514490030	含合成纤维短纤 50% 及以上	合成纤维短纤纺制纱线	千克	5509 品目项下全部商品编号，5511100000、5511200000	按重量计含合成纤维短纤量在 50% 及以上	0.99	千克/千克	11.5
		涂层								0.79		12.2

注：其中涂层帆布的计算要考虑涂层的增重率Z%，一般增重率在15%～30%之间，上表按20%计算，具体不同增重率的数据还是要依据双方加工合同的规定计算，计算方法参照下面的公式及实例。

涂层帆布净耗计算公式：$W=(1-Z)\times w$。其中，W—涂层帆布净耗，w—不涂层帆布净耗，Z—涂层增重率。

$Z=(X-Y)\div Y$。其中，X—涂层后重量，Y—涂层前重量。

33. 聚氯乙烯涂层织物加工贸易单耗标准

HDB/FZ102—2013

序号	成品				原料				净耗	单位	工艺损耗率（%）
	名称	单位	商品编码	品质规格	名称	单位	商品编码	品质规格			
1	棉制聚氯乙烯涂层织物	千克	5903102010 5903102020 5903102030 5903109010 5903109021 5903109029 5903109030	聚氯乙烯含量＜50%（厚度0.5毫米）	棉制机织物	千克	5209110020、5209190020、5209190090、5209210010、5209210020、5209290020、5209290090、5209390020、5209390090、5209510092、5209590020、5211110012、5200000092、5211120010、5211190012、5211190019、5211190092、5211190099、5211200000、5211310012、5211390012、5211390019、5211390092、5211390099、5211410010、5211510012、5211510092、5211590012、5211590019、5211590092、5211590099	宽度≥1.5米	0.35	千克/千克	9.65
2	棉制聚氯乙烯涂层织物	千克		50%≤聚氯乙烯含量≤60%（厚度0.6毫米）					0.30		
3	棉制聚氯乙烯涂层织物	千克		60%≤聚氯乙烯含量≤70%（厚度0.7毫米）					0.26		
4	化学纤维制聚氯乙烯涂层织物	千克		聚氯乙烯含量＜50%（厚度0.4毫米）	化学纤维制机织物	千克	5407410020、5407410090、5407420000、5407440000	宽度≥1.5米	0.35	千克/千克	7.8

注：本标准数值已按公定回潮率计算。

34. 切片熔纺高模低缩聚酯工业长丝加工贸易单耗标准

HDB/FZ103—2013

序号	成品				原料				净耗	单位	工艺损耗率（%）
	名称	单位	商品编码	品质规格	名称	单位	商品编码	品质规格			
1	切片熔纺高模低缩聚酯工业长丝	千克	5402200010	≤3300dtex	纤维级有光聚酯切片	千克	39076019	各种规格	0.995	千克/千克	5.00

注：本标准单耗数值已按公定回潮率计算。

35. 棉制及化学纤维制传动带、输送带加工贸易单耗标准

HDB/FZ104—2013

序号	成品					原料				净耗	单位	工艺损耗率（%）
	名称		单位	商品编码	品质规格	名称	单位	商品编码	品质规格			
1	棉制帆布传动带	切边式	千克	5910000000	纵向全厚度拉伸强度 200 牛顿/毫米（四层）	棉制帆布	千克	5209110030、5209190030、5209310093、5209390030、5211110019、5211190013、5211310013、5211390013	幅宽 1 米 幅长 100 米	0.73	千克/千克	15.86
		包边式										15.44
	化学纤维制帆布传动带	切边式	千克		纵向全厚度拉伸强度 500 牛顿/毫米（三层）	化学纤维制帆布	千克	5407101000、5407102090、5512110050、5512190035、5514111030、5514210030、5514230020	幅宽 1 米 幅长 100 米	0.73	千克/千克	14.01
		包边式										13.58
2	棉制帆布输送带	切边式	千克	5910000000	纵向全厚度拉伸强度 200 牛顿/毫米（四层）	棉制帆布	千克	5209110030、5209190030、5209310093、5209390030、5211110019、5211190013、5211310013、5211390013	幅宽 1 米 幅长 100 米	0.57	千克/千克	15.86
		包边式										15.44
	化学纤维制帆布输送带	切边式			纵向全厚度拉伸强度 500 牛顿/毫米（三层）	化学纤维制帆布	千克	5407101000、5407102090、5512110050、5512190035、5514111030、5514210030、5514230020	幅宽 1 米 幅长 100 米	0.57	千克/千克	14.01
		包边式										13.58

注：1. 本标准适用于与所附结构示意图基本相同的用塑料做黏合材料，或用塑料浸渍、涂布、包覆、层压的棉制及化学纤维制平型传动带、输送带，但不包括厚度<3 毫米的棉制及化学纤维制平型传动带、输送带。

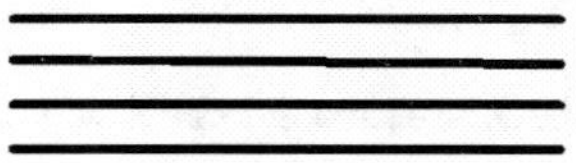

图 1-1　切边式

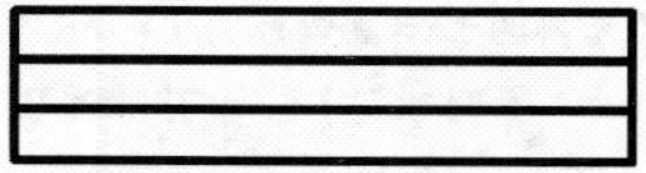

图 1-2　包边式

图 1　传动带结构示意图

图 2-1　切边式

图 2　输送带结构示意图

2. 不同幅宽、不同幅长帆布工艺损耗率计算方法：

切边式：

棉制帆布工艺损耗率（实际幅宽幅长）= 边耗损耗率 ×（标准幅宽 ÷ 实际幅宽）+ 端耗损耗率 ×（标准幅长 ÷ 实际幅长）+ 烘干损耗率
= 8.91 ×（标准幅宽 ÷ 实际幅宽）+ 2.82 ×（标准幅长 ÷ 实际幅长）+ 4.13；

化学纤维制帆布工艺损耗率（实际幅宽幅长）= 边耗损耗率 ×（标准幅宽 ÷ 实际幅宽）+ 端耗损耗率 ×（标准幅长 ÷ 实际幅长）+ 烘干损耗率
= 8.99 ×（标准幅宽 ÷ 实际幅宽）+ 2.84 ×（标准幅长 ÷ 实际幅长）+ 2.18。

包边式：

棉制帆布工艺损耗率（实际幅宽幅长）= 边耗损耗率 ×（标准幅宽 ÷ 实际幅宽）+ 端耗损耗率 ×（标准幅长 ÷ 实际幅长）+ 烘干损耗率
= 8.47 ×（标准幅宽 ÷ 实际幅宽）+ 2.84 ×（标准幅长 ÷ 实际幅长）+ 4.13；

化学纤维制帆布工艺损耗率（实际幅宽幅长）= 边耗损耗率 ×（标准幅宽 ÷ 实际幅宽）+ 端耗损耗率 ×（标准幅长 ÷ 实际幅长）+ 烘干损耗率
= 8.54 ×（标准幅宽 ÷ 实际幅宽）+ 2.86 ×（标准幅长 ÷ 实际幅长）+ 2.18。

3. 本标准数值已按公定回潮率计算。

36. 毛制、棉制及化学纤维制机织男式棉背心加工贸易单耗标准

HDB/FZ105—2013

序号	成品				原料				单位	单耗
	名称	单位	商品编码	品质规格	名称	单位	商品编码	品质规格		
1	毛制机织男式棉背心	件	6201910010	亚码	毛制机织物	米	5111 品目项下除 5111200010、5111300010、5111900021、5111900029 以外的全部商品编号，5112 品目项下除 5112110010、5112190010、5112200010、5112300010、5112900020 以外的全部商品编号	幅宽 1.5 米（59 英寸）	米/件	1
				欧码						1.12

续表

序号	成品				原料				单位	单耗
	名称	单位	商品编码	品质规格	名称	单位	商品编码	品质规格		
2	棉制机织男式棉背心	件	6201929010	亚码	棉制机织物	米	5208 品目项下除 52081100、52081200、52081300、52081900、52082100、5208220030、5208220040、5208220050、52083100、5208320010、5208320093、5208320094、5208320095、52084100、5208420010、52085100、5208520010、5208520093、5208520094、5208520095 以外的全部商品编号,5209 品目项下除 52091100、52091200、52091900、5209210030、5209290030、5209310010、5209310093、5209390030、5209410010、5209510010、5209510093、5209590030 以外的全部商品编号,5210 品目项下除 52101100、52101910、52101990、5210210013、5210210015、5210210023、5210210025、5210210093、5210210095、5210310013、5210310015、5210310023、5210310025、5210310093、5210310095、5210510013、5210510015、5210510023、5210510025、5210510093、5210510095 以外的全部商品编号,5211 品目项下除 52111100、52111200、52111900、5211310013、5211310023、5211310093、5211390013、5211390023、5211390093、5211510013、5211510023、5211510093、5211590013、5211590023、5211590093 以外的全部商品编号,5212 品目项下除 52121100、5212120060、5212130060、5212150060、52122100、5212230050、5212250050 以外的全部商品编号	幅宽 1.47 米（58 英寸）	米/件	1.02
				欧码						1.14

续表

序号	成品				原料				单位	单耗
	名称	单位	商品编码	品质规格	名称	单位	商品编码	品质规格		
3	化学纤维制机织男式棉背心	件	6201939010	亚码	化学纤维制机织物	米	5407 品目项下除 54071010、54071020、54072000、54073000、5407410010、5407410020、5407520010、5407530010、5407610011、5407610012、5407810030、5407820030、5407830030、5407840030、5407910093、5407920093、5407930093、5407940093 以外的全部商品编号，5512 品目项下除 5512110030、5512110040、5512110050、5512190033、5512190034、5512190035、5512210030、5512210040、5512210050、5512290033、5512290034、5512290035、5512910030、5512910040、5512910050、5512990033、5512990034、5512990035 以外的全部商品编号，5513 品目项下除 55131110、5513112030、5513112040、55131210、55131310、5513190030、5513190040、5513210030、5513210040、5513290030、5513290040、5513410030、5513190040 以外的全部商品编号，5514 品目项下除 55141110、5514112030、55141210、55141911、5514210030、5514230020、5514290030、5514410030、5514430020、5514490030 以外的全部商品编号，5515 品目项下除 5515110023、5515110024、5515110025、5515110033、5515110034、5515110035、5515120013、5515120023、5515190023、5515190024、5515190025、5515190033、5515190034、5515190035、5515210013、5515210023、5515290023、5515290024、5515290025、5515290033、5515290034、5515290035、5515910013、5515910023、5515990023、5515990024、5515990025、5515990033、5515990034、5515990035 以外的全部商品编号	幅宽 1.47 米（58 英寸）	米/件	1.02
				欧码						1.14

注:1. 常规款式机织男式棉背心是指与所示常规款式图基本相同的机织男式棉背心。

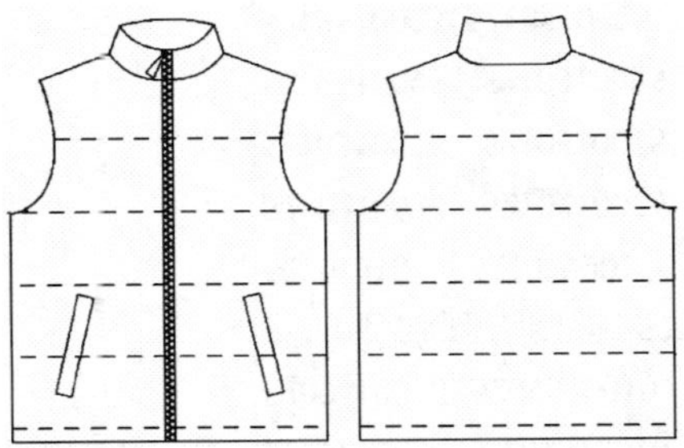

常规款式机织男式棉背心款式图

2. 亚码机织男式棉背心:一般是指出口亚洲地区机织男式棉背心的统称。本标准中的亚码机织男式棉背心的规格是指衣长 68 厘米~76 厘米(后衣片居中量),胸围 108 厘米~124 厘米。

   欧码机织男式棉背心:一般是指出口欧洲地区机织男式棉背心的统称。本标准中的欧码机织男式棉背心的规格是指衣长 72 厘米~80 厘米(后衣片居中量),胸围 114 厘米~130 厘米。

3. 不同幅宽的机织物为原料时,机织男式棉背心单耗标准的换算办法:

   当机织物实际幅宽大于常规幅宽时:单耗(实际幅宽)=单耗(常规幅宽)×常规幅宽÷实际幅宽;

   当机织物实际幅宽小于常规幅宽时:单耗(实际幅宽)=单耗(常规幅宽)×常规幅宽÷实际幅宽×(1+10%)。

4. 当加工产品为连帽式机织男式棉背心时,单面用主料单耗在常规款式基础上增加 25%,双面用主料单耗在常规款式基础上增加 35%。

5. 在常规款式基础上加袋、加袋盖等结构上差异,如果增加部分面积小于 0.03 平方米,则可忽略不计;

   增加部分用料面积大于 0.03 平方米,则按以下公式计算单耗:

   单耗(非常规款式)=单耗(常规款式)+增加部分用料面积÷常规幅宽×(1+10%)。

6. 对图案、对条格机织男式棉背心单耗视图案和条格大小在标准单耗基础上适当增加:

   花型直径或条格宽度在 0.04 米以下加放 0.5 个图案或条格长度,图案直径或条格宽度在 0.04 米以上加放 2.5 个图案或条格长度。

7. 与常规款式衣长尺寸有变化的机织男式棉背心,单耗要在标准单耗的基础上适当增减:衣长增减 0.02 米,其单耗相应增减 0.02 米;胸围或摆围每增减 0.04 米,其单耗增减 4%。

8. 需要定向裁剪的或以起绒织物为原料的机织男式棉背心,单耗在常规款式基础上增加 10%。

9. 本单耗标准是根据机织男式棉背心填充物放泡厚度 0.03 米内,超过 0.03 米厚度,单耗在常规款式基础上增加 0.15%。

10. 在一个订单中,大码数量超过加工贸易量的 50% 或批量小于 500 件的,单耗应在标准单耗基础上增加 6%。

11. 本单耗标准适用于常规款式机织男式棉背心,不适用特殊规格和特殊款式机织男式棉背心单耗核算。

12. 特殊情况下,机织男式棉背心的单耗按备注的先后顺序累计计算。

37. 机织女式长裤加工贸易单耗标准

HDB/FZ106—2013

序号	成品				原料				单位	单耗
	名称	单位	商品编码	品质规格	名称	单位	商品编码	品质规格		
1	毛制机织女式长裤	条	6204610090 6204690094	亚码卷脚口女式长裤	毛制机织物	米	5112 品目项下除 5112110010、5112190010、5112200010、5112300010、5112900020 以外的全部商品编号	幅宽 1.47 米（58 英寸）	米/件	1.26
				亚码翻脚口女式长裤						1.32
				欧码卷脚口女式长裤						1.34
				欧码翻脚口女式长裤						1.40
2	棉制机织女式长裤	条	6204620029 6204690093	亚码卷脚口女式长裤	棉制机织物	米	5208 品目项下除 52081100、52081200、52081300、52081900、52082100、5208220030、5208220040、5208220050、52083100、5208320010、5208320093、5208320094、5208320095、52084100、5208420010、52085100、5208520010、5208520093、5208520094、5208520095 以外的全部商品编号，5209 品目项下除 52091100、52091200、52091900、5209210030、5209290030、5209310010、5209310093、5209390030、5209410010、5209510010、5209510093、5209590030 以外的全部商品编号，5210 品目项下除 52101100、52101910、52101990、5210210013、5210210015、5210210023、5210210025、5210210093、5210210095、5210310013、5210310015、5210310023、5210310025、5210310093、5210310095、5210510013、5210510015、5210510023、5210510025、5210510093、5210510095 以	幅宽 1.47 米（58 英寸）	米/件	1.28
				亚码翻脚口女式长裤						1.34
				欧码卷脚口女式长裤						1.36
				欧码翻脚口女式长裤						1.42

续表

序号	成品				原料				单位	单耗
	名称	单位	商品编码	品质规格	名称	单位	商品编码	品质规格		
2	棉制机织女式长裤	条	6204620029 6204690093	亚码卷脚口女式长裤	棉制机织物	米	外的全部商品编号，5211 品目项下除 52111100、52111200、52111900、5211310013、5211310023、5211310093、5211390013、5211390023、5211390093、5211510013、5211510023、5211510093、5211590013、5211590023、5211590093 以外的全部商品编号，5212 品目项下除 52121100、5212120060、5212130060、5212150060、52122100、5212230050、5212250050 以外的全部商品编号	幅宽 1.47 米（58 英寸）	米/件	1.28
				亚码翻脚口女式长裤						1.34
				欧码卷脚口女式长裤						1.36
				欧码翻脚口女式长裤						1.42
3	麻制机织女式长裤	条	6204690099	亚码卷脚口女式长裤	麻制机织物	米	5309 品目项下除 53091110、53092110、5309212023、5309212027、5309290023、5309290027 以外的全部商品编号，5311 品目项下除 53110012、53110014、5311001523、5311001533、53110020、5311009023、5311009033 以外的全部商品编号	幅宽 1.47 米（58 英寸）	米/件	1.29
				亚码翻脚口女式长裤						1.35
				欧码卷脚口女式长裤						1.37
				欧码翻脚口女式长裤						1.43

续表

序号	成品				原料				单位	单耗
	名称	单位	商品编码	品质规格	名称	单位	商品编码	品质规格		
4	合成纤维制机织女式长裤	条	6204630022 6204630024 6204630029 6204690095	亚码卷脚口女式长裤	合成纤维制机织物	米	5407 品目项下除 54071010、54071020、54072000、54073000、5407410010、5407410020、5407520010、5407530010、5407610011、5407610012、5407810030、5407820030、5407830030、5407840030、5407910093、5407920093、5407930093、5407940093 以外的全部商品编号,5512 品目项下除 5512110030、5512110040、5512110050、5512190033、5512190034、5512190035、5512210030、5512210040、5512210050、5512290033、5512290034、5512290035、5512910030、5512910040、5512910050、5512990033、5512990034、5512990035 以外的全部商品编号,5513 品目项下除 55131110、5513112030、5513112040、55131210、55131310、5513190030、5513190040、5513210030、5513210040、5513290030、5513290040、5513410030、5513190040 以外的全部商品编号,5514 品目项下除 55141110、5514112030、55141210、55141911、5514210030、5514230020、5514290030、5514410030、5514430020、5514490030 以外的全部商品编号,5515 品目项下除 5515110023、5515110024、5515110025、5515110033、5515110034、5515110035、5515120013、5515120023、5515190023、5515190024、5515190025、5515190033、5515190034、5515190035、5515210013、5515210023、5515290023、5515290024、5515290025、5515290033、5515290034、5515290035、5515910013、5515910023、5515990023、5515990024、5515990025、5515990033、5515990034、5515990035 以外的全部商品编号	幅宽 1.47 米（58 英寸）	米/件	1.26
				亚码翻脚口女式长裤						1.32
				欧码卷脚口女式长裤						1.34
				欧码翻脚口女式长裤						1.40

注:1. 适用范围:指与所附款式图基本相同的亚码、欧码机织女式长裤,不包括特殊规格和特殊款式及本标准规格范围之外的机织女式长裤。

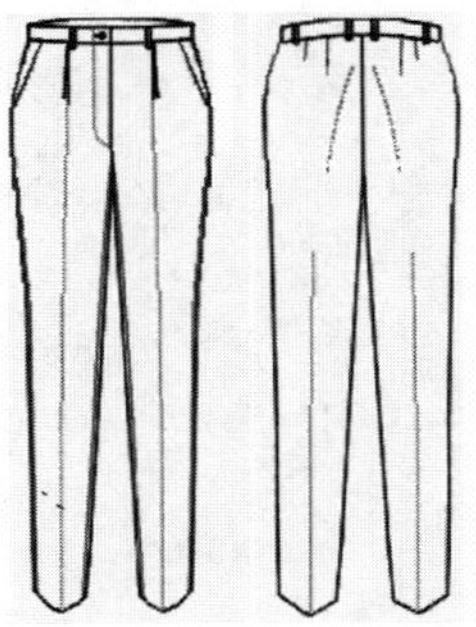

图1　卷脚口机织女式长裤款式图

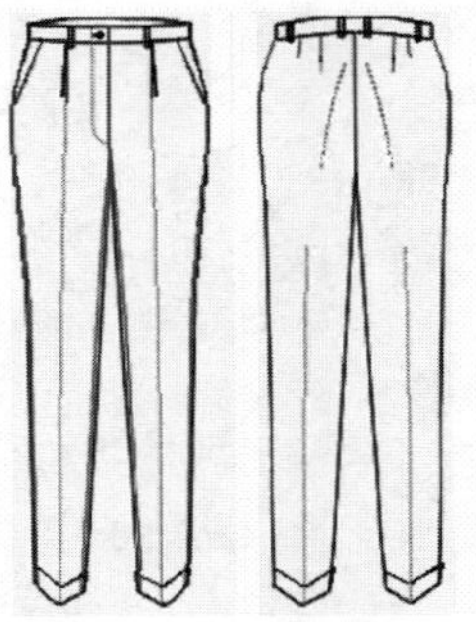

图2　翻脚口机织女式长裤款式图

常规款式机织女式长裤:指与所附款式图基本相同,脚口内折3.5厘米的女式长裤(图1)。

翻脚裤款式机织女式长裤:指与所附款式图基本相同,脚口外翻3.5厘米的女式长裤(图2)。

亚码机织女式长裤:一般是指出口亚洲地区机织女式长裤的统称。其规格范围是:

裤长96厘米~109厘米(上腰口至脚口折边长度),腰围60厘米~92厘米,脚口20厘米~25厘米;平均裤长为103厘米(上腰口至脚口折边长度),平均腰围为76厘米,平均脚口为22.5厘米。

欧码机织女式长裤:一般是指出口欧洲地区机织女式长裤的统称。其规格范围是:

裤长100厘米~114厘米(上腰口至脚口折边长度),腰围68厘米~102厘米,脚口20.5厘米~27.5厘米;平均裤长为109厘米(上腰口上至脚口折边长度),平均腰围为84厘米,平均脚口为24厘米。

平均尺寸:是指通过采用加权平均数计算所得的尺寸。平均尺寸计算公式=(尺码1×尺码1数量 +尺码2×尺码2数量+……尺码k×尺码k数量)/总数量。

平均码:是指平均尺寸与订单规格中接近的尺码。

常规幅宽:本标准以生产机织女式长裤常用机织物门幅宽度1.47米作为常规幅宽(详见3.3单耗标准数据表)。

2. 如机织女式长裤在常规款式基础上加袋、加袋盖、加护膝贴布等结构变化,则其单耗按以下方法计算:

因结构差异增加部分的用料面积小于0.02平方米,可忽略不计;

增加部分用料面积大于0.02平方米,单耗(结构差异) = 单耗(常规款式) + 增加部分用料面积÷标准幅宽×(1+10%)。

3. 裤长和腰围等规格的变化,直接影响机织女式长裤的单耗,其单耗值按以下方法处理:

裤长或腰围以每增减0.02米,其单耗在相应单耗基础上增减1.5%;

裤口每增减0.01米,其单耗在相应的单耗基础上增减1.5%;

裤膝部如有横向裁剪的款式，其单耗在相应单耗的基础上增加3%。

4. 不同幅宽机织物为原料时，机织女式长裤加工贸易单耗标准的计算方法：

当实际幅宽小于标准幅宽时：单耗（实际幅宽）= 单耗（标准幅宽）× 标准幅宽 ÷ 实际幅宽 ×（1 + 10%）；

当实际幅宽大于标准幅宽时：单耗（实际幅宽）= 单耗（标准幅宽）× 标准幅宽 ÷ 实际幅宽。

5. 对花对条格机织物为原料时，机织女式长裤加工贸易单耗标准的计算方法：

花型直径或条格宽度在0.04米以下时：单耗（对花对格）= 单耗（常规款式）+ 1.5个花型或条格长度；

花型直径或条格宽度在0.04米及以上时：单耗（对花对格）= 单耗（常规款式）+ 2.5个花型或条格长度。

6. 以需定向裁剪机织物为原料的机织女式长裤加工贸易单耗标准的计算方法：单耗（定向剪裁）= 单耗（常规款式）×（1 + 10%）。

7. 成衣水洗计算方法：普通水洗在相应的单耗基础上增加3%，成衣酵素洗在相应的单耗基础上增加5%，弹性机织物在相应的单耗基础上增加5%。

单耗（一般机织物为原料机织女式长裤普通水洗）= 单耗（常规款式）×（1 + 3%）；

单耗（弹性机织物为原料机织女式长裤普通水洗）= 单耗（常规款式）×（1 + 3% + 5%）；

单耗（一般机织为原料机织女式长裤物酵素水洗）= 单耗（常规款式）×（1 + 5%）；

单耗（弹性机织物为原料机织女式长裤酵素水洗）= 单耗（常规款式）×（1 + 5% + 5%）。

8. 当一个订单中，大码的数量超出平均码的50%或相同花色机织物批量小于500条，在相应的单耗基础上增加10%。

9. 本单耗标准中只包含正常缩率损耗，弹性机织物缩率超大，根据计算方法，弹性机织物为原料机织女式长裤的单耗为：单耗（常规款式）×（1 + 实际缩率 − 预缩工艺损耗率）

10. 特殊情况下，机织女式长裤加工贸易单耗值按备注的先后顺序累计计算。

中华人民共和国海关总署公告

2013 年第 70 号

（关于加工贸易集中办理内销征税手续的公告）

为支持加工贸易转型升级，引导企业更好地面向国际国内两个市场，延长加工贸易国内产业链，海关在前期试点的基础上，决定对全国 B 类及以上加工贸易企业全面推广实施内销集中办理纳税手续措施。根据《中华人民共和国海关对加工贸易货物监管办法》（海关总署令第 113 号，经海关总署令第 168、195 号修订）及其他有关规定，现就有关事项公告如下：

一、加工贸易内销集中征税是指符合条件的加工贸易企业先行内销加工贸易保税货物，再集中向主管海关办理内销纳税手续。

海关特殊监管区域内企业（H 账册企业）、区外联网监管企业（E 账册企业）按各自原有规定办理内销集中纳税手续，区外非联网监管的 B 类及以上企业按本公告办理内销集中纳税手续。

二、企业采用集中纳税模式办理内销手续，需事先向海关提交“集中办理内销纳税手续情况表”（见附件 1）备案，并按规定提供相应担保。

三、企业有下列情形之一的，海关不予办理：

（一）涉嫌走私、违规已被海关立案调查、侦查，案件未审结的；

（二）有逾期未报核加工贸易手册的；

（三）因为管理混乱被海关要求整改，在整改期内的。

四、企业办理内销集中纳税，应按以下要求向海关提供担保：

AA、A 类企业无须提供担保，B 类企业需提供有效担保，可采用海关保证金或有效期内银行保函两种形式。

B 类企业保证金（保函）金额 = 企业计划月内销纳税金额 ×50%。

其中，企业计划月内销纳税金额 = 企业计划月内销货物金额 × 企业申请时汇率 × 综合税率（22%）。

B 类企业有下列情形之一的，或主管海关有理由认为企业存在较高风险的，海关可视风险程度要求企业缴纳相当于企业月计划内销纳税金额的全额保证金（保函）：

（一）租赁厂房或者设备的；

（二）加工贸易手册两次或者两次以上延期的。

五、企业在备案环节已缴纳保证金，且已缴纳保证金金额超过上述第四条计算的保证金应缴金额的，无须重复缴纳。但若在企业内销集中征税期间，在备案环节缴纳保证金金额的手册已核销结案、备案环节征收的保证金已退还导致保证金金额不足时，应补缴相应保证金或变更保函金额。

企业月度内销纳税金额超出申请的月计划内销纳税金额时，应在额度超出前到主管海关补缴相应保证金或变更保函金额。

六、企业内销加工贸易货物后，须在当月月底前向主管海关集中办理“加工贸易内销征税联系单”，且不得超过手册有效期。

七、已适用内销集中纳税的加工贸易企业，有下列情形之一的，终止适用内销集中纳税：

（一）企业涉嫌走私、违规，被海关立案调查、侦查，案件未审结的；

（二）企业一年内月实际内销征税金额超过月计划纳税金额两次及以上，未及时到海关办理相应手续的；

（三）企业内销加工贸易货物后，未经海关批准不在规定时间内向主管海关办理集中申报手续的；

（四）企业先行内销加工贸易货物后无法按规定提交商务主管部门“加工贸易保税进口料件内销批准证”及其他许可证件的；

（五）企业手册到期未及时办理报核手续的；

（六）因管理混乱被海关要求整改的；

（七）企业被降为C、D类的；

（八）企业自主申请终止资格的。

企业终止内销集中征税，海关应在企业履行完纳税手续后为其办理保证金退还手续。

八、采用内销集中纳税的企业应及时填写“集中办理内销纳税手续发货记录单”（详见附件2），并在上述第六条规定的时间内，按规定凭商务主管部门“加工贸易保税进口料件内销批准证”办理内销申报手续。

九、加工贸易企业内销商品中如涉及许可证件管理的商品，应当取得相应许可证件后，向海关办理内销集中申报手续。

十、已取消商务主管部门“加工贸易保税进口料件内销征税批准证”审批省份的企业，办理内销集中申报手续时，不再收取“加工贸易保税进口料件内销征税批准证”。

十一、本办法自2014年1月1日起实施。

特此公告。

附件1　集中办理内销纳税手续情况表
附件2　集中办理内销纳税手续发货记录单

中华人民共和国海关总署
2013年12月16日

附件 1

集中办理内销纳税手续情况表

主管海关编号：(　　　) 关内销　　　号

企业名称		海关编码	
企业地址		企业类别	
联系人		联系电话	
每月计划内销额（美元）		保证金（保函）金额（元）	
海关保证金收据号			
保函开户机构		保函号	

企业承诺：

1. 本企业保证上述各项内容真实无讹。
2. 本企业保证月度内销纳税金额不超出申请的月计划内销纳税额度，如有变动，将主动变更保证金（保函）金额。
3. 本企业保证如实在“保税加工货物内销‘集中申报’发货记录表”上记录内销情况，并在内销当月底前向海关集中办理内销纳税的申报手续。
4. 本企业保证自觉遵守海关的法律法规及对加工贸易内销的各项管理规定，承担履行的义务。

年　月　日（企业盖章）

以上由企业填写

主管海关意见：

年　月　日

备注：1.（1）B 类企业保证金（保函）金额 = 企业计划月内销纳税金额 × 50%（征收全额保金保函者除外）；

（2）企业计划月内销纳税金额 = 企业计划月内销货物金额 × 汇率 × 综合税率（22%）；

（3）已在备案环节缴纳保证金的，无须重复缴纳。

2. 本表一式二份，主管海关一份，企业留存一份。

附件 2

集中办理内销纳税手续发货记录单

企业名称：__________　　企业编码：__________　　企业类别：__________

内销时间段：____年 ____月　　计划每月内销额（美元）：__________

发货日期	手册号	商品编码	商品名称	数量	单位	金额（美元）
总计						

备注：企业应分月逐笔填写内销记录表，以备海关核查。

上海市人民代表大会常务委员会公告

第 14 号

《中国（上海）自由贸易试验区条例》已由上海市第十四届人民代表大会常务委员会第十四次会议于2014年7月25日通过，现予公布，自2014年8月1日起施行。

上海市人民代表大会常务委员会
2014年7月25日

中国（上海）自由贸易试验区条例

（2014年7月25日上海市第十四届人民代表大会常务委员会第十四次会议通过）

第一章　总　则

第一条　为推进和保障中国（上海）自由贸易试验区建设，充分发挥其推进改革和提高开放型经济水平“试验田”的作用，根据《全国人民代表大会常务委员会关于授权国务院在中国（上海）自由贸易试验区暂时调整有关法律规定的行政审批的决定》、国务院批准的《中国（上海）自由贸易试验区总体方案》（以下简称《总体方案》）、《国务院关于在中国（上海）自由贸易试验区内暂时调整有关行政法规和国务院文件规定的行政审批或者准入特别管理措施的决定》和其他有关法律、行政法规，制定本条例。

第二条　本条例适用于经国务院批准设立的中国（上海）自由贸易试验区（以下简称“自贸试验区”）。

第三条　推进自贸试验区建设应当围绕国家战略要求和上海国际金融中心、国际贸易中心、国际航运中心、国际经济中心建设，按照先行先试、风险可控、分步推进、逐步完善的原则，将扩大开放与体制改革相结合，将培育功能与政策创新相结合，加快转变政府职能，建立与国际投资、贸易通行规则相衔接的基本制度体系和监管模式，培育国际化、市场化、法治化的营商环境，建设具有国际水准的投资贸易便利、监管高效便捷、法治环境规范的自由贸易试验区。

第四条　本市推进自贸试验区建设应当聚焦制度创新的重点领域和关键环节，充分运用现行法律制度和政策资源，改革妨碍制度创新的体制、机制，不断激发制度创新的主动性、积极性，营造自主改革、积极进取的良好氛围。

第五条　充分激发市场主体活力，法律、法规、规章未禁止的事项，鼓励公民、法人和其他组织在自贸试验区积极开展改革创新活动。

第二章　管理体制

第六条　按照深化行政体制改革的要求，坚持简政放权、放管结合，积极推行告知承诺制等制度，在自贸试验区建立事权划分科学、管理高效统一、运行公开透明的行政管理体制。

第七条 市人民政府在国务院领导和国家有关部门指导、支持下，根据《总体方案》明确的目标定位和先行先试任务，组织实施改革试点工作，依法制定与自贸试验区建设、管理有关的规章和政策措施。

本市建立自贸试验区建设协调机制，推进改革试点工作，组织有关部门制定、落实阶段性目标和各项措施。

第八条 中国（上海）自由贸易试验区管理委员会（以下简称“管委会”）为市人民政府派出机构，具体落实自贸试验区改革试点任务，统筹管理和协调自贸试验区有关行政事务，依照本条例履行下列职责：

（一）负责组织实施自贸试验区发展规划和政策措施，制定有关行政管理制度。

（二）负责自贸试验区内投资、贸易、金融服务、规划国土、建设、交通、绿化市容、环境保护、人力资源、知识产权、统计、房屋、民防、水务、市政等有关行政管理工作。

（三）领导工商、质监、税务、公安等部门在区内的行政管理工作，协调金融、海关、检验检疫、海事、边检等部门在区内的行政管理工作。

（四）组织实施自贸试验区信用管理和监管信息共享工作，依法履行国家安全审查、反垄断审查有关职责。

（五）统筹指导区内产业布局和开发建设活动，协调推进重大投资项目建设。

（六）发布公共信息，为企业和相关机构提供指导、咨询和服务。

（七）履行市人民政府赋予的其他职责。

市人民政府在自贸试验区建立综合审批、相对集中行政处罚的体制和机制，由管委会集中行使本市有关行政审批权和行政处罚权。管委会实施行政审批和行政处罚的具体事项，由市人民政府确定并公布。

第九条 海关、检验检疫、海事、边检、工商、质监、税务、公安等部门设立自贸试验区工作机构（以下统称“驻区机构”），依法履行有关行政管理职责。

市人民政府其他有关部门和浦东新区人民政府（以下统称“有关部门”）按照各自职责，支持管委会的各项工作，承担自贸试验区其他行政事务。

第十条 管委会应当与驻区机构、有关部门建立合作协调和联动执法工作机制，提高执法效率和管理水平。

第十一条 管委会、驻区机构应当公布依法行使的行政审批权、行政处罚权和相关行政权力的清单及运行流程。发生调整的，应当及时更新。

第三章　投资开放

第十二条 自贸试验区在金融服务、航运服务、商贸服务、专业服务、文化服务、社会服务和一般制造业等领域扩大开放，暂停、取消或者放宽投资者资质要求、外资股比限制、经营范围限制等准入特别管理措施。

第十三条 自贸试验区内国家规定对外商投资实施的准入特别管理措施，由市人民政府发布负面清单予以列明，并根据发展实际适时调整。

自贸试验区实行外商投资准入前国民待遇加负面清单管理模式。负面清单之外的领域，按照内外资一致的原则，外商投资项目实行备案制，国务院规定对国内投资项目保留核准的除外；外商投资企业设立和变更实行备案管理。负面清单之内的领域，外商投资项目实行核准制，国务院规定对外商投资项目实行备案的除外；外商投资企业设立和变更实行审批管理。

外商投资项目和外商投资企业的备案办法，由市人民政府制定。

第十四条 自贸试验区推进企业注册登记制度便利化，依法实行注册资本认缴登记制。

工商行政管理部门组织建立外商投资项目核准（备案）、企业设立和变更审批（备案）等行政事务的企业准入单一窗口工作机制，统一接收申请材料，统一送达有关文书。投资者在自贸试验区设立外商投资企业，可以自主约定经营期限，法律、行政法规另有规定的除外。

在自贸试验区内登记设立的企业（以下简称“区内企业”）可以到区外再投资或者开展业务，有专项规定要求办理相关手续的，按照规定办理。

第十五条 区内企业取得营业执照后，即可从事一般生产经营活动；从事需要审批的生产经营活动的，可以在取得营业执照后，向有关部门申请办理。

从事法律、行政法规或者国务院决定规定需要前置审批的生产经营活动的，应当在申请办理营业执照前，依法办理批准手续。

第十六条 自贸试验区内投资者可以开展多种形式的境外投资。境外投资一般项目实行备案管理，境外投资开办企业实行以备案制为主的管理，由管委会统一接收申请材料，并统一送达有关文书。

境外投资项目和境外投资开办企业的备案办法，由市人民政府制定。

第十七条 区内企业解散、被宣告破产的，应当依法清算并办理注销登记等手续。

依法实行注册资本认缴制的区内企业，股东以认缴的出资额或者认购的股份为限对企业债务承担责任。

第四章 贸易便利

第十八条 自贸试验区与境外之间的管理为“一线”管理，自贸试验区与境内区外之间的管理为“二线”管理，按照“一线放开、二线安全高效管住、区内流转自由”的原则，在自贸试验区建立与国际贸易等业务发展需求相适应的监管模式。

第十九条 按照通关便利、安全高效的要求，在自贸试验区开展海关监管制度创新，促进新型贸易业态发展。

海关在自贸试验区建立货物状态分类监管制度，实行电子围网管理，推行通关无纸化、低风险快速放行。

境外进入区内的货物，可以凭进口舱单先行入区，分步办理进境申报手续。口岸出口货物实行先报关、后进港。

对区内和境内区外之间进出的货物，实行进出境备案清单比对、企业账册管理、电子信息联网等监管制度。

区内保税存储货物不设存储期限。简化区内货物流转流程，允许分送集报、自行运输；实现区内与其他海关特殊监管区域之间货物的高效便捷流转。

第二十条 按照进境检疫、适当放宽进出口检验，方便进出、严密防范质量安全风险的原则，在自贸试验区开展检验检疫监管制度创新。

检验检疫部门在自贸试验区运用信息化手段，建立出入境质量安全和疫病疫情风险管理机制，实施无纸化申报、签证、放行，实现风险信息的收集、分析、通报和运用，提供出入境货物检验检疫信息查询服务。

境外进入区内的货物属于检疫范围的，应当接受入境检疫；除重点敏感货物外，其他货物免于检验。

区内货物出区依企业申请，实行预检验制度，一次集中检验，分批核销放行。进出自贸试验区的保税展示商品免于检验。

区内企业之间仓储物流货物，免于检验检疫。

在自贸试验区建立有利于第三方检验鉴定机构发展和规范的管理制度，检验检疫部门按照国际通行规则，采信第三方检测结果。

第二十一条 自贸试验区建立国际贸易单一窗口，形成区内跨部门的贸易、运输、加工、仓储等业务的综合管理服务平台，实现部门之间信息互换、监管互认、执法互助。

企业可以通过单一窗口一次性递交各管理部门要求的标准化电子信息，处理结果通过单一窗口反馈。

第二十二条 自贸试验区实行内外贸一体化发展，鼓励区内企业统筹开展国际贸易和国内贸易，培育贸易新型业态和功能，形成以技术、品牌、质量、服务为核心的竞争优势。

自贸试验区支持国际贸易、仓储物流、加工制造等基础业务转型升级和服务贸易发展。鼓励离岸贸易、国际大宗商品交易、融资租赁、期货保税交割、跨境电子商务等新型贸易发展，推动生物医药研发、软件和信息服务、数据处理等外包业务发展。

鼓励跨国公司在区内设立总部，建立整合贸易、物流、结算等功能的营运中心。

第二十三条 自贸试验区加强与海港、空港枢纽的联动，加强与区外航运产业集聚区协同发展，探索形成具有国际竞争力的航运发展制度和运作模式。

自贸试验区支持国际中转、集拼、分拨业务以及集装箱转运业务和航空货邮国际中转业务发展。符合条件的航运企业可以在国内沿海港口与上海港之间从事外贸进出口集装箱沿海捎带业务。

完善航运服务发展环境，在自贸试验区发展航运金融、国际船舶运输、国际船舶管理、国际船员服务和国际航运经纪等产业，发展航运运价指数衍生品交易业务，集聚航运服务功能性机构。

在自贸试验区实行以“中国洋山港”为船籍港的国际船舶登记制度，建立高效率的船舶登记流程。

第二十四条 自贸试验区简化区内企业外籍员工就业许可审批手续，放宽签证、居留许可有效期限，提供入境、出境和居留的便利。

对接受区内企业邀请开展商务贸易的外籍人员，出入境管理部门应当按照规定给予过境免签和临时入境便利。

对区内企业因业务需要多次出国、出境的中国籍员工，出入境管理部门应当提供办理出国出境证件的便利。

第五章 金融服务

第二十五条 在风险可控的前提下，在自贸试验区内创造条件稳步进行人民币资本项目可兑换、金融市场利率市场化、人民币跨境使用和外汇管理改革等方面的先行先试。

鼓励金融要素市场、金融机构根据国家规定，进行自贸试验区金融产品、业务、服务和风险管理等方面的创新。本市有关部门应当为自贸试验区金融创新提供支持和便利。

本市建立国家金融管理部门驻沪机构、市金融服务部门和管委会参加的自贸试验区金融工作协调机制。

第二十六条 自贸试验区建立有利于风险管理的自由贸易账户体系，实现分账核算管理。区内居民可以按照规定开立居民自由贸易账户；非居民可以在区内银行开立非居民自由贸易账户，按照准入前国民待遇原则享受相关金融服务；上海地区金融机构可以通过设立分账核算单元，提供自由贸易账户相关金融服务。

自由贸易账户之间以及自由贸易账户与

境外账户、境内区外的非居民机构账户之间的资金，可以自由划转。自由贸易账户可以按照规定，办理跨境融资、担保等业务。居民自由贸易账户与境内区外的银行结算账户资金流动，视同跨境业务管理。同一非金融机构主体的居民自由贸易账户与其他银行结算账户之间，可以按照规定，办理资金划转。

第二十七条 自贸试验区跨境资金流动按照金融宏观审慎原则实施管理。简化自贸试验区跨境直接投资汇兑手续，自贸试验区跨境直接投资与前置核准脱钩，直接向银行办理所涉及的跨境收付、汇兑业务。各类区内主体可以按照规定开展相关的跨境投融资汇兑业务。

区内个人可以按照规定，办理经常项下跨境人民币收付业务，开展包括证券投资在内的各类跨境投资。区内个体工商户可以根据业务需要，向其境外经营主体提供跨境贷款。

区内金融机构和企业可以按照规定，进入证券和期货交易场所进行投资和交易。区内企业的境外母公司可以按照规定，在境内资本市场发行人民币债券。区内企业可以按照规定，开展境外证券投资以及衍生品投资业务。

区内企业、非银行金融机构以及其他经济组织可以按照规定，从境外融入本外币资金，在区内或者境外开展风险对冲管理。

第二十八条 根据中国人民银行有关规定，国家出台的各项鼓励和支持扩大人民币跨境使用的政策措施，均适用于自贸试验区。

简化自贸试验区经常项下以及直接投资项下人民币跨境使用。区内金融机构和企业可以从境外借入人民币资金。区内企业可以根据自身经营需要，开展跨境双向人民币资金池以及经常项下跨境人民币集中收付业务。上海地区银行业金融机构可以与符合条件的支付机构合作，提供跨境电子商务的人民币结算服务。

第二十九条 在自贸试验区推进利率市场化体系建设，完善自由贸易账户本外币资金利率市场化定价监测机制，区内符合条件的金融机构可以优先发行大额可转让存单，放开区内外币存款利率上限。

第三十条 建立与自贸试验区发展需求相适应的外汇管理体制。简化经常项目单证审核、直接投资项下外汇登记手续。放宽对外债权债务管理。改进跨国公司总部外汇资金集中运营管理、外币资金池以及国际贸易结算中心外汇管理。完善结售汇管理，便利开展大宗商品衍生品的柜台交易。

第三十一条 根据自贸试验区需要，经金融管理部门批准，支持不同层级、不同功能、不同类型、不同所有制的金融机构进入自贸试验区；引导和鼓励民间资本投资区内金融业；支持自贸试验区互联网金融发展；支持在区内建立面向国际的金融交易以及服务平台，提供登记、托管、交易和清算等服务；支持在区内建立完善信托登记平台，探索信托受益权流转机制。

第三十二条 本市配合金融管理部门完善金融风险监测和评估，建立与自贸试验区金融业务发展相适应的风险防范机制。

开展自贸试验区业务的上海地区金融机构和特定非金融机构应当按照规定，向金融管理部门报送相关信息，履行反洗钱、反恐怖融资和反逃税等义务，配合金融管理部门关注跨境异常资金流动，落实金融消费者和投资者保护责任。

第六章 税收管理

第三十三条 自贸试验区按照国家规定，实施促进投资和贸易的有关税收政策；其所属的上海外高桥保税区、上海外高桥保税物流园区、洋山保税港区和上海浦东机场综合保税区执行相应的海关特殊监管区域的税收政策。

遵循税制改革方向和国际惯例，积极研究完善不导致利润转移、税基侵蚀的适应境外股权投资和离岸业务发展的税收政策。

第三十四条 税务部门应当在自贸试验区建立便捷的税务服务体系，实施税务专业化集中审批，逐步取消前置核查，推行先审批后核查、核查审批分离的工作方式；推行网上办税，提供在线纳税咨询、涉税事项办理情况查询等服务，逐步实现跨区域税务通办。

第三十五条 税务部门应当在自贸试验区开展税收征管现代化试点，提高税收效率，营造有利于企业发展、公平竞争的税收环境。

税务部门应当运用税收信息系统和自贸试验区监管信息共享平台进行税收风险监测，提高税收管理水平。

第七章 综合监管

第三十六条 在自贸试验区创新行政管理方式，推进政府管理由注重事先审批转为注重事中事后监管，提高监管参与度，推动形成行政监管、行业自律、社会监督、公众参与的综合监管体系。

第三十七条 自贸试验区建立涉及外资的国家安全审查工作机制。对属于国家安全审查范围的外商投资，投资者应当申请进行国家安全审查；有关管理部门、行业协会、同业企业以及上下游企业可以提出国家安全审查建议。

当事人应当配合国家安全审查工作，提供必要的材料和信息，接受有关询问。

第三十八条 自贸试验区建立反垄断工作机制。

涉及区内企业的经营者集中，达到国务院规定的申报标准的，经营者应当事先申报，未申报的不得实施集中。对垄断协议、滥用市场支配地位以及滥用行政权力排除、限制竞争等行为，依法开展调查和执法。

第三十九条 管委会、驻区机构和有关部门应当记录企业及其有关责任人员的信用相关信息，并按照公共信用信息目录向市公共信用信息服务平台自贸试验区子平台归集。

管委会、驻区机构和有关部门可以在市场准入、货物通关、政府采购以及招投标等工作中，查询相对人的信用记录，使用信用产品，并对信用良好的企业和个人实施便利措施，对失信企业和个人实施约束和惩戒。

自贸试验区鼓励信用服务机构利用各方面信用信息开发信用产品，为行政监管、市场交易等提供信用服务；鼓励企业和个人使用信用产品和服务。

第四十条 自贸试验区实行企业年度报告公示制度和企业经营异常名录制度。

区内企业应当按照规定，报送企业年度报告，并对年度报告信息的真实性、合法性负责。企业年度报告按照规定向社会公示，涉及国家秘密、商业秘密和个人隐私的内容除外。

工商行政管理部门对区内企业报送年度报告的情况开展监督检查。发现企业未按照规定履行年度报告公示义务等情况的，应当载入企业经营异常名录，并向社会公示。

公民、法人和其他组织可以查阅企业年度报告和经营异常名录等公示信息，工商行政管理等部门应当提供查询便利。

企业年度报告公示和企业经营异常名录管理办法，由市工商行政管理部门制定。

第四十一条 在自贸试验区建设统一的监管信息共享平台，促进监管信息的归集、交换和共享。管委会、驻区机构和有关部门应当及时主动提供信息，参与信息交换和共享。

管委会、驻区机构和有关部门应当依托监管信息共享平台，整合监管资源，推动全程动态监管，提高联合监管和协同服务的效能。

监管信息归集、交换、共享的办法，由管委会组织驻区机构和有关部门制定。

第四十二条 鼓励律师事务所、会计师事务所、税务师事务所、知识产权服务机构、报关报检机构、检验检测机构、认证机构、船舶和船员代理机构、公证机构、司法鉴定机构、信用服务机构等专业机构在自贸试验区开展业务。

管委会、驻区机构和有关部门应当通过制度安排，将区内适合专业机构办理的事项，交由专业机构承担，或者引入竞争机制，通过购买服务等方式，引导和培育专业机构发展。

第四十三条 自贸试验区建立企业和相关组织代表等组成的社会参与机制，引导企业和相关组织等表达利益诉求、参与试点政策评估和市场监督。

支持行业协会、商会等参与自贸试验区建设，推动行业协会、商会等制定行业管理标准和行业公约，加强行业自律。

区内企业从事经营活动，应当遵守社会公德、商业道德，接受社会公众的监督。

第四十四条 在自贸试验区推进电子政务建设，在行政管理领域推广电子签名和具有法律效力的电子公文，实行电子文件归档和电子档案管理。电子档案与纸质档案具有同等法律效力。

第四十五条 本市建立自贸试验区综合性评估机制。市发展改革部门应当会同管委会和有关部门，自行或者委托第三方开展监管制度创新、行业整体、行业企业试点政策实施情况和风险防范等方面的评估，为推进完善扩大开放领域、改革试点任务和制度创新措施提供政策建议。

第八章 法治环境

第四十六条 坚持运用法治思维、法治方式在自贸试验区开展各项改革创新，为自贸试验区建设营造良好的法治环境。

国家规定的自贸试验区投资、贸易、金融、税收等改革试点措施发生调整，或者国家规定其他区域改革试点措施可适用于自贸试验区的，按照相关规定执行。

本市地方性法规不适应自贸试验区发展的，市人民政府可以提请市人大及其常委会就其在自贸试验区的适用作出相应规定；本市规章不适应自贸试验区发展的，管委会可以提请市人民政府就其在自贸试验区的适用作出相应规定。

第四十七条 自贸试验区内各类市场主体的平等地位和发展权利，受法律保护。区内各类市场主体在监管、税收和政府采购等方面享有公平待遇。

第四十八条 自贸试验区内投资者合法拥有的企业、股权、知识产权、利润以及其他财产和商业利益，受法律保护。

第四十九条 自贸试验区内劳动者平等就业、选择职业、取得劳动报酬、休息休假、获得劳动安全卫生保护、接受职业技能培训、享受社会保险和福利、参与企业民主管理等权利，受法律保护。

在自贸试验区推行企业和劳动者集体协商机制，推动双方就劳动报酬、劳动安全卫生等有关事项进行平等协商。发挥工会在维护职工权益、促进劳动关系和谐稳定方面的作用。

在自贸试验区健全公正、公开、高效、便民的劳动保障监察和劳动争议处理机制，保护劳动者和用人单位双方的合法权益。

第五十条 加强自贸试验区环境保护工作，探索开展环境影响评价分类管理，提高环境保护管理水平和效率。

鼓励区内企业申请国际通行的环境和能源管理体系标准认证，采用先进生产工艺和技术，节约能源，减少污染物和温室气体排放。

第五十一条 加强自贸试验区知识产权保护工作，完善行政保护与司法保护衔接机制。

本市有关部门应当和国家有关部门加强协作，实行知识产权进出境保护和境内保护的协同管理和执法配合，探索建立自贸试验区知识产权统一管理和执法的体制、机制。

完善自贸试验区知识产权纠纷多元解决机制，鼓励行业协会和调解、仲裁、知识产权中介服务等机构在协调解决知识产权纠纷中发挥作用。

第五十二条 本市制定有关自贸试验区的地方性法规、政府规章、规范性文件，应当主动公开草案内容，征求社会公众、相关行业组织和企业等方面的意见；通过并公布后，应当对社会各方意见的处理情况作出说明；在公布和实施之间，应当预留合理期限，作为实施准备期。但因紧急情况等原因需要立即制定和施行的除外。

本市制定的有关自贸试验区的地方性法规、政府规章、规范性文件，应当在通过后及时公开，并予以解读和说明。

第五十三条 公民、法人和其他组织对管委会制定的规范性文件有异议的，可以提请市人民政府进行审查。审查规则由市人民政府制定。

第五十四条 本市建立自贸试验区信息发布机制，通过新闻发布会、信息通报例会或者书面发布等形式，及时发布自贸试验区相关信息。

管委会应当收集国家和本市关于自贸试验区的法律、法规、规章、政策、办事程序等信息，在中国（上海）自由贸易试验区门户网站上公布，方便各方面查询。

第五十五条 自贸试验区实行相对集中行政复议权制度。

公民、法人或者其他组织不服管委会、市人民政府工作部门及其驻区机构、浦东新区人民政府在自贸试验区内作出的具体行政行为，可以向市人民政府申请行政复议；不服浦东新区人民政府工作部门在自贸试验区内作出的具体行政行为，可以向浦东新区人民政府申请行政复议。重大、复杂、疑难的行政复议案件，应当由行政复议委员会审议。

第五十六条 依法在自贸试验区设立司法机构，公正高效地保障中外当事人合法权益。

本市依法设立的仲裁机构应当依据法律、法规并借鉴国际商事仲裁惯例，适应自贸试验区特点完善仲裁规则，提高商事纠纷仲裁的国际化程度，并基于当事人的自主选择，提供独立、公正、专业、高效的仲裁服务。

本市设立的行业协会、商会以及商事纠纷专业调解机构等可以参与自贸试验区商事纠纷调解，发挥争议解决作用。

第九章　附　则

第五十七条 本条例自2014年8月1日起施行。1996年12月19日上海市第十届人民代表大会常务委员会第三十二次会议审议通过的《上海外高桥保税区条例》同时废止。

文字资料篇

2013 年全国海关特殊区域经济运行情况分析

2013 年，面对复杂多变的全球经济形势，全国海关特殊监管区域（下称“特殊区域”）在海关总署的正确领导及地方政府部门的有力支持下，立足自身功能定位，努力推进园区产业发展，加大企业服务力度，全年经济呈现稳中向好的良性发展态势，各项主要经济指标增速较 2012 年均有不同程度提高。同时，于 2013 年 9 月挂牌的中国（上海）自由贸易试验区正式起航，不仅为园区发展增添亮色，也为特殊区域未来发展开辟新方向。

一、主要经济指标

2013 年全国特殊区域主要经济指标完成情况

指标	单位	2013 年	2012 年	增长（%）
进出口总额	亿美元	7 072.8	6 065.8	16.6
其中：进口额	亿美元	3 545.0	3 112.2	13.9
出口额	亿美元	3 527.8	2 954.6	19.4
经营总收入	亿元	44 959.2	40 146.2	12.0
工业总产值	亿元	18 260.1	17 264.7	5.8
商品销售额	亿元	23 833.5	21 212.3	12.4
物流企业经营收入	亿元	6 169.4	5 591.5	10.3
新增注册企业	家	10 960.0	5 810.0	88.6
吸引投资总额	亿美元	465.3	273.0	70.4
外商投资总额	亿美元	149.7	145.2	3.1
内资企业注册资本	亿美元	315.6	127.8	1.5 倍
合同外资	亿美元	115.3	110.8	4.0
实际利用外资	亿美元	69.7	64.0	8.8
税务部门税收	亿元	915.8	846.5	8.2
期末从业人员	万人	191.3	183.9	4.0

二、经济运行主要特点

（一）产业经济发展多元化

截至 2013 年 12 月底，全国共批准各类海关特殊区域 113 家，遍及全国 27 个省、自治区及直辖市。经过多年发展，各区域充分发挥自身功能优势，规模效应逐步显现，产业趋向多元化发展。2013 年，全国特殊区域实现经营总收入44 959.2亿元，比2012年增长12.0%。产业结构从以加工业为主转向加工、贸易、物流业并举。全年实现工业总产值18 260.1亿元，同比增长5.8%；贸易业和物流业发展速度加快，分别实现商品销售额和物流企业经营收入23 833.5亿元和6 169.4亿元，同比分别增长12.4%和10.3%，增速比2012年提高5.0个百分点和5.7个百分点。

（二）进出口额增长引领全国

2013年来，各特殊区域抓住国际市场缓慢复苏契机，提高贸易便利化水平，加强政策扶持力度，外贸增速再次领跑全国。全年共实现进出口额7 072.8亿美元，比2012年增长16.6%，增速高出全国平均水平9.0个百分点，占全国进出口总额的17%，增量的34%。其中进、出口额实现同步增长，分别高出全国6.6个和11.5个百分点。

（三）“自贸区效应”掀起招商引资新高潮

中国（上海）自由贸易试验区的挂牌是我国改革开放进入新阶段的重要标志，由此带来的“自贸区效应”掀起了特殊区域招商引资新高潮。全年新增注册企业达到10 960家，比2012年增长88.6%；吸引投资总额465.3亿美元，同比增长70.4%。中国（上海）自由贸易试验区所含四区（外高桥保税区、洋山保税港区、浦东机场综合保税区和外高桥保税物流园区）招商引资出现“井喷”，挂牌后新增注册企业合计达到4 416家，吸引投资额达到176.5亿美元，极大地促进了特殊区域整体增长。

三、主要经济发展情况

（一）进出口额保持较快增长

在全球经济尚未明显复苏，我国经济增速放缓的背景下，全国特殊区域在区域加快整合优化及新兴区域增长迅速的带动下，进出口额保持两位数增长，达到7 072.8亿美元，比2012年增长16.6%，占全国进出口总额的17.0%（全国进出口总额41 600亿美元，同比增长7.6%）。其中，进口额3 545.0亿美元，同比增长13.9%；出口额3 527.8亿美元，同比增长19.4%（全国进、出口额分别为19 500亿美元和22 100亿美元，同比分别增长7.3%和7.9%）。

2013年全国各类型海关特殊区域进出口情况表

单位：亿美元

区域	进出口额			出口额		进口额	
	2013年	增长（%）	比重（%）	2013年	增长（%）	2013年	增长（%）
特殊区域合计	7 072.8	16.6	100.0	3 527.8	19.4	3 545.0	13.9
其中：保税区	3 170.2	25.0	44.8	1 251.6	43.0	1 918.6	15.4
综合保税区	1 994.3	10.4	28.2	1 197.7	9.8	796.6	11.3
出口加工区	1 167.9	-3.4	16.5	738.3	-3.9	429.6	-2.6
保税港区	586.7	68.4	8.3	249.4	84.1	337.3	58.3
物流园区	153.6	-7.2	2.2	90.7	6.6	62.9	-21.8

1. 从各区域情况看：保税区总量大，保税港区增长快。

全国保税区进出口规模大，12 家保税区全年实现进出口额 3 170. 2 亿美元，比 2012 年增长 25. 0%，占特殊区域进出口总额的 44. 8%。主要是深圳保税区完成 1 785. 9 亿美元，同比增长 57. 9%；其次是上海外高桥保税区和天津港保税区，分别完成 941. 2 亿美元和 149. 0 亿美元。

全国综合保税区进出口规模稳步提升，17 家综合保税区全年实现进出口额 1 994. 3 亿美元，比 2012 年增长 10. 4%，占特殊区域进出口总额的 28. 2%。其中，昆山综合保税区以 572. 8 亿美元的进出口额居综合保税区首位，同比增长 4. 9%，占综合保税区进出口额的 28. 7%；其次是河南新郑综合保税区，完成 357. 9 亿美元，同比增长 25. 6%；新成立的东湖、淮安、盐城综合保税区相继运行投产，为综合保税区带来新增量。

全国保税港区进出口额增长快，12 家保税港区全年实现进出口额 586. 7 亿美元，比 2012 年增长 68. 4%，占特殊区域进出口总额的 8. 3%。其中，新兴区域重庆两路寸滩和天津东疆保税港区分别完成 171. 6 亿美元和 119. 5 亿美元，增速同比达到 2. 4 倍和 1. 2 倍；深圳前海湾、广州南沙、青岛前湾等保税港区增速也均超过 40%。

受松江、烟台、漕河泾等规模较大的加工区进出口额下降影响，全国出口加工区进出口额持续回落，53 家出口加工区全年实现进出口额 1 167. 9 亿美元，比 2012 年下降 3. 4%，占特殊区域进出口总额的 16. 5%。

2. 分贸易方式看：物流货物占主体，租赁贸易发展迅速。

全国特殊区域进出口贸易方式以海关特殊监管区域物流货物为主，共实现物流货物进出口额 3 602. 4 亿美元，比 2012 年增长 28. 8%，占特殊区域进出口总额的 50. 9%。其中，主要由全国保税区完成，达到2 087. 6 亿美元，同比增长 34. 7%，占特殊区域物流货物进出口额的 58. 0%。其次是加工贸易进出口，达到2 941. 1亿美元，比 2012 年增长 4. 6%，占特殊区域进出口总额的 41. 6%，主要是全国综合保税区完成 1 269. 8 亿美元，同比增长 4. 8%，占特殊区域加工贸易进出口额的 43. 2%。此外，随着洋山、天津东疆等区域融资租赁业务的发展起步，租赁贸易发展迅速，全年完成进出口额 10. 1 亿美元。

3. 从进出口国别（地区）看：我国香港地区上升至首位。

全国特殊区域与香港地区双边贸易保持高速增长，全年实现进出口额 1 322. 3 亿美元，比 2012 年增长 52. 7%，我国香港地区已取代美国成为全国特殊区域第一大进出口国（地区），占特殊区域进出口总额的 18. 7%；与美国的进出口额为 1 068. 3 亿美元，同比增长 23. 2%，占特殊区域进出口总额的 15. 1%。

（二）加工业平稳运行

加工业是特殊区域的基础产业，在保税区、出口加工区、综合保税区和保税港区均有发展。2013 年来，各特殊区域坚持优化产品结构，推进产业转型升级，努力克服行业不景气的负面影响，全年工业总产值实现小幅增长，共完成 18 260. 1 亿元，比 2012 年增长 5. 8%，产业规模稳步提升。

全国综合保税区和保税港区共完成工业产值 7 667. 0 亿元，比 2012 年增长 5. 7%，占特殊区域工业总产值的 42. 0%。新郑综合保税区充分发挥富士康带来的产业聚集优势，加工业始终保持高速增长，正逐步成为河南省重要的电子信息产业生产基地，全年实现工业产值 1 723. 1 亿元，同比增长 42. 3%，总量与增速均居综合保税区和保税港区前列；重庆两路寸滩保税港区继续加快笔记本生产基地的建设，成功吸引多家笔记本电脑生产龙头企业加入，推进产值“水涨船高”，全年完成工业产值 719.9 亿元，同比增长 2.2 倍。

全国保税区共完成工业产值 5 596.6 亿元，比 2012 年增长 9.5%，占特殊区域工业总产值的 30.6%。天津港、深圳和张家港保税区产值突破千亿元大关，分别达到 1 658.9、1 280.2 和 1 156.7 亿元，同比分别增长 16.2%、28.5% 和 11.7%。

全国出口加工区共完成工业产值 4 996.6 亿元，比 2012 年增长 2.0%，占特殊区域工业总产值的 27.4%。西安、泉州等区域是支撑加工区产值稳定的主要力量。其中，西安出口加工区始终坚持本地优势产业资源的挖掘整合，已形成较为完整的航空产业链，并产生良好的产业联动效应，A、B 两区全年分别完成工业产值 142.9 亿元和 281.9 亿元，同比分别增长 19.2% 和 70.7%；泉州出口加工区在龙头企业的带动下，产值保持高速增长，全年完成 57.2 亿元，同比增长 87.4%。此外，江苏淮安完成 588.3 亿元，同比增长 31.1%；河南郑州完成 58.0 亿元，同比增长 23.1%；山东潍坊完成 27.6 亿元，同比增长 1.1 倍等。以上区域均展现出较强的发展活力。

（三）物流业发展提速

随着加工产业发展日渐成熟，各特殊区域优化产业布局，不断延伸物流服务链，促使特殊区域物流业发展加速。2013 年共完成物流企业经营收入 6 169.4 亿元，比 2012 年增长 10.3%，增速比 2012 年提高 5.7 个百分点。

全国保税区共完成物流企业经营收入 4 889.9 亿元，同比增长 9.5%，占特殊区域物流企业经营收入的 79.3%。其中，上海外高桥保税区继续保持规模优势，完成 3 676.6 亿元，同比增长 8.2%，占保税区物流企业经营收入的 75.2%；其次是天津港保税区，通过不断发展保税功能，拓展检测维修和航空融资租赁业务，加大航空物流功能开发，完成 395.6 亿元，同比增长 20.6%。物流产业规模在百亿元以上的还有大连保税区和青岛保税区，分别完成 169 亿元和 118.6 亿元，同比分别增长 1.7% 和 10.4%。

全国综合保税区和保税港区共完成物流企业经营收入 1 249.5 亿元，比 2012 年增长 15.6%，占特殊区域物流企业经营收入的 20.3%。其中，洋山保税港区在新增航运物流企业业务量迅速扩大的带动下，完成 813.1 亿元，同比增长 29.8%，是综合保税区和保税港区的主要增长点；北京天竺综合保税区推进医疗、医疗器械分拨中心建设，物流产业加快发展，完成 133.7 亿元，同比增长 18.1%。

全国出口加工区共完成物流企业经营收入 30.0 亿元，比 2012 年下降 30.9%，主要是西安出口加工区 B 区、济南等区域物流收入出现大幅下滑。但从数量上看，多数加工区物流收入仍实现增长（全年实现增长的区域数量占到 7 成），如浙江宁波完成 9.9 亿元，同比增长 15.4%；上海金桥南区完成 2.1 亿元，同比增长 16.3%；浙江杭州完成 1.0 亿元，同比增长 72.1%。截至 2013 年年底，53 个加工区中，共有 46 个区域拓展了物流功能并产生收入，累计入区物流企业 327 家，其中已投产运营 228 家，投产率达到 70%。

（四）贸易业稳中向好

根据各区域产业功能定位，贸易功能主要集中在保税区上。2013 年，全国保税区共完成商品销售额 23 833.5 亿元，比 2012 年增长 12.4%，增速比 2012 年提高 5.0 个百分点。其中，上海外高桥保税区以 11 623.3 亿元的商品销售额居保税区首位，也是全国唯一一个商品销售额超过万亿元的保税区，主要是龙头企业拉动作用显著，排名前 3 位的贸易企业商品销售额贡献增量超过40%；其次是张家港保税区完成4 220.3亿元，同比增长19.7%，主要是专业市场和功能平台发挥重要作用，其中化工品交易所、纺织原材料市场、进口消费品中心等增速均高出平均水平10余个百分点。

（五）经济效益稳步提升

在产业经济平稳向好的促进下，特殊区域经济效益也实现稳步增长，全年共完成税务部门税收915.8亿元，比2012年增长8.2%。

全国保税区共完成税务部门税收749.9亿元，比2012年增长6.9%，占特殊区域税务部门税收的81.9%。主要是上海外高桥、天津港保税区分别完成439.2亿元和139.5亿元，同比分别增长9.6%和7.2%；珠海保税区虽然规模小，完成9.4亿元，但增速达到23.3%。

全国综合保税区和保税港区共完成税务部门税收138.5亿元，比2012年增长16.3%，占特殊区域税务部门税收的15.1%。其中，洋山保税港区在投产企业不断增多、经营业绩不断向好的促进下，达到34.9亿元，同比增长33.8%，位居首位；天津东疆保税港区完成税务部门税收20.3亿元，同比增长1.2倍。

全国出口加工区共完成税务部门税收27.4亿元，比2012年增长7.0%，占特殊区域税务部门税收的3.0%。

（六）招商引资掀起新高潮

2013年来，全国各特殊区域积极应对复杂国际形势下对招商引资工作的新要求，不断优化招商环境，围绕产业配套集聚和产业链招商，取得良好成效。尤其是全国首家自由贸易试验区正式挂牌，极大地提振了投资者的信心，掀起招商引资的新高潮。全年新增注册企业突破1万家，达到10 960家，比2012年增长88.6%；吸引投资额465.3亿美元，同比增长70.4%。

1. 保税区引领增长。

全国保税区共新增注册企业8 288家，比2012年增长1.0倍；吸引投资额319.9亿美元，同比增长70.6%。二者分别占特殊区域新增注册企业和投资额的75.6%和68.8%。主要是上海外高桥保税区在中国（上海）自贸试验区挂牌的促进下，招商引资出现“井喷”，全年新增注册企业达到3 772家，吸引投资额137.4亿美元，均创历史新高。其次是天津港保税区，通过培育以民用航空、装备制造等为代表的高端化产业集群，注册企业实现倍增，达到1 190个，同比增长1.1倍；吸引投资额103.1亿美元，同比增长38.8%。

全国综合保税区和保税港区共新增注册企业2 491家，比2012年增长59.0%，吸引投资额114.5亿美元，同比增长1.1倍，分别占特殊区域新增注册企业和投资额的22.7%和24.6%。有3个区域新增注册企业超过400家，分别是天津东疆，619家，同比增长44.6%；张家港，578家，同比增长62.4%；洋山，483家，同比增长63.2%。其中，天津东疆和洋山保税港区吸引投资额分别达到37.1亿美元和32.4亿美元，同比增长1.7倍和2.9倍。

全国出口加工区共新增注册企业181家，比2012年增长24.8%；吸引投资额30.9亿美元，同比增长2.2%。其中，深圳、潍坊和青岛西海岸出口加工区新增注册企业较多，分别为18家、10家和9家，同比分别增长80%、1.0倍和2.0倍。

2. 内资占主要比重。

从招商引资全年情况来看，内资企业达到10 155家，比2012年增长92.1%，占特殊区域新增注册企业的92.7%；内资注册资本达到315.6亿美元，同比增长1.5倍，占特殊区域吸引投资额的67.8%，且增幅均明显高于外资企业。同时，各类特殊区域也均以内资企业为主。如保税区新增内资企业7 719家，注册资本227.6亿美元，同比分别增长1.1倍和1.5倍，分别占新增注册企业和投资额的93.1%和71.1%；全国综合保税区和保税港区新增内资企业2 315家，注册资本77.0亿美元，同比增长62.3%和1.6倍，分别占新增注册企业和投资额的92.9%和67.2%。

四、发展亮点

（一）区域联动促进增长

由于特殊区域存在诸多的税收减免优惠政策，使得区内税收贡献相对较低，尤其是出口加工区、综合保税区和保税港区这几类区域表现得尤为突出，成为长期以来困扰区域发展的难题。近年来，针对这一问题，各区域通过发展周边产业配套区，以产业配套区的发展为特殊区域提供财力支持，以特殊区域的发展辐射带动产业配套区共同进步，区内区外形成产业发展联动，财政收入互补，取得“1+1>2”的良好成效。

青岛保税港区与乐陵市政府合作开发成立青岛保税港区德州功能区，其中青岛保税港区占有政策优势，乐陵市占有区域、成本优势，功能区的组合一方面实现了青岛保税港区的功能延伸，促进区域持续发展，另一方面也带动了特殊区域外功能区的崛起和发展，实现双方共赢。青岛保税港区（乐陵）经济园区最终将建设成为以物流、高新技术产业为主要内容，以保税仓储、电子商务、加工分装、分拨配送为主体，集加工贸易、高新技术及配套服务于一体，功能齐全、配套完善的综合性经济园区。

大连大窑湾保税港区同样通过内外联动的发展战略为区域经济注入新活力，除了核心的保税区、保税港区和出口加工区外，管委会通过开发周边功能区，行政管辖范围超过200平方公里，园区也由单纯的政策功能区向政策功能与产业叠加的综合经济区和现代化新城区转型发展。随着大连汽车物流城的建设完善，汽车、物流、城市“三城联创”的发展战略正逐步成型，形成了一条全覆盖的汽车产业链条。

此外，着力发展航空物流、航空偏好型高端制造业和现代服务业的郑州航空港经济综合实验区（郑州新郑综合保税区），聚焦汽车整车制造及关键零部件制造的宁波杭州湾新区（慈溪出口加工区），主打“一城三区”的天津空港经济区（天津港保税区）等，都在内外联动方面进行了积极探索，取得一定效果。

（二）专注特色显现成效

进入改革开放新时期，中国的人口、成本红利逐渐消失，特殊区域各项主导产业的发展面临较大压力，如何迎接新时期带来的新挑战成为不少区域的探索方向。近年来，一些特殊区域通过结合自身实际，走符合自身特色的发展道路，取得了较好成效。

张家港保税区依托独特的区位与政策优势，始终把化工产业作为园区的重点产业，目前已成为全国最大的液体散化集散基地，规模优势与集聚效应不断显现。据统计，2013年张家港化工品交易所全年销售额达到660亿元，比2012年增长52%，有力促进了园区贸易产业的发展。目前，张家港化工品交易所正在积极打造全国最权威的液体化工综合性的交易中心、价格中心、信息中心和物流中心，将进一步提升我国化工行业在国际市场上的话语权。

洋山保税港区作为国际航运发展综合试验区的重要基地，大宗商品产业聚集效应进一步凸显，其中在期货保税交割功能突破的基础上，2013年3月首期推出洋山铜溢价，成为全国首个真正意义上的大宗商品领域保税现货价格。全年大宗商品企业实现销售额超过600亿元，增长超过2倍，带动金属及金属类行业呈现倍增态势。

目前，不少区域正在谋求转型升级，希望通过推进区域向综合保税区或自由贸易区升级来促进区域发展。但应该认识到，园区的扩容与新企业的入驻固然可以稀释发展中出现的各类问题，但无法从根本上解决问题。长期发展仍需结合自身实际，走符合自身特色的发展道路。

五、存在问题和相关建议

（一）加工业发展乏力，转型调整迫在眉睫

近几年来，受外需不振、外贸成本上升带来的外部压力，以及人口红利丧失、土地成本提高带来的内部压力的影响，作为特殊区域基础产业的出口加工业发展面临困境，特别是东部地区加工企业外迁、业务转移现象更为严重。2013年全国特殊区域工业产值增幅仅为5.8%，增幅比2012年回落5.5个百分点，其中东部特殊区域全年产值出现下降的占到39.7%，降幅在20%以上的达到13.2%。加工产业转型调整迫在眉睫。

对此，建议基础条件较好的区域根据自身情况，积极推进加工产业转型升级，努力向高技术、高附加值的产业链延伸。如青浦出口加工区，始终坚持发展以飞机发动机维修与研发为主的高端装备制造产业，已初步形成集研发、制造、检测和维修于一体的民用航空维修产业园。另外，对于一部分加工产业基础薄弱的区域，可以因地制宜，适当调整发展方向，以做好加工配套服务来促进加工产业发展。如慈溪出口加工区提出“以保税物流为主、加工制造为辅，建设成为服务于周边腹地经济和宁波杭州湾新区主导产业的保税物流和出口加工功能区，打造区域性的国际贸易平台”。这都为新时期特殊区域加工业发展提供了一定借鉴。

（二）警惕下行风险，做好2014年经济工作

从外部环境来看，虽然目前世界经济环境总体稳定，经济复苏势头有望继续增强，但仍以缓慢回升为主，大幅回暖的可能性不大，特殊区域经济难现高速增长；内部环境方面，虽然特殊区域数量持续增多，但相关政策优势却没有得到同步增强，导致区域发展面临着来自同类区域及非特殊区域的同质竞争，发展压力仍然较大。同时，2013年保税区高速增长带来的高基数，也加大了2014年特殊区域经济增长的难度。以进出口为例，2013年各季度增速分别为61.0%、36.4%、23.1%和16.6%，增长逐季放缓，在没有明显利好因素的情况下，2014年进出口继续保持较快增长的难度将进一步加大。

建议相关部门对可能出现的经济下滑早作准备，继续做好稳商育商工作，促进特殊区域保持良性发展。

保税区（保税物流园区）

上海外高桥保税区
SHANGHAI WAIGAOQIAO FREE TRADE ZONE

【概况】上海外高桥保税区于1990年6月由国务院批准设立，规划面积10平方公里，按照“边建设边发展”的原则进行滚动开发，目前已封关运作面积8.9平方公里。外高桥保税区重点建设国际贸易示范区，大力发展进出口贸易、转口贸易、保税展示、仓储分拨等服务贸易功能。2013年，外高桥保税区立足制度创新突破和功能先行先试，努力打造与国际惯例接轨的贸易便利化环境，不断推进产业结构优化和经济增长方式转型，提升战略性主导产业的聚集能级，促使区域经济保持良好增长态势。

【国际贸易】2013年，在全球经济增速放缓、外贸形势趋紧的背景下，保税区在政策突破和功能创新等多方面着力，拓展多元化贸易功能，进一步提升贸易便利化水平，进一步加强政策措施对国际贸易发展的促进作用，推动国际贸易增长方式和进出口商品结构等优化升级，为上海国际贸易中心建设作出了积极贡献。据统计，外高桥保税区投资企业全年完成进出口总额989.42亿美元，占上海市进出口总额的22.4%。其中，进口额为750.84亿美元，出口额为238.58亿美元，实现进出口贸易逆差512.26亿美元，是上海国际贸易实现逆差的重要保证。

与世界各国经贸往来关系紧密，外贸企业进一步增加。2013年，外高桥保税区与184个国家和地区发生了进出口业务往来。其中，业务往来超过10亿美元的国家和地区达到19个，进出口额合计883.07亿美元，比2012年增长0.2%，占保税区进出口总额的89.3%。在较为严峻的外贸形势下，外高桥保税区充分发挥国际贸易结算、亚太营运商等先进贸易模式的优势，促使从事进出口贸易业务的企业数量进一步增加。据统计，2013年外高桥保税区直接开展进出口业务的投资企业达到3 459家，比2012年增长2.7%，净增91家。

进出口贸易增长方式继续调整优化。在区域贸易便利化环境持续提升的背景下，投资企业的运作模式不断创新和完善，进出口贸易增长方式进一步调整。外高桥保税区2013年的进出口贸易结构中：物流货物进出口仍保持主体地位，进出口额为714.61亿美元，占保税区进出口总额的72.2%；一般贸易进出口两位数增长，进出口额为192.90亿美元，比2012年增长12.8%，占保税区进出口总额的19.5%，所占比重比2012年提高2.7个百分点；加工贸易进出口反弹势头较强，进出口额达78.32亿美元，比2012年增长15.5%，占保税区进出口总额的7.9%，所占比重比2012年提高1.2个百分点。

进口贸易有所回落，出口贸易持续攀升。由于2012年进口增长较快的部分大宗资源类商品市场波动较强，导致外高桥保税区2013年进口贸易出现小幅下滑，2013年完成进口额750.84亿美元，比2012年减少

6.2%。随着外高桥保税区总部经济培育力度的加大，口岸和航运物流功能的深化拓展，众多跨国公司在立足中国国内市场的基础上，加快对国际市场的整合和拓展，推动外高桥保税区2013年出口贸易持续攀升。据统计，2013年保税区完成出口额238.58亿美元，比2012年增长9.5%，其中高新技术产品出口额猛增，达到171.60亿美元，比2012年增长50.5%，占保税区出口额的71.9%。

【产业发展】 贸易业商品销售额平稳增长。2013年外高桥保税区贸易企业继续紧抓国内市场消费需求持续扩大的契机，依托综合服务优势，进一步深化营销模式的整合升级，充分发挥规模效应和集聚作用，促使贸易业商品销售额持续稳步增长。据统计，2013年保税区商品销售额达到11 623.26亿元，比2012年增长8.6%。其中，销售额超过10亿元的企业达到176家，比2012年净增9家。

对内对外市场的销售额双双实现增长。保税区贸易企业充分发挥连接国内外市场的优势，积极扩大优质商品和急需资源品的销售规模，内、外销售市场的销售额双双实现增长。对国内市场的销售呈现出持续良好发展的态势，据统计，2013年保税区贸易企业完成国内商品销售额9 519.09亿元，比2012年增长9.5%，占保税区商品销售总额的81.9%，所占比重比2012年提高0.7个百分点。保税区贸易企业加大国际市场开拓力度，通过自身竞争力的提升和跨国公司集团内部分工的调整，继续加快“走出去”步伐，逐步提升国内特色商品出口分拨销售至国外市场的份额，促使对外商品销售额小幅增长。据统计，2013年外高桥保税区贸易企业完成对外商品销售额2 104.17亿元，比2012年增长4.7%，占保税区商品销售额的18.1%。

外资贸易企业销售额所占比重超9成，内资贸易企业销售额迅猛增长。随着国内市场的不断开拓，外资贸易企业加快业务功能整合进程，不断扩大销售规模。据统计，2013年保税区外资贸易企业完成商品销售额11 015.12亿元，比2012年增长8.7%，占保税区商品销售绝对额的94.8%、增量的96%。与外资贸易企业相比，内资重点贸易企业数量和销售规模均存在较大差距。2013年保税区内资贸易企业完成商品销售额608.14亿元，比2012年增长7.0%，占保税区商品销售总额的5.2%。

原材料类商品销售持续回升，消费类商品销售增长较快。目前，外高桥保税区贸易业涉及9个行业大类、42个行业小类，其中属于原材料类商品行业的销售额约占2/3，属于消费类商品行业的销售额约占1/3。在重点行业大类中：机械设备、五金交电及电子产品行业销售额达6 411.01亿元，比2012年增长9.1%，占保税区商品销售总额的55.2%；矿产品、建材及化工产品行业销售额为2 854.25亿元，比2012年增长4.5%，占保税区商品销售总额的24.6%；医药及医疗器材行业销售额为888.53亿元，比2012年增长17.8%，占保税区商品销售总额的7.6%；纺织、服装及日用品行业销售额为829.34亿元，比2012年增长3.3%，占保税区商品销售总额的7.1%。

航运物流服务收入保持一定规模。航运物流产业是外高桥保税区主导产业之一。2013年，保税区进一步完善航运物流配套环境的软硬件建设，努力促进贸易便利化水平和联动发展水平不断提升，尽管受到周边区域物流业务分流及部分第三方物流企业业务转移的不利影响，但航运物流服务收入仍保持一定规模。据统计，2013年保税区完成航运物流服务收入195.92亿元。其中，航运服务产业完成收入185.02亿元，占保税区航运物流服务收入的94.4%；港口内陆运输业完成收入6.03亿元，占保税区航运物流服务收入的3.1%；航运基础产业完成收入4.87亿元。

加工制造业深化转型升级。虽然受到产业功能定位和商务成本的制约，外高桥保税区在发展加工制造业方面优势不明显，但高端制造业仍是其经济结构中的重要组成部分。2013年，外高桥保税区提高先进制造业比重和质量，增强产品研发能力，提升技术应用能力，转向以素质提升型为主导的工业增长路径。规模以上工业企业全年完成工业产值646.16亿元。

先进技术产业占工业经济主体地位。目前，在国家鼓励优先发展的十大高新技术产业化重点领域中，外高桥保税区涉及信息技术、新材料、高端设备制造等产业群，部分产业已经成为保税区主要产业。2013年，保税区高技术产业产值为436.95亿元，占保税区工业产值的67.6%。

加工企业加快转型发展。保税区工业经济规模已处于较高水平，产业的发展已进入稳定阶段，主要依靠服务延伸和技术提升来促进经济增长。部分工业企业提高资源配置效率，将基于生产的产品经济和基于消费的服务经济相融合，促进了二三产业加速融合。2013年，保税区有70家加工企业开展贸易业务，完成商品销售收入55.91亿元，比2012年增长32.1%。全年有16家加工企业开展了科研活动，科技人员达2 225人，科技活动费用为3.47亿元，科技项目为119个，申请专利数100件，提升了工业技术水平。实现新产品产值21.87亿元，比2012年增长32.4%，科技进步成果明显。保税区加工企业增强对服务业的带动作用，依靠新兴技术与专业知识开展产品的研发、维修、维护和技术服务等业务，实现产业链延伸和增值，全年完成技术服务收入2.72亿元。

服务产业加快多元化发展步伐。外高桥保税区在巩固已有的贸易、物流、加工等支柱产业的同时，加快推动专业服务产业（包括研发、软件、维修等技术服务）、金融服务产业（金融、融资租赁等）、贸易代理、房产租售、商务咨询服务等其他产业的发展，逐步形成更为完善的综合产业体系。特别是随着众多服务类企业、金融类机构的不断入驻经营，保税区产业结构进一步优化升级，以技术为核心、创新为支点的服务产业规模不断发展壮大。

一是研发服务收入持续增长。随着外高桥保税区跨国公司产业功能的升级及高素质人才的集聚，研发类企业服务收入持续增长。据统计，2013年保税区有26家企业开展科技研发活动，科研投入超过11亿元，涉及科研项目130余个，从事科技研发活动的工作人员超过7 000人。其中，专门从事研发业务的企业合计完成研发服务收入30.12亿元，比2012年增长24.2%。

二是维修检测业务收入实现两位数增长。随着国际产业分工细化进程的加快，加工制造业深化转型发展，部分跨国公司的业务范围向处于产业链高端的维修、检测等售后服务环节延伸。外高桥旧机电全球维修业务的试点，进一步推进了保税区全球维修检测基地建设的进程，促使更多的国际服务业务从欧美地区向中国转移。据统计，2013年保税区共有96家企业开展维修和检测业务，这些企业合计完成维修、检测服务收入28.34亿元，比2012年增长14.0%。

三是软件服务企业经营收入保持一定规模。软件服务业是技术服务产业的重要组成部分，据统计，2013年保税区从事软件设计、系统集成等软件服务业务的34家企业完成软件服务收入7.05亿元。

四是专业技术咨询服务收入稳中有升。随着保税区主体产业的不断发展，开展专业技术、专利产品、售后服务、技术培训等活动的企业，业务范围不断拓展，客户数量不断增加，促使专业技术咨询服务收入呈现稳中有升的态势。据统计，2013 年保税区共有 119 家企业从事专业技术咨询服务业务，合计完成技术咨询服务收入 38.71 亿元，比 2012 年增长 7.9%。

【功能培育】 总部经济企业规模持续攀升。为了顺应跨国公司业务功能整合和国际服务业梯度转移的趋势，保税区积极推出强有力的扶持政策，进一步提升贸易便利化水平，助推区内跨国公司向区域性管理或投资总部升级，逐步形成了包括营运中心、地区总部、国际贸易结算中心、亚太营运商等四大种类的总部经济企业。2013 年，保税区 250 家总部经济企业是保税区经济稳定发展的助推器，其中营运中心 208 家，地区总部 34 家，国际贸易结算中心 50 家，亚太营运商 20 家，部分企业同时兼具多种业态。据统计，保税区总部经济企业全年完成经营收入 7 129.86 亿元，比 2012 年增长 9.7%，占保税区企业经营收入的 55.6%；完成税务部门税收 234.74 亿元，比 2012 年增长 4.7%，占保税区税务部门税收的 53.5%；完成进出口额 478.59 亿美元，比 2012 年增长 17.0%，占保税区进出口额的 48.4%。

保税市场贸易平台服务功能转型深化。外高桥保税区已经搭建各类保税商品交易市场及服务平台 17 个，包括综合性市场 3 个（第一、第二、第三市场）、专业市场（含功能性平台）14 个，行业协会 2 个（医疗器械贸易行业协会、美国机床行业协会）。其中，汽车、钟表、医药、酒类、机床、医疗器械、工程机械、化妆品、健康品、文化服务等是目前保税区重点发展的专业贸易平台。此外，2014 年国内首个采取“前店后库”运作模式的进口高端消费品保税展示交易平台在森兰区域推出，国内首个跨境贸易电子商务服务平台“跨境通”正式上线运行。截至 2013 年年底，成功加入外高桥保税市场会员单位的投资企业累计达到 6 474 家，其中有 391 家是 2013 年新加入的会员单位，占总数的 6.2%。据统计，2013 年，外高桥保税市场合计完成各类商品交易额 1 294.82亿美元，比 2012 年增长 8.7%，净增 103.52 亿美元。

外高桥港区货物吞吐量小幅回升。2013 年，外高桥港区不断完善自身功能建设，积极提高服务效率，深化口岸服务功能和区位优势，进一步强化对长江、内河流域的辐射作用，促使港区货物吞吐量和集装箱吞吐量均呈现小幅回升的态势。2013 年，外高桥港区停靠各类船舶 41 041 艘次，比 2012 年增长 5.9%，其中外籍货轮达到 8 965 艘次，占外港停靠船舶数量的 21.8%；完成货物吞吐量 1.52 亿吨，比 2012 年增长 6.4%，占上海港的 19.6%；集装箱吞吐量为 1 622.0 万标箱，比 2012 年增长 5.6%，占上海港的 48.2%，是上海港集装箱吞吐量继续稳居世界第一和上海建设国际航运中心的重要组成部分。

【投资建设】 固定资产投资额呈两位数增长。外高桥保税区经过 20 余年的开发建设，前期的土地开发已经基本结束，园区建设较为成熟，市政配套设施建设基本完善，产业布局相对合理。2013 年，保税区进一步推进重点工程项目建设，优化区域综合投资环境，改扩建厂房、仓库，以及进区企业改造更新生产设备，全年固定资产投资额达到 28.21 亿元，比 2012 年增长 12.4%。

【保税物流园区运作能力不断提升】 上海外高桥保税物流园区是作为外高桥保税区功能的延伸，于 2003 年 12 月由国务院批准设立（国办函〔2003〕81 号），规划面积 1.03 平方公里，目前已封关运作面积 1.03 平方公里。四至范围是：东至外高桥港区三期码头，南至外环线绿化带，西至浦东北一路，北至东方储罐、海运局油库南侧围墙。上海外高桥保税物流园区是我国首个实施“区港联动”试点的区域。2013 年，保税物流园区紧抓自由贸易试验区挂牌契机，积极推进新一轮的结构优化调整，不断完善区内投资环境与物流通关环境，园区运作能力持续提升。

一是园区开发建设基本成熟。上海外高桥保税物流园区整体开发面积 1.2 平方公里，封关面积 1.03 平方公里。2013 年，园区土地集约化利用水平和物流运作效率进一步提升。可经营性土地为 77 万平方米，其中已开发土地 57 万平方米。目前，园区一期、二期仓库均已建成并投入使用，其中一期单层仓库 10 万平方米租赁率达 100%，二期双层仓库 28 万平方米租赁率超过 85%；1 万平方米商务中心大楼租赁率也已超过 90%。截至 2013 年年底，保税物流园区累计已完成固定资产投资额 30 亿元。

二是转型升级步伐加快。物流园区作为自由贸易试验区 4 个组成部分之一，2013 年迎来了一轮前所未有的机遇，合理配置资源，加大开发力度，发挥功能优势，实行针对性招商显成效。截至 2013 年年底，保税物流园区已引进国际物流、国际配送、国际采购各类专业项目 100 余个，其中独立法人单位 45 家，吸引投资总额 6.95 亿美元，其中合同外资 2.99 亿美元。

三是营运能力进一步提升。园区不断深化管理工作，创新思维，提升营运能力。据统计，2013 年保税物流园区视同进出口（指“二线”：保税物流园区与国内一般区域之间）货量达 186.21 万吨，比 2012 年增长 14.2%；货值达 333.54 亿美元，比 2012 年增长 0.4%。全年完成海关部门税收 108.7 亿元，比 2012 年增长 7.8%，占外高桥保税区海关部门税收的 19.7%。

【发展效益】 投资企业利润总额较快增长。面对国内外经济形势的机遇和挑战，外高桥保税区投资企业不断提升企业综合竞争优势，在区域各项便利化措施、服务机制的推动下，进一步发挥规模效应和集聚作用，企业经营规模持续扩大，效益水平较快增长。据统计，2013 年保税区投资企业共实现利润总额 551.82 亿元，比 2012 年增长 23.8%。

各类税收收入保持较高水平。随着保税区综合投资环境进一步完善，投资企业规模效应集聚，所产出的经营效益确保各类税收收入保持较高水平。据统计，2013 年外高桥保税区共实现各类税收收入 1 008.94 亿元，比 2012 年略减 1.7%，其中形成的中央税收为 831 亿元，占保税区各类税收收入的 82.4%。

截至 2013 年年底，外高桥保税区已累计完成各类税收收入 6 921 亿元。其中，上缴中央财政 5 762 亿元，占税收总额的 83.3%；地方财政留存 1 159 亿元，占税收总额的 16.7%。

企业从业人员稳步上升。随着投资企业经营规模的不断扩大，产业发展的多元化趋势日益显现，众多跨国公司转型升级进程加快，对专业人才的需求愈发增加，众多高素质、复合型人才聚集到保税区就业，为保税区的可持续发展奠定了良好的人力资源基础。据统计，2013 年年末保税区投资企业从业人员达到 26.15 万人，比 2012 年增长 4.4%。从业人员中，中方人员 24.98 万人，比 2012 年增长 5.6%，占保税区从业人员总数的 95.5%；外籍人员 1.17 万人，占保税区从业人员总数的 4.5%。

【招商部门】 上海外高桥保税区（含保税物流园区）由中国（上海）自由贸易试验区管理委员会统一管理。联系电话：021－58698500。

天津港保税区

TIANJIN PORT FREE TRADE ZONE

【**经济发展**】2013 年，天津港保税区认真贯彻天津市委、市政府和滨海新区区委、区政府的一系列决策部署，紧紧围绕建设持续增长的经济大区和科学发展的模范新区两大目标，开拓进取、奋力拼搏，各项工作取得了新的进展。

全年生产总值达到 1 206 亿元；工业总产值完成 1 659 亿元；固定资产投资 282 亿元；财政收入完成 172.5 亿元，其中区级一般预算收入 64.7 亿元；工商税收完成 139 亿元；进出口总额完成 191 亿美元。全年实际使用外资 30 亿美元，内联引资 141 亿元。此外，注册企业 1 188 家，同比增长 1.1 倍。

【**招商引资**】天津港保税区按照“三多一聚”的部署，采取专业招商方式，围绕航空航天、装备制造、新一代信息技术、生物医药、大众消费品等领域开展产业招商，实现高点聚焦；按照“扩三提二”的要求，围绕总部、金融、贸易及白领密集企业发展楼宇经济。产业集群逐步形成，产业能级不断提高，产业结构日趋优化。空客二期完成谈判，欧直、庞巴迪、罗克韦尔柯林斯模拟机、赫氏复合材料等民用航空项目签约。

【**科技创新**】启动 4 个共享技术平台建设，为入驻企业提供公共研发服务。成立创新创业中心，全面启动首届创新创业大赛活动。2013 年专利申请量突破 1 500 件，创历年最高水平；新增科技型中小企业 809 家，新增科技小巨人企业 29 家；累计争取各类科研经费约 6 800 万元；区内 19 家企业的 28 项成果获得省部级科技进步奖，3 个项目获得科技进步一等奖称号。

【**功能开发**】进一步规范市场管理，2013 年市场集群交易额达到 3.5 万亿元，税收突破 7 亿元。启动综合保税区航空维修检测试点区工作，推进中小企业信用体系试验区建设，开通空港、海港直提业务，开展国际物流跨境资金结算和意愿结汇业务，促进进口拆拼箱和转口贸易业务开展。借鉴上海自由贸易区政策，围绕金融创新、贸易升级、投资便利化等方面形成行动方案。

【**财政金融服务**】进一步强化国有资产管理，加大资源整合力度，优化控股公司资产和股权，完成亚都万士隆厂房、天保酒店转让，全年累计回笼资金 7.9 亿元。积极争取各级扶持资金支持，获得支持资金超过 5 200 万元。开展基本建设项目、国有企业、部门预算执行和经济责任等专项审计，在规范财政资金、促进国有企业改革等方面取得成效。开展第三次经济普查，联网直报上报率保持 100%，经济运行质量和水平明显提高。

【**规划建设**】全面推进“八大亮点”和“一路两湖”建设。卡特彼勒柴油发电机、阿尔斯通水电研发中心、久益环球、利拉伐等 45 个项目竣工投产，麦格纳、联合利华二期、伊宁医疗等 37 个项目开工建设，GE 医疗、瑞普生物等 104 个在建项目稳步推进。基础设施建设取得新进展。

【城市管理】坚持科学化、网格化、精细化管理，充分发挥数字城管作用。利用数字城管系统发现问题4.3万余件，及时处置率达94.1%。区容环境进一步提升，圆满完成区庆、互查互看、部分“八大亮点”项目等环境提升工作。进一步强化联合执法，持续开展专项治理行动，货车穿区、蓝领公寓、小区违建、海港门区、运输撒漏、三期土源、汽配城等专项综合整治取得明显成效。防汛应急管理水平得到加强，完善了防汛、清融雪预案，保障保税区平稳度汛和冬季道路畅通。

【环境保护和循环经济】实施清水河道工程，环河北路人工生态湿地建成投入使用，空港市政污水处理厂一期、扩展区污水处理厂一期改造和保税区雨污分流改造工程建成投入使用，开展西环河清淤、雨污水管道检测及维修工程，加大排污监测检查并对违规企业采取了多种治理措施。完成年度污染减排任务，获得新区污染减排专项奖励资金695万元，区域水生态环境得到改善。实施清新空气工程，加强对区内企业气体排放物监测，完成51家次企业废气排放源监督性监测，在用燃煤锅炉全部安装烟气在线监测系统，区域环境空气质量达标率比天津市平均水平高出6.5%。

【社会事业】文化中心建设稳步推进，体育中心运营情况良好，湖滨艺术中心公益演出质量不断提升，文化体育嘉年华系列活动影响不断扩大，群众性文化活动丰富多彩。空港医院主体施工完成，生物治疗康复中心项目启动，养老项目正式确定。湖滨社区卫生服务中心、120急救中心运行情况良好，全年接诊患者4.7万余人。社区服务中心全面运营，受理业务近3万笔，为居民提供“一站式”便民服务。

【管理服务】实现“应进必进”，110余项行政审批事项全部进厅办理，进厅服务事项由119项增至126项。企业设立联审高效便捷，平均办结时限为1.75天，在天津市和滨海新区处于领先位置；40个重点招商项目通过“绿色通道”一天办结。成立代办中心，实现了企业注册办理一次性告知，为189个招商项目和科技型中小企业注册提供代办服务，为270余家企业提供帮办领办企业注册服务。海关、检验检疫、国税、地税、外汇、社会保险、公安、消防、法庭、检察、交警等驻区单位进一步强化服务手段，创新服务内容，为区域发展保驾护航。

【人才高地建设】创新人才引进机制，举办海外留学人才对接洽谈会，协助企业引进高层次创新创业人才1 000人，新建博士后工作站6个，推荐2人申报国家和市级“千人计划”。就业培训服务体系不断完善，与天津市7所高校开展“区校企”合作，举办17场各类招聘会，累计提供就业岗位8 600余个；推出“圆梦计划”项目，吸引200名职工参加；开展优秀外来建设者评选表彰，区内82家企业的413名职工参加评选；组织各类职业技能培训，培训技能人才600余人次；开展航空、叉车、焊接等7项职工技能大赛，吸引区内200余家企业近万名员工参与。

【和谐区域建设】就业和社会保障工作稳步发展，全年新增就业人数2万余人，全区社会保险参保缴费人数达12.83万人。构建和谐劳动关系调处工作大格局，评选命名2012～2013年度和谐企业50家。工会组织建设取得新突破，共组建工会1 000余家。安全稳定工作不断强化，狠抓安全主体责任落实，强化标准化管理，开展安全生产大检查，检查企业2 600余家次，整改隐患4 500项。全年未发生重特大安全事故和突出的群体性事件，继续保持安全稳定的良好局面。

深圳保税区
SHENZHEN FREE TRADE ZONE

【经济发展】2013 年，深圳保税区实现工业增加值 144.9 亿元，同比增长 18.6%，占全市规模以上工业增加值的 2.5%；实现工业总产值 1 280.2 亿元，同比增长 28.5%；进出口总额达到 1 836.04 亿美元，创历史新高，同比增长 66.9%，居全国海关特殊监管区域首位，约占全市总量的 34.2%，其中进口 889.04 亿美元，同比增长 64.4%，出口 947 亿美元，同比增长 69.3%；实现税收总额 70.5 亿元，同比下降 46.6%。全年新批准设立企业 228 家，外资企业投资额达 1.876 亿美元，同比增长 91.6%；实际利用外资 4 840.1 万美元。园区经济呈现以下特点：

一是物流功能得到进一步发挥。深圳保税区坚持政策引导产业的发展战略，在巩固高科技生产加工的传统优势产业的同时，保税政策和便利通关带动保税物流的迅猛发展。2013 年实现进出口总额 1 836.04 亿美元，其中加工贸易实现 533.7 亿美元，同比下降 4.3%；一般贸易额实现 20.2 亿美元，同比增长 12.8%；保税仓转进出口 1 282.1 亿美元，同比增长 144.7%。园区商贸企业实现销售额 370.3 亿元，国际贸易和跨境物流功能得到进一步发挥。

二是园区发展情况差异较大。受多家企业订单下降的影响，福田保税区保税加工业务有所下降，全年工业产值为 409.2 亿元，同比下降 4.9%。以电子信息产业为主，其中联想信息完成工业产值 232.5 亿元，同比下降 8.5%；昱科环球完成工业产值 30 亿元，同比下降 13%；麦迪实、赛意法、戈尔产值分别同比增长 28%、3.1% 和 19%。进出口方面，受融资性贸易的影响，福田保税区完成进出口额 1 392.2 亿美元，同比增长 131.6%。其中，保税仓转进出口额 1 209.1 亿美元，同比增长 163.2%；一般贸易为 20.2 亿美元，同比增长 12.8%。园区合同利用外资 1.03 亿美元，同比增长 224%；实现税收总额 46 亿元，同比下降 6.7%。

沙头角保税区 2013 年累计完成工业产值 871 亿元，同比增长 53.8%，其中黄金珠宝加工值占 85.5%；实现进出口额 373.6 亿美元，同比下降 14.2%。园区合同利用外资 1 093.8 万美元；实现税收总额 1.53 亿元，同比增长 3.3%。进出口额与工业产值增幅不一致，主要是因为 2012 年从事融资性贸易的规模以下企业未纳入统计。

盐田港保税物流园区 2013 年完成进出口额 70.2 亿美元，同比增长 11.2%，其中进口 20.4 亿美元，同比增长 29%；进出区额 83.1 亿美元，同比下降 61.9%。全年实现税收总收入 22.96 亿元，同比下降 71.7%。园区进口业务的增长，与瑞士高端表芯转口分拨业务的引进有关；进出区、税收和“一日游”业务的大幅下降，则与“苹果系列产品”报关业务转移相关。

【投资环境】依托于发达的外向型经济，在深圳市委市政府、海关总署等部门的大力支持下，深圳建立了除综合保税区外各种类的国家级海关特殊监管区域，能够满足外向型经济客户全方位的发展需求。

东部：沙头角保税区、盐田港保税区、盐田港保税物流园区。3个园区位于深圳特区东部的盐田区，毗邻我国重要的中转港——盐田港，南靠香港，周边分布着我国最密集的海关特殊监管场所，园区具备良好的海铁联运交通系统。沙头角保税区位于盐田中心区，围网内面积0.2平方公里，以保税加工为主；盐田港保税物流园区在原盐田港保税区土地上置换建成，面积0.96平方公里，以进出口业务为主，可以开展检测、维修等简单加工业务。各相关部委已经同意将东部3个保税（物流园）区（沙头角保税区、盐田港保税区及盐田港保税物流园区）和盐田港中西港区整合为深圳盐田综合保税区，申报方案于2014年1月22日获国务院批复。

中部：福田保税区。1991年5月28日经国务院批准设立，总面积1.68平方公里，其中围网内面积1.35平方公里，配套生活区0.33平方公里。福田保税区地理位置优越，北靠福田中心区，南部毗邻香港。建有日通车能力4 000辆次的一号专用通道，经落马洲大桥与香港直接连通。

西部：深圳前海湾保税港区。2008年10月18日经国务院批准成立，规划面积3.71平方公里。其一期园区于2009年7月10日通过国家联合验收并已封关运作，实际运作面积1.174平方公里。前海湾保税港区享受国内最优惠的保税政策，国内货物“入区退税”，园区交通便利，港区内有3个码头，通过西部通道与香港连通。

北部：深圳出口加工区。2000年4月27日经国务院批准成立，规划面积3平方公里，位于深圳市坪山新区。2001年3月31日通过国家八部委联合验收并已封关运作。

保税区园区硬环境建设取得一定进展，配套设施进一步优化。福田保税区联检场改造工程已完成，新建的通道设施和监管设施顺利运作，有力地提升了园区的通关效率；福田保税区3号门无卡通关系统工程、道路环境改造工程，沙头角保税区市政及环境改造工程，盐田港保税物流园区永久性供电工程已完成，有力地提升园区设施的服务承载力。福田保税区隔离围网更新改造、配套设施建设、2号行政通道等工程正在推进，沙头角保税区雨污分流工程、盐田港保税物流园区基础设施补充工程及基础设施续建工程将纳入综合保税区的整体建设方案，这些项目的推进将较好地改变园区环境。

在园区软环境方面，重新筹建深圳保税区网站，调整了企业入区核准、车辆行驶标志两项行政服务事项的审批程序，简化申报材料，缩短办理时限，打造网上申报系统，取得良好效果。争取市定向配租住房，并制定《保税区委属固定资产及定向配租住房租赁管理暂行办法》，整合3个园区委属固定资产服务园区企业；协调福田保税区集团、沙头角保税区集团等园区投资开发主体，整合企业的国有资产，以园区产业转型升级为中心，加大公共服务力度，提升园区餐饮、住房配套，推动产业的集聚与提升。同时，做好园区公共用水用电、道路养护、安保等日常性工作，做好保税区办公及市政公共设施、联检单位设施的维护，完成年度政府采购项目各项任务，保证园区有效运作。

【招商引资】 经过20余年的开发建设，深圳保税区内土地开发殆尽，目前新引进的项目多属商贸物流领域，规模较小，对区内产业的影响有限。2013年合同利用外资1.1亿美元，同比增长49.3%；实际利用外资4 840.1万美元；新批企业228家，其中外资项目44个。

【对外贸易】 2013年，受外贸理财业务的影响，深圳保税区实现进出口总额1 836亿美元，同比增长66.9%。其中，出口947亿美元，同比增长69.3%；进口889.04亿美元，同比增长64.4%。外贸结构中，加工贸易进出口实现533.7亿美元，保税仓转进出口1 282.1亿美元。深圳保税区外贸产品以机电为主，约占总额的89%。福田保税区实现进出口额1 392.2亿美元，同比增长131.6%，其中出口709亿美元，进口683.2亿美元。外贸结构中，加工贸易进出口162.8亿美元，同比增长31.8%；保税仓转进出口1 209.1亿美元。沙头角保税区以出口加工为主，实现进出口373.6亿美元，同比下降14.2%，其中出口188.2亿美元，进口185.4亿美元。盐田港保税物流园区实现进出口70.2亿美元，同比增长11.2%，其中出口49.8亿美元，进口20.4亿美元。

【商贸业】深圳保税区商贸行业主要集中在福田保税区，2013年，福田保税区限额以上商贸企业实现销售总额370.3亿元，同比下降2.7%；年销售额在10亿元以上的商贸企业有8家，其中乐金显示贸易（深圳）有限公司实现销售额127.2亿元，法之龙运动品（深圳）有限公司、恩益禧视像设备贸易（深圳）有限公司、深圳市东方嘉盛供应链股份有限公司、松下电器机电（深圳）有限公司、卡西欧电子（深圳）有限公司的销售额都在20亿元以上。

【物流业】2013年，深圳保税区规模以上生产服务企业实现营业收入181.5亿元。其中，福田保税区规模以上物流企业实现营业收入176.4亿元，同比增长11.6%；盐田港保税物流园区企业实现物流收入5.1亿元，同比增长8.0%。

【工业】2013年，深圳保税区实现工业增加值144.9亿元，同比增长18.6%；实现工业总产值1 280.2亿元，同比增长28.5%。其中，福田保税区全年实现工业增加值69.1亿元；实现工业总产值4 062亿元，同比下降4.9%。福田保税区工业结构以信息产业为主导，联想信息、麦迪实、赛意法、日立环球4家企业产值占福田保税区工业总产值的86.4%。沙头角保税区以黄金珠宝和电子产品加工业务为主，全年实现工业增加值75.8亿元，同比增长52.9%；实现工业总产值871亿元，同比增长53.8%。

【发展趋势】2014年是园区转型升级的攻坚之年，深圳市委市政府高度重视园区的转型升级工作，明确保税区“面向全球的国际贸易示范区、全国保税制造业升级引领区、深港保税服务业合作试验区、保税政策与监管创新先行区”四区发展目标，并从综合保税区封关建设、基础设施升级、功能拓展、产业扶持、监管优化等方面提出一系列任务，为园区的发展提供新的动力。同时，因2013年外贸理财业务导致经济指标较高，可能对2014年的经济发展任务形成较大压力。

【机构设置与管委会领导】2013年，深圳市政府同意深圳市经济贸易和信息化委员会加挂深圳市保税区管理委员会的牌子，承担全市海关特殊监管区域的统筹、规划和园区申报工作；促进保税区内企业发展，推动保税经济发展；指导保税区非经营性国有资产管理工作。

管委会领导：深圳市经济贸易和信息化委员会党组书记、主任郭立民，副主任（分管领导）谢建民；深圳市经济贸易和信息化委员会保税经济处处长余惠强，副处长康丽辉、张振强。

【招商部门】保税经济处，联系人：刘金华，联系电话：0755－83590737；福田保税区服务中心，联系人：邱泽华，联系电话：0755－83480558；沙头角保税区服务中心，联系人：胡正诚，联系电话：0755－25260060；盐田港保税区服务中心，联系人：张桂怡，联系电话：0755－25281182。

广州保税区
GUANGZHOU FREE TRADE ZONE

【经济发展】2013 年，按照“向政策要效益，向功能要效益，向内涵要效益”的工作思路，广州保税区突出保税特色，发挥政策优势，提升服务功能，不断加快园区产业结构调整步伐，从以保税加工为主导的加工制造业向以现代物流、国际商贸和展览展示等为主导的现代服务业转型升级，努力服务广州开发区、萝岗区，服务珠三角地区，深入开展“转作风、促增长”活动，努力推进经济增长，多项工作取得了突破性的进展。

2013 年，广州保税区实现进出区货值 147.01 亿美元；进出口总额为 38.51 亿美元；实现工业总产值 75.33 亿元，同比增长 10.23%；合同利用外资 2 900 万美元，实际使用外资 1 400 万美元；实现税收总额 9 亿元；固定资产投资（工业项目）13.67 亿元，同比增长 8.53 倍。

【投资环境】广州保税区基础设施完善，拥有便利的区位优势、优惠的政策优势和高效的体制优势，建立了通达世界的海、陆、空立体直转通关物流系统，覆盖面广、业务形态丰富，是优质的外向型经济基地，尤其适合发展现代物流、国际商贸、保税加工、保税展销。截至 2013 年年底，已形成了以电脑及其零配件系统产品、重型机械设备制造、生物医药、模具钢材加工、食用油加工、酒类交易中心、有色金属交易市场为主导行业的支柱产业。同时，位于广州保税区内的保税物流园区有效运作，进一步提升了区域优惠政策的丰富性和完整性。

2013 年，根据广州市、萝岗区有关“转作风、促增长”活动的统一部署，确定“抓大不放小、重点突破”的工作思路，全年持续对保税区、保税物流园区及出口加工区的企业进行全面的摸查，全面深化服务，保障园区企业增效提质，项目稳定持续发展。同时，深入地对大众集团、海瑞克、卡尔蔡司、卓德嘉、蒂森克虏伯、费森尤斯卡比、友益电子、融达电源、鸿森材料等 33 家区内重点企业进行走访调研，跟进企业的生产经营情况，落实各项扶持政策和措施，为全区经济增长作出了重要贡献。全年累计召开企业座谈会 4 次，走访企业 70 余次，接待企业来访 30 余次，架设好企业与通关、国检、税务和外汇管理等部门之间沟通的桥梁。对座谈和走访中企业反映的问题进行梳理分析，并将情况及时反映到相关部门，帮助企业解决各种问题，协调各种诉求。积极协调海关、商检、工商、税务、外汇、安监、外经部门，及时解决企业生产经营中遇到的各种问题。如重点协调海瑞克大型盾构设备出区，本田汽车样品测试用车免 3C 认证及“集中申报、分批出区”操作模式，卡尔蔡司增加贸易功能，广合科技股权转让，中代物流公司退税，捷飞物流与广州保税区集团用地纠纷及保税区贸易公司危险化学品经营许可证等问题。同时，积极搭建政企沟通的桥梁，多方为企业争取政策优惠。如与广州市外经贸局联合召开外贸企业座谈会，了解企业经营情况；配合黄埔海关完成海关总署对特殊监管区域企业的问卷调查；积极组织区内企业申报广州市城市物流配送试点企业；向涉及进出口的企业通报2013年市外经贸局的进出口奖励政策，动员企业开拓市场，增加进出口。

开展海关特殊监管区域发展调研，积极探索未来发展方向。一是配合海关召开“广东省海关特殊监管区域创新发展政策宣讲会”。2013年年初，海关总署广东分署和广东省外经贸厅于广州联合主办“广东省海关特殊监管区域创新发展政策宣讲会”，园区代表广州开发区的3个特殊监管区域参加并协办本次宣讲会。海关总署、中国保税区出口加工区协会、省内7个直属海关、21个地级以上市、顺德区外经贸主管部门、部分海关特殊监管区域和相关企业代表共计200余人参加会议。二是参加海关全国特殊监管区域会议。参加海关总署牵头举办的2013年全国保税区和保税物流园区海口工作座谈会及全国出口加工区（珠海）工作座谈会，结合国务院《关于促进海关特殊监管区域科学发展的指导意见》，学习全国同类区域的经验和思路，并提出广州保税区未来发展的初步设想。会后，专门邀请海关总署加贸司现场考察广州保税区、物流园区和出口加工区，并与黄埔海关共同研讨整合物流园区与出口加工区保税物流业务的可行性，取得海关总署领导的基本认可。三是完成特殊监管区域科学发展课题调研报告。为进一步贯彻落实国务院《关于促进海关特殊监管区域科学发展的指导意见》，完善海关特殊监管区域政策和功能，与黄埔海关及区政研室成立“促进海关特殊监管区域科学发展”课题调研组，赴重庆西永综合保税区和上海外高桥保税区、洋山保税港区考察学习，对比研究各地经济发展形势、地区产业、贸易结构和企业切实需求，深入剖析海关特殊监管区域发展存在的问题，主动作为，以“历史问题解决、区域功能整合，监管流程优化”为主线，有针对性地采取措施，推进广州保税区、保税物流园区、出口加工区功能整合优化和科学发展，并形成《关于整合优化广州开发区特殊监管区域的调研报告》。

20项行政审批事项的原审批时限为2～7个工作日，经过行政执法项目梳理优化后，压缩时限50%以上的有11项，即办事项为6项，审批时限提速达62.86%。根据职能调整及审批时限调整，两次修改ISO9001相关内容及工作规范；开展第五轮行政审批事项三次梳理，梳理报送审批事项的全部要素；梳理行政权力运行流程，在门户网站设立规范行政权力运行公开专栏，制定各事项的审批规程对外公示。2013年11月，实现全部审批事项进驻省网上政务办事大厅，实现三级办理率100%。全年，窗口服务接待咨询人数为1 353人次，电话咨询人数为1 310人次，共受理审批事项972批次，其中完成外商投资项目审批业务83宗；收到锦旗5面，感谢信3封，并于2013年4月份被评为“优质服务窗口”，第三季度被评为“政务服务中心先进单位”，审批事项的准确率和及时率均为100%。

【招商引资】2013年，广州保税区充分依托海关特殊监管区域功能政策，紧紧把握全区“促增长”工作主线，全面深化服务，保障园区企业增效提质，项目稳定持续发展。

抓重点项目筹建，全力协助项目落户。如跟踪美胶公司广州总部及生产基地项目，参与前期考察，协助企业物色厂房及办公场地，项目用地意见已通过区项目评审领导小组会议；帮助万利源棉纱生产项目方完成厂房租赁、公司注册、用电增容及电价商议等事宜；与海关及环保部门协调佳盛德皮业项目环境影响评价问题，帮助企业顺利投产。

主动靠前服务，助力企业发展。如跟进裕金酒业项目建设情况，召开现场会协调项目土建施工对保税区8号卡口、附近道路及视频设备造成损坏的问题；跟进东马油脂公司供热管道的建设问题；协调法院减免东马油脂案件的诉讼费、执行费，帮助企业缓解资金困难；为东马油脂公司增资扩产提供服务，服务全区产值保增长大局；协调广州保税区集团与酒饮公司关于红酒街商铺租赁的纠纷，敦促双方核清账目，尽快签订租赁合同，减少对入驻商户经营的影响。

为在日益严峻的经济环境和日趋激烈的区位竞争中赢得比较优势，园区以现有产业基础为依托，积极申请创建特色功能区，为转型升级争取政策突破，激发区域发展的内生动力。一是创建"国家进口贸易促进创新示范区"。为优化园区贸易结构，推动国际贸易进一步发展，根据国务院《关于加强进口促进对外贸易平衡发展的指导意见》提出的"培育国家进口贸易促进创新示范区"精神，依托保税区现有有色金属、塑胶原料、电子零配件及产品、食用油、化工原料、进口葡萄酒等六大进口贸易平台，向商务部申请在广州保税区创建国家进口贸易促进创新示范区，争取国家贸易便利化政策先行先试，并在广州市外经贸局和广东省外经贸厅的大力支持下向商务部提交申报材料。二是申报"入境再利用产业示范区"。借鉴上海创立"全国入境再利用产业检验检疫示范区"的经验，结合开发区生产型企业对设备翻新和检测维修业务的需求，争取海关和检验检疫部门的支持，在保税区开展入境再利用业务，促进园区再利用产业发展。广东出入境检验检疫局表示支持保税区企业开展相关业务，并考虑研究将保税区建成广东省入境再利用产业示范区。三是积极开展自由贸易区研究和申报。研究上海设立自由贸易试验区的相关政策及实施细则，搜集自由贸易园区的材料，协助管委会进行将广州保税区、出口加工区、保税物流园区及中新广州知识城纳入广东省自由贸易园区申报范围的研究，宣传广州保税区所取得的成绩和对经济技术开发区的重要配套及带动作用，分析并阐述特殊监管区域发展在未来城市之间、经济区域之间竞争中的重要作用。2013年12月，赴上海自由贸易试验区实地考察，形成《关于中国（上海）自由贸易试验区建设运营情况的考察报告》。

【对外贸易】 2013年，广州保税区进出口货物总值为38.51亿美元，同比下降16.06%；合同利用外资2 900万美元，实际利用外资1 400万美元。

【物流业】 2013年，广州保税区继续围绕"集中力量发展具有广州东部新城区特色的物流产业，增加为开发区和全市生产型企业配套服务能力"这一中心任务，通过保税物流园区的建设和运作，推动物流产业优化升级，构筑辐射珠三角乃至华南地区的物流平台。

为促进广州开发区物流行业协会的成立，参加由德国驻穗总领事馆和《物流》杂志社联合举办的德中高端物流企业论坛，并邀请《物流》杂志社、广东商品国际采购中心联盟主要负责人考察保税区，与开发区物流行业协会的会长单位开展座谈。继续强化广州保税区进口葡萄酒商会的作用，推动商会副会长单位酒饮公司建立网上商城，有效地为红酒街商户拓宽销售渠道。

【工业】 电子设备制造业为保税区的支柱行业，其他生产加工门类较广，主要有食用油精炼、医用材料、钢材模具、重型机械设备制造、日用品、包装材料生产等。2013年，园区完成工业总产值75.33亿元。

【保税物流园区】 广州保税物流园区与黄浦新港实行区港联动，规划面积0.507平方公里，是广州开发区第五个国家级经济功能区。保税物流园区正式运作以来，在通关手段信息化、监控立体化、货物流动便捷化的管理模式下，2013年，实现进出区货值147.01亿美元。园区业务已辐射天津、山东、湖南、江西、福建、内蒙古等10多个省份，服务企业近2 000家，其中广州开发区内企业占30%，有效地降低了企业的运输成本和仓储压力。

为打造现代物流示范区，积极推进保税物流园区与黄埔新港码头的联动建设，扩大区域辐射范围，开展区内主要物流企业码头业务量调查，并多次实地考察黄埔新港和新沙港码头，促进保税物流园区与黄埔新港联动，使其运用水上货运“巴士”快速无缝接驳南沙、深圳、香港等国际枢纽港，实现“一次报关，直通世界各大港口”，促进以国际物流配送为核心的第三方物流发展。具体操作上采用运输车辆提前备案的监管方式实行区港联动，实现“到港货物直接入园，入园货物可入仓分拣后申报，一次报关，可分批出区”。区港之间的“无缝对接”为下一步保税物流园区内企业开展国际采购、国际中转、国际贸易、国际配送等业务打下良好的基础。

保税物流园区大力开展保税仓储和国际分拨配送业务，满足了加工制造企业对保税物流业务发展的需求，有效降低了企业物流成本，提高了资金、货物周转效率，企业市场竞争力明显得到提升，从而吸引了周边地区企业纷至沓来，利用园区的特殊功能和优惠政策为自身减负。园区对周边地区乃至整个珠三角地区强有力的辐射力无疑将带动与之关联的保税区和出口加工区的发展。

按照广州市加快推进将广州建设成为亚洲物流中心的总体部署，结合区域特征和实际工作进展，开展规划研讨和政策推介。目前，广州保税区、出口加工区和保税物流园区3个保税监管区域，已成为广州地区政策功能最齐全、运作最成熟的保税物流区域。

【酒类交易市场】 广州保税区国际酒类交易中心是广州开发区管委会、广东省酒类行业协会和澳企实业联合打造的，集进出口展示、贸易、仓储、物流、报关、报检于一体的进口酒类专业市场。至2013年，累计入驻企业99家。目前有企业67家，商铺达到120间，从业人数超过2 000人。据海关不完全统计，2013年酒类交易中心进口葡萄酒611.6万升，价值3 076.3万美元。目前，红酒交易中心呈现出整体发展，经营形式百花齐放、各具特色的态势，包括创建自有葡萄酒品牌，发展连锁加盟经营，成为中国地区总代理等。

2013年7月，为了保证保税区进口红酒“原庄原瓶，原汁原味”的高性价比，应广大商家要求，保税业务管理局联合酒类交易中心正式启用溯源二维码，为交易中心企业提供3年免费服务，建立权威的全方位信息溯源平台，强化保税区红酒街“原庄原瓶”的品牌和口碑，为保税区进口红酒保驾护航。普通消费者只要通过手机扫描中文标签上的二维码，可以快速清晰地获得大量的葡萄酒信息，包括酒的价格、酒和酒企的介绍，以及进口的海关和商检的凭证等。目前，酒类交易中心已推出第一批353种进口红酒溯源二维码标签，并开展试用、平台调试和材料补充工作。

随着国家对国内红酒消费市场的整顿及受中欧之间贸易摩擦的影响，进口葡萄酒市场整体不景气，销售额持续下降。为在激烈的竞争中继续保持华南地区著名进口红酒交易市场的地位，广州保税区国际酒类交易中心开展多种营销活动，打造高精端国际商品保税展示中心。组织红酒街企业以广州保税区国际酒类交易中心的整体名义参加“2013年广州国际名酒展”和“2013广东国际酒类博览会”，参展企业洽谈交易额300多万元。同时，在广州保税区国际酒类交易中心举办大型促销活动，吸引大批消费者的关注和采购。广州保税区酒饮国际有限公司作为唯一一家市场主体，获得了广东省酒类专卖局（省酒类协会）颁发的“放心酒流通示范企业”称号。

【进口商品基地建设】根据广东省政府《关于促进进口的若干意见》（粤府〔2011〕126号），在稳定出口的同时，积极扩大进口规模。将依托特殊监管区域等建立进口基地，鼓励企业在海关特殊监管区域、保税物流中心和保税仓库设立采购中心、分拨中心和配送中心，开展流通性简单加工和增值服务，通过保税监管场所扩大物资进口和储备，并根据市场需求，在广州、深圳等中心城市规划建设若干进口商品交易中心，打造在全国有影响力的进口商品交易平台。2013年，确定打造进口商品基地的工作重心，通过多种渠道招商引进进口商品专业市场项目，努力推进广州保税区有色金属交易所、广州水产集团、进口化妆品交易市场和骏德酒业、裕金酒业等项目的招标、筹建和服务工作。联系外国和港澳台的驻穗机构，宣传保税区政策和投资环境；通过参加华南美国商会的会员活动，拜访和接待阿根廷驻穗总领事馆、香港贸促会等工作，向考察团介绍打造进口商品基地的规划，扩大宣传效果和品牌影响力。与行业协会、龙头企业沟通，争取进口商品项目落户保税区；走访深圳珠宝企业，引导企业建设珠宝产业城，将高档珠宝的展示销售、技能培训、鉴定认证等业务引入保税区。

【发展趋势】广州保税区立足历史和现状，妥善进行业务梳理，进一步拓展功能，按照海关总署关于整合特殊监管区域的精神，扩展出口加工区保税物流功能，研究保税区、出口加工区和保税物流园区的整合升级，探索从以加工贸易为主的发展模式向保税商贸基地的发展模式转型。同时，以保税物流园区的运作为发展契机，整合现有资源，继续推进保税物流体系建设，大力发展现代物流。

【机构设置与管委会领导】广州保税区的地方管理机构是广州保税区管委会。2002年6月，广州保税区管委会与广州经济技术开发区、广州高新技术开发区、广州出口加工区管委会合署办公，构成强大的“四区合一”行政管理体系。2003年，全区通过ISO9001和ISO14000双认证，拥有中国对外开放最完整、最系统、最丰富的优惠政策体系，可供外商选择的投资领域最宽、政策空间最大。

2005年6月，广州市委、市政府为加快“东进”战略的实施，在原“四区合一”经济区域的基础上，成立了广州市萝岗区，面积为393.22平方公里。

广州保税区管委会为广州市政府的派出机构，享受市一级的审批权限，其机构精简，办事高效。管委会下设办公室、发展和改革局、经济发展局、科技和信息化局、规划国土局、建设和市政园林局、环境保护和城市管理局、保税业务管理局、企业建设局（招商局）、财政局等机构。

管委会领导：广州保税区管委会主任骆蔚峰，副主任李红卫、陈小华、郑锡雄、蔡刚强、郭粤明、孙秀清。萝岗区副区长张超平具体分管保税区业务。

【招商部门】广州开发区保税业务管理局是广州保税区的经济业务主管部门，诚挚欢迎广大客商进行咨询、交流及前来投资和开展业务。广州保税区必然践行“一切为了投资者，一切为了企业，用最好的服务、最佳的环境，让投资者获得最大的回报”的管理理念。联系人：金晶、陈坚，联系电话：020－82112051、82112062，传真：020－82112070。

厦门象屿保税区
XIAMEN XIANGYU FREE TRADE ZONE

【经济发展】2013 年，象屿保税区管委会深入学习贯彻党的“十八大”精神和十八届三中全会精神，认真落实厦门市委市政府的决策部署，以美丽厦门共同缔造为核心，以转型发展为重点，以推动自由贸易区建设为目标，较好地完成了年初制定的各项工作任务。全年完成区域生产总值 58 亿元，同比增长 14.8%；进出口总额为 58 亿美元，同比增长 15.3%；物流营运收入为 72 亿元，同比增长 11.5%；商贸营业收入为 445 亿元，同比增长 16.9%；工业生产总值为 19.2 亿元，同比增长 3.5%；财政总收入为 7.52 亿元，同比增长 5.6%；固定资产投资为 43 亿元，完成年计划的 143.33%。

【投资环境】扶持发展政策效应显著。成立区协税护税工作领导小组，以“组织收入工作为中心”，建立企业信息共享、共抓税收的长效机制，完善服务、强化征收，已有 15 家企业办理迁入手续，成效显著。表彰 2012 年纳税大户，兑现园区扶持发展政策奖励。象屿集团被认定为 2013 年度市级总部企业。落实 2011～2013 年土地税、房产税即征即奖政策，区内共有 13 家企业获奖励 311 万元。港务保税物流、国际航运中心和象屿物流配送中心等 3 个项目获厦门市生产性服务业的政策扶持，各自兑现了 300 万元扶持资金。两岸贸易中心、厦门进口商品集散中心入选 2013 年度中国进出口银行服务贸易项目重点支持名单（厦门市共有 3 个项目入选）。改善通关环境。海关同意注册在国际航运中心的企业可经营保税区业务。协调海关、口岸办、电子口岸、码头等单位，提出有效方案，解决了园区企业出口海运货物运抵报告的通路问题，同时节省开发费用。完成保税物流园区信息辅助系统改造升级的前期工作。中外运海关集中查验场投入使用提高了海关查验效率。成立保税区商会。象屿保税区商会于 2013 年 9 月成立，首批会员有 63 家企业，商会为企业之间、企业与政府之间架起沟通联系的桥梁。筹备区小额贷款公司。由象屿资产、乔丹、丰羽集团等 10 家企业共同出资 2 亿元成立园区首家小贷公司，为区内小微企业融资提供重要平台。搭建银企合作平台。建设银行与象屿集团合作的保兑仓业务获得较快发展，象屿五金物流携手厦门农村商业银行启动了行业内首个“合作贷”金融服务项目，总授信额度近 2 000 万元；支持民生银行与保税区商会、兴业银行与保税区商业发展公司签订战略合作协议，着力推进电子商务和两岸贸易合作；携手出口信用保险公司与区内主要贸易企业合作，提供出口信用保险等综合服务。狠抓安全生产工作 。深入持续开展“三合一”消防安全专项整治、“打非治违”、重点整治“百日行动”，以及涉油、涉气、涉液氨企业专项整治等安全生产大检查。强化经济保安大队的管理，做好园区治安管理，配合海关做好监管卡口核放工作等，为园区经济发展保驾护航。推动企业标准化达标创建，日东、安保塑胶、贝莱胜电子等3家企业均按照国家行业标准，在国家安监总局完成自评申请，且全部通过评审组专家现场评审。安保塑胶公司被厦门市安委会授予企业安全生产标准化创建工作先进单位。全年园区未发生生产安全责任亡人事故，死亡人数控制指标同比下降100%，完成了年度安全生产目标管理任务。管委会被厦门市政府评为2013年度安全生产目标管理责任制考核先进单位。

【招商引资】 2013年引资总额达31亿元，合同利用外资2 017万美元，完成年计划的100.9%；实际利用外资2 688万美元，完成年计划的134.4 %。引进了威翔航空科技项目，投资总额2 950万美元，进一步提升园区产业层次。

【自由贸易园区建设】 福建省委省政府、厦门市委市政府高度重视自由贸易区建设，管委会积极参与了自由贸易区方案的研究制订及申报工作。目前，福建省正研究建设包括厦门、福州部分区域及平潭实验区在内的中国（福建）自由贸易园区，其中厦门市的范围涵盖象屿保税区、保税物流园区、海沧保税港区、大嶝对台小额商品交易市场及两岸新兴产业和现代服务业合作示范区。厦门市委市政府成立了由市委常委、统战部部长黄菱为组长的海关特殊监管区整合和自由贸易区建设工作组，管委会承担了工作组办公室工作。

按照“两条腿走路，边报批边建设”的要求，工作组在抓自由贸易区方案报批的同时，积极争取厦门海关、国检、外管、国税等驻厦单位及厦门航空、工银租赁等相关企业的支持，着力推动融资租赁、高新技术检测维修、跨境电商、两岸海运快件等单项业务落地运作，并取得了一些突破性进展。举办了“建设自贸园区与构建开放型经济新体制——厦门自由贸易园区研讨会”，营造厦门自由贸易区建设的良好氛围；实施商事登记制度改革，向厦门华辰拍卖公司颁发区首个“先照后证”的工商营业执照；在质量监督部门的支持下，组织机构代码中心代办点将进驻区综合服务大厅等。12月，香港特别行政区驻福建联络处、“台湾电商福建行”考察团等来厦考察，对厦门自由贸易区建设表示浓厚的兴趣。

【贸易业】 高新技术检测维修业务：厦门海关同意新科宇航（国内航企）进入象屿保税区开展国内飞机发动机维修业务，并提出初步解决方案。融资租赁业务：组织到上海、天津两地考察调研融资租赁业务，对接厦门航空及其合作的融资租赁公司，厦航表示全力支持和积极配合在象屿保税区开展飞机融资租赁业务。电子商务业务：象屿集团开通了淘宝台湾馆，象屿“金利卡”公司迁入园区，“吉象卡”推广迅速；万翔网商全年实现销售收入20亿元；引入浙江绿城所属的万石科技，开辟了建材销售与装修的O2O新模式。加快两岸跨境电商业务的前期准备工作，推进象屿集团、国贸泰达、优传酒业等参与跨境电子商务试点服务平台建设。

【物流业】 2013年园区以物流商贸为核心的流通服务业实现营业收入517亿元，同比增长16.2%；实现进出口额达58亿美元，同比增长15.3%。全区矿产品（含石材）、粮食、化工产品等大宗商品交易仍然较为活跃，港务贸易、明穗粮油、成大贸易等企业实现营业收入均超过20亿元。东渡港区集装箱吞吐量达到396万标箱，同比增长23%。经过商务部、国家发展改革委等国家主管部门批准，整合重组成立厦门集装箱码头有限公司，注册资本达24亿元，成为国内最大的集装箱码头公司，将进一步带动厦门港口经济的发展。

【项目建设】 2013年，厦门象屿保税区固定资产投资为43亿元，完成年计划的143.33%。万翔冷链物流中心投入运营，成为大陆首个投入运营的两岸冷链物流产业深度合作试点项目。航空港物流运营服务中心竣工，厦门进口商品集散中心、金绿物流城、乔丹等项目在加紧建设中。

【专业市场】园区进口酒、五金、生活资料配送等市场保持良好的发展态势。发挥进口酒专业委员会的作用，举办“舌尖上的象屿——象屿欢乐红酒嘉年华”活动，进一步提升象屿保税区进口酒交易中心的品牌影响力和知名度。进口酒交易市场销售收入超6亿元。象屿五金机电物流集散中心和象屿生活资料配送市场聚集了500余家企业，实现销售收入超过7亿元。大嶝对台小额商品交易市场2013年营业额达9.85亿元，进口台湾商品首次突破8 000万美元，达8 048万美元。

【对台经贸交流合作】两岸贸易中心自2013年4月运营以来凸显聚集效应，共吸引64家企业及各类商协会入驻，引资3.06亿人民币。“九八”期间，成功举办了“牵手互联网金融——两岸电子商务发展研讨会”，研讨两岸电子商务的发展之路。象屿集团与吉时国际航运、关贸网路、新竹物流、台北港货柜码头等4家台湾企业共同签订两岸贸易便利化及跨境电子商务战略合作协议。启用中心渔港作为远洋渔船母港，延伸了园区服务功能。

象屿保税区成台湾酒类大陆拓展平台。象屿酒业公司取得金门高粱酒在东北区、西北区特许独家经销权，以及台湾烟酒公司玉山高粱9个品种全国总代理；国贸泰达成为台湾烟酒公司啤酒的一级经销商；金门高粱酒厂、台湾烟酒公司两家台湾主要酒业公司在园区建立了集物流配送及展示销售为一体的大陆业务拓展平台等。

【保税物流园区】2013年，象屿保税物流园区一线进出口额为11.08亿美元。4月，华辰拍卖公司在象屿保税物流园区成功举办了国内首次西洋艺术品保税拍卖活动，从欧洲征集了300多件西洋古董艺术品，最终拍卖成交率达23%，带动进出口额达1 000万美元，丰富了厦门文化贸易业态，入选“2013厦门文化产业发展十大影响力事件”。同时，完成保税物流园区信息辅助系统改造升级的前期工作，5万多平方米的港务叶水福仓库投入使用等，进一步改善园区投资运营环境。

【发展趋势】20多年来，厦门象屿保税区坚持攻坚克难，先行先试，成功走出了一条具有特色的自由贸易园区发展道路，成为政策功能较完善、产业结构较合理、辐射带动较突出的综合型保税区，成为东南国际航运中心重要支撑和海西重要的现代物流园区，有力促进了厦门乃至福建省的改革开放。享有自由贸易区的某些政策，具有自由贸易区的某些特性和功能，这是争取自由贸易区建设的特殊政策和功能优势。当前，象屿保税区正按照厦门市委、市政府的决策部署，根据厦门海关特殊监管区域整合和自由贸易区建设工作组的工作要求，坚持“边报批边建设”的原则，通过自由贸易区建设，积极推动象屿保税区、保税物流园区在某些政策、某些领域、某些方面先行先试，增创园区转型升级新优势，努力把象屿保税区建设成为厦门自由贸易园区核心区、闽南国际商贸总部服务中心区、两岸经贸合作交流先行区，成为“美丽厦门”的“试验区”、“先行区”和对外“窗口”。

【机构设置与管委会领导】厦门象屿保税区管委会作为厦门市政府的派出机构，机构级别为副厅级，内设办公室、政治处、经济发展处、建设管理处、计划财政处（计划财政局）、安全生产监督管理局、监察室等7个处室。

管委会领导：党工委书记、管委会主任林树溪，党工委副书记陈章福，党工委委员、管委会副主任马自力，党工委委员、管委会副主任陈敏，党工委委员、纪工委书记蒋东红，党工委委员、大嶝对台小额商品交易市场管委会主任陈青峰。

【招商部门】 厦门象屿保税区招商服务中心是厦门象屿保税区管委会直属事业单位。该中心负责象屿保税区的招商引资服务工作，为中外投资者免费提供咨询、跟踪、信息等“一站式”服务：协助进行投资前期的市场调研，协助办理投资各环节的手续，协调解决投资过程中遇到的问题，专人服务全程跟踪投资计划。联系人：赖建设，联系电话：0592－2639628、2639609。

宁波保税区（出口加工区）
NINGBO FREE TRADE ZONE (EXPORT PROCESSING ZONE)

【经济发展】2013年，宁波保税区（含出口加工区，下同）实现生产总值150.0亿元，同比增长10.1%。其中，第二产业增加值为47.1亿元，同比下降1.9%；第三产业增加值为103.0亿元，同比增长16.7%。完成公共财政预算收入35.0亿元，同比增长8.8%。其中，中央级收入为17.8亿元，同比增长7.8%；地方级收入为17.2亿元，同比增长9.8%；海关税收总额12.9亿元，同比下降29.8%。完成工业总产值455.5亿元，同比下降16%；实现工业增加值46.6亿元，同比增长7%。

【投资环境】2013年园区完成固定资产投资12.2亿元，同比增长17.7%，其中厂房仓储投资5.9亿元，设备购置投资4.6亿元；在建项目23个，同比增加15%；推进了一批重点功能性项目建设，宁波保税区进口商品市场二期于2013年6月正式开业，市场配套不断完善；加快人才公寓和商务大楼等重点工程建设。推进服务型政府建设，建立了联系服务企业制度，对口联系、帮助企业破解难题，协助企业招聘3.3万人，缓解了企业用工难问题；加快推进“一站式”行政服务中心、企业综合信息平台筹建工作，正式开通24小时企业服务热线，建立了统一的服务咨询和投诉举报平台，进一步提高对企业服务诉求的反应速度。深入推进平安园区、和谐园区建设，开展安全生产隐患大排查、大整治专项行动和标准化创建，推进“无欠薪园区”建设，全区社会大局总体稳定。

【招商引资】2013年新注册企业数为504家，其中内资企业490家，注册资本27.1亿元，同比增长144.8%；实际利用大市外内资5.5亿元，同比增长25.7%。此外，外资企业为14家，注册资金1.3亿美元，同比下降8.3%；实际利用外资1.05亿美元，同比增长0.6%。强化商贸龙头项目招商，全年新引进商贸企业380家，注册资金9.6亿元，其中注册资金5 000万以上企业19家，1 000万~5 000万以上企业39家，壮大了外贸骨干队伍；引进现代物流企业11家；新引进电子商务企业13家，股权投资项目18个；引进单船融资租赁项目公司4家，文化创意企业7家。全区新兴服务业全年实现税收1.2亿元，同比增长29.4%。

【对外贸易】2013年完成外贸进出口总额116.3亿美元，其中出口45.2亿美元，进口71.1亿美元，同比分别下降12%、7%和15%。其中，加工贸易51.3亿美元，同比下降22%；一般贸易40.3亿美元，同比下降1%，其中进口25.4亿美元，出口15.0亿美元，同比分别下降8%、增长16%。推进实施外贸实力效益工程，新培育了37家贸易小巨人。全年外贸企业实现税收6.4亿元，同比增长40%。

【市场建设】培育设立了宁波进口商品展示交易中心，2013年6月8日建成运营；提升发展保税区进口商品市场，建成进口商品市场二期，扩建进口食品（酒类）检测平台，启用进口食品质量追溯系统；加快网上市场建设，设立了保税区进口商品市场天猫旗舰店，形成实体市场和网上市场并举运行格局。市场2013年实现销售额1 425亿元，同比增长12.7%。建成现代化仓库8.2万平方米，改造企业老旧仓库3万平方米，建设国际采购配送仓库4.1万平方米；获批开展保税仓储货物抵押融资试点；2家企业被认定为宁波仓储物流业名牌企业（宁波市仅两家）。

【工业】工业转型步伐加快。支持19家重点工业企业开展技术设备改造、产品升级换代和“机器换人”；扶持新引进的16个高端创业创新团队发展战略性新兴产业。支持企业申报立项国家级和市级科技计划项目16个；新增高新技术企业2家，院士工作站2个，创新型初创企业51家。全区工业企业完成研发技术改造投入7.5亿元，同比增长26.7%；实现高新技术产业产值391.7亿元，占全区工业总产值的86%，比2012年提高2个百分点；全区工业企业实现利润总额11亿元，同比增长11.4%。

【改革创新】开展跨境进口贸易电子商务试点，在海关总署和宁波市相关部门大力支持下，管委会各有关部门和驻区监管机构、专业运营服务商紧密配合，搭建了综合服务、物流监管配送、营销服务等三大功能平台，出台了专项扶持政策，编制了跨境进口贸易电子商务基地发展规划，引进了一批跨境进口贸易电商企业，于2013年11月27日开始实单测试，在全国率先实现了进口贸易商业模式的创新突破。推进进口贸易便利化试点，保税区海关、国检、税务、外管等单位推出了一系列便利化举措：开辟了诚信企业进口绿色通道，推出了无纸化通关、分类通关、分送集报等通关模式和“进区集中报检、出区分批核销”、进口食品样品预检验等检验模式；全面实施服务贸易外汇管理改革，减“审批”、减“单证”、减“手续”、减“法规”，极大地便利了贸易结算和贸易融资；积极创新税收征管服务，优化了进口贸易企业运营环境。探索投资便利化试点，工商部门针对市场企业、电子商务企业的特点和需求，探索开展“一址多照”试点，区内登记“一址多照”企业达160家；实施企业经营范围核准制改革方案，放宽对内资企业从事一般经营项目的限制，充分满足企业经营需求，全年有97家进口企业享受到该工商登记改革红利。

【出口加工区】2013年，宁波出口加工区实现工业总产值363.6亿元，工业增加值31.4亿元，分别比2012年下降18.8%和1.2%。仓储物流实现营业收入9.9亿元，同比增长15.4%；实现增加值3 420万元，同比下降1.4%，进出货物总量为123.0万吨，同比下降1.2%。外贸进出口总值为43.3亿美元，其中进口总值25.0亿美元，出口总值18.3亿美元，同比均有下降。完成固定资产投资4.6亿元，其中设备购置投资3.6亿元，同比分别增长1.3倍、1.5倍。据宁波海关统计，2013年宁波出口加工区出口配送额为3.5亿美元，同比增长31.2%。其中，机电产品1.9亿美元，同比增长42.3%；纺织服装1亿美元，同比增长33.8%。两者在配送商品中占较大比重，合计占同期出口配送总额的82.9%。自出口加工区物流功能拓展后，在货物入区即能退税的政策优势和绿色通关的便利措施作用下，出口配送业务额保持稳定增长态势，配送企业队伍日渐庞大，配送商品种类日益繁多，已成为宁波出口加工区加工贸易外又一增长亮点。

【发展趋势】2014年，是全面贯彻落实党的十八届三中全会精神的关键一年，是加快宁波保税区转型发展的“改革攻坚年”、“创新突破年”，将全面贯彻落实党的“十八大”和十八届三中全会精神，以改革创新为统领，深入实施转型发展“三大战略”，强化改革联动，强化创新驱动，强化龙头带动，推进跨区发展，推进功能拓展，推进效能提升，努力保持经济持续健康发展，为建设全国一流保税区奠定更加坚实的基础。

【机构设置与管委会领导】 宁波保税区、宁波出口加工区是由国务院批准设立的海关特殊监管区，由宁波市政府派出机构——宁波保税区管委会统一管理，内设机构 8 个，事业单位 22 个，海关、检验检疫、税务、外汇、工商、国土、规划等部门在区内设立专门分支管理机构，负责两区有关管理，形成了垂直整合、横向联动、精简高效的行政管理体制。

管委会领导：管委会主任、党工委书记郁伟年，管委会副主任、党工委副书记严荣杰，管委会副主任、党工委委员夏群，管委会副主任、巡视员、党工委委员汪闻勇，党工委委员、纪工委书记杜占春，管委会副主任、党工委委员叶万档，巡视员马兆祥，党工委委员、总工会主席沈勤儿，党工委委员、组织部部长、人事劳动社会保障局局长应日捷。

【招商部门】 宁波保税区现有 3 个招商部门。一是贸易合作局，联系人：孙竹影，联系电话：0574 – 86880139；二是市场物流合作局，联系人：钱继光，联系电话：0574 – 86888702；三是工业科技合作局，联系人：孙兴方，联系电话：0574 – 86820176。

珠海保税区
ZHUHAI FREE TRADE ZONE

【经济发展】2013 年，珠海保税区生产总值完成31 亿元，同比增长 15.6%，增速排名全市第二；规模以上工业增加值完成 25.1 亿元，同比增长 17%，增速排名全市第二；外贸进出口值完成 42.5 亿美元，同比增长 118.8%，完成进度及增速均居全市第一；实际利用外资完成 3 706 万美元，同比增长 27.7%，增速排名全市第三；固定资产投资额完成 8.4 亿元，同比增长 70%，增速排名全市第一；财政一般预算收入完成 2.98 亿元，同比增长 19.85%，增速排名全市第二。各项主要经济指标均达到两位数水平，为近5 年来最快增长。

珠海保税区在加速发展的同时，转型成效明显。2013 年，规模以上工业总产值增速为 17.8%，限额以上批发业销售额增速为 41.3%，第三产业增速是第二产业增速的近2 倍。第三产业增加值占生产总值比重由2012 年同期的 10.6% 增加到 13.8%，提升了 3.2 个百分点。单位生产总值能耗下降率远超年度下降 2.75% 的目标，单位 GDP 能耗接近 0.3 吨标准煤/万元，排名全市第一。

【投资环境】珠海保税区位于广东省珠海市的南面，位于横琴新区和十字门商务区的中心位置，与澳门隔水相望，离澳门莲花口岸仅 10 分钟车程，距澳门码头不到 10 公里，经横琴口岸 10 多公里便可直达澳门国际机场，是珠三角产品进入国际市场的一条重要通道。珠海保税区距珠海机场 30 公里，距九洲港集装箱码头 18 公里，距珠海港 45 公里，距香港 36 海里。目前，珠海每天有十几趟航班往返香港，航程仅 1 个小时，海陆空交通十分便利。港珠澳大桥建成后，将在珠海保税区北门处设立其第一个货物出口，届时到香港仅需 40 分钟车程。

珠海保税区首期 3 平方公里已实现“六通一平”，建成标准厂房、仓库 70 万平方米，查验场 1 个，人货出入检查口 2 个；珠海保税区集装箱专用码头已投入使用；建有国际贸易展示中心 1.8 万平方米；生活配套区大部分土地已经开发并建成使用，入住员工达 4 000 多人。

随着横琴升级自由贸易区和港珠澳大桥及洪湾港区等一批交通基础设施的建成，珠港澳地区的市场资源和产业结构及物流发展格局将会发生大的改变，珠海保税区依陆面海、连接粤港澳的区位优势，四通八达的交通及物流口岸门户优势更加突出，同时也为进一步整合物流资源、集聚资源，带动相关产业及尽快形成区域物流中心提供了前所未有的发展机遇。

【招商引资】珠海保税区始终把引入项目作为首要任务来抓，坚持“项目”立区、“项目”兴区。2013 年，园区共引进新项目 135 个，其中内资项目 106 个，外资项目 29 个，意向投资总额超过 70 亿元，引进了 4 个中国 500 强投资项目和 1 个总部企业项目。特别是中轻（珠海）发展有限公司，是珠海保税区引进的首家央企，也是珠海市与中国通用集团签订合作协议后落地的首家下属公司。

同时，珠海保税区在招商中突出保税特色，着力引进具有保税需求，符合园区新的产业定位的龙头项目。目前，园区正在着力引进一批现代物流产业、跨境电子商务产业和国际贸易产业龙头项目。

【对外贸易】作为海关特殊监管区域，珠海保税区较其他区域对外贸的依存度更高，2013 年 7 月份以前受企业订单下滑，园区信息化通关辅助管理系统处于初运行磨合阶段，个别停产企业遗留大量同期基数的共同影响，外贸进出口总体低迷。但是进入 8 月份后，随着一批新企业的陆续开业运营，珠海保税区的外贸进出口逐月呈现回升的良好势头，并于 10 月开始有了突破性的显著增长。全年涉及进出口业务的企业共 144 家，完成进出口总额 42.47 亿美元，同比增长 118.83%。其中，外贸出口完成 29.32 亿美元，同比增长 233%；外贸进口完成 13.15 亿美元，同比增长 24.03%。贸易方式以保税仓储或转口货物、进料加工贸易、来料加工装配贸易等传统的保税区外贸方式为主，一般贸易方式所占比重也大幅增长。

【工业】2013 年，珠海保税区规模以上工业企业完成工业总产值 101.57 亿元，同比增长 18%；规模以上工业增加值完成 25.1 亿元，同比增长 17%；工业总产值及工业增加值都在 2012 年同期基数逐渐升高的压力下，逆势而上，环比、同比均实现持续走高。全区规模以上企业中，约 80% 的企业都实现同比正增长。

【贸易业】珠海保税区 2013 年共有 12 家限额以上批发零售企业，较 2012 年新增 5 家；限额以上批发零售企业全年累计完成商品销售额 19 亿元，同比增长 41.28%。珠海保税区将充分利用国务院推动保税区功能优化扩大的契机，不断进行贸易政策制度创新，拓展保税服务功能，与珠海市各区、各功能区的“三高一特”企业和重大项目对接，为有保税需求的企业和项目提供服务。加强与高栏港、珠海机场、航空产业园等具有保税政策需求的区域的联动合作，将保税政策功能延伸，构建覆盖全市统筹协调的保税区体系，为全市乃至珠江口西岸经济发展服务。

【物流业】为了提升珠海物流产业国际化、现代化水平，推动珠海成为港珠澳大桥的桥头堡及国家海上丝绸之路的重要节点，珠海保税区计划通过整合口岸资源、物流资源和保税区的政策功能优势，在洪湾保税片区建设珠港澳物流合作园。珠港澳物流合作园首期项目——珠海（保税）洪湾通关综合服务中心规划占地面积 60 万平方米。首期项目建成后，洪湾保税片区约 10 平方公里的区域将成为珠港澳发展物流产业的重要基地。

【发展趋势】珠海保税区将以党的十八届三中全会精神为指导，围绕十八届三中全会提出的全面深化改革的新思想、新论断、新举措，紧密结合园区面临的新形势、新机遇、新挑战，用创新的精神、改革的办法，按照珠海保税区打造“综合型保税新城”、珠澳跨境区打造“特色园区”的总体思路，借鉴上海自贸试验区发展经验，以贸易带动物流，以物流促进制造，以制造带动服务，成为珠海承接港澳产业辐射、发展“大桥经济”的核心功能区，在珠海市“三高一特”产业体系构建及参与全球经济中高端竞争中发挥桥梁作用。下一步工作中，园区将按照以下定位发展：

总体战略定位：构建珠江口西岸对接港澳的特殊功能区。

珠海保税区定位：打造集国际贸易展示平台、区域物流枢纽、保税加工基地和保税商住基地为一体的综合型保税新城。着力打造“一平台、六中心”，即国际贸易展示平台，国际酒类交易中心、生物医药交易中心、精密仪器及电子元器件交易中心、高端消费品交易中心、航空标准件交易中心、现代农产品交易中心。

珠澳跨境区定位：打造服务于澳门的高端物流，面向内地的高端进口消费品贸易与展销和配套的保税商务为一体的特色园区。

【机构设置与管委会领导】珠海保税区管委会行使珠海市一级经济管理权限，下设党政办公室、统筹发展局、财政局、建设环保局、社会建设管理局、跨境综合管理局、政策法规研究室（投促局）等7个局室，会同驻区海关、国检、工商、税务、外汇、国土、规划、劳动监察、供水、供电、中国银行、建设银行、报关公司等有关部门和服务机构，为进区企业提供全方位的高效优质服务。

管委会领导：珠海保税区党委书记姜建平，珠海保税区管委会主任赵伟媛，珠海保税区党委副书记岑贤柯，珠海保税区管委会副主任徐政、蒋道平、宋伟。

【招商部门】珠海保税区投促局和招商局是珠海保税区管委会的招商机构，承接着珠海保税区的招商引资工作。珠海保税区投促局联系人：蔡笃敬，联系电话：0756－8686266；珠海保税区招商局联系人：邝沛林，联系电话：0756－8817238。

汕头保税区
SHANTOU FREE TRADE ZONE

【经济发展】2013年，汕头保税区实现工业总产值46.55亿元，同比增长11.2%；完成固定资产投资4.82亿元，同比增长33.2%；同口径缴入地方库财政总收入（含政府性基金收入）12 872万元，同比增长14%；外商合同投资额810万美元，同比增长213%；实际利用外资300万美元，同比增长55%。

【招商引资】汕头保税区管委会主要领导带队赴深圳拜托汕头商会，宣传园区优惠政策，吸引项目入区发展。抓住汕头市举办侨博会的有利契机，全力筹划招商活动获得较大成果，有8个项目参加相关庆典活动，投资总额13.36亿元。在谈的还有新东方家居酒店用品物流配送及生产项目、天誉食品加工项目、宝商奶粉仓储物流项目和伟联装饰材料等项目。跟踪落实在建项目，积极培植新的增长极。通过召开项目单位座谈会，全力以赴推动项目开工建设。对2012年纳税超千万的4家重点企业进行授牌表彰，激励企业积极性。

【优化投资环境】与汕头市自来水总公司现场办公和协调，达成共识，共同投资解决保税区内企业的供水水压问题。投入建设资金，进行N4S路一期便道和市政工程电力通道建设，方便企业生产设备进出。2013年2月，新佳兴公司申请免税进口欧洲成套双向拉伸聚丙烯薄膜生产线，由于该条生产线体积大、数量多、价值高，分拆数批运抵港口，经与海关联络沟通，协商各批次设备报关手续，提前为生产线各项组件作了商品编码预归类，确保生产线顺利通关；对于华美油脂公司精炼车间产生的气味困扰周边村民生活问题，保税区积极协调周边村居委，并对精炼车间技术改造项目的立项报批手续予以指导协调；主动联系市外经贸局，积极为西电公司解决增加广交会展位问题；组织企业参加各类经贸活动，开拓市场空间，如组织多家企业参加了广交会，省经贸代表团赴广西、湖南考察活动及泛珠三角经贸洽谈会。

【修编规划，积极推进保税物流中心申报工作】为配合实施新的发展思路，突出保税区的物流功能和作用，节约集约用地，较好地拓展发展空间，在深入调研、充分论证、分析利弊的基础上，委托汕头市规划设计院编制了《汕头保税区发展战略专题研究》及《汕头保税区控制性详细规划（修编）》，对全区及港口、周边地区重新作出总体规划调整，明确区域转型方向、产业布局和功能定位，把部分闲置土地规划为物流园区和生活配套区，确保满足保税物流中心、大型物流项目用地需要。近期目标是推进“保税区+保税物流中心”的发展模式；远期目标是按照《国务院关于促进海关特殊监管区域科学发展的指导意见》精神，转型升级为综合保税区。这种发展模式可以在短时间内解决目前“入区不能退税”这个功能政策上的短板。广东省政府已正式批复同意汕头设立保税物流中心，有关申报资料已上报海关总署（含省政府批复件）。

【多措并举，盘活闲置土地成效明显】汕头保税区集中人力、物力、财力，积极主动开展闲置土地、厂房盘活工作。一年来共收回闲置用地约56万平方米。对于有意向收回的用地，进行反复商谈，争取尽快达成处置意见；对于有自建意向的用地，发出书面通知，敦促业主作出建设计划，尽早开发建设；对近年来招拍挂出让的未开工用地，及时向用地单位发出“开工督办单”，督促项目单位尽快组织开工建设；对处置意见不明确及不配合的用地单位，拟请示市政府批准后强制收回。主动与央企、大型国企洽谈，积极推进填海工程前期准备工作。

【开展学习实践活动】组织学习党的十八届三中全会精神，统一思想，改革创新，增强队伍凝聚力。组织好“共筑中国梦”百姓宣讲系列活动，邀请汕头市委宣讲团莅区宣讲“中国梦”，进一步凝聚干部职工的工作干劲和创业热情。地税分局被汕头市文明委命名为“汕头市全民立德修身行动实践基地”。深入开展纪律学习教育月活动，组织观看反腐倡廉警示教育片，加强教育。持之以恒开展暗访和问责工作，以正为要，落实“三公”费用公开，筑牢拒腐防变思想防线。

张家港保税区
ZHANGJIAGANG FREE TRADE ZONE

【经济发展】张家港保税区于1992年经国务院批准设立，2008年转型升级为保税港区，并与金港镇实施一体化管理。辖区面积152平方公里，总人口35万。先后获评全国首批生态示范工业园区、全国最具投资潜力经济园区等称号。2013年，实现地区生产总值578.03亿元，同比增长4.4%；全社会固定资产投资196.8亿元，同比增长13%；公共财政预算收入33.68亿元，同比增长5.2%；商品销售总额4 703.26亿元，同比增长19.3%；进出口总额137.12亿美元，其中进口112.63亿美元，出口24.49亿美元。园区科学发展水平位居江苏省开发区前列。

【投资环境】2013年，总投资2亿元的崇真中学落成启用，滨江大厦主体结构封顶，进口商品集采分销中心运营大楼、科文中心启动施工，新城“四纵四横”道路框架全面拉开，滨江新城初具形态。香山主入口工程完成提升改造，香山湖完成湖体开挖，樱花园、梅花园、运动公园等重点项目开工建设，4A级景区顺利通过验收，香山开发逐步深入。疏港高速、张皋路启动建设，投资10亿元的东新路、晨丰路等一批道路建设加快推进，工农大桥、黄泗浦桥改造工程有序建设，基础设施进一步优化。

【招商引资】2013年实现注册外资6.14亿美元，到账外资2.76亿美元；完成注册外地资本42.24亿元，同比增长20.7%，外地资本投入45.2亿元，同比增长46.9%。新批外资企业30家，累计520家，总投资111.07亿美元。总投资360亿元的页岩气新材料综合研发利用基地、总投资80亿元的康得新二期、总投资9 000万欧元的克里斯托夫装备等15个重点项目成功签约，日触化工、PPG涂料、道康宁贸易等10家企业实现增资扩股。

【工业】2013年始终突出转型升级的发展导向，以规模企业为龙头的临港制造业逆势飘红。工业开票销售收入和工业投资分别达到1 272.12亿元和121.64亿元，同比分别增长3.8%和11.2%。霍尼韦尔一体化生产基地、康得新一期等24个超5亿元项目开竣工。销售超亿元企业达到140家，其中超10亿元企业达到31家；新增税收超5 000万企业3家，累计23家。新认定总部企业3家，累计5家。5家企业正式启动“新三板”挂牌准备工作。

【贸易业】2013年完成服务业增加值266.34亿元，同比增长8.1%，占生产总值比重为46.08%；服务业投入53.30亿元，同比增长17.6%。完成进出区货运总量1 056万吨，货值160亿美元，海关征收税款72亿元，继续在全国同类园区中保持领先地位。2家企业入围中国进口百强，7家企业入围中国服务业500强。汽车口岸、进口消费品、化工、纺织、粮油、木材等六大专业市场实现交易额1 228亿元、税收7.4亿元，同比分别增长55%和35%。汽车整车进口口岸、江苏化工品交易中心、进口商品集采分销中心被列入国家苏南现代化规划。汽车口岸在全国新批口岸中首家通过验收并投入运营。进口消费品市场带动张家港口岸成为江苏省红酒进口货值最大口岸，并获批为省进口食品监管样板区，销售超亿元企业达21家。江苏化工品交易中心被认定为省级现代服务业集聚区，新石化交易大厦落成启用。保税抵押、汽车转关政策等实现有效拓展。

【新兴产业】2013年完成新兴产业产值581.68亿元，占工业总产值的40.76%；新兴产业投入71.82亿元，占工业投入的59.04%。新增技术改造项目89个，完成技术改造投入40亿元。新增省高新技术企业11家，累计58家。销售超亿元新兴科技型企业达17家。多维磁传感产业园一期主体竣工，启能新材料二期主体结构封顶。引进国家“千人计划”5名，获评省“双创”人才3名，入围省级以上科技项目19个，组建“千人计划”专家工作站5家。国家级化工设备检验检测中心获批筹建，获评“国家知识产权试点园区”、江苏省创新型开发区和全国首家以区镇为单位的省级海智基地。

【社会民生】2013年，计划总投资38.93亿元的五大类民生实事工程达到目标要求。新开工安置房105万平方米，竣工107万平方米，创历史新高。南沙幼儿园、公共卫生服务中心等教育卫生设施落成启用，总投资2.5亿元的五节桥闸改建等五大水利排涝工程有序实施，新增污水管网59公里。新增绿化面积超过66.67万平方米，绿化覆盖率达41.5%。长江村被列入苏州美丽镇村示范点。完成住房公积金扩面6 783人，开发及提供各类就业岗位超过2万个。农民人均纯收入和村均可用财力继续保持两位数增长，分别达到2.6万元和1 000万元。

【管理服务】从管委会和局室两个层面修订区镇工作规范和议事规则，切实提升决策的科学化水平；新设国资（金融）办，出台“腾笼换凤”、国有企业管理、政府采购、职级晋升等意见，修订完善绩效考核和督查管理等办法，使区镇五大类考核指标体系更科学、更具操作性。以完善强化挂钩包干制、首问负责制、限时办结制等制度为依托，扎实开展“转作风、亮实招、惠民生”和“走千家、访万户、解百忧”等活动，累计建立各类联系点212个，收集各类意见建议1 300余条，受理群众反映的问题600多个，问题解决率超过90%。

【发展态势】2014年，张家港保税区将紧紧围绕“做强港口服务业、做优临港制造业、做美商贸宜居城”工作主线，全力抓好以页岩气项目为龙头的沿江新能源基地、以光学膜产业集群为龙头的华东新材料基地、以进口汽车物流园为龙头的临港市场集群、以滨江新城为龙头的产城融合样板、以香山开发为龙头的生态文明示范区5件大事，全面提升现代化建设成效，确保全年完成地区生产总值、工业开票销售收入、公共财政预算收入、新兴产业投资、服务业投资、到账外资等各项指标，外贸进出口实现正增长。

【机构设置与管委会领导】张家港保税区管委会下设党政办公室、组织人事局、发展改革局、招商局、科技人才局、物流贸易局、财政局、规划建设局、安全环保局、国土资源局、企业服务管理局、社会事业局、农村工作局、政法和社会管理办公室、行政服务中心。

【招商部门】招商局，联系人：张卫星，联系电话：0512－58320857；物贸局，联系人：彭烨，联系电话：0512－58322553。

出口加工区

天津出口加工区
TIANJIN EXPORT PROCESSING ZONE

【概况】 天津出口加工区是2000年4月27日由国务院批准设立的首批15个出口加工区之一，规划面积2.54平方公里。天津出口加工区开发面积1平方公里，位于天津经济技术开发区东北部，2001年6月29日通过海关总署等国家相关部委的联合验收，封关运作。

【经济发展】 2013年，天津出口加工区进区货物数量为2 618万吨，金额为8.33亿美元。其中，国内货物入区数量为10.7万吨，金额为6. 41亿美元；出区数量为26.04万吨，金额为8.96亿美元。

【投资环境】 天津出口加工区位于天津经济技术开发区内。2012年天津经济技术开发区作为首批国家生态工业园区通过环保部、商务部、科技部3年复核评估，并连续15年在商务部组织的国家级开发区综合发展水平评价中名列第一。天津出口加工区地理位置优越，距离天津港5公里，距离天津滨海国际机场38公里，距天津市区40公里，距离北京市145公里，距离首都机场150公里。依托于天津滨海新区及天津经济技术开发区，园区基础设施完备，人力资源丰厚，政务环境公开，生活环境配套便捷。2013年，天津出口加工区管委会投资700万元对海关办公楼、卡口、查验库等进行大规模维修。

天津出口加工区管理局建立了职能部门联席会议制度和企业定期走访制度，与海关、检验检疫、税务等职能部门召开联席会议，共同解决区域运营过程中企业反映的问题；协同海关、商检等职能部门深入企业一线，提供现场服务，帮助企业解决生产经营等方面存在的问题，努力为企业创造高效率、低成本的外部运行环境。

【招商引资】 天津出口加工区秉承“三资并重”的工作理念，坚持全员招商，强化精准招商，争取精品项目，提升招商引资的效率、质量和水平。自封关至今，共批准项目28个，其中包括出口加工区拓展功能后注册的物流项目7个。行业涉及家具、服装、新材料、包装、物流等。截至2013年12月，全区共吸引投资总额20 105万美元，其中外商投资总额17 423万美元；就业人数为5 116人。

【展会】 2013年10月11～14日在天津出口加工区成功举办首届“中国天津国际钟表珠宝交易会”。此次交易会是天津出口加工区结构调整的初步尝试，是天津传统贸易结构和贸易便利化的大胆创新，是发展新型经济贸易形势的科学探索，是滨海新区政策“先试先行”的认真实践，是天津出口加工区进口商品保税展示中心的开篇之作。参与本次展会的工作人员计270余人，展商人数有80余人，展会期间观众多达3 500余人。本次交易会共达成交易意向26项，签订总代理进口交易额为1 700万欧元。

2013年12月28日～2014年1月28日在天津出口加工区内保税展示中心成功举办

为期32天的“中国（天津）国际名品迎春交易会”，是天津出口加工区保税展示中心召开的第二个交易会，此次交易会的特点是时间长、品类多，订货旺、受众面大。展会总面积4 000平方米，共规划标准展位120个，主要商品类别为服装、饰品、鞋帽、皮具、纺织品等，其次为钟表、食品、文具等。本次交易会参展商品涵盖了大部分欧洲知名品牌，共有5 000余件商品参展。交易会现场交易额为398.91万元，私人定制的成交额为240万元，批发意向的为6 000万元，采购意向协议金额为1.3亿元。

【发展趋势】 天津出口加工区经过10多年的发展建设，已经日趋完善、成熟。凭借京津冀一体化的机遇，坚持将大项目、好项目作为实现天津出口加工区经济可持续发展的重要抓手，实施重大项目带动战略；切实转变招商思路，拓展招商渠道；强化企业服务，夯实区域发展后劲。天津出口加工区紧密结合天津经济技术开发区的九大产业规划，着力引入带动力强、影响力大的大项目和好项目。密切关注世界500强企业的战略布局调整和投资动向，千方百计获取项目信息，抢抓投资机遇，争取落户一个项目，带动一条产业链，形成一个产业“生态圈”。最终将天津出口加工区打造成为高端制造业中心、国际物流中心和进口商品展示、交易中心。

【机构设置与管委会领导】 天津出口加工区管理机构为天津出口加工区管理局，与天津经济技术开发区管委会合署办公。天津出口加工区管理局下设管理局办公室，与天津开发区管委会贸易发展局合署办公，行使出口加工区管理职能，从事日常管理、协调工作，天津开发区各职能部门对天津出口加工区延伸服务。

管委会领导：天津经济技术开发区管委会主任许红星，兼任天津出口加工区管理局主任；天津经济技术开发区贸易发展局局长沙镝，兼任天津出口加工区管理局办公室主任。

【招商部门】 天津出口加工区管理局办公室与天津经济技术开发区管委会投资促进局建立合作机制，共同承担招商职责。天津出口加工区管委会办公室招商电话：022－25201436，传真：022－25201021。天津开发区投资促进局招商电话：022－25202690，传真：022－25201267，网址：www.teda.gov.cn/website/html/tjckjgq/portal/index/index.htm。

河北秦皇岛出口加工区
HEBEI QINHUANGDAO EXPORT PROCESSING ZONE

【概况】 秦皇岛出口加工区于2002年6月21日经国务院批准设立，位于秦皇岛市东部沿海，总规划面积2.5平方公里，其中一期封关面积0.67平方公里。2003年9月15日通过海关总署等国家八部委联合验收，正式封关运行。

【经济发展】 保税物流业务有极大的提升。尤其是海源保税物流公司在2013年承接了修造船零部件出口保税业务，其进出口额在2013年前9个月已达1 036万美元，同比增长947%。截至2013年年底，区内共有入区企业17家，其中生产性企业12家。据海关统计数据，2013年共审核进出口报关单3 804票；监管货运量4.9万吨，货值1.61亿美元。在出口加工区辅助管理平台上共签发核放单22份，作业单分送集报166票，料件外发加工150票，办理卡口登记货物188票，进出卡口报关业务973票。

【投资环境】 秦皇岛出口加工区南临渤海，北依燕山，东接辽宁，西近京津，距北京298公里，距沈阳约400公里，距山海关船厂码头及山海关港2公里，距京沈高速公路2公里，距102国道1公里，距年吞吐能力1.6亿吨的秦皇岛港10公里；西侧紧临京沈高速公路山海关连接线，北靠京沈铁路山海关编组站。园区位于中国最具发展潜力的环渤海中心地带，是东北与华北两大经济区的结合部和重要出海口，选址区域海、路、空立体交通优势明显。

秦皇岛空气清新，气候温和，冬暖夏凉，城市绿化覆盖率达38.5%，素有“京津后花园”之美誉，海洋、沙滩、阳光、空气和绿色完美组合，是最适宜人类居住的城市之一。出口加工区内完成水、电、路、暖、讯等配套设施的“九通一平”，具备摆放项目的条件。

【招商引资】 秦皇岛出口加工区以“推动龙头项目入区，构筑招商引资平台，创新加工贸易模式，促进物流产业蓬勃发展”为工作思路，发挥特殊监管区政策优势，大力发展保税物流业，全力打造物流业的产业平台，加大加工贸易企业的招商引资力度，完善投资环境，提高运行效率，全力招商，以更好地服务企业，提升区域竞争力和影响力，发挥区域的辐射带动作用。

【发展趋势】 要实现可持续发展，就要有新的经济增长极。秦皇岛出口加工区将进一步加大加工贸易企业、保税物流企业的招商引资力度，拓展保税物流功能，打造物流产业平台，建设保税物流产业基地，努力建设冷藏、冷冻食品物流基地及服装出口物流基地、临港物流集散地等。积极探索冷链物流业务，秦皇岛出口加工区设计了两座建筑面积为2 133.7平方米的冷库，每座冷库设计有4个500吨冷藏能力的库室，总冷藏能力达到4 000吨。目前主体工程已经完工，正在进行冷库设备的采购和安装调试工作，2014年将完成全部工程并交付使用。其主要开展针对北美、北欧、澳洲的冷冻海产品、副食品及东盟国家的冷藏水果、蔬菜等业务。依靠冷库这一基础设施，秦皇岛出口加工区将建设成为进口冷冻、冷藏食品的仓储、转运基地。

【机构设置与管委会领导】 秦皇岛出口加工区管委会与秦皇岛经济技术开发区管委会实行“两块牌子、一套人马”。出口加工区管委会下设3个部门：经济管理部，主要负责项目审批、企业管理与服务等方面工作；建设规划部，主要负责项目建设、规划、用地审批等方面工作；综合管理部，主要负责综合协调、后勤保障与服务工作。

管委会领导：秦皇岛出口加工区管委会主任胡英杰，常务副主任邵宏根，副主任季节。

【招商部门】 秦皇岛出口加工区管委会与秦皇岛开发区招商局建立协调机制，出口加工区的项目引进，由开发区招商局统一负责。其不定期组织招商协调会，进一步整合资源，形成合力。联 系 人：李琨，联系电话：0335－5180018，传真：0335－5180011。

辽宁大连出口加工区 B 区
LIAONING DALIAN EXPORT PROCESSING ZONE B

【概况】辽宁大连出口加工区 B 区，是经国务院批准成立的出口加工区，占地面积 1.45 平方公里，一期占地 60 万平方米。2007 年 6 月 28 日，出口加工区 B 区完成了一期围网、巡逻路、主卡口、海关和检验检疫综合楼、查验场地、查验库房等设施的建设，并通过海关总署等部委的正式验收封关运作。

辽宁大连出口加工区 B 区拥有独有的发展特色，是大连承接高端半导体生产制造这一战略新兴产业的核心区。目前，出口加工区内只有英特尔（大连）一家生产企业，也是英特尔在亚洲设立的第一家芯片制造企业。

【投资环境】辽宁大连出口加工区 B 区位于大连金州新区。大连是三面环海的港口城市，具有海洋性气候特点，温和湿润，四季分明；具有得天独厚的区位口岸优势，优良的港口条件，雄厚的临港工业基础，全方位的对外开放和完善的现代服务功能。大连地区人才素质高，劳动力资源丰富；政策优惠、政府高效，为了方便投资者，不断改善投资环境、简化审批手续。大连金州新区生活设施齐备，外商居住区、中高档楼盘，购物中心、酒店餐饮、医院、国际学校一应俱全，使外商在这里可以高品质地生活和工作。

【英特尔半导体芯片项目】2006 年，美国英特尔公司在大连出口加工区 B 区设立英特尔半导体（大连）有限公司。2007 年 5 月英特尔半导体芯片项目开工建设，一期投资 25 亿美元，占地面积 60 万平方米，建筑面积 16 万平方米。其主导产品是生产 12 英寸 65 纳米芯片组。2010 年年底，该项目建成并投产。现有员工 2 000 人。

该项目的落地和正式投产标志着大连金州新区成为英特尔公司亚洲最大的芯片生产基地，奠定了大连在中国集成电路产业“一轴一带”布局中的重要地位。一大批世界级产业链上相关或非相关企业逐步向这里聚集。

【发展趋势】在大连市政府领导下，金州新区正在以位于大连出口加工区 B 区的英特尔芯片项目为龙头，全力打造半导体产业千亿集群。规划了高端芯片制造基地，占地 3 平方公里，承接半导体制造、封装测试类企业；规划了半导体服务基地，占地 2 平方公里，承接半导体设计、研发、软件外包及生产相关服务业类项目；规划了 IT 产业基地，占地 5 平方公里，主要承载 LED、OLED、TFT 配套等产业类项目。以“三个基地”为核心的产业平台逐步形成。

英特尔芯片项目的入驻促进了加工区内外的产业结构优化和半导体产业集群的形成。德国林德旗下的联华气体、美国空气产品、美国摩西湖化学制品有限公司等气体供应商已在大连投资设厂；美国联邦快递、敦豪快递，日本近铁和德国辛克等世界级物流服务商承担了项目的物流配送业务。一批英特尔芯片及半导体产业相关的服务性公司正纷至沓来，呈现出良好的发展态势。

【机构设置与管委会领导】2010 年，大连经济技术开发区与大连金州区合并成立大连金州新区，大连金州新区管委会经贸局下设出口加工区管理局，专门负责出口加工区 B 区事务的综合协调和日常管理工作。

管委会领导：主任徐长元，出口加工区 B 区分管主任李莉；出口加工区管理局局长马秀莲。

【招商部门】出口加工区管理局。联系电话：0411－87630195，传真：0411－87614959。

上海松江出口加工区
SHANGHAI SONGJIANG EXPORT PROCESSING ZONE

【概况】 上海松江出口加工区由A区和B区组成，总规划面积5.96平方公里。上海松江出口加工区A区于2000年4月27日经国务院批准设立，为全国首批出口加工区之一，规划面积2.98平方公里，于2001年年初封关运作，已全部开发完毕；B区于2003年3月14日经国务院批准设立，规划面积2.98平方公里，分两期开发，2003年11月一期1.33平方公里封关运作。

松江出口加工区的总体目标，是成为全球重要的IT产业生产基地和一流的现代化工业园区，实现内外销兼顾、保税物流功能完善、国内外贸易功能齐全、从研发到售后“一条龙”的综合性区域，为海内外投资者创造一个大展宏图、投资兴业的家园。

【经济发展】 据统计，2013年全年，松江出口加工区共完成工业产值1 584亿元；完成进出口总额367亿美元，其中进口82亿美元，出口285亿美元；完成利润总额9亿元；完成增加值79亿元；完成税收总额17亿元，其中海关及代征税12亿元，工商税收5亿元。自封关运行至2013年年底，园区已累计实现进出口总额3 585亿美元。

【投资环境】 上海松江出口加工区地理位置优越，距上海虹桥国际机场20公里；距上海浦东国际机场42公里；周边有沪昆高速公路、沈海高速公路、申嘉湖高速公路、嘉金高速公路等高等级的公路，构成便捷的公路交通网络。上海市区外环线距松江出口加工区仅18公里。

作为千年文化古城的松江，历来重视发展教育，注重人才素质的培养。目前已拥有一座包括7所大学的现代化大学城（其中包括上海外国语大学、上海对外贸易学院、上海立信会计大学、东华大学、华东政法大学、上海工程技术大学、上海视觉艺术学院），2所大专院校，31所中学，7职业学校，28所技术学校，1所电大。人力资源相当充沛，可以为区内企业提供不同专业、不同层次的专门人才，同时还可以为区内企业提供各种人员培训服务。

作为全国最早的出口加工区之一，上海松江出口加工区已经运作多年，基础设施配套完善，管理机构运作娴熟，各类服务措施齐全，是中外客商的投资宝地。松江出口加工区实行全封闭管理，区内海关、商检、税务、工商、银行、外贸、运输、报关等一应俱全，落户企业在区内可办理完一切进出口手续。目前区内货物进出口的通关物流时间只需4小时，达到先进国家水平。

【招商引资】 2013年，产业转移大潮给加工区的招商引资工作带来了很多困难。同时，相对西部开发由政府在税收、土地、资源、人才等方面给予大量优惠政策，松江出口加工区的政策优势弱化。全年园区外资总额790万美元。截至2013年年底，区内落户企业达110家，外商投资总额24.58亿美元，园区从业人员近9万人，带动解决周边就业岗位约2万个。

【工业】2013年，欧债危机余波持续影响着松江出口加工区的整体走势，而加工区企业在内销方面的新进展也由于产线西迁遭遇发展瓶颈。经过2012年、2013年的调整，松江出口加工区内的出口型加工贸易企业面对国内外经济大环境的变迁主动转型，避免被淘汰的命运。尽管在成本、环境压力下，园区内部分产线已向中西部转移，但一些具有高技术含量、高附加值的产品也在逐渐被引入加工区。以广达集团为例，在成本、环境压力下，企业在松江出口加工区内部分产线已向中西部转移，笔记本电脑的产量也从高峰的年产5 000万台锐减至半数；但与此同时，一些具有高技术含量、高附加值的产品也在逐渐被引入加工区，并且在经过一段长时间的调整之后，目前高端笔记本电脑和服务器占其营业收入比重已大大提高，降低了企业对中低端笔记本市场的依赖。从2013的企业经济数据来看，新迁入区内的产线生产的产品价值明显高于原来的产线。以占区内出口份额75%以上的达功电脑为例，2013年全年其产品单价比上年同期产品单价上升了33%，全年产值也顶住了各种不利因素，相比上年增长2%。

此外，海关总署《加贸司关于开展海关特殊监管区域内企业内销产品返区维修试点工作的通知》出台，明确指出为贯彻落实党的十八大报告精神，按照《国务院关于促进海关特殊监管区域科学发展的指导意见》和《海关总署关于印发海关促进外贸稳定增长若干措施的通知》要求，支持发展服务贸易，促进外贸稳定增长，决定在海关特殊监管区域内开展企业内销产品返区维修试点。松江出口加工区内达利（上海）电脑有限公司位于全国12家试点企业之列，企业在获得内销维修资格后，已逐渐将原本迁出的维修业务再次转移进加工区内。

【物流】截至2013年12月，松江出口加工区内共有第三方物流企业25家，仓储面积达19.7万平方米，2013年全年完成营业收入3.7亿元；出入库金额达280亿美元。目前加工区保税物流业务除传统物流仓储业务之外，已衍生出简单装配、分拣、分拨配送等业务，并逐步尝试进口奢侈品、食品及生活用品等全新业务，发展空间巨大。

【发展趋势】上海松江出口加工区已经经历了13年的发展，电子信息技术产业链已经日趋完善。然而，出口加工区初创时以制造、外资、出口为主的发展模式及相关政策在当前国际市场低迷，国内产业转移大潮的背景下显得难以适应。要使出口加工区全面发展、协调发展、可持续发展，迫切需要由现行相对单一的外销模式转变为内外销兼顾、保税物流功能完善、国内外贸易功能齐全、从研发到售后“一条龙”的综合性模式。

国发（2012）第58号文《国务院关于促进海关特殊监管区域科学发展的指导意见》出台，明确提出要深入贯彻落实科学发展观，整合特殊监管区域类型，完善政策和功能，强化监管和服务，促进特殊监管区域科学发展，更好地服务于改革开放和经济发展。这正是加工区转型升级的最佳契机，根据松江出口加工区发展现状，A区加工贸易企业众多，产业链成熟，宜推进物流与生产相结合的业务形式，物流以为生产型企业配套为主；B区发展空间广阔，潜力巨大，宜推动物流与贸易相结合的业务模式，实现园区业务从区内向区外的全面辐射。新的一年里，松江出口加工区将以继续鼓励发展电子信息等产业、继续鼓励发展保税物流仓储等业务、支持各类贸易公司开展进出口商品国内分销业务、连接国内外市场的进出口商品交易、完成从自主设计研发到售后维修的产业“一条龙”为发展目标，积极争取向综合保税区模式转型升级。

【机构设置与管委会领导】松江出口加工区管委会下设7个部门：出口加工区管理部、党务行政部、规划建设部、企业服务部、财务资产部、物业公司、经济发展部。

【招商部门】管委会下属经济发展部负责出口加工区的招商引资工作。联系人：经济发展部部长夏超群，联系电话：13918906969。

上海金桥出口加工区（南区）
SHANGHAI JINQIAO EXPORT PROCESSING ZONE (SOUTH AREA)

【经济发展】2013年，上海金桥出口加工区（南区）完成工业总产值24.26亿元；产品销售收入23.65亿元；年度进出口总额5.37亿美元，其中出口额2.89亿美元，进口额2.48亿美元。园区历年累计进出口总额为353 405万美元。

截至2013年12月，已有36家企业获准注册南区，其中26家为外商独资企业，6家为中外合资合作企业，4家为中资企业，吸收投资总额16.82亿美元，合同外资6.01亿美元。

作为上海半导体装备基地，以中微半导体为主的具有自主知识产权的半导体装备企业群体在区内得以蓬勃发展，科技研发已成为区域经济发展的一个新亮点，进一步凸显了金桥出口加工区（南区）研发产业的优势和特色。

【投资环境】上海金桥出口加工区（南区）于2001年9月4日经国务院批准设立，2002年6月正式封关运行，享受国家级出口加工区的各项优惠政策，规划面积2.8平方公里，其中一期封关面积为1.55平方公里。作为浦东新区唯一的国家级出口加工区，金桥出口加工区（南区）距洋山深水港50公里，距外高桥港区19公里，距浦东国际机场10公里，距虹桥国际机场30公里，距上海城市外环线3.5公里。周边有城市快速干道外环线、浦东新区主干道龙东大道，连接市区与浦东国际机场的地铁2号线，具有出口加工区得天独厚的区位优势。

至2009年年底，园区内建成总长度为3 840米的“一纵三横”的主干道路及雨污水管道，建成巡关环道5 342米，建成通用厂房22.8万平方米，建成数据通信光缆网络，区内河道两岸建成宽度为20米、长度约为1 000米的绿化带，区域北部宽度为200米的生态林带已具规模。根据园区发展规划和企业需求，做好园区基础设施建设。不断完善新查验场、保税仓库的管理，完成主卡口盖顶、地磅的维护工作，完成区内监控系统的升级工作，提升园区综合服务水平，为园区保税物流业务的增长打下了坚实的基础。

【招商引资】2013年，金桥出口加工区（南区）新增注册企业4家，其中外资企业2家，中资企业2家，涵盖电子信息、物流等行业，共计吸引投资额6 547.2万美元。

【工业】金桥出口加工区（南区）2013年工业生产逐渐复苏，并实现稳步增长。2013年完成工业总产值24.26亿元，同比增长11.7%；出口交货值16.57亿元，同比增长4.3%。区内产值贡献较大的两家企业：中微半导体设备（上海）有限公司充分凸显园区半导体装备研发特色，挖掘企业自身潜力，大力开展高新技术创新，完成工业总产值3.8亿元，同比增长20.9%；英联川宁饮料（上海）有限公司，生产工艺先进，原料筛选严格，成功抢占国际市场，实现工业总产值3.64亿元。同时，有部分企业经济复苏脚步趋缓，罗克韦尔自动化制造（上海）有限公司由于市场低迷，采取收缩库存战略，完成工业总产值4.41亿元，同比下降10.6%。

【保税物流功能拓展】出口加工区功能拓展为出口加工区的发展提供了强劲的发展动力，并为推动区域经济发展提供了良好的政策支持。园区管委会积极配合海关、检验检疫局开展了包括进一步简化电子账册备案审批手续、进一步简化通关货物查验手续等工作，实现海关和检验检疫联动，提高办事效率；同时，积极利用“特殊监管区域货物调拨信息化系统”平台，开展“分批进出区、集中报关”的通关模式。

保税物流功能的拓展，使得企业就近开展集约化物流配送分拨业务模式得以实现，在时间及空间上能合理调配资源，有效地降低了企业的运营成本，缩短了生产周期，提高了交货时效，增强了产品的国际竞争力。功能拓展的优势在园区不断显现，第三方物流经济效益明显增长。2013年，园区保税物流业务量高速增长，办理即进即出业务3 243批，进出口量达到4.71亿美元，同比增长76.3%。

【研发】金桥出口加工区（南区）积极探索加工贸易转型升级，着力集聚技术密集型高附加值产业。目前金桥出口加工区（南区）以中微半导体设备（上海）有限公司、安集微电子（上海）有限公司为代表的研发型企业，拥有被公认为本行业的世界级专家和技术团队，以科技创新及知识产权为本，以填补国内技术空白为目标，取得了骄人的成果。研发型企业安集微电子（上海）有限公司历经考验，在金融危机中更是逆势而上，实现3年连续大幅增长，2013年完成工业总产值1.16亿元，同比增长了80.1%。随着出口加工区功能的拓展，金桥出口加工区（南区）将集研发、生产、检测、维修及保税物流功能于一体，成为拥有高科技水平和知识产权成果云集的出口加工区。

【发展趋势】金桥出口加工区（南区）将紧紧抓住保税物流功能拓展这一发展机会，利用园区特有的区位优势，一是依托金桥开发区、张江高科技园区、陆家嘴金融贸易区的强劲经济动能实现产业联动，做大做强先进制造业和生产性服务业；二是以上海自由贸易区为契机，充分利用其溢出效应，主动切入产业上下延伸的需求，发展保税物流等现代服务业，使园区成为政策、效率、成本的最优化区域；三是充分发挥金桥出口加工区（南区）作为上海市半导体装备产业基地的优势，聚集半导体装备研发技术、人才、资金，强化政策配套，使之成为我国最具特色的半导体装备研发、生产、检测中心。

【机构设置与管委会领导】上海金桥出口加工区管理委员会与上海金桥出口加工区（南区）管理委员会合署办公，实行“一套班子、两块牌子”的管理模式。上海金桥出口加工区（南区）海关监管区综合办公室为管委会的直属单位，负责金桥出口加工区（南区）的日常管理工作。

管委会领导：上海金桥出口加工区管理委员会主任朱嘉骏，常务副主任黄国平，分管副主任李幼林。

【招商部门】金桥出口加工区（南区）海关监管区综合办公室。联系人：张磊（主任），联系电话：021－58584689，传真：021－58584682。

上海漕河泾出口加工区
SHANGHAI CAOHEJING EXPORT PROCESSING ZONE

【概况】上海漕河泾出口加工区于2003年经国务院批准设立，是国务院批准的第三批出口加工区之一，规划面积2.9平方公里，一期开发0.9平方公里。2003年11月，漕河泾出口加工区成功通过国务院八部委验收，并于次年3月1日正式封关运作。

【经济发展】2013年，漕河泾出口加工区进出口总额为115.24亿美元。其中，进口总额为19.54亿美元，出口总额为95.70亿美元。其进出口数据在全国出口加工区中位列前三。园区共创造2.2万就业岗位。

经过多年的发展，至2013年时，全年漕河泾出口加工区工业产值已提升至624.37亿元，园区每平方公里实现工业总产值639亿元。全年漕河泾出口加工区税收总额为7.1亿元，是漕河泾出口加工区成立第一年税收总额的7倍。设立至今，漕河泾出口加工区累计进出口总额已达到1 151.80亿美元。经济发展水平位列全国出口加工区前列。

【投资环境】漕河泾出口加工区地处上海市闵行区浦江镇，紧邻徐浦大桥（外环线）和卢浦大桥，距离上海市中心——人民广场16公里，距离上海浦东国际机场38公里，距离虹桥机场21公里，距离洋山深水港车程约48公里，与轨道交通8号线浦江镇站毗邻，地理位置优越，是距离上海市中心最近的保税监管区域。

如今，经过多年投入，上海漕河泾出口加工区基础设施配套齐全，管理机构运作成熟，各类服务措施到位，受到各行业投资商的青睐。加工区内已经建成标准厂房11万平方米，区内道路、供电、供水、排水、排污、供暖、照明、网络通信等基础设施已经完善，海关商检、金融服务、政策咨询、注册服务、报关服务等软环境一应俱全。

此外，由于加工区的对外辐射经济带动了周边地域经济的又一次快速发展，目前，与加工区毗邻的地块已建成多块高档住宅，大型的商业设施也纷纷落户周边，这些生活辅助设施使得出口加工区的投资环境有了本质的提高，也为加工区进一步招商引资打下了坚实的基础。上海漕河泾出口加工区力争成为上海乃至中国的产业园区及生产基地，为海外投资者创造一个大展宏图的平台。

【招商引资】作为第三批通过国家验收的出口加工区，通过当地政府的大力协作及企业自身的不懈努力，截至2013年年底，上海漕河泾出口加工区共引进各类高科技企业23家。其中，外资企业16家，主要来自我国港台地区、欧美、日本等地。园区共计吸引投资总额6.9亿美元，合同外资达2.52亿美元，实际利用外资2.51亿美元。单位面积土地投资强度已达到每平方公里7.6亿美元。引进的18家企业中有17家生产型企业，主要集中在电子信息制造业、医疗器械制造业领域，目前均已投产运作，且均为年销售收入超过500万元的规模以上企业，其中有3家企业年产值逾百亿。区内3家“英氏企业”——英顺达、英业达及英华达连续多年进入上海出口企业200强名录。

上海青浦出口加工区
SHANGHAI QINGPU EXPORT PROCESSING ZONE

【经济发展】2013年，青浦出口加工区主要经济指标稳步增长，各项重点工作有序推进，全面实现年度目标。100家规模以上企业全年完成工业产值207.95亿元，同比增长8.91%，位列全区第二名，增幅居全区第一。其中，41家亿元产值重点企业完成184.75亿元，占全部产值的88.85%，同比上升1.85个百分点，重点企业贡献进一步扩大。全年完成全口径税收9.480 4亿元，同比增长8.87%；完成区级地方收入2.206亿元，同比增长5.9%。完成固定资产投资12.75亿元，同比增长16.97%，完成年度目标的106.25%。其中，工业固定资产投资11.92亿元，同比增长19.2%，完成年度目标的108.36%。全年计16个项目开工，16个项目竣工；3条中修道路和3条新建道路完成施工，另有9条道路分别完成设计、立项、招投标等工作。全年完成动迁186户，完成全年确保目标任务127户的146%。新城一站安置基地已完成桩基工程，正在进行基础施工。规模以上企业万元产值能耗下降6.6%，超额完成区下达的3%的指标。

【投资环境】青浦出口加工区位于上海、江苏、浙江三省市交汇处，位于长江三角洲经济圈的中心点；距上海市中心人民广场仅35公里，是上海唯一与江苏、浙江同时接壤的行政区；距虹桥交通枢纽仅8公里。

【招商引资】2013年园区完成合同外资8 209万美元，到位资金5 002万美元；完成内资项目注册资金3.11亿元；引大引强引实11户；引进总部型企业2户。

【产业】一是产业集聚初具规模：

民用航空·青浦园全年实现工业产值20.03亿元，税收1 886万元。新引入法荷航、啸翔、天致3家企业，累计引进包括普惠、东航等龙头企业6家。

尚之坊·时尚文化创意园全年实现销售收入5.91亿元，税收2 112万元。新引进米格、尚层、昱购等6家企业，累计引进20家。

移动智地·上海移动互联网产业基地全年实现销售收入22.97亿元，税收1 013万元。

二是转型发展初显成效：

企业转型方面，希悦尔包装已成立亚太区管理型总部；长悦涂料和毓恬冠佳已分别申报区、市研发中心，加工区内已经认定研发中心累计7家。

盘活闲置厂房方面，盘活闲置厂房26 840平方米，完成全年目标1.2万平方米的223.67%。

盘活闲置土地方面，开工项目4个，盘活闲置土地约4.81万平方米。

【机构设置与管委会领导】管委会下设四部一室，即招商部、规建部、企业服务部、计财部、党政办公室。另成立两家直属公司：上海青佳经济发展有限公司、上海群腾企业服务有限公司。

管委会领导：党总支副书记、执行董事、总经理徐农，监事会主席蒋晓红，党总支书记陆祖芳，副总经理曹林云、董立平，党总支委员曹林云、董立平、晏龙。

【招商部门】 联系人：吴晶峰（部长），联系电话：021－59702008。

上海闵行出口加工区
SHANGHAI MINHANG EXPORT PROCESSING ZONE

【概况】上海闵行出口加工区于2003年3月10日经国务院批准设立，坐落于上海市工业综合开发区境内，总规划面积3平方公里，一期启动1.9平方公里，并于2003年11月23日经国务院八部委验收合格，已正式封关运行。作为上海西南部地区唯一的加工区，闵行出口加工区所在位置交通四通八达，左临洋山，右是上海连接外省市主要的水路、陆路、铁路出口通道。其功能多样化，拥有出口加工制造、保税仓储、国际物流分拨配送、售后服务、设计研发、维修、检测等众多功能。

【经济发展】2013年，闵行出口加工区共实现进出口总额（含深加工结转和内销）32.39亿美元，同比下降0.15%。其中，进口额为15亿美元，同比下降0.27%；出口17.39亿美元，同比下降0.09%。实际进出口额为15.51亿美元，同比下降19.51%。其中，进口4.81亿美元，同比下降15.17%；出口10.7亿美元，同比下降21.32%。实现工业总产值785 116万元，同比下降19.6%。实现工业产品销售额783 567万元，同比下降18.6%。实现税收总额26 118万元，同比增长17%。其中，海关税收及代征税为21 259万元，同比增长26%；税务部门税收为5 458万元，同比下降11%。从业人员6 518人，同比下降21.6%。物流企业进出口额为13.92亿美元，占全年总额的43%。

【招商引资】截至2013年12月，闵行出口加工区共有注册企业26家，投资总额5.22亿美元，注册资本2.81亿美元；实际运作企业19家，其中保税加工企业15家，保税物流企业4家。产业涉及电子信息、机械设备制造、汽车配件等。

【发展趋势】2013年，上海闵行出口加工区按照服务与管理并举的理念，坚持没有服务的管理，是没有人情的管理；没有管理的服务，是没有力度的服务。2014年，加工区根据年初所制定的工作计划，每季度对企业进行一次随访，动态跟踪企业运营情况。为了进一步加强与企业之间的了解与沟通，与企业分享数据、资料、通知等，拉近管理部门及其他部门与企业之间的距离，拓宽沟通交流渠道，对企业发生的困难及时介入给予帮助。以例会形式作为载体，加强企业与海关、检验检疫局日常沟通联络，形成良好的工作关系，积极协调开发区、企业、职能部门的关系。

江苏泰州出口加工区
JIANGSU TAIZHOU EXPORT PROCESSING ZONE

【概况】江苏泰州出口加工区于2010年4月28日经国务院批准设立，位于国家级泰州医药高新技术产业开发区内，规划面积1.76平方公里。出口加工区为海关监管的特殊封闭区域，实行货物“一次申报、一次审单、一次查验”的通关模式，为入驻企业提供更宽松的经营环境和更快捷的通关便利。泰州出口加工区的建成，是泰州开放型经济发展的一座重要里程碑，标志着泰州承接国际大企业、大项目的能力和全市的对外开放水平有了实质性的提高。

【经济发展】随着纬创、纬立等重大项目产能释放，中外运、中远物流等重点企业保税物流业务有效开展，出口加工区经济总量得到快速提升。2013年，出口加工区实现工业产值31.84亿元，同比增长172倍；实现工业销售29.75亿元，同比增长161倍；据海关统计，全年实现进出区业务23.78亿美元，同比增长579.43%，其中实际进出口5.07亿美元，同比增长629.58%；物流企业完成主营业务收入2 753万元，同比增长39.68%；区内从业人数达6 500人。

【投资环境】积极抓好产业载体建设，提高产业承载力是江苏泰州出口加工区抢抓机遇、率先发展的基本条件。2013年，泰州出口加工区载体建设实现了新的突破，建成并交付14.7万平方米的标准厂房、1.5万平方米保税仓库。完成了二期范围内的卡口、围网、监控、信息网络等特殊要求工程等工程建设，区内建设道路5.9公里，并配套完成了路灯、绿化、通水、通电、通气等工程。全区载体功能得到进一步增强，为下一阶段发展打下了坚实基础。

【招商引资】泰州出口加工区以打造集研发、制造、结算、物流、售后为一体的现代光电信息产业为目标。充分利用政策优势，积极引导各类企业入区发展。

目前区内已有龙头企业纬创资通（泰州）有限公司入驻，该项目由台湾纬创集团投资建设，总投资10亿美元、注册资本3亿美元，目前已投资4.68亿美元、注册资本1.6亿美元。目前已建成F1和F2两栋厂房，总建筑面积约18.7万平方米。F1厂房主要生产液晶屏及模组，F2厂房主要生产导光板、背光板、液晶显示模块和触控模块。2013年公司全年实现产值31.84亿元，企业用工人数已达5 300人。

区内另有一重大配套项目——纬立资讯配件（泰州）有限公司入驻，该公司由台湾巨腾集团投资建设，总投资4.08亿美元、注册资本1.36亿美元，其中一期总投资9 900万美元，注册资本4 980万美元。已建成14.7万平方米的厂房。该项目已于2013年9月正式试产，全年已实现开票销售6 202万元。主要从事电脑机壳及周边产品的制造及销售。

保税物流业务方面，园区共引进十多家不同规模的物流货代企业，其中泰州鑫远物流、泰州中外运物流、飞力达现代物流为区内注册企业。

泰州鑫远物流为泰州开发区鑫泰集团与中远物流共同出资成立，是泰州出口加工区监管仓库经营方，配合海关进行场站查验，提供称重、理货、装卸、仓储等服务。

泰州中外运物流有限公司是中国外运长江有限公司在泰州地区设立的全资子公司，是泰州口岸最大的物流船代、货代及航空货运企业之一，主要从事货物仓储、配送、联运、装卸搬运及仓库再包装等业务。

【园区建设】 泰州出口加工区不断提升园区建设管理水平。一是积极争取南京海关支持，在全省范围内，首批完成了出口加工区信息化平台向综合保税区信息化平台的切换，进一步规范区内加工贸易、保税物流业务运作流程，提升业务审批效率，也为泰州出口加工区与其他海关特殊监管区业务顺利对接提供了可能。确保纬创公司的货物在昆山综合保税区与泰州出口加工区之间流转手续更便捷。二是根据南京海关统一安排，完成了出口加工区监控视频接入南京海关监控指挥中心工程，实现了南京海关与泰州海关对区内业务运作的实时监管和联合查验。三是变更场站监管模式，采用物理围网，设立内外卡口，保证海关直通点功能更好实现。

【机构设置与管委会领导】 江苏泰州出口加工区管委会下设泰州出口加工区管理局，具体负责出口加工区的行政管理、园区建设、经济运行、招商引资和企业服务等工作。驻区海关、国检实行24小时通关、查验服务。同时，积极举办各种形式的座谈会和宣讲会，促进企业和海关、国检等部门之间的沟通交流，协调解决通关过程中的相关问题。江苏泰州出口加工区全力打造优质高效的服务体系，为企业提供优质、便捷、高效的“一站式”、“保姆式”服务，帮助企业解决建设运营过程中出现的各类问题。

【招商部门】 泰州出口加工区管理局下设招商服务科，负责出口加工区的招商引资工作。联系人：许才林、潘杰，招商热线：0523－80817303，传真：0523－80817305。

江苏连云港出口加工区
JIANGSU LIANYUNGANG EXPORT PROCESSING ZONE

【区域概况】 江苏连云港出口加工区于2003年3月10日经国务院批准设立，规划面积2.97平方公里。其中，0.51平方公里的一期于2003年7月15日通过国务院八部委联合验收并封关运作，1.98平方公里的二期于2009年12月22日通过南京海关验收并于2012年11月5日正式封关运作。连云港出口加工区按照国际标准建成了道路、供水、供电、燃气、排污等“九通一平”的市政基础设施，建有现代化标准厂房28栋、面积18万平方米；区内配有现代化的监管仓库、查验场地、报警系统、闭路电视监控系统和电子闸门放行系统。

【经济发展】 2013年，连云港出口加工区经济保持平稳运行态势，全年完成工业增加值1.83亿元，经营总收入9.98亿元，工业总产值8.56亿元，工业产品销售额9.37亿元；完成企业利润总额8 105万元，同比增长16.2%；完成税收总额2 889万元，同比增长13.7%；完成物流企业经营收入5 022万元，同比增长43.8%；完成保税物流量7.61亿美元，同比增长9.9%。区内从业人数3 200人。

【投资环境】 连云港出口加工区位于美丽的海滨城市连云港市的东部城区。连云港市地处中国沿海中部、陇海兰新铁路东端，南连长三角经济圈，北接山东半岛城市群，向东与日韩隔海相望，向西连通中西部地区，处在连接南北、沟通东西的重要位置。连云港出口加工区距连云港港10公里，距连云港民航机场30公里，距连云港东站1公里。连云港出口加工区紧邻高教科技产业园，有充足的大学生和技术人员供给。周边地区有丰富且成本低廉的劳动力资源。连云港出口加工区管委会按国际惯例为进区企业提供宽松和便利的经营环境。区内已通过ISO14000环境管理体系和ISO9001质量管理体系认证。区内设有“一站式”行政服务中心，海关、国检、税务、工商、银行、外贸、运输、报关等一应俱全，企业在区内即可办完全部进出口手续并享受快捷、优质的“一条龙”服务。

【工业】 连云港出口加工区有来自美国、韩国、日本、我国香港、加拿大等国家和地区的11家外资企业投资设厂，投资产业涉及新能源、医疗机械、电子、服装加工等多个领域。重点企业有：连云港艾业无纺布制品有限公司、连云港重山风力设备有限公司、连云港中奥铝业有限公司、连云港柏科医用制品有限公司、连云港伍江电器技术服务有限公司、江苏锦达保税仓储服务有限公司、连云港中外运储运有限公司等。

【招商引资】 截至2013年年底，连云港出口加工区内累计引进项目16个，其中外资项目11个，内资项目5个。批准投资总额1.9亿美元，投资额在1 000万美元以上项目5个。累计合同利用外资8 594万美元，实际利用外资7 701万美元，投产工业项目9个。

2013年出口加工区新入驻项目2个。

【发展趋势】2012年10月，国务院出台了《关于促进海关特殊监管区域科学发展的指导意见》，着手对过去20多年来设立的6类海关特殊监管区域进行整合。其中，出口加工区升级为综合保税区，也是实现海关特殊监管区域政策统一，推动出口加工区加工贸易转型升级的发展方向。目前，连云港市正积极开展综合保税区的申报工作，连云港出口加工区也按照市委、市政府“一区三园”的统一部署，主动配合口岸单位，全力做好综合保税区申报工作，努力实现与港口、口岸、徐圩新区等区域的资源共享，优势互补。下一步，连云港出口加工区将抢抓“一带一路”建设机遇，积极推进转变外贸增长方式和加工贸易的转型升级，按照“物流通畅、加工便捷、土地集约、定位清晰”的原则，积极探索以加工制造为主体，推进连云港出口加工区成为先进制造业与生产性服务业的集聚区。一是突出政策优势，壮大主导产业。按照“保税加工为主，保税物流为辅”的功能定位，重点引进与连云港市主导产业相配套的新型材料、绿色能源、精密机械、保税物流等方面的骨干龙头型项目进区发展，加大保税加工型项目的招引力度，加强与开发区“三新一高”企业的联系，促其将出口加工环节向出口加工区延伸。二是突出港口带动作用，发展大物流。充分利用连云港港口优势，通过区港联动，做好港口经济文章，吸引国内外知名贸易企业向出口加工区聚集，培育大物流、大市场，促进现代物流业迅速崛起。三是突出区域合作动力，放大辐射功能。加强与中西部地区深度合作，在产业合作等方面实现互利共赢。深度融入长三角，完善南北共建运行机制，努力在承接产业转移上实现新突破，快速提升园区建设发展水平。。

【机构设置与管委会领导】连云港出口加工区管理委员会与连云港经济技术开发区管理委员会合署办公，实行“两块牌子，一套班子”管理模式。连云港经济技术开发区党工委书记关永健同志兼任连云港出口加工区党工委书记，连云港经济技术开发区党工委副书记、管委会常务副主任商振江同志兼任连云港出口加工区管委会常务副主任，连云港经济技术开发区管委会副主任陈永良同志兼任连云港出口加工区管委会副主任并分管出口加工区工作。连云港出口加工区管理局为管委会的直属单位，负责连云港出口加工区的日常管理工作。

【招商部门】招商电话：0518－82348515，联系人：马京河，网址：www.ldz.gov.cn。

江苏镇江出口加工区

JIANGSU ZHENJIANG EXPORT PROCESSING ZONE

【概述】 江苏镇江出口加工区于2003年3月10日经国务院批准设立，规划面积为2.53平方公里。首期开发0.91平方公里，已封关运作。

镇江出口加工区位于素有“天下第一江山”美誉的中国江苏省镇江市的东部，位于国家级经济技术开发区——镇江新区内，既是长江三角洲重要的制造业基地，又是承接国际资本和产业转移的重要窗口。镇江市是中国经济发展最具活力的“长三角”地区16个重点城市之一，2013年入选国家苏南现代化示范核心区，接受上海经济圈及南京经济圈双重辐射。2009年被台湾电电公会评为“极力推荐”A级城市。2012年被《福布斯》杂志评为“中国最佳商业城市”之一。2013年被评为“全国十大宜居城市”和“十大中国民营经济最具活力城市”。镇江新区在商务部综合发展指标评价指数位居全国18位，在体制创新指标评价指数列全国首位，现有30余家世界500强和国际知名企业、近10家中央企业落户。镇江出口加工区实行的是“境内关外”的管理模式，实行全封闭的海关监管管理，区内企业不仅享有海关提供的简单、快捷的通关便利，还享有国家级经济技术开发区和出口加工区的各项优惠政策，享有专职部门为落户企业提供的一切便捷的配套服务，区内建有一流的基础设施和配套设施，区外建有各种生活商务配套，可以满足企业的生产生活需求。

镇江出口加工区重点发展新型能源、新型材料、电子信息、精密机械产业及保税物流等产业，已有先进光电、吉福装饰等项目入驻，现已成为新能源产业、电子信息产业重点抚育基地，具有独特的比较优势，潜力巨大，前景广阔。2013年，镇江出口加工区进一步增强机遇意识、忧患意识、责任意识，稳重奋进、提质增效，进一步整合全市资源，引导加工贸易企业向区内集中集约集聚发展，在加大招商引资力度的同时，积极拓展保税物流发展空间，大力发展保税业务，经济指标、平台建设、服务优势等方面取得较大进步。

【经济发展】 2013年，镇江出口加工区认真梳理全市保税业务资源，广泛宣传政策优势，成功引入或扩大了京口区爱励鼎胜铝业的铝锭铝块、扬中市的环太硅科技硅片、现代重工机械设备、丹阳市的大赛璐汽车安全产品和新区内金东纸业滚轴设备和纸张、联成化学的塑料粒子等保税、转关业务。在外贸经济形势不景气的情况下，进出口额继续保持快速增长，全年完成海关监管货值5.06亿美元，同比增长24%，其中一线监管货值（进出口额）1.9亿美元，同比增长59%；完成工商税收、海关税收及代征税21 446万元，同比增长94%，其中工商税收1 263万元，海关关税及代征税20 183万元，同比增长96.5%；完成固定资产投入1.465亿元，同比增长2.08倍；完成规模工业销售6.57亿元，同比增长22.8%。

【招商引资】项目招引取得一定突破，与省属大型外贸企业集团——江苏汇鸿国际集团达成战略合作关系，双方将在冷链物流、大宗商品物流、跨境电子商务和城市建设等方面进行全面合作，并签约了汇鸿国际冷链物流基地项目。江苏汇鸿国际集团是中国500强企业，省属大型外贸企业集团，拥有雄厚的实力，已形成了贸易、房地产、投资三大主要业务板块体系。汇鸿国际冷链物流基地项目简介：集团将利用自身资源优势，依托中瑞镇江生态产业园，建设以进口食品（牛羊猪肉）为重点，集展示交易、产品体验、品质检测、网络交易、加工仓储、物流配送等功能为一体的冷链物流基地，打造华东地区最有影响力、标准最高、技术最先进的冷链物流中心，成为华东地区进口冷冻食品第一集散地；项目总投资10亿元，规划用地约300亩。该项目的建成将促进出口加工区加快产业发展，加速转型升级，建立现代服务业集聚区。截至2013年年底，园区累计引进项目14家（不包括退区），其中加工贸易企业8家，物流企业5家，检测维修企业1家；注册资本0.96亿美元，实际到位外资0.83亿美元。

【区域开发与建设】出口加工区从改善投资硬环境入手，大力实施配套设施项目建设，着力打造高效率、低成本的综合投资环境。2013年，镇江新区交通建设投资有限公司投资建成了2万平方米的保税仓库和8万平方米货场，并被中远物流、远港物流、瑞翔物流、中沙物流等企业租用，出租率在70%以上。生产配套：区内建有监管仓库1 970平方米，标准厂房8万平方米，35千伏变电所1座。商务配套：已在大港通港路西侧、镇大铁路南侧建成出口加工区商务配套中心，占地约7 460平方米，总建筑面积约13 500平方米，金融、报关代理、运输代理、外贸代理、人才招聘代理及快餐供应等服务机构可进驻，为进区企业提供方便周到的服务。生活配套：在出口加工区东侧建有约12.99万平方米的配套服务中心，总建筑面积约20万平方米，拥有白领公寓、综合商业广场、商务办公楼等；在出口加工区的东北侧建有面积18 792平方米的员工公寓——“四海家园”，配套的超市、食堂等设施已投入运营，可满足区内所有企业员工的住宿、生活及娱乐。

【综合保税区申报】2013年年初，国务院批转海关总署牵头办理园区综合保税区申报事宜，具体由加工贸易及保税监管司承办，目前正在内部审核中，审核通过后将行文征求国土资源部和住建部意见。市领导多次带队赴北京向海关总署汇报了出口加工区项目建设和业绩增长及综合保税区规划建设等情况。

【发展趋势】2014年是深入贯彻党的十八届三中全会精神，深化改革攻坚的第一年，也是推进苏南现代化示范区建设的关键之年，镇江经济技术开发区将以扎实开展群众路线教育实践活动为契机，稳重奋进、改革创新、提质增效，以“经济发展、提质增效、创新转型、社会民生、生态文明”为核心指标，推动经济社会发展更有效率、更具质量、更富活力。出口加工区将紧紧围绕核心发展指标，一手抓园区内涵建设，一手抓外部协调联动，强化项目建设与完善功能配套并举，加强高位协调与整体联动对接并重。以打造华东地区进口冷冻食品（牛羊猪肉为主）第一集散地、争创省属外经贸企业转型升级合作实验区、打造欧洲精品名品国内首个展示交易配送服务中心为抓手，承接上海自由贸易区，联动生态产业园。2014 年出口加工区将完成进出口总额 2.4 亿美元，同比上涨 30% 以上，同时预计还将新引进项目 4～6家。

【招商部门】镇江出口加工区管理局全面负责出口加工区的招商引资工作。招商热线：0511－83370088，服务热线：0511－83371515，传真：0511－83373737，联系人：张超，手机：13906100801，邮箱：polder53371912@yahoo.com.cn。

江苏常熟出口加工区
JIANGSU CHANGSHU EXPORT PROCESSING ZONE

【经济发展】 2013年，江苏常熟出口加工区继续保持了稳定的发展态势，各项经济指标不断提高，完成工业总产值5.93亿元；实现工业销售收入6.00亿元；进出口总额达到8.01亿美元，同比增长28.4%；实现海关监管货值40.46亿美元，同比增长4.5%；完成海关税收1.12亿元。

【投资环境】 常熟出口加工区位于长江三角洲经济圈中心，东距上海80公里，南邻苏州45公里，紧靠常熟港，紧邻沿江高速公路、苏嘉杭高速公路、沿江一级公路，离苏通大桥道口仅500米，交通区位优势十分明显。

常熟出口加工区位于常熟经济开发区内，依托开发区的支撑，因此产业基础扎实，产业配套能力强，物流运输便捷。企业入驻常熟出口加工区，不仅享有海关提供的简单、快捷的通关便利，还享有国家级出口加工区和开发区特有的优惠政策，海关、国检、银行、仓储等机构一应俱全，落户企业不出园区即可办理一切进出口手续，特别是叠加了保税物流功能以后，加工区从原来只能引进加工制造企业，扩大到可以引进国际采购中心、配送中心、研发机构、售后服务企业、国际贸易企业等入区经营，促进了生产性服务业的做大做强，并极大地提升了出口加工区的区域竞争力，形成更加完整的产业链。

【招商引资】 常熟出口加工区以招商引资工作作为工作重点，立足出口加工区，面向常熟经济技术开发区，围绕精密机械、装备制造、新型材料等产业进行全方位招商。2013年加工区新增注册项目1个，为卡彭特特种金属（常熟）有限公司，该公司由美国卡彭特公司独资建设，其母公司是美国一家专门生产高性能合金、特殊金属，以及用于航天、汽车、电子、医疗设备和消费品行业等高级材料的世界领先的制造商。卡彭特常熟公司总投资2 500万美元，注册资本1 000万美元，2013年年底已完成全部工商注册及海关注册，2014年年初开始动工建设。

在做好招商引资工作的同时，加工区积极筹划搭建招商载体，提高硬件环境，自2005年年底开始分批建设标准厂房，到目前为止共建造8幢70 000平方米。为促进加工区保税物流业务的发展，2009年开始规划建设新的保税物流仓库，首期2幢11 600平方米已于2010年全部完工投入使用。2013年，出口加工区及时启动二期工程的建设，新建2幢共11 000平方米保税物流仓库，年底已完成仓库主体建设，预计2014年6月投入使用。

【工业】 常熟出口加工区作为加工贸易企业的集聚区，依托常熟港的优势，吸引了不少企业入驻，截至2013年年底，已有18家加工和物流企业入驻，其中加工企业为12家，大部分为欧美企业，有9家企业已正式投产。区内企业主要有：由美国世伟洛克控股有限公司独资建设的世伟洛克常熟流体系统技术有限公司，从事高精密阀门和安装组件及各种合金产品的制造；由新加坡大众钢铁工程私人有限公司投资的常熟众达机械工程有限公司，从事以集装箱吊机为主的港口新型机械设备及相关零部件的设计和制造；由美国FMC公司投资的常熟美信达科技能源设备有限公司，从事测量装置、流体操控装置、传送装置相关产品及相关零部件、辅助件的生产；由韩国DHC株式会社投资的迪爱奇希电子（常熟）有限公司，主要从事光电子器件的组装加工；由美国欧地亚洲有限公司独资建设的欧地管道系统（苏州）有限公司，从事管道、建筑及流体控制系统塑料及橡胶等相关部件的生产与研发；由英国synpart公司投资的常熟拓凯日用品有限公司，从事以牙线、棉签为主的日用品的生产，等等。2013年，上一年落户的泰富益农用机械设备（常熟）有限公司正式开始动工建设，该公司是由世界十大拖拉机制造商之一的印度拖拉机及农用设备有限公司独资建设的，年底已完成厂房主体建设，预计2014年6月正式投产。

【发展趋势】2014年，常熟出口加工区将继续围绕开发区八大工程“十二五”目标，创新发展思路，扎实开展各项工作。在上一年进出口及保税物流业务较高平台的基础上，继续努力，力争再上新台阶。加工区将利用开发区打造汽车整车产业基地的有利时机，围绕捷豹路虎和观致汽车项目，一是引进为其配套的汽车零部件企业，二是引进相配套的物流地产项目，建设高标准的精密汽车零部件仓库，大力发展汽车零部件保税物流产业及汽车零部件展示产业，将常熟出口加工区打造成长三角地区进口汽车零部件的集散地。

2014年，常熟出口加工区将继续做好常熟综合保税区的申报工作，力争早日成为综合保税区。同时继续深入研究综合保税区的政策优势，拓展适合于综合保税区的业务类型，争取吸引更多保税物流、商贸、维修检测及展览展示项目在区内注册运营，从而丰富加工区的业务类型，做大进出口总量，不断提高经济效益。同时，加工区还继续跟进研究上海自由贸易区政策，密切关注苏州申报自由贸易区的进展情况，把握自由贸易区对周边地区的服务、辐射和带动作用，借助与上海、苏州密切的互动合作优势，有针对性地对接自由贸易区的产业转移，进一步强化招商力度，争取上海自由贸易区设立后溢出的先进制造业、服务业项目等能落户常熟出口加工区。

【机构设置与管委会领导】2005年8月，经常熟市政府批准，设立常熟出口加工区管委会，与常熟经济开发区管委会合署办公，委领导由开发区领导兼任。下设常熟出口加工区管理局，内设招商科、规划建设科、经济发展科及综合科。局属下成立了常熟出口加工区开发建设有限公司，具体负责加工区的投资及物流运作和物业管理等工作。

【招商部门】常熟出口加工区管理局，下设招商科，主要负责加工区的招商引资工作。出口加工区招商科联系人：科长王晓楠，联系电话：0512－52292757、13812817206；副科长张诚，联系电话：0512－52690181、18913634358；邮箱：stephaniewang@cedz.org，cz@cedz.org。

江苏常州出口加工区
JIANGSU CHANGZHOU EXPORT PROCESSING ZONE

【经济发展】 2013 年，江苏常州出口加工区在园区龙头企业的带动下，积极应对加工贸易整体形势不利影响，产销均有回升，企业经营运作正常，园区各项指标形态相对稳定。园区全年实现工业总产值 15 亿元；工业产品销售收入 14.5 亿元；利税 2 亿元；进出口 2.8 亿美元，其中进口 1.7 亿美元，出口 1.1 亿美元。

【投资环境】 常州出口加工区位于常州市北部、国家高新技术产业开发区内，交通便捷，沪宁高速公路沿区而过，距上海、南京两个国际机场分别为 160 公里和 120 公里，距国家一类开放口岸常州长江港 8 公里，距常州民航机场 15 公里，距京沪铁路常州站 8 公里，客货运输便捷。另外，规划中的沪宁高速铁路紧邻出口加工区，交通物流极为便利。

常州市地处江苏省南部、美丽富饶的长江三角洲，位于上海、南京两大城市中间，东距上海 163 公里，西距南京 103 公里。常州既是一座具有 2 500 年悠久历史的文化古城，又是一座新兴的现代化工业城市。全市总面积 4 375 平方公里，总人口 342 万。常州市外向型经济发展迅速，目前已有外商投资企业 4 500 多家，出口企业 2 000 多家。出口商品 20 大类 2 500 多个品种，远销 180 多个国家和地区。常州市教育发达、科技力量雄厚。全市有大专院校 13 所，各类专业科技人员 20 万人，发展高新科技产业人才资源丰富。全国第一个以高等职业教育为显著特色的大学城离出口加工区仅 15 分钟车程。2013 年，常州市实现地区生产总值 4 350亿元，公共财政预算收入 408.9 亿元，实际到账外资 35 亿美元，引进协议外资超亿美元项目 14 个，完成进出口总额 290.5 亿美元。产业体系全面，结构优化升级。大力推动轨道交通、汽车、光伏等十大战略性产业链建设，规模以上工业总产值达 10 070 亿元。2013 年中国民营企业 500 强，常州企业入选 13 家。

园区现分四大功能片区：一是标准厂房区，占地约 16.53 万平方米，建有 16 万平方米一层、二层、四层 3 种规格的标准厂房；二是物流配套区，其中区内保税物流规划占地约 6.67 万平方米，建有监管仓库、保税仓库及查验场站等设施，目前配合保税物流拓展的一期 8 000 平方米保税仓库已全面投入使用，另区外有占地约 10 万平方米的嘉迅物流（海关直通点），已建仓库 1.1 万平方米；三是自建厂房区，占地约 94 万平方米；四是生活配套区，占地约 3.33 万平方米，一期已建蓝领公寓 1.4 万平方米、白领公寓 1.5 万平方米和综合配套 8 000 平方米，二期 20 万平方米的公共保障房正在建设中。

【招商引资】 2013 年，园区共形成实际到账外资 4 272 万美元。其中，高博能源增资至 1 亿美金，已被万向集团收购。在谈项目马可波罗汽车、史密斯钻井设备有望投资落户。

【服务企业】针对2013年较为严峻的企业外向发展形势，常州出口加工区精心打造服务品牌，寓管理于服务，开展服务效能建设。深入企业走访调研，动态跟踪并认真分析重点企业发展态势，积极争取鼓励企业发展的有关扶持政策，落实配套措施，提供组合式减压办法帮助企业渡过难关。针对部分企业还处于规模培育阶段，与园区投资公司积极协商，帮助减轻企业运营成本压力。在海关帮助下，对园区企业施行“多联监管作业”和“无纸化通关”，保障企业货物进出渠道畅通高效。多次召开联席协调会，确保高博能源复工和新原料生产线通过产前环保审查。与投资公司积极推动保税物流业务的拓展和增长。

【发展趋势】常州出口加工区将完善功能，积极增创园区发展动力。一是积极引进龙头企业。园区快速发展的关键在于引进龙头企业，进一步加强与招商部门、各镇街道及兄弟园区的联动，搭建信息互补、服务互通的平台，围绕新能源新材料、LED光电一体化、电子信息三大重点产业进行招商，力争引入1~2家大型龙头企业，带动产业链延伸和产业集群配套企业集聚，全面推动加工区先进制造业发展。二是全力拓展延伸功能。通过优化监管通道、强化项目推进、深化服务保障三大举措，畅通区港联动平台，凸现大通关、大物流的新优势；用足用活功能政策，引导本地行业龙头企业与市场客户加强合作，延伸物流服务链；引进大中型物流企业来区从事转口贸易；引导和鼓励有条件的企业在区内设立区域性的研发中心、检测中心和维修中心；为加工区、光伏园等生产性企业提供料件供应和成品全球分销配送服务，配套恒温恒湿仓库及电子信息产品专用仓库，做大生产性服务业。三是积极拓展保税物流层次。进一步发挥口岸节点功能，以现代物流服务业与现代制造业“两轮驱动”，提升外向型平台辐射作用，实现规模扩张与效能提升；着力推动单一加工贸易区域向综合功能区域的转变，着力推动水陆空港口优势与特殊区域平台的融合，全力推动出口加工区向综合保税区升级，构建层次更高端、政策更优惠、功能更齐全、区位优势更明显的外向型经济发展平台，争取当年进出口额在全国同类型区域排名中进位争先。

【综合保税区申报】2013年5月，常州出口加工区管理局向常州高新区政府行文，提出在江苏常州出口加工区1.66平方公里范围内，设立“江苏常州综合保税区”；同月，高新区向常州市政府行文申报综合保税区；9月，常州市政府向江苏省政府行文。

【机构设置与管委会领导】常州出口加工区管理委员会与常州国家高新技术产业开发区管理委员会实行“两块牌子，一套班子”管理模式。出口加工区管委会下设立常州出口加工区管理局作为加工区日常管理机构。管理局内设三个部门：综合处、规划建设处、投资服务处。

【招商部门】常州出口加工区管理局配合高新区（新北区）招商局进行招商活动，由投资服务处具体负责。联系人：张四清，联系电话：0519－85169086，传真：0519－85160953。

江苏吴中出口加工区
JIANGSU WUZHONG EXPORT PROCESSING ZONE

【经济发展】2013年，江苏吴中出口加工区按照吴中经济技术开发区“转型升级，二次创业”以及“打造产城高度融合的一流开发区”的要求，各项工作有序推进，区域环境持续提升，服务配套不断加强，经济业态加速繁荣。截至2013年12月，出口加工区实现工业总产值6.61亿元，实现物流企业营业收入3 665万元，实现进出口总额40.06亿美元、进出口监管货值70.99亿美元，保持了稳健发展的良好态势。

2013年，吴中出口加工区外贸发展势头良好。当年3月份，出口加工区与太仓港、南京禄口机场联动的虚拟口岸正式开始运营，开展业务至今，通过电子商务平台出境的货物已达910吨，交易费用达6 500万美元。

凭借政策、资源、环境、服务等优势，吴中出口加工区已成为中外客商投资兴业的发展宝地。目前，一期1.38平方公里启动区已基本完成招商引资和载体建设。

【投资环境】吴中出口加工区建于国家级吴中经济技术开发区之内，北部与苏州工业园区无缝对接，东部与国际大都市上海咫尺相望，位于中国最具发展潜力的长三角经济圈中心腹地，苏嘉杭高速、绕城高速、京杭大运河、苏州轨道交通等交通条件十分便捷，至上海虹桥国际机场、无锡硕放国际机场分别仅需1小时、半小时车程。

吴中出口加工区现建有高品质机械加工类和电子IT类标准厂房13万平方米，代建自建厂房21.6万平方米，项目承载能力持续提升。建有保税物流仓库5万平方米以及相当规模的场站，能完全满足企业物流配送和货物存储的需求。建有一期、二期集宿楼共6.7万平方米，可容纳员工1万人，三期集宿楼预计于2015年5月全部完工，建成后可容员工约1.2万人。天运广场一期于2013年年底全面投入使用，目前已有进口产品商贸中心、网吧、咖啡厅及20多家物流公司进驻，二期主体建设也已完工，即将开始内部装修，全部建成后，“天运”将作为吴中出口加工区标志性的商业综合体，为企业办公、员工生活等提供优质、完善的配套服务。同时，吴中出口加工区3平方公里内“九通一平”基础工程已全部完成，卡口、围网、监控、信息网络等特殊要求工程和智能配套工程也已全面到位。集合海关、国检、场站、企业操作于一体的信息服务平台全面开通运行。

吴中出口加工区毗邻建有苏州独墅湖高等教育区、苏州国际教育园、吴中区职教中心等31所高校，为企业提供高素质专业技术人才；周边建有生物医药检测、信息网络检测、电力检测、食品（化妆品）检测、电器检测、丝绸（纺织）检测、电源检测、计量检测、特种设备检测、环保检测等检测认证平台，能为各类企业提供完善的检测服务。

【招商引资】吴中出口加工区在招商策略上，因势利导，吸引企业租赁厂房，为企业代建厂房，引导企业购地自建厂房，留住企业的根；在产业导向上，注重引进、培育科技创新型工业企业和大型物流企业，着力打造先进制造业、现代物流服务业融合发展的新型产业园区；面对客商，始终坚持主动服务，以诚相待，同时，努力为企业发展营造融洽的交流平台和发展氛围，全力打造吴中出口加工区“亲商、富商、安商”的服务品牌。2013 年，吴中出口加工区新引进内资项目 2 个，注册资本 1.15 亿元，外资项目 1 个，注册资本 1 000 万美元，并有 3 000 万美元的外资增资项目 1 个。截至 2013 年 12 月，出口加工区内工业项目有伟创力、精曜新能源、翃创自动化等 7 个，其中外资 4 家，总注册资本 10 738 万美元，投资总额 28 386 万美元；内资 3 家，总注册资本 2.35 亿元，投资总额 6.05 亿元。区内物流内资项目有国海国际、嘉瑞物流等 21 个，总注册资本 1.37 亿元，投资总额 1.38 亿元；物流外资项目 1 个，注册资本 1 000 万美元，投资总额 1 000 万美元。出口加工区外另有 30 家物流、货代、报关公司集聚办公。

【转型升级】为积极顺应经济全球化发展新趋势，吴中出口加工区始终坚持走转型升级之路，握紧发展机遇，深入参与竞争，调结构，促转型，力争加快形成一批具有较强竞争力的优势产业。2013 年，伟创力集团在出口加工区增资 3 000 万美元，对部分项目进行整合，进一步扩大业务规模，形成了集设计、生产制造、物流后勤业务规划等为一体的运作体系。通过在区外建立进口产品商贸中心，在区内建立进口产品集散、分拨中心，实现了区外展示销售与区内保税仓储的联动发展；通过建立网上交易平台，实现了线上和线下实体店的有机结合；同时，出口加工区以其强大、便捷的物流配送能力，为商贸中心的商户和客户提供“一站式”物流服务，实现外贸和物流的良性互动。

【发展趋势】吴中出口加工区将以打造“高新电子信息、高精机械装备、高效物流服务、高端国际贸易”四大产业基地为总目标，重点发展电子资讯、精密机械、新材料、新能源等高科技产业。因时制宜，推动吴中出口加工区电商物流产业园的建设，促进电子商务和现代物流业结合发展，加速区域产业转型升级；顺势而为，开拓检测、封装行业，充分利用出口加工区的区位、政策等优势，大力引进设备进口税较高的检测、封装企业，丰富区内业态。同时，结合已经平整完毕的 1.62 平方公里二期区域，加快推进综合保税区的申建步伐，拓展货物贸易、服务贸易、展览展示、研发、检测、维修等新兴产业，提高园区产业能级。

【机构设置与管理局领导】吴中出口加工区管理局成立于 2007 年 12 月，为正科级建制单位，现有办公室、招商部、工程管理部、综合服务部 4 个职能部门，工作人员 48 名。办公室主要负责行政事务、接待、宣传、财务管理等工作；招商部主要负责招商活动、数据统计及相关报批、协调工作；工程管理部主要负责权限内的工程规划、项目报建、市政工程维护、项目建设跟踪管理等工作；综合服务部主要负责相关后勤、安保、咨询等工作。

【招商部门】吴中出口加工区管理局招商部共有招商人员 22 人。联系人：夏倩（招商部主任），联系电话：0512 – 66018009、66018092。

江苏吴江出口加工区
JIANGSU WUJIANG EXPORT PROCESSING ZONE

【经济发展】 2013年，江苏吴江出口加工区管理局充分发挥自身优势，努力克服国际经济形势不稳、国际市场萎缩等各种不利因素，坚持发挥主观能动性，积极招商引资，深入企业服务，紧跟企业需求，在区内个别大企业遭遇发展困境的情况下，区域经济发展总量受到一定的影响，但区内整体发展形势良好。2013年，吴江出口加工区全年完成进出口总额9.8 853亿美元，其中出口6.0 697亿美元，进口3.8 156亿美元；累计进出口监管货值74.8 881亿美元，其中出口38.2 689亿美元，进口36.6 192亿美元。

【投资环境】 吴江出口加工区于2005年6月3日由国务院批准设立，首期规划面积1平方公里，2006年12月12日通过海关总署等九部委联合验收，正式封关运作。

区内基础设施完善，区内道路、雨污水管网、电力、通讯、供水、供气达到一流园区水平；已建成标准厂房10万平方米、保税仓库约8.5万平方米；已建出口加工区综合服务楼，建筑面积13 000平方米，用于加工区管理局、海关、商检、报关、物流公司的入驻；已配套建设出口加工区服务区，包括8万平方米的员工宿舍、银行、邮政、餐饮、超市、购物等一系列配套服务设施。

加工区管理局、海关、商检、金融、报关、货代等机构提供一站式亲商服务，并借助信息化平台电子手段实现网上报关、报检等审批手续。

吴江出口加工区区位优势独特，园区位于江苏省、浙江省、上海市交汇的长三角中心，处于国家级吴江经济技术开发区内，东临上海，南依杭州，西濒太湖，北靠苏州，交通发达便捷。沪苏浙高速公路东西贯穿吴江全境；沪宁高速公路距吴江出口加工区仅10多公里；苏嘉杭高速公路南北贯穿吴江经济技术开发区，其吴江南出口距吴江出口加工区仅500米；318国道、227省道贯穿吴江全境，与京沪铁路、京沪高速铁路相距22公里；一步之遥的京杭大运河可通航500吨级船舶，年水运量达1亿吨。2016年年底，苏州地铁4号线将建设完成，连通苏州市区、吴江经济技术开发区。

吴江出口加工区坚持以“项目抓落地、企业抓产出、服务抓实效、管理抓长效”的工作方针，强化服务意识，提高服务效率，整合完善设施，进一步提高吴江出口加工区的投资环境。

【招商引资】 2013年，吴江出口加工区通过区内、区外载体资源的整合，扩大招商引资平台，抓住机遇加大工作投入，工作成绩取得较大进展。2013年，累计注册外资企业6家，注册外资1.75亿美元，到账外资4 114万美元。新注册项目中，超7 000万美元的项目1个，超3 000万美元的项目2个。产业结构得到优化，引进服务业项目3个，累计注册外资1.2亿美元。招商引资以欧美、日韩企业为主，多次赴广东、福建、上海、浙江、苏州等地招商，储备一批质量较好、落户意向明显的优质信息源。

【工业】 吴江出口加工区经过近7年的发展，已逐步形成一个以电子信息、精密机械等加工制造为主，保税物流功能配套为辅的出口加工基地，成为吴江区外向型经济发展的一个重要平台。截至2013年年底，园区累计进出口总额67亿美元，累计监管货值336亿美元，引入企业30家，其中生产型企业25家，保税物流企业5家。

【发展趋势】 着力打造电子信息、精密机械、新型材料、新能源、保税物流等主导产业，力争形成产业优势。电子信息产业：主要借助吴江经济技术开发区电子信息产业密集的优势，大力引进配套的终端产品加工区制造出口型企业，完善产业链，拓展发展空间。精密机械：主要以汽车零部件、电动工具、精密电机为主，大力引进欧美企业，加快结构调整。新型材料：主要推进光学光电、金属、新型原材料、新型建材的发展。新能源：主要以多晶硅太阳能电池盒薄膜太阳能电池加工制造为主。

尽快完成综合保税区的申报工作，同时做到边申报、边规划建设、边招商引资，抢抓机遇，依托政策优势，吸引更多企业投资落户，在现有基础上大力发展新型的服务、贸易、物流等经济业态，进一步提升对外开放水平，带动园区经济的发展及周边的经济增长。

【机构设置与管委会领导】 吴江出口加工区管委会与吴江经济技术开发区管委会实行“两块牌子，一套班子”的管理模式。吴江出口加工区管委会下设吴江出口加工区管理局，管理局内设招商科、经济管理科两个职能部门，分别负责招商引资、区内综合行政管理、进出口审批、数据统计、职能部门协调、区内企业服务等。

【招商部门】 吴江出口加工区管理局下设招商科，主要负责出口加工区的招商引资工作。招商电话：0512－66086607、66086608、66086610，网址：www. wjepz. com。

江苏武进出口加工区

JIANGSU WUJIN EXPORT PROCESSING ZONE

【概况】 江苏武进出口加工区于2009年6月23日经国务院批准设立，并于2009年12月17日顺利通过国务院九部委联合验收小组的验收。2010年3月15日，武进出口加工区正式开关运作。2013年，武进出口加工区以建设一流的海关特殊监管区域为目标，坚持以转变经济发展方式、服务武进开放型经济为主线，抓项目促发展，抓服务促环境，抓效益蓄后劲，主要指标稳中快进，综合实力明显提升，在全省19家海关特殊监管区域排名不断进位，按2013年实际进出口额排名列第10位，按2013年工业总产值排名列第7位（在出口加工区排名第1位）。

【经济发展】 2013年，江苏武进出口加工区各企业产品市场需求量持续放大，企业经营良好，截至年底，区内全年企业工业总产值64.2亿元，同比增长24.5%；区内实际进出口额6.8亿美元，同比增长21.4%；境内区外23.5亿美元，同比增长20.2%；监管货物量总计17.2万吨；报关单量累计49 180票（占整个常州市的65%）；海关税收及代征税1.23亿元。其中，区内保税物流实际进境16 194.3万美元，实际出境2 808.8万美元；境内区外进区43 249.9万美元，出区57 154.4万美元。

【投资环境】 江苏武进出口加工区位于武进高新技术产业开发区，东至凤林路，南至武进大道，西至淹城路，北至阳湖路，地理条件优越，交通便捷，紧邻沿江高速和建设中的常泰高速，距上海虹桥、浦东机场，上海港口及南京禄口机场均在1~2小时车程范围内。

2013年，武进出口加工区保税仓库已建成4万平方米，在建1万平方米；标准厂房4万平方米，在建1万平方米；区内天然气管网已经铺设完毕，进一步提升了园区投资环境；海关无纸化通关物流监控平台已全面上线，进一步提高了通关效率；计划新建的A13标准厂房和E4保税仓库已经设计完成，建成后将进一步提高平台容量。

依托常州港优势，出口加工区公路转关监管点特殊的口岸功能得到充分发挥，为前来开展业务的企业提供更为便捷、优质、低成本的物流和通关服务。做优进口食品检验检疫监管样板区，通过与国检、进口食品供应链公司的座谈交流和昆山进口红酒样板区等地的调研学习，完善了出口加工区自身进口食品样板区的业务形态。

【招商引资】 江苏武进出口加工区把招商引资作为全年的头等大事来抓，紧紧围绕高新区大招商格局，积极探索招商工作新模式，与招商、规划、海关等部门密切配合，利用出口加工区通关、物流、税收政策优势及良好的载体条件，积极做好项目引进工作，更高更优推进产业招商。随着武进出口加工区的不懈努力与发展，现已得到了众多企业的认可与青睐，2013年武进出口加工区共新增瑞声光电、道达纺织、能盛线缆、杰宝钢带

4个项目，进区企业从开始只有光宝、晶品两家企业，到目前生产型企业达到9家，物流服务型企业达到8家。区内企业发展势头良好，光宝二期项目顺利签约，快速推进，并成功引进苹果手机电源项目。晶品光电继续扩大产能，目前已有25台MOCVD外延炉。

经过几年的努力，区内保税加工企业已经初具规模，随着形势的转变和区内区外企业的需求，以及出口加工区的转型升级需要，武进出口加工区下一步将调整思路，对服务贸易类企业招商倾斜、政策倾斜，实现加工贸易和服务贸易双轮驱动。

【发展趋势】2014年，江苏武进出口加工区将全面平衡发展各项业务，为了更好地服务武进乃至周边的企业，未来武进出口加工区将加快拓展4项业务：做强保税物流，重点建设进口铜、棉花、塑料粒子等大宗物资的物流中心、分拨中心；做优进口食品检验检疫监管样板区，积极招引进口红酒、奶粉、橄榄油等进口商和经销商，同时吸引供应链公司、物流公司、中介服务公司进驻，实现进口食品集中展示、交易、仓储、物流的全面开花；做精企业研发中心，发挥在出口加工区设立研发中心的特殊优势，重点鼓励企业在区内设立高科技研发中心，以光宝科技研发中心、瑞声光电研发中心等为重点，在政策、服务、资金上对企业给予优惠，争取将武进出口加工区打造成为专业化、规模化、国际化的高科技研发基地；做宽属地申报、口岸验放业务，借助海关打造大通关、便捷通关的契机，将该业务向周边企业推广，提升通关效率，降低企业成本。

2014年，江苏武进出口加工区将进一步加大招商引资力度，实现招商引资新突破，在稳步推进生产企业招商工作的同时，全力以赴把升格综合保税区作为重中之重的工作来抓，争取成功获批，尽全力提高企业服务及园区管理水平，实现平台运作和规范管理新突破，促进优势产业的聚集和发展，努力将江苏武进出口加工区建设成为一流出口加工基地，创建最佳综合保税区。

【招商部门】江苏武进出口加工区管理局配合武进高新区招商局进行招商活动，由经济发展科具体负责。联系人：李海标，联系电话：0519-86221205，传真：0519-86221200。

浙江杭州出口加工区
ZHEJIANG HANGZHOU EXPORT PROCESSING ZONE

【经济发展】2013年，浙江杭州出口加工区围绕杭州经济技术开发区“创新驱动、集聚领先、产城融合”三大发展目标，全面推进区域产业发展，加快转型升级步伐，确保工业经济平稳健康发展。

2013年，杭州出口加工区全年实现工业总产值124.5亿元；实现税收8.6亿元，其中工商税收2.3亿元、海关代征税6.3亿元；进出口总额20.7亿美元，其中出口16.7亿美元；全年固定资产投资2.2亿元。出口加工区内大部分企业经营绩效平稳，优化生产工艺、提高自动化程度等技改投入效果显现，园区整体利润比上一年（指2012年）增长，累计盈利企业11个，占出口加工区内工业企业的55%。全年累计利润总额3.36亿元，同比增长17%。

保税物流业务结构优化。2013年，杭州出口加工区通过重点发展仓储物流分拨配送业务，采取优化报关模式、便捷操作、提高效率等措施，保税物流业务结构更趋合理。2013年，园区加工贸易深加工结转（即进即出）业务量达2.1亿美元，仓储企业物流配送业务量达2.2亿美元，生产企业物流配送业务量达0.25亿美元。

【投资环境】杭州出口加工区设在杭州经济技术开发区内。杭州经济技术开发区是1993年4月经国务院批准设立的国家级开发区，是全国唯一集工业园区、高教园区、出口加工区于一体的国家级开发区，辖区人口约40万人。开发区投资环境综合评价连续3年位居全国国家级开发区十强，多年位列浙江省开发区第一位，相继被评为中国75个城市开发区投资环境最佳开发区、“跨国公司最佳投资开发区”等。先后获得“国家计算机及网络产品产业园”、“生物产业国家高技术产业基地核心区”、“国家知识产权试点园区”、“国家服务外包产业基地城市示范区”、“中国产学研合作创新示范基地”、“国家物流标准化试点基地”、“浙江省物流产业基地”、“杭州市十大文化创意产业园区”等荣誉称号。杭州出口加工区依托杭州经济技术开发区坚实的产业基础和配套设施、丰富的人才资源，以及便捷的交通条件，努力优化园区硬件设施和公共配套服务，为区内企业创造优良的发展环境。

杭州出口加工区内已进驻海关、国检等配套部门，以及银行、货运代理、报关行、物业、邮政等公共服务机构，为货物进出提供了24小时高效、便捷的通关和报检服务。同时，杭州出口加工区管委会一直以“亲商、安商、富商”为宗旨，实行“每月例行走访”、“重点企业跟踪服务”等特色服务制度，定期举办“区内企业与配套机构座谈会”、“实务操作培训会”，努力搭建企业与配套部门的交流、沟通平台，不断提高服务效能。

【招商引资】杭州出口加工区依托杭州经济技术开发区现有招商引资平台，充分发挥海关特殊监管区域的政策功能优势，积极引进符合区域产业发展导向的优质项目。截至2013年年底，区内陆续吸引了日、美等10个国家和地区的33家企业，累计外商投资总额4.97亿美元，为杭州市外向型经济发展作出了巨大的贡献。其中，区内东芝信息机器（杭州）有限公司是东芝集团在海外最大的、唯一的笔记本电脑生产基地，也是中国境内唯一一家外资以自主品牌生产笔记本电脑的企业；自2003年4月2日正式投产以来，已具备了月产20万台笔记本电脑的生产能力，成为杭州经济技术开发区的出口龙头企业。2013年，该公司在杭州出口加工区管委会的引导下，积极引进新产品，顺利向其日本总部申请引入车载电子转向部品新项目，于同年10月进入试生产阶段，投产后预计年产值达7 000万元。

【工业】截至2013年年底，杭州出口加工区已投产工业企业25家，建区累计工业总产值1 262.80亿元，建区累计销售产值1 255.26亿元。2013年，受海外经济形势持续低迷、人民币对外升值、劳动成本增加等因素影响，杭州出口加工区内重点亿元企业普遍没有新增量，基本保持上年同期水平。2013年全年共有9家产值过亿元企业，其中超80亿元产值企业1家，超10亿元产值企业1家，超5亿元产值企业1家。

2013年，杭州出口加工区大部分企业经营绩效平稳，优化生产工艺、提高自动化程度等技改投入效果显现，园区整体利润同比增长，累计盈利企业11家，占区内工业企业的55%。其中，东芝信息机器（杭州）有限公司转型升级成效初显，新引入的车载项目已完成生产线采购安装、调试，进入产品试生产阶段，实现了从单一领域产品生产到跨领域产品生产的转型。此外，属生活必需品行业的希赛瓶盖系统（杭州）有限公司继续扩大生产规模，完成二工厂的建设，并累计引入了8条生产线，持续保持增长势头。

【发展趋势】根据《国务院关于促进海关特殊监管区域科学发展的指导意见》（国发〔2012〕58号）文件精神，2013年6月，杭州出口加工区管委会已启动将杭州出口加工区升级为综合保税区的申报工作，目标通过整合升级拓展区域政策、功能，破解区内企业面临的制度瓶颈和政策限制，助推区域产业转型升级。2014年，杭州出口加工区将加大申报力度，结合杭州出口加工区实际情况和新项目需求，会同杭州海关完善园区监管方案，加强与国家十部委的沟通汇报，确保申报工作按进度完成。同时，杭州出口加工区于2013年5月获得浙江省第一批“省级进口平台”称号，并于2014年1月确定成为杭州跨境贸易电子商务（进口）试点唯一实施单位。杭州出口加工区将以此为契机，充分发挥海关特殊监管区域的功能优势，大力发展保税物流和电子商务产业，积极招引优质电商平台和垂直电商，目标实现跨境电子商务规模化运作，成为杭州网上自由贸易试验区的重要组成部分。

【机构设置与管委会领导】杭州出口加工区管委会与杭州经济技术开发区管委会合署办公，实行“两块牌子，一套班子”的管理模式。设立杭州出口加工区综合管理局，具体负责出口加工区的日常管理事务，内设3个科室：综合科、商务科和公共事务科。

管委会领导：党工委书记、管委会主任陈晨，分管副主任王永芳，杭州出口加工区综合管理局副局长柴明。

【招商部门】杭州经济技术开发区招商局，联系人：宣黎芳，联系电话：0571－86714099；杭州出口加工区综合管理局，联系人：周郑宇，联系电话：0571－86714026。

浙江嘉兴出口加工区
ZHEJIANG JIAXING EXPORT PROCESSING ZONE

【经济发展】2013 年，浙江嘉兴出口加工区实现工业总产值 5.14 亿元，实现进出口额 1.14 亿美元，实现进出区货值 9.07 亿美元，实现海关关税及代征税 2.14 亿元。保税物流开展业务 4 953 票，实现物流货值 4.54 亿美元，物流货运量 10 万吨。自拓展保税物流功能以来，保税物流产业发展迅速，4 家物流、仓储企业注册资金 5 050 万元；业务种类不断丰富，涵盖了进口保税、国际采购、国际分拨配送、出口集拼、保税存储、一日游、货物贸易等；业务总量持续快速增长，客户群体突破 300 家，辐射范围扩展至浙北、苏南、上海、安徽东部、江西东部等地区。借助嘉兴港的天然优势，保税物流产业已逐渐超越加工制造业成为嘉兴出口加工区未来的支柱产业。

【投资环境】浙江嘉兴出口加工区于 2003 年 3 月 10 日经国务院批准设立，是全国第三批设立的出口加工区之一，是浙江省继杭州、宁波后第 3 个出口加工区，也是嘉兴市的国家级对外开放平台。园区位于区位条件优越的嘉兴港区（浙江乍浦经济开发区）内，紧靠国家一类开放口岸嘉兴港（乍浦港），总规划面积 2.98 平方公里，实行一次规划、分期逐步开发。A 区开发面积 1.33 平方公里，于 2005 年 4 月 26 日通过国家九部委联合验收，2006 年 2 月 28 日正式封关运作。区内配套基础设施建设完善，已具备通路、水、电、雨、污、通讯、蒸汽、天然气和土地平整等“八通一平”条件。2013 年管委会推进加工区场站功能建设，规划设计加工区物流监管模式，进一步优化提高通关效率。

嘉兴市地处长江三角洲中心，毗邻上海，紧依苏南，是浙江省接轨上海的前沿阵地，嘉兴出口加工区区位条件优越，已形成铁路、公路、港口、内河、航空等各种运输方式组成的综合交通网络，投资商务成本较低。与上海、苏州、杭州、宁波等大城市实现了“一小时交通圈”。公路铁路方面，位于沪杭铁路、沪杭高速公路、乍嘉苏高速公路、杭浦高速公路、杭州湾跨海大桥和规划建设的沪乍嘉湖铁路、沪杭高铁的黄金通道上，东西大道（01 省道）、老沪杭公路等更拓深拓宽了其对外通道，形成四通八达的公路网；港口与内河方面，嘉兴港是国家一类开放口岸，浙北地区重要的出海港口，唯一的海河联运港，水深与航道条件良好，距上海洋山港和宁波港分别只有 53 海里和 74 海里。乍嘉苏内河航道和六平申线，将嘉兴港码头与京杭运河、杭申线等主要内河航线联通，有力地发挥了海河联运的优势；航空方面，至上海浦东、上海虹桥、杭州萧山三大国际机场的车程均在 1 小时左右，依托三大空港的航空运输条件十分便利。嘉兴出口加工区所处位置已成为“长三角”沪、苏、杭、甬地区的一个重要交通枢纽。拥有便捷快速的物流大通道，交通地理区位的功能和价值日益凸显，为嘉兴出口加工区的进一步发展提供了完善、便捷的交通集疏运体系保障。

滨海新城是嘉兴市现代化网络型田园城市的6个副中心之一，辖区内有一座千年古镇——乍浦镇，历史悠久，自古就有“江浙门户”、“海口重镇”之称，在清代就是浙北地区对外经济文化交往的重要门户。辖区内还有省级九龙山旅游度假区、九龙山国家森林公园、港口、杭州湾跨海大桥、海鲜美食旅游等资源，集成了“山、海、港、桥、林”于一体的滨海特色。滨海新城经过近年来的开发建设，26平方公里的城市道路框架初步形成，建成区面积已达17.7平方公里，道路、供水、供电、供热、排污等配套工程日趋完善，文化、教育、卫生、商贸、旅游休闲等城市功能性基础设施建设扎实推进，城市服务功能和品位不断提升，城市人气进一步集聚，一座新兴的富于环境特色和生活情趣的生态化滨海宜居新港城迅速崛起，已成为杭州湾北岸一道亮丽的风景线。

【招商引资】截至2013年年底，浙江嘉兴出口加工区累计注册企业22家，包括16家生产型企业，4家物流企业，2家基础配套企业；累计外商投资总额7 610万美元，内资4.6亿元；累计完成固定资产投资15.72亿元。项目主要来自美国、我国香港、英国和日本等国家和地区，涉及物流、生物医药研发、制冷剂、汽车配件、纺织、金属加工等产业。其中，投资超1 000万美元的项目有5个，已投产项目13个。

【港口与物流】嘉兴港（乍浦港）系国务院批准对外国籍船舶开放的一类口岸，拥有海岸线74.1公里，可建港岸线40公里，分为独山、乍浦、海盐3个港区。航道稳定，深槽不淤，具有良好的深水岸线和建港条件，规划开发建设生产性港口岸线26.5公里，其中可供建设万吨级以上深水码头岸线约23公里。现已建成外海生产性泊位39个，其中万吨级泊位26个。现有主要集装箱航线13条，已与日本、美国、加拿大、澳大利亚等30多个国家和地区的港口建立了运输往来，并与上海港、宁波港建立了战略合作关系。随着港口规模和功能的不断拓展，嘉兴港步入了有史以来发展最快的时期。大宗货物吞吐量和集装箱业务保持持续快速发展，近3年增速列全国沿海港口首位。全港集装箱航线增至10条，跻身海峡两岸直航港口行列。已建设成为集港口装卸运输功能、工业功能、出口加工功能、现代物流服务功能、海运商务服务功能、港口信息功能于一体的中国沿海现代化、多功能、综合型的港口。2013年，嘉兴港完成货物吞吐量6 605万吨、集装箱101万标箱，集装箱吞吐量仅次于宁波舟山港，位居浙江省第二位；嘉兴出口加工区依托嘉兴港，形成“前港后区”，出口加工区与嘉兴港区在海关报关、货物监管等方面实行“区港联动”模式，实现出口加工区与嘉兴港之间“一次申报、一次查验、一次放行”普通车辆运输的直通式通关，进一步整合加工区的政策优势和港区的区位优势，极大地便利了通关环境，降低了成本。这为嘉兴出口加工区实现口岸功能和集聚腹地进出口资源创造了条件。

嘉兴港又是一个海河联运港口。嘉兴港背靠浙北高等级内河航道网，杭嘉湖、苏锡常太湖流域水网平原，内河运输网络发达。乍嘉苏内河航道和六平申线，将嘉兴港码头与京杭运河、杭申线等主要内河航线联通，是浙北和苏南地区重要的出海口和外贸通道，有力地发挥了海河联运优势。

嘉兴港与宁波港合作内涵和层次不断深化，两港合作效应不断扩大，借助宁波港的整体优势和品牌优势，在船队、集卡车队、船货代订舱平台等方面都得到了飞速发展，两港内支线也发展到一天三班，宁波港的资源优势得到了充分的延伸。同时，嘉兴港也积极与上港集团开展合作，以“错位竞争、竞合发展”为思路，积极融入上海国际航运中心的发展。

杭嘉湖地区加工制造业发达，原材料和产品销售两头在外，经济循环开放型特征突出。临港工业发展所需要的油品、化工、煤炭等港口物流业务的全面发展，以及腹地棉麻、皮革、钢铁、粮食、建材等货种港口物流业务的强劲需求，正为嘉兴港现代物流业发展创造了强劲的驱动力。

嘉兴港口服务体系基本健全，所在区域现已设海关、检验检疫、海事、边检等监督管理机构，建有相应的配套仓储、集装箱堆场等，公专用泊位配套、内外贸兼营和集装箱、散杂货及液体化工品装卸功能齐全。报关、船务、船代、货代、银行、保险等服务机构完整，并配有计算机网络系统、电子监督报警系统等，口岸管理已实现信息化。良好的港口口岸服务环境为发展国际物流，特别是依托出口加工区和嘉兴港，推动区港联动，发展现代物流奠定了坚实的基础。

【发展趋势】 2013年，嘉兴港区党工委、管委会对嘉兴出口加工区A区作出了重大调整部署，提出了出口加工区“二次创业”、转型发展，设立嘉兴出口加工区发展局，组建团队，审时度势，重新调整了功能定位和产业重点，突出以保税物流为主，保税加工、保税服务多元化发展，建设成为服务于周边腹地经济和临港主导产业的保税物流核心区、特色加工功能区、区域性国际贸易区。将依托港口和区位优势，利用在通关、退税、中转、信息等方面的优势，实现综合保税区在采购、仓储、分拨等方面功能与港区口岸功能的优化组合，重点发展集国际采购、货物贸易、物流配送等于一体的纺织原料、皮革、化工原料、电机电气等进口工业生产资料采购配送中心；鼓励发展以工业产品和生活用品等为主的出口集拼项目；以仓储物流为基础，支持拓展进口生产资料或生活消费品的展览展示、交易结算、金融服务、电子商务等服务贸易；着力发展临港装备制造、生物医药等加工制造业。

目前，嘉兴出口加工区正在积极申报综合保税区，实现更高层次的发展，打造浙北重要的进出口基地，通过不断拓展国际市场，争创省级进口平台。

【机构设置与管委会领导】 浙江嘉兴出口加工区管理委员会与嘉兴港区开发建设管理委员会合署办公。根据“不增设机构”的原则，采用“两块牌子，一套班子”，实行统一领导、统筹规划、分工负责、分块运作、互为依托的管理体制。设立嘉兴出口加工区发展局，具体负责加工区的日常管理事务，内设两个科室：综合服务科和产业发展科。

管委会领导：浙江嘉兴出口加工区管理委员会主任石云良，副主任马麟梁；出口加工区发展局局长马惠芳。

【招商部门】 嘉兴港区（出口加工区）招商局，招商热线：0573－85581747、85581746，传真：0573－85581777。嘉兴出口加工区发展局，联系电话：0573－85588101、85588102，传真：0573－85588101。

安徽芜湖出口加工区
ANHUI WUHU EXPORT PROCESSING ZONE

【经济发展】2013 年，安徽芜湖出口加工区实现进出口值 5.5 亿美元，同比增长 2.1%，其中出口为 3.78 亿美元，同比下降 3.1%，进口 1.72 亿美元，同比增长 18.9%。同期，芜湖市实现外贸进出口总值 54.3 亿美元，出口加工区占全市进出口值为 10.1%。2013 年，芜湖出口加工区利用保税物流叠加功能，实现保税物流进出口额 3.55 亿美元，同比增长 38.7%；实现工业总产值 22.01 亿元；企业实现利润为 6 374 万元。

【投资环境】芜湖市地域面积 5 988 平方公里，人口 384.5 万，其中市区面积 1 292 平方公里，下辖无为、芜湖、繁昌、南陵县和镜湖、弋江、鸠江、三山 4 区，2 个国家级开发区。

芜湖濒临长江，东与长江三角洲连成一体，西接华中地区，南依黄山、九华山风景区，北临南京，交通便利，是华东地区重要的水陆交通枢纽。有 3 条高速公路、5 条铁路在此交汇，芜湖长江公铁两用大桥是沟通京九、京广、京沪、陇海等铁路大动脉的重要结点，是交通运输部确定的公路运输枢纽城市；芜湖港是长江逆江而上的最后一个深水良港，是长江运输的主枢纽港，芜湖朱家桥外贸码头，已和世界 50 多个国家和地区建立了业务往来；芜湖距南京禄口国际机场和合肥骆岗机场均约 1 小时车程。

在投资环境和服务方面，芜湖在全国非省会城市中名列前茅：在中国社会科学院《中国城市竞争力报告》中，芜湖列中西部非省会城市第 1 名；在第三届中国财富论坛上，芜湖获“世界投资中国——中小城市魅力奖”第 1 名；在改革开放 30 周年时，芜湖被中央列为成功开拓中国特色发展之路的全国 18 个典型地区之一；被评为中国最佳休闲城市。

【招商引资】芜湖经济技术开发区是芜湖市主要的工业产业集中区域，包括国家级经济技术开发区、国家级出口加工区、国家级高新技术创业服务中心、国家级外贸码头、国家级汽车电子产业园、国家级汽车及零部件出口基地、国家级动漫产业基地等 7 个国家级园区。规划总面积 118.28 平方公里，常住和就业人口 20 万，已形成具有一定竞争力的汽车及零部件、家用电器、新材料三大主导产业。汽车及高端装备、新型显示等战略性新兴产业和现代生产性服务业培育前景良好。经济开发区共有各类企业 2 278 家，其中工业企业 644 家。目前，芜湖经济技术开发区正按照产业高端化、招商科学化、城市现代化、管理高效化、社会和谐化的思路，着力建成以战略性新兴产业为主体的高端产业集聚区、科技创新先行区、节约用地示范区、环境保护生态区、管理机制创新区和社会发展和谐区，打造以高端产业为主体、综合配套功能完备的现代产业新城。

2013 年，芜湖经济技术开发区克服经济下行的压力，坚持抓招商、推建设、促民生、保稳定，不断加快产业转型升级的步伐，注意提高经济质量，全区经济社会平稳发展。全年实际利用内资 253.1 亿元，同比增长 20.3%；实际利用外资 5.6 亿元，同比增长 12.1%，蝉联安徽省开发区第 1 位。全区实现工业总产值 2 086 亿元，同比增长 12.8%；实现工业增加值 507.7 亿元，同比增长 12.9%（按可比价计算）。全年有 83 家工业企业产值超亿元，其中超 10 亿元的企业有 28 家。全年实现固定投资 259.1 亿元，同比增长 25.6%；实现进出口总额 36.7 亿美元，同比增长 4.9%，其中出口总额 25.5 亿美元，同比增长 6.3%，进口总额 11.2 亿美元，同比增长 1.8%。高新技术产品实现进出口总额 20.2 亿美元，奇瑞汽车实现整车及 KD 件出口 14.2 万辆，连续 12 年排名国内乘用车出口量第一。全年三产企业实现营业收入 440 亿元，同比增长 13.1%。2013 年，芜湖经济开发区管委会组织招聘会 270 场，累计进场招聘企业数 1.6 万家，现场求职人数累计 11 万人次。

芜湖出口加工区位于芜湖经济技术开发区内，2003 年 3 月 12 日通过国家九部委验收，总体规划 2.95 平方公里，已开发面积 2.17 平方公里。其中，一期开发面积 1.1 平方公里，2003 年 3 月 12 日通过海关总署等九部委验收；二期开发面积 1.07 平方公里，2008 年年初启动二期工程建设，2009 年 7 月 31 日通过合肥海关组织的验收并封关运行。

芜湖出口加工区按照国家有关规定，设有芜湖海关驻出口加工区办事处、安徽出入境检验检疫局驻芜湖出口加工区工作组等行政机构。芜湖出口加工区管委会委托出口加工区管理局具体负责日常行政事务、加工贸易审批、物业管理、政策研究、信息交流等综合服务工作，并协助土地、建设等部门在出口加工区履行职能，同时开展出口加工区招商引资工作。另有银行、外运、外贸、报关行等服务机构。这些机构使出口加工区“一站式”通关的优势得到充分发挥。

【工业】2013 年，由于国际经济低迷、人民币对外升值等因素的影响，芜湖出口加工区内工业龙头企业中达电子、美的洗涤电器等公司受到较大冲击，出口订单明显减少，营运情况显著低于预期。芜湖出口加工区管理局积极协调海关、商检、外管等部门，在报关、报检、审批等环节中优化流程，帮助企业提高通关效率，同时为区内企业提供优质服务，解决生产经营中的实际问题。2013 年，实现进出口总额为 5.5 亿美元，其中出口额为 3.78 亿美元，进口额为 1.72 亿美元。全区重点企业为：

中达电子（芜湖）有限公司：总投资达 2.66 亿美元，注册资本 1.34 亿美元；占地约 36.22 万平方米，配套设施用地约 8.53 万平方米；该项目分两期开工，一期工程建筑面积为 2.4 万平方米的厂房、宿舍及员工会所等设施已全部建成并投入使用；2013 年实现进出口值为 2.76 亿美元，其中出口额为 1.92 亿美元，进口额为 0.84 亿美元。

芜湖美的洗涤电器有限公司：总投资 8.3 亿元，该项目占地约 27 万平方米，区外配套用地约 3.8 万平方米；分 3 期建设，其中一期工程投资 3.6 亿元，2.3 万平方米的主厂房现已建成并投入使用；2013 年实现进出口值 0.4 亿美元。

合保电器（芜湖）有限公司：注册资本 500 万美元，主要从事避雷器、落式熔断器、绝缘子等产品的生产和销售，2013 年实现进出口值 0.35 亿美元。

芜湖中鼎实业有限公司：总投资 6 亿元，注册资本 5 000 万元；该项目占地 12.2 万平方米，已建成厂房 4.2 万平方米；主要从事密封件、橡胶制品、橡塑制品、五金制品、管件的研发、生产、销售与服务及从事汽车行业高端产品研发与服务普通货物的仓储物流服务等；2013 年实现进出口值 0.32 亿美元。

【发展趋势】 中达电子、美的洗涤电器、中鼎实业等大型出口加工型企业的投产，使芜湖出口加工区呈现出良好发展势头；二期工程的竣工及保税物流园区的启动，为芜湖出口加工区提供更广阔的发展空间。一个通关更便捷、服务更周到、功能更齐全、监管更科学的芜湖出口加工区正在崛起。一个覆盖皖江流域乃至安徽省，集国际加工、国际采购、仓储、物流于一体的大型综合平台正在芜湖出口加工区逐步形成。

【机构设置与管委会领导】 芜湖出口加工区管委会和芜湖经济技术开发区管委会实行“两块牌子，一套班子”的管理模式，芜湖出口加工区管理局作为芜湖经济技术开发区管委会的职能部门，依托经济技术开发区管委会其他职能部门，承担出口加工区招商引资、日常管理和服务工作。芜湖出口加工区管理局下设贸管科、综合科两个科室。

管委会领导：芜湖出口加工区管委会主任陆雷，芜湖经济开发区管委会副主任季学敏，芜湖出口加工区管理局局长邓小红。

【招商部门】 芜湖出口加工区管理局，联系人及电话：邓小红（局长），0553－5772018；朱俊（副局长），0553－5772002；刁建青（副局长），0553－5772017；李云霞（副局长），0553－5772785。

安徽合肥出口加工区
ANHUI HEFEI EXPORT PROCESSING ZONG

【经济发展】 合肥出口加工区自设立以来，始终秉承经济开发区"招大引强"的招商理念，最大化发挥土地产出效益和产业集聚作用，确保每个引进项目的质量，合理布局入园项目。以联宝项目为代表的一批电子信息产业的迅速崛起，带动着合肥出口加工区跑步前进，加工区的电子信息产业从无到有，不仅实现了飞速发展，也成为主导产业的发展方向。

根据中国保税区出口加工区协会的数据，2013 年全国 53 个出口加工区中，合肥出口加工区以 124 396 万美元的进出口额（其中进口额 63 847 万美元，出口额 60 549 万美元），排名全国出口加工区第 13 位，位居中西部加工区第 3 名，显示出蓬勃生机和巨大潜力。

据合肥海关的统计数据，2013 年，合肥出口加工区累计办理业务审批 408 件，其中出具相关批复性文本 5 件，受理设备、料件申请 184 份，模具外发加工申请 23 份，货物内销申请 173 份，其余相关审批 23 份；共完成进出口货运量 5 662 吨，其中进口货运量 1 482 吨，出口货运量 4 180 吨；共完成报关单量 65 252 份，其中进口报关单量 27 774 份，出口报关单量 37 478 份；共征收关税 346 万元，征收环节税 92 805 万元，征收特别关税 0.08 万元。

据安徽检验检疫局的统计数据，国检全年共受理报检和申报货物 9 240 批，货值 252 581 万美元。

【投资环境】 合肥是安徽省省会，位于安徽省中部，承东启西、连南接北，是长三角经济区的重要城市之一。以合肥为圆心，半径 500 公里范围内，基本涵盖中国东、中部七省一市，拥有 5 亿人口，占中国 50% 的国民生产总值和 40% 的消费市场。

合肥出口加工区于 2010 年 7 月 5 日经国务院批准成立，位于合肥经济技术开发区新港工业园内，规划面积 1.42 平方公里。合肥出口加工区地处合肥市西南，交通优势明显，通巢湖达长江，铁路专用线直通港区，312 国道、沪蓉高速、合九铁路、宁西铁路和沪汉蓉高速铁路环伺周边。

2011 年年底，合肥出口加工区完成了"七通一平"、监管设施和信息化系统等三大项 24 项工程建设任务，全面达到海关特殊监管区域建设要求。2012 年 6 月 20 日顺利通过国家九部委的联合验收，同年 8 月 21 日正式封关运作。

合肥出口加工区投入运行以来，着力打造"宜业"功能完善的配套环境。2013 年，合肥出口加工区紧紧围绕"工业发展主引擎、创新发展新高地"的目标定位，以科学发展观为指导，以争创一流的出口加工区为目标，取得了长足的进步，呈现出良好的发展态势，为 2014 年工作再上新台阶打下坚实基础。

【招商引资】 截至 2013 年年底，区内注册企业11家。其中，工业企业4家，为崧贸电器、崧贸科技、联宝（合肥）电子科技有限公司和胜利电子等；仓储物流型企业7家，为海晨、中外运、新宁物流等。全年共完成招商和商务接待70余批次，园区影响力不断增强。

合肥崧贸项目。在加工区内注册成立的崧贸电器和崧贸科技两个企业，由台湾崧贸实业有限公司投资建设，总投资1 800万美元，占地约1.43万平方米，建设不间断电源供应器、音视频产品等专业电子制造基地。项目全部达产后可形成产值3亿元人民币，出口额0.45亿美元。该项目于2013年7月正式投产。

联宝（合肥）电子科技有限公司项目。由两家世界500强企业联想和台湾仁宝公司合资建设，总投资10亿美元，在加工区内占地约30.47万平方米，主要生产联想PC产品，于2012年12月正式投产，创造了合肥项目建设的"合肥速度"。达产后各类产品年产能将超过2 000万台，实现100亿美元以上产值。

胜利电子项目。总投资1 500万元，租赁区内联宝电子仓库1 935平方米，从事触控显示器组装。项目达产后，将形成年组装200台生产能力，实现年产值14.8亿元。

【合肥出口加工区公租房项目】为有效解决入驻加工区项目员工的居住生活问题，为企业运营解决后顾之忧，合肥出口加工区公租房项目于2011年11月15日破土动工。项目一期工程由中铁十局承建，包括5幢楼1 876套房，总建筑面积约13.4万平方米，于2012年7月交付使用，截至2013年12月31日共计入住职工约8 500人。

整个小区规划设有团膳餐厅、综合超市、便利店、洗衣房、理发店、书店、网吧、卫生服务中心、银行ATM机、篮球场等配套功能服务区。随着各功能区商家的陆续入驻，该区域已形成大型综合性示范区，产业工人拎包入住的"一站式"生活社区最终将得以实现。随着一期的建成投入使用，项目二期正在紧张建设中，全部建成后可满足20 000余人的住宿需求。

为加强员工宿舍区管理工作，加工区管理局与开发区公用事业发展公司物业部、海恒发展公租房项目部、联宝科技行政部相关负责人员共同组成"公租房管理问题协调小组"，不定期召开碰头会，就团膳餐厅、宿舍区用电、物业服务改进措施及周边环境整治等问题进行沟通协调，并逐项落实各项解决措施，齐心合力为入住企业员工营造良好的生活和居住环境。

【发展趋势】2013年7月4日，合肥出口加工区监管场站扩建工程正式开工。工程位于加工区原监管场站北面，占地面积约2.83万平方米，将新建2号监管仓库4 450平方米、停车及查验场地10 150平方米，同时新建内卡口一座。2014年可建成并完成验收，投入使用。建成后，合肥出口加工区将实行双卡口场站监管模式，通关运行效率将大大提高。

为了拓展出口加工区的业务内容，2013年11月，由安徽海晨综保物流有限公司投资建设的合肥出口加工区保税物流园项目正式动工建设。项目主要从事保税物流、保税仓库及货物包装、贴唛、分拣等业务，占地约3.31万平方米，建筑总面积约2.5万平方米，投资总额2.2亿元人民币，预计2014年10月前全部建成投产，完全达产后可实现年营业额1.5亿元人民币，年缴纳税收1 500万元人民币，实现年进出口额10亿美元。届时，区内外企业将能享受到保税仓库带来的税收、物流、通关等一系列优惠政策和便利服务。

【机构设置与管委会领导】2011年，经省市编办批准，合肥经济技术开发区管委会加挂合肥出口加工区管委会牌子，下设合肥出口加工区管理局，副县级建制。

管委会领导：加工区管委会领导由经济开发区工委书记、管委会主任姚卫东兼任，副主任由经济开发区工委委员、管委会副主任程振革兼任。合肥出口加工区管理局局长为陈圣炜。

【招商部门】 合肥出口加工区管理局。区内投资咨询与接待：黄丽侠，0551 - 63751820；兰淑，0551 - 63683720，13966739093；刘婵，0551 - 63683700。区外投资咨询与接待：丁子兵，0551 - 63683709，13855192833；包琼花，0551 - 63683720，13721107136。

管委会招商一局。24 小时招商热线：0551 - 63811070，18956009570。外资项目咨询：瞿虹，0551 - 63679086（中/英）；徐庆，0551 - 63679059（中/德）；王睿，0551 - 63679072（中/日）；何鹏，0551 - 63679075（中/英）；冯磊，0551 - 63679186；张振兴，0551 - 63679085。内资项目咨询：蔚鹏，0551 - 63679085；王鑫，0551 - 63679075；黄河，0551 - 63679075；汪锋，0551 - 63679084。

管委会招商二局。24 小时招商热线：0551 - 63679333，18919667779。外资项目咨询：操佳，0551 - 63679379（中/英）；李蓓，0551 - 63679399（中/日）；江涛，0551 - 63679399（中/日）；廖光友，0551 - 63679399。内资项目咨询：马祥生，0551 - 63679388；吴翔，0551 - 63679388；邹春森，0551 - 63679379。

江西南昌出口加工区
JIANGXI NANCHANG EXPORT PROCESSING ZONE

【经济发展】2013年，南昌出口加工区紧紧围绕市委、市政府提出的“打造核心增长极”的战略思路，在做大园区承载的基础上，从项目上发力、从效率上追赶、从机制上超越，一跃成为中部综合实力靠前的出口加工区。园区2013年全年累计实现进出口总值10.4亿美元，同比增长60.9%，其中出口5.03亿美元，同比增长59.6%。在进出口总额中，工业企业进出口总额10.02亿美元，占园区进出口总额的98.2%；保税物流实际进出境0.2亿美元，占园区进出口总额的1.8%。

【投资环境】南昌出口加工区于2006年5月经国务院批准设立，坐落在南昌市大气质量和综合环境最优的南昌国家高新技术产业开发区内，规划总面积1平方公里。其中，一期（A区）0.31平方公里于2007年9月通过国家九部委验收正式封关运行，二期（B区）0.69平方公里于2010年12月28日通过国家九部委验收并正式封关运行。

基础设施：园区共建有近40万平方米标准厂房，其中，2013年6月新建成标准厂房、保税仓库5.5万平方米；园区外500米内建有企业员工公寓供企业员工租住，小区具备食堂、商业服务、文化、娱乐、体育休闲等完善的生活配套设施，并配备物业管理。

交通物流：地处长江中下游，鄱阳湖西南岸，承东启西，贯通南北，运输便利，距南昌火车站5公里，距赣江新水运港口20公里，距昌北国际机场25公里。为进一步提高园区内企业的货物进出香港的时效性、安全性，园区开通了“赣粤港”直通车，实现达到“夕发朝至”的通关效率。

人才优势：园区位于江西省最大的智力密集区，30余家高等院校和科研院所是强有力的人才、智力依托，区内昌东高校园区各类院校开设了近200个专业学科，每年可培养、输送近6万名专业技术人才。

政策引导：南昌市委、市政府高度重视南昌出口加工区的发展，主要领导多次现场调研园区发展情况，并出台了对园区建设发展的优惠扶持政策；南昌高新区也是举全区之力助推园区发展，先后出台了招商引资、保税物流、用工补贴等专项优惠扶持政策，为园区企业做强做大提供政策支持。

【招商引资】作为内陆地区的出口加工区，南昌出口加工区处于中部交通发达之地，园区将招商的主攻方向定位为具有高附加值的光电配件、终端制造业，通过精准产业定位来打造特色园区，通过优惠政策来提升园区竞争力。

2013年，南昌出口加工区新引进工业项目4个，完成合同外资6 770万美元，现汇进资5 300万美元，截至年底，已建成项目2个，实现开工投产项目1个。在园区累计引入的20余家企业中，电子类生产型企业达14家，其中荣晶科技、鑫陇科技产值先后突破2亿美元，位列全市出口企业前列。与此同时，通过双轮驱动建平台，引入大型终端制造企业，完善区外配套产业链建设，并通过延伸产业链逐步培育物流服务市场，从而促进园区功能服务平台的建设与发展。

【企业服务】南昌出口加工区始终将为企业服务摆在日常工作的首位，把落户企业视为亲人，专门设立了项目服务小组，为企业提供注册代办、建设协调、落户服务、生产生活等全方位的服务，帮助园区企业专心发展。同时，对重点项目提供重点服务，毫不懈怠地开展“一对一”的贴身服务工作。

通过定期召开“关、检、企、局”四方联席会和不定期园区现场调研走访，及时解决企业生产经营中遇到的问题和困难，确保企业健康平稳发展。为了更好地践行园区驻区机构“为国把关”和“服务企业”的宗旨，园区出台了旨在提升园区服务质量的“驻区监管单位优质服务激励办法”，并逐步建立夜间通关制度，使园区真正实现7×24小时预约通关。

【发展趋势】2014年，南昌出口加工区将继续以沿海地区产业梯度转移为契机，进一步转换观念，紧抓“两头在外”大型整机项目不放松，增强园区发展潜力；同时，充分利用好出口加工区平台优势，大力拓展进口商品展示销售，搭建跨境电子商务平台，拓宽招商引资视野，实现出口加工区跨越发展。

【招商部门】南昌出口加工区管理局，以“为投资者服务，让投资者盈利”为宗者，为投资客商提供政策咨询，为投资项目提供从项目审批、项目建设到投产运营后的一条龙服务。招商热线：0791－88161548、88161320，联系人：方宁、姚景东，手机：13755778866、13979117851，传真：0791－88161055。

江西赣州出口加工区
JIANGXI GANZHOU EXPORT PROCESSING ZONE

【概况】 赣州出口加工区位于赣州开发区潭东镇，毗邻广东、福建，靠近香港、澳门，处于珠三角、闽东南经济区的直接腹地，是内地通向东南沿海的重要通道，距广州、深圳仅400公里左右，车程只需3个多小时；与珠三角、闽东南三角区形成了“三小时经济圈”，是承接珠三角、闽东南产业梯度转移的前沿阵地；邻近105、323国道，距大广、蓉夏高速公路10公里，距赣州黄金机场16公里，距京九铁路赣州货运南站5公里，距火车客运站10公里，交通十分便捷；靠近大学城，人力资源优势明显。

赣州出口加工区总体规划面积2.93平方公里，首期开发建设面积0.933平方公里，于2007年5月9日获国务院正式批准设立，2008年5月6日通过国家九部委的正式验收。

【经济发展】 赣州出口加工区的设立，为赣州充分发挥区位优势，承接产业转移，推进开放型经济快速发展奠定了坚实的基础，进一步提升了赣州对外开放水平和层次，增强了城市综合实力和发展核心竞争力。同时，赣州出口加工区的设立，简化了报关手续，提高了通关效率，为企业发展提供了良好的平台，打通了企业充分利用国际国内市场资源的快速通道，对赣州扩大进出口贸易，出口创汇，引进外资、技术和管理，创造就业等方面发挥了重要作用，有力提升了赣州开放型经济发展水平。

2013年，园区完成进出境货物总值2.75亿美元，同比增长28.2%，其中出境2.63亿美元，同比增长41.7%。完成税收总额3 200万元。

【投资环境】 为“筑巢引凤”，2013年赣州出口加工区加快建设进度，完善基础设施。现已建好海关、国检、管委会办公大楼、卡口、海关监管仓库、查验场、检疫楼、检疫场、熏蒸房、围网、巡逻通道等设施及智能监管系统；完成了共计6.506公里主干道和巡防通道的道路框架，沿路铺设各种管网及路灯，完成了供水、供电、通信、雨水、污水管网等配套基础设施建设，实现了“七通一平”；建成了污水处理站一座，日处理污水1 600吨；建成110千伏变电站一座，实现了高压线扩容；建成绿化带12条，绿化长度5.006公里，绿化面积12 288平方米；亮化道路9.299公里；建好了第一批6幢10万平方米标准厂房与20万平方米员工宿舍；建成了超市、网吧、饭店、银行网点、通讯网点、临时公交站、篮球场等生活娱乐配套设施；开通了管委会与海关、国检及报关行、入区企业联网办公网络专线，形成管理部门、服务机构及企业电子政务、商务的统一网络和数据处理平台。

完善区域硬环境的同时，赣州出口加工区进一步优化企业服务体系，继续坚持完善各种服务体制机制。健全了与海关、国检联席会议制度，强化加工区监管审批职能，减少手续流程，减少等待时间，增加管理权限，使口岸物流、单证流、资金流、信息流高效、顺畅地运转，实现有效监管和高效服务的结合；进一步创新“一次报关、一次审单、一次查验”的通关方式，确保落户企业不出区即可办理完所有进出口手续，做到“快进快出”，创设大通关环境；完善“一站式”服务机制，对入区企业做好从招商、落地、建设、投产到出口等全程服务。

【招商引资】2013 年，赣州出口加工区进一步提升招商引资的质量和效率，出台了《赣州出口加工区入区企业优惠政策》；采取“以商招商”、“委托招商”、“网上招商”、“协会招商”等形式，以区域驻点招商，小型产业专题招商会招商，省、市、区联动招商为主，全方位、广角度开展招商活动。

在招商引资过程中，赣州出口加工区坚持高标准、高质量招商，提出“大力吸纳国内外创新资源，引进高层次研究机构、高水平研发中心，发挥产业拉动效应和知识技术的外溢效应，提升园区发展水平”的新观点，重点引进位于产业链高端的芯片加工及软件定制项目，达产后年出口额可达 5 亿美元以上。

【工业】赣州出口加工区落户企业 9 家，其中加工贸易企业 3 家，保税仓储物流企业 6 家。加工贸易企业主要以电子产业为主，其中世界五百强——伟创力集团成立的伟创力电源（赣州）有限公司，已于 2010 年 8 月正式投产，有员工 4 000 多人，主要生产手机变压器；总投资 8 亿元的江西威赛光电科技有限公司于 2012 年底签约入驻，主要产品为 LED、柔性 LCD 显示屏；赣州金润鸿达工贸有限公司于 2013 年 9 月入驻，主要产品为芯片软件定制，达产后年出口额可达 5 亿美元以上。保税仓储物流企业已培育了稳定的客户群，进出口货物涉及中国台湾、中国香港、日本、美国、南非等十几个地区和国家。园区主要进出口商品为钕铁硼合金速凝永磁片、硫酸钴、碳酸钴、氢氧化钴、甜菊糖甙、家用口腔护理器、变压器及集成电路等。

【发展趋势】赣州出口加工区始终围绕“保税加工为主，保税物流为辅”的目标，在发展加工贸易方面，提出要以“发挥政策优势，着力引进高新技术叠加型产业，力求社会效益最大化”为招商引资方向；在发展保税物流方面，围绕区内及周边进出口物资需求，以“立足开发区、辐射周边”为原则，着力引进省内知名保税仓储物流企业，形成加工贸易与保税物流业务互为补充，相互促进的发展格局。

【机构设置】为加强对出口加工区的管理，成立了出口加工区管理局，负责工商、税务、海关、出入境检验检疫、外汇管理等部门的沟通协调，期内企业的全程服务，以及加工贸易业务管理等工作。赣州海关与检验检疫部门分别成立了驻赣州出口加工区办事处，派驻专业人员驻区办公，采用“24 小时预约通关”、“分送集报”等模式，为企业提供便捷高效的通关服务。

【招商部门】赣州出口加工区管理局。联系人：邓浩森，电话：13576663452。

山东青岛出口加工区
SHANDONG QINGDAO EXPORT PROCESSING ZONE

【概况】 青岛出口加工区位于青岛环胶州湾产业带中间位置，是2003年3月10日获国务院批准设立的第三批出口加工区之一，同年12月8日通过国家八部委联合验收，核心区规划面积2.8平方公里，其中一期1.7平方公里于2004年8月正式封关运作，配套产业区10.1平方公里。青岛出口加工区距新批准的青岛胶东国际机场10公里，距青岛流亭国际机场19公里，距前湾港33公里，距青岛港18公里，周边济青高速、青银高速、308国道、204国道等路网纵横交错，形成立体式交通网络，交通便利，区位优越。

青岛出口加工区自成立以来，紧紧围绕创建一流出口加工区的目标，以科学发展观统领开发建设全局，以招商引资为主线，以完善区域城市功能为重点，快速推进开发建设，园区主要经济指标迅速提升，已成为青岛市胶州湾北部高端外向型工业企业的重要集聚区和功能支撑区。

【投资环境】 青岛出口加工区是全国为数极少没有依托经济开发区的出口加工区之一，在加快推进核心区发展的同时，不断加大配套产业区的投资和开发建设力度。目前，核心区及配套产业区基础设施配套分别达到"九通一平"和"七通一平"标准，道路、水电、供热、供气及信息化配套达到国内一流园区水平。为充分发挥配套产业区对核心区的反哺功能，配套产业区重点发展税源经济，规划了商住区、商业区、商务区、配套工业区。商住区大力发展商住项目，完善区域城市功能，增加地方财政收入，打造青岛北部城区西侧的高端商住中心；商业区依托功能区保税展览展示功能，打造胶州湾北部国际化进口高端商品交易展示中心；商务区以发展商务经济、总部经济为目标，加快青岛北部城区CBD中央商务区建设，积极发展商务楼宇，加快大型公司总部、贸易公司、服务型公司的引进，打造青岛北部城区总部经济中心；配套工业区大力发展高端装备、电子信息软件、智能装备、环保节能、现代物流等高新技术产业，加快形成胶州湾北部新城的高端产业聚集区。

完善区域硬环境的同时，青岛出口加工区进一步优化投资服务体系，打造优质的投资软环境。2013年，全力营造"亲商、安商、富商"服务氛围，强化投资服务软环境建设。坚持并完善了定期走访企业制度、驻区部门联席会议制度、驻区部门与企业见面会议制度、项目协调促进领导小组会议制度等，每月定期走访企业，了解企业经营情况，帮助解决企业在生产过程中遇到的各种问题。

【招商引资】 2013年，紧紧围绕产业规划，坚持"走出去"招商，多渠道挖掘项目信息，招商引资工作进展顺利。全年批准项目7个，批准投资总额1.48亿美元，其中，批准外资项目6个，完成合同外资7 535万美元，实际利用外资6 481万美元。截至2013年年底，青岛出口加工区累计签约内外资项目73个，其中外资项目66个，投资总额15.8亿美元，合同外资7亿美元，到账外资4.53亿美元；内资项目7个，总投资21.2亿元。所引进的项目中，投资总额过千万美元的外资项目27个，占引进外资企业总数的41%，单个外资项目平均投资额达到2 386万美元。

在招商引资过程中，青岛出口加工区重点发展电子信息、装备制造、保税物流三大产业，构建特色化产业集群。经过多年的招商运作和精心培育，电子信息、装备制造两大优势产业初具规模，保税物流企业群体正在加速形成。以投资5 000万美元的世界五百强企业——泰科电子为龙头的电子信息产业现有企业13家，产品基本覆盖了电子产品配件大部分领域，产值占园区企业工业总产值的56%；以世界同行业最大品牌商德国斯蒂尔集团投资8 348万美元设立的安德烈斯蒂尔动力工具（青岛）有限公司和日本洋马株式会社投资2亿美元设立的洋马发动机（山东）有限公司为龙头的装备制造业现有企业15家，产值占园区企业工业总产值的25%；总投资7 000万美元的丹麦NDI物流、新加坡广阔橡胶物流、中非纺织物流、捷克消防物流等国际知名物流公司落户，短期内将形成保税物流产业集群发展态势。这些产业集群，为园区转型升级打下良好的产业基础。

【工业经济】2013年，青岛出口加工区投产企业达到52家，占引进项目总数的71%，区内企业用工人数达到7 700人。实现工业总产值48亿元，同比增长9.41%，其中高新技术企业工业总产值达到12亿元，同比增长9.5%，电子信息产业工业总产值39亿元，同比增长9.8%；实现工业增加值13.4亿元，同比增长8.53%；销售收入47亿元；固定资产投资达到5.72亿元，同比增长57.3%；实现利润总值8.48亿元，同比增长8.93%；进出口总值完成6.97亿美元，同比增长11.6%，其中出口完成4.6亿美元，同比增长10.3%。

【园区管理】2013年，青岛出口加工区着力提高行政审批效率，开辟外资项目审批绿色通道，切实落实“马上办”服务机制，全年300余项行政审批事项均提前完成；着力优化通关通检环境，积极协调海关、国检等驻区职能部门，形成了通关速度快捷、物流监控到位、加工贸易联网监管的出口加工区监管模式；着力建设平安和谐园区，安监队伍进一步壮大，安全生产网格化管理信息平台向企业不断延伸，安全生产网格化、专业化、科学化管理水平明显提高，安全培训教育、隐患排查整改力度进一步加大，全年未发生较大安全事故；加强劳动人事监管，进一步畅通了职工维权渠道，设立24小时公开投诉电话，实行对企业劳动用工的动态管理，定期对区内企业劳资情况进行走访摸底，妥善处理企业劳资纠纷；建立了治安联动机制，形成了上下互动、平行联动的治安网络，区域维稳和治安防范能力有效增强。

【发展趋势】2013年9月，青岛新国际机场选址报告正式获得国家民航局批复，新机场选址落定胶州市胶东街道办事处，距青岛出口加工区约10公里。按照规划，青岛新机场将建设成为“区域性枢纽机场、面向日韩的门户机场”，运行等级为4F级，与北京首都国际机场、上海浦东国际机场等级相当，可起降A380等目前世界上最大的商用客机。

青岛新机场的建设，为青岛出口加工区依托空港优势，建设以临空经济为特色主导的综合保税区提供了契机。按照青岛市委市政府最新部署，未来青岛出口加工区要按照国务院《关于促进海关特殊监管区域科学发展的指导意见》（国发〔2012〕58号）要求，充分发挥空港、海港优势和保税加工、保税物流、保税服务等功能优势，加快向综合保税区转型，全力打造全新的发挥功能优势的政策平台，大力发展航空保税物流业务、进口高端商品保税展示交易业务、飞机及高端装备的融资租赁业务、飞机及航空设备保税维修业务，打造特色鲜明的国际保税物流检测中心、跨境金融租赁业务中心、进口商品保税展示交易中心，加快形成具有较强辐射带动作用的山东半岛蓝色经济与现代高端产业示范区。

【机构设置与管委会领导】青岛出口加工区工委于2004年12月31日由青岛市委正式公布建立（青委〔2004〕166号文件），作为青岛市委的派出代表机关，受青岛市委直接领导。青岛出口加工区管理委员会是青岛出口加工区的行政管理部门，下设办公室、经济贸易发展局、规划建设局、招商局、公共事务管理局、计划财务管理中心6个部门。

管委会领导：青岛出口加工区工委书记、管委会主任张卫平，青岛出口加工区工委委员、管委会副主任苟团年，青岛出口加工区工委委员、管委会副主任丁剑琴，青岛出口加工区工委委员、管委会副主任陈铭传，青岛出口加工区工委委员、管委会副主任牛广林。

【招商部门】招商部门为管委会经济贸易发展局和招商局。联系人：贝利辉，联系电话：15806587511、0532－87828881；联系人：郃永霞，联系电话：18653221224、0532－87828889。

山东威海出口加工区
SHANDONG WEIHAI EXPORT PROCESSING ZONE

【概况】威海出口加工区于2000年4月27日经国务院批准设立，2001年1月8日通过国务院八部委联合验收，同年10月8日正式封关运作。规划面积2.6平方公里，一期使用面积1.34平方公里，建有2万平方米的综合办公楼、5 000平方米的保税仓库和1万平方米的综合验货场。

2000年6月8日，市委、市政府成立威海出口加工区管理委员会，同年9月30日，经区管委会增挂威海出口加工区管理委员会牌子，实行一套工作机构两块牌子的管理体制，并设立威海经济技术开发区出口加工区管理局，负责出口加工区管理工作。

截至2013年年末，出口加工区累计入区项目76个，总投资7.4亿美元，其中外资企业57个，实际到账外资4.2亿美元；累计实现工业总产值263.2亿元，年均增长32.19%；固定资产投资总额20.7亿元，年均增长46.8%；完成进出口额83.87亿美元，年均增长38.29%；税收3.28亿元，年均增长70.03%。自2009年3月出口加工区叠加保税物流功能以来，区内物流企业累计完成进出区货值24.26亿美元，年均增长34.4%。

2013年，出口加工区内投产企业45家，其中电子企业16家、食品企业4家、汽车零部件企业4家、物流企业7家，其他企业14家，就业人数10 662人。

【经济发展】2013年，实现外贸进出口总值13.5亿美元，比2012年增长21%；产品销售收入30.6亿元，比2012年增长0.1%；固定资产投资2.9亿元，比2012年下降54.2%；完成税收5 839万元，比2012年下降20.3%；保税物流进出区货值7.9亿美元，比2012年增长4.6%。园区经济运行主要呈现以下3个特点。一是外贸进出口持续增长。2013年，世界经济逐步复苏，国际市场需求回暖，区内大部分企业订单充足，进出口实现快速恢复性增长。二是固定资产投资明显减少。由于日月光半导体（威海）有限公司于2012年投入大量资金建设三期工厂并购置设备，2013年区内又没有较大规模的新建项目，因此，2013年的固定资产投资与2012年相比明显减少。三是税收降幅较大。主要原因是区内3家骨干企业订单大幅减少，产能大幅下滑，利润、税收也随之急剧下降，导致出口加工区税收整体下滑。威海海纳开碧日用品有限公司订单严重不足，产能下降38.1%，利润比上年减少36.6%，导致税收减少71.5%。威海日都食品有限公司、威海金海食品有限公司等两家公司绝大部分产品出口日本，由于日本市场经济不景气，造成产品订单减半，再加上日元汇率大跌，销售收入比上年下降90%，导致利润减少106.6%，税收下降61.5%。

【招商引资】2013年，围绕出口加工区主导产业，坚持招商与引资双管齐下，全年引进项目2个，增资项目2个，在谈项目13个，到位外资2 600万美元。引导规模企业增资扩股，日月光半导体（威海）有限公司、威海一赕电子有限公司分别增资2 500万美元和100万美元用于扩大产能。加快产业转型升级，成功劝退威海有一电子有限公司、威海钟宇化妆品有限公司2家高耗能、低效益的企业出区，腾出土地2.33万平方米、厂房6 500平方米，引进总投资7 300万元的威海泛亚物流有限公司。

【园区建设】 2013年，出口加工区管理局强化管理与服务职能，努力完善基础设施建设，推动园区和谐创建工作，促进园区经济持续发展。

优化园区环境。投资10万元补植各种树木180株，修整公共绿地400平方米；修铺巡视道1 600米及区内破损路面300平方米；更换卡口隔离墩、交通指示牌等。

园区安全管理。与园区内42家企业签订2013年度安全生产、消防安全、社会治安综合治理、食品安全4项承诺书；指导区内15家规模以上企业开展企业安全生产标准化建设；组织6次安全生产大检查，2次特种设备与消防设施专项检查，3次食堂食品安全排查；组织300多名园区企业员工参加消防应急演练，40多家企业安全生产负责人观摩演练。

党团建设实现园区全覆盖。按照“兼合式”党组织组建原则，新成立非公企业党组织2个，园区党支部达到11个，培养入党积极分子15名，发展预备党员14名；引导5家企业设立党建专项经费科目，为非公企业党建工作提供资金保障；深入开展党员干部联系基层困难群众工作，60多名党员与20多名困难群众结成帮扶对子；新组建企业团支部2家，园区基层团组织达到13家；举办庆祝“五四青年节”职工趣味运动会，吸引园区13家企业200多名青年职工参加，丰富青年职工业余文化生活。

和谐园区建设。出口加工区管理局推进园区参与“争创劳动关系和谐经济园区”活动；春节期间为19名困难职工发放慰问金2.2万元，组织企业100多名大龄青年参加“手拉手”联谊活动，组织50多名女工会干部举办庆“三八”女职工趣味运动会，组织12家企业200多名职工举办拔河比赛，组织30多家企业负责人和工会主席举办“情满金秋”钓鱼比赛、高尔夫球赛；联系海大医院为200多名企业职工传授保健知识，发动4 300多名园区职工参加“工会会员爱心互助补充医疗保险”；邀请青岛诚智企业管理有限公司为50多名园区企业管理人员举办“管理七巧板——构建高效的工作团队”培训班，帮助企业打造高绩效团队；组织500名女职工参加全市“女职工劳动保护特别规定”知识竞赛；指导企业职工参加全市劳动技能比武活动，其中威海广瀬电机有限公司员工夺得办公自动化比赛第一名；组织园区36家企业开展“慈心一日捐”活动，共计捐款12.98万元。2013年3月，出口加工区被威海市创建劳动关系和谐企业领导小组授予“威海市劳动关系和谐经济园区”称号。

【企业服务】 指导企业提高管理水平。2013年，出口加工区管理局分层次、分行业，组织召开园区骨干企业、园区规模企业、电子加工企业、保税物流企业等座谈会6次，引导企业革新技术减少用工成本，更新设备提高产品质量。威海仁昌电子有限公司、威海新韩精工有限公司等5家企业共投资600万美元购置、更换6条生产线。邀请区统计部门为园区企业举办财会统计员培训班2次，邀请驻区海关举办园区企业报关员培训班2次，提高业务人员素质。

实行机关干部包服企业定期走访制度。每位包服人员定期到企业走访调查，根据调查情况每月撰写书面报告，为企业发展提出合理化建议，帮助企业排忧解难。全年帮助企业协调解决产品通关问题 26 件次；为企业化解劳资矛盾 10 余起，为职工讨回工资 60 余万元；为区内 3 家企业解决职工住宿问题，安置职工 1 300 余人；与 5 所大专院校建立长期校企合作关系，为园区企业举办 5 场次招工说明会，解决用工1 200余人。

【发展趋势】 围绕打造高质高效产业聚集区，着力发展电子信息、汽车配件、医疗器械、保税物流等产业。重点依托出口加工区保税物流功能，在威海建造全国“韩国食品集散地、韩国日用品集散地”。积极整合出口加工区保税物流仓储平台和威海韩乐坊韩国商业文化公园平台资源，采取一系列优惠鼓励政策，吸引韩国进口企业投资兴业，重点扶持韩国食品和日用品进口批发、零售产业发展。出口加工区将为韩国商品入区保税、建立保税仓储平台、建立商品展示中心、建立物流分拨中心等方面充分发挥作用，招引韩国商家或物流企业落户园区。

【机构设置与管委会领导】 威海经济技术开发区（出口加工区）管理委员会下设出口加工区管理局，是正县级事业单位，内设综合科、经济发展科、监督管理科、政工科、保税物流科 5 个职能科室，具体负责出口加工区的管理与服务工作。

管委会领导：威海经济技术开发区（出口加工区）工委书记、管委会主任吕晓东，出口加工区管理局局长林玉霞。

【招商部门】 联系电话：0631－5981061，传真：0631－5981632。

山东青岛西海岸出口加工区
SHANDONG QINGDAO WEST-COAST EXPORT PROCESSING ZONE

【概况】2013 年，青岛西海岸出口加工区在保税港区工委和管委会领导的高度重视和正确指导下，全体人员快速适应新的管理体制和管理模式，立足于服务保税港区“二次创业”建设，积极探索转型升级，加快经济建设，着力打造改革开放新时期下海关特殊监管区的“升级版”，各项经济指标和项目建设进展都取得了很大突破，进出口额成功实现翻番，开工项目超过 10 个。

【经济发展】青岛西海岸出口加工区确立了以服务抓运行的管理新思路，通过优化服务水平、提升服务质量，充分发挥好管理局服务企业、强化园区经济运行效率的职能，促进园区各项经济指标快速增长。

2013 年，园区实现工业总产值 2.8 亿元，同比增长 31.5%；实现固定资产投资 3 亿元，同比下降 2.5%；实现税收 31 410 万元，同比增长 103.9%；实现到账外资 5 078 万美元，同比增长 203.5%；实现进出口总额 58 992 万美元，同比增长 124%，其中出口额 9 060 万美元，同比增 153.4%。

【投资环境】政策环境。出口加工区是海关借鉴发达国家海关的先进管理经验，按照我国国情实际需要，与国际通行做法相衔接，适应跨国公司运作和现代物流发展需要的新兴监管区域，是我国政策最优惠、管理最规范、最符合国际惯例的海关特殊监管区域之一，实行“境内关外，进口免税，进料保税，入区退税”政策，区内可开展保税加工、保税仓储、物流、配送、研发、检测、维修等业务。青岛西海岸出口加工区充分发挥政策功能集聚优势，聚力打造加工制造中心、贸易销售中心、交易结算中心、物流配送中心、维修服务中心和研发设计中心，为山东省、青岛市及沿黄流域九省区对外开放提供强力引擎。

区位优势。青岛西海岸出口加工区所在地处于京津冀和长三角两大都市圈之间的核心地带，是沿黄九省区对外开放的桥头堡，是黄河流域主要的出海通道和欧亚大陆桥东部的重要端点，与日韩隔海相望，是面向东北亚、支撑环渤海、连接中日韩的重要经济增长极。胶州湾高速公路入口距离出口加工区 1.5 公里，将出口加工区与济青、沈海、青银等高速公路连为一体。胶黄铁路、青连铁路使出口加工区与国家铁路大动脉相连。出口加工区紧邻中国第三大集装箱港口青岛前湾港区，青岛港是具有 100 多年历史的现代化国际亿吨大港，拥有中国大陆最大的集装箱码头、原油码头、矿石码头和现代化的煤炭码头、规模最大的 EDI 信息中心。青岛国际机场距离出口加工区 40 公里，已开通 13 个国家和地区的 25 条国际客运航线，是中国同类城市中开通国际航线最多的城市之一，2013 年青岛空港口岸飞机起降 12.89 万架次，基本形成“沟通南北、辐射西部、连接日韩、面向世界”的开放型航线布局。青岛跨海大桥和胶州湾海底隧道连接青岛东西海岸，出口加工区距离跨海大桥入口仅2公里，区位优势十分明显。

配套建设。青岛西海岸出口加工区监管设施及配套基础设施建设累计投入资金超过10亿元，区内土地实现“九通一平”。建成的监管设施包括6 000米围网和海关巡逻道、15 000平方米查验场地和3 000平方米查验仓库、1 200平方米的监管业务用房，以及闸口通道系统、计算机管理系统、视频和红外监控系统、检疫处理场地、熏蒸房等。对区内2 000多亩原为盐池的洼地进行了回填，全部达到了道路标高。完成了区内“三纵三横”6条主要道路及周边配套道路的建设，完成了配套的三水管线、供电、热力、燃气等管线敷设工程。为出口加工区及周边区域配套的热源厂、110千伏龙泉变电站、污水处理厂已建成并投入使用。建成了面积约21 500平方米的出口加工区商务大厦，供出口加工区管理局及监管部门、驻地的红石崖街道办事处及相关企业使用。

青岛市黄岛区内现已建成完备的学校、医院、酒店、购物中心、休闲娱乐中心等场所，可为出口加工区内的职工提供便捷的生活支持。区内拥有省级凤凰岛旅游度假区和小珠山国家级森林公园，环境优美。同时在紧临出口加工区处规划了配套生活区，功能主要以行政办公、居住、商业金融服务及其他服务业为主。

【招商引资】 青岛西海岸出口加工区充分把握划转保税港区这一新机遇，创新招商思路，以新举措适应新环境、新突破开创新发展，积极做好招商引资、外资调度及项目服务工作。一是更新基础材料，加强宣传推介。精心制作了全新的推介PPT、宣传册等基础材料，进一步完善了加工区网站，加大宣传推介力度。二是狠抓项目引进，坚持“走出去”招商。由分管副局长带队赴即墨、日照、东营、潍坊、菏泽、西安、枣庄等地深度考察投资方，及时与之沟通研究承接方案，推动项目进展。三是深入挖掘潜力，创新招商思路。针对园区土地供应紧张的情况，积极探索整合资源、盘活存量的招商思路，利用企业闲置厂房，嫁接美家圣达、安泽物流等一批急需入区项目落户园区；积极探索融资租赁项目定向招商，目前中俄直升机融资租赁项目已确定落户园区。

2013年，园区招商引资工作实现突破性进展，新注册港岛耀荣实业项目、赛宏实业项目、瑞泽机械制造项目（内资）、怡坤烟叶加工及国际中转项目、富高电动工具生产项目、美家圣达高科技材料项目（内资）、润嘉兴昌实业项目等7个项目，实现合同外资11 622万美元，完成全年任务的290.6%；实际到账外资5 078万美元，完成全年任务的203.1%。储备项目已达20多个，为明年招商工作奠定良好基础。

【安全生产】 安全生产工作是园区管理的重中之重，青岛西海岸出口加工区牢固树立科学发展、安全发展的理念，采取多项措施全面提升安全生产管理水平。一是规范制度建设、推进网格化监管。成立安全生产领导小组，进一步明确责任分工；与企业签订《安全生产目标管理责任书》，督促企业建立健全安全生产责任制；坚持企业《安全生产周报表》制度，及时掌握企业安全生产动态；进一步规范网格化监管系统，网格责任明确到人头，实现安全监管无死角；协调企业加快完成消防设施设计备案和竣工验收，完善安全生产“三同时”手续。二是深入抓好安全生产大检查，彻底排除各类隐患。按照“四不两直”的要求，采用多种手段排查安全生产隐患，多次邀请安全生产专家对企业的安全生产规章制度与安全生产台账进行专项检查与指导，及时督促企业整改消除各种安全风险和隐患。三是完善应急预案，加强应急演练。根据省、市、区的新要求，完善管理局和区内各企业的应急预案，全面提升预案的可操作性；督促企业加强预案的应急演练，建立演练常态化机制，确保遇到险情和突发事故能够及时处置、减少损失。四是加大培训教育力度，强化企业主体责任。大力开展安全生产宣传教育活动，多次组织安全生产专场会议，进一步提高企业的安全生产意识。

【发展趋势】 青岛西海岸出口加工区于2013年2月1日整建制划转青岛前湾保税港区，依托保税港区深厚的产业基础，西海岸出口加工区迎来全面发展的新纪元。2014年，青岛西海岸出口加工区全体人员将按照工委和管委会的正确部署，巩固和落实党的群众路线主体教育实践活动的成果，深入贯彻落实十八届三中全会精神，牢固树立为企业服务的意识，努力将出口加工区建设成为国内一流的高标准示范园区，打造改革开放新时期下海关特殊监管区的“升级版”，为保税港区的发展做出积极的贡献。

拓展方向、招大引强，促进产业优化升级。2014年青岛西海岸出口加工区将继续抓好项目这一工作重心，以项目作为园区经济发展的支撑和动力，在深挖现有项目出资潜力的基础上，转变招商思路，拓展招商方向，实现从“引资”到“选资”的转变。一是抓好定向招商，促进产业升级。把握申办青岛自由贸易港区的大好机遇，根据自由贸易港区功能定位，进行有针对性的定向招商，除了重点引进以电子信息、精密机械、新能源为主的高科技、低能耗、出口型先进制造业以外，重点引进研发、检测、维修、服务外包、融资租赁、跨境电子商务、交易中心等新型服务贸易项目，探索设立“前店后厂”、“前店后库”的运作模式，打造科技创新主导型的高端产业集群。二是创新招商思路，树立全局思维。将眼界放宽至整个保税港区，坚持全局思维，充分利用青岛市内外各功能区不同的区位和政策功能优势，根据产业需求，统筹考虑招商项目选址；研究汽车整车进口口岸、青岛进口商品国际贸易基地，引进相关项目，促进整个保税港区的大发展。三是积极推动在谈项目，争取年内有实质性进展。

凝心聚力、主动协调，加快推进项目建设。青岛西海岸出口加工区今年将继续加大协调工作力度，积极促进在谈的项目早落户、落户的项目早建设、建设的项目早投产。一是争取实现港岛耀荣、赛宏实业、威柏实业、润威工业、润嘉兴昌、益生康健等6个项目尽快进行主体开工建设；在建的百特莱、新怡坤、北海石油、宏鑫达、圣美尔一期、裕龙、中韩、中俄直等7个项目年内建成并投入运营，成为出口加工区新的经济增长点。二是在出口加工区土地日渐紧张的形势下，探索土地集约利用新模式。争取实现部分项目用地回购，用于其他项目的落户，提高土地集约利用率。

规划引领、高点定位，着力改善营商环境。2014年是青岛西海岸出口加工区形象提升的关键之年，青岛西海岸出口加工区将在规划设计和基础设施建设方面加大工作力度，以国际一流的设计方案和高水平的基础设施配套全面提升园区营商环境。一是全面提升园区规划水平，指导园区建设提升档次。按照管委会建设工业建筑示范园区的标准，借助国际化设计公司的理念，通过与裕廊集团、青岛城市规划设计院等单位的合作，尽快修订完成出口加工区控制性详细规划及出口加工区环境规划设计，并在2014年全面组织实施。二是继续推进基础设施配套建设，改善园区投资环境。完善园区道路、供电、三水、绿化等建设，为产业快速发展提供坚实基础。三是协调解决公租房、污水处理厂启用及为中俄直配套的直升机试飞场建设等历史遗留问题，为企业的发展扫清障碍。

明确方向、转变思想，向综合保税区转型升级。出口加工区转型升级的工作任重道远，今年要在往年的调研和学习的基础上，紧跟青岛自由贸易港区的申办步伐，进一步加强理论学习，广泛开展实地调研，在思路和举措上率先实现升级，努力争取转型升级取得实质性进展。一是加快向综合保税区转型升级。根据《国务院关于促进海关特殊监管区域发展指导意见》要求，青岛西海岸出口加工区确立了升级为综合保税区的重要发展方向，通过组队赴上海、深圳、广州等地考察，学习先进区域转型升级的经验，并尽快启动综合保税区的申报工作，争取早日获批。二是进一步解放思想、加强学习，以实际行动支持自由贸易港区的申办工作。认真学习自由贸易园（港）区相关知识，扩充知识储备，为申办成功后迅速投入到青岛自由贸易港区的建设做好充分准备。三是积极探索，以项目促转型。在招商的过程中，有针对性地选取有离岸结算需求、全球维修需求、建立大型研发中心需求、建立跨境电子商务需求等有与园区转型升级方向一致需求的项目，探讨以上述项目为基础，打造交易结算中心、物流配送中心、维修服务中心及研发中心的可能性，并积极开拓融资租赁、离岸贸易和离岸金融等创新功能，争取转型升级取得实质性进展。

履职尽责、严防死守，确保园区生产安全。青岛西海岸出口加工区将在充分总结去年经验和教训的基础上，以全年安全生产零事故为目标，牢固树立科学发展、安全发展理念，牢牢坚守“发展决不能以牺牲人的生命为代价”这条红线，多措并举，切实抓好安全生产工作。一是加强安全监管制度建设。继续完善安全生产网格化管理和“三同时”制度，建立健全隐患排查治理制度，落实企业主要负责人的隐患排查治理第一责任，实行“谁检查、谁签字、谁负责”，做到不打折扣、不留死角、不走过场。二是加大对企业的教育培训力度。通过培训，提高企业的安全生产认识，使企业切实做到安全投入到位、安全培训到位、基础管理到位、应急救援到位。三是深入抓好安全生产大检查，消除安全隐患。按照“四不两直”的要求，采用日常巡检、主管及分管领导带队检查、安全专家现场指导等多种手段排查安全生产隐患，并定期邀请消防、安监等部门来区检查指导，及时整改消除各类安全风险和隐患，做到超前预防、超前控制。四是完善应急预案，加强应急演练。在充分调研企业生产流程的基础上，指导企业继续完善应急预案，提升预案的可操作性，督促企业加强预案演练，建立演练常态化机制，确保遇事能够及时处置，减少损失。

改进作风、建章立制，打造优质干部队伍。借党的群众路线教育实践活动的东风，彻底改进工作作风，加强制度建设，建立健全出口加工区园区管理、安全生产监管等各项规章制度，坚持以制度管人，不断提升干部素质，打造一支优秀干部队伍。一是全面抓好群众路线教育实践活动整改落实，确保发现的问题及时整改，取得群众满意的成效。二是建立健全园区管理、安全监管、规范会议和文件、服务企业等方面的制度规定，加大监督检查力度，发现问题及时整改。三是进一步加大专业知识培训的力度，不断提高干部队伍的专业知识和业务能力，真正打造出一支专业化的工作队伍。

【机构设置与管委会领导】青岛前湾保税港区管理委员会挂青岛西海岸出口加工区管理委员会牌子，李苏满任管委会主任。设置青岛西海岸出口加工区管理局，局长由青岛西海岸出口加工区管理委员会主任助理兼任，内设综合处、经济发展处、规划建设处、园区企业服务处 4 个处室。

管委会领导有青岛西海岸出口加工区管理委员会主任李苏满，青岛西海岸出口加工区管委会主任助理、青岛西海岸出口加工区管理局局长姜红岩，青岛西海岸出口加工区管理局副局长孙红艳、郭宝星。

【招商部门】青岛西海岸出口加工区管理局承担招商引资任务并具体负责出口加工区内招商引资的统筹协调工作。招商联系电话：0532－83157002、83157007，传真：0532－83157002、83157011，邮箱：xihaian2006@163.com。

河南郑州出口加工区
HENAN ZHENGZHOU EXPORT PROCESSING ZONE

【经济发展】 2013 年，世界经济持续低迷，全球主要市场需求乏力，国内正处于经济结构调整和增长方式转变的改革“阵痛期”，在此背景下，郑州出口加工区以郑州航空港经济综合试验区建设和“两港、两区、六新城”建设为指导，紧紧围绕年度工作目标，以省、市重点项目建设为抓手，多策并举促进项目建设、企业发展，主要经济指标实现稳定增长，较好地完成了年度工作目标。

2013 年，全区新引进项目 7 个，批准投资总额 1 866 万美元；完成固定资产投资 12.41 亿元；完成工业总产值 58.04 亿元，同比增长 23%；完成增加值 14.6 亿元，同比增长 22%；完成工业产品销售额 56.28 亿元，同比增长 26%；实现进出口 3.63 亿美元，其中，进口 3.05 亿美元，出口 5 781 万美元；实现结转出区额 11.43 亿美元。区域经济在重点项目的拉动下，呈现出三大特点。一是重点项目建设推进顺利。2013 年，全区重点项目建设顺利推进，全年实现固定资产投资 23.75 亿元（含富士康配套公寓项目），其中，省重点项目昇阳花园、冠达花园、晶诚花园、万和花园共完成年度投资 10.04 亿元，超额完成省、市下达年度目标任务；另外，郑州出口加工区于 7 月份获得国务院同意调整区划范围的批复，B 区建设于 12 月份正式启动，开始进行征地、附属物清点补偿和安置区建设，并实现投资 1 亿元。二是深加工结转业务额继续保持大幅增长。2013 年，全区共实现深加工结转额 9.09 亿美元，同比增长 42%，其中，富泰华精密电子（郑州）有限公司及其配套工业企业结转至郑州新郑综合保税区 4.05 亿美元，占全区结转额的 45%；在富士康项目的带动下，全区继续呈现直接出境额小幅下降，结转出区额大幅增长的局面。三是保税物流业务占全区半壁江山。2013 年，根据《国务院关于促进海关特殊监管区域科学发展的指导意见》精神，郑州出口加工区拓宽业务发展思路，在服务好保税加工企业的同时，引导保税物流、保税服务企业入区全面开展业务，如依托保税仓储功能，郑州优传供应链管理有限公司、郑州思博雅保税仓储服务有限公司、郑州润嘉食品有限公司开展红酒及进口食品展示、贸易业务，全年实现销售额 5 300 万元；河南中部保税物流中心有限责任公司、郑州领域保税仓储有限公司、瞻航保税物流服务（郑州）有限公司通过开展保税物流业务全年完成进出口额 1.63 亿美元。2013 年全区实现保税物流进出口 1.82 亿美元，同比增长 192%，占全区进出口额的 50%。

【投资环境】 河南郑州出口加工区位于河南省郑州市东南部，京广铁路、陇海铁路、京珠高速公路、连霍高速公路、310 国道、107 国道、环城公路环绕四周。距新郑国际机场 22 公里，新郑国际机场目前共开通了国内外 90 多条航线，通航近 70 个城市和地区，每周起降航班 2 200 余架次，1.5 小时航程内覆盖全国 2/3 的主要城市和 3/5 的人口。距陇海铁路圃田站 3 公里；距郑州铁路客运东站 5 公里；距亚洲吞吐量最大的货物集散中心、国家铁路一类口岸郑州铁路集装箱中心站仅一墙之隔，郑欧国际货运专列 16 天可直达德国汉堡，2014 年，郑欧货运专列将实现 100 个国际班次。2 小时可达中原城市群 18 个省辖市；6 小时可达北京、石家庄、南京、武汉、西安等重要城市；最多不超过 8 小时可达天津、青岛、连云港等港口城市。

郑州出口加工区是集保税加工、保税物流、保税研发、保税检测、保税维修等综合保税功能为一体的海关特殊监管区域，进区企业不仅享有国家赋予的进出口免税、进料保税、入区退税等优惠政策，同时还享有省、市政府赋予的更多优惠，是河南省实施开放带动战略，实现中原崛起的重要平台和对外开放的新窗口，被省委、省政府定位为“全省招商引资、扩大出口的示范区”。随着中原经济区、郑州航空港经济综合实验区的批复建设，郑州出口加工区迎来了新的发展机遇。

在区域开发建设方面，截止 2013 年年底，郑州出口加工区封关运行面积 0.893 平方公里，区内基础设施配套完善，建成标准厂房 40 万平方米，保税仓库 2 万平方米，集装箱堆场 1 万平方米，并配备有大型集装箱正面吊、叉车等设备，为入区企业提供了充足的生产、仓储场所和完善的配套设施；在出口加工区周边，18 万平方米职工公寓建成并投入使用，为入区企业提供了生活便利；同时，国务院于 2013 年 7 月正式下发郑州出口加工区 B 区规划调整批复文件，规划面积 1.807 平方公里，发展空间进一步拓展。

在服务企业方面，2013 年，郑州出口加工区管委会牢牢把握“服务”和“提升”的主题，继续坚持区内大中小企业分类指导和园区软硬环境同步优化的原则，加大人员、资金投入，为区内企业创造优良的发展环境。一是扎实推进富士康二期厂房和职工公寓项目建设。充分发挥管委会在富士康项目建设过程中的主导作用，加大了厂房和公寓建设协调推进力度，2013 年，厂房全部投入使用，公寓建设全面提速，宏光花园已有近万名员工入住。二是加强企业分类指导，切实做好企业的扶持工作。密切跟踪富士康项目的生产计划及进度，确保项目产能持续稳定提升；定期走访区内重点企业，协助解决企业生产及通关等难题；根据区内企业发展需要，全力促成企业之间的业务合作。三是加强安全生产管理，确保全区安全形势稳定。全年开展了为期 5 个月的消防安全大排查大整治活动，联合有关部门组织安全生产大检查 4 次，组织区内企业参加各类安全生产培训 2 次，举办消防演练 3 期，组织参训人员 1 万多人次，区内企业消防意识及消防技能明显提高。四是加快推进海关辅助管理系统建设，优化通关环境。为简化通关程序，提高通关效率，管委会投资 300 多万元，园区海关辅助管理系统进行升级改造，目前该系统软硬件设施改造升级工作已经完成，正在进行后期调试。五是着力改善园区生产生活环境。以建设四季常青、三季有花、舒适温馨、环境优雅的“花园式”园区为目标，投入 400 多万元实施园区绿化提升改造工程，园区绿化品位和质量得到提高，对外开放的“窗口”形象得到提升。

【招商引资】2013 年，郑州出口加工区管委会围绕园区产业发展目标，努力克服各种不利因素影响，加大招商力度，努力拓宽招商渠道，有针对性地开展大招商活动，招商成效明显。一是积极开展主题招商活动，加大全区投资环境宣传力度。先后组织参加了第八届中博会、拜祖大典等多项招商活动，成功举办了进口红酒保税企业专题招商活动，有针对性地开展了杭州河南商会企业家中原论坛、昆山台商联谊座谈会等多种形式的主题招商活动。二是围绕园区转型升级，积极开展系列驻地招商活动。围绕为B区储备一批“三力型”项目的工作目标，出口加工区管委会加大力度，强化措施，先后多次赴长三角、珠三角和环渤海地区深入开展驻地招商活动，针对平板电脑、智能手机、微电机、珠宝钻石等行业内的世界500强企业和国内500强企业，深入进行集中走访。三是深入挖掘项目信息，加强招商网络建设。开辟了杭州河南商会、昆山台商协会等一些品质高、信息灵通的招商渠道，并先后邀请国内外500强企业及商协会共10多个团组来区考察。通过这些招商渠道，郑州出口加工区管委会积极接触多方客商，广泛挖掘项目信息，建立了良好的招商网络平台。

【工业】从工业发展情况来看，2013年，随着富士康项目产能的稳步提升，全区全年实现工业总产值58.04亿元，同比增长23%。其中，富泰华精密电子（郑州）有限公司及其配套企业共完成工业总产值53.26亿元，占全区工业总产值的92%，大项目拉动经济增长效应明显。规模以上工业企业数量增至6家，工业产值超亿元企业3家，分别是富泰华精密电子（郑州）有限公司、郑州朝歌纺纱有限公司和锜昌科技（郑州）有限公司。从工业产品销售额来看，全区全年实现工业产品销售额56.28亿元，同比增长26%，产销比为97:100，依然保持较高的产销水平。

【发展趋势】2014年，郑州出口加工区将认真贯彻落实党的十八大和十八届二中、三中全会精神及省市经济工作会议精神，以开展党的群众路线实践教育活动为指导，抢抓郑州航空港经济综合实验区建设机遇，围绕经开区“一港一区一城”的发展战略，坚持转中求进的工作总基调，以紧紧抓住转型升级这一条主线，同步推进A区和B区两块区域开发建设，统筹发展三大主要业务，注重五项机制体制创新，狠抓五个保障措施，全面激发外向型经济发展的活力，努力开创郑州出口加工区转型发展的生动局面的“12355”工程为抓手，统揽全区工作。

【机构设置与管委领导】郑州出口加工区管理委员会于2003年6月经河南省编委批准设立，属郑州市政府的派出机构，管委会下设党政办公室、招商局、经济发展局、综合管理局、企业党工委办公室5个部门，并设有国有投资公司郑州昇阳出口加工发展有限责任公司，部门分工明确，职责完善，运转有序。目前，管委会领导班子配备主任1名，副主任4名。

【招商部门】郑州出口加工区招商局现有招商人员6人，是一支素质高、业务精，工作能力强的招商队伍，招商局全体人员将竭诚为进区企业提供全方位的优质服务，欢迎您的到来。联系人：杜旭东（英语），联系电话：0371－66866126；刘明（英语），联系电话：0371－66866160；赵珉（西班牙语），联系电话：0371－66866130；朱小兵（英语），联系电话：0371－66866130；王丽芳（日语），联系电话：0371－66866130；时永利（英语），联系电话：0371－66866130。

广东广州出口加工区
GUANGDONG GUANGZHOU EXPORT PROCESSING ZONE

【经济发展】 2013 年，广州出口加工区完成工业总产值 28.56 亿元，同比增长 2.5%；实现进出口总额 5.13 亿美元。

【投资环境】 广州出口加工区设在广州经济技术开发区东区内，规划面积 3.05 平方公里，按照“统一规划、分期开发”的原则，首期开发 0.9 平方公里，现已建成完善的监管设施和配套设施，包括围网、海关办公大楼、验货场和“七通一平”设施等。截至 2013 年，广州出口加工区累计实现固定资产投资 12.56 亿元，其中基础（公共）设施投资达到了 5.88 亿元。

广州出口加工区具有优越的地理位置，它北靠广深高速公路，南临广九铁路、广深公路，区内的主干道与黄埔新港相连，方便监管货物的转关运输，同时毗邻港口和国际空港，交通便捷，通过高速公路网可以快速连接珠三角各城市及香港、澳门。

【招商引资和工业发展】 汽车产业是广州的三大支柱产业之一，在广东省、广州市的高度关注下蓬勃发展，形成了“东部本田，北部日产，南部丰田”三大汽车板块。本田汽车（中国）有限公司是全国第一个整车产品 100% 出口的企业，目前产品已出口欧洲 21 个国家，吸引了 70 多家汽车配套厂商落户于广州开发区，形成广州市东部汽车产业基地，成为广州汽车工业发展整体战略的重要组成部分，带动了华南地区汽车产业链的发展。

随着保税物流园区业务量的迅速增加，为进一步满足区内企业物流需求，缓解广州开发区西区的交通压力，抓住国务院批准全国出口加工区拓展保税物流功能这一契机，经过周密的布置，协调区商业发展总公司制订完善《广州出口加工区拓展保税物流功能建设方案》，项目总规划用地 16.5 万平方米，其中仓储区仓库 9 000 平方米，货检服务综合楼 1.5 万平方米。出口加工区拓展保税物流功能试运作仪式已于 2009 年年底启动。

2013 年，积极推进出口加工区货检场建设，拓展出口加工区保税物流功能。一是积极协调黄埔海关及黄埔海关开发办，加快通关系统的建设，完成制定《广州出口加工区货检场业务建设方案》，明确出口加工区各项物流业务的申报模式和车辆流转线路。二是督促商业集团加快出口加工区货检场扩建改造及物流仓库、综合楼等设施建设，完成货检场改造工程并开始试运作，物流仓库、综合楼预计 12 月封顶。三是牵头协调海关、商检和商业集团，商议人员入驻和技术配置等问题。四是协调有关部门加快项目周边道路改造，多次参加专家评审，贴紧建设进度。2013 年 6 月，成功拓展出口加工区保税物流功能，正式启动本田汽车（中国）有限公司的汽车 KD 件出口配送业务。

【发展趋势】 随着国家对出口加工区拓展保税物流等功能的全面铺开，以及对海关特殊监管区域的整合，广州出口加工区将具备更完善的政策功能，为区内外企业提供一流的加工贸易、物流配送平台和完善的检测、维修、翻新、升级支持等售后服务。同时准备启动未开发区域的建设，把出口加工区做大做强。

本田汽车（中国）有限公司将继续紧跟国际市场导向，逐步拓展销售市场的广度和深度，扩大生产规模，实现25万辆/年的设计产量。

【机构设置与管委会领导】广州出口加工区的地方管理机构是广州出口加工区管理委员会，广州出口加工区与广州经济技术开发区、广州高新技术开发区、广州保税区管理委员会合署办公，构成强大的“四区合一”行政管理体系，2003年全区通过ISO9001和ISO14000双认证，拥有中国对外开放最完整、最系统、最丰富的优惠政策体系，可供外商选择的投资领域最宽、政策空间最大。

2005年6月，广州市委、市政府为加快“东进”战略的实施，在原四区合一经济区域的基础上，成立了广州市萝岗区，面积为393.22平方公里。

广州出口加工区管委会为广州市政府的派出机构，享受市一级的审批权限，机构精简，办事高效。管委会下设办公室、发展和改革局、经济发展局、科技和信息化局、规划国土局、建设和市政园林局、环境保护和城市管理局、保税业务管理局、企业建设局（招商局）、财政局等机构。

广州出口加工区管委会领导有管委会主任骆蔚峰，副主任李红卫、陈小华、郑锡雄、蔡刚强、郭粤明、孙秀清。萝岗区副区长张超平具体分管出口加工区业务。

【招商部门】广州开发区保税业务管理局是广州出口加工区的经济业务主管部门，诚挚欢迎广大客商进行咨询、交流、投资和开展业务。其必然践行“一切为了投资者，一切为了企业，用最好的服务，最佳的环境，让投资者获得最大的回报”的管理理念。联系人：金晶、陈坚，联系电话：020－82112051、82112062，传真：020－82112070。

广东深圳出口加工区
GUANGDONG SHENZHEN EXPORT PROCESSING ZONE

【概况】 深圳出口加工区是2000年4月27日国务院批准成立的首批15家出口加工区之一，规划面积3平方公里，位于深圳市坪山新区内。深圳出口加工区于2001年3月31日通过国家八部委联合验收并一次性封关运作，其范围西起深汕路、东至绿荫路、北起丹梓西路、南至金牛西路。

【经济发展】 截至2013年年底，出口加工区实现进出口总值99.56亿美元，同比增长38.1%，其中物流业务进出口总值60.53亿美元，同比增长107.0%，在全国46个出口加工区中，按进出口额排名位列全国第五。

【投资环境】 深圳出口加工区是由海关监管的特殊区域，实行“境内关外”管理，海关实行“一次报关、一次审单、一次查验”通关管理模式，通过延长工作时间和预约加班的方法，区内企业实现了24小时通关的要求。

深圳出口加工区内市政基础设施全部实现“七通一平”，园区内设有管委会、海关、检验检疫等管理和服务机构，园区内企业可就近办理全部进出口手续。

出口加工区区内企业全部实行EDI联网管理，不实行银行保证金台账制度；免征企业流转环节的增值税和消费税，不实行增值税“免、抵、退”税政策；外汇管理宽松，不实行结售汇制度；进口设备全额保税，不实行免税额度控制；国内采购的货物视同出口，实行入区退税政策。

深圳出口加工区是国内唯一在同一海关关区内拥有进出境陆运、海运和空运优势的出口加工区，距深圳宝安国际机场60公里，距盐田国际集装箱码头25公里，距文锦渡、罗湖、皇岗、深圳湾等陆路口岸40公里。从加工区出发，车行100分钟内可抵达香港国际机场。

【招商引资】 截至2013年年底，深圳出口加工区已吸引来自美国、日本、荷兰、英国、新加坡、加拿大、英属维尔京群岛、开曼群岛、萨摩亚、中国香港、中国台湾等国家和地区的79家投资企业入区经营。入区企业中，外商投资企业有37家，仓储物流企业23家。累计投资总额10.6亿美元，注册资本5.13亿美元，企业实际到位外资3.61亿美元。已投产的企业共有66家，其中工业企业37家，物流企业29家。

四川绵阳出口加工区
SICHUAN MIANYANG EXPORT PROCESSING ZONE

【经济发展】绵阳出口加工区于2005年6月3日经国务院批准设立，规划面积0.56平方公里。按照“统一规划、分期开发”的原则，2007年11月1日一期封关运行。区内建成12.1万平方米的标准厂房和2万平方米职工宿舍。2013年实现工业总产值12.5亿人民币，同比增长13.7%；进出口总额6.4亿美元，同比增长62.6%，其中，出口额3.56亿美元，同比增长58.3%。

【投资环境】绵阳出口加工区位于四川省第二大城市绵阳，是全国661个城市中唯一的“中国科技城”，地处四川盆地西北部。出口加工区设在绵阳高新技术产业开发区内，距离省会成都90公里，位于大西南与大西北地区的结合部和整个中西部地区的几何中心地带，处于成都、重庆、西安三大城市构成的大三角区域之内和四川盆地成—绵—渝经济圈，是西南、西北地区经济交流及人员来往的必经之道。绵阳出口加工区依托绵阳雄厚的科技实力，发展空间广阔。绵阳聚集着包括26名中国两院院士在内的17万科研和工程技术人员。通过绵阳出口加工区管委会的大力推动、积极引导，绵阳出口加工区产学研结合工作亮点纷呈，全区范围内形成了产学研合作的良好氛围，2013年12月12日，西南科技大学经管学院实践教学实习基地也在出口加工区挂牌成立。目前，出口加工区基本形成以电子信息为支柱的产业格局。

做好企业服务工作更是绵阳出口加工区完善投资环境的一项重要内容，绵阳出口加工区管委会建立了职能部门联席会议制度和企业定期走访制度，定期与海关、检验检疫等职能部门召开会议，共同解决区域运营过程中企业普遍反映的情况问题，不定期走访企业，解决个别企业出现的个别问题，努力使企业满意，使投资者信任。管委会办公室及时关注国家政策变化，及时给予企业正确引导，将政策变化对企业的影响减少到最小。根据区内土地面积较小的实际情况，绵阳出口加工区大力提高项目准入门槛，坚持创新招商举措，加强对高科技、大品牌、规模化项目的招商力度。招商重点从数量转移到质量上，重视附加值高、项目技术含量高的科技企业的引进，提高项目质量，提高绵阳出口加工区的项目科技含量，引导区内加工贸易转型升级。

【招商引资】绵阳出口加工区在发展过程中，以绵阳本地经济发展为基准，依托绵阳在科技、人力、工业基础等方面的优势，形成并确定了具有自身特色的发展思路，有效地利用绵阳的产业优势发展加工贸易，历年累计引进入区工业企业5家，物流企业2家，从业人员数量8 000人，引入外资项目2个，初步形成了以电子信息业为主的研发制造基地。

【工业】2013年，出口加工区在保持经济总量稳步攀升同时，区域发展水平得到进一步提升。全年各项主要经济指标均呈现快速增长态势，特别是工业总产值、工业增加值、销售产值比2012年均有大幅增长，区域经济总量已具备一定规模。区内大部分企业赢利能力明显提升，利税总额均比2012年实现大幅度攀升，实现工业增加值96 012万元，实现工业产品销售额90 817万元，实现税收914万元，比上年增长1%。2013年，绵阳出口加工区出口额占绵阳高新区出口总额的67.6%，占绵阳市出口总额的19 %。

【发展趋势】 绵阳出口加工区将坚持“政府引导、企业主体、市场运作、政策扶持”的原则，以效益最大化为目标，充分发挥市场机制的作用，通过保税物流功能的拓展，鼓励区内加工制造企业向产业链两端延伸。在加工制造的基础上，充分利用保税物流功能与区外配套企业形成有机的关联体，降低企业物流和管理成本，增强企业综合竞争力。围绕支撑绵阳工业发展的六大支柱产业，突出做大做强电子信息产业，着力建设一批大项目、培育一批大企业、形成一批优势产业，变资源为财富，化优势为强势。

2009年4月拓展保税物流功能后，区内生产型企业和保税物流企业通过出口加工区辅助管理平台系统的报关和作业，取得了良好的应用效果，真正做到了方便、快捷、高效。海关、检验检疫机构也实现了保税物流功能开放后的数据备份、汇总统计电子化。据统计，绵阳出口加工区内的二线保税物流发展较快，2013年，进出区物流货物达8.36亿美元（同期绵阳出口加工区一期封关区内进出货值11.3亿美元），保税物流涉及的业务量已经大大超过了出口加工区实际进出境的业务量。

【机构设置与管委会领导】 绵阳出口加工区管委会与绵阳高新区管委会合署办公，下设综合管理部、规划建设部、项目服务部3个中层机构，负责出口加工区的规划建设、业务管理、对外招商引资、项目推进、协调服务等工作。

【招商部门】 出口加工区项目服务部。联系人：詹琴，电话：0816－2850362，传真：0816－2850153。

陕西西安出口加工区（A区）
SHANXI XI'AN EXPORT PROCESSING ZONE (ZONE A)

【概况】西安出口加工区于2002年6月21日经国务院批准设立，2004年4月5日正式封关运行，2006年12月被批准成为全国首批、西北唯一一家拓展保税物流等功能试点单位，西安出口加工区同时具备出口加工和保税物流等功能。

西安出口加工区（A区）位于西安经济技术开发区内，毗邻西安新行政中心，距西安咸阳国际机场20公里，距西安火车货运站10公里，距火车集装箱货运新站1公里，距西安铁路北客站2.5公里，距绕城高速公路入口1.5公里。出口加工区总规划面积1.47平方公里，目前已开发面积0.75平方公里，新片区规划调整审批工作正在进行中，新片区规划面积0.6平方公里。

西安出口加工区（A区）封关运行以来，已引进英国罗尔斯罗易斯、法国赛峰、德国蒂森克虏伯、美国GE和联合技术等世界500强企业及英国AMS航材、瑞士BIBUS航材、日本大河、美国雅奇等世界知名企业，以及中航国际、中航材、中航工业西飞集团、西航集团、庆安集团、世纪互联、康龙化成等国内行业龙头企业的65个项目入区，投产企业55家，累计实现进出口总额61.75亿美元，其中，出口额35.88亿美元。初步形成航空、机械、新能源、服务贸易等产业格局。

【经济发展】2013年，西安出口加工区（A区）新投产项目4个；全年完成进出口总额11.22亿美元；完成工业总产值142.92亿元，同比增长19.2%；生产总值（增加值）38.3亿元，同比增长19.2%；技工贸总收入164.27亿元，同比增长19.1%；固定资产投资22.12亿元。

西安出口加工区（A区）在经济发展过程中，以陕西经济发展实际情况为基准，依托陕西在能源、人才、工业基础等方面的优势，逐渐形成了具有自身特色的发展思路，主要体现在：

一是有效利用陕西及西安的产业优势，将加工区的主导产业定位为航空、新能源、珠宝加工、服务贸易等领域。

二是积极推动国有企业、内资企业入区开展加工贸易，并鼓励入区企业使用国产设备和原材料，提升国产化率，有效促进提升企业核心竞争力。同时，积极倡导并促进国有企业研发、试制具有自主知识产权的加工技术及产品，促进加工贸易的转型升级。

三是发展航空特色出口加工区。西安出口加工区（A区）目前已聚集了国际、国内共26家航空制造企业及航材供应、物流企业，形成了较为齐全的横跨国内外的航空产业制造链，为国际知名的波音、空客、GE、庞巴迪等公司及国内著名的西飞、西航、贵航、沈飞、成飞等厂商，以及国家大飞机项目提供生产、供应、物流一体化的服务，显现在航空制造业的示范、带动、辐射作用。

四是服务贸易的顺利开展优化了西安出

口加工区（A区）的投资环境和企业运营环境，除对原有的主导产业有带动提升作用外，还引来诸多新兴产业来此“筑巢引凤”，以西安为中心辐射，山西、甘肃、河南、宁夏、青海等地的“一日经济圈”已经形成，有效带动了区域经济的发展。

五是依托陕西在科技、教育、人才等方面的优势，每年有大批留学人员回国创办企业，出口加工区对此在政策方面积极提供扶持，目前已有多家留学生创办的企业入区，涉及机械加工、生物科技、医药研发、电子信息等行业。

六是提高土地利用率，走集约化发展之路。在招商过程中，鼓励企业租或买已建成的标准厂房，提高土地使用效率，加快企业投产速度。

【投资环境】投资环境是区域发展的软实力，出口加工区始终把完善投资环境，提升服务质量放在首位，西安出口加工区（A区）为承接国外及东部地区加工贸易的产业转移，从软、硬件环境及招商、安商的各项优惠政策上，做好全方位的准备。

加大基础设施建设力度，完善投资环境。出口加工区目前建设有现代化多功能标准厂房25万平方米，其中已建成的一期单层标准厂房7栋、二期四层标准厂房1栋，三期四层标准厂房4栋，四期标准厂房4栋；保税仓库5栋，面积3.6万平方米；堆场1.85万平方米；建设公寓楼2万平方米，可容纳5 000人居住；出口加工区服务中心大楼2.5万平方米，可为企业提供办公、餐饮等服务；员工餐厅6 734平方米，可同时容纳5 000人就餐。

区内道路、给排水、供电、供热、供气、通信、宽带及生活服务等设施齐全。18层2.5万平方米的出口加工区服务中心大楼可满足区内企业办公需要。出口加工区周边地区的白桦林居小区、雅荷春天小区、西安中学、经发中小学、西安图书馆、城市运动公园、西安国际高尔夫运动中心、长安医院等完善的生活配套设施，为园区营造出良好的人居环境，形成设施齐全的生活配套圈。

【招商引资】2013年引进了世界500强法国赛峰集团运营中心项目、周六福珠宝项目、新特瑞阳太阳能项目、航空发动机零部件项目等10个项目入区。引进项目中，航空项目有3个，其中世界500强企业1家。2013年，保税物流进出口总额达4.05亿美元，同比增长23.5%。累计批准8家保税物流企业入驻。保税物流货物主要包括飞机机翼组件、航空发动机零部件、光伏组件、显像管、汽车发动机、食品添加剂、稀有金属材料等200余种产品，业务涉及省内外400多家企业，行业涉及航空、机械、电子、新材料、纺织、汽车等，并辐射到10多个国家和地区。

【发展趋势】2014年，西安出口加工区（A区）在招商引资方面，将加大对航空、机械电子、珠宝加工、服务贸易等产业的招商力度。在日常管理工作中，不断创新运行机制，提高管理和服务水平，努力完善各类各项操作管理职能，着力发挥加工制造及保税物流功能对周边地区的辐射带动作用，为进一步促进区域经济发展做出新的贡献。

2014年，西安出口加工区（A区）进出口总额有望突破14亿美元。力争尽早形成航空、新能源、珠宝加工、服务贸易等为主导的产业集群，打造具有内陆特色的出口加工区，为西安及陕西周边地区的外向型经济发展真正起到积极的提升和促进作用。

【机构设置与管委会领导】陕西西安出口加工区管委会下设陕西西安出口加工区（A区）管理办和陕西西安出口加工区（B区）管理办。

管委会领导：陕西西安出口加工区管委会主任韩松，副主任段永和；陕西西安出口加工区（A区）管理办主任饶宏，副主任王宁红。

【招商部门】西安出口加工区（A区）下设招商部门。联系电话：029－86531010、86531038、86531003、86531019、86531016、86402928。

保税港区（综合保税区）

洋山保税港区
YANGSHAN FREE TRADE PORT AREA

【**概况**】洋山保税港区于2005年6月由国务院批准设立（国函〔2005〕54号），由小洋山港口区域、芦潮港陆上区域和连接洋山岛与陆地的东海大桥组成。经过扩区后，规划面积为14.16平方公里，其中岛域面积7.31平方公里，陆域面积6.85平方公里，均已封关运作。2013年，洋山保税港区紧抓自由贸易试验区挂牌的良机，不断提升物流运作效率，创新物流业务模式，提高区域间联动水平，在新增航运物流企业的有力推动下，区域经济保持较快发展势头。据统计，2013年洋山保税港区投资企业完成经营总收入1 794.79亿元，比2012年增长91.2%；实现进出口总额106.08亿美元，比2012年增长13.9%；完成税务部门税收34.87亿元，比2012年增长26.1%。

【**国际贸易**】2013年在国际经济未有明显复苏，国内经济增速放缓的背景下，洋山保税港区加快建设以铜为主的大宗商品交易平台和面向欧美、亚太的电子产品分拨配送中心，并积极打造进口食品基地和汽车零部件贸易等特色功能，促使进出口贸易保持一定增速。

开展进出口业务的企业明显增加。2013年洋山保税港区共有88家投资企业直接开展进出口业务活动，比2012年增加25家。其中，进出口额超1亿美元的有13家，合计完成进出口额92.61亿美元，比2012年增长13.6%，占洋山保税港区进出口总额的87.3%。

发生进出口业务往来的国家和地区分布较广。2013年，洋山保税港区投资企业共与世界各地的159个国家和地区发生进出口业务往来。从国家和地区来看，共有25个国家和地区进出口额超过1亿美元，比2012年增加4个国家和地区。

海运方式占据绝对比重。洋山保税港区充分发挥区港一体的优势，开展对海运方式依赖度较高的以大宗商品为代表的体积大、重量大产品的进出口业务。2013年，以海运方式完成进出口额96.00亿美元，比2012年增长14.7%，占洋山保税港区进出口总额的90.5%；以空运方式完成进出口额8.14亿美元，占洋山保税港区进出口总额的7.7%，主要涉及体积小、价值量大的电子产品。

进口额实现较快增长。2013年，洋山保税港区加快推动期货保税交割功能拓展，积极引进以金属铜为特色的大宗商品贸易企业，促使进口额保持较快增长，达到63.47亿美元，比2012年增长16.3%，占洋山保税港区进出口总额的59.8%。从进口商品类型上看，贱金属及其制品达到54.76亿美元，比2012年增长17.8%，占洋山保税港区进口额的86.3%。其中，主要是铜及其制品，为47.88亿美元，比2012年增长11.8%，占洋山保税港区进口额的75.4%；机械、电气、音像设备及其零部件进出口额为2.98亿美元。

出口额保持两位数增长。2013年，洋山保税港区全年投资企业完成出口额42.61亿美元，比2012年增长10.5%。其中，机电、音像设备及其零部件出口额为25.38亿美元，比2012年增长14.7%，占洋山保税港区出口额的60.0%；贱金属及其制品出口额为6.85亿美元，占洋山保税港区出口额的16.1%。

【产业发展】在招商引资新增企业不断投产和功能创新逐步形成生产力规模的推动下，洋山保税港区航运物流业和大宗商品产业得到较快发展，集聚效应不断显现，推动企业经营规模取得较大突破。2013年，洋山保税港区投资企业完成经营总收入1 570.40亿元，比2012年增长67.3%。

航运物流业是洋山保税港区经济发展的主引擎。在新增航运物流企业及部分重点企业业务拓展的助推下，航运物流业发展迅速，航运物流服务收入快速增长。2013年，航运物流服务收入为813.07亿元，比2012年增长29.8%，占洋山保税港区经营收入的51.8%。其中，港口运输业完成收入591.84亿元，比2012年增长11.5%，占洋山保税港区航运物流服务收入的73%。主要是从事水上运输业务的船运企业完成收入517.52亿元，比2012年增长2.0%。航运服务企业收入倍增，完成221.24亿元，比2012年增长131.7%，占洋山保税港区航运物流服务收入的27%。主要是包括码头公司、仓储业等业务在内的港口经营与管理业完成收入178.20亿元，比2012年增长172.4%；包括专业货物运输代理、航运机械设备租赁等业务在内的航运专业服务业则完成收入43.04亿元，净增12.98亿元。

随着大宗商品产业集聚效应的不断显现，新兴贸易企业数量逐年增多，规模化运作态势愈发显著，贸易销售收入实现倍增。2013年，洋山保税港区贸易企业商品销售收入取得较大突破，达到748.03亿元，比2012年增长152.4%。主要是以金属铜业务为代表的大宗商品交易商业绩突出，合计完成700.43亿元，比2012年增长195.8%，占洋山保税港区贸易企业销售收入的93.6%。

【口岸功能】在外贸形势波动，国际航运市场未有明显起色的情况下，洋山保税港区努力克服港口发展面临的增长压力，积极拓展期货保税交割、国际中转集拼等功能，进一步打造便捷高效的口岸环境，促使口岸中转枢纽功能得到充分发挥。

口岸中转功能充分发挥。洋山深水港充分发挥进出口货物国际中转港的枢纽优势，促使集装箱吞吐量保持稳中有升的态势。据统计，2013年洋山保税港区完成集装箱吞吐量1 436.5万标箱，比2012年增长1.5%，占上海港集装箱量的比重达到42.7%。其中，体现对国内经济腹地辐射服务作用的“水水中转”集装箱量715.0万标箱，比2012年增长8.2%，占洋山港箱量的49.8%，所占比重比2012年提高3.1个百分点；体现对国际市场中转功能的“国际中转”集装箱量为158.9万标箱，比2012年增长32.2 %，增长明显加快，占洋山港箱量比重从2012年的8.5%提高至11%。此外，2013年洋山港国际干线集装箱进出港8 794艘次；国内航行船舶31 703艘次，其中内支线集装箱船9 492艘次。

口岸外贸进出口货值小幅回暖。洋山港不断完善航运物流软硬件环境建设，努力克服国际市场低迷的不利影响，促使口岸外贸进出口货值呈现小幅回暖的势头。据统计，2013年全国各地的投资企业通过洋山外贸口岸完成进出口货值2 777.1亿美元，比2012年增长2.1%，增幅比2012年提高0.7个百分点，占上海口岸外贸进出口货物总值的

25.9%。其中，口岸外贸出口货值为1 938亿美元，比2012年增长2.5%，占上海口岸外贸出口货物总值的30.5%；口岸外贸进口货值为839.1亿美元，比2012年增长1.3%，占上海口岸外贸进口货物总值的19.2%。

此外，2013年全国各地的各类外贸企业为通过洋山口岸进出口货物而向上海海关缴纳的各类关税和代征税达554.5亿元，占上海海关征税总额的16.0%。其中，由洋山海关直接征收376.9亿元，占比达68.0%，其余部分由上海市区海关（如浦江海关）直接征收。

【功能集聚】各类特色项目、功能性项目进一步集聚。洋山保税港区紧抓八周年系列宣传活动和自由贸易试验区揭牌效应的有利契机，先后引进了德国贝洱（BEHR）汽车零部件分拨项目、美国AAP汽车零部件超市配送项目、德国曼恩船用零部件分拨项目、乐高玩具分拨项目、枫胜化工物流分拨中心等采购分拨类项目。

充分发挥航线优势和通关便利化环境，进口食品类项目进一步集聚。洋山保税港区食品酒业项目已在深水港商务广场设立展厅，开展进口酒类和食品展示销售业务；锦江冷链、大洋集团等业内知名企业也已启动区内的冷链仓储设施建设和运营。

大宗商品企业已经涵盖物流企业、贸易企业、金融企业和证券投行企业，为洋山下一步推动大宗商品产业向高端发展奠定了基础。

上海汽车国际商贸有限公司是自由贸易试验区首家境外投资企业，上海运力集装箱服务有限公司拟成立洋山保税港区远期集装箱订舱平台。随着服务贸易的进一步开放，中海国际船舶管理有限公司迁入洋山保税港区，成为区内首家国际船舶管理公司，为后续吸引外资船舶管理公司落户起良好的示范作用。

【经济效益】随着洋山保税港区新纳税企业数量的不断增多及企业经营效益的不断提升，税务部门税收继续保持快速增长态势。据统计，2013年洋山保税港区完成税务部门税收34.87亿元，比2012年增长33.8%。

所得税是主体，增值税增长快。从税种上看，2013年洋山保税港区完成企业所得税23.80亿元，比2012年增长37.5%；个人所得税完成2.75亿元，比2012年增长23.1%。所得税合计占税务部门税收的76.1%。增值税完成5.40亿元，比2012年增长89.8%，占税务部门税收的15.5%。

税收大户贡献突出。从企业来看，2013年纳税超过1 000万元的投资企业有30家，比2012年增加3家，税收合计30.59亿元，占洋山保税港区税收总额的87.7%。其中，税收超亿元企业有7家，税收合计22.61亿元，占洋山保税港区税收总额的64.8%。

【招商部门】洋山保税港区由中国（上海）自由贸易试验区管理委员会统一管理。联系电话：021－58698500。

烟台保税港区
YANTAI FREE TRADE PORT ZONE

【开发建设】2009 年 9 月 7 日，烟台保税港区经国务院以国函〔2009〕108 号文件正式批复设立，成为全国第 13 家、山东省第 2 家保税港区，也是目前按照“功能整合、政策叠加”要求，全国第一家以出口加工区和临近港口整合转型升级形成的保税港区。2010 年 7 月 30 日，烟台保税港区通过国家 11 部委验收组的联合验收，之后仅用五个月时间，完成开关运作的各项准备，于 2011 年 1 月 12 日正式开关运作，成为烟台开放发展史上的一个重要里程碑。2014 年 3 月 13 日，烟台保税港区获海关总署批复，成为全国 14 个跨境贸易电子商务试点之一。

烟台保税港区规划面积为 7.26 平方公里，分为两个区块：区块一面积为 5 平方公里，包括原出口加工区 A 区 0.7 平方公里和烟台港 4.3 平方公里；区块二面积 2.26 平方公里，即位于烟台开发区内的原出口加工区 B 区。一期封关面积为 4.86 平方公里，其中区块一 3.05 平方公里，区块二 1.81 平方公里。

【投资环境】烟台保税港区位于烟台市城区北部，外与日韩隔海相望（距离韩国 235 海里，距离日本 529 海里），内与烟台城区紧密相连，距烟台火车站 1 公里，距烟台莱山国际机场 17 公里，北接沈海高速，与烟大铁路轮渡仅一网之隔，距离市区中心商圈不到 2 公里。

烟台保税港区是真正实现区港一体化运作的海关特殊监管区域，货物下船即可入区。烟台港是中国环渤海港口群主枢纽港之一，以集装箱、矿石、煤炭、油品为四大主营货种。2013 年，烟台港货物吞吐量达到 2.2 亿吨，同比增长 9.2%；完成集装箱吞吐量 215 万标箱，同比增长 16.2%；化肥出口量、铝矾土进口量、木材进口量和水泥出口量等指标位居全国前列。烟台港已开通内外贸集装箱航线 50 条，月均航班 300 班左右，经烟台港可连接环渤海地区、长三角地区、珠三角地区主要港口，可承接世界各地货物。

开关运作以来，烟台保税港区加快港口集装箱码头及后续配套工程建设，推进航线开辟，促进货源集聚，着力打造大进大出、快进快出的国际物流通道。一期封关区域内的集装箱泊位已全部形成作业能力，集装箱年吞吐能力由 150 万标箱扩大到 500 万标箱以上。近年来，港口作业区新建设通用仓库 3 万平方米、保税仓库 5 000 平方米、后方堆场 16 万平方米，进一步促进区域功能升级。捷时达物流产业园、中外运物流场站和现代保税仓储等一批高标准、特色化、专业性大型保税仓储设施即将投入使用，将有力提升产业集聚和功能承载水平。

【招商引资】烟台保税港区成立后，坚持走出去、请进来双管齐下，全面加大政策功能推介力度。集中力量抓好重点招商，变招商引资为“选商择资”，重点面向跨国公司、企业总部、世界500强企业，着力引进投资强度大、附加值高、发展前景好、具有强力拉动作用的大项目；突出热点地区深入招商，以日本、韩国及我国港澳台地区为招商重点区域，有针对性地加大工作力度，确保招商取得实效；强化特色产业专业招商，按照“两头延伸”的要求，以产业升级、项目置换为着力点，围绕商品展示、保税物流、保税加工“产业链”论证和筛选项目，加大功能招商力度，凸显保税港区政策虹吸与聚焦效应。2013年，烟台保税港区累计入驻项目149个、外商投资企业81个，实际到账外资4.0亿美元，全年开复工建设项目10个，新增注册企业21家，其中外资企业7家，还有12个储备项目正在加紧运作，大多数为保税物流、高新技术等高端新兴项目。

【经济发展】开关运作以来，烟台保税港区紧紧围绕山东半岛蓝色经济区和烟台东部新区建设，突出“发挥保税港区特殊政策功能优势”这一核心，加快新兴产业培育，狠抓园区转调升级，使全区实现又好又快发展。2013年，烟台保税港区合同利用外资和实际利用外资分别达到1 655万美元和1 512万美元；外贸进出口157.4亿美元，其中出口90.9亿美元，进口66.5亿美元，在全国保税港区中位居前列；完成保税物流货值98亿美元，创历史新高。

【目标定位】作为三大战略实施的重要前沿功能区，烟台保税港区坚持从区域经济发展的全局和高度着眼，紧紧围绕建设“区域性贸易中心、航运中心、高技术产业中心”和“东北亚枢纽港”的发展目标，以保税物流为重点，以国际商品展示为突破口，以高端高质高效的新兴产业为引擎，以港口航线开辟、货源培育为保障，努力打造在国内外有较大影响力的区域性物流中心、特色突出的商品展示交易中心、高效便捷的航运服务中心和产业聚集的临港产业集群，在政策功能运用、产业转型发展和先行先试上更好地发挥引领带动作用，为区域经济发展提供有力政策支撑。

【发展趋势】开关运作以来，烟台保税港区充分依托保税加工、保税物流、保税服务等特殊政策平台，初步形成了东区以港口作业和保税物流为主，西区以保税加工制造为主的发展格局。一是狠抓拓展提高，加快发展保税物流。运用保税港区的独特政策和功能集成优势，以国际商品展示为突破口，创造和诱发商机，促进贸易生成；以保税加工贸易和现代物流为着力点，以保税仓储和现代港口运营为保障，努力构建多元化口岸物流新业态。目前，区内已建成国际葡萄酒、进口奶粉、国外工业名优产品和保健食品等五个展示中心，汇集了30多个国家的3 000多个品种、近百个国际知名品牌，吸引了100多家经销商入驻。在此基础上，推动国际商品展示向分类和区域特色展示方向发展，国际奶类液态奶分中心、美国CNE商品展示中心新馆相继启动，澳大利亚馆、韩国馆、中国台湾馆等一批区域特色展示场馆投入运营，进口酒类食品展示交易中心作为第七届烟台国际葡萄酒博览会分会场，有600多家中外客商前来参会参展，凸显了烟台“国际葡萄酒城”的特色和影响力。以展示促贸易、增物流、活港口、带发展的综合辐射拉动效应日趋显现，2013年保税物流进出口同比增长48%，港口吞吐量同比增长45.5%。引进了以邮政速递和奥展为主体的快递物流和进出口315网络平台，可充分发挥行邮通关渠道优势，为跨境贸易电子商务客户提供一站式服务。二是重抓转调升级，巩固提升保税加工产业。通过租赁转让、并购重组，盘活启动空置厂房12万多平方米；引导帮助加工制造企业增资扩股、项目嫁接和研发高新技术等，逐步淘汰落后产能，拓展保税物流业务，加快提升产业层次。全区合同外资和实际到位外资分别有90%和95%来自于增资扩股，骨干创汇企业一半以上引进高新技术调整产品结构，11家重点骨干创汇企业进出口额占全区进出口总额91.9%，平均增幅达到24.7%。区内出口货物种类从金属制品、木材加工、机器设备及零部件等领域，逐步扩展到集成电路系统、液晶显示部件和海洋工程设备等高技术含量和高附加值产品。鼓励龙头骨干企业联强攀优，开发启动一批具有产业前瞻性、技术含量高、新型特征明显、带动力强的大项目、好项目，为推动全区科学跨越发展构筑支撑点。重点抓好集现代商务、国际物流、商品展示、转运配送于一体的多功能综合平台设施和一站式服务设施建设，捷时达物流港悦大厦、益通仲伯物流仓储、中外运仓储集装箱场站等一批重点项目全面启动建设，将于2014年上半年投入使用；中水冷链物流、跨境贸易电子商务产业园等大项目正在加快推进，将进一步提升产业集聚和功能承载能力。

【机构设置与管委会领导】烟台保税港区管委会为山东省政府派出机构，机构规格为副厅级。按照“精简、统一、高效”的原则，管委下设办公室、经贸发展局、规划建设局、财政局及西区管理局5个正处级工作部门和综合服务管理中心1个副处级事业单位。海关、检验检疫、国税、地税、工商及银行、保险等单位均在烟台保税港区设有派驻机构。

管委会领导：烟台保税港区工委书记、管委会主任于华文，工委委员、管委会副主任栾秉政，工委委员、纪工委书记邵立荣，工委委员、管委会副主任国树军，工委委员、西区管理局局长闫庆华。

【招商部门】烟台保税港区经贸发展局为专业招商部门，主要负责区内企业的前期招商和后期管理服务。联系人：经贸发展局副局长于秋杰，联系电话：0535－6877612、6877611、6877621。网址：http://ftpa.yantai.gov.cn/，地址：山东省烟台市芝罘区环海路88号，邮编：264012。

青岛保税港区

QINGDAO FREE TRADE PORT AREA

【**开发建设**】2013 年，青岛保税港区积极创新开放模式，切实发挥辐射带动作用，加快推进凤凰涅槃、腾笼换鸟，产业结构不断优化，服务业平稳增长，港口吞吐量大幅提高，财政收入稳步提升，全区各项事业实现新突破。

2013 年年初，青岛市委市政府重新调整了保税港区发展建设规划，形成了保税区、保税港区、出口加工区、汽车物流园区和功能拓展区等“四种政策、五个区域”联动发展格局，规划总面积达到 65.73 平方公里。在加快发展保税功能拓展区的同时，青岛保税港区将政策功能和开放优势向经济腹地延伸，在德州、临沂、潍坊、菏泽及济宁等地辟建了近 30 平方公里的功能园区，形成“一区多园”联动发展的新模式，并通过开建内陆无水港、功能政策推介，在沿黄流域建设贸易便利化的新前沿。其中，潍坊诸城功能区现代物流项目获批山东省重点建设项目，保税功能申报工作正式启动；德州功能区已有星光糖业、华乐集团等 6 个项目落户，到账资金 14 亿元，建成 9.7 万平方米保税库，拉动德州关区关税实现 240% 以上增长；济宁功能区签约项目资金超过 100 亿元，经国家工商总局批准设立齐鲁农产品国际交易中心。

【**投资环境**】青岛保税港区于 2008 年 9 月 7 日经国务院批准设立，规划面积 9.72 平方公里，设计建设 21 个码头泊位，是我国第一个通过区（保税区）、园（保税物流园区）、港（临近港口）转型升级形成的保税港区。

目前，青岛保税港区已建成全国第一家“美元挂牌、保税交易”的国际橡胶交易市场，并发展成为全球第三大进口胶交易定价中心；建成全国第一家矿权、矿产品交易所；建成全国第一家棉花交易市场；培育出全国第一家境外烟叶国际采购中心；出台全国保税港区第一部地方法规；建成山东省第一个投资无费区、全程代理服务区，成为山东省唯一的国家级工业旅游示范区；培育了 3 个国家级重点实验室和 2 个国家级企业技术中心；培育出山东省第一家民营上市企业——青岛软控并在深交所挂牌，被科技部授予“国际科技合作基地”称号；获批建设汽车整车进口口岸和进口商品国际贸易总部基地，努力打造进口汽车贸易中心和酒水贸易中心。

2013 年，青岛保税港区以深化改革为动力，以扩大开放为引领，进一步解放思想，开拓创新，加快推进青岛自由贸易港区申办工作，积极探索在政府职能转变、投资管理体制改革、金融开放创新、海洋经济发展等方面先行先试，形成可复制可推广的开放经验，努力建设投资贸易便利、高端产业集聚、航运服务完善、金融功能健全、辐射联动效益突出、监管高效便捷、法制环境规范的国际一流自由贸易港区。

【招商引资】2013 年，青岛保税港区不断加大招商引资力度，积极转变招商思路，项目引进质量有所提高，2013 年全年共引进项目 460 个，同比增长 17.65%。其中，引进外资项目 24 个，同比增长 60%；投资过千万美元项目 12 个，同比增长 300%；实际利用外资 10 061 万美元，同比增长 53.42%；引进内资项目 436 个，同比增长 15.96%。

【对外贸易】2013 年以来，随着保税港区政策优势的展现，青岛保税港区通关环境不断优化，外贸进出口稳步增长，2013 年度共实现外贸进出口总额 85 亿美元。其中，进口额 64 亿美元，出口额 21 亿美元。青岛保税港区外贸的贸易方式结构持续改善，一般贸易比重继续提高，占全区外贸进出口总额的 24.24%，该比重较去年同期提升了 7.15 个百分点，贸易方式不断优化。

【经济发展】保税港区功能政策优势引导区域产业转型升级，带动青岛保税港区第三产业快速发展，产业结构进一步优化，经济发展平稳向好。2013 年度，青岛保税港区实现区域生产总值（GDP）141.41 亿元，同比增长 11.29%。其中，第二产业增加值 34.92 亿元，同比增长 6.97%，占全区 GDP 的 24.69%；第三产业增加值 105.38 亿元，同比增长 12.98%，占全区 GDP 的 74.52%。2013 年，全区实现全部收入（包括海关关税及代征税）51.53 亿元；营业总收入 546.96 亿元，同比增长 6.53%；工业总产值 43.79 亿元，同比增长 7.21%；固定资产投资额 4.32 亿元，同比增长 11.80%；实现集装箱吞吐量 1 550 万标箱。

【发展趋势】围绕山东省“蓝黄”两大国家战略，青岛保税港区按照“在国内，立足青岛，服务山东，依托陇海线，支撑环渤海，打造山东半岛蓝色经济区核心功能区；在国际，面向环黄海，构筑世界先进的自由贸易港区，建设在东北亚具有较大影响力的国际航运枢纽核心区”的目标定位，致力于建设“国际航运服务中心”、“区域性国际物流中心”、“东北亚国际贸易中心”、“大宗商品交易定价中心”，努力为青岛、山东乃至沿黄流域开发开放提供支持和动力。

【机构设置与管委会领导】根据《山东省青岛前湾保税港区条例》，青岛前湾保税港区管委会为山东省人民政府的派出机构，负责保税港区的管理工作。保税港区管委会根据工作需要，按照精简、统一、效能的原则，设置相应的行政管理机构，按程序报经省级公务员主管部门批准，可以对专业性较强的职位和辅助性职位实行聘任制。

保税港区管委会履行下列职责：组织编制保税港区总体规划，并按法定程序报经批准；制订保税港区经济发展规划和年度计划并组织实施；根据国家和山东省有关产业政策，组织编制产业发展目录，统筹产业布局，对投资项目实施管理；管理保税港区的发展改革、科技、财政、建设、交通运输、人力资源和社会保障、环境保护、商务和安全生产等工作；根据山东省和所在市人民政府授权或者接受有关部门的委托，负责土地、规划等方面的管理工作；协调配合海关、检验检疫、边防检查、海事、外汇管理及工商行政管理、税务、质量技术监督等有关部门的工作。

【招商部门】招商一局，联系人：姚颖，联系电话：0532－86769539；招商二局，联系人：王艳华，联系电话：0532－86767207。

天津东疆保税港区
DONGJIANG FREE TRADE PORT ZONE OF TIANJIN

【开发建设】 天津东疆保税港区2013年全年实施建设项目60多项，完成投资50.2亿元。目前，东疆保税港区30平方公里已整体成陆，10平方公里保税港区实现整体封关运作；累计建成物流加工仓库79.9万平方米，包括2.9万平方米冷库和5.9万平方米葡萄酒恒温恒湿库；在建物流仓库6.9万平方米，其中含3万平方米冷库。东疆北防波堤主体工程、邮轮码头二期、海关查验中心、二期联检中心工程、亚洲路门区、美洲路门区基本完工，东疆集装箱码头二期前沿地基加固开工。

【投资环境】 天津东疆保税港区配套服务日趋完善，积极推进区域功能载体建设进度。高银红酒、浩物停车库、京海物流基地等物流项目主体竣工；万科、瞰海轩等一批住宅项目施工加快，约12.2万平方米住宅即将具备入住条件；商业项目在建建筑面积约18.9万平方米，已投入使用面积约22.5万平方米；五星级酒店和游艇俱乐部进入试运营阶段。

东疆保税港区协助企业办理增值税即征即退6 500万元，争取内资企业中长期外债额度约2.15亿美元，有效减轻了企业资金成本压力。

东疆国际船舶登记制度试点得到交通运输部批复，天津东疆成为中国内地首个实施国际船舶登记制度的船籍港，注册在东疆保税港区的企业在国内可率先按国际船舶登记制度试点办法完成船舶登记。试点方案在登记条件、船员配备、登记种类等方面进行了创新探索，方案获批后，民生租赁公司利用该项创新政策内容，结合天津融资租赁船舶所有权登记政策及《财政部、海关总署、国家税务总局关于在天津东疆保税港区试行融资租赁货物出口退税政策的通知》（财税〔2012〕66号）的组合优势，完成了公司所属4条船舶的所有权登记。

2013年，东疆保税港区认真贯彻落实国务院《关于加强进口促进对外贸易平衡发展的指导意见》，积极推进国家级进口贸易创新示范区工作，国际商品交易市场建设在服务平台建设、贸易便利化措施、先行先试功能政策等方面取得显著成效，进口贸易额实现了突破性增长，依托国家飞机租赁创新试点区的独特地位，先后开发了飞机保税租赁、SPV租赁、飞机出口租赁等租赁模式和租赁货物三地两跨海关监管模式。管委会与海关、检验检疫密切配合，积极推动关检“三个一”联合查验在造纸原料和水果等品种上的实施，贸易便利化水平明显提高。2013年5月6日，东疆保税港区获评全国运行管理先进口岸。

【招商引资】 2013年，东疆保税港区共注册企业648家，同比增长45.9%，再创历史新高，注册企业数量相当于东疆企业总和的近60%，企业总注册资本263.58亿元，单体企业平均注册资本4 067万元。其中，注册资本超亿元企业45家，5 000万元至1亿元企业54家，1 000万元至5 000万元企业142家，占东疆保税港区企业总数的37.2%；500万美元以上外资企业57家，占外资企业总数的75%。从2008年以来，注册资本超亿元企业中，2013年注册项目占保税港区累计注册项目总数的32.1%，10亿元及以上项目6个，为东疆历史最高。

中海油、华电、中煤、中国城建、中食信投、中外运、中邮等央企和天津物产、渤海钢铁等大型国企落户东疆；振华物流、华图供应链、泛亚供应链、一臣宅急送、新杰物流、盛辉物流等知名物流企业顺利进驻；宏泰国际租赁、大唐租赁、海华国际租赁、远东租赁、开元国际租赁、美锦租赁、国银、国融租赁、中水电租赁、中轩租赁等超亿元租赁项目落户，宏泰保理、蓝辰保理、渤海保理、中茂国际、厚朴保理等超亿元商业保理项目入区经营。东疆保税港区注册资本前四位企业分别为注册资本36.8亿元的东疆建设开发公司、注册资本20亿元的宏泰保理、注册资本15亿元的宏泰租赁、注册资本10亿元的华电融资租赁。同时，东疆保税港区成立了天津首家航运经纪公司和首家船员服务公司；国内首个利用浮式储存气化装置，一期年设计规模220万吨的中海油天津液化天然气有限责任公司完成注册；年销售额超100亿元的中海油贸易分公司完成设立。

【对外贸易】2013年，东疆保税港区区内企业完成外贸进出口额119.5亿美元，占天津市外贸进出口总额的9.3%，在天津市排名位居前列。其中，出口12.4亿美元，同比增长69.4%；进口107.1亿美元，同比增长132.6%。车辆、飞机等高价值进出口商品进出口额增幅明显，实现进出口额96.3亿美元，同比增长157%；进口乳品14.07万吨，进口额5.62亿美元；进口冻品9.77万吨，进口额2.22亿美元；进口葡萄酒146万升，约195万瓶（750ml/瓶），进口总额923万美元。

【经济发展】2013年，东疆保税港区完成区域增加值52.5亿元，同比增长102%；完成税收20.2亿元，同比增长119%；完成外贸进出口119.5亿美元，同比增长124%；固定资产投资262.1亿元，同比增长42.3%；保税货值203.9亿美元，同比增长62%；商品销售额696.5亿元，同比增长208%；社会零售额10.7亿元，同比增长29.1%。

【融资租赁】2013年，东疆保税港区完成飞机租赁154架、船舶13艘，累计完成飞机租赁281架、船舶49艘、飞机发动机9台，海上钻井平台3座，东疆保税港区租赁总资产总额达1 462亿元；飞机船舶租赁模式不断丰富，海工设备、医疗设备租赁市场初步打开。东疆保税港区共有租赁类企业559户，其中融资租赁类企业540户（内外资融资租赁公司73户，项目公司467户）。

【发展趋势】争取在主导产业上有新突破，加快聚集国际贸易、航运物流、租赁和金融服务等中高端产业是东疆产业发展的方向。租赁板块将在积极争取新一轮政策的同时，继续提高飞机租赁和船舶租赁的市场占有率，积极拓展大型设备租赁，不断丰富租赁品种。

加快落实《国务院关于天津北方国际航运中心核心功能区建设方案的批复》（国函〔2011〕51号）各项试点，深化租赁业创新，积极开展期货保税交割、大宗商品现货保税交易、跨境电子商务等贸易方式探索；推动海关现代化查验示范区建设，创新备案清单管理模式，支持关检“三个一”联合查验模式在适合品种中的推广；进一步拓展区域功能，提升口岸监管水平，努力提高投资和服务贸易便利化水平，加快自由贸易试验区建设，为建设国际航运中心核心功能区打下坚实基础。

【机构设置与管委会领导】 东疆保税港区管委会对保税港区及其毗邻区实施统一的行政管理，海关、检验检疫、海事、边检均在东疆设有机构行使监管职能。

东疆管委会下设办公室、政策研究室、经济发展局、投资促进局、财政局、建设交通和环境市容局、人力社保局等7个局室，以及东疆湾景区管理中心、国际航运和金融发展促进中心、城市管理综合执法大队等3个事业单位。

管委会领导：管委会主任张爱国，副主任杨仲强、赵明奎、沈蕾、张忠东。

【招商部门】 投资促进局，联系人：单一鸣，电话：022－25605086，传真022－25605022。

福州保税港区
FUZHOU FREE TRADE PORT ZONE

【经济发展】 2013年，福州保税港区（含保税区）引进项目200个，注册资本折合1.72亿美元，进出口贸易额56.9亿美元，财政收入2.92亿元。江阴港1－5号泊位集装箱吞吐量80.8万标箱，其中外贸完成49.6万标箱，内贸完成31.2万标箱。

【汽车整车进口口岸】 福州港江阴港区汽车整车进口口岸于2013年1月7日通过国家验收，正式对外运营。福建省政府明确福州港江阴港区汽车整车进口口岸工作由福州保税港区管委会负责。2013年，江阴港区汽车整车进口口岸完成1.1万平方米保税港国际汽车展厅装修，注册汽车经销企业5家，累计报关进口车辆363辆。

【进口食品交易市场】 福州保税港区以海峡经贸广场为载体，围绕培育和建设进口食品交易市场，组建市场运营平台公司，建设进口酒类及预包装食品检测试验室，推进交易市场建设与招商工作。2013年，全区注册进口食品类企业32家，优传、酩豪、酩悦、凯撒等6家酒类企业已入驻交易市场，签订入驻展厅意向企业12家，已使用交易市场展厅面积超2 000平方米，市场进口食品种类从单一的进口葡萄酒扩展至进口食用油、调味品等，市场销售额3 391万元，其中进口酒销量61.5万瓶，交易额超3 000万元。

【重点项目建设】 福州保税物流园区、宏捷国际供应链、鑫原达冷链物流、华沛研发中心等四个项目被列入福州市“五大战役”建设项目，全年完成项目投资10 066万元，完成计划数134.2%。

【跨境电子商务零售出口试点】 2013年11月，福建省商务厅和福州海关将福州保税港区定为福建省跨境贸易电子商务零售出口试点。福建省商务厅牵头，福州保税港区和福州海关、福建省电商中心等单位联合成立了专门工作小组，选定以福州保税港区直属国有企业福建保通物流有限公司为主体，投资组建跨境电商平台申报和建设主体，委托北京东方物通公司编制申报福州保税港区跨境电子商务零售出口试点工作规划方案和系统设计。同时，积极推进跨境电子商务零售出口监管设施和公共信息服务平台建设，加大电商及关联企业招商力度，力争2014年实现跨境电子商务零售出口业务正式运营。

【国际卫生港创建】 2013年年初，福州保税港区全面启动创卫工作，完成了专家预评估、省级预评估、“创卫”技术小组设立和创建资金测算等工作，并确定了相关责任单位和责任安排表，将任务分解到各个成员单位，各成员单位正在按照创卫工作实施方案和各自任务分解稳步推进创卫工作。

【投资环境建设】 引进并组建由福州保税港汽车城有限公司、上海元初物流公司、福建八方物流公司和台湾京扬物流公司联合成立的福州港太元行汽车服务有限公司，为汽车口岸提供进口汽车仓储管理、报关、整备交车、零组件及运输配送物流等营运服务；引进福州招商银行和太平保险公司，为口岸提供金融保险服务。同时，与福州市交巡警支队及福州市国税局对接，拟在福州保税港区设立车辆上牌一站式服务窗口和车辆购置税办税窗口，为企业提供更便捷的口岸运营环境。建立周例会协调机制，召集保税港区海关、国检、税务、工商等职能单位和汽车经营企业召开座谈会或现场办公会，倾听企业呼声，面对面解决企业存在的困难，营造良好的经营环境。

【机构设置与管委会领导】 福州保税港区管委会是福建省人民政府的派出机构，规格为副厅级，委托福州市人民政府管理，设有办公室、经济发展局、开发建设局、财政审计局、口岸局等5个内设机构和福州保税区管理局1个直属机构，规格均为副处级。

管委会领导：管委会主任、党组书记阮孝应，管委会副主任、党组副书记李平，党组成员、纪检组长曾开寿，党组成员、管委会副主任黄武闽，管委会副调研员林继红，管委会副调研员夏克活。

【管委会招商部门】 福州保税港区经济发展局为福州保税港区管理委员会的招商机构，负责全区招商引资、业务审批和企业服务工作。联系人：兰祖向，联系电话：0591－28327755。

厦门海沧保税港区
XIAMEN HAICANG FREE TRADE PORT ZONE

【开发建设】厦门海沧保税港区于2008年6月5日获国务院批准设立，是全国第7个获批的保税港区，也是东南国际航运中心核心港区和厦门自由贸易区建设的重要组成部分。海沧保税港区规划面积9.5平方公里，分为3个功能区域，即现代港区（5.6平方公里，约占保税港区面积59%）、保税物流园区（1.5平方公里，约占保税港区面积16%）、出口加工区（2.4平方公里，约占保税港区面积的25%），并于2010年12月和2012年3月顺利完成两期封关运作，封关运作面积5.55平方公里。

【投资环境】厦门海沧保税港区位于厦门岛西面海沧区，是珠江三角洲与长江三角洲经济发达地区的中间连接点，是海峡西岸对接台湾地区的枢纽，是厦门、漳州、泉州同城化的重要节点，凭借独具的对台区位优势，对接台湾高雄、台中自由港，拓展广袤的内陆腹地，发挥连接“长三角”与“珠三角”的中转站功能，将建成海峡两岸经贸交流合作的桥头堡和面向亚太区域的国际航运物流中心。

厦门海沧保税港区拥有世界一流的集装箱深水港口设施和完善的配套条件，实行与国际惯例接轨的保税港区制度及相应的投资政策和监管环境。海沧保税港区北有福厦铁路，西有厦门至南昌等地的铁路、厦成高速等，南有厦深铁路、厦漳跨海大桥等，海铁联运、海陆空相互配套的现代化综合立体交通运输网络正在形成。借助交通优势，海沧保税港区现已成为全国最大的钨制品出口基地和石材集散口岸。

【招商引资】2013年，海沧保税港区引入外资3 290万美元；引入内资15 946万元，完成年度内资任务指标的132.88%；实际到资5 092.8万美元，完成年度目标的203.7%。2013年，港区共有4家公司增资，7家企业到资，另新引进3家新公司及2个项目运营中心。

【对外贸易】2013年，海沧保税港区管委会立足保税港区的特殊政策和九大业务功能，强化政策研究工作，完成《厦门港海沧港区产业及配套建设发展规划》初步方案；香港嘉里物流、宸鸿科技长鸿项目、格拉克听力技术、柯达中国亚太运营中心正式入驻运营；中储粮产业园、IOI棕榈油项目及中石油海峡能源项目、中盈糖仓等项目有序推进；继品谱亚太分拨配送中心投产运营后，世界第四大专业货运物流巨头泛亚班拿及荷兰知名轻工制品公司博格步在区内联合建立亚太物流分拨中心。

【经济发展】海沧保税港区现有注册企业62家，其中加工制造企业32家，物流仓储企业24家，码头企业6家。区内的加工制造企业经济结构为外向型，受到全球经济大环境的冲击较大。面对不利的外部环境，海沧保税港区攻坚克难，群策群力，着力推动港区各项业务稳步增长。2013年，港区完成货物吞吐量5 993万吨，同比增长49.4%；集装箱吞吐量381万标箱，同比增长22.8%；完成工业产值51.1亿元，同比下降7.9%；累计进出口额14亿美元，同比增长13.3%；仓储物流企业实现营业收入14.2亿元，同比增长28.4%，进出口货值12.3亿美元。

【发展趋势】海沧保税港区下一步将紧紧抓住厦门自由贸易区建设和东渡港区搬迁的重大机遇，围绕综改方案、美丽厦门战略规划和东南国际航运中心规划建设的总体要求，以打造“国际物流中心、全球贸易平台”为目标，加快推进保税港区软硬件建设，提升完善保税港区功能，推动形成港区联动的“大港口”格局，发挥海沧保税港区在自由贸易区建设中的作用，积极探索对台交流合作新机制，在海沧建设对台、联台先行区中做出应有的贡献，逐步推动海沧保税港区向自由贸易区发展，争取为东南国际航运中心建设及厦门新一轮的跨越发展作出更大贡献。

2014年，海沧保税港区将力争完成港口货物吞吐量6 500万吨，同比增长12%，集装箱420万标箱，同比增长12%；加工制造企业将力争完成工业产值55亿元，同比增长5%，实现进出口额15亿美元，同比增长7%；仓储物流企业将力争实现营业收入9亿元，同比增长20%，进出口额11亿美元，同比增长20%。

【机构设置与管委会领导】海沧保税港区管委会下设办公室及1个投资促进服务中心。

管委会领导：管委会常务副主任熊衍良，管委会副主任林佳添、黄河明。

【招商部门】海沧保税港区招商工作依托海沧区投资促进局，并设立专门的保税港区招商部。投资服务热线：0592－6892888、6896675，传真：0592－6895998，海沧保税港区门户网站：http：//www.xmhcftpz.gov.cn/。

北京天竺综合保税区
BEIJING TIANZHU FREE TRADE ZONE

【园区概况】北京天竺综合保税区于2008年7月23日由国务院批复设立，2009年7月28日一期通过海关总署等国家十部委联合验收。天竺综合保税区是全国首家空港型综合保税区，是北京市3个国家级经济功能区之一，总规划面积5.944平方公里，依照功能划分为口岸操作区和保税功能区。北京市委、市政府将天竺综合保税区定位为：完善首都中国特色世界城市功能、提升“四个服务”水平的重要战略性基础设施，扩大对外开放、提升外向型经济发展水平的重要平台，北京融入全球经济一体化的崭新窗口。

【经济指标】2013年，天竺综合保税区实现进出口总值733.5亿美元，同比增长5.5%，占北京各口岸进出口总值的86.9%。其中，保税功能区实现进出口总值33.6亿美元，同比增长41.1%；完成关税及代征税73.9亿元，同比增长20.2%；实现企业营业收入153.0亿元，同比增长57.7%；完成属地税收7.8亿元，同比增长57.5%。

截至2013年年底，天竺综合保税区内注册企业已达到170家，其中包括默克雪兰诺、巴西航空等世界500强企业10家，企业资产总计211.6亿元，从业人员达到2.4万人。

【投资环境】地理位置优越。天竺综合保税区位于北京东北方向，与首都机场实现无缝对接，距离北京市区15公里，距天津港160公里，往来北京城区、天津港口、环渤海地区顺畅便捷，交通路网发达，具有得天独厚的区位优势。

区港一体化。天竺综合保税区与首都国际机场口岸无缝对接，真正实现了区港一体化。北京海关创新推行“先入区后报关”的“直通式分拨”模式，北京商检局突破性地开展进口货物“集中报检、集中查验、分批核销、后续监管”的查验模式，货物通关时间缩短至2~6小时，最快只需30分钟，通关速度在全国海关特殊监管区域中首屈一指。

一站式综合服务。2013年10月，天竺综合保税区一站式服务大厅正式启用。服务大厅本着提升服务效率和服务水平，优化办事流程和政务环境的原则，为来访企业提供一站式、全方位服务。所有来访企业，从洽谈入区到入区运营涉及的所有业务，均可在服务大厅内受理。

国家对外文化贸易基地。北京天竺综合保税区·文化保税园是我国北方地区唯一、全国仅有的3个国家级对外文化贸易基地之一，规划用地约15.67万平方米，建筑面积45万平方米。其战略定位是成为首都文化创意产业功能区的示范区、国家对外文化贸易体制的创新实验区、国际化文化贸易市场、中国文化走出去的能力培养区，发展目标是成为集文化贸易口岸、协同创新平台、企业集群式发展于一体的国家级对外文化贸易基地。

汽车整车进口口岸。2013年7月，首都国际机场汽车整车进口口岸顺利通过国家五部委联合验收并开始运营。作为全国首个依托空港型综合保税区设立的汽车口岸，一期目标是年周转进口汽车1 000辆，二期目标是年周转进口汽车1万辆。汽车整车进口口岸的投入运营有助于促进北京经济总量的提升，是带动豪华汽车研发、贸易、加工等全产业链发展的一片新沃土。

【招商引资】招商成果突出。2013年，天竺综合保税区新引入企业47家，注册资本总额约18.4亿元，计划投资总额约60亿元，其中注册资本1 000万以上项目23个。代表性知名企业有东航北分、联邦快递、京城大都、安富利、恩和融资、中富东能、欧文风范、斐瑞康通信、博克睿思等。

产业格局形成。截至2013年年底，天竺综合保税区已经形成以航空、医药、文化、电子四大特色为主的产业格局。4类企业的营业额占到总数的60%。其中，医药进口量已占全国的17%，航材进出口量占到全国的25.6%。跨境电子商务、拍卖、信息等新兴产业发展良好，实现了从出口加工向服务贸易为主导的转型升级，贸易、物流等服务业所占比重从10%上升到90%。

【发展亮点】成功开展保税拍卖新业务。2013年，利氏兄弟举办了两场全球工程机械无底价拍卖会，是在中国举行的第一次全球性工程机械设备拍卖，也是第一家境外拍卖公司在中国综合保税区内举行的拍卖，两场拍卖261件工程机械拍品全部成交，成交金额2 577万元人民币。中鼎国际举行首届法国艺术珍品拍卖会，34件西方艺术珍品参与竞拍，成交金额达1 090万元人民币。歌华和苏富比联合举办“苏富比北京艺术周”拍卖，共有112件中国当代艺术精品成功拍出，总成交额达2.2亿元。保税拍卖对于天竺综合保税区探索创新海关特殊监管区业务类型，推动现代服务业发展，促进产业结构转型升级等具有重要意义。

【发展趋势】天竺综合保税区将通过全面深化各项改革，实施“1+2”发展战略，着力打造符合国际化和法治化要求的投资与贸易便利化试验区，通过聚集高端要素、发展高端产业，建设具有首都特色的服务贸易创新示范区和文化产业创新示范区，实现天竺综合保税区与临空经济核心区的融合发展，深度参与京津冀海关特殊监管区域协同发展，更好地为首都经济圈开放型经济发展服务。

【机构设置与管委会领导】北京天竺综合保税区管委会（正局级）下设办公室、政策法规处、规划建设处、经贸发展处、保障处、信息处、机关党委、团工委。另有一个事业单位，即综合服务中心，以及一个国有独资公司，即北京综合保税区开发管理中心。

管委会领导：党组书记、主任卢映川，党组副书记、常务副主任闫立刚，副主任李友生、庄杰、李燕凌、霍光峰，委员杭金亮。

【招商部门】经贸发展处，联系电话：010-69478588。联系人：张其中，电话：010-69475362。

苏州工业园综合保税区
SUZHOU INDUSTRIAL PARK INTEGRATED FREE TRADE ZONE

【开发建设】 苏州工业园综合保税区规划面积5.28平方公里，分为东、西两个围网区，是在原监管点、出口加工区和保税物流中心B型基础上整合而成。2007年8月28日，苏州工业园综合保税区首期4.2平方公里顺利通过海关总署等国家九部委的联合验收，2008年1月15日正式封关运作，2009年4月22日，综合保税区二期0.66平方公里也顺利通过验收。目前，苏州工业园综合保税区累计封关面积4.86平方公里。

【投资环境】 苏州工业园区位于长三角腹地，是上海向内陆地区货物疏散和补给的枢纽，海陆空运输条件优越。沪宁高速公路、铁路贯穿东西，苏嘉杭高速直通南北，两小时车程可达上海浦东机场、上海虹桥机场、杭州萧山机场和南京禄口机场，沿长江有太仓港、张家港港等诸多支线港口作为上海港、宁波港的补充，企业货物出口可供选择的口岸多，运费低。

苏州工业园综合保税区高度重视环境载体建设。截至目前，建成各类保税仓库40万平方米，厂房约168万平方米，区外周边建成非保税仓库50万平方米，商业和办公设施45万平方米，已初步形成设施先进、配套完善、交通便利，集保税加工、保税物流和进出口贸易为一体的综合性功能区域。苏州工业园区东大门的城市建筑形态在此初显雏形，为开发区进一步发展创造了新的增长点。

【经济发展】 2013年，苏州工业园综合保税区紧密围绕园区转型升级的总体目标，坚持“金融贸易、电子商务、公共平台、仓储物流”四大体系建设，通过全面加大政策争取力度，持续优化区域公共服务等手段，有力助推了区域经济的稳定发展、政策功能的创新突破，以及各类商贸物流项目的陆续落地。2013年全年累计实现监管货值958.1亿美元（含二线进出口，其中进出境货值230.5亿美元，进出区货值727.6亿美元）；累计实现监管货运量363.1万吨。

【功能平台】 经过苏州工业园综合保税区持续多年的基础建设和积极争取，2013年10月29日，国家食品药品监管总局办公厅、海关总署办公厅联合发布关于允许苏州工业园区口岸进口药品的通知及公告，符合国家规定的进口药品（包括麻醉药品、精神药品）均可经由苏州工业园区海关所辖的苏州工业园区口岸进口。该口岸功能的设立，有力加快了苏州市生物医药产业的转型升级步伐，极大地增强了苏州工业园综合保税区作为服务地方产业功能平台的综合优势。2013年2月20日，经江苏出入境检验检疫局验收批准，进出口食品口岸监管场所在园区综合保税区内设立，从此，苏州地区企业均可在园区综合保税区内开展食品、化妆品进出口业务。2013年，该监管场所共计通关货物约1 300票，总计重量约1.6万吨，产品涵盖奶粉、葡萄酒、植物油等。

【**虚拟口岸**】2013年，园区综合保税区以虚拟空港和虚拟海港为主要内容的虚拟口岸，持续发挥快速通关优势，使得更多的企业受惠。虚拟空港进口方面的空陆联程业务，2013年全年共操作总单数1 232票，操作货量计6 070件、805吨，参与操作企业1 454家、货代60家、航空公司43家。出口方面的陆空联运业务，2013年全年共接受订舱3 291票，操作货量19 105件、956吨，参与操作企业180家、货代11家、航空公司9家。虚拟海港自2008年运行以来，已通过与太仓港的区港联动模式，开通了日本、韩国、中国台湾3条外贸航线，综合保税区订舱中心2013年全年代理业务共计48 991票，操作货量147 377标箱，服务企业150家，并吸引了中国远洋、法国达飞、下关轮渡、海华轮船、重庆海运、民生轮船等诸多知名船公司在区内设立还箱点。

【**跨境电子商务试点**】为解决跨境电子商务存在的难以快速通关、规范结汇及退税等问题，园区综合保税区积极承担苏州跨境贸易电子商务服务试点的工作任务，全面进行项目调研、方案设计、论证上报、场地规划、硬件设置、软件开发、系统对接和实体招商等一系列工作，在较短时间内完成了跨境电子商务海关监管中心的软硬件平台建设和知名跨境电商企业在区内的落户工作，并在2013年12月18日，成功试行了江苏省跨境电子商务出口第一单，顺利推动苏州市成为全国第6个跨境电子商务试点城市、第1个试点的地级市。

【**信息化建设**】2013年，园区综合保税区信息化服务水平进一步提升，于8月2日正式运行的“智慧国际商务区”公共服务平台，充分实现了区内道路卡口、停车场泊位、人员作业、单证传送等各环节信息资源的公开透明，便利了政府和企业对通关进度的实时查询，有效提升了场站的运作效率，大大缩短了企业通关速度，便捷了区域作业的实效管理。

【**亲商服务**】为充分帮助区内企业排忧解难，做好后勤保障工作，园区综合保税区持续贯彻亲商、安商、富商的服务理念，主动了解企业运营情况，关心企业发展需求，帮助企业协调海关、国检、外管等相关条线部门解决企业面临的实际困难，推出各类有利于企业经营的帮扶措施。另外，苏州工业园综合保税区还注重提高基层党组织在非公经济发展中的战斗力和影响力，积极推进非公企业党建和工会工作。

苏州高新技术产业开发区综合保税区
SUZHOU NATIONAL NEW & HI-TECH DISTRICT INTEGRATED FREE TRADE ZONE

【开发建设】 苏州高新技术产业开发区综合保税区位于苏州国家高新区北部，区域规划控制面积3.51平方公里，由原高新区出口加工区（2003年3月批准设立）和原高新区保税物流中心（B型）（2005年8月批准设立）整合形成，2010年8月10日由国务院批准设立，同年11月4日通过国家十部委联合验收，实现封关运作。苏州高新区综合保税区以“信息化围网”手段进行监管，按照功能划分为口岸作业区、保税物流区、保税加工区。

口岸作业区面积0.29平方公里，是整个高新区进出口货物通关和检验检疫的唯一场所，可用于保税货物、一般监管货物、特殊区域间货物及国际快件货物的转关通关。口岸作业区内建有监管仓库10座共9万平方米，查验场地1.2万平方米，停车场3.6万平方米，集装箱堆场4.4万平方米。保税物流区面积0.52平方公里，区内重点发展保税仓储业务、国际分拨配送业务及国际贸易，建有12万平方米现代化仓库，其中恒温仓库800平方米，主要用于存储电子元器件、汽车零部件、光伏设备、医疗器械，以及进口食品、酒类等货种。保税加工区面积2.7平方公里，区内重点发展保税加工、检测维修等业务，建有各类厂房面积约为175万平方米，其中企业自建厂房113万平方米，标准厂房41万平方米，主要用于加工贸易生产企业的入驻。

另外，综合保税区围网外设有配套工业园0.59平方公里，为综合保税区提供生产配套服务。配套工业园利用紧邻综合保税区的区位优势，为区内企业开展研发、检测、维修等功能拓展业务提供载体支持；通过区内外有机联动，优势互补，为综合保税区增加招商优势、扩大产业辐射、优化产业结构提供良好契机。

【投资环境】 苏州高新区综合保税区在载体建设上一直坚持高标准、严要求，努力建设具有国内一流载体的综合保税区。截至2013年年底，综合保税区（含配套园）共建成各类厂房仓库207万平方米，其中工业厂房187万平方米，包括企业自建厂房125万平方米，标准厂房62万平方米，另有在建工程56万平方米。所有厂房的规划设计、环境安全均参照国内建设标准，广泛吸引高科技外资企业投资进驻。综合保税区围网内拥有保税仓库20万平方米，围网外规划建设普通仓库60万平方米，目前已完成11万平方米的建设及招商工作。

高新区报关报检服务中心是现今国内最具规模、通关功能最为齐备的一流区域物流通关平台。其将涉及货物通关流程的所有行政和社会服务纳入其中，实现了海关、国检、经贸等行政管理部门，海关特殊监管区域管理部门及报关、货代等物流服务企业的集中办公，真正实现了“一个窗口”对外，“一条龙”服务的一站式通关模式。

苏州高新区综合保税区工商分局于2013年3月正式揭牌运行，专为综合保税区内企业提供登记、注册、发照、年检等日常业务，为区内各类企业发展提供便利。

综合保税区周边规划建设普通仓库60万平方米，商业办公设施3.7万平方米，已初步形成设施先进、配套完善、交通便利，集保税加工、保税物流和进出口贸易为一体的综合性功能区域。现今在区域周边已形成了综合商贸服务区域，主要有“四星级高中”吴县中学，50万平方米大白荡公园，可容纳2万人居住的美林青年公寓，大型居住社区名墅花园等。

【招商引资】 2013年，苏州高新区综合保税区（含围网外）共引进项目27个，其中工业项目10个，国际贸易项目11个，融资租赁、交易市场、电子商务等新兴项目6个，注册资金17.45亿美元，新设企业投资规模呈爆发式增长态势。截至2013年年底，苏州高新区综合保税区（含围网外）投产运营企业共计143家，其中保税加工企业70家，贸易企业25家，物流仓储等其他服务业企业48家，累计项目总投资31.88亿美元。

苏州高新区综合保税区保税加工项目主要来自欧美、日韩、东南亚和中国台湾等国家和地区，投资领域主要涉及电子、精密机械、新材料、家用产品、汽车零部件等科技含量较高、附加值较大的产业。电子和精密机械目前是保税加工的两大主导产业。区内的中外运、新宁、大田等知名物流企业为全国28个省，近2 000家生产企业提供保税物流服务。

【对外贸易】 苏州高新区综合保税区利用功能政策和区位优势，依托苏州进口食品（化妆品）集中监管样板及进口食品（化妆品）销售展示中心，大力发展国际贸易，建设专业化国际贸易服务平台，打造集展示、推广、交易、仓储、品鉴、电子商务、融资租赁、配套服务于一体的国际贸易集聚区。

苏州进口食品（化妆品）集中监管样板位于综合保税区东区内，2011年10月获批设立，是江苏省首家进口食品检验检疫监管样板。检验检疫监管样板建筑面积8 332平方米，设有常温食品存放区、化妆品存放区、恒温仓库、贴标作业区、查验区、留样室等功能区域，以“集中口岸、集中仓储、集中检验监管”为核心，以信息化、网络化、智能化系统为手段，改革进口食品检验监管模式，通关时限较以往提速3～5天，实现了“一次报验、一次取样、一次检疫、一次处理、一次收费、一次放行”的通关流程优化，通过电子监控、溯源管理（二维码）、风险预警、分批核销等信息化管理手段，有效保证了进口食品的质量安全。

苏州高新区进口食品（化妆品）销售展示中心集仓储、展示、加工、分拨配送于一体，依托进口食品检验检疫监管样板将业务服务延伸至仓储物流、进口代理、清关、现货交易、电子商务、团购、直销等领域。展销中心凭借优惠的扶持政策、高效的食品检验通关效率，吸引了众多进口食品贸易商，包括屈臣氏、优传、尼古拉、优福捷、众意行、佰隆等，汇集了来自世界绝大多数葡萄酒产区的数千种性价比极高的原瓶装进口葡萄酒。

2013年，苏州高新区综合保税区全年累计进口食品1 518批次，货量2.96万吨，进口额1.39亿美元。其中，进口红酒21.04万升，进口额69.45万美元。

【经济发展】 2013年，苏州高新区综合保税区完成工业总产值500亿元；实现固定资产投资12亿元，同比增长19.6%；实现进出口总值121亿美元，其中出口83亿美元；实现监管货值538亿美元，实际利用外资

2 356万美元；完成服务业增加值1.3亿元。截至2013年年底，苏州高新区综合保税区累计完成工业总产值1 866亿元，固定资产投资147亿元，实现进出口总值704亿美元。

【物流通路】为更好地服务企业，顺应转型升级步伐，综合保税区进一步整合物流供应链，发展铁运、陆运及水运，研究水陆联程、水水联运等操作模式，提升通关环境，形成了多种通路叠加的大型国际性物流枢纽。

铁路方面，与俄罗斯远东陆桥有限公司合作，开通“苏满欧”运输班列，为苏州地区乃至华东地区企业的产品出口至欧洲，开辟了一条安全、高效、便捷的物流通道。2013年9月29日，“苏满欧”成功开行首趟“五定班列”（五定：定点、定时、定线、定车次、定价格）。班列全程11 200公里，运输时间15天以内，相比传统海运节约近2/3的时间，相比传统空运降低近一半运输费用。

陆路运输方面，与物流供应商OTL合作，在综合保税区内建立其华东地区集散中心，开通以苏州为核心的长三角地区至老挝、越南、泰国等东盟国家的跨境卡车航班仓储运输业务。2013年5月起，实现了每周两班的固定“航班”。2013年全年成功运作货柜32个，货量240吨，货值约456万美元，为三星、佳能等跨国公司连接华东地区与东南亚两地工厂，提供了稳定、安全、低价的物流通道。

水路运输方面，借助苏州大运河“四改三”航道整治工程的契机，发挥紧邻京杭大运河的优势，计划通过水水联运方式，实现与上海洋山港的水路对接。

此外，苏州高新区综合保税区大力开展保税仓储和国际分拨配送业务，满足了加工制造企业对保税物流业务发展的需求，改变物流业务模式，大力发展物流服务业务外包，为本地物流市场注入了先进的经营理念、经营模式和管理技术，推动了本地第三方、第四方物流市场的发育和成长。

【业务拓展】融资租赁方面，苏州高新区综合保税区借鉴上海综合保税区的成功运作经验，拓展融资租赁方面业务。目前引进了国发融资租赁、涌智江南等融资租赁企业，具体开展“直租”和“售后回租”业务。

跨境电子商务方面，苏州高新区综合保税区率先重点研究以快件形式进出境的电子商务（个人物品）通关操作流程，构建跨境电子商务服务平台，借助现有的国际快件监管中心载体，实现电商通关、海关、国检、外管、税务等部门数据交换与信息共享等服务功能，为国内消费者跨境网购开辟一条透明、阳光、便利的通道，使之成为推动区域外向型经济增长、转型的又一有利抓手和有效途径。

【发展趋势】苏州高新区综合保税区在继续做大做强保税加工、保税物流的基础上，努力向保税服务等多元化方向发展，围绕建设全国一流综合保税区的发展目标，制定了发展纲要，积极构建“两个平台，两个中心”。一是大力构建国际联运口岸平台，完成枢纽和通路建设；二是深化拓展贸易促进平台，建立协同机制，促进功能创新；三是集中建设国际分拨中心，完善服务体系，优化通关效率；四是重点培育国际贸易（技术）服务中心，拓展产业类型，促进产业升级。

【机构设置与管委会领导】2012年6月，经苏州高新区管委会批准，正式设立“苏州高新技术产业开发区综合保税区管理办公室”，作为苏州国家高新产业技术开发区管理委员会的派出机构，行使对综合保税区的行政管理权。苏州高新区综合保税区管理办公室下设行政管理部、计划财务部、经济发展部、开发建设部、综合管理部5个工作部门。同时，为了更好地推进综合保税区的开发建设，设立了苏州高新区出口加工区投资开发有限公司、苏州高新区保税中心有限公司，负责综合保税区的土地开发、基础设施建设、标准厂房仓库租赁、物流仓储经营等事宜。

【招商部门】经济发展部。联系人：徐玉、程欣，联系电话：0512 - 68018661、66161301，传真：0512 - 66161303，电子邮件：xu.y@snd.gov.cn、cheng.x@snd.gov.cn，门户网站：http://www.snd-iftz.gov.cn/。

上海浦东机场综合保税区
SHANGHAI PUDONG AIRPORT FREE TRADÉ ZONE

【概况】上海浦东机场综合保税区于2009年7月3日由国务院正式批准设立（国函〔2009〕77号），规划面积3.59平方公里。2010年4月2日，一期1.60平方公里封关运作。2011年12月28日，完成二期1.99平方公里的封关验收，实现园区3.59平方公里整体封关运作。2013年，上海浦东机场综合保税区积极创新和实践“临空功能服务先导区”，不断促进区港一体化发展，全力推进区域功能创新、产业升级与运营环境优化，加快特色产业集聚与培育，区域经济保持较快增长态势。2013年，上海浦东机场综合保税区投资企业完成经营总收入27.06亿元，比2012年增长23.9%；进出口总额为38.84亿美元，比2012年增长105.6%；税务部门税收为1.73亿元，比2012年增长64.8%。

【开发建设】浦东机场综合保税区道路、河道、市政管线、监管设施、信息系统等配套设施建设不断完善，区域环境不断优化。浦东机场口岸通关服务中心（一期）已正式启动，总建筑面积达到9.34万平方米，二期项目建设已作前期准备；A5、A6保税仓库均已竣工并投入使用。2013年，浦东机场综合保税区完成固定资产投资额17.75亿元，累计完成固定资产投资额61亿元。

【国际贸易】园区从事进出口业务的企业数量逐年增加。2013年，浦东机场综合保税区直接开展进出口业务的投资企业有26家。其中，以一般贸易方式从事进出口业务的企业有9家，以保税物流货物方式从事进出口业务的企业有20家。

与亚洲、欧洲和北美洲进出口额均已超过10亿美元。2013年，浦东机场综合保税区投资企业共与世界各地的90个国家和地区发生进出口贸易往来，比2012年增加17个国家和地区。与亚、欧、美等传统贸易伙伴的进出口额持续攀升。其中，与亚洲完成进出口额13.88亿美元，比2012年增长85.1%，占园区进出口总额的35.7%；与欧洲进出口额达12.39亿美元，比2012年增长123.4%，占园区进出口总额的31.9%；与北美洲进出口额为10.71亿美元，比2012年增长452.4%，占园区进出口总额的27.6%。与这三大洲进出口额合计占园区进出口额的95.2%。

物流货物占主体比重，租赁贸易逐步兴起。2013年，浦东机场综合保税区物流货物进出口额完成24.59亿美元，比2012年增长30.6%，占园区进出口额的63.3%；租赁贸易进出口额在飞机租赁业务的推动下，完成8.73亿美元，为净增额，占园区进出口额的22.5%。

进口贸易结构更趋多元化。2013年，浦东机场综合保税区完成进口额24.99亿美元，比2012年增长108.1%，占园区进出口额的64.4%。租赁贸易和一般贸易进口额增加较多，全年园区完成租赁贸易进口额8.73

亿美元，一般贸易进口额4.33亿美元，物流货物进口额10.88亿美元。与欧美进口额所占比重较大，从欧洲进口额达10.62亿美元，比2012年增长112.7%；从北美洲进口额达8.65亿美元，比2012年增长31倍。高新技术产品占据绝对比重，全年园区列入高新技术产品范畴的进口额完成20.91亿美元，比2012年增长94.8%，占园区进口额的83.7%。

出口贸易继续迅速发展。2013年，浦东机场综合保税区完成出口额13.84亿美元，比2012年增长101.3%，占园区进出口额的35.6%。物流货物出口额占据绝对比重，全年机场综合保税区完成物流货物出口额13.71亿美元，比2012年增长100.3%，占园区出口额的99.0%。向亚洲出口额主导作用显著，全年达到9.66亿美元，比2012年增长114.2%，占园区出口额的69.8%；向北美洲和欧洲出口额分别完成2.05亿美元和1.77亿美元。对这三大洲合计出口额占机场综合保税区出口额的97.5%。高技术含量产品出口额猛增，全年机场综合保税区列入高新技术产品范畴的出口额为13.47亿美元，比2012年增长98.2%，占园区出口额的97.3%。

【产业发展】随着招商引资企业数量的快速增加，投资企业依托功能政策与配套营运环境，不断拓展业务规模，经营运作情况良好，区域经济规模持续较快增长。据统计，2013年，浦东机场综合保税区投资企业完成经营总收入27.06亿元，比2012年增长23.9%。

航运物流服务收入占据绝对比重。物流业务收入规模较大，随着通关运作环境不断完善，物流业务规模保持较高水平，来自物流业务的收入为16.24亿元，占机场综合保税区经营总收入的60.0%；融资租赁企业收入倍增，来自融资租赁业务的收入为8.51亿元，比2012年增长138.2%，占机场综合保税区经营总收入的31.4%。

园区货物进出日益繁忙。浦东机场综合保税区配套建设施的不断完善，功能创新拓展进程的加快推进，促使园区货物进出规模逐年扩大，物流运作日益繁忙。2013年，机场综合保税区海关部门监管业务量持续倍增，完成进出报关票数9.90万票，比2012年增长122.4%；进出境备案（指“一线”：机场综合保税区与境外之间）货值25.43亿美元，比2012年增长35.0%，其中进境备案12.01亿美元，出境备案13.41亿美元；视同进出口（指“二线”：机场综合保税区与国内一般区域之间）货值17.97亿美元，比2012年增长13.2%。

【功能拓展】初步形成具有航空货运特色的产业功能。浦东机场综合保税区启动运作3年多以来，依托浦东机场亚太航空复合枢纽港的功能优势，针对航空货运高时效性、高流通性、高附加值的特点，积极创新和实践“临空功能服务先导区”，促进区港一体化发展，初步形成了空运亚太分拨中心、飞机及发动机融资租赁、快件转运中心、航空维修及配套服务、保税展销等临空功能服务产业链。

依托保税展示交易功能，促进跨境电商等新型业态发展。一是加快推进跨境电商新型贸易模式：跨境通目前可销售商品约150种。在继续优化完善海关、检验检疫等办理流程的基础上，丰富产品内容，做大做强跨境电商功能，打造跨境电商集聚发展区。二是深化保税展示交易功能：充分利用自由贸易试验区保税展示交易功能，通过放大“日上”模式效应，设立高端商品贸易展示平台；借鉴贸易公司交易市场管理模式，鼓励企业开展展示交易、批发零售业务；推进内外贸一体化运作，形成“存、展、销”一体化经营模式。

拓展贸易结算功能，促进分拨中心向营运中心升级。一是继续推进空运分拨中心集聚：依托国际枢纽港航线资源优势，进一步形成空运分拨中心集聚，充分利用自由贸易试验区政策功能，推进空运分拨中心向全球业务拓展。二是促进分拨中心向营运中心升级：加快推动服务贸易功能创新，整合贸易、物流、结算等功能，促进具备条件的物流分拨中心向营运中心转型升级。

积极推进航空维修、临空服务业创新发展。落实自由贸易试验区全球维修业务实施意见，以波音维修为突破口，依托区域良好的竞争优势和区位优势，积极协调海关、检验检疫，完善高端产品维修监管制度，推进建立医疗器械、飞机等高端产品维修检测中心。

【经济效益】随着浦东机场综合保税区运作企业的不断增加、经营规模的持续扩大和产出效益的稳步提升，税务部门税收呈现出大幅增长的态势。2013 年，机场综合保税区完成税务部门税收 1.73 亿元，比 2012 年增长 64.8%。企业所得税为机场综合保税区企业缴纳的第一大税种，2013 年首度超过亿元，达到 1.03 亿元，比 2012 年增长 57.3%，占机场综合保税区税务部门税收绝对额的 59.7%、增量的 55.3%；在“营改增”政策推动下，增值税持续倍增，完成 0.50 亿元，比 2012 年增长 1.2 倍，占机场综合保税区税务部门税收绝对额的 28.9%、增量的 40.6%。

【招商部门】上海浦东机场综合保税区由中国（上海）自由贸易试验区管理委员会统一管理。联系电话：021－58698500。

郑州新郑综合保税区
ZHENGZHOU XINZHENG INTEGRATED BONDED ZONE

【概况】 郑州新郑综合保税区于2010年10月24日经国务院批准设立，是全国第13个、中部六省第1家综合保税区，规划面积5.073平方公里，2011年11月4日正式封关运行，目前已封关面积（一期、二期）2.73平方公里。

2013年以来，又有一大批重点项目在郑州新郑综合保税区落户并相继开工建设。海关总署先后批准了郑州新郑综合保税区成为自产货物返区维修试点和保税货物结转试点，国家质检总局先后批准了在郑州新郑综合保税区设立国家移动通信设备检测重点实验室和进口肉类指定口岸，同时，作为河南省全省大通关机制、实现通关便利化主要载体的电子政务和商务平台——河南电子口岸平台即将建成投入使用。这些项目的建设发展，进一步完善了郑州新郑综合保税区的功能，提升了河南省对外开放水平。

经过短短3年多的建设发展，郑州新郑综合保税区已成为航空港实验区经济发展的引擎，中原经济区外向型经济发展的桥头堡，对区域经济社会发展的带动作用越发明显。

【投资环境】 郑州地处九州之中，十省通衢，是全国重要的交通通信枢纽和物资集散中心。良好区位优势为郑州新郑综合保税区的发展提供了天然优势，目前郑州新郑综合保税区正呈现出蓬勃发展的良好态势。一是郑州航空港经济综合实验区作为河南省国家级三大战略之一，其范围内包含1个一类航空口岸（郑州新郑国际机场）和1个海关特殊监管区（郑州新郑综合保税区），并初步形成了与郑州集装箱中心站一类口岸、郑州公路物流港二类口岸，以及郑州出口加工区、河南保税物流中心两个海关特殊监管区域（场所）的联动模式，具有高效便捷的通关环境；二是郑州航空港区距离郑州市中心城区东南约20公里，比邻4E级郑州新郑国际机场，京港澳高速、城际高铁穿越区边，拥有完善的空路联运体系，飞机2.5小时覆盖全国90%的人口，高铁2.5小时可到达北京、武汉、西安，高速2.5小时到达河南省全省18地市及晋、冀、鲁毗邻地区。

【经济发展】 郑州新郑综合保税区2013年累计完成固定资产投资31.98亿元，实现工业总产值约1 723.12亿元，营业总收入约1 713.41亿元；累计完成进出口总值约357.88亿美元（出口203亿美元，进口154.88亿美元），同比增长25.6%，占河南省全省进出口总额的59.7%，对河南省外贸增长的贡献率88.9%（即河南省外贸进出口增长15.9%，其中有14.1%由郑州新郑综合保税区拉动），进出口总值在全国综合保税区中排名第二，在全国海关特殊监管区域中排名第四；综合保税区海关全年累计完成进出口报关单156 304票，同比增长23.5%。2013年1～12月，综合保税区共实现苹果手机结关进口1 578.09万台，内销货值77.81亿美元，缴纳进口环节增值税81.76亿元。

2013年，郑州新郑综合保税区出入境检验检疫局共检验监管货物24 621批次，货值330.61亿美元。其中，出口货物20 215批，货值216.5亿美元；进口货物4 406批，货值114.11亿美元。检验监管的出口货物全部为手机，进口货物主要有进口设备、进口手机料件、国外入境维修手机和进口内销手机等。

【招商引资】截至2013年年底，郑州新郑综合保税区已封关区域内建成标准厂房76栋共230万平方米，各类仓库6.4万平方米；区内已入驻富士康、业成科技、中国技术进出口公司、中外运、海程邦达、上海畅联等11家电子制造和物流企业，主要开展保税加工、保税物流、保税维修及口岸作业等保税业务。此外，为促进区内功能业务多元化发展，进一步拓展郑州新郑综合保税区的功能，国家质检总局于2013年12月30日批准河南为内地首个进口肉类指定口岸，提升了服务区域经济的能力，河南众品实业有限公司已明确表示将入驻郑州新郑综合保税区。

郑州新郑综合保税区与其他企业战略合作关系的签订也在有序推进中，以世界500强、中国500强和行业类前十强企业为主攻方向，重点引进科技含量高、投资强度大、带动作用强、发展前景好的优质项目。美国、印尼、日本、新加坡、菲律宾，以及中国香港、深圳等国家和地区多个大型考察团先后到郑州新郑综合保税区调研考察，表达了强烈投资意愿。天语智能终端产业基地已经落户郑州新郑综合保税区，厂房已经建设完毕，预计2014年下半年投产。

【发展趋势】根据海关总署等有关部委商定，开展以“三个互动”为主要内容的全国“单一窗口”试点，重点推动口岸部门各自的信息系统与公共信息平台的数据连接，做到监管的单次性，推行关检“三个一”的口岸无缝合作执法模式。下一步，郑州新郑综合保税区将以郑州航空港经济综合实验区为核心，以河南电子口岸平台项目为依托，在郑州海关等部门的业务指导下，积极推动“单一窗口”试点建设工作，建立口岸部门互助机制，推进各种监管资源的共享共用，进一步降低企业通关成本，提高通关效率，进一步优化河南省口岸通关环境。同时，对中国（上海）自由贸易试验区政策进行研究、借鉴和复制，结合实际情况，初步梳理出可借鉴、可复制的政策内容。郑州新郑综合保税区将探索进一步实现贸易便利化，全力打造功能完备、运转高效、环境优美的国内一流综合保税区，力争建设成为国际物流中心、中原经济区对外开放主平台、中部地区加快发展的重要支点。

【机构设置与管委会领导】郑州航空港经济综合实验区（郑州新郑综合保税区）管委会为河南省政府派出机构，规格为正厅级，现委托郑州市管理。目前，管委会实行一个机构、两块牌子，下设15个正处级机构。其中，郑州航空港综合实验区（郑州新郑综合保税区）口岸业务服务局为正处级机构，负责综合保税区内管理、企业服务、政策协调、接待宣传和后勤保障等工作。

管委会领导：党工委书记胡荃，党工委副书记、主任张延明，党工委副书记、纪工委书记赵新中，副主任黄卿、法建强、马锁文，口岸业务服务局局长徐笠。

【招商部门】企业入驻、相关政策咨询联系人：李纪昉，电话：0371－86196688、86196699，电子邮箱：teo222@163.com。

淮安综合保税区
HUAI'AN COMPREHENSIVE BONDED ZONE

【概况】 淮安综合保税区于2012年7月19日经国务院批准设立，是江苏省长江以北第一家在出口加工区基础上转型升级的综合保税区，由2008年3月批准的出口加工区1.36平方公里的单块园区，发展成包括2个片区共4.92平方公里的“一区两片”格局，即出口加工区周边的南片区（3.35平方公里）和空港北片区（1.57平方公里）。2013年1月30日，淮安综合保税区一期（2.63平方公里）通过国务院联合验收组验收，9月，口岸作业区启用，正式封关运作；二期（2.29平方公里）基础设施正在建设，计划2014年封关验收。

淮安综合保税区作为目前国内政策最优惠、功能最齐全、运作最灵活、通关最便捷的海关特殊监管区域，对淮安全市乃至苏北地区外向型经济发展起到了重要的政策服务、大项目聚集和国际化平台作用。

【经济发展】 截至2013年，淮安综合保税区累计引进各类企业14家，注册外资6.06亿美元，完成投资近16亿美元，进出区值93.2亿美元，创造直接就业岗位8万个。2013年实现进出区值23.2亿美元，进出口额3.1亿美元。

【产业建设】 淮安综合保税区已逐步形成一个以精密模具、电子接插件、PCB（印刷电路板）等产品生产为主，以保税物流功能配套为辅的高科技出口加工基地，是“江苏省新型电子元器件高技术特色产业基地”、“江苏省新型工业化产业示范基地”和“江苏省电子信息产业链国际合作示范区”，处于淮安IT产业的领军地位，对周边地区产生了一定的辐射带动和示范作用。

【招商引资】 淮安综合保税区主要围绕开发区产业结构，围绕综合保税区产业平台，加快招商引资力度。2013年，签约外资项目4个，新国纺织增资到账1 000万美元；签约内资项目3个，其中1亿元内资项目两个，分别为鸿升装饰幕墙项目、江苏鸿业新能源锂电池附属材料项目。

【城市建设】 淮安综合保税区城建重点项目建设2013年全年累计完成投资6 460万元。

10号路及巡逻道跨四大沟桥梁工程、综合保税区绿化提升及富士康卡口内移工程共3个项目均已完成年内完工的目标；综保商务大厦（原展鸿大厦）建设至主体14层，北区基础设施已完成项目用地的征用，完成了部分路基及桥梁下部施工。

此外，在综合保税区验收前实施的南区巡逻道、行政卡口、监控工程、信息化系统等基础设施建设项目均顺利通过了国家十部委组成的联合验收组的正式验收。

10号路四大沟桥梁的按时通车确保了口岸作业区的顺利运营；富士康卡口内移工程的建设，将苏州街作为园区主干道使用，使富士康厂区与口岸作业区的交通更顺畅。

【管理与服务】 总投资1亿美元的新国纺织项目一期建成投入运营。经过近3年的建设，新国纺织一期竣工投产，1 栋 6 700 平方米综合楼、3 栋 13 440 平方米宿舍楼、4 栋 21 700 平方米拌花车间建成使用，2 栋 51 800平方米主车间建成且投产，另有 4 栋 21 700平方米拌花车间陆续建成使用，2 栋 51 800平方米主车间主体封顶正在内部装饰，部分设备已安装调试。新国纺织建成投产，将新增数千个就业岗位，为综合保税区提供了新的经济增长点。

江苏鸿升装饰工程项目总投资 1 亿元，完成当年开工建设，当年纳税工作目标，2013 年纳税近 500 万元，目前该项目 1 号 5 000平方米办公楼已完成主体建筑建设。

【发展态势】淮安综合保税区在初步论证并借鉴其他综合保税区发展的基础上，着眼于长远发展，明确了淮安综合保税区的发展定位。未来五年，淮安综合保税区的总体目标是：围绕一个定位，即“江北争第一、全国创一流”，在江苏省长江以北经济总量第一，在全国进入“第一梯队”；建成两个基地，即“全国重要的电子信息制造业基地”和“以保税物流为主的现代服务业基地”；凸显三大业态，即以 IT 产业为基础的高端先进制造业、以口岸作业区为基础的国际物流业、以保税专业市场为依托的国际贸易业；打造四大中心，即高端制造业中心、国际物流中心、进口商品展示展销中心和保税产品研发维修检测中心；建成五大平台，一是口岸作业服务平台，抓紧建设 2 万平方米的查验场站，二是保税物流服务平台，加快建设 3 万平方米的保税仓库，三是跨境电子商务平台，引进一批电子商务和总部经济企业，打造进口大宗商品和日用消费品的网上交易平台，四是研发检测维修平台，利用保税政策，积极吸引重点企业来区设立保税研发中心，节约成本，五是政务服务平台，实行“24 小时通关报检、一站式综合服务”，进一步完善综合保税区功能政策。

【机构设置与管委会领导】淮安综合保税区管理办公室下设综合管理部、经济管理部、投资促进部、规划建设部和保税业务部 5 个部门。

管委会领导：淮安经济技术开发区党工委委员、管委会副主任刘晓录兼任淮安综合保税区管理办公室主任职务。

【招商部门】淮安综合保税区管理办公室投资促进部诚挚欢迎广大投资者和业务需求者咨询、交流及开展业务。招商热线：0517－86283718，传真：0517－86283729。联系人：申先生、赵先生。

海口综合保税区

HAIKOU INTEGRATED FREE TRADE ZONE

【概况】2013年年初以来，海关综合保税区牢牢抓住省市提出的“项目建设年”和“壮大实体经济”的发展机遇，以招商选资为重点，抓好基础设施建设，不断改善投资环境和全力服务企业。受国内外经济下行及部分药企搬迁到海口药谷的影响，园区几大经济指标出现了不同程度的下降，但贸易额和进出口货值有一定幅度的增长。

【经济发展】2013年1～12月，园区完成工业总产值165.82亿元，占海口市比重为31.74%，同比下降0.8%；工业销售产值为150.25亿元，占全市比重为31.15%，同比下降0.63%；产品销售收入为145.89亿元，占全市比重为30.44%，同比下降1.5%；完成工业增加值36.15亿元，占全市比重为29.25%，同比下降6.9%；实现利润总额10.95亿元，占全市比重为18.09%，同比下降19.44%；实现工商税收14.00亿元，占全市比重为5.49%，同比增长10.23%；实现进出口货值2.78亿美元，占全市比重为7.54%，同比增长50.84%；完成贸易额269.38亿，同比增长79.58%，其中大印物流和德富贸易完成橡胶销售总额155.94亿元，华信完成贸易额113.43亿元。

【产业发展】园区规模以上企业共34家，实现工业产值163.67亿元，同比下降2.18%；实现工业增加值35.89亿元，同比下降0.93%。规模以下企业20家，实现工业总产值2.15亿元，同比下降7.85%；实现工业增加值3 810万元，同比下降9.35%。

汽车制造业实现工业产值102.84亿元，同比下降10.81%。下降的主要原因有：一是海马汽车对低档轿车进行更新换代而导致产量下降；二是受国内外经济不景气的影响，汽车行业促销降价竞争激烈导致老品牌滞销。海马汽车在三季度逐步推出新车型（普利马、丘比特改款、福美来四代和B11新车型），四季度情况有所好转。2013年海马汽车完成工业产值73.51亿，同比下降17.69%。

生物制药业实现产值41.37亿元，同比增长6.18%。实现大幅度增长的有碧凯制药、中和药业、奇力制药、葫芦娃等企业。但仍有少数药企同比下降的幅度较大，主要原因是有些企业正在开发新产品，当新产品尚未打开市场，老产品又面临降价淘汰时，产值明显下降，如惠普森同比下降47.58%。另外，部分药企因没有新的发展空间陆续向区外迁移，如爱科制药、康芝药业、通用康力制药、京润珍珠生物，这些迁出企业的年产值可达4亿元。还有几家规模以上药企下降幅度较大，如惠普森同比下降47.58%，澳美华同比下降32.61%，康芝药业同比下降29.67%，中化联合同比下降27.54%，这些企业因产值下降，年产值减少5亿元以上。

机电信息产业实现产值21.15亿元，同比下降2.47%。机电信息产业的龙头企业三星电子下降幅度较大，其主要原因是2013年的基础设施建设放缓导致订单减少，此外还因开发第二代新工法导致产量暂时有所下降。

其他加工业实现工业产值4 307.4万，同比增长19.02%。其他加工业产值增长主要得益于新增翔绎包装和极风润滑油等企业。

【招商引资】按照海口市“重点项目落实推进月”活动要求，管委会主要领导深入企业，帮助排查困难问题，研究提出解决方案，及时为重点项目协调相关部门；按“六个一”责任模式明确责任分工，加快推进行政审批改革，简化工作流程，开辟重点项目行政审批“绿色通道”。管委会针对大印和全星两个重点项目面临的难题，专门开会研究，在人、财、物上进行了大力扶持，有力地推进项目的顺利开展。

海南大印保税仓储项目。项目业主是海南大印集团，由在综合保税区成立的海南大印保税物流有限公司建设，项目用地约17.27万平方米，总投资约9亿元，2013年完成投资5个亿，2015年完成全部投资。建设内容是打造以A、B、C、D四栋双层、三层立体型仓储为基础的橡胶贸易物流平台，以及一座多功能交易和展示中心大楼。

海南全星制药有限公司GMP技术改造项目。项目业主是海南全星制药有限公司，属扩建项目。总投资15 446万元，建设规模为在公司原预留空地内新建10条生产线，以及增加和更新检验检测设备仪器等。

多功能保税仓项目。建筑面积为1.9万平方米，总投资0.39亿元，目前主体结构已竣工并投入使用。

香港安基控股公司的钻石珠宝加工展销项目。该项目总投资2.4亿元，包括开展钻石珠宝、高档手表和高尔夫器材等加工和展示交易、奢侈品拍卖、免税品仓储配送等业务，将于2014年年底前建成。目前，该公司已与中免集团、盈石资产管理公司、列维夫（全球第二大钻石公司）等5家企业签订合作协议，签约金额达12亿元。

【项目建设】一是推进将海口港列为国家汽车整车进口口岸工作。已与海关总署、国家发展改革委、工信部、商务部等中央部委沟通，海关总署监管司于2013年7月16日到海口港进行了实地调研，拟将整车进口口岸由原申报的马村港区调整为海口港区，相关申报文件已由海口市政府上报海南省政府，省政府即将向国务院上报补充请示，申报工作顺利推进。

二是推进空港保税物流园区及其配套区的筹备工作。已完成控规编制基础材料收集工作及概念性规划的构思，目前正在与相关部门协调土地总体规划修编等事项。

三是推进大印总部经济落户海口。在申请、选址、土地规划等方面积极主动协调市政府有关部门，大印总部经济落户海口的工作进展顺利。

四是推进海南国际商品交易中心设立，建成东南亚进口橡胶和大宗商品交易中心。大印集团已完成设立海南国际商品交易中心方案初稿，园区于2013年8月27日邀请省金融办、财政厅、商务厅、外管局、证监局、海口海关、中行海南分行、中信银行等多家单位相关业务负责人，专题研讨设立海南国际商品交易中心有关事宜，会议达成共识，省金融办等部门均表示支持。

五是厦门优传供应链有限公司进口酒类交易中心项目，于2013年5月签约，已经在区内注册公司并于7月17号正式开业，中期将投资建设优传红酒展示交易中心。

六是海口华信国际商业有限公司注册成立，即将开展石油进出口贸易。

【发展趋势】从2013年区内几大行业的经营状况来看，2014年主要经济指标预计将比

2013 年有所下降，指标大幅度下降的主要原因是大部分药企业要正式搬迁到药谷。

2014 年，海口综合保税区将重点抓好招商引资，以优质服务促项目落地；加大扶持服务企业力度，全力以赴保增长；抓规划，加快建设园区步伐；积极探索海口综合保税区向自由贸易园区转型。通过以上工作来实现园区各项经济指标。

济南综合保税区
JINAN COMPREHENSIVE FREE TRADE ZONE

【概况】2013 年，济南综合保税区紧紧围绕济南市委、市政府将综合保税区努力建设成“山东省中西部地区外向型经济发展示范区，对外开放新高地”的发展目标和要求，结合全年工作重点和任务目标，积极扎实地开展各项工作，顺利通过了国家十部委封关验收，在基础设施、招商引资、企业服务、党风廉政建设等方面都取得了一定的成绩，园区实现了快速发展，发展规模和经济实力不断增强。

【开发建设】2013 年一年来，济南综合保税区紧紧围绕封关验收这一全年中心工作，按照全年工作计划和国家十部委下发的《海关特殊监管区域基础和监管设施验收标准》，围绕道路、围网、卡口、监管系统等建设展开了一系列工作，确保了涉及封关验收的所有道路、围网及监管系统等设施在验收前全部完工。济南综合保税区先后完成了 B7 路、A1 路延长线，东巡逻道等共计 6.8 公里道路修建及绿化工程，修筑围网 8.1 公里，并同步敷设了管线和监控报警系统，高质量、高效率地完成了海关监控中心、卡口系统、电子地磅、内卡口、视频监控系统等设施建设，保障了验收工作按时、顺利进行。

在重点项目建设上，华芯 OGS 触控屏生产线正式投产；封装测试车间主体工程和各项室外工程基本竣工；1.1 万平方米监管仓库及 3 万平方米的验货场地已竣工验收；新卡口已开工建设；名品展示交易中心初步确定设计方案，正加快相关手续办理；公租房完成了竣工验收，具备使用条件；晶正电子主体建设基本完工。

为确保封关验收目标的按时实现，济南市委、市政府和济南高新区给予了综合保税区强有力的领导和支持，济南市政府成立了“百日会战建设指挥部”，及时协调和解决各类问题，确保了综合保税区各项工作的强力推进。按照验收标准，大家充分发扬主人翁精神，克服各种困难，有序高效地完成了验收整体实施方案、各类基础设施、监管设施及信息化建设、验收视频、宣传画册、验收资料汇编等准备工作，确保了封关验收工作的顺利进行。2013 年 5 月 31 日，由济南海关牵头，山东省发展改革委等十部门组成的预验收小组对综合保税区进行了实地验收，济南海关与山东省政府共同签署了《济南综合保税区预验收纪要》，济南综合保税区顺利通过预验收。12 月 25 日，由海关总署等十部委组成的联合验收组对济南综合保税区进行了实地验收，海关总署与山东省政府共同签署了《济南综合保税区验收纪要》，并颁发了验收合格证书，济南综合保税区正式通过国家验收，高新区又增加了一块国家级“金字招牌”。

【投资环境】一年来，济南综合保税区不断致力于完善和提升园区投资环境，整体形象得到明显提升。一是完善水、电、气各类管网等基础设施建设，不断提升园区硬件环境；二是加强环境综合整治和绿化保洁提升，特别是针对验收工作制定了详尽的环境综合整治方案并逐步推进和落实，园区整体环境得到了明显改善；三是加强主动服务，提升软环境建设，与海关、国税、地税、工商、国检等部门加强沟通和互动，为企业及时送政策法规和提供培训，不断提升服务质量和水平，打造综合保税区软环境；四是加强对外宣传工作，与宣传部积极联合，围绕综合保税区产业发展、重点项目建设及封关验收等几条主线，对综合保税区进行了多角度、全方位、高密度的宣传报道，取得明显成效。

【招商引资】济南综合保税区积极借助国家级园区的产业和功能优势，创新招商思路，加大政策宣传力度，紧紧围绕产业发展特色，特别是高端制造业、棉纺织业、国际物流等产业加大引资力度。其中，华芯大尺寸触控屏、岱银集团、伟尧实业等项目实现正式投产，中外运、中远嘉会、信合包装等项目实现了开工建设，奥特莱斯商业综合体、泺亨有色金属交割库等重点项目完成了签约落地，总投资达 135 亿元，引入企业的数量和质量有了大幅度提高，为综合保税区招商引资和后期发展建设注入了新的活力。

【经济发展】2013 年，济南综合保税区实现经济总收入 160 亿元，完成年计划的 100.19%，同比增长 9.59%；利税 2.7 亿元，完成年计划的 108.8%；规模以上工业企业主营业务收入 35.9 亿元，完成年计划的 103%，同比增长 20%；保税物流进出口额 7.52 亿美元，完成年计划的 101%，同比增长 49 %；进出区总额 15.1 亿美元，完成年计划的 103%，同比增长 45%；固定资产投资总额 43.6 亿元，完成年计划的 107 %，同比增长 37%；实际引进市外资金 16.5 亿元，完成年计划的 100%，同比增长 16%；合同利用外资 1.15 亿美元，完成年计划的 245%，同比增长 130%；实际利用外资 3 934万美元，完成年计划的 100%，同比增长 50%。各主要经济指标同比均实现了大幅增长。

【廉政建设】2013 年，济南综合保税区领导班子全面贯彻落实党的十八大、十八届三中全会及济南市委十届第四次、第五次会议精神，全面落实和强化党风廉政建设，严格遵守《党政机关厉行节约反对浪费条例》，不断加强廉洁自律，努力做到自重、自省、自警、自励，园区党风廉政建设不断得到巩固和强化。一是抓好学习，提高认识。紧密结合综合保税区工作实际，不断创新党风廉政教育工作的载体。定期组织全体干部职工学习《党员领导干部廉洁从政手册》、《党风廉政责任书》及有关文件，开展了理想信念和廉洁从政教育、职业道德和艰苦奋斗教育，采取灵活多样的学习形式，全方位筑牢拒腐防变的思想道德防线。二是加强领导，明确责任分工。党风廉政建设作为领导班子的一项重要工作，园区成立了以主要负责人为组长，分管负责人为副组长的领导小组，按照党风廉政建设责任制的要求，明确了责任分工，有效地提高了工作责任感，保证了党风廉政工作有效落实。三是落实各项规章制度。严格规范收入和支出程序，做到收入无漏洞，支出严管理，工程建设、大型维修、重要合同都要经领导班子成员集体研究，进行充分论证。在各项工程建设、维修工程及政府采购中积极配合管委会招标办工作，严格按照招标办和审核部门的意见开展工作，形成了良好运行体制。制定了工作人员违反党风廉政建设定期督查制度。规范和约束违纪违法行为，做到有章可循，有法可依。四是强化各项工作监督力度。坚持领导班子民主集中制的议事原则，从机制、制度上采取分权、量权、制权的综合措施，进一步完善实施违规惩处制度。按照党风廉政建设责任制的规定，各局办每季度都要对党风廉政建设和反腐情况进行自查，发现苗头和倾向性问题及时纠正，对重大事项的决定，尤其是涉及人事、财务等敏感问题，按照规定公开透明，接受群众监督。

【发展趋势】未来几年，济南综合保税区将充分利用自身功能和政策优势，不断谋求新发展与新突破，充分发挥对外窗口和对内辐射的作用，全力提升综合竞争力、创新驱动力和辐射带动力。

第一，尽快启动三大平台建设。一是国际名品展示交易平台。发挥综合保税区国际贸易的功能优势，努力打造产品集散和交易的综合服务基地，为山东中西部地区进出口企业发展提供良好的平台，辐射带动区域整体发展。二是跨境电子商务交易平台。依托综合保税区功能优势，结合济南申请第二批电子商务示范城市的机遇，为企业打造全新的第三方交易平台，带动金融、物流等现代服务业发展。三是现代仓储物流平台。依托综合保税区保税监管仓库，大力发展货代、仓储、物流等业务，为各类物流仓储企业打造全新服务平台。

第二，加快十大项目建设。主要包括齐鲁制药生物医药产业园一期项目开工建设；奥特莱斯商业综合体一期主体完工；泺亨有色金属交割仓库网内项目开工建设；启动国际名品展示交易中心、保税仓库和维真生物人源基因生物制剂生产基地 3 个项目开工建设；保税大厦 A、B 座建设，C 座竣工交付使用；华芯晶圆级封装测试、晶正电子铌酸锂单晶薄膜材料两个项目竣工投产；石方工程机械 2.8 万平方米主体完工。

第三，加快科学发展建设。一是主要经济指标继续保持大幅增长，逐步提高济南综合保税区在全国的名次；二是招商引资工作形成亮点和特色，逐步形成具有综合保税区特点的产业和企业集群；三是进一步加强园区软硬环境建设，为企业营造有序、便利、舒适的发展环境，吸引更多的企业来综合保税区创业发展。

第四，不断加强廉政、稳定和民生建设。严格贯彻落实党的十八大和十八届三中全会精神，深入扎实开展好党的群众路线教育实践活动，筑牢拒腐防变的思想防线。完善工程招投标、土地招拍挂等重大事项决策制度建设；协调处理好与驻区海关、国检、国税、地税、工商、口岸等各部门关系，健全完善服务体系；切实做好辖区内村庄拆迁维稳工作，对拆迁安置政策进行再宣传，消除错误认识，统一好各村党员干部群众的思想，保障拆迁工作顺利进行，确保和谐稳定的发展局面，为济南综合保税区创造更大的发展空间。

【机构设置与管委会领导】济南综合保税区建设管理筹建委员会（筹）为济南综合保税区的管理机构，下设党政办公室、发展改革局、经济发展局、财政局、规划建设局、保税物流局。筹委会主任马玉星，副主任张端武、张金龙、张承新。

【招商部门】经济发展局为济南综合保税区招商业务主管部门。招商电话：0531－88237808、88237819，传真：0531－88237807。

（注：文中数据包含功能配套区）

南京综合保税区（江宁）
NANJING INTEGRATED FREE TRADE ZONE（JIANGNING）

【概况】 南京综合保税区2012年9月17日经国务院批准设立，分为龙潭、江宁两个片区。其中，江宁片区规划面积为1.2平方公里，是在原南京出口加工区（南区）的基础上升级而成，一期封关验收面积0.855平方公里，2013年10月29日正式通过验收，封关运作。转型升级后，江宁综合保税区成为空间更大、平台更高、更具竞争优势的对外开放平台。

2013年，根据南京综合保税区管委会对江宁综合保税区的新要求，江宁综合保税区一手抓产业定位、规划调整、机制完善，一手抓项目建设。截至2013年年底，江宁综合保税区已累计吸引来自中国台湾、德国、美国、澳大利亚等国家和地区的华宝通讯、捷普绿点、上美塑胶、海格木工、菲尼克斯等30多家企业，总投资额超6亿美元，主要涉及电子信息、汽车配件、机械制造等产业，进驻的物流企业已有10多家，累计实现进出口总额160亿美元。2013年，江宁综合保税区实现进出口总额16.8亿美元，其中进口7.8亿美元，出口9亿美元。

【投资环境】 南京综合保税区（江宁）位于国家级开发区南京江宁经济技术开发区内，区内各项基础设施齐全，具有以下4个方面的独特优势：一是依托紧邻重大交通枢纽的优势。江宁综合保税区位于禄口国际机场和亚洲最大的高铁南京南站之间，南京地铁3号线、5号线、6号线绕越公路东西而过，机场高速南北而过，将军路和宁溧路纵贯地块，无论是人流、物流还是信息流，都具有无可比拟的交通区位优势。二是依托开发区强大的产业集聚优势。江宁开发区经过22年的建设发展，已经形成汽车、电子信息、智能电网、软件、通信与网络、航空和物流等现代产业，千亿级、五百亿级、百亿级的产业集群保持着旺盛的发展活力。三是依托开发区独特的高端人才集聚优势。江宁开发区内集聚了东大、南航等一大批高校、科研机构、重点实验室及海归人才、创新创业人才，是国家级“千人计划”和“万人计划”双基地，为综合保税区的发展提供了强大的人才支撑。四是依托监管单位贴身服务的优势。金陵海关和南京国检的本部均设在江宁开发区内，可为江宁综合保税区的建设发展提供最近距离、最高效率的优质服务。

【招商引资】 招商引资一直是江宁综合保税区工作的重中之重。2013年，江宁综合保税区在主抓封关验收工作的同时，集中资源，主动出击，全力抓好招商引资工作，全年引进各类项目9个，其中外资项目7个，内资项目2个。在项目建设发展方面，上美塑胶项目的新厂房已正式投入使用；总投资1 000万美元的海格木工项目13 500平方米的厂房已基本装修完毕，正在进行局部完善；总投资3 300万美元的会展，正在办理供地手续。

【管理与服务】 南京综合保税区（江宁）作为面向南京市的重要平台，通关功能服务辐射包括江宁、溧水、高淳等近2 000家企业。为了提供更好的服务，综合保税区管理局加强与海关、国检等职能部的沟通联系，为企业提供更好的通关报检服务，优化投资环境。一是专业化服务促项目推进。为了更好地推进华宝新项目、上美塑胶内资项目等项目，管理局成立了重点项目推进专业服务小组，与各项目对接，协调项目在推进过重中遇到的人员、住宿、建工等各类问题。二是精细化服务助企业解困。主动细致地协调企业所遇到的各类难题，主动上门服务，切实帮助企业解决难题。三是优质化服务助企业发展。除了综合保税区内企业的协调，管理局还承担着全区及及溧水、高淳等地企业与海关、国检的协调工作，一旦企业遇到通关、一日游和进出口业务问题，管理局都全力协调，服务企业发展。四是制度化服务促环境提升。为了更好地为企业提供服务，加强与相关职能部门的联系，管理局每季度定期与海关、国检、边防等查验部门举行联席议事座谈会，把提高通关效率落到实处，助推企业发展。

【发展趋势】 成功升级为综合保税区后，南京综合保税区（江宁）将努力“开好局”、“促发展”、“求突破”，加快转型，做大先进制造业，发展现代服务业，实现更好更快发展。

江宁综合保税区将在优化原出口加工区产业布局基础上，依托江宁开发区的产业优势和南京禄口国际机场的临空特点，重点打造五大功能中心：保税加工制造中心、高附加值产品检测维修中心、国际物流分拨中心、高端商品展示交易中心、药品医疗器械中心。其中，保税加工制造中心重点发展电子信息、汽车配件等产业；高附加值产品检测维修中心重点发展电子产品、汽车配件、高端机械装备等维修检测业务，打造南京进出口国际检测维修基地；国际物流分拨中心重点发展辐射长三角地区的国际物流分拨集散业务；高端商品展示交易中心重点培育会展产业、电子消费品和进出口商品（食品、药品等）展示交易；药品医疗器械中心重点引进先进医疗保健机器设备，发展现代医疗和健康保健服务业务。

【机构设置与管委会领导】 南京综合保税区管委会（江宁）管理局作为南京综合保税区（江宁）的职能管理部门，负责综合保税区日常事务的管理与企业服务工作。管理局下设办公室、经济发展与产业促进部、综合管理部3个职能部门。

【招商部门】 南京综合保税区（江宁）招商工作由管理局经济发展与产业促进部负责。部门负责人：何伟，电话：025－52724932，电子邮箱：hw@jndz.gov.cn。

南通综合保税区（南通出口加工区）
NANTONG FREE TRADE ZONE (NANTONG EXPORT PROCESSING ZONE)

【区域概况】南通出口加工区于2002年6月21日经国务院批准设立，2002年10月29日封关运作，首期开发面积0.75平方公里。作为南通市唯一的海关特殊监管区域，南通出口加工区在全市外向型经济发展中发挥了积极的作用。随着南通开发区改革开放步伐的不断加快，国内外商流、物流、人流、资金流、信息流加速集聚，南通出口加工区转型升级为综合保税区势在必行。2013年，在海关总署等各有关单位的大力支持下，在南通市委、市政府的正确领导下，开发区党工委紧紧围绕重点工作目标任务，开拓创新，不断进取，根据“边申报、边招商、边建设”的工作思路，全力以赴高效推进申报工作，出口加工区升级综合保税区于2013年1月3日获得了国务院的批准。2013年12月27日，南通综合保税区一期通过了国家十部委正式验收，做到了当年获批当年验收。

南通综合保税区规划面积为5.29平方公里，实行“一区两片”的发展格局。其中，A区地处南通经济技术开发区中心区域，周边商业和产业环境已经成熟，着重发展研发、展览展示、检测维修等保税服务业，适当增加环境友好型保税加工业；B区位于规划中的年吞吐量200万标箱的通海港区集装箱码头后延，着力发展保税加工和保税物流业。已经通过国家十部委正式验收的南通综合保税区一期面积1.77平方公里，其中A区一期验收面积0.62平方公里，B区一期验收面积1.15平方公里。

2013年，南通综合保税区完成进出口额8 020万美元，其中出口额6 066万美元，进口额1 954万美元，窗口服务和企业日常服务进一步优化，保税物流大力发展，通讯报道、年鉴组织、统计等多项工作，受到了中国保税区出口加工区协会的表彰，各项工作取得了较好的成效。

【经济发展】截至2013年年底，南通综合保税区已吸引了来自日本、美国、挪威、澳大利亚、马来西亚、中国香港等国家和地区的36家企业入区发展，其中外商投资企业15家，物流企业1家，投资总额58 791万美元，注册资本27 836万美元。

2013年，南通综合保税区实现正式封关运作，使南通国家级对外开放平台建设实现重大突破。南通综合保税区已与上海外高桥保税区开展战略合作，主动对接上海自由贸易区建设，着力打造国际棉花和棉纱交易、进口食品检验检疫监管、江海空陆联运、高档消费品展览展示销售、跨境贸易电子商务服务、船舶海工装备融资租赁、石化产品交易中心等“七大平台”。

作为南通市唯一的海关特殊监管区域，2013年南通综合保税区（出口加工区）保税物流业务得到进一步拓展，南通市所属的各县（市）、区，均有企业利用这一重要平台，开展保税物流业务，为全市外向型经济的健康发展作出了应有的贡献。2013年，南通综合保税区保税物流监管货值6.86亿美元。

南通综合保税区内已投产保税加工型企业产品主要为医药健康产品、汽车配套产品、纺织产品、家具等，在建保税加工型企业建成投产后产品包括新能源、生物医药、智能家电、电子元器件、汽车零配件、海洋工程产品、消防设备、通讯器材等。南通福汉兴业现代物流中心有限公司的物流仓库和分拨场所已经落成，可开展进口产品的分拨业务和出口产品的集拼业务，并提供供应链一体化服务。南通联亚药业有限公司是南通综合保税区的重点企业，是江苏省服务外包示范企业，是一家集生物医药研发与生产一体的外商独资企业，总投资1.8亿美元，注册资本8 400万美元，主要从事激素类药、心血管类药、抗抑郁症类药的研发、生产。经过前几年的积累，该企业已有10多个产品通过美国FDA认证，且产品已经正式出口美国，为我国处方药出口到美国市场开了先河。另外，中国供销集团南通综合保税物流园项目、中外运保税物流项目、综合保税区发展公司保税仓库项目正在积极建设之中。珠宝展览展示项目、进口食品展示直销项目、纺织原料交易中心的落户进一步促进了南通综合保税区保税服务产业的发展。

【投资环境】南通综合保税区位于国家级南通经济技术开发区内，处于中国沿海南北交通动脉和长江入海的枢纽位置。母城南通是中国首批对外开放的14个沿海城市之一，拥有长江岸线226公里，黄海岸线210公里，陆地总面积8 001平方公里，2012年年末全市常住人口729.7万人。南通城是长江三角洲地区最适宜人居的花园城市，被誉为“中国近代第一城”，拥有濠河和狼山两个国家级风景区，先后获得“中国人居环境范例奖”、“中国优秀旅游城市”称号，被评为中国环境保护模范城市和国家历史文化名城。南通也是一座各项事业协调发展的和谐城市，被誉为中国“教育之乡”、“文博之乡”、“体育之乡”、“长寿之乡”、“平安之乡”，连续两届荣获“全国社会治安综合治理优秀城市”称号，社会公众安全感满意率在江苏省最高。在中国权威机构公布的跨国公司眼中最具投资潜力的中国城市中，南通市名列榜首，是“中国投资环境40优”城市之一。南通经济技术开发区成立于1984年，是中国首批14个国家级经济技术开发区之一，是国家环保总局授予的“ISO14000国家示范区”，是长三角核心开发区之一，是国家权威机构评定的跨国公司眼中最具投资价值的开发区前10强，是江苏省委、省政府命名的“社会治安安全区”，素有“江海明珠、风水宝地”之誉。建区近30年来，开发区依托“靠江靠海靠上海”的独特区位、“宜商宜居宜业”的投资环境，全力推进经济国际化进程，已成长为长三角利用外资集中的先进制造业基地和上海一小时经济圈重要的产业发展高地。南通开发区奉行“为投资者服务，让投资者盈利”的宗旨，坚持按国际惯例和市场经济规则办事，围绕争创国家级开发区最佳办事环境，把零缺陷服务作为立区之本、强区之道，不断深化服务理念，创新服务方式，增强招商引资的竞争力。同时，着力打造“诚信开发区”、“环保开发区”和“平安开发区”，不断营造与招商、安商、富商相适应的“安全绿洲”。

南通综合保税区基础设施建设实现“九通一平”，生产要素完备，配套条件优越，总建筑面积15万平方米，可容纳近2万员工的职工、人才公寓已经建成，可为综合保税区内企业提供生活居住配套。位于南通综合保税区A区东南侧的星湖商业板块占地面积20万平方米，建筑面积33万平方米，是集休闲、中西餐饮、娱乐、购物、商务、旅游、文化、办公于一体的商贸综合体。南通综合保税区B区紧邻苏通长江大桥和200万标箱的通海港区，产业发展与生活配套完善，实现了区港联动发展。南通综合保税区拥有优质高效的服务体系，可为区内企业提供优质、便捷、高效的"一站式"、"保姆式"服务。

【招商引资】南通综合保税区始终把招商引资当作一切工作的生命线，持续加大项目信息捕捉力度，拟定上海自由贸易区先进制造业重点转移目标客户名单和南通重点外贸企业、物流企业名单，积极登门推介招商。在上海、苏州等地驻城招商；加大对新业态、新经济、新技术和新模式产业研究，拓展招商产业领域；积极参加和精心组织了12场招商活动，积极宣传推介南通综合保税区，拓展项目源。2013年，南通综合保税区招商工作成效显著，新落户项目15个，其中保税加工项目8个，国际贸易项目3个，保税物流项目、研发项目、展览展示项目和检测维修项目各1个，实现了展览展示和检测维修两项功能零的突破。

南通综合保税区鼓励电子信息、精密机械、医药健康、高端装备制造、节能环保等产业的成品出口型、原料进口型、进口设备高价值型、成品低关税型加工制造类企业入区发展；鼓励企业充分利用境外货物入区保税等政策，开展进口商品展览展示交易活动；鼓励发展国际贸易结算中心、地区总部、营运中心、测试中心、数据中心、离岸金融服务中心、国际贸易技术服务中心等创新服务业，开展融资租赁及其他新型保税服务业务；重点吸引国际性专业物流公司及国内知名的大型物流公司入区设立区域性国际物流中心、国际分拨配送中心、国际采购中心等，大力发展第三方、第四方物流业务，延伸物流供应链和分销链；鼓励企业利用综合保税区内研发机构购置的研发设备免征进口关税和进口环节增值税、进口研发料件保税等政策，在区内设立研发中心、服务外包中心等。

【发展趋势】南通综合保税区将紧紧围绕"保税加工、保税物流、口岸作业、保税服务"四大产业，着力打造国际棉花、棉纱交易平台，进口食品检验检疫监管平台，江海、空陆联运平台，船舶、海工装备融资租赁平台，跨境贸易电子商务服务平台，高档消费品展览展示销售平台"六大平台"，力争早日建成"投资自由化、贸易便利化、金融国际化、行政高效化"的长三角现代物流和加工贸易运营示范区。

盐城综合保税区
YANCHENG FREE TRADE ZONE

【开发建设】盐城综合保税区范围西至天山路，东至东环路，南至盐徐高速，北至世纪大道，总面积36.6平方公里，其中封关区规划面积2.28平方公里，首期封关区面积1.21平方公里。2011年8月，在海关总署牵头下，盐城综合保税区先后通过国土资源部和住建部的前置审批。2012年，在征得国家发展改革委、财政部、商务部、国家质检总局、国家税务总局、国家工商总局和外汇管理局等七部委同意后，6月16日成功获得国务院正式批准设立，成为江北首家、江苏第5家、全国第22家综合保税区，同年11月15日通过国家综合验收组正式验收，2013年9月正式封关运行。

基础设施全面建成。封关区内实现十通一平，已建成道路、绿化、卡口、监管仓库、验货场地、巡逻匝道等基础设施和监管设施，为各类企业入驻提供了便捷条件。

监管设施不断完善。对综合保税区部分监管设施进行了调整完善，封闭了隔离围网预留的基建出入口，保障了海关的无缝式监管。根据国检熏蒸及检验的要求，建设了熏蒸场所并配备了相关设施，保障了检验检疫的特殊需求。

运行系统部署到位。组织相关专业公司进行部署调试，并与南京海关反复协调对接，确保了新系统的顺利部署和平稳运行，成为全国首家综合保税区新系统部署单位和首家实现与海关总署视频实时同步的综合保税区，全面实行无纸化电子通关。

监管模式全面整合。实现口岸作业区与原盐阜直通式海关监管点的整合，保障了综合保税区的封关运转，创新了全国综合保税区监管模式，成为全国首家真正实行综合保税区与直通点合并的口岸作业区。

【投资环境】区位优势明显。盐城综合保税区距离盐城国际深水海港大丰港仅有30分钟车程，距离盐城南洋国际机场10分钟车程，境内沈海高速、盐徐高速、宁靖盐高速、新长铁路、通榆运河贯穿其中，已融入上海2小时经济圈。

人力资源充沛。积极推动盐城各专业技术院校与区入驻企业合作，通过“冠名办班”，帮助企业进行“订单培养”，提前锁定企业发展中急需的技能人才；每周五定期举办人才市场招聘活动，为企业发展储备充足人力资源。

投资政策优惠。对于世界500强、国内前100强、行业前10强企业直接投资且投资规模大、技术含量高的龙头型产业链项目，采用一事一议办法给予扶持。

体制机制健全。盐城综合保税区实行服务问责、现场服务、热线联系和信息反馈等制度，会同海关、国检等驻区机构，常态化开展挂钩服务活动，为区入驻企业开展贴身式“一站服务”。

管理模式创新。通过海关、国检的联席会议，探索了“同场网分”管理模式。首家运用最新升级的口岸信息系统，实现了与北京、南京海关数据的同步对接。同时，获批了“委内”加工业务，首家解决了企业内销问题。

功能配套完善。开发区新嘉源人才公寓项目投入使用，国际学校、国际医院、人才公寓、新天地美食街等重点城建项目加紧建设，BRT快速公交系统覆盖全区，为入驻企业高管和白领人士提供优良的生活居住条件。

【招商引资】 围绕世界500强、国内100强、行业前10强和专业前3强的重点龙头企业，先后组织赴俄罗斯、欧美、日韩、我国香港和我国台湾等国家和地区开展专题招商，并在北京、南京、上海、深圳、昆山等地举行综合保税区投资环境推介会，取得明显成效。2013年，综合保税区实现外资到账4 904.685万美元，25个项目签约注册，18个项目开工建设，12个项目竣工投产，总投资9 000万美元的晶美电子、4 500万美元的耀崴光电、4 500万美元的富强电子、25亿元的国新科技、20亿元的同创电子、3 600万美元的华印工贸、3 000万美元的迈奇电子、1 500万美元的港隆纺织、1 500万美元的前海国际贸易、1 500万美元的华棉纺织、1 000万美元的晶瀚电子等一大批电子类和国际棉纺类产业链项目在综合保税区落户，为园区加快发展提供了坚实保障。

【对外贸易】 发展国际保税物流业。重点建立5个中心。一是国际汽车进出口及零部件分拨中心。这也是盐城市打造汽车城不可或缺的功能载体，韩国摩比斯汽车零部件集散中心已建成运行，可望年进口零部件6亿美元，成为全国第一家综合保税区内的汽车零部件分拨基地。二是国际棉花及纺织品交易中心。现有天津棉花交易市场、印度棉花贸易集团、香港纺织品贸易公司及上海、张家港、南京和盐城市的悦达高纺等一些重点纺织及贸易企业入驻，可望形成年贸易额10亿美元左右，成为全国最大的国际棉花及纺织的交易基地。三是国际红酒及食品经销中心。现已有全国最大的红酒经销商优传酒业集团落户，并将建立江苏江北最大的红酒经销基地。四是国际化妆品及金银珠宝展销中心。五是跨境贸易电子商务中心。与上海金蚂蚁公司于“9·27”江苏农业国际合作洽谈会上签订了合作协议，利用综合保税区平台优势做大生鲜进口等农产品跨境进口业务。

发展国际高端制造业，重点发展三大产业。一是发展IT产业。建立盐城电子信息产业基地，填补盐城市电子产业的空白，同时可增加人气，带动综合保税区周边房地产及服务业的发展，目前已有台湾正崴集团、金仁宝、华新丽华等一批企业投产，晶美已成为全球最大的手机LED屏生产商。二是黄金珠宝加工产业。建立我国长三角地区黄金珠宝文化产业园，目前香港周大福和印度黄金饰品加工企业已注册落户。三是航空产业。“燕舞”无人机产品已面世，正在组织批量生产销售。同时，与美国直升机厂商的投资合作洽谈也在进行中。

发展国际科技研发产业。建立“三大科技园”，即“高校师生国际科研合作园”、“科技产品国际孵化创业园”、“国际科研项目外包园”，为盐城市高校师生科技创业、企业科技产品孵化和转型升级提供平台，并积极建立“燕舞”无人机研发工作室、清华大学高效能电池研发中心及智能手机研发中心。

【经济发展】 正式封关运行以来，盐城综合保税区按照“江北第一、全省领先、全国有位”的总体目标要求，开拓创新、负重奋进，重点发展国际物流仓储业和以电子信息为主的国际制造业。截至2013年年底，封关区内已落户企业36家，其中世界500强投资企业5家，外商投资企业近20家，分别来自和美国、英国、韩国、印度、俄罗斯及我国香港和我国台湾等国家和地区，总投资达到68亿元；一线、二线进出口总额10.5亿美元，已经发展成为全市外向型经济发展新平台。

【发展趋势】盐城综合保税区突出现代化、国际化、智能化特点，规划建设口岸作业园区、保税物流园区、保税加工园区、国际研发和服务外包园区等区域，同时在封关区外规划建设工业配套区、职工公寓配套区和商业配套区。盐城综合保税区将与盐城国际空港和盐城国际海港联动，重点鼓励汽车零部件、光电产业、保税物流等项目进区发展，将极大地提升长三角北翼和江苏沿海经济带的国际化水平。同时，盐城综合保税区将大力推进改革创新，积极争创自由贸易试验区。

【机构设置与管委会领导】盐城综合保税区党工委、管委会下设综合处、招商处、经济发展处、规划建设处等4个正科级处室，工作人员19名。

管委会领导：盐城综合保税区党工委书记王连春，盐城综合保税区党工委副书记、管委会主任陈庆林，盐城综合保税区党工委委员、管委会副主任李东前。

【招商部门】盐城综合保税区招商处负责安排园区各类招商活动和事宜。目前，盐城综合保税区实行全员招商，推行小分队招商模式，由副科级以上干部带队组成7个小分队，集中全部精力，长期驻点招商。

舟山港综合保税区
ZHOUSHAN PORT FREE TRADE ZONE

【开发建设】2012 年 9 月 29 日，国务院国务院以国函〔2012〕148 号，正式批复设立舟山港综合保税区。设立舟山港综合保税区是落实《国家“十二五”规划纲要（2011～2015)》“重点推进浙江舟山群岛新区发展”及国务院《浙江海洋经济发展示范区规划》“加快建设舟山海洋综合开发试验区，全力打造大宗商品国际物流基地，扩大舟山对外开放，支持符合条件的区域按程序申请设立海关特殊监管区域”的重要举措，也是实施《长江三角洲地区区域规划》的现实载体。

舟山港综合保税区规划总面积 5.85 平方公里，按照“一区两片”模式，设置了本岛分区和衢山分区，其中本岛分区规划面积 2.83 平方公里，衢山分区规划面积 3.02 平方公里。

自获批以来，综合保税区以超常规的速度发展。2013 年 9 月 16 日，综合保税区一期（本岛分区）顺利通过省级预验收；11 月 22 日，顺利通过国家正式验收，并在 2014 年 1 月 8 日，正式封关运行，成为国内为数不多一年获批，一年封关运行的海关特殊监管区。二期衢山分区位于鼠浪湖岛，因属无人岛屿，土地围海而成，大泊位码头所需工期较长，计划在 2015 年年底前封关运作。

【投资环境】舟山群岛新区处于我国南北海运大通道和长江黄金水道交汇地带，是江海联运的重要枢纽，是我国伸入环太平洋经济圈的前沿地区，也是我国扩大开放、通连世界的战略门户。与东北亚及西太平洋一线主力港口釜山、长崎、高雄、香港、新加坡等，构成一个 500 海里等距离的扇形海运网络。随着东海大桥、杭州湾大桥、舟山跨海大桥等相继建成，天堑变通途，舟山融入上海、杭州三小时经济圈，区位优势更加凸显。作为浙江舟山群岛新区建设国际物流岛的核心载体，舟山港综合保税区的目标是成为面向亚太地区，以大宗商品为主的综合保税区和舟山自由贸易港先行区。

本岛分区位于舟山经济开发区新港工业园区内，封关围网面积 2.55 平方公里，同时配套建设 0.18 平方公里的商务配套区。在综合保税区的北部，拟规划建设 2 个 5 万吨级泊位，2 个 3 万吨级泊位，作为综合保税区的配套码头设施，配套岸线长度为 1 218米。

衢山分区位于鼠浪湖岛，距本岛分区 22 海里，地理位置优越，靠近 6 条国际主航道，距离最近的国际航道中航线仅 10 海里，位于我国南北海运和东北亚海运的中心位置。其西北距上海芦潮港约 32.2 海里，南距宁波北仑 40.3 海里，距日本港口约 600～800 海里，距韩国港口仅 300～400 海里，距新加坡约 2 000 海里，是水水中转的最佳区域。鼠浪湖岛水深岸线条件优越，目前已通过核准建设 41 万吨和 15 万吨级大型散货泊位，为开展铁矿石、煤炭、液体散货等保税业务提供有利条件。拟规划建设大小10个泊位，总占用岸线长度3 375米。

【招商引资】2013年是舟山港综合保税区封关运作筹备之年。在做好封关验收各种准备工作的同时，为能及早运营，尽快实现效益，综合保税区积极开展了招商引资工作和项目推进工作，坚持“一切为了企业，一切服务企业”的宗旨，优化投资环境。在积极做好招商引资软环境建设的同时，为更好地理顺企业在注册及开发建设生产中需要服务及协助的各个环节，优化相关要求和手续，与工商、国地税、国土等分支机构协调，设立企业综合服务中心，为入区企业提供全方位高效便捷服务，使得企业的困难和问题“件件有人抓，事事有人管”，企业不出区即可办妥工商注册相关手续。在区内注册公司无最低注册资本门槛，资料准备齐全可在3天内完成注册手续，政府不收取任何费用。

2013年，综合保税区累计引进投资项目26个，协议总投资66亿元，其中总投资20亿项目1个。全年综合保税区新引进企业112家，总注册资金约19.17亿元 。截至2013年年底，综合保税区已经累计引进企业129家，总注册资金37.8亿元。2013年，综合保税区顺利推进了千和物流项目、兴隆明珠广场项目、中奥仓储项目、国际会展中心项目及配套仓储、黎明发动机项目等11家签约项目进场，并加强了专业交易市场建设，重点推进了本岛分区的进口食品消费品市场的建设和招商工作。

【经济发展】2013年完成市场贸易额19.7亿，完成总税收3 540万元，其中入区企业1 579万元，综合保税区开发公司953万元，综合保税区建设单位1 008万元；实现一般财政预算总收入3 056万元，其中入区企业1 159万元，综合保税区开发公司952万元，综合保税区建设单位945万元，

【发展趋势】舟山港综合保税区本岛分区主要功能定位为以海洋装备制造业、海洋生物产业、电子信息产业等先进制造业和仓储物流为重点，并探索建立区域性大宗商品定价中心，发展航运服务业和保险金融业、咨询研发、商品会展及租赁等相关服务业。重点建设进口高档食品消费品、进口高档水产品及冷链交易、船舶设备及重型装备交易、保税金属及金属材料交易、保税大宗基础原材料交易五大专业市场。

衢山分区主要功能定位为发挥衢山岛深水岸线资源优势，重点发展煤炭、矿石、油品等大宗商品的仓储、配送业务，建成我国重要的大宗商品仓储物流加工基地。重点建设以油品化工品交易、铁矿砂交易、煤炭交易为主的三大专业市场。

【机构设置与管委会领导】舟山港综合保税区作为浙江舟山群岛新区海洋产业集聚区的核心区块之一，其管委会与舟山经济开发区管委会、海洋产业集聚区管委会合署办公，实行“三块牌子、一套班子”。

【招商部门】物流贸易局负责区域内专业市场的建设、招商、运营管理和相关企业服务工作，负责仓储物流企业招商、服务和协调管理工作，负责保税物流园区的综合协调和企业服务等工作。招商热线：0580－8065068。

统计资料篇

保税区（保税物流园区）

2013 年全国保税区下分贸易方式进出口贸易额统计表

地区		贸易方式		进出口合计 2013 年 1 月至 2013 年 12 月		出口 2013 年 1 月至 2013 年 12 月		进口 2013 年 1 月至 2013 年 12 月	
中文	代码	中文	代码	美元值（万）	美元值同比（%）	美元值（万）	美元值同比（%）	美元值（万）	美元值同比（%）
合计				31 702 508.3	25.0	12 515 607.8	43.0	19 186 900.5	15.4
天津港保税区	12074	合计		1 490 294.2	-9.4	258 334.3	0.6	1 231 960.0	-11.3
		一般贸易	10	919 819.9	-1.0	153 413.5	0.2	766 406.4	-1.2
		来料加工装配贸易	14	6.3	-91.3	3.3	-93.9	3.0	-83.1
		进料加工贸易	15	2 485.7	60.6	2 016.1	86.2	469.6	1.0
		外商投资企业作为投资进口的设备、物品	25	29.8				29.8	
		出料加工贸易	27	2.7	-97.5	0.5	-99.1	2.2	-95.6
		保税监管场所进出境货物	33	388.4	37.1	2.3	-59.8	386.1	39.1
		海关特殊监管区域物流货物	34	566 601.5	-20.6	102 561.9	0.2	464 039.6	-24.1
		其他贸易	39	959.8	60.1	336.5	156.5	623.2	33.1
大连大窑湾保税区	21024	合计		283 090.7	5.9	56 845.5	-30.8	226 245.2	22.1
		一般贸易	10	165 973.1	20.8	32 942.2	-20.9	133 030.9	38.9
		来料加工装配贸易	14	12 949.0	-5.7	11 801.3	1.9	1 147.7	-46.7
		进料加工贸易	15	19 964.9	-29.6	10 301.8	-35.4	9 663.1	-22.2
		加工贸易进口设备	20	18.0	-26.5			18.0	-26.5
		易货贸易	30	10.4		10.4			
		保税监管场所进出境货物	33	661.3	184.3	25.7		635.6	173.2

续表

地区		贸易方式		进出口合计		出口		进口	
				2013年1月至2013年12月		2013年1月至2013年12月		2013年1月至2013年12月	
中文	代码	中文	代码	美元值（万）	美元值同比（%）	美元值（万）	美元值同比（%）	美元值（万）	美元值同比（%）
		海关特殊监管区域物流货物	34	82 744.1	-4.7	1 733.1	-86.6	81 011.0	9.7
		其他贸易	39	769.8	-5.3	31.0	232.0	738.8	-8.1
上海外高桥保税区	31224	合计		9 411 706.4	-0.3	2 185 957.1	13.0	7 225 749.4	-3.8
		一般贸易	10	1 928 326.3	12.8	428 226.7	6.2	1 500 099.6	14.9
		来料加工装配贸易	14	140 049.7	0.7	95 524.4	11.9	44 525.3	-17.1
		进料加工贸易	15	643 303.6	19.5	291 520.6	21.1	351 782.9	18.2
		加工贸易进口设备	20	494.9	-14.0			494.9	-14.0
		租赁贸易	23	195.2	2 502.9			195.2	2 502.9
		外商投资企业作为投资进口的设备、物品	25	21 193.8	-5.2			21 193.8	-5.2
		保税监管场所进出境货物	33	6 552.5	25.7	392.0	285.6	6 160.5	20.6
		海关特殊监管区域物流货物	34	6 664 076.6	-5.1	1 370 213.5	13.7	5 293 863.1	-9.0
		其他贸易	39	7 514.0	-10.9	80.0	18.0	7 434.0	-11.2
张家港保税区	32154	合计		435 642.3	-1.4	112 147.9	-1.8	323 494.4	-1.3
		一般贸易	10	129 578.4	38.9	23 737.8	47.7	105 840.7	37.0
		来料加工装配贸易	14	13 725.1	-25.9	7 857.1	-30.1	5 868.0	-19.3
		进料加工贸易	15	85 955.2	-12.5	68 457.0	1.3	17 498.2	-43.0
		保税监管场所进出境货物	33	29 257.2	-25.1	7 596.4	-52.7	21 660.8	-5.9
		海关特殊监管区域物流货物	34	177 050.4	-7.4	4 498.8	39.8	172 551.6	-8.2
		其他贸易	39	76.0	7.3	0.7	672.4	75.2	6.4
宁波北仑港保税区	33024	合计		575 496.1	-6.8	156 508.4	5.7	418 987.7	-10.8
		一般贸易	10	293 473.1	-4.0	56 531.1	17.6	236 942.1	-8.0
		来料加工装配贸易	14	3 914.7	-0.8	2 256.2	20.4	1 658.5	-19.9
		进料加工贸易	15	122 045.7	-12.4	65 826.8	-12.9	56 218.9	-11.8

续表

				进出口合计		出口		进口	
地区		贸易方式		2013 年 1 月至 2013 年 12 月		2013 年 1 月至 2013 年 12 月		2013 年 1 月至 2013 年 12 月	
中文	代码	中文	代码	美元值（万）	美元值同比（%）	美元值（万）	美元值同比（%）	美元值（万）	美元值同比（%）
		保税监管场所进出境货物	33	5 013.5	165.8	0.5		5 013.0	165.7
		海关特殊监管区域物流货物	34	149 893.9	-9.6	30 836.7	40.8	119 057.1	-17.2
		其他贸易	39	1 155.2	25.7	1 057.1	60.3	98.1	-62.2
福建马尾保税区	35014	合计		16 814.7	-12.8	7 757.1	-11.0	9 057.6	-14.4
		一般贸易	10	13 959.6	2.9	6 436.8	0.2	7 522.8	5.2
		来料加工装配贸易	14	690.3	6.1	499.2	18.8	191.1	-17.1
		保税监管场所进出境货物	33	283.3		3.2		280.1	
		海关特殊监管区域物流货物	34	1 880.9	-62.9	817.9	-56.3	1 063.0	-66.8
		其他贸易	39	0.5				0.5	
厦门象屿保税区	35024	合计		410 575.8	10.9	268 447.5	11.6	142 128.3	9.8
		一般贸易	10	100 432.2	31.1	77 059.5	50.0	23 372.7	-7.4
		来料加工装配贸易	14	555.3	2.6	380.4	5.9	174.9	-3.8
		进料加工贸易	15	37 562.5	7.4	19 774.8	5.5	17 787.7	9.6
		海关特殊监管区域物流货物	34	270 756.3	5.4	171 227.1	0.7	99 529.3	14.8
		其他贸易	39	1 269.5	133.6	5.8	11.1	1 263.7	134.8
青岛保税区	37024	合计		637 733.7	-11.8	130 214.8	-14.1	507 518.8	-11.2
		一般贸易	10	210 022.8	45.6	47 376.7	-7.8	162 646.1	75.2
		来料加工装配贸易	14	18 081.2	-19.0	11 963.8	-22.7	6 117.4	-10.7
		进料加工贸易	15	29 855.0	-14.2	21 374.1	-14.3	8 480.9	-14.0
		加工贸易进口设备	20	94.9	212.9			94.9	212.9
		外商投资企业作为投资进口的设备、物品	25	6.6	-99.7			6.6	-99.7
		保税监管场所进出境货物	33	40 374.0	-21.8	4 746.3	-14.2	35 627.7	-22.7

续表

地区		贸易方式		进出口合计		出口		进口	
				2013 年 1 月至 2013 年 12 月		2013 年 1 月至 2013 年 12 月		2013 年 1 月至 2013 年 12 月	
中文	代码	中文	代码	美元值（万）	美元值同比（%）	美元值（万）	美元值同比（%）	美元值（万）	美元值同比（%）
		海关特殊监管区域物流货物	34	339 244.6	-27.6	44 753.2	-17.5	294 491.4	-28.9
		其他贸易	39	54.5	13.8	0.7	458.5	53.8	12.7
广州保税区	44014	合计		269 102.1	-16.6	85 208.8	-26.8	183 893.4	-10.8
		一般贸易	10	69 253.8	18.5	8 517.0	15.5	60 736.8	19.0
		来料加工装配贸易	14	2 665.0	-22.9	1 560.0	-34.8	1 105.1	3.8
		进料加工贸易	15	88 615.8	-18.1	58 302.8	-15.1	30 313.0	-23.4
		加工贸易进口设备	20	20.7	-96.0			20.7	-96.0
		外商投资企业作为投资进口的设备、物品	25	618.7	23.2			618.7	23.2
		海关特殊监管区域物流货物	34	107 925.1	-28.8	16 828.3	-55.6	91 096.7	-19.8
		其他贸易	39	3.0	-82.4	0.6	-96.0	2.4	43.1
深圳保税区	44034	合计		17 859 343.4	57.9	9 077 182.5	62.1	8 782 160.9	53.7
		一般贸易	10	226 337.6	17.8	106 903.3	20.5	119 434.3	15.5
		来料加工装配贸易	14	395 920.5	-5.7	369 539.4	-3.5	26 381.0	-28.2
		进料加工贸易	15	4 803 273.4	10.0	2 578 490.1	9.4	2 224 783.3	10.8
		租赁贸易	23	392.3				392.3	
		保税监管场所进出境货物	33	29 513.3	13 399.8	14 759.3		14 754.1	6 648.7
		海关特殊监管区域物流货物	34	12 403 895.5	95.8	6 007 490.0	116.7	6 396 405.4	79.6
		其他贸易	39	10.7	174.9	0.3	-33.1	10.4	203.3
珠海保税区	44044	合计		283 288.9	56.2	165 205.2	98.0	118 083.7	20.6
		一般贸易	10	91 968.2	776.3	77 816.8	47 769.9	14 151.4	37.0
		来料加工装配贸易	14	2 043.8	3.8	1 360.2	8.3	683.6	-4.1
		进料加工贸易	15	87 302.4	13.9	58 871.9	3.7	28 430.5	42.9
		加工贸易进口设备	20	286.1	232.0			286.1	232.0

续表

地区		贸易方式		进出口合计 2013年1月至2013年12月		出口 2013年1月至2013年12月		进口 2013年1月至2013年12月	
中文	代码	中文	代码	美元值（万）	美元值同比（%）	美元值（万）	美元值同比（%）	美元值（万）	美元值同比（%）
		外商投资企业作为投资进口的设备、物品	25	17.0				17.0	
		海关特殊监管区域物流货物	34	101 671.4	10.4	27 156.2	7.6	74 515.2	11.4
汕头保税区	44054	合计		29 420.0	14.7	11 798.8	-16.3	17 621.2	52.6
		一般贸易	10	8 443.6	78.5	3 828.0	-13.2	4 615.6	1 356.6
		进料加工贸易	15	10 320.0	-20.0	6 639.9	-19.2	3 680.1	-21.3
		海关特殊监管区域物流货物	34	10 655.8	32.7	1 330.9	-9.4	9 324.9	42.2
		其他贸易	39	0.6	1 347.5			0.6	1 347.5

2013 年全国保税区经济指标统计情况表

指标	单位	合计			
		2013 年 12 月	当年累计	增幅（%）	历年累计
增加值	万元	4 438 360	41 811 389	9.22	2 766 878 122
销售收入		29 530 652	301 894 559	13.38	1 749 474 640
工业总产值		5 193 304	55 965 754	9.49	377 778 254
其中：高新技术产业		1 600 531	15 020 850	-2.97	91 177 860
电子信息产业		874 276	9 948 600	-9.57	89 830 682
商品销售额		23 875 542	238 334 665	12.35	1 339 758 775
物流企业营业收入		4 604 941	48 898 744	9.47	345 674 408
批准企业	个	2 164	8 288	102.24	75 402
其中：加工企业		6	72	-31.43	3 958
贸易企业		1 441	5 876	88.21	51 613
仓储物流企业		65	526	55.62	6 038
批准外资企业数	个	155	569	67.85	23 693
其中：加工企业		2	18	-28.00	2 474
贸易企业		99	352	70.87	16 334
仓储物流企业		1	34	3.03	2 002
批准投资额	万美元	682 192	3 199 030	70.63	21 817 158
其中：外商投资总额		105 517	922 902	-4.12	11 990 597
合同利用外资		110 515	783 702	0.16	8 655 948
实际利用外资		35 859	434 191	3.70	4 689 498
期末货物存放量	万吨	880	880	-29.31	880
货运总量		315	5 304	6.00	49 107
期末施工房屋面积	平方米	1 201 996	1 201 996	-28.33	1 201 996
房屋竣工面积		374 095	1 729 809	57.99	18 991 700
税收总额	万元	1 477 949	18 216 848	-11.49	140 433 863
其中：工商税收		396 610	7 498 961	6.85	47 667 789
海关税收及代征税		1 081 339	10 694 887	-21.16	92 610 870
固定资产投资额	万元	253 331	7 253 405	6.20	50 336 015
其中：基础设施投资		30 523	483 992	-24.58	12 098 878
期末从业人员	人	731 669	731 669	0.90	731 669
其中：外资企业从业人员		488 517	488 517	2.61	488 517
保税区批准面积	平方公里	39.39	39.39	0.00	39.39
保税区验收封关面积		34.67	34.67	0.00	34.67

续表

指标	单位	天津港保税区			
		2013 年 12 月	当年累计	增幅（%）	历年累计
增加值	万元	1 054 887	12 056 917	12.85	2 558 084 020
销售收入		6 592 600	61 543 255	21.60	293 359 252
工业总产值		1 945 200	16 588 826	16.17	70 880 210
其中：高新技术产业		827 869	6 419 399	5.51	26 270 476
电子信息产业		65 539	726 695	299.57	2 391 645
商品销售额		3 829 999	36 296 585	22.66	159 918 540
物流企业营业收入		375 360	3 956 172	20.59	35 592 354
批准企业	个	174	1 190	114.41	19 115
其中：加工企业		5	20	-4.76	650
贸易企业		75	530	101.52	10 252
仓储物流企业		11	75	82.93	1 766
批准外资企业数	个	11	84	27.27	6 011
其中：加工企业		2	6	500.00	382
贸易企业		3	32	100.00	4 717
仓储物流企业		0	4	300.00	291
批准投资额	万美元	117 973	1 031 284	38.79	9 417 767
其中：外商投资总额		47 895	431 769	-9.43	5 301 920
合同利用外资		52 239	511 790	-2.92	4 342 549
实际利用外资		30 216	299 505	-0.73	2 125 142
期末货物存放量	万吨	0	0	—	0
货运总量		0	0	—	0
期末施工房屋面积	平方米	0	0	—	0
房屋竣工面积		0	0	—	1 080 000
税收总额	万元	480 376	4 618 385	-24.29	36 203 846
其中：工商税收		126 168	1 394 899	7.16	8 022 202
海关税收及代征税		354 208	3 223 486	-32.82	28 081 634
固定资产投资额	万元	133 849	2 820 005	-9.33	20 258 237
其中：基础设施投资		8 977	236 087	-37.59	3 079 575
期末从业人员	人	187 839	187 839	-2.40	187 839
其中：外资企业从业人员		79 345	79 345	3.08	79 345
保税区批准面积	平方公里	5	5	0.00	5
保税区验收封关面积		3.8	3.8	0.00	3.8

续表

指标	单位	大连保税区			
		2013 年 12 月	当年累计	增幅（%）	历年累计
增加值	万元	800 000	2 880 000	0.49	21 121 364
销售收入	万元	900 000	10 350 000	1.17	74 174 175
工业总产值	万元	70 000	1 000 000	-11.43	8 261 452
其中：高新技术产业	万元	0	0	—	0
电子信息产业	万元	0	0	—	0
商品销售额	万元	500 000	6 143 000	2.54	43 808 944
物流企业营业收入	万元	45 000	1 690 000	1.72	14 335 705
批准企业	个	28	450	-13.46	7 909
其中：加工企业	个	0	8	-11.11	735
贸易企业	个	22	319	-29.74	3 453
仓储物流企业	个	0	14	-6.67	466
批准外资企业数	个	2	21	10.53	2 573
其中：加工企业	个	0	2	100.00	213
贸易企业	个	2	8	-52.94	786
仓储物流企业	个	0	2	—	136
批准投资额	万美元	20 000	349 417	-11.82	3 107 362
其中：外商投资总额	万美元	0	7 872	104.36	1 031 728
合同利用外资	万美元	0	7 372	165.47	965 451
实际利用外资	万美元	0	6 576	538.45	524 147
期末货物存放量	万吨	0	0	—	0
货运总量	万吨	180	3 670	33.21	21 906
期末施工房屋面积	平方米	0	0	—	0
房屋竣工面积	平方米	0	0	—	2 370 000
税收总额	万元	15 000	375 200	0.21	7 388 135
其中：工商税收	万元	15 000	352 200	-5.93	2 297 723
海关税收及代征税	万元	0	0	—	5 067 412
固定资产投资额	万元	0	2 296 000	3.43	12 656 890
其中：基础设施投资	万元	0	47 200	-11.18	5 340 550
期末从业人员	人	58 000	58 000	0.00	58 000
其中：外资企业从业人员	人	40 000	40 000	0.00	40 000
保税区批准面积	平方公里	1.95	1.95	0.00	1.95
保税区验收封关面积	平方公里	1.95	1.95	0.00	1.95

续表

指标	单位	上海外高桥保税区			
		2013 年 12 月	当年累计	增幅（%）	历年累计
增加值	万元	1 650 000	17 139 200	8.67	115 360 300
销售收入	万元	12 500 000	128 269 800	7.89	831 554 900
工业总产值	万元	590 000	6 461 600	9.10	74 428 500
其中：高新技术产业	万元	67 500	775 900	9.90	10 991 500
电子信息产业	万元	388 000	4 400 600	10.90	44 830 900
商品销售额	万元	11 500 000	116 232 600	8.62	714 139 500
物流企业营业收入	万元	3 560 000	36 765 800	8.19	258 130 700
批准企业	个	1 693	3 772	808.92	15 276
其中：加工企业	个	0	11	37.50	845
贸易企业	个	1 153	2 719	974.70	11 045
仓储物流企业	个	30	87	33.85	1 884
批准外资企业数	个	130	310	136.64	8 599
其中：加工企业	个	0	0	-100.00	592
贸易企业	个	85	217	143.82	6 609
仓储物流企业	个	1	9	-59.09	1 178
批准投资额	万美元	461 067	1 374 300	297.86	3 823 190
其中：外商投资总额	万美元	59 968	311 943	2.89	2 361 784
合同利用外资	万美元	34 607	142 067	-2.93	1 255 447
实际利用外资	万美元	0	66 100	27.85	790 600
期末货物存放量	万吨	0	0	-100.00	0
货运总量	万吨	0	0	-100.00	7 199
期末施工房屋面积	平方米	602 900	602 900	-33.20	602 900
房屋竣工面积	平方米	0	144 500	-55.17	2 302 900
税收总额	万元	702 900	9 918 800	-1.69	69 039 100
其中：工商税收	万元	155 100	4 391 700	9.29	27 302 000
海关税收及代征税	万元	547 800	5 527 100	-8.96	41 737 100
固定资产投资额	万元	32 700	282 100	12.44	4 916 200
其中：基础设施投资	万元	2 800	32 000	22.61	1 092 698
期末从业人员	人	261 500	261 500	4.39	261 500
其中：外资企业从业人员	人	249 800	249 800	5.58	249 800
保税区批准面积	平方公里	10	10	0.00	10
保税区验收封关面积	平方公里	8.9	8.9	0.00	8.9

续表

指标	单位	张家港保税区			
		2013 年 12 月	当年累计	增幅（%）	历年累计
增加值	万元	364 090	3 799 511	4.17	23 755 782
销售收入		4 216 533	44 382 831	27.10	252 106 909
工业总产值		912 867	11 566 519	11.71	68 845 023
其中：高新技术产业		211 393	2 251 541	-7.16	14 298 780
电子信息产业		23 841	256 542	-36.51	2 193 889
商品销售额		4 011 576	42 203 302	19.67	234 648 371
物流企业营业收入		348 645	1 062 430	28.61	4 592 280
批准企业	个	73	949	16.30	6 238
其中：加工企业		0	15	15.38	318
贸易企业		68	827	5.62	5 601
仓储物流企业		5	107	435.00	319
批准外资企业数	个	6	30	20.00	588
其中：加工企业		0	6	20.00	176
贸易企业		6	21	10.53	366
仓储物流企业		0	1	0.00	44
批准投资额	万美元	16 630	171 085	24.34	2 299 796
其中：外商投资总额		11 920	92 905	-6.39	1 552 624
合同利用外资		13 150	62 060	-3.22	918 223
实际利用外资		2 605	28 256	-14.79	491 342
期末货物存放量	万吨	845	845	-14.13	845
货运总量		96	1 056	-10.51	8 221
期末施工房屋面积	平方米	475 875	475 875	98.50	475 875
房屋竣工面积		300 125	1 216 614	80.26	7 890 039
税收总额	万元	112 299	1 207 363	-5.61	9 496 958
其中：工商税收		50 184	486 103	-1.35	3 446 582
海关税收及代征税		62 115	721 260	-8.28	6 050 376
固定资产投资额	万元	50 237	1 273 119	33.98	6 996 266
其中：基础设施投资		18 103	158 494	-9.88	1 605 041
期末从业人员	人	48 425	48 425	4.18	48 425
其中：外资企业从业人员		21 350	21 350	0.97	21 350
保税区批准面积	平方公里	4.1	4.1	0.00	4.1
保税区验收封关面积		4.1	4.1	0.00	4.1

续表

指标	单位	宁波保税区			
		2013 年 12 月	当年累计	增幅（%）	历年累计
增加值	万元	107 388	1 500 660	6.19	12 472 682
销售收入	万元	2 886 826	27 570 730	2.25	144 635 690
工业总产值	万元	402 247	4 555 140	-15.78	39 277 808
其中：高新技术产业	万元	344 685	3 917 279	-17.11	28 715 007
电子信息产业	万元	309 030	3 593 576	-18.62	30 150 120
商品销售额	万元	2 483 019	22 350 568	5.86	106 001 130
物流企业营业收入	万元	21 474	749 991	13.81	2 320 101
批准企业	个	36	504	0.40	9 365
其中：加工企业	个	0	0	—	337
贸易企业	个	0	466	-7.17	8 788
仓储物流企业	个	0	2	—	38
批准外资企业数	个	0	13	30.00	1 029
其中：加工企业	个	0	0	—	255
贸易企业	个	0	9	-10.00	740
仓储物流企业	个	0	0	—	30
批准投资额	万美元	15 046	62 558	15.58	1 025 403
其中：外商投资总额	万美元	11 376	19 479	-46.67	670 707
合同利用外资	万美元	8 241	12 015	-15.22	419 703
实际利用外资	万美元	0	10 515	0.62	214 420
期末货物存放量	万吨	2	2	-83.31	2
货运总量	万吨	3	99	-0.87	5 942
期末施工房屋面积	平方米	1 000	1 000	-99.69	1 000
房屋竣工面积	平方米	73 970	221 773	229.36	3 106 273
税收总额	万元	35 508	478 784	-5.70	4 386 999
其中：工商税收	万元	20 487	350 078	7.93	2 602 125
海关税收及代征税	万元	15 021	128 706	-29.81	1 784 874
固定资产投资额	万元	14 642	122 165	17.70	2 283 669
其中：基础设施投资	万元	0	0	—	229 558
期末从业人员	人	49 907	49 907	-9.12	49 907
其中：外资企业从业人员	人	47 412	47 412	-9.12	47 412
保税区批准面积	平方公里	2.3	2.3	0.00	2.3
保税区验收封关面积	平方公里	2.3	2.3	0.00	2.3

续表

指标	单位	福州保税区			
		2013 年 12 月	当年累计	增幅（%）	历年累计
增加值	万元	87 250	162 050	39.32	571 996
销售收入	万元	89 300	271 900	15.56	642 600
工业总产值	万元	7 327	93 376	11.48	581 141
其中：高新技术产业	万元	0	0	—	0
电子信息产业	万元	0	0	—	0
商品销售额	万元	200 050	308 500	-46.72	1 076 458
物流企业营业收入	万元	26 800	83 430	16.65	238 022
批准企业	个	19	190	6.15	1 657
其中：加工企业	个	0	0	—	31
贸易企业	个	19	182	55.56	1 410
仓储物流企业	个	0	8	33.33	144
批准外资企业数	个	0	1	-66.67	402
其中：加工企业	个	0	0	—	15
贸易企业	个	0	1	-66.67	331
仓储物流企业	个	0	0	—	52
批准投资额	万美元	1 274	16 999	-19.58	185 224
其中：外商投资总额	万美元	0	1 393	307.31	64 973
合同利用外资	万美元	0	411	85.14	34 672
实际利用外资	万美元	0	284	1 675.00	16 672
期末货物存放量	万吨	0	0	—	0
货运总量	万吨	0	0	—	40
期末施工房屋面积	平方米	0	0	—	0
房屋竣工面积	平方米	0	0	—	1 000
税收总额	万元	2 793	27 248	-14.29	604 069
其中：工商税收	万元	2 793	27 035	-1.30	183 058
海关税收及代征税	万元	0	213	-95.16	421 010
固定资产投资额	万元	1 419	7 516	114.62	168 036
其中：基础设施投资	万元	0	2 310	—	127 581
期末从业人员	人	6 000	6 000	-3.69	6 000
其中：外资企业从业人员	人	1 000	1 000	-16.67	1 000
保税区批准面积	平方公里	1.8	1.8	0.00	1.8
保税区验收封关面积	平方公里	0.68	0.68	0.00	0.68

续表

指标	单位	厦门象屿保税区			
		2013 年 12 月	当年累计	增幅（%）	历年累计
增加值	万元	45 734	580 277	14. 87	2 771 717
销售收入	万元	408 957	5 366 493	15. 28	21 819 730
工业总产值	万元	16 854	194 197	4. 69	1 038 970
其中：高新技术产业	万元	0	0	—	0
电子信息产业	万元	14 230	152 864	7. 80	718 807
商品销售额	万元	342 600	4 451 336	16. 83	14 996 454
物流企业营业收入	万元	49 503	720 960	9. 97	3 619 174
批准企业	个	45	355	2. 90	3 214
其中：加工企业	个	0	0	-100. 00	33
贸易企业	个	31	197	5. 35	1 062
仓储物流企业	个	12	103	11. 96	620
批准外资企业数	个	1	8	60. 00	566
其中：加工企业	个	0	0	—	2
贸易企业	个	1	8	60. 00	51
仓储物流企业	个	0	0	—	12
批准投资额	万美元	27 322	67 436	60. 13	316 096
其中：外商投资总额	万美元	100	2 135	-28. 55	52 875
合同利用外资	万美元	8	2 017	-43. 45	52 875
实际利用外资	万美元	1 000	2 688	25. 02	40 350
期末货物存放量	万吨	0	0	—	0
货运总量	万吨	12	98	23. 89	453
期末施工房屋面积	平方米	0	0	—	0
房屋竣工面积	平方米	0	0	—	0
税收总额	万元	8 420	98 158	-5. 62	619 615
其中：工商税收	万元	6 114	71 680	10. 36	322 690
海关税收及代征税	万元	2 306	26 478	-32. 21	296 925
固定资产投资额	万元	10 000	140 331	164. 78	556 406
其中：基础设施投资	万元	0	500	-61. 54	97 670
期末从业人员	人	20 000	20 000	0. 00	20 000
其中：外资企业从业人员	人	0	0	—	0
保税区批准面积	平方公里	1. 5	1. 5	0. 00	1. 5
保税区验收封关面积	平方公里	0. 63	0. 63	0. 00	0. 63

续表

指标	单位	青岛保税区			
		2013 年 12 月	当年累计	增幅（%）	历年累计
增加值	万元	100 908	1 214 647	9.85	8 268 816
销售收入	万元	433 805	5 469 626	6.53	38 553 696
工业总产值	万元	38 393	437 863	7.21	6 495 450
其中：高新技术产业	万元	35 478	398 249	5.21	2 858 832
电子信息产业	万元	20 391	242 190	5.19	1 866 224
商品销售额	万元	292 197	3 471 789	18.20	22 964 784
物流企业营业收入	万元	103 215	1 186 188	10.40	6 347 616
批准企业	个	62	460	17.65	6 717
其中：加工企业	个	0	2	100.00	207
贸易企业	个	52	417	8.59	6 287
仓储物流企业	个	3	20	300.00	172
批准外资企业数	个	0	24	60.00	1 459
其中：加工企业	个	0	2	100.00	164
贸易企业	个	0	14	0.00	1 256
仓储物流企业	个	0	4	—	32
批准投资额	万美元	5 005	68 197	-33.07	755 595
其中：外商投资总额	万美元	-850	20 498	5.39	372 432
合同利用外资	万美元	-850	25 178	172.17	238 302
实际利用外资	万美元	2 010	10 061	53.42	115 484
期末货物存放量	万吨	30	30	-82.85	30
货运总量	万吨	17	285	-11.10	1 898
期末施工房屋面积	平方米	3 049	3 049	-70.40	3 049
房屋竣工面积	平方米	0	31 585	4.29	1 477 762
税收总额	万元	42 883	515 301	1.25	3 363 571
其中：工商税收	万元	5 446	109 887	11.19	984 084
海关税收及代征税	万元	37 437	405 414	-1.14	2 349 740
固定资产投资额	万元	2 833	43 228	11.80	691 504
其中：基础设施投资	万元	0	118	-91.69	80 902
期末从业人员	人	31 675	31 675	8.25	31 675
其中：外资企业从业人员	人	21 136	21 136	6.91	21 136
保税区批准面积	平方公里	2.5	2.5	0.00	2.5
保税区验收封关面积	平方公里	2.5	2.5	0.00	2.5

续表

指标	单位	广州保税区			
		2013年12月	当年累计	增幅（%）	历年累计
增加值	万元	61 103	450 865	5.03	2 979 561
销售收入		418 664	4 173 385	29.45	25 730 727
工业总产值		147 572	753 335	5.40	9 560 550
其中：高新技术产业		49 349	527 581	4.61	5 082 639
电子信息产业		49 349	527 581	4.61	5 082 639
商品销售额		293 305	2 824 270	59.16	16 654 126
物流企业营业收入		65 003	787 458	6.82	3 353 008
批准企业	个	6	49	8.89	2 583
其中：加工企业		0	0	—	62
贸易企业		3	18	5.88	2 363
仓储物流企业		1	11	57.14	50
批准外资企业数	个	0	5	150.00	775
其中：加工企业		0	0	—	60
贸易企业		0	3	—	698
仓储物流企业		0	0	—	3
批准投资额	万美元	5 090	15 098	69.89	254 053
其中：外商投资总额		4 050	12 310	63.13	211 680
合同利用外资		1 440	2 900	-18.95	110 546
实际利用外资		0	1 358	-57.81	77 648
期末货物存放量	万吨	0	0	—	0
货运总量		0	0	—	62
期末施工房屋面积	平方米	0	0	—	0
房屋竣工面积		0	0	—	0
税收总额	万元	3 698	87 070	-14.38	1 176 393
其中：工商税收		3 698	87 070	-14.38	1 173 952
海关税收及代征税		0	0	—	0
固定资产投资额	万元	0	136 719	853.81	751 528
其中：基础设施投资		0	0	—	127 099
期末从业人员	人	12 913	12 913	0.61	12 913
其中：外资企业从业人员		12 153	12 153	-0.37	12 153
保税区批准面积	平方公里	2	2	0.00	2
保税区验收封关面积		2	2	0.00	2

续表

指标	单位	深圳保税区			
		2013 年 12 月	当年累计	增幅（%）	历年累计
增加值	万元	111 435	1 449 346	18.55	17 523 045
销售收入		932 507	12 770 001	28.49	43 910 606
工业总产值		932 337	12 802 184	28.47	85 067 675
其中：高新技术产业		0	0	—	0
电子信息产业		0	0	—	0
商品销售额		395 229	3 703 353	-2.74	18 739 051
物流企业营业收入		0	1 803 413	11.20	3 425 187
批准企业	个	9	228	-2.98	2 230
其中：加工企业		1	8	-72.41	438
贸易企业		5	120	10.09	1 018
仓储物流企业		3	92	16.46	462
批准外资企业数	个	0	44	10.00	1 105
其中：加工企业		0	1	-90.00	359
贸易企业		0	25	8.70	599
仓储物流企业		0	13	225.00	137
批准投资额	万美元	0	18 764	91.53	339 234
其中：外商投资总额		0	18 764	91.59	194 819
合同利用外资		0	11 432	49.30	187 487
实际利用外资		0	4 840	-13.80	182 586
期末货物存放量	万吨	0	0	—	0
货运总量		0	0	—	574
期末施工房屋面积	平方米	0	0	—	0
房屋竣工面积		0	0	—	0
税收总额	万元	64 977	704 867	-46.60	6 858 647
其中：工商税收		9 664	118 276	1.35	811 963
海关税收及代征税		55 313	586 591	-51.25	6 046 684
固定资产投资额	万元	0	0	—	0
其中：基础设施投资		0	0	—	0
期末从业人员	人	34 610	34 610	0.29	34 610
其中：外资企业从业人员		0	0	—	0
保税区批准面积	平方公里	2.9	2.9	0.00	2.9
保税区验收封关面积		2.47	2.47	0.00	2.47

续表

指标	单位	珠海保税区			
		2013 年 12 月	当年累计	增幅（%）	历年累计
增加值	万元	31 500	314 949	15.60	1 750 871
销售收入	万元	105 747	1 205 782	21.90	19 845 692
工业总产值	万元	89 753	1 047 158	17.80	9 976 495
其中：高新技术产业	万元	48 993	568 284	24.70	1 904 493
电子信息产业	万元	0	0	—	2 240 845
商品销售额	万元	18 687	246 972	51.30	5 807 082
物流企业营业收入	万元	2 000	14 078	5.00	12 911 400
批准企业	个	19	135	70.89	790
其中：加工企业	个	0	3	-50.00	180
贸易企业	个	13	81	80.00	182
仓储物流企业	个	0	7	0.00	96
批准外资企业数	个	5	29	45.00	376
其中：加工企业	个	0	1	-75.00	176
贸易企业	个	2	14	55.56	73
仓储物流企业	个	0	1	-75.00	76
批准投资额	万美元	12 785	21 655	61.30	217 843
其中：外商投资总额	万美元	1 058	2 227	-20.89	123 763
合同利用外资	万美元	1 107	5 017	51.98	96 116
实际利用外资	万美元	0	3 706	27.75	76 492
期末货物存放量	万吨	1	1	8.42	1
货运总量	万吨	1	24	-22.90	1 470
期末施工房屋面积	平方米	0	0	—	0
房屋竣工面积	平方米	0	0	—	90 000
税收总额	万元	7 716	159 612	18.91	827 642
其中：工商税收	万元	933	94 228	23.28	398 635
海关税收及代征税	万元	6 783	65 384	13.13	429 002
固定资产投资额	万元	868	83 690	70.00	625 923
其中：基础设施投资	万元	643	5 643	65.68	204 033
期末从业人员	人	16 691	16 691	4.90	16 691
其中：外资企业从业人员	人	14 900	14 900	2.02	14 900
保税区批准面积	平方公里	3	3	0.00	3
保税区验收封关面积	平方公里	3	3	0.00	3

续表

指标	单位	汕头保税区			
		2013 年 12 月	当年累计	增幅（%）	历年累计
增加值	万元	24 065	262 967	6.00	2 217 968
销售收入		45 713	520 756	12.47	3 140 663
工业总产值		40 754	465 556	11.24	3 364 980
其中：高新技术产业		15 264	162 617	-6.00	1 056 133
电子信息产业		3 896	48 552	-11.80	355 613
商品销售额		8 880	102 390	2.99	1 004 335
物流企业营业收入		7 941	78 824	-5.20	808 861
批准企业	个	0	6	-62.50	279
其中：加工企业		0	5	-28.57	122
贸易企业		0	0	-100.00	134
仓储物流企业		0	0	-100.00	19
批准外资企业数	个	0	0	-100.00	199
其中：加工企业		0	0	-100.00	80
贸易企业		0	0	-100.00	108
仓储物流企业		0	0	-100.00	11
批准投资额	万美元	0	2 237	102.63	64 485
其中：外商投资总额		0	1 687	1 079.72	41 976
合同利用外资		573	1 443	440.45	30 924
实际利用外资		28	302	56.48	22 915
期末货物存放量	万吨	2	2	63.64	2
货运总量		6	73	23.73	1 343
期末施工房屋面积	平方米	119 172	119 172	-40.16	119 172
房屋竣工面积		0	115 337	—	673 726
税收总额	万元	1 379	26 060	-17.40	468 888
其中：工商税收		1 023	15 805	-22.52	122 775
海关税收及代征税		356	10 255	-8.04	346 113
固定资产投资额	万元	6 783	48 532	34.16	431 356
其中：基础设施投资		0	1 640	-26.46	114 171
期末从业人员	人	4 109	4 109	1.08	4 109
其中：外资企业从业人员		1 421	1 421	0.00	1 421
保税区批准面积	平方公里	2.34	2.34	0.00	2.34
保税区验收封关面积		2.34	2.34	0.00	2.34

2013 年全国保税区进口额前 30 位国家和地区排名表

序号	国家和地区		2013 年	
	中文	代码	进口额（万美元）	同比（%）
	合计		19 186 900. 5	15. 4
1	中华人民共和国	142	3 212 131. 4	33. 2
2	中国台湾	143	2 652 807. 5	87. 3
3	美国	502	1 632 468. 1	53. 7
4	马来西亚	122	1 470 814. 3	-2. 1
5	南非	244	1 468 543. 5	-5. 8
6	日本	116	1 464 901. 5	-6. 3
7	韩国	133	1 311 025. 5	16. 9
8	德国	304	714 939. 7	8. 8
9	英国	303	597 308. 7	39. 1
10	泰国	136	371 379. 0	-14. 3
11	法国	305	314 838. 4	-8. 0
12	新加坡	132	312 025. 4	19. 0
13	澳大利亚	601	287 506. 2	20. 0
14	哥斯达黎加	415	274 309. 8	-6. 7
15	瑞士	331	264 957. 3	-1. 3
16	越南	141	250 041. 0	-14. 0
17	菲律宾	129	242 423. 8	-34. 1
18	中国香港	110	185 149. 8	97. 8
19	意大利	307	178 666. 1	20. 4
20	巴西	410	171 733. 9	-3. 6
21	印度	111	158 225. 1	1. 2
22	印度尼西亚	112	140 299. 3	-19. 4
23	斯洛伐克	353	135 352. 2	-21. 0
24	荷兰	309	104 445. 3	58. 1
25	墨西哥	429	102 604. 2	16. 9
26	加拿大	501	102 353. 2	39. 4
27	沙特阿拉伯	131	89 447. 4	-12. 4
28	爱尔兰	306	73 132. 0	19. 0
29	西班牙	312	63 314. 1	3. 9
30	俄罗斯联邦	344	58 507. 5	-26. 4

2013 年全国保税区出口额前 30 位国家和地区排名表

序号	国家和地区		2013 年	
	中文	代码	出口额（万美元）	同比（%）
	合计		12 515 607.8	43.0
1	中国香港	110	8 988 732.4	64.3
2	美国	502	656 968.3	15.9
3	日本	116	368 557.7	-1.2
4	新加坡	132	284 651.6	13.5
5	韩国	133	229 076.4	4.8
6	马来西亚	122	164 184.8	19.8
7	中国台湾	143	163 964.4	35.9
8	德国	304	150 565.6	1.8
9	澳大利亚	601	111 292.8	-12.7
10	荷兰	309	102 204.5	6.3
11	泰国	136	94 562.2	-15.6
12	英国	303	81 229.7	-2.2
13	印度	111	78 563.3	-11.1
14	巴西	410	57 546.7	-9.5
15	印度尼西亚	112	51 769.0	-9.3
16	墨西哥	429	50 667.9	-1.6
17	法国	305	50 340.2	-11.6
18	俄罗斯联邦	344	49 559.5	-8.9
19	加拿大	501	43 087.0	5.2
20	伊朗	113	42 266.6	104.0
21	意大利	307	40 318.8	20.0
22	比利时	301	39 826.6	20.1
23	菲律宾	129	38 560.6	14.8
24	阿联酋	138	38 444.7	5.2
25	越南	141	37 054.2	21.4
26	西班牙	312	33 629.9	15.8
27	土耳其	137	28 897.7	17.2
28	南非	244	24 345.5	-4.9
29	瑞士	331	21 129.3	68.5
30	缅甸	106	20 473.9	156.4

2013 年全国保税区主要进口商品分类统计表（22 大类）

商品类别	2013 年	
	进口额（万美元）	同比（%）
合计	19 186 900.5	15.4
第十六类　机器、机械器具、电气设备及其零件；录音机及放声机、电视图像、声音的录制和重放设备及其零件、附件	10 471 796.8	30.4
第二十二类　特殊交易品及未分类商品	1 548 579.9	-2.7
第十八类　光学、照相、电影、计量、检验、医疗或外科用仪器及设备、精密仪器及设备；钟表；乐器；上述物品的零件、附件	1 418 706.3	13.5
第七类　塑料及其制品；橡胶及其制品	1 134 871.9	-7.5
第六类　化学工业及其相关工业的产品	1 098 644.4	6.5
第十七类　车辆、航空器、船舶及有关运输设备	1 046 919.2	1.9
第十五类　贱金属及其制品	538 974.8	-24.6
第十一类　纺织原料及纺织制品	406 598.1	8.3
第五类　矿产品	396 542.7	8.2
第四类　食品；饮料、酒及醋；烟草、烟草及烟草代用品的制品	249 897.0	1.3
第二类　植物产品	185 611.6	13.3
第三类　动、植物油、脂及其分解产品；精制的食用油脂；动、植物蜡	159 082.3	-21.2
第十四类　天然或养殖珍珠、宝石或半宝石、贵金属、包贵金属及其制品；信首饰；硬币	129 508.7	36.3
第一类　活动物；动物产品	113 188.7	81.5
第十类　木浆及其他纤维状纤维素浆；纸及纸板的废碎品	75 715.3	104.5
第十三类　石料、石膏、水泥、石棉、云母及类似材料的制品；陶瓷产品；玻璃及其制品	64 190.3	-4.9
第八类　生皮、皮革、毛皮及其制品；鞍具及挽具；旅行用品、手提包及类似品；动物肠线（蚕胶丝除外）制品	61 462.6	0.1
第二十类　杂项制品	38 980.1	2.2
第十二类　鞋、帽、伞、杖、鞭及其零件；已加工的羽毛及其制品；人造花；人发制品	18 993.3	1.3
第九类　木及木制品；木炭；软木及软木制品；稻草、秸秆、针茅或其他编结材料制品；篮筐及柳条编结品	16 241.5	14.1
第二十一类　艺术品、收藏品及古物	12 395.0	2 062.9
第十九类　武器、弹药及其零件、附件	0.1	

2013 年全国保税区主要出口商品分类统计表（22 大类）

商品类别	2013 年	
	出口额（万美元）	同比（%）
合计	12 515 607.8	43.0
第十六类　机器、机械器具、电气设备及其零件；录音机及放声机、电视图像、声音的录制和重放设备及其零件、附件	8 454 039.5	76.2
第十四类　天然或养殖珍珠、宝石或半宝石、贵金属、包贵金属及其制品；信首饰；硬币	1 658 928.9	-0.3
第十八类　光学、照相、电影、计量、检验、医疗或外科用仪器及设备、精密仪器及设备；钟表；乐器；上述物品的零件、附件	799 510.8	5.0
第六类　化学工业及其相关工业的产品	311 165.1	0.9
第十一类　纺织原料及纺织制品	283 473.1	7.2
第十五类　贱金属及其制品	256 390.8	-0.5
第七类　塑料及其制品；橡胶及其制品	206 491.8	-3.8
第十七类　车辆、航空器、船舶及有关运输设备	123 716.4	3.9
第二十类　杂项制品	99 279.6	32.1
第十二类　鞋、帽、伞、杖、鞭及其零件；已加工的羽毛及其制品；人造花；人发制品	65 764.9	31.9
第八类　生皮、皮革、毛皮及其制品；鞍具及挽具；旅行用品、手提包及类似品；动物肠线（蚕胶丝除外）制品	65 444.9	18.3
第十三类　石料、石膏、水泥、石棉、云母及类似材料的制品；陶瓷产品；玻璃及其制品	49 390.0	31.4
第四类　食品；饮料、酒及醋；烟草、烟草及烟草代用品	32 719.9	-17.2
第五类　矿产品	31 683.6	-23.1
第十类　木浆及其他纤维状纤维素浆；纸及纸板的废碎品	31 259.4	33.7
第二类　植物产品	18 474.2	14.3
第一类　活动物；动物产品	10 129.0	-38.3
第二十一类　艺术品、收藏品及古物	9 931.7	737.1
第九类　木及木制品；木炭；软木及软木制品；稻草、秸秆、针茅或其他编结材料制品；篮筐及柳条编结品	6 542.4	1.6
第三类　动、植物油、脂及其分解产品；精制的食用油脂；动、植物蜡	1 269.7	-8.2
第二十二类　特殊交易品及未分类商品	1.8	
第十九类　武器、弹药及其零件、附件	0.3	-94.3

上海外高桥保税区统计数据表

（1）2013 年上海外高桥保税区主要经济指标完成情况表

指标名称	单位	2013 年	比上年增长（%）
增加值	万元	17 139 200	8.7
销售收入	万元	128 269 800	7.9
工业总产值	万元	6 461 600	-9.1
其中：高新技术产业	万元	775 900	9.9
电子信息产业	万元	4 400 600	-10.9
商品销售额	万元	116 232 600	8.6
物流企业营业收入	万元	36 765 800	8.2
当年批准企业数	个	3 772	808.9
其中：加工企业	个	11	37.5
贸易企业	个	2 719	974.7
仓储物流企业	个	87	33.8
当年批准外资企业数	个	310	136.6
其中：加工企业	个	0	-100.0
贸易企业	个	217	143.8
仓储物流企业	个	9	-59.1
当年批准投资总额	万美元	1 374 300	297.9
其中：外商投资总额	万美元	311 943	2.9
当年合同利用外资	万美元	142 067	-2.9
当年实际利用外资	万美元	66 100	27.9
期末施工房屋面积	平方米	602 900	-33.2
房屋竣工面积	平方米	144 500	-55.2
税收总额	万元	9 918 800	-1.7
其中：工商税收	万元	4 391 700	9.3
海关税收及代征税	万元	5 527 100	-9.0
固定资产投资额	万元	282 100	12.4
其中：基础设施投资	万元	32 000	22.6
期末从业人员	人	261 500	4.4
其中：外资企业从业人员	人	249 800	5.6
期末保税区批准面积	平方公里	10.00	0.0
期末保税区验收封关面积	平方公里	8.96	0.0

（2）-1 截至2013年上海外高桥保税区历年招商引资情况表

指标	单位	历年累计
批准企业	个	15 305
其中：外资企业		8 610
投资总额	万美元	3 834 300
其中：外商投资总额		2 371 100
合同外资额		1 259 100
实际利用外资		802 300

（2）-2 截至2013年上海外高桥保税区历年主要外商投资情况表

按项目数排列			按投资额排列		
序号	国别（地区）	项目数（个）	序号	国别（地区）	投资额（万美元）
1	中国香港	2 251	1	中国香港	738 962
2	日本	1 653	2	美国	340 464
3	美国	923	3	日本	312 248
4	新加坡	520	4	新加坡	271 954
5	中国台湾	501	5	荷兰	114 675
6	英属维尔京群岛	354	6	英属维尔京群岛	100 071
7	韩国	285	7	毛里求斯	99 158
8	德国	245	8	英属开曼群岛	75 486
9	萨摩亚	207	9	英国	49 279
10	英国	182	10	德国	37 452

（3）2013年上海外高桥保税区出口加工企业产值排名表

单位：万元

序号	行业类别	工业总产值	比重（%）
	保税区合计	64 615 737	100.0
1	计算机、通信和其他电子设备制造业	41 717 362	64.6
2	汽车制造业	5 051 709	7.8
3	通用设备制造业	4 492 808	7.0
4	化学原料和化学制品制造业	4 324 540	6.7
5	专用设备制造业	1 948 337	3.0
6	橡胶和塑料制品业	1 777 480	2.8
7	电气机械及器材制造业	949 368	1.5
8	金属制品业	848 836	1.3
9	仪器仪表制造业	787 232	1.2
10	有色金属冶炼和压延加工业	721 035	1.1
11	家具制造业	529 064	0.8

续表

序号	行业类别	工业总产值	比重（%）
12	铁路、船舶、航空航天和其他运输设备制造业	314 142	0.5
13	非金属矿物制品业	293 707	0.5
14	烟草制品业	275 523	0.4
15	电力、热力生产和供应业	141 041	0.2
16	食品制造业	122 923	0.2
17	金属制品、机械和设备修理业	103 622	0.2
18	造纸及纸制品业	71 465	0.1
19	纺织服装、服饰业	65 701	0.1
20	印刷和记录媒介复制业	46 988	0.1
21	皮革制品业	25 830	0.0
22	其他制造业	7 024	0.0

（4）2013 年上海外高桥保税区贸易企业主要行业销售额排名表

单位：万元

序号	行业类别	商品销售额	比重（%）
	保税区合计	123 733 600	100.0
1	机械设备、五金交电及电子产品批发	64 255 500	51.9
2	矿产品、建材及化工产品批发	35 754 600	28.9
3	医药及医疗器材批发	8 885 300	7.2
4	纺织、服装及日用品批发	8 482 800	6.9
5	食品、饮料及烟草制品批发	2 649 800	2.1
6	文化、体育用品及器材批发	1 859 400	1.5
7	农畜产品批发	1 133 800	0.9
8	贸易经纪与代理	41 700	0.0
9	其他产品批发	670 800	0.5

深圳保税区统计数据表

（1）2013 年深圳保税区主要经济指标完成情况表

指标名称	单位	2013 年	比上年增长（%）
增加值	万元	1 449 346	18.6
销售收入	万元	12 770 001	28.5
工业总产值	万元	12 802 184	28.5
其中：高新技术产业	万元	0	—
电子信息产业	万元	0	—
商品销售额	万元	3 703 353	-2.7
物流企业营业收入	万元	1 803 413	11.2
当年批准企业数	个	228	-3.0
其中：加工企业	个	8	-72.4
贸易企业	个	120	10.1
仓储物流企业	个	92	16.5
当年批准外资企业数	个	44	10.0
其中：加工企业	个	1	-90.0
贸易企业	个	25	8.7
仓储物流企业	个	12	200.0
当年批准投资总额	万美元	18 764.2	91.6
其中：外商投资总额	万美元	18 764.2	91.6
当年合同利用外资	万美元	11 431.9	49.3
当年实际利用外资	万美元	4 840.1	-13.8
期末货物存放量	万吨	0	—
企业货运总量	万吨	0	—
期末施工房屋面积	平方米	0	—
房屋竣工面积	平方米	0	—
税收总额	万元	704 866.4	-46.6
其中：工商税收	万元	118 276.4	1.4
海关税收及代征税	万元	586 590.0	-51.3
固定资产投资额	万元	0	—
其中：基础设施投资	万元	0	—
期末从业人员	人	85 000	1.7
其中：外资企业从业人员	人	0	—
期末保税区批准面积	平方公里	2.51	0.0
期末保税区验收封关面积	平方公里	2.51	0.0

（2）-1 截至2013年深圳保税区历年招商引资情况表

指标	单位	历年累计
批准企业	个	2 230
其中：外资企业		1 105
投资总额	万美元	339 234
其中：外商投资总额		194 818
合同外资额		187 487
实际利用外资		182 586

（2）-2 截至2013年深圳保税区历年主要外商投资情况表

按项目数排列			按投资额排列		
序号	国别（地区）	项目数（个）	序号	国别（地区）	投资额（万美元）
1	中国香港	1 042	1	中国香港	93 771
2	英属维尔京群岛	73	2	英属维尔京群岛	35 178
3	中国台湾	41	3	新加坡	18 781
4	美国	40	4	荷兰	13 458
5	新加坡	37	5	美国	11 591
6	日本	25	6	日本	4 014
7	萨摩亚	19	7	中国台湾	3 184
8	加拿大	15	8	英国	1 684
9	英国	9	9	萨摩亚	1 308
10	荷兰	8	10	德国	865

（3）2013年深圳保税区出口加工企业工业产值排名表

单位：万元

序号	企业名称	工业总产值	序号	企业名称	营业收入
1	联想信息产品（深圳）有限公司	2 325 453	16	深圳市万山珠宝有限公司	266 203
2	深圳市诚信好珠宝有限公司	1 010 879	17	深圳市奇石多彩珠宝有限公司	265 804
3	深圳宝华行珠宝首饰有限公司	600 000	18	深圳市高彩珠宝有限公司	265 000
4	麦迪实电子科技深圳有限公司	549 135	19	才众电脑（深圳）有限公司	259 691
5	深圳市中隆基珠宝首饰有限公司	524 643	20	深圳市世纪恒福珠宝有限公司	250 272
6	金恒泰珠宝首饰（深圳）有限公司	437 285	21	润汇首饰（深圳）有限公司	233 597
7	六瑞珠宝（深圳）有限公司	399 999	22	华佳迅科技（深圳）有限公司	211 785
8	金富盛发珠宝首饰（深圳）有限公司	398 601	23	深圳市金宝丰珠宝首饰有限公司	207 131
9	深圳市大万珠宝首饰有限公司	376 072	24	骏鸿珠宝首饰（深圳）有限公司	179 654
10	品新科技（深圳）有限公司	365 831	25	新美亚科技（深圳）有限公司	117 436
11	深圳赛意法微电子有限公司	360 308	26	奥兰若科技（深圳）有限公司	98 382
12	金莎珠宝首饰（深圳）有限公司	330 232	27	戈尔科技（深圳）有限公司	95 212
13	深圳市金宝昌珠宝首饰有限公司	310 178	28	拓汇斯科技（深圳）有限公司	37 201
14	昱科环球存储科技（深圳）有限公司	299 623	29	宏雅珠宝深圳有限公司	33 600
15	金爵莱宝首饰（深圳）有限公司	267 973	30	国际商业机器系统集成（深圳）有限公司	32 335

（4）2013年深圳保税区贸易企业商品销售额排名表

单位：万元

序号	企业名称	商品销售额	序号	企业名称	商品销售额
1	乐金显示贸易（深圳）有限公司	1 272 358	16	白桦家具（深圳）有限公司	34 064
2	法之龙运动品（深圳）有限公司	372 461	17	天田国际贸易（深圳）有限公司	29 062
3	恩益禧视像设备贸易（深圳）有限公司	325 551	18	建生裕科贸易（深圳）有限公司	28 075
4	深圳市东方嘉盛供应链股份有限公司	308 406	19	日立高新技术（深圳）贸易有限公司	24 787
5	松下电器机电（深圳）有限公司	240 567	20	合昌国际贸易（深圳）有限公司	19 032
6	卡西欧电子（深圳）有限公司	219 011	21	深圳市新元特钢有限公司	17 490
7	深圳市恒宝丰实业有限公司	162 588	22	艾罗贸易（深圳）有限公司	16 980
8	3M国际贸易（深圳）有限公司	162 157	23	阿奇夏米尔机电贸易深圳有限公司	15 664
9	安富利物流（深圳）有限公司	70 315	24	信昌国际贸易（深圳）有限公司	12 523
10	南团贸易（深圳）有限公司	59 119	25	深圳市金展鸿贸易有限公司	11 815
11	深圳帝人化成贸易有限公司	58 890	26	深圳市贝利爽实业有限公司	9 674
12	凯普松贸易（深圳）有限公司	55 134	27	创能电子（深圳）有限公司	9 419
13	深圳宜和股份有限公司	43 590	28	嘉睦贸易（深圳）有限公司	7 761
14	艾睿电子（深圳）有限公司	35 068	29	岩田贸易（深圳）有限公司	7 096
15	长龙化工（深圳）有限公司	34 789	30	启页贸易（深圳）有限公司	6 989

（5）2013年深圳保税区物流企业营业收入排名表

单位：万元

序号	企业名称	营业收入	序号	企业名称	营业收入
1	深圳市腾邦物流股份有限公司	457 429	16	嘉里物流（深圳）有限公司	10 574
2	深圳市旗丰供应链服务有限公司	267 937	17	深圳能源物流有限公司	10 371
3	铭可达国际物流（深圳）有限公司	229 103	18	飞力达物流（深圳）有限公司	9 861
4	深圳市联华供应链管理有限公司	143 573	19	全球物流（深圳）有限公司	8 957
5	深圳正佳物流有限公司	134 953	20	深圳市新合诺供应链管理有限公司	8 845
6	深圳市润泰供应链管理有限公司	103 022	21	中建投物流有限公司	8 720
7	乔达国际货运代理（深圳）有限公司	58 464	22	深圳市盐田区盐田港保税区投资开发有限公司	8 123
8	深圳市海格物流股份有限公司	41 227	23	三洋电机国际物流（深圳）有限公司	7 613
9	深圳市德泰欣供应链有限公司	36 456	24	深圳市腾邦供应链有限公司	5 811
10	深圳欧唯特物流服务有限公司	28 983	25	中海物流（深圳）有限公司	5 789
11	近铁国际物流（深圳）有限公司	27 184	26	日通国际物流深圳有限公司	4 711
12	深圳市正佳供应链管理有限公司	22 567	27	深圳国能国际商贸有限公司	4 526
13	深圳市集万物流有限公司	19 077	28	深圳畅联国际物流有限公司	4 256
14	嘉里大通物流（深圳）有限公司	17 826	29	深圳市中天元供应链管理有限公司	4 174
15	深圳综合信兴物流有限公司	16 090	30	深圳市通捷利物流有限公司	3 763

广州保税区统计数据表

（1）2013年广州保税区主要经济指标完成情况表

指标名称	单位	当年累计	去年累计	增幅（%）
增加值	万元	450 865	429 258	5.0
销售总收入	万元	4 173 385	3 223 954	29.4
工业总产值	万元	753 335	714 708	5.4
其中：高新技术产业	万元	527 581	504 312	4.6
电子信息产业	万元	527 581	504 312	4.6
商品销售额	万元	2 824 270	1 774 484	59.2
物流企业经营收入	万元	787 458	737 150	6.8
当年批准企业数	个	49	45	8.9
其中：加工企业	个	0	0	—
贸易企业	个	18	17	5.9
仓储物流企业	个	11	7	57.1
当年批准外资企业数	个	5	2	150.0
其中：加工企业	个	0	0	—
贸易企业	个	3	0	—
仓储物流企业	个	0	0	—
当年批准投资总额	万美元	15 098	8 887	69.9
其中：外商投资总额	万美元	12 310	7 546	63.1
当年合同利用外资	万美元	2 900	3 578	-18.9
当年实际利用外资	万美元	1 358	3 219	-57.8
期末货物存放量	万吨	0	0	—
企业货运总量	万吨	0	0	—
期末施工房屋面积	平方米	0	0	—
房屋竣工面积	平方米	0	0	—
税收总额	万元	87 070	101 694	-14.4
其中：税务部门税收	万元	87 070	101 694	-14.4
海关税收及代征税	万元	0	0	—
固定资产投资额	万元	136 719	14 334	853.8
其中：基础设施投资	万元	0	0	—
期末从业人员	人	12 913	12 835	0.6
其中：外资企业从业人员	人	12 153	12 198	-0.4
期末保税区批准面积	平方公里	1.4	1.4	0.0
期末保税区验收封关面积	平方公里	1.4	1.4	0.0

（2）-1 截至2013年广州保税区历年招商引资情况表

指标	单位	历年累计
批准企业	个	3 358
其中：外资企业		775
投资总额	万美元	254 053
其中：外商投资总额		211 680
合同外资额		112 278
实际利用外资		77 648

（2）-2 截至2013年广州保税区历年主要外商投资情况表

按项目数排列			按投资额排列		
序号	国别（地区）	项目数（个）	序号	国别（地区）	投资额（万美元）
1	中国香港	148	1	中国香港	27 700
2	英属维尔京群岛	30	2	英属维尔京群岛	19 490
3	日本	24	3	巴巴多斯	5 640
4	中国台湾	18	4	开曼群岛	4 677
5	美国	13	5	塞浦路斯	2 999
6	新加坡	10	6	日本	2 100
7	马来西亚	6	7	马来西亚	1 838
8	韩国	6	8	美国	1 710
9	开曼群岛	4	9	澳大利亚	1 468
10	德国	4	10	荷兰	1 282

（3）2013年广州保税区出口加工企业工业产值排名表

单位：万元

序号	企业名称	序号	企业名称
1	本田汽车（中国）有限公司	14	广州友益电子科技有限公司
2	广茂科技（广州）有限公司	15	广州鸿森材料有限公司
3	广川科技（广州）有限公司	16	广州融达电源材料有限公司
4	广上科技（广州）有限公司	17	广合科技（广州）有限公司
5	海瑞克（广州）隧道设备有限公司	18	珐玛珈（广州）包装设备有限公司
6	广大科技（广州）有限公司	19	费森尤斯卡比（广州）医疗用品有限公司
7	广天科技（广州）有限公司	20	广州御银自动柜员机技术有限公司
8	盛势达（广州）化工有限公司	21	卡尔蔡司（广州）太阳镜片有限公司
9	卡尔蔡司光学科技（广州）有限公司	22	广州利时德控制拉索有限公司
10	广州华微电子有限公司	23	广州市南方特种涂装有限公司
11	广州卓德嘉薄膜有限公司	24	蒂森克虏伯不锈钢国际（广州）有限公司
12	广州泰星电子有限公司	25	广振科技（广州）有限公司
13	东马油脂（广州保税区）有限公司		

（4）2013年广州保税区商品销售额排名表

单位：万元

序号	企业名称	序号	企业名称
1	广州市国美电器有限公司	16	富昱（广州）贸易有限公司
2	广州中邮普泰移动通信设备有限责任公司	17	希比希（广州）贸易有限公司
3	广州住友商事有限公司	18	广州冈谷钢机贸易有限公司
4	广州威穗国际贸易有限公司	19	广州迪爱生贸易有限公司
5	广州保税区佳讯电讯有限公司	20	广州保税区捷宝运动用品有限公司
6	广州中储国际贸易有限公司	21	广东国药医药连锁企业有限公司
7	广州保税区陆海顺物流有限公司	22	鲜进广州保税区贸易有限公司
8	广州宏协贸易有限公司	23	广州邓禄普贸易有限公司
9	广州稻畑产业贸易有限公司	24	元祯贸易（广州）有限公司
10	广州富地石油有限公司	25	广州市美高工业器材有限公司
11	广州菱宝工程塑料贸易有限公司	26	旭化成塑料（广州）有限公司
12	保世高（广州）贸易有限公司	27	广州国融贸易有限公司
13	广州市雄资石油化工有限公司	28	广州闪星锑业有限公司
14	广州宝力机械科技有限公司	29	道达尔石油（广州）有限公司
15	爱思开综合化学国际贸易（广州）有限公司	30	广州保税区创艺贸易有限公司

厦门象屿保税区统计数据表

(1) 2013 年厦门象屿保税区主要经济指标完成情况表

指标名称	单位	2013 年	比上年增长 (%)
增加值	万元	580 277	14.9
销售收入	万元	5 366 493	15.3
工业总产值	万元	194 197	4.7
其中：高新技术产业	万元	0	—
电子信息产业	万元	152 864	7.8
商品销售额	万元	4 451 336	16.8
物流企业营业收入	万元	720 960	10.0
当年批准企业数	个	355	2.9
其中：加工企业	个	0	-100.0
贸易企业	个	197	5.4
仓储物流企业	个	103	12.0
当年批准外资企业数	个	8	60.0
其中：加工企业	个	0	—
贸易企业	个	8	60.0
仓储物流企业	个	0	—
当年批准投资总额	万美元	67 436	60.1
其中：外商投资总额	万美元	2 135	-28.6
当年合同利用外资	万美元	2 017	-43.5
当年实际利用外资	万美元	2 688	25.0
期末货物存放量	万吨	0	—
企业货运总量	万吨	98.06	23.9
期末施工房屋面积	平方米	0	—
房屋竣工面积	平方米	0	—
税收总额	万元	98 158	-5.6
其中：工商税收	万元	71 680	10.4
海关税收及代征税	万元	26 478	-32.2
固定资产投资额	万元	140 331	164.8
其中：基础设施投资	万元	500	-61.5
期末从业人员	人	20 000	0.0
其中：外资企业从业人员	人	0	—
期末保税区批准面积	平方公里	0.63	0.0
期末保税区验收封关面积	平方公里	0.63	0.0

（2）截至2013年厦门象屿保税区历年招商引资情况表

指标	单位	历年累计
批准企业	个	3 214
其中：外资企业		566
投资总额	万美元	316 096
其中：外商投资总额		52 875
合同外资额		52 875
实际利用外资		40 350

（3）2013年厦门象屿保税区出口加工企业工业产值排名表

单位：万元

序号	企业名称	序号	企业名称
1	贝莱胜电子（厦门）有限公司	4	厦门翔义混凝土有限公司
2	安保（厦门）塑胶工业有限公司	5	皇基（厦门）塑胶工业有限公司
3	日东电工（厦门）有限公司		

（4）2013年厦门象屿保税区贸易企业商品销售额排名表

单位：万元

序号	企业名称	序号	企业名称
1	厦门象屿物流集团有限责任公司	6	厦门宇信兴业进出口贸易有限公司
2	厦门成大进出口贸易有限公司	7	厦门瀚龙贸易有限公司
3	厦门市明穗粮油贸易有限公司	8	厦门航开保税贸易有限公司
4	厦门国货能源发展有限公司	9	厦门建发象屿保税区贸易有限公司
5	厦门万翔网络商务有限公司	10	厦门嘉鑫盛进出口有限公司

（5）2013年厦门象屿保税区物流企业营业收入排名表

单位：万元

序号	企业名称	序号	企业名称
1	厦门速传物流发展股份有限公司	6	厦门佳事通供应链有限公司
2	中海集装箱运输厦门有限公司	7	厦门港务运输有限公司
3	厦门外代国际货运有限公司	8	北京康捷空国际货运代理有限公司厦门分公司
4	厦门荣利达物流集团有限公司	9	全球国际货运代理（中国）有限公司厦门分公司
5	港中旅华贸国际物流股份有限公司厦门分公司	10	厦门象屿新创建码头有限公司

海口保税区统计数据表

(1) 2013 年海口保税区主要经济指标完成情况表

指标名称	单位	2013 年	比上年增长（%）
增加值	万元	361 512	-6.9
销售收入	万元	1 458 851	-1.5
工业总产值	万元	1 658 211	-0.8
其中：高新技术产业	万元	1 281 982	-11.4
电子信息产业	万元	203 853	-3.2
商品销售额	万元	2 693 800	0.0
物流企业营业收入	万元	1 559 400	-35.5
当年批准企业数	个	21	-16.0
其中：加工企业	个	2	-77.7
贸易企业	个	19	18.7
仓储物流企业	个	0	0.0
当年批准外资企业数	个	1	0.0
其中：加工企业	个	1	0.0
贸易企业	个	0	0.0
仓储物流企业	个	0	0.0
当年批准投资总额	万美元	4 417	18.2
其中：外商投资总额	万美元	807	100.0
合同利用外资	万美元	0	0.0
实际利用外资	万美元	0	0.0
期末货物存放量	万吨	0	0.0
企业货运总量	万吨	0	0.0
期末施工房屋面积	平方米	0	0.0
房屋竣工面积	平方米	0	0.0
税收总额	万元	140 018	10.2
其中：工商税收	万元	140 018	10.2
海关税收及代征税	万元	0	0.0
固定资产投资额	万元	65 948	108.2
其中：基础设施投资	万元	52 642	66.2
期末从业人员	人	13 640	-4.2
其中：外资企业从业人员	人	27	3.8
期末保税区批准面积	平方公里	1.93	0.0
期末保税区验收封关面积	平方公里	1.93	0.0

（2）-1 截至2013年海口保税区历年招商引资情况表

指标	单位	历年累计
批准企业	个	794（含迁出和历年吊销数）
其中：外资企业		98（含迁出和历年吊销数）
投资总额	万美元	82 035.6（含迁出和历年吊销数）
其中：外商投资总额		45 183.4（含迁出和历年吊销数）
合同外资额		28 493（含迁出和历年吊销数）
实际利用外资		29 029.2（含迁出和历年吊销数）

（2）-2 截至2013年海口保税区历年主要外商投资情况表

按项目数排列			按投资额排列		
序号	国别（地区）	项目数（个）	序号	国别（地区）	投资额（万美元）
1	中国香港	8	1	韩国	5 680
2	英国	3	2	英国	2 761
3	日本	3	3	中国香港	2 196
4	萨摩亚	2	4	中国台湾	1 303
5	中国台湾	2	5	萨摩亚	936
6	美国	1	6	美国	724
7	韩国	1	7	日本	222
8	菲律宾	1	8	菲律宾	40

（3）2013年海口保税区出口加工企业工业产值排名表

单位：万元

序号	企业名称	工业总产值	序号	企业名称	工业总产值
1	海马汽车	738 540	16	中和药业	14 010
2	金盘电气	156 683	17	亚洲制药	12 537
3	奇力制药	81 395	18	澳美华制药	10 380
4	养生堂药业	75 885	19	明芳机械	9 888
5	一汽海马动力	74 216	20	宇傲汽车配件	9 029
6	三星光通信技术	43 680	21	康芝药业	8 791
7	碧凯制药	39 046	22	海神同洲制药	8 616
8	浙江万向系统	35 156	23	威昌汽车配件	8 565
9	灵康制药	31 545	24	瑞利工业	7 362
10	全兴工业	29 383	25	全盛汽车配件	6 930
11	钧达汽车配件	24 697	26	新世通制药	6 914
12	惠普森医药	24 153	27	联顺金属工业	5 767
13	中化联合	21 020	28	瑞应鑫汽车配件	4 975
14	六和机械工业	16 756	29	利能康泰制药	3 116
15	全星制药	15 702	30	亚元防伪	2 279

（4）2013年海口保税区物流企业营业收入排名表

单位：万元

序号	企业名称	营业收入	序号	企业名称	营业收入
1	海南华信	1 134 301	3	德富贸易	592 082
2	海南大印保税物流有限公司	967 417			

宁波保税区统计数据表

（1）2013 年宁波保税区主要经济指标完成情况表

指标名称	单位	2013 年	比上年增长（%）
增加值	万元	1 500 660	6.2
销售收入	万元	27 570 730	2.3
工业总产值	万元	4 555 140	-15.8
其中：高新技术产业	万元	3 917 279	-17.1
电子信息产业	万元	3 593 576	-18.6
商品销售额	万元	22 350 568	5.9
物流企业营业收入	万元	749 991	13.8
当年批准企业数	个	504	0.4
其中：加工企业	个	0	—
贸易企业	个	466	-7.2
仓储物流企业	个	2	—
当年批准外资企业数	个	13	30.0
其中：加工企业	个	0	—
贸易企业	个	9	-10.0
仓储物流企业	个	0	—
当年批准投资总额	万美元	62 558	15.6
其中：外商投资总额	万美元	19 479	-46.7
当年合同利用外资	万美元	12 015	-15.2
当年实际利用外资	万美元	10 515	0.6
期末货物存放量	万吨	2.02	-83.3
企业货运总量	万吨	98.5	-0.9
期末施工房屋面积	平方米	1 000	-99.7
房屋竣工面积	平方米	221 773	229.4
税收总额	万元	478 784	-5.7
其中：工商税收	万元	350 078	7.9
海关税收及代征税	万元	128 706	-29.8
固定资产投资额	万元	122 165	17.7
其中：基础设施投资	万元	0	—
期末从业人员	人	49 907	-9.1
其中：外资企业从业人员	人	47 412	-9.1
期末保税区批准面积	平方公里	2.3	0.0
期末保税区验收封关面积	平方公里	2.3	0.0

（2）-1　截至2013年宁波保税区历年招商引资情况表

指标	单位	历年累计
批准企业	个	9 365
其中：外资企业	个	1 029
投资总额	万美元	1 025 403
其中：外商投资总额	万美元	670 707
合同外资额	万美元	419 703
实际利用外资	万美元	214 420

（2）-2　截至2013年宁波保税区历年主要外商投资情况表

按项目数排列			按投资额排列		
序号	国别（地区）	项目数（个）	序号	国别（地区）	投资额（万美元）
1	中国香港	199	1	中国香港	147 450
2	中国台湾	103	2	萨摩亚	119 585
3	美国	104	3	英属维尔京群岛	100 565
4	英属维尔京群岛	51	4	中国台湾	51 339
5	日本	42	5	美国	26 051
6	萨摩亚	27	6	日本	17 915
7	澳大利亚	20	7	开曼群岛	13 625
8	韩国	19	8	文莱	9 590
9	新加坡	19	9	英国	5 718
10	加拿大	19	10	新加坡	5 683

（3）2013年宁波保税区出口加工企业工业产值排名表

单位：万元

序号	企业名称	工业总产值	序号	企业名称	工业总产值
1	宁波技嘉科技有限公司	152 181	16	庆达西（宁波）钢构制造有限公司	17 702
2	宁波中盟钢铁有限公司	123 973	17	宁波威瑞泰默赛多相流仪器设备有限公司	16 771
3	宁波维科电池股份有限公司	62 058	18	初田（宁波）消防器材有限公司	14 690
4	宁波汉圣化工有限公司	52 455	19	晟铭电子（宁波）有限公司	13 062
5	宁波丰盛食品有限公司	45 149	20	工进利天泵（宁波）有限公司	12 810
6	浙江金瑞泓科技股份有限公司	40 750	21	宁波比亚迪半导体有限公司	11 998
7	光圣科技（宁波）有限公司	34 109	22	美洲豹曲轴（宁波）有限公司	9 475
8	宁波兰羚钢铁实业有限公司	31 120	23	宁波晶元太阳能有限公司	9 411
9	宁波保税区提爱思泉盟汽车内饰有限公司	29 599	24	宁波波峰电子有限公司	9 035
10	宁波理工监测科技股份有限公司	28 281	25	宁波洛克威卫浴器材有限公司	8 797
11	宁波索宝食品有限公司	24 752	26	宁波保税区升乐电工合金材料有限公司	7 265
12	宁波亚乐克汽车部件有限公司	21 908	27	宁波咖路办公机器有限公司	6 854
13	宁波冠硕电子有限公司	17 811	28	宁波仲林文化用品有限公司	5 899
14	宁波立立半导体有限公司	17 784	29	宁波敏禾机械有限公司	5 298
15	宁波闳光电子有限公司	17 756	30	宁波基熹金属制品有限公司	4 955

（4）2013年宁波保税区贸易企业商品销售额排名表

单位：万元

序号	企业名称	商品销售额	序号	企业名称	商品销售额
1	宁波保税区首德贸易有限公司	1 385 981	16	浙江汇丰石化有限公司	239 104
2	新兴发展（宁波）金属资源有限公司	1 033 042	17	宁波保税区首美贸易有限公司	233 308
3	宁波聚雄进出口有限公司	592 468	18	宁波科固国际贸易有限公司	231 006
4	宁波萍钢贸易有限公司	569 513	19	宁波东辰矿业有限公司	218 644
5	浙江坤巍贸易有限公司	568 308	20	宁波甬石农垦油品有限公司	212 322
6	宁波保税区创世国际贸易有限公司	389 585	21	宁波保税区天中玉国际贸易有限公司	211 706
7	宁波保税区永谐国际贸易有限公司	387 995	22	宁波保税区曼斯特化工有限公司	191 241
8	浙江杉杉鸿志进出口有限公司	299 484	23	浙江文德进出口有限公司	181 558
9	宁波谦和贸易有限公司	291 713	24	宁波联合燕华化工股份有限公司	181 356
10	宁波中嘉科贸有限公司	287 772	25	宁波吉隆进出口有限公司	169 850
11	宁波保税区杭钢外贸发展有限公司	277 419	26	宁波亿源国际贸易有限公司	155 053
12	宁波慈美国际贸易有限公司	265 839	27	宁波禾元进出口有限公司	151 375
13	宁波太一进出口贸易有限公司	259 153	28	浙江聚发化工有限公司	147 500
14	宁波保税区港华物资贸易有限公司	255 642	29	浙江前浪进出口有限公司	138 424
15	宁波伟仕矿业有限公司	244 629	30	宁波杭钢江南国际贸易有限公司	134 572

（5）2013年宁波保税区物流企业营业收入排名表

单位：万元

序号	企业名称	营业收入	序号	企业名称	营业收入
1	宁波冠保仓储有限公司	275 296	11	宁波保税区广盛物流有限公司	1 616
2	宁波浙金钢材有限公司	226 819	12	宁波长海国际物流有限公司	484
3	宁波丰盛食品有限公司	82 662	13	宁波亿百华国际物流有限公司	415
4	前程物流有限公司	81 166	14	宁波联合埃希物流有限公司	386
5	宁波太平国际贸易联运有限公司	41 657	15	宁波市软通物流有限公司	353
6	宁波保税区高新货柜有限公司	11 949	16	宁波盛悦化工有限公司	266
7	宁波迅星贸易有限公司	9 664	17	宁波保税区迅诚物流有限公司	242
8	宁波保税区安信国际集装箱储运有限公司	5 264	18	宁波保税区金铭国际贸易有限公司	66
9	宁波大港新世纪货柜有限公司	3 624	19	宁波保税区海盛仓储有限公司	37
10	宁波保税区华东进口商品市场开发有限公司	2 648			

珠海保税区统计数据表

（1）2013 年珠海保税区主要经济指标完成情况表

指标名称	单位	2013 年	比上年增长（%）
增加值	万元	314 949	15.6
销售收入	万元	1 205 782	21.9
工业总产值	万元	1 047 158	17.8
其中：高新技术产业	万元	568 284	24.7
电子信息产业	万元	—	—
商品销售额	万元	246 972	51.3
物流企业营业收入	万元	14 078	5.0
当年批准企业数	个	135	70.9
其中：加工企业	个	3	-50.0
贸易企业	个	81	80.0
仓储物流企业	个	7	0.0
当年批准外资企业数	个	29	45.0
其中：加工企业	个	1	-75.0
贸易企业	个	14	55.6
仓储物流企业	个	1	-75.0
当年批准投资总额	万美元	21 655	61.3
其中：外商投资总额	万美元	2 227	-20.9
当年合同利用外资	万美元	5 017	52.0
当年实际利用外资	万美元	3 706	27.7
期末货物存放量	万吨	—	—
企业货运总量	万吨	23.53	-22.9
期末施工房屋面积	平方米	—	—
房屋竣工面积	平方米	—	—
税收总额	万元	159 612	18.9
其中：工商税收	万元	94 228	23.3
海关税收及代征税	万元	65 384	13.1
固定资产投资额	万元	83 690	70.0
其中：基础设施投资	万元	5 644	65.7
期末从业人员	人	16 691	4.9
其中：外资企业从业人员	人	14 900	2.0
期末保税区批准面积	平方公里	3.00	—
期末保税区验收封关面积	平方公里	3.00	—

（2）－1　截至2013年珠海保税区历年招商引资情况表

指标	单位	历年累计
批准企业	个	790
其中：外资企业		376
投资总额	万美元	217 843
其中：外商投资总额		123 763
合同外资额		96 116
实际利用外资		76 492

（2）－2　截至2013年珠海保税区历年主要外商投资情况表

按项目数排列			按投资额排列		
序号	国别（地区）	项目数（个）	序号	国别（地区）	投资额（万美元）
1	中国澳门	140	1	中国香港	35 757
2	中国香港	114	2	中国澳门	25 400
3	美国	19	3	德国	20 374
4	中国台湾	12	4	美国	13 520
5	英国	11	5	日本	7 424
6	日本	10	6	中国台湾	7 301
7	德国	8	7	英国	4 711
8	加拿大	3	8	丹麦	4 362
9	法国	2	9	加拿大	642
10	丹麦	1	10	法国	81

（3）2013年珠海保税区出口加工企业工业产值排名表

单位：万元

序号	企业名称	工业总产值	序号	企业名称	工业总产值
1	珠海保税区摩天宇航空发动机维修有限公司	325 599	16	珠海保税区御国色素有限公司	14 262
2	爱普科斯电子元器件（珠海保税区）有限公司	128 474	17	盈家（珠海保税区）卫生用品有限公司	12 303
3	珠海保税区光联通讯技术有限公司	103 849	18	中伦纺织（珠海保税区）有限公司	11 720
4	珠海和佳医疗设备股份有限公司	61 003	19	茵科门控（珠海保税区）有限公司	10 829
5	珠海泰科电子有限公司	39 514	20	帅福得（珠海保税区）电池有限公司	10 139
6	康乐保（中国）有限公司	35 344	21	珠海保税区天然宝杰数码科技材料有限公司	9 734
7	黑钻运动设备（珠海保税区）有限公司	33 152	22	珠海保税区柏劲服装有限公司	8 986
8	珠海保税区丽珠合成制药有限公司	29 773	23	珠海保税区星汉智能卡有限公司	7 454
9	珠海保税区中富聚酯啤酒瓶有限公司	22 470	24	珠海温而耐温控设备有限公司	7 241

续表

序号	企业名称	工业总产值	序号	企业名称	工业总产值
10	迅得机械（珠海保税区）有限公司	22 352	25	柏赛塑胶科技（珠海保税区）有限公司	6 626
11	珠海市保税区洛得电子有限公司	20 925	26	波菲丽斯塑胶科技（珠海保税区）有限公司	5 612
12	珠海保税区和佳泰基医疗设备工程有限公司	20 096	27	美塞斯（珠海保税区）工业自动化设备有限公司	5 144
13	珠海加特精密工业有限公司	18 532	28	珠海保税区西尾食品有限公司	4 166
14	珠海市中富胶盖有限公司	15 782	29	珠海保税区和佳医学影像设备有限公司	3 494
15	珠海保税区额部汽配制造有限公司	15 754	30	珠海保税区三晶技研模具注塑有限公司	2 851

（4）2013 年珠海保税区贸易企业商品销售额排名表

单位：万元

序号	企业名称	商品销售额	序号	企业名称	商品销售额
1	中油洁能（珠海）石化有限公司	60 901	16	珠海保税区隆利工业服务有限公司	3 247
2	珠海市凯丽有限公司	43 689	17	珠海保税区虹扬电子科技有限公司	2 520
3	珠海天威泛凌贸易有限公司	34 674	18	珠海保税区昌恒贸易有限公司	2 500
4	三键贸易（珠海保税区）有限公司	11 915	19	珠海保税区宝石琴酒类展览有限公司	2 153
5	珠海保税区亨业纺织贸易有限公司	8 727	20	广东富江医疗器材有限公司	1 945
6	珠海保税区皆和发展有限公司	7 933	21	珠海保税区欧宝贸易有限公司	1 511
7	万耐特（珠海珠澳跨境工业区）温控设备有限公司	7 718	22	珠海市保税区恒宝达服务有限公司	1 459
8	珠海宏盛金属材料有限公司	5 746	23	珠海市凯力五金建材有限公司	1 448
9	珠海中航法斯特标准件有限公司	5 386	24	珠海市常润再生资源有限公司	1 448
10	中轻（珠海）发展有限公司	5 081	25	珠海亨腾威尼贸易有限公司	1 236
11	珠海市齐贤贸易有限公司	4 909	26	珠海保税区华凯医疗器械有限公司	1 107
12	珠海新澳业贸易有限公司	4 647	27	珠海市贝壳科技有限公司	1 084
13	珠海恒沣能源有限公司	4 200	28	珠海鑫正企业有限公司	891
14	珠海保税区汇华纺织品有限公司	4 066	29	珠海利鼎进出口有限公司	812
15	珠海保税区欣展贸易有限公司	3 510	30	珠海路坦物流服务有限公司	791

（5）2013年珠海保税区物流企业营业收入排名表

单位：万元

序号	企业名称	营业收入	序号	企业名称	营业收入
1	东京兵兼（珠海保税区）仓储贸易有限公司	2 199	16	珠海市恒丰快捷报关代理有限公司	182
2	西域（珠海保税区）物流有限公司	1 806	17	珠海保税区奇泰仓储进出口有限公司	161
3	山九陆通（珠海保税区）储运有限公司	1 316	18	珠海保税区好利工贸有限公司	128
4	珠海中油洁能危险品运输有限公司	1 271	19	珠海市宝运通供应链管理有限公司	119
5	珠海通宇物流有限公司	1 184	20	珠海保税区禾金陆通仓储货运有限公司	118
6	珠海珠澳跨境工业区大鹏仓储物流有限公司	600	21	珠海市直通报关代理有限公司	117
7	珠海协力报关有限公司	567	22	珠海市同顺物流有限公司	109
8	珠海珠澳跨境工业区中晖物流供应链服务有限公司	544	23	珠海市保税区新和华仓储有限公司	98
9	珠海保税区超毅覆铜板有限公司	515	24	嘉明国际货物运输代理（广东）有限公司	97
10	珠海市利海达报关代理有限公司	453	25	珠海保税区御鹿贸易有限公司	95
11	珠海保税区华天隆物流有限公司	286	26	珠海市雍迅报关代理有限公司	95
12	珠海珠澳跨境工业区稳建供应链服务有限公司	285	27	珠海珠澳跨境工业区荣兴旺仓储贸易有限公司	92
13	珠海珠澳跨境工业区昶东仓储有限公司	267	28	珠海保税区环通仓储有限公司	90
14	珠海保税区南光物流有限公司、	254	29	珠海市鑫彦国际货运代理有限公司	86
15	捷通（珠海）珠澳跨境工业区国际仓储有限公司	193	30	珠海保税区合福纤维制品有限公司	83

张家港保税区统计数据表

（1）2013 年张家港保税区主要经济指标完成情况表

指标名称	单位	2013 年	比上年增长（%）
增加值	万元	3 799 511	4.2
销售收入	万元	44 382 831	27.1
工业总产值	万元	11 566 519	11.7
其中：高新技术产业	万元	2 251 541	-7.2
电子信息产业	万元	256 542	-36.5
商品销售额	万元	42 203 302	19.7
物流企业营业收入	万元	1 062 430	28.6
当年批准企业数	个	949	16.3
其中：加工企业	个	15	15.4
贸易企业	个	827	5.6
仓储物流企业	个	107	435.0
当年批准外资企业数	个	30	20.0
其中：加工企业	个	6	20.0
贸易企业	个	21	10.5
仓储物流企业	个	1	0.0
当年批准投资总额	万美元	171 085	24.3
其中：外商投资总额	万美元	92 905	-6.4
当年合同利用外资	万美元	62 060	-3.2
当年实际利用外资	万美元	28 256	-14.8
期末货物存放量	万吨	845.05	-14.1
企业货运总量	万吨	1 056.07	-10.5
期末施工房屋面积	平方米	475 875	98.5
房屋竣工面积	平方米	1 216 614	80.3
税收总额	万元	1 207 363	-5.6
其中：工商税收	万元	486 103	-1.4
海关税收及代征税	万元	721 260	-8.3
固定资产投资额	万元	1 273 119	34.0
其中：基础设施投资	万元	158 494	-9.9
期末从业人员	人	48 425	4.2
其中：外资企业从业人员	人	21 350	1.0
期末保税区批准面积	平方公里	4.1	0.0
期末保税区验收封关面积	平方公里	4.1	0.0

（2）-1 截至2013年张家港保税区历年招商引资情况表

指标	单位	历年累计
批准企业	个	6 172
其中：外资企业		520
投资总额	万美元	1 857 913
其中：外商投资总额		1 110 742
合同外资额		493 120
实际利用外资		382 524

（2）-2 截至2013年张家港保税区历年主要外商投资情况表

按项目数排列			按投资额排列		
序号	国别（地区）	项目数（个）	序号	国别（地区）	投资额（万美元）
1	中国香港	328	1	新加坡	1 564 095
2	美国	88	2	中国	1 378 817
3	中国台湾	67	3	中国香港	1 317 270
4	日本	53	4	英属维尔京群岛	770 578
5	韩国	40	5	日本	574 626
6	英属维尔京群岛	36	6	投资性公司	551 318
7	新加坡	32	7	美国	427 595
8	澳大利亚	29	8	文莱	83 196
9	英国	17	9	英国	63 439
10	马来西亚	13	10	中国台湾	61 314

（3）2013年张家港保税区出口加工企业工业产值排名表

单位：万元

序号	企业名称	工业总产值	序号	企业名称	工业总产值
1	中粮东海粮油工业（张家港）有限公司	1 827 029	16	益江（张家港）粮油工业有限公司	99 602
2	江苏永恒钢铁实业有限公司	696 872	17	泰柯棕化（张家港）有限公司	98 991
3	江苏华昌（集团）有限公司	668 641	18	张家港保税区新乐毛纺织造有限公司	91 760
4	江苏永恒炉料实业有限公司	374 631	19	京瓷显示器（张家港）有限公司	90 040
5	东华能源股份有限公司	278 634	20	雪佛龙菲利普斯化工（中国）有限公司	86 617
6	道康宁（张家港）有限公司	217 639	21	双狮（张家港）精细化工有限公司	84 841
7	佐敦涂料（张家港）有限公司	206 422	22	丰田合成（张家港）科技有限公司	74 259
8	张家港保税区康得菲尔实业有限公司	168 710	23	新能（张家港）能源有限公司	72 199
9	天宇羊毛工业（张家港保税区）有限公司	157 783	24	江苏丽天新材料有限公司	67 344
10	南港（张家港保税区）橡胶工业有限公司	151 652	25	张家港保税区长源热电有限公司	62 697
11	陶氏化学（张家港）有限公司	143 182	26	辻产业重机（江苏）有限公司	62 154
12	道康宁（张家港）有机硅有限公司	140 465	27	张家港保税区澳丰毛纺有限公司	61 145
13	瓦克化学（张家港）有限公司	128 912	28	江苏国盛电子科技有限公司	60 900
14	江苏赛宝龙石化有限公司	110 222	29	华奇（张家港）化工有限公司	58 695
15	斯泰隆丁苯胶乳（张家港）有限公司	108 117	30	江苏芯动神州科技有限公司	52 950

（4）2013年张家港保税区贸易企业商品销售额排名表

单位：万元

序号	企业名称	商品销售额	序号	企业名称	商品销售额
1	张家港玖隆钢铁贸易有限公司	5 303 540	16	张家港保税区鹏翼国际贸易有限公司	226 346
2	张家港保税区旭江贸易有限公司	2 638 103	17	张家港保税区万维进出口有限公司	222 235
3	张家港保税区沙钢冶金炉料有限公司	1 206 052	18	张家港保税区康德国际贸易有限公司	221 099
4	丰立集团有限公司	1 145 001	19	张家港保税区宏源通物资贸易有限公司	203 348
5	张家港保税区荣德贸易有限公司	704 628	20	江苏永恒炉料实业有限公司	202 386
6	江苏丰谷油脂有限公司	462 267	21	张家港保税区吉鑫贸易有限公司	198 488
7	张家港保税区鑫东鸣贸易有限公司	441 467	22	江苏永盛能源有限公司	198 387
8	张家港保税区日祥贸易有限公司	441 455	23	苏州兰多国际贸易有限公司	196 438
9	江苏沙钢三中国际贸易有限公司	416 454	24	江苏新三中国际贸易有限公司	188 661
10	江苏沙钢世富钢铁炉料有限责任公司	289 876	25	中华棉花集团张家港保税物流园区国际贸易有限公司	183 127
11	张家港保税区德威进出口贸易有限公司	252 437	26	江苏嘉轩国际贸易有限公司	182 128
12	张家港保税区开滦沙钢能源有限公司	250 990	27	张家港保税区大地阳光国际贸易有限公司	178 802
13	张家港保税区锦德贸易有限公司	250 231	28	张家港保税区禾硕国际贸易有限公司	178 437
14	张家港保税区昊江油脂贸易有限公司	241 250	29	张家港保税区邦悦国际贸易有限公司	177 076
15	道康宁（张家港）贸易有限公司	234 003	30	南方石化集团有限公司江苏分公司	175 363

（5）2013年张家港保税区物流企业营业收入排名表

单位：万元

序号	企业名称	营业收入	序号	企业名称	营业收入
1	东华能源股份有限公司	262 319	16	张家港吉祥物流有限公司	2 761
2	张家港保税物流园区华芳物流有限公司	128 101	17	张家港保税物流园区龙亿国际物流有限公司	2 699
3	中油泰富船舶燃料有限公司	116 199	18	张家港保税区诚安达运输有限责任公司	2 462
4	江苏一达通企业服务有限公司	45 163	19	江苏逸仕路物流有限公司	2 343
5	张家港保税区长江国际港务有限公司	31 978	20	张家港保税物流园区凯伦仓储有限公司	2 252
6	张家港保税物流园区万源物流有限公司	25 966	21	张家港保税物流园区扬子江化学品运输有限公司	2 216
7	张家港孚宝仓储有限公司	24 470	22	上海丸协运输有限公司张家港保税区分公司	2 157
8	道氏硅业张家港物流有限公司	19 329	23	张家港保税区协力国际储运有限公司	2 120
9	江苏三禾物流有限公司	13 752	24	张家港保税区德众国际货运代理有限公司	1 954
10	张家港保税区东方华垦仓储有限公司	12 054	25	张家港保税区捷信物流有限公司	1 923
11	张家港保税港区港务有限公司	8 800	26	双狮（张家港）物流有限公司	1 859
12	中国石油天然气运输公司张家港保税区分公司	7 001	27	张家港保税区中融物流有限公司	1 733
13	张家港保税物流园区长华化工有限公司	4 754	28	张家港保税区苏佳物流有限公司	1 622
14	江苏路安特沥青高新技术有限公司	3 427	29	张家港安平运输有限公司	1 489
15	张家港保税区越港运输有限公司	3 263	30	张家港保税区金江运输有限公司	1 417

2013 年全国保税物流园区下分贸易方式进出口贸易额统计表

地区		贸易方式		进出口合计		出口		进口	
				2013 年 1 月至 2013 年 12 月		2013 年 1 月至 2013 年 12 月		2013 年 1 月至 2013 年 12 月	
中文	代码	中文	代码	美元值（万）	美元值同比（%）	美元值（万）	美元值同比（%）	美元值（万）	美元值同比（%）
合计				1 535 148.6	-7.2	907 343.4	6.6	627 805.2	-21.8
天津港保税物流园区	12077	合计		69 978.2	6.5	22 405.0	-29.9	47 573.2	40.9
		一般贸易	10	1 324.4	35.7	837.3	150.1	487.1	-24.0
		海关特殊监管区域物流货物	34	68 644.8	6.0	21 562.9	-31.8	47 081.9	42.2
		其他贸易	39	9.0	2 326.5	4.8	1 614.8	4.2	4 573.8
上海外高桥保税物流园区	31227	合计		481 651.1	-34.0	199 568.0	-17.1	282 083.1	-42.4
		一般贸易	10	442.0	35.3	433.9	32.8	8.1	32 059.7
		保税监管场所进出境货物	33	1.6		1.6			
		海关特殊监管区域物流货物	34	481 206.5	-34.1	199 132.6	-17.1	282 073.9	-42.4
		其他贸易	39	1.0	82.1			1.0	82.1
厦门象屿保税物流园区	35027	合计		101 833.9	0.3	85 828.3	7.7	16 005.6	-26.7
		一般贸易	10	1 458.3	361.6	1 373.2	1 108.5	85.1	-57.9
		保税监管场所进出境货物	33	1.9	-88.5	1.9			
		海关特殊监管区域物流货物	34	100 373.5	-0.8	84 453.2	6.2	15 920.3	-26.3

续表

地区		贸易方式		进出口合计		出口		进口	
				2013 年 1 月至 2013 年 12 月		2013 年 1 月至 2013 年 12 月		2013 年 1 月至 2013 年 12 月	
中文	代码	中文	代码	美元值（万）	美元值同比（%）	美元值（万）	美元值同比（%）	美元值（万）	美元值同比（%）
		其他贸易	39	0.1	-54.0			0.1	-41.6
广州保税物流园区	44017	合计		116 011.0	-14.8	37 984.8	5.9	78 026.1	-22.2
		一般贸易	10	983.3	-24.2			983.3	45.7
		海关特殊监管区域物流货物	34	115 027.3	-14.7	37 984.8	7.8	77 042.5	-22.7
		其他贸易	39	0.4	519.5			0.4	519.5
深圳盐田保税物流园区	44037	合计		765 674.4	23.4	561 557.2	21.3	204 117.3	29.8
		一般贸易	10	5 004.8	2 288.4	4 993.1	2 282.8	11.7	
		保税监管场所进出境货物	33	47 258.2	116.0	47 258.2	116.0		
		海关特殊监管区域物流货物	34	713 411.4	19.3	509 305.9	15.5	204 105.6	29.8

2013 年全国保税物流园区经济指标统计情况表

指标	单位	合计			
		2013 年 12 月	当年累计	增幅（%）	历年累计
增加值	万元	7 367	81 442	26.25	416 345
营业收入	万元	53 507	650 040	-22.62	3 009 427
批准企业	个	0	6	20.00	272
其中：贸易企业	个	0	0	-100.00	103
仓储物流企业	个	0	6	50.00	130
批准外资企业数	个	0	0	-100.00	100
其中：贸易企业	个	0	0	-100.00	43
仓储物流企业	个	0	0	-100.00	42
批准投资额	万美元	0	19	-99.92	94 629
其中：外商投资总额	万美元	0	0	-100.00	69 632
合同利用外资	万美元	0	0	-100.00	41 719
实际利用外资	万美元	0	0	-100.00	11 648
期末货物存放量	万吨	0	0	-100.00	0
企业货运总量	万吨	11	120	8.10	582
期末施工房屋面积	平方米	246 000	246 000	0.00	246 000
房屋竣工面积	平方米	0	0	—	147 200
税收总额	万元	339 532	4 407 675	-27.22	25 400 345
其中：工商税收	万元	1 953	20 372	29.77	181 177
海关税收及代征税	万元	337 579	4 387 303	-27.37	25 161 002
固定资产投资额	万元	0	3	-99.98	366 774
其中：基础设施投资	万元	0	0	—	162 552
期末从业人员	人	4 570	4 570	12.31	4 570
其中：外资企业从业人员	人	735	735	-6.84	735
期末批准面积	平方公里	7.68	7.68	0.00	7.68
期末验收封关面积	平方公里	5.42	5.42	0.00	5.42

续表

指标	单位	上海外高桥保税物流园区			
		2013 年 12 月	当年累计	增幅（%）	历年累计
增加值	万元	3 743	32 479	38.88	195 419
营业收入	万元	40 243	458 032	-30.94	2 038 839
批准企业	个	0	2	-33.33	44
其中：贸易企业	个	0	0	-100.00	17
仓储物流企业	个	0	2	0.00	25
批准外资企业数	个	0	0	-100.00	16
其中：贸易企业	个	0	0	-100.00	5
仓储物流企业	个	0	0	-100.00	11
批准投资额	万美元	0	19	-99.92	64 611
其中：外商投资总额	万美元	0	0	-100.00	48 284
合同利用外资	万美元	0	0	-100.00	29 055
实际利用外资	万美元	0	0	—	0
期末货物存放量	万吨	0	0	-100.00	0
企业货运总量	万吨	0	0	—	0
期末施工房屋面积	平方米	246 000	246 000	0.00	246 000
房屋竣工面积	平方米	0	0	—	117 200
税收总额	万元	1 100	1 096 600	8.02	4 062 900
其中：工商税收	万元	1 100	9 600	38.93	49 970
海关税收及代征税	万元	0	1 087 000	7.81	4 012 930
固定资产投资额	万元	0	3	-94.55	267 733
其中：基础设施投资	万元	0	0	—	129 643
期末从业人员	人	835	835	6.91	835
其中：外资企业从业人员	人	400	400	-14.16	400
期末批准面积	平方公里	1.03	1.03	0.00	1.03
期末验收封关面积	平方公里	1.03	1.03	0.00	1.03

续表

指标	单位	天津港保税物流区			
		2013 年 12 月	当年累计	增幅（%）	历年累计
增加值	万元	1 312	7 689	46.71	66 906
营业收入	万元	9 034	95 132	3.90	606 743
批准企业	个	0	0	—	144
其中：贸易企业	个	0	0	—	77
仓储物流企业	个	0	0	—	36
批准外资企业数	个	0	0	—	59
其中：贸易企业	个	0	0	—	35
仓储物流企业	个	0	0	—	11
批准投资额	万美元	0	0	—	12 869
其中：外商投资总额	万美元	0	0	—	7 705
合同利用外资	万美元	0	0	—	5 599
实际利用外资	万美元	0	0	—	5 599
期末货物存放量	万吨	0	0	—	0
企业货运总量	万吨	0	0	—	0
期末施工房屋面积	平方米	0	0	—	0
房屋竣工面积	平方米	0	0	—	0
税收总额	万元	306 291	3 028 567	-27.61	18 839 173
其中：工商税收	万元	244	4 029	82.89	28 552
海关税收及代征税	万元	306 047	3 024 538	-27.67	18 756 882
固定资产投资额	万元	0	0	—	23 641
其中：基础设施投资	万元	0	0	—	2 909
期末从业人员	人	672	672	42.07	672
其中：外资企业从业人员	人	335	335	3.72	335
期末批准面积	平方公里	1.50	1.50	0.00	1.50
期末验收封关面积	平方公里	0.60	0.60	0.00	0.60

续表

指标	单位	厦门象屿保税物流园区			
		2013 年 12 月	当年累计	增幅（%）	历年累计
增加值	万元	2 312	21 627	10.11	118 136
营业收入		4 230	45 764	19.73	225 463
批准企业	个	0	0	—	42
其中：贸易企业		0	0	—	2
仓储物流企业		0	0	—	40
批准外资企业数	个	0	0	—	13
其中：贸易企业		0	0	—	0
仓储物流企业		0	0	—	13
批准投资额	万美元	0	0	—	2 546
其中：外商投资总额		0	0	—	1 405
合同利用外资		0	0	—	1 405
实际利用外资		0	0	—	450
期末货物存放量	万吨	0	0	—	0
企业货运总量		5	65	0.84	350
期末施工房屋面积	平方米	0	0	—	0
房屋竣工面积		0	0	—	30 000
税收总额	万元	3 879	52 876	18.13	386 943
其中：工商税收		310	2 658	11.17	15 793
海关税收及代征税		3 569	50 218	18.52	366 953
固定资产投资额	万元	0	0	-100.00	75 400
其中：基础设施投资		0	0	—	30 000
期末从业人员	人	1 600	1 600	0.00	1 600
其中：外资企业从业人员		0	0	—	0
期末批准面积	平方公里	0.70	0.70	0.00	0.70
期末验收封关面积		0.30	0.30	0.00	0.30

续表

指标	单位	深圳盐田保税物流园区			
		2013 年 12 月	当年累计	增幅（%）	历年累计
增加值	万元	0	19 647	21.00	35 884
营业收入		0	51 112	8.50	138 382
批准企业	个	0	4	100.00	42
其中：贸易企业		0	0	—	7
仓储物流企业		0	4	100.00	29
批准外资企业数	个	0	0	—	12
其中：贸易企业		0	0	—	3
仓储物流企业		0	0	—	7
批准投资额	万美元	0	0	-100.00	14 603
其中：外商投资总额		0	0	-100.00	12 238
合同利用外资		0	0	-100.00	5 660
实际利用外资		0	0	-100.00	5 599
期末货物存放量	万吨	0	0	—	0
企业货运总量		5	55	18.18	232
期末施工房屋面积	平方米	0	0	—	0
房屋竣工面积		0	0	—	0
税收总额	万元	28 262	229 632	-71.73	2 111 329
其中：工商税收		299	4 085	-2.62	86 862
海关税收及代征税		27 963	225 547	-72.09	2 024 237
固定资产投资额	万元	0	0	—	0
其中：基础设施投资		0	0	—	0
期末从业人员	人	1 463	1 463	20.41	1 463
其中：外资企业从业人员		0	0	—	0
期末批准面积	平方公里	1.92	1.92	0.00	1.92
期末验收封关面积		0.96	0.96	0.00	0.96

2013 年全国保税物流园区进口额前 30 位国家和地区排名表

序号	国家和地区		2013 年	
	中文	代码	进口额（万美元）	同比（%）
	合计		627 805.2	-21.8
1	日本	116	65 447.6	91.9
2	中华人民共和国	142	59 492.6	111.4
3	美国	502	52 629.5	36.7
4	中国台湾	143	49 804.6	15.4
5	澳大利亚	601	48 833.7	7.7
6	新加坡	132	44 689.3	-44.4
7	韩国	133	41 441.3	-3.2
8	印度	111	32 436.4	-50.5
9	智利	412	28 247.8	-76.2
10	德国	304	26 614.6	-11.0
11	俄罗斯联邦	344	25 268.2	-61.2
12	菲律宾	129	17 402.3	-21.0
13	赞比亚	253	16 865.9	-13.4
14	比利时	301	9 933.0	-57.0
15	新西兰	609	9 300.0	71.0
16	挪威	326	9 035.5	-17.3
17	法国	305	8 348.4	59.7
18	印度尼西亚	112	6 888.0	75.4
19	沙特阿拉伯	131	6 764.3	24.4
20	南非	244	6 343.8	-36.2
21	泰国	136	5 457.9	14.7
22	加拿大	501	5 217.2	16.7
23	芬兰	318	4 542.8	-50.5
24	越南	141	4 434.0	3.0
25	荷兰	309	2 978.6	99.3
26	意大利	307	2 622.7	18.3
27	马来西亚	122	2 559.3	-31.3
28	多民族玻利维亚国	408	2 524.0	15.7
29	英国	303	2 412.0	122.1
30	秘鲁	434	2 315.0	-59.0

2013 年全国保税物流园区出口额前 30 位国家和地区排名表

序号	国家和地区		2013 年	
	中文	代码	出口额（万美元）	同比（%）
	合计		907 343.4	6.6
1	中国香港	110	184 577.1	67.9
2	美国	502	179 456.3	28.8
3	日本	116	64 650.0	2.7
4	英国	303	42 720.5	58.8
5	马来西亚	122	38 608.3	48.0
6	德国	304	31 357.3	21.9
7	加拿大	501	27 174.8	-4.9
8	荷兰	309	20 871.4	33.1
9	越南	141	20 420.6	33.3
10	澳大利亚	601	20 236.3	23.6
11	韩国	133	18 451.9	-74.3
12	新加坡	132	18 182.3	-43.1
13	中国台湾	143	16 087.8	7.7
14	印度	111	14 981.9	-19.9
15	阿联酋	138	13 024.1	-32.7
16	泰国	136	12 744.0	13.6
17	比利时	301	12 342.3	6.3
18	孟加拉国	103	12 340.3	-19.6
19	印度尼西亚	112	12 241.5	-37.8
20	墨西哥	429	9 773.6	-15.3
21	西班牙	312	9 631.8	44.8
22	法国	305	9 257.4	31.2
23	南非	244	6 774.5	98.5
24	巴林	102	6 774.1	58.0
25	波兰	327	6 449.8	20.5
26	巴西	410	6 332.6	-32.5
27	意大利	307	5 951.1	6.6
28	丹麦	302	5 857.9	-29.7
29	柬埔寨	107	5 613.9	5.7
30	缅甸	106	4 309.1	-62.7

2013 年全国保税物流园区主要进口商品分类统计表（22 大类）

商品类别	2013 年	
	进口额（万美元）	同比（%）
合计	627 805.2	-21.8
第十五类　贱金属及其制品	288 664.5	-45.4
第十六类　机器、机械器具、电气设备及其零件；录音机及放声机、电视图像、声音的录制和重放设备及其零件、附件	75 583.6	1.8
第十三类　石料、石膏、水泥、石棉、云母及类似材料的制品；陶瓷产品；玻璃及其制品	70 630.1	5 505.9
第十八类　光学、照相、电影、计量、检验、医疗或外科用仪器及设备、精密仪器及设备；钟表；乐器；上述物品的零件、附件	60 523.2	-34.7
第六类　化学工业及其相关工业的产品	41 791.8	86.2
第七类　塑料及其制品；橡胶及其制品	27 473.8	-4.6
第一类　活动物；动物产品	16 676.8	82.9
第五类　矿产品	13 967.6	-18.0
第十一类　纺织原料及纺织制品	11 613.8	0.9
第四类　食品；饮料、酒及醋；烟草、烟草及烟草代用品	6 884.9	19.9
第十类　木浆及其他纤维状纤维素浆；纸及纸板的废碎品	3 977.1	45.6
第十二类　鞋、帽、伞、杖、鞭及其零件；已加工的羽毛及其制品；人造花；人发制品	3 756.8	37.4
第二十类　杂项制品	2 522.8	27.2
第十七类　车辆、航空器、船舶及有关运输设备	1 054.7	29.9
第二十一类　艺术品、收藏品及古物	958.6	
第八类　生皮、皮革、毛皮及其制品；鞍具及挽具；旅行用品、手提包及类似品；动物肠线（蚕胶丝除外）制品	745.9	3.4
第二类　植物产品	665.3	-54.2
第三类　动、植物油、脂及其分解产品；精制的食用油脂；动、植物蜡	149.5	-31.5
第九类　木及木制品；木炭；软木及软木制品；稻草、秸秆、针茅或其他编结材料制品；篮筐及柳条编结品	136.4	-73.7
第十四类　天然或养殖珍珠、宝石或半宝石、贵金属、包贵金属及其制品；信首饰；硬币	27.9	-61.4

2013 年全国保税物流园区主要出口商品分类统计表（22 大类）

商品类别	2013 年	
	出口额（万美元）	同比（%）
合计	907 343.4	6.6
第十六类　机器、机械器具、电气设备及其零件；录音机及放声机、电视图像、声音的录制和重放设备及其零件、附件	321 974.8	16.5
第十八类　光学、照相、电影、计量、检验、医疗或外科用仪器及设备、精密仪器及设备；钟表；乐器；上述物品的零件、附件	123 047.1	-10.1
第十五类　贱金属及其制品	109 186.8	-27.1
第十一类　纺织原料及纺织制品	103 153.0	-2.2
第十二类　鞋、帽、伞、杖、鞭及其零件；已加工的羽毛及其制品；人造花；人发制品	63 619.3	34.5
第二十类　杂项制品	51 639.6	19.6
第十三类　石料、石膏、水泥、石棉、云母及类似材料的制品；陶瓷产品；玻璃及其制品	35 948.1	637.4
第六类　化学工业及其相关工业的产品	34 345.7	27.5
第七类　塑料及其制品；橡胶及其制品	21 988.1	17.3
第八类　生皮、皮革、毛皮及其制品；鞍具及挽具；旅行用品、手提包及类似品；动物肠线（蚕胶丝除外）制品	20 351.9	29.4
第十类　木浆及其他纤维状纤维素浆；纸及纸板的废碎品	7 084.6	23.2
第十七类　车辆、航空器、船舶及有关运输设备	6 331.5	-10.4
第五类　矿产品	2 734.8	-56.5
第九类　木及木制品；木炭；软木及软木制品；稻草、秸秆、针茅或其他编结材料制品；篮筐及柳条编结品	1 998.1	-48.7
第四类　食品；饮料、酒及醋；烟草、烟草及烟草代用品	1 398.0	6.2
第二类　植物产品	885.1	15.4
第二十一类　艺术品、收藏品及古物	861.2	445.6
第十四类　天然或养殖珍珠、宝石或半宝石、贵金属、包贵金属及其制品；信首饰；硬币	506.6	31.3
第一类　活动物；动物产品	267.7	40.2
第十九类　武器、弹药及其零件、附件	16.6	3 901.6
第三类　动、植物油、脂及其分解产品；精制的食用油脂；动、植物蜡	4.9	36.1

上海外高桥保税物流园区统计数据表

(1) 2013 年上海外高桥保税物流园区主要经济指标完成情况表

指标名称	单位	2013 年	比上年增长（%）
营业（销售）收入	万元	450 000	-32.0
当年批准企业数	个	2	-33.3
其中：贸易企业	个	0	—
仓储物流企业	个	2	0.0
当年批准外资企业数	个	0	-100.0
其中：贸易企业	个	0	-100.0
仓储物流企业	个	0	-100.0
当年批准投资总额	万美元	4 600	-80.3
当年合同利用外资	万美元	800	-93.0
税收总额	万元	1 096 600	8.0
其中：工商税收	万元	9 600	38.9
海关税收及代征税	万元	108 700	7.8
固定资产投资额	万元	0	—
其中：基础设施投资	万元	0	—
期末从业人员	人	800	28.0
期末物流园区物批准面积	平方公里	1.03	0.0
期末物流园区验收封关面积	平方公里	1.03	0.0

(2) 截至 2013 年上海外高桥保税物流园区历年招商引资情况表

指标	单位	历年累计
批准企业	个	44
其中：外资企业		16
投资总额	万美元	64 611
其中：外商投资总额		48 284
合同外资额		29 055

深圳盐田港保税物流园区统计数据表

（1）2013年深圳盐田港保税物流园区主要经济指标完成情况表

指标名称	单位	2013年	比上年增长（%）
增加值	万元	19 646.5	21.0
营业（销售）收入	万元	51 111.6	8.0
当年批准企业数	个	4	100.0
其中：贸易企业	个	0	0.0
仓储物流企业	个	4	100.0
当年批准外资企业数	个	0	0.0
其中：贸易企业	个	0	0.0
仓储物流企业	个	0	0.0
当年批准投资总额	万美元	0	-100.0
其中：外商投资总额	万美元	0	-100.0
当年合同利用外资	万美元	0	-100.0
当年实际利用外资	万美元	0	-100.0
期末货物存放量	万吨	—	—
企业货运总量	万吨	55.06	18.2
期末施工房屋面积	平方米	—	—
房屋竣工面积	平方米	—	—
税收总额	万元	229 632.4	-71.7
其中：工商税收	万元	4 084.8	-2.6
海关税收及代征税	万元	225 547.6	-72.1
固定资产投资额	万元	—	—
其中：基础设施投资	万元	—	—
期末从业人员	人	1 463	20.4
其中：外资企业从业人员	人	—	—
期末物流园区批准面积	平方公里	0.96	0.0
期末物流园区验收封关面积	平方公里	0.96	0.0

(2)-1 截至2013年深圳盐田港保税物流园区历年招商引资情况表

指标	单位	历年累计
批准企业	个	42
其中：外资企业		12
投资总额	万美元	14 603
其中：外商投资总额		12 238
合同外资额		5 660
实际利用外资		5 599

(2)-2 截至2013年深圳盐田港保税物流园区历年主要外商投资情况表

按项目数排列			按投资额排列		
序号	国别（地区）	项目数（个）	序号	国别（地区）	投资额（万美元）
1	中国香港	11	1	中国香港	7 398
2	马来西亚	1	2	马来西亚	3 340
3	美国	1	3	美国	1 050
4	中国台湾	1	4	中国台湾	450

(3) 2013年深圳盐田港保税物流园区物流企业营业收入排名表

单位：万元

序号	企业名称	营业收入	序号	企业名称	营业收入
1	嘉里物流（深圳）有限公司	10 574	8	力又实业（深圳）有限公司	2 580
2	中建投物流有限公司	8 720	9	日通储运（深圳）有限公司	2 479
3	深圳市盐田区盐田港保税区投资开发有限公司	8 123	10	深圳市中远盐田港物流有限公司	981
4	深圳畅联国际物流有限公司	4 256	11	深圳中天元物流有限公司	480
5	深圳市通捷利物流有限公司	3 763	12	深圳市中海港口物流有限公司	271
6	中联富运仓储运输（深圳）有限公司	3 697	13	深圳顺泰仓物流有限公司	199
7	新兴物流（深圳）有限公司	3 056			

厦门象屿保税物流园区统计数据表

（1）2013 年厦门象屿保税物流园区主要经济指标完成情况表

指标名称	单位	2013 年	比上年增长（%）
增加值	万元	21 627	10.1
营业（销售）收入	万元	45 764	19.7
当年批准企业数	个	0	—
其中：贸易企业	个	0	—
仓储物流企业	个	0	—
当年批准外资企业数	个	0	—
其中：贸易企业	个	0	—
仓储物流企业	个	0	—
当年批准投资总额	万美元	0	—
其中：外商投资总额	万美元	0	—
当年合同利用外资	万美元	0	—
当年实际利用外资	万美元	0	—
期末货物存放量	万吨	0	—
企业货运总量	万吨	65.19	0.8
期末施工房屋面积	平方米	0	—
房屋竣工面积	平方米	0	—
税收总额	万元	52 876	18.1
其中：工商税收	万元	2 658	11.2
海关税收及代征税	万元	50 218	18.5
固定资产投资额	万元	0	-100.0
其中：基础设施投资	万元	0	—
期末从业人员	人	1 600	0.0
其中：外资企业从业人员	人	0	—
期末物流园区批准面积	平方公里	0.70	0.0
期末物流园区验收封关面积	平方公里	0.30	0.0

（2）截至2013年厦门象屿保税物流园区历年招商引资情况表

指标	单位	历年累计
批准企业	个	42
其中：外资企业		13
投资总额	万美元	2 546
其中：外商投资总额		1 405
合同外资额		1 405
实际利用外资		1 405

（3）2013年厦门象屿保税物流园区物流企业营业收入排名表

单位：万元

序号	企业名称	序号	企业名称
1	厦门港务物流保税有限公司	6	厦门怡中进出口有限公司
2	五矿物流（福建）有限责任公司	7	厦门越海供应链有限公司
3	厦门汉连供应链有限公司	8	厦门瑞欣冠物流有限公司
4	日通国际物流（厦门）有限公司	9	厦门日茂物流有限公司
5	叶水福保税物流园（厦门）有限公司		

出口加工区

2013年全国出口加工区下分贸易方式进出口贸易额统计表

地区		贸易方式		进出口合计 2013年1月至2013年12月		出口 2013年1月至2013年12月		进口 2013年1月至2013年12月	
中文	代码	中文	代码	美元值（万）	美元值同比（%）	美元值（万）	美元值同比（%）	美元值（万）	美元值同比（%）
合计				11 586 035.2	-3.7	7 326 975.8	-4.1	4 259 059.4	-3.0
天津出口加工区	12075	合计		29 757.8	-9.6	9 830.0	-30.3	19 927.8	5.8
		一般贸易	10	0.1	-100.0	0.0	-100.0	0.0	478.0
		进料加工贸易	15	12 075.5	-27.3	9 766.3	-29.8	2 309.2	-14.2
		海关特殊监管区域物流货物	34	17 438.5	9.1	63.7	1 400.2	17 374.9	8.8
		海关特殊监管区域进口设备	35	243.7	367.9			243.7	367.9
河北秦皇岛出口加工区	13035	合计		4 571.9	0.6	3 517.3	-4.1	1 054.6	20.1
		来料加工装配贸易	14	1 602.0	8.4	904.7	1.2	697.3	19.3
		进料加工贸易	15	1 791.8	-32.4	1 576.7	-33.8	215.1	-20.4
		海关特殊监管区域物流货物	34	1 171.7	183.1	1 036.0	164.6	135.7	510.6
		海关特殊监管区域进口设备	35	6.4	328.6			6.4	328.6
河北廊坊出口加工区	13105	合计		4 369.9	-14.8	2 827.4	12.8	1 542.5	-41.2
		一般贸易	10	1 033.5	-26.2			1 033.5	-26.2
		来料加工装配贸易	14	28.8	-81.9	17.6	-78.7	11.2	-85.4
		进料加工贸易	15	3 119.3	-0.2	2 782.6	14.8	336.7	-52.0
		海关特殊监管区域物流货物	34	76.6	118.1	27.2	4 431.3	49.4	43.1

续表

地区		贸易方式		进出口合计		出口		进口	
				2013年1月至2013年12月		2013年1月至2013年12月		2013年1月至2013年12月	
中文	代码	中文	代码	美元值（万）	美元值同比（%）	美元值（万）	美元值同比（%）	美元值（万）	美元值同比（%）
		海关特殊监管区域进口设备	35	111.7	-72.6			111.7	-72.6
内蒙古呼和浩特出口加工区	15015	合计		4 874.9	16.3	975.1	-54.4	3 899.7	89.7
		来料加工装配贸易	14	721.9	-66.9	367.7	-66.0	354.2	-67.8
		进料加工贸易	15	742.7	-52.9	607.4	-42.5	135.3	-74.1
		海关特殊监管区域物流货物	34	3 410.2	706.7			3 410.2	706.7
		海关特殊监管区域进口设备	35	0.1	-99.4			0.1	-99.4
辽宁大连出口加工区	21025	合计		91 296.1	-20.0	67 563.9	-18.3	23 732.2	-24.3
		来料加工装配贸易	14	3 929.5	6.1	2 017.9	3.7	1 911.7	8.8
		进料加工贸易	15	81 385.7	-20.1	64 093.7	-19.0	17 292.0	-24.0
		海关特殊监管区域物流货物	34	1 883.4	-16.8	1 452.3	-13.3	431.1	-26.9
		海关特殊监管区域进口设备	35	4 097.4	-34.3			4 097.4	-34.3
		其他贸易	39	0.0	-89.5			0.0	-89.5
吉林珲春出口加工区	22075	合计		21 183.6	27.9	11 582.2	15.4	9 601.4	47.0
		来料加工装配贸易	14	102.9		69.4		33.5	
		进料加工贸易	15	13 989.8	-13.7	10 043.3	0.3	3 946.6	-36.3
		海关特殊监管区域物流货物	34	7 066.9	1 877.6	1 469.6	7 218.9	5 597.3	1 559.6
		海关特殊监管区域进口设备	35	23.9	879.6			23.9	879.6
上海漕河泾出口加工区	31115	合计		1 152 153.5	-6.3	956 775.5	-2.9	195 378.0	-19.9
		来料加工装配贸易	14	1.8	6 451.8			1.8	6 451.8
		进料加工贸易	15	1 123 203.8	-5.1	945 561.8	-2.3	177 642.0	-17.7
		海关特殊监管区域物流货物	34	27 046.4	-24.7	11 213.6	-35.6	15 832.8	-14.3

续表

地区		贸易方式		进出口合计		出口		进口	
				2013 年 1 月至 2013 年 12 月		2013 年 1 月至 2013 年 12 月		2013 年 1 月至 2013 年 12 月	
中文	代码	中文	代码	美元值（万）	美元值同比（%）	美元值（万）	美元值同比（%）	美元值（万）	美元值同比（%）
		海关特殊监管区域进口设备	35	1 901. 2	-80. 5			1 901. 2	-80. 5
		其他贸易	39	0. 3	-47. 4			0. 3	-47. 4
上海嘉定出口加工区	31145	合计		49 527. 9	1. 5	24 185. 2	4. 6	25 342. 7	-1. 2
		一般贸易	10	62. 9				62. 9	
		进料加工贸易	15	9 100. 5	-12. 9	8 892. 2	-12. 9	208. 3	-13. 6
		海关特殊监管区域物流货物	34	40 363. 9	5. 3	15 293. 0	18. 4	25 070. 9	-1. 3
		其他贸易	39	0. 7				0. 7	
上海闵行出口加工区	31175	合计		166 349. 7	-13. 2	118 576. 3	-12. 8	47 773. 4	-14. 4
		一般贸易	10	0. 6		0. 6			
		来料加工装配贸易	14	15 961. 7	228. 9	10 052. 9	160. 1	5 908. 9	498. 0
		进料加工贸易	15	137 050. 3	-20. 3	104 777. 4	-18. 2	32 273. 0	-26. 5
		海关特殊监管区域物流货物	34	12 846. 6	-4. 4	3 745. 5	-7. 4	9 101. 2	-3. 2
		海关特殊监管区域进口设备	35	490. 4	-67. 6			490. 4	-67. 6
上海松江出口加工区	31185	合计		3 414 009. 1	-17. 6	2 670 791. 4	-12. 1	743 217. 7	-32. 8
		一般贸易	10	70. 9	12. 7	65. 6	27. 8	5. 3	-54. 5
		来料加工装配贸易	14	3 623. 6	389. 4	38. 7	118. 1	3 584. 9	396. 1
		进料加工贸易	15	3 029 957. 5	-17. 7	2 553 333. 1	-13. 0	476 624. 5	-36. 2
		海关特殊监管区域物流货物	34	366 059. 9	-15. 9	117 354. 0	11. 3	248 705. 9	-24. 6
		海关特殊监管区域进口设备	35	14 297. 1	-48. 6			14 297. 1	-48. 6
		其他贸易	39	0. 1	14. 3			0. 1	14. 3
上海青浦出口加工区	31205	合计		87 491. 5	14. 6	40 414. 0	17. 5	47 077. 5	12. 2
		一般贸易	10	2. 8	83. 0			2. 8	83. 0
		来料加工装配贸易	14	76. 3	82. 3	7. 8	-49. 2	68. 5	158. 0
		进料加工贸易	15	67 405. 0	7. 1	31 279. 5	6. 4	36 125. 5	7. 7

续表

地区		贸易方式		进出口合计 2013 年 1 月至 2013 年 12 月		出口 2013 年 1 月至 2013 年 12 月		进口 2013 年 1 月至 2013 年 12 月	
中文	代码	中文	代码	美元值（万）	美元值同比（%）	美元值（万）	美元值同比（%）	美元值（万）	美元值同比（%）
		海关特殊监管区域物流货物	34	16 236.0	51.4	9 126.8	83.2	7 109.3	23.7
		海关特殊监管区域进口设备	35	3 770.9	42.7			3 770.9	42.7
		其他贸易	39	0.5	-16.6			0.5	-16.6
上海金桥出口加工区（南区）	31225	合计		53 641.2	45.8	28 861.6	14.8	24 779.6	112.7
		一般贸易	10	6.7	1 736.9			6.7	1 736.9
		进料加工贸易	15	40 680.4	19.8	27 857.7	12.1	12 822.7	41.0
		海关特殊监管区域物流货物	34	11 874.6	845.9	1 003.9	243.9	10 870.7	1 028.4
		海关特殊监管区域进口设备	35	1 077.4	-32.1			1 077.4	-32.1
		其他贸易	39	2.0	122.6			2.0	122.6
江苏南京出口加工区	32015	合计		64 328.3	12.2	35 879.8	14.6	28 448.6	9.4
		来料加工装配贸易	14	4 654.5	-21.9	3 801.4	-22.0	853.1	-21.6
		进料加工贸易	15	40 037.9	4.4	26 180.0	12.1	13 857.9	-7.7
		海关特殊监管区域物流货物	34	19 116.6	59.4	5 898.4	90.8	13 218.2	48.5
		海关特殊监管区域进口设备	35	519.4	-49.0			519.4	-49.0
江苏南京出口加工区（南区）	32015	合计		166 484.9	-24.7	89 591.8	-33.6	76 893.1	-10.8
		一般贸易	10	0.0				0.0	
		来料加工装配贸易	14	50 793.0	-14.9	21.1	-98.6	50 772.0	-12.7
		进料加工贸易	15	92 838.9	-37.5	77 066.0	-38.4	15 772.9	-32.8
		海关特殊监管区域物流货物	34	18 210.9	51.8	12 504.7	52.1	5 706.2	51.1
		海关特殊监管区域进口设备	35	4 641.9	462.5			4 641.9	462.5
		其他贸易	39	0.1				0.1	

续表

地区		贸易方式		进出口合计		出口		进口	
				2013年1月至2013年12月		2013年1月至2013年12月		2013年1月至2013年12月	
中文	代码	中文	代码	美元值（万）	美元值同比（%）	美元值（万）	美元值同比（%）	美元值（万）	美元值同比（%）
江苏常州出口加工区	32045	合计		26 118.1	-76.2	10 776.7	-79.9	15 341.5	-72.7
		一般贸易	10	547.5	151 993.6			547.5	
		来料加工装配贸易	14	7.3	317.7			7.3	862.8
		进料加工贸易	15	18 599.7	-19.6	10 199.9	-42.7	8 399.8	57.0
		海关特殊监管区域物流货物	34	6 560.4	-92.4	576.7	-98.4	5 983.6	-88.1
		海关特殊监管区域进口设备	35	403.2	-27.2			403.2	-27.2
		其他贸易	39	0.1				0.1	
江苏武进出口加工区	32045	合计		67 458.7	-71.0	24 757.1	-76.4	42 701.6	-66.5
		进料加工贸易	15	44 705.9	35.5	21 948.3	48.7	22 757.6	24.8
		海关特殊监管区域物流货物	34	19 419.7	-90.1	2 808.8	-96.9	16 610.9	-84.3
		海关特殊监管区域进口设备	35	3 332.9	-5.9			3 332.9	-5.9
		其他贸易	39	0.2				0.2	
江苏吴中出口加工区	32055	合计		400 612.1	7.5	213 683.1	25.1	186 929.0	-7.4
		一般贸易	10	0.5		0.5			
		来料加工装配贸易	14	137.8	-66.1			137.8	-66.1
		进料加工贸易	15	2 331.2	-81.1	1 761.6	-62.4	569.6	-92.6
		海关特殊监管区域物流货物	34	397 736.0	10.8	211 921.0	27.6	185 815.0	-3.8
		海关特殊监管区域进口设备	35	406.6	-50.6			406.6	-50.6
江苏南通出口加工区	32065	合计		8 019.3	-44.5	6 065.2	-37.0	1 954.1	-59.4
		一般贸易	10	32.4	7.5	0.6	4 134.2	31.7	5.4
		进料加工贸易	15	7 597.5	-38.7	5 717.7	-31.4	1 879.8	-53.8
		海关特殊监管区域物流货物	34	346.8	-44.4	346.8	-41.3		

续表

地区		贸易方式		进出口合计		出口		进口	
				2013 年 1 月至 2013 年 12 月		2013 年 1 月至 2013 年 12 月		2013 年 1 月至 2013 年 12 月	
中文	代码	中文	代码	美元值（万）	美元值同比（%）	美元值（万）	美元值同比（%）	美元值（万）	美元值同比（%）
		海关特殊监管区域进口设备	35	42.6	-79.7			42.6	-79.7
江苏连云港出口加工区	32075	合计		31 335.2	-13.3	12 615.3	114.8	18 720.0	-38.2
		一般贸易	10	2.3		2.3			
		来料加工装配贸易	14	5 388.3	-2.0	3 789.9	-2.2	1 598.4	-1.7
		进料加工贸易	15	9 901.8	338.5	8 279.2	344.4	1 622.7	310.3
		海关特殊监管区域物流货物	34	16 024.5	-43.3	543.9	297.2	15 480.6	-45.0
		海关特殊监管区域进口设备	35	18.3	-85.0			18.3	-85.0
江苏淮安出口加工区	32085	合计		17 176.6	-51.2	5 958.3	-51.5	11 218.3	-51.0
		进料加工贸易	15	16 413.8	-48.7	5 736.8	-50.4	10 677.0	-47.8
		海关特殊监管区域物流货物	34	221.4	-69.4	221.4	-69.4		
		海关特殊监管区域进口设备	35	541.3	-77.8			541.3	-77.8
江苏扬州出口加工区	32105	合计		46 737.4	22.9	31 502.6	38.4	15 234.9	-0.3
		一般贸易	10	0.1	164.9	0.1		0.0	-83.6
		来料加工装配贸易	14	12 383.7	-58.6	8 991.8	-52.5	3 391.9	-69.1
		进料加工贸易	15	24 351.5	660.8	17 679.2	1 207.6	6 672.3	260.9
		海关特殊监管区域物流货物	34	8 904.9	187.7	4 831.5	93.8	4 073.5	576.5
		海关特殊监管区域进口设备	35	1 097.2	-40.7			1 097.2	-40.7
江苏镇江出口加工区	32115	合计		18 686.0	58.0	2 566.9	95.0	16 119.1	53.3
		一般贸易	10	53.5				53.5	
		进料加工贸易	15	2 973.5	-4.9	675.0	-5.9	2 298.5	-4.6
		海关特殊监管区域物流货物	34	15 603.5	79.7	1 891.9	215.7	13 711.6	69.6

续表

地区		贸易方式		进出口合计		出口		进口	
				2013 年 1 月至 2013 年 12 月		2013 年 1 月至 2013 年 12 月		2013 年 1 月至 2013 年 12 月	
中文	代码	中文	代码	美元值（万）	美元值同比（%）	美元值（万）	美元值同比（%）	美元值（万）	美元值同比（%）
		海关特殊监管区域进口设备	35	55.5	209.3			55.5	209.3
江苏泰州出口加工区	32125	合计		50 700.7	631.0	14 517.2	4 357.1	36 183.4	447.4
		进料加工贸易	15	39 365.8	6 735.5	10 864.9	19 960.8	28 500.9	5 362.6
		海关特殊监管区域物流货物	34	4 577.1	699.7	3 652.3	1 245.0	924.8	207.4
		海关特殊监管区域进口设备	35	6 757.7	16.8			6 757.7	16.8
江苏常熟出口加工区	32145	合计		78 759.5	27.2	6 205.0	2.1	72 554.5	29.9
		来料加工装配贸易	14	6 770.0	-15.4	1 899.7	-12.1	4 870.4	-16.6
		进料加工贸易	15	6 255.4	-3.2	3 109.2	2.3	3 146.2	-8.2
		海关特殊监管区域物流货物	34	65 265.2	39.3	1 196.1	36.5	64 069.1	39.3
		海关特殊监管区域进口设备	35	468.8	-22.9			468.8	-22.9
江苏吴江出口加工区	32255	合计		98 023.4	-70.0	59 961.0	-68.7	38 062.4	-71.8
		来料加工装配贸易	14	5 346.2	-57.3	5 345.5	-57.3	0.7	
		进料加工贸易	15	36 657.7	-76.8	23 616.7	-74.4	13 041.1	-80.2
		海关特殊监管区域物流货物	34	54 919.8	-64.6	30 998.8	-64.3	23 921.0	-64.9
		海关特殊监管区域进口设备	35	1 099.6	24.8			1 099.6	24.8
浙江杭州出口加工区	33015	合计		204 925.4	-6.5	165 436.1	-0.7	39 489.4	-24.9
		一般贸易	10	0.4		0.2		0.2	
		进料加工贸易	15	180 897.0	-8.0	158 856.3	-2.2	22 040.7	-35.7
		海关特殊监管区域物流货物	34	22 015.8	8.2	6 579.6	55.0	15 436.2	-4.1
		海关特殊监管区域进口设备	35	2 011.3	-8.1			2 011.3	-8.1
		其他贸易	39	0.9	150.8			0.9	150.8

续表

地区		贸易方式		进出口合计 2013年1月至2013年12月		出口 2013年1月至2013年12月		进口 2013年1月至2013年12月	
中文	代码	中文	代码	美元值（万）	美元值同比（%）	美元值（万）	美元值同比（%）	美元值（万）	美元值同比（%）
浙江宁波出口加工区	33025	合计		476 785.1	-21.3	201 426.7	-21.4	275 358.4	-21.3
		来料加工装配贸易	14	3 121.1	-67.2			3 121.1	-67.2
		进料加工贸易	15	383 176.1	-24.2	166 156.7	-27.5	217 019.4	-21.4
		海关特殊监管区域物流货物	34	89 468.2	0.5	35 270.1	30.9	54 198.2	-12.7
		海关特殊监管区域进口设备	35	1 019.5	-51.0			1 019.5	-51.0
		其他贸易	39	0.2	149.9			0.2	149.9
浙江嘉兴出口加工区	33045	合计		13 152.3	-47.7	9 030.5	61.2	4 121.8	-78.9
		一般贸易	10	0.4	14.8			0.4	14.8
		来料加工装配贸易	14	698.5	-33.2	548.3	-25.3	150.2	-51.8
		进料加工贸易	15	7 230.2	17.5	6 726.8	55.4	503.4	-72.4
		海关特殊监管区域物流货物	34	4 495.3	-64.5	1 755.4	225.0	2 740.0	-77.4
		海关特殊监管区域进口设备	35	727.8	-86.2			727.8	-86.2
浙江慈溪出口加工区	33205	合计		10 758.8	8.7	3 260.3	27.8	7 498.4	2.1
		一般贸易	10	155.7	-81.0			155.7	-81.0
		进料加工贸易	15	248.1	-73.0	229.1	-63.9	19.0	-93.3
		海关特殊监管区域物流货物	34	10 355.0	27.0	3 031.2	58.3	7 323.8	17.4
安徽合肥出口加工区	34015	合计		124 250.1	3 454.0	60 473.7	114 910.8	63 776.4	1 752.1
		进料加工贸易	15	86 551.9	140 048.9	59 510.1	151 808.7	27 041.8	119 648.4
		海关特殊监管区域物流货物	34	34 145.6	2 742.8	963.6	7 088.1	33 182.0	2 693.7
		海关特殊监管区域进口设备	35	3 552.5	59.1			3 552.5	59.1
安徽芜湖出口加工区	34025	合计		53 732.5	-0.3	37 016.4	-6.1	16 716.1	15.5
		一般贸易	10	0.4	17.8	0.4			

续表

地区		贸易方式		进出口合计		出口		进口	
				2013 年 1 月至 2013 年 12 月		2013 年 1 月至 2013 年 12 月		2013 年 1 月至 2013 年 12 月	
中文	代码	中文	代码	美元值（万）	美元值同比（%）	美元值（万）	美元值同比（%）	美元值（万）	美元值同比（%）
		来料加工装配贸易	14	0.1				0.1	
		进料加工贸易	15	39 895.6	-14.8	29 982.1	-14.0	9 913.5	-17.2
		海关特殊监管区域物流货物	34	13 686.7	101.3	7 033.8	54.1	6 652.9	197.7
		海关特殊监管区域进口设备	35	148.3	-45.3			148.3	-45.3
		其他贸易	39	1.4	4 674.6			1.4	4 674.6
福建福州福清出口加工区	35015	合计		4 383.1	44.1	4 338.4	44.8	44.7	-2.7
		来料加工装配贸易	14	2 919.8	73.8	2 876.5	74.7	43.3	28.8
		进料加工贸易	15	697.1	11.4	695.7	12.2	1.4	-73.4
		海关特殊监管区域物流货物	34	766.2	4.1	766.2	5.1		
福建泉州出口加工区	35055	合计		206 404.0	79.8	105 122.5	82.8	101 281.5	76.8
		进料加工贸易	15	203 273.5	81.2	104 049.5	82.8	99 223.9	79.5
		海关特殊监管区域物流货物	34	3 030.6	28.0	1 073.0	86.7	1 957.5	9.2
		海关特殊监管区域进口设备	35	100.0	-58.0			100.0	-58.0
		其他贸易	39	0.1	835.0			0.1	835.0
江西南昌出口加工区	36015	合计		104 078.9	60.9	49 727.2	58.4	54 351.7	63.3
		进料加工贸易	15	97 292.9	75.5	49 359.9	79.5	47 932.9	71.6
		海关特殊监管区域物流货物	34	2 173.4	-65.4	367.3	-90.6	1 806.1	-24.5
		海关特殊监管区域进口设备	35	4 612.7	55.9			4 612.7	55.9
江西九江出口加工区	36045	合计		51 605.9	-53.4	32 877.1	-50.1	18 728.8	-58.1
		进料加工贸易	15	30 341.0	-53.6	21 043.1	-40.4	9 297.9	-69.2
		海关特殊监管区域物流货物	34	21 263.5	2 484.2	11 834.1	1 338.2	9 429.4	

续表

地区		贸易方式		进出口合计		出口		进口	
				2013 年 1 月至 2013 年 12 月		2013 年 1 月至 2013 年 12 月		2013 年 1 月至 2013 年 12 月	
中文	代码	中文	代码	美元值（万）	美元值同比（%）	美元值（万）	美元值同比（%）	美元值（万）	美元值同比（%）
		海关特殊监管区域进口设备	35	1.4	-99.9			1.4	-99.9
江西赣州出口加工区	36075	合计		27 461.8	28.2	26 254.4	41.7	1 207.4	-58.4
		进料加工贸易	15	3 878.5	-4.7	2 864.7	-13.0	1 013.7	30.6
		海关特殊监管区域物流货物	34	23 389.6	34.9	23 389.6	53.6		
		海关特殊监管区域进口设备	35	193.7	879.6			193.7	879.6
江西井冈山出口加工区	36105	合计		27.4				27.4	
		进料加工贸易	15	4.7				4.7	
		海关特殊监管区域物流货物	34	16.7				16.7	
		海关特殊监管区域进口设备	35	6.0				6.0	
山东青岛出口加工区	37025	合计		69 685.6	11.5	46 028.5	10.4	23 657.1	13.8
		来料加工装配贸易	14	8 756.0	21.5	5 894.3	21.8	2 861.7	20.5
		进料加工贸易	15	54 202.3	19.4	38 203.6	16.8	15 998.7	26.1
		海关特殊监管区域物流货物	34	4 797.8	12.9	1 930.5	34.2	2 867.3	2.1
		海关特殊监管区域进口设备	35	1 929.4	56.1			1 929.4	56.1
山东青岛西海岸出口加工区	37025	合计		59 171.2	119.1	9 061.8	151.0	50 109.4	114.2
		一般贸易	10	1.4	-17.5	1.3	-20.5	0.1	
		来料加工装配贸易	14	8 363.4		5 260.9		3 102.5	
		进料加工贸易	15	2 658.6	-25.3	1 636.2	-41.6	1 022.4	35.2
		保税监管场所进出境货物	33	172.3				172.3	
		海关特殊监管区域物流货物	34	46 617.9	105.5	2 163.4	168.6	44 454.5	103.2

续表

地区		贸易方式		进出口合计		出口		进口	
				2013年1月至2013年12月		2013年1月至2013年12月		2013年1月至2013年12月	
中文	代码	中文	代码	美元值（万）	美元值同比（%）	美元值（万）	美元值同比（%）	美元值（万）	美元值同比（%）
		海关特殊监管区域进口设备	35	1 357.6	77.7			1 357.6	77.7
山东烟台出口加工区	37065	合计		1 574 790.0	-6.1	909 114.5	-10.3	665 675.5	0.3
		一般贸易	10	27.8	-75.8	0.6	-97.1	27.2	-71.0
		来料加工装配贸易	14	11 476.9	18.8	6 377.2	10.1	5 099.7	31.9
		进料加工贸易	15	1 070 075.6	-19.2	682 341.2	-19.4	387 734.4	-18.8
		海关特殊监管区域物流货物	34	490 174.5	44.4	220 395.5	36.4	269 779.1	51.6
		海关特殊监管区域进口设备	35	3 035.2	-26.4			3 035.2	-26.4
山东威海出口加工区	37105	合计		119 671.8	2.8	60 204.9	25.0	59 466.9	-12.8
		一般贸易	10	0.1		0.1		0.0	
		来料加工装配贸易	14	44 370.2	11.4	26 819.7	20.7	17 550.5	-0.3
		进料加工贸易	15	63 718.0	2.6	30 698.0	22.2	33 020.1	-10.7
		保税监管场所进出境货物	33	293.1	13.4			293.1	13.4
		海关特殊监管区域物流货物	34	7 724.3	26.3	2 687.1	230.6	5 037.2	-5.0
		海关特殊监管区域进口设备	35	3 566.1	-55.9			3 566.1	-55.9
河南郑州出口加工区	41015	合计		36 307.8	-33.9	5 781.4	-1.1	30 526.4	-37.8
		来料加工装配贸易	14	2 754.0	-32.6	1 553.5	-28.9	1 200.5	-36.8
		进料加工贸易	15	12 700.0	2.5	1 551.9	2.6	11 148.1	2.4
		海关特殊监管区域物流货物	34	18 155.2	191.7	2 676.0	24.6	15 479.2	279.7
		海关特殊监管区域进口设备	35	2 698.7	-91.6			2 698.7	-91.6
		其他贸易	39	0.0				0.0	
湖北武汉出口加工区	42015	合计		2 209.7	-42.9	935.1	-43.9	1 274.6	-42.1
		一般贸易	10	0.6	16.0	0.1	-79.8	0.5	12 961.5

续表

地区		贸易方式		进出口合计		出口		进口	
				2013 年 1 月至 2013 年 12 月		2013 年 1 月至 2013 年 12 月		2013 年 1 月至 2013 年 12 月	
中文	代码	中文	代码	美元值（万）	美元值同比（%）	美元值（万）	美元值同比（%）	美元值（万）	美元值同比（%）
		进料加工贸易	15	2 198.6	-39.2	935.0	-43.8	1 263.6	-35.2
		海关特殊监管区域物流货物	34	10.6	-95.1			10.6	-95.1
湖南郴州出口加工区	43115	合计		128 662.1	40.2	71 172.7	46.3	57 489.4	33.3
		来料加工装配贸易	14	34 323.6	26.6	23 955.7	68.3	10 367.9	-19.5
		进料加工贸易	15	93 609.7	47.4	46 614.6	38.6	46 995.1	57.4
		海关特殊监管区域物流货物	34	607.0	-29.5	602.5	-22.4	4.5	-94.7
		海关特殊监管区域进口设备	35	121.8	-59.1			121.8	-59.1
广东广州出口加工区	44015	合计		51 256.0	-11.0	39 180.2	-16.0	12 075.8	10.4
		一般贸易	10	0.0				0.0	
		进料加工贸易	15	49 510.7	-13.5	37 875.6	-18.8	11 635.1	9.9
		海关特殊监管区域物流货物	34	1 304.6		1 304.6			
		海关特殊监管区域进口设备	35	440.7	24.0			440.7	24.0
广东深圳出口加工区	44035	合计		995 577.4	38.1	558 024.6	32.3	437 552.8	46.3
		进料加工贸易	15	385 223.7	-8.6	281 172.7	-6.5	104 051.0	-13.8
		海关特殊监管区域物流货物	34	605 274.1	107.0	276 851.9	128.9	328 422.2	91.6
		海关特殊监管区域进口设备	35	5 079.7	-25.6			5 079.7	-25.6
广西北海出口加工区	45055	合计		86 437.8	18.9	53 768.0	12.9	32 669.8	30.4
		来料加工装配贸易	14	4 120.5	20.0	2 161.7	4.6	1 958.8	43.4
		进料加工贸易	15	76 642.8	15.9	48 852.2	9.8	27 790.6	28.5
		海关特殊监管区域物流货物	34	5 533.2	91.6	2 754.1	156.8	2 779.1	53.1
		海关特殊监管区域进口设备	35	141.3	-43.6			141.3	-43.6

续表

地区		贸易方式		进出口合计		出口		进口	
				2013年1月至2013年12月		2013年1月至2013年12月		2013年1月至2013年12月	
中文	代码	中文	代码	美元值（万）	美元值同比（%）	美元值（万）	美元值同比（%）	美元值（万）	美元值同比（%）
四川绵阳出口加工区	51075	合计		16 126.6	-2.6	14 354.5	-0.5	1 772.1	-16.3
		来料加工装配贸易	14	601.7	6.2	583.9	6.5	17.7	-3.6
		进料加工贸易	15	15 453.0	-3.2	13 707.2	-1.3	1 745.8	-16.4
		海关特殊监管区域物流货物	34	63.4		63.4			
		海关特殊监管区域进口设备	35	8.6	-25.2			8.6	-25.2
云南昆明出口加工区	53015	合计		7 825.5	79.4	361.2	-50.7	7 464.3	105.7
		一般贸易	10	40.9	176.8	26.2		14.7	-0.7
		来料加工装配贸易	14	47.9	525.6	0.2		47.7	522.3
		进料加工贸易	15	48.0	-90.0	48.0	-14.3		
		海关特殊监管区域物流货物	34	7 688.7	99.3	286.7	-57.6	7 401.9	132.7
陕西西安出口加工区	61015	合计		999 915.5	117.1	407 007.6	110.8	592 907.9	121.6
		一般贸易	10	675.4	6.2	639.8	14.6	35.6	-54.4
		来料加工装配贸易	14	9 975.2	23.4	5 499.4	48.6	4 475.9	2.1
		进料加工贸易	15	649 437.0	123.8	248 589.5	224.7	400 847.5	87.7
		海关特殊监管区域物流货物	34	327 506.8	136.4	152 278.9	35.7	175 227.9	565.6
		海关特殊监管区域进口设备	35	12 320.8	-46.8			12 320.8	-46.8
		其他贸易	39	0.3	-66.7			0.3	-66.4
新疆乌鲁木齐出口加工区	65015	合计		7 165.4	89.8	7 037.6	86.4	127.8	
		一般贸易	10	1.2				1.2	
		进料加工贸易	15	1 583.4	11.7	1 496.9	5.6	86.6	
		海关特殊监管区域物流货物	34	5 546.6	135.2	5 540.7	135.0	5.9	
		海关特殊监管区域进口设备	35	34.1				34.1	

2013 年全国出口加工区经济指标统计情况表

指标	单位	合计			
		2013 年 12 月	当年累计	增幅（%）	历年累计
增加值	万元	529 312	5 505 492	6.56	30 319 888
营业总收入	万元	4 924 465	50 201 357	3.93	351 973 823
工业总产值	万元	4 951 022	49 965 740	2.02	376 149 436
其中：高新技术产业	万元	1 572 565	16 701 044	6.71	102 341 191
电子信息产业	万元	4 133 748	41 621 909	2.30	320 723 629
工业产品销售额	万元	4 802 130	49 199 109	3.91	366 766 715
企业利润总额	万元	46 675	979 318	1.36	7 201 671
物流企业营业收入	万元	45 453	300 157	-30.90	1 080 329
综合能源耗费量	吨标准煤	128 007	708 765	-3.29	3 224 468
批准企业数	个	30	181	24.83	1 524
其中：外资企业	个	5	60	33.33	854
仓储物流企业	个	15	61	27.08	327
批准投资总额	万美元	23 637	308 230	2.17	3 465 559
其中：外商投资总额	万美元	16 936	197 830	-12.92	2 885 063
增资额	万美元	13 430	36 174	-70.93	972 903
合同利用外资	万美元	13 049	151 002	-4.08	1 514 823
其中：增资额	万美元	3 877	18 128	-71.76	423 794
企业实际到位资金	万美元	54 309	207 232	36.67	1 635 631
其中：实际利用外资	万美元	25 851	93 921	21.06	1 095 581
固定资产投资额	万元	192 411	1 419 359	-21.42	15 034 711
其中：基础设施投资	万元	50 615	170 739	-52.59	3 454 635
开发公司投资	万元	7 659	75 792	-66.76	1 391 589
期末施工房屋建筑面积	平方米	1 601 296	1 601 296	-14.21	1 601 296
其中：在建厂房面积	平方米	1 183 980	1 183 980	-26.22	1 183 980
房屋竣工建筑面积	平方米	153 965	753 607	-61.89	17 805 636
其中：已建成厂房面积	平方米	85 183	599 760	-50.62	14 828 700
已建成仓库面积	平方米	68 757	96 239	-34.54	1 338 840
土地实际已租售面积	平方米	26 393	701 589	-51.26	30 371 976
已投产物流企业	个	0	21	-25.00	230
已投产工业企业	个	3	31	-46.55	703
其中：投资额 5 000 万美元（含）以上	个	0	3	50.00	70
投资额 3 000（含）~5 000 万美元以上	个	0	0	-100.00	25
投资额 1 000（含）~3 000 万美元以上	个	0	7	40.00	167
税收总额	万元	103 239	1 089 188	5.02	5 066 267
其中：海关税收及代征税	万元	82 586	809 999	4.33	3 660 991
工商税收	万元	20 611	273 384	7.03	1 401 359
期末从业人员	人	396 091	396 091	-4.57	396 091
其中：外资企业从业人员	人	361 392	361 392	-5.91	361 392
期末出口加工区批准面积	平方公里	117.08	117.08	0.00	117.08
期末出口加工区验收封关面积	平方公里	63.83	63.83	0.00	63.83

续表

指标	单位	天津出口加工区			
		2013 年 12 月	当年累计	增幅（%）	历年累计
增加值	万元	0	24 654	22.20	570 054
营业总收入		0	333 079	22.54	679 005
工业总产值		0	339 406	23.04	3 317 736
其中：高新技术产业		0	33 060	—	134 677
电子信息产业		0	63 686	—	1 488 433
工业产品销售额		0	305 501	12.50	3 124 503
企业利润总额		0	5 164	23.87	276 215
物流企业营业收入		0	340	25.00	1 567
综合能源耗费量	吨标准煤	0	8 372	3.09	52 988
批准企业数	个	0	0	—	23
其中：外资企业		0	0	—	12
仓储物流企业		0	0	—	3
批准投资总额	万美元	0	0	—	20 105
其中：外商投资总额		0	0	—	17 423
增资额		0	0	—	390
合同利用外资		0	0	—	9 478
其中：增资额		0	0	—	390
企业实际到位资金		0	0	—	9 978
其中：实际利用外资		0	0	—	9 146
固定资产投资额	万元	0	0	—	87 348
其中：基础设施投资		0	0	—	12 076
开发公司投资		0	0	—	11 000
期末施工房屋建筑面积	平方米	0	0	—	0
其中：在建厂房面积		0	0	—	0
房屋竣工建筑面积		0	0	—	255 879
其中：已建成厂房面积		0	0	—	231 979
已建成仓库面积		0	0	—	23 900
土地实际已租售面积		0	0	—	977 100
已投产物流企业	个	0	0	—	3
已投产工业企业		0	0	—	10
其中：投资额 5 000 万美元（含）以上		0	0	—	1
投资额 3 000（含）~5 000 万美元以上		0	0	—	0
投资额 1 000（含）~3 000 万美元以上		0	0	—	2
税收总额	万元	0	14 839	-2.85	47 539
其中：海关税收及代征税		0	10 904	-14.24	38 069
工商税收		0	3 935	53.71	9 441
期末从业人员	人	5 116	5 116	0.00	5 116
其中：外资企业从业人员		3 118	3 118	0.00	3 118
期末出口加工区批准面积	平方公里	2.54	2.54	0.00	2.54
期末出口加工区验收封关面积		1.43	1.43	0.00	1.43

续表

指标	单位	河北秦皇岛出口加工区			
		2013 年 12 月	当年累计	增幅（%）	历年累计
增加值	万元	0	3 116	0.58	24 155
营业总收入	万元	1 203	14 393	-16.69	96 965
工业总产值	万元	1 202	14 365	-16.71	95 735
其中：高新技术产业	万元	0	0	—	0
电子信息产业	万元	0	0	—	0
工业产品销售额	万元	1 202	14 365	-16.71	96 846
企业利润总额	万元	-268	-8	—	2 480
物流企业营业收入	万元	1	28	0.00	119
综合能源耗费量	吨标准煤	280	1 385	-19.10	8 623
批准企业数	个	2	2	—	17
其中：外资企业	个	0	0	—	6
仓储物流企业	个	1	1	—	5
批准投资总额	万美元	10	10	—	1 264
其中：外商投资总额	万美元	0	0	—	992
增资额	万美元	0	0	—	20
合同利用外资	万美元	0	0	—	706
其中：增资额	万美元	0	0	—	20
企业实际到位资金	万美元	10	10	—	859
其中：实际利用外资	万美元	0	0	—	508
固定资产投资额	万元	703	703	44.35	26 784
其中：基础设施投资	万元	703	703	—	21 826
开发公司投资	万元	0	0	-100.00	4 958
期末施工房屋建筑面积	平方米	4 267	4 267	—	4 267
其中：在建厂房面积	平方米	0	0	—	0
房屋竣工建筑面积	平方米	0	0	—	129 110
其中：已建成厂房面积	平方米	0	0	—	96 044
已建成仓库面积	平方米	0	0	—	25 698
土地实际已租售面积	平方米	0	0	—	99 952
已投产物流企业	个	0	0	—	3
已投产工业企业	个	0	0	-100.00	8
其中：投资额 5 000 万美元（含）以上	个	0	0	—	0
投资额 3 000（含）~5 000 万美元以上	个	0	0	—	0
投资额 1 000（含）~3 000 万美元以上	个	0	0	—	0
税收总额	万元	8	156	-96.53	9 654
其中：海关税收及代征税	万元	1	99	-97.77	9 194
工商税收	万元	7	57	-10.94	460
期末从业人员	人	1 082	1 082	-7.20	1 082
其中：外资企业从业人员	人	972	972	-5.54	972
期末出口加工区批准面积	平方公里	2.5	2.5	0.00	2.5
期末出口加工区验收封关面积	平方公里	0.67	0.67	0.00	0.67

续表

指标	单位	河北廊坊出口加工区			
		2013 年 12 月	当年累计	增幅（%）	历年累计
增加值	万元	391	2 091	4.39	9 064
营业总收入		2 438	19 984	8.44	57 934
工业总产值		1 839	19 389	7.70	64 412
其中：高新技术产业		0	0	—	0
电子信息产业		1 222	10 997	18.29	36 496
工业产品销售额		1 978	19 382	6.71	56 541
企业利润总额		60	242	—	-1 879
物流企业营业收入		0	138	-47.92	929
综合能源耗费量	吨标准煤	69	957	22.69	3 993
批准企业数	个	0	2	—	6
其中：外资企业		0	0	—	3
仓储物流企业		0	2	—	3
批准投资总额	万美元	0	105	-58.00	1 804
其中：外商投资总额		0	0	-100.00	1 479
增资额		0	0	-100.00	510
合同利用外资		0	0	-100.00	1 462
其中：增资额		0	0	-100.00	490
企业实际到位资金		0	105	-30.00	1 617
其中：实际利用外资		0	0	-100.00	1 309
固定资产投资额	万元	0	0	-100.00	13 332
其中：基础设施投资		0	0	—	6 420
开发公司投资		0	0	—	2 230
期末施工房屋建筑面积	平方米	0	0	—	0
其中：在建厂房面积		0	0	—	0
房屋竣工建筑面积		0	0	—	32 882
其中：已建成厂房面积		0	0	—	25 320
已建成仓库面积		0	0	—	2 770
土地实际已租售面积		0	0	—	189 756
已投产物流企业	个	0	2	—	3
已投产工业企业		0	0	—	3
其中：投资额 5 000 万美元（含）以上		0	0	—	0
投资额 3 000（含）~5 000 万美元以上		0	0	—	0
投资额 1 000（含）~3 000 万美元以上		0	0	—	0
税收总额	万元	71	2 272	-67.75	18 313
其中：海关税收及代征税		71	2 270	-67.72	18 248
工商税收		0	2	-83.33	62
期末从业人员	人	366	366	-2.14	366
其中：外资企业从业人员		362	362	6.78	362
期末出口加工区批准面积	平方公里	0.5	0.5	0.00	0.5
期末出口加工区验收封关面积		0.49	0.49	0.00	0.49

续表

指标	单位	内蒙古呼和浩特出口加工区			
		2013 年 12 月	当年累计	增幅（%）	历年累计
增加值	万元	519	10 130	-71.10	153 795
营业总收入	万元	1 711	35 521	-69.24	160 428
工业总产值	万元	1 742	38 313	-68.39	450 459
其中：高新技术产业	万元	0	0	-100.00	32 413
电子信息产业	万元	0	0	—	0
工业产品销售额	万元	1 711	35 402	-69.34	417 014
企业利润总额	万元	65	424	-86.89	701
物流企业营业收入	万元	0	19	0.00	38
综合能源耗费量	吨标准煤	207	2 278	-87.94	46 863
批准企业数	个	0	0	-100.00	8
其中：外资企业	个	0	0	-100.00	4
仓储物流企业	个	0	0	—	2
批准投资总额	万美元	0	0	-100.00	4 404
其中：外商投资总额	万美元	0	0	-100.00	2 132
增资额	万美元	0	0	—	420
合同利用外资	万美元	0	0	-100.00	2 080
其中：增资额	万美元	0	0	—	420
企业实际到位资金	万美元	0	0	—	1 863
其中：实际利用外资	万美元	0	0	—	1 811
固定资产投资额	万元	0	11 016	-77.05	95 828
其中：基础设施投资	万元	0	8 400	-68.89	50 729
开发公司投资	万元	0	0	—	0
期末施工房屋建筑面积	平方米	178 141	178 141	11.30	178 141
其中：在建厂房面积	平方米	0	0	-100.00	0
房屋竣工建筑面积	平方米	0	1 328	-95.92	68 639
其中：已建成厂房面积	平方米	0	1 328	-94.78	52 787
已建成仓库面积	平方米	0	0	-100.00	15 852
土地实际已租售面积	平方米	0	0	—	138 175
已投产物流企业	个	0	0	-100.00	1
已投产工业企业	个	0	0	—	2
其中：投资额 5 000 万美元（含）以上	个	0	0	—	0
投资额 3 000（含）~5 000 万美元以上	个	0	0	—	0
投资额 1 000（含）~3 000 万美元以上	个	0	0	—	1
税收总额	万元	136	4 137	556.67	10 053
其中：海关税收及代征税	万元	109	3 369	637.20	8 395
工商税收	万元	27	768	343.93	1 598
期末从业人员	人	804	804	48.89	804
其中：外资企业从业人员	人	454	454	-15.93	454
期末出口加工区批准面积	平方公里	2.21	2.21	0.00	2.21
期末出口加工区验收封关面积	平方公里	1.04	1.04	0.00	1.04

续表

指标	单位	辽宁大连出口加工区 A 区			
		2013 年 12 月	当年累计	增幅（%）	历年累计
增加值	万元	15 255	176 906	－1.25	1 220 252
营业总收入	万元	52 093	647 742	－0.10	4 454 458
工业总产值	万元	49 575	646 547	0.65	4 561 928
其中：高新技术产业	万元	676	9 550	0.87	68 112
电子信息产业	万元	11 792	130 895	0.82	913 975
工业产品销售额	万元	51 841	642 757	－0.62	4 445 792
企业利润总额	万元	1 675	18 116	－3.31	157 030
物流企业营业收入	万元	92	1 188	4.58	9 909
综合能源耗费量	吨标准煤	2 691	11 018	1.48	75 125
批准企业数	个	0	6	0.00	73
其中：外资企业	个	0	6	100.00	68
仓储物流企业	个	0	0	－100.00	5
批准投资总额	万美元	0	1 927	6.64	62 604
其中：外商投资总额	万美元	0	1 606	136.18	47 417
增资额	万美元	0	290	－49.30	6 718
合同利用外资	万美元	0	1 891	160.83	53 465
其中：增资额	万美元	0	185	362.50	6 081
企业实际到位资金	万美元	0	1 828	17.63	54 231
其中：实际利用外资	万美元	0	1 529	150.66	46 988
固定资产投资额	万元	220	2 405	7.51	1 161 546
其中：基础设施投资	万元	28	338	15.36	76 231
开发公司投资	万元	0	0	—	0
期末施工房屋建筑面积	平方米	5 400	5 400	0.00	5 400
其中：在建厂房面积	平方米	5 400	5 400	0.00	5 400
房屋竣工建筑面积	平方米	0	3 110	3.67	663 210
其中：已建成厂房面积	平方米	0	3 110	3.67	641 110
已建成仓库面积	平方米	0	0	—	22 100
土地实际已租售面积	平方米	0	6 600	－13.84	1 174 577
已投产物流企业	个	0	0	—	2
已投产工业企业	个	0	3	50.00	64
其中：投资额 5 000 万美元（含）以上	个	0	0	—	1
投资额 3 000（含）～5 000 万美元以上	个	0	0	—	0
投资额 1 000（含）～3 000 万美元以上	个	0	0	—	5
税收总额	万元	540	9 300	－40.40	95 475
其中：海关税收及代征税	万元	315	3 428	－50.78	37 076
工商税收	万元	225	5 872	－32.04	58 399
期末从业人员	人	7 992	7 992	1.87	7 992
其中：外资企业从业人员	人	7 486	7 486	2.11	7 486
期末出口加工区批准面积	平方公里	1.5	1.5	0.00	1.5
期末出口加工区验收封关面积	平方公里	1.5	1.5	0.00	1.5

续表

指标	单位	辽宁大连出口加工区 B 区			
		2013 年 12 月	当年累计	增幅（%）	历年累计
增加值	万元	0	296 800	-11.35	994 800
营业总收入	万元	35 424	386 950	-32.07	2 096 613
工业总产值	万元	35 424	386 950	-32.07	2 096 613
其中：高新技术产业	万元	0	0	—	0
电子信息产业	万元	35 424	386 950	-32.07	2 096 613
工业产品销售额	万元	35 424	386 950	-32.07	2 096 613
企业利润总额	万元	14 213	150 449	-16.46	696 352
物流企业营业收入	万元	0	0	—	0
综合能源耗费量	吨标准煤	18 708	18 708	-1.98	53 465
批准企业数	个	0	0	—	1
其中：外资企业	个	0	0	—	1
仓储物流企业	个	0	0	—	0
批准投资总额	万美元	0	0	—	250 000
其中：外商投资总额	万美元	0	0	—	250 000
增资额	万美元	0	0	—	0
合同利用外资	万美元	0	0	—	62 500
其中：增资额	万美元	0	0	—	0
企业实际到位资金	万美元	0	0	—	62 500
其中：实际利用外资	万美元	0	0	—	62 500
固定资产投资额	万元	0	0	-100.00	1 504 000
其中：基础设施投资	万元	0	0	—	1 000
开发公司投资	万元	0	0	—	0
期末施工房屋建筑面积	平方米	0	0	—	0
其中：在建厂房面积	平方米	0	0	—	0
房屋竣工建筑面积	平方米	0	0	—	160 000
其中：已建成厂房面积	平方米	0	0	—	160 000
已建成仓库面积	平方米	0	0	—	0
土地实际已租售面积	平方米	0	0	—	600 000
已投产物流企业	个	0	0	—	0
已投产工业企业	个	0	0	—	1
其中：投资额 5 000 万美元（含）以上	个	0	0	—	1
投资额 3 000（含）~5 000 万美元以上	个	0	0	—	0
投资额 1 000（含）~3 000 万美元以上	个	0	0	—	0
税收总额	万元	713	11 402	-24.45	92 804
其中：海关税收及代征税	万元	0	0	-100.00	181
工商税收	万元	713	11 402	-23.53	92 623
期末从业人员	人	1 700	1 700	0.00	1 700
其中：外资企业从业人员	人	1 700	1 700	0.00	1 700
期末出口加工区批准面积	平方公里	1.45	1.45	0.00	1.45
期末出口加工区验收封关面积	平方公里	0.6	0.6	0.00	0.6

续表

指标	单位	吉林珲春出口加工区			
		2013 年 12 月	当年累计	增幅（%）	历年累计
增加值	万元	8 909	38 012	7.92	190 140
营业总收入		38 738	102 312	16.00	1 470 530
工业总产值		26 500	151 480	20.41	694 869
其中：高新技术产业		0	0	—	672
电子信息产业		0	0	—	1 454
工业产品销售额		38 738	102 312	16.00	628 979
企业利润总额		-4 650	4 517	14.30	76 587
物流企业营业收入		0	0	—	0
综合能源耗费量	吨标准煤	900	9 900	58.91	62 079
批准企业数	个	0	0	—	53
其中：外资企业		0	0	—	17
仓储物流企业		0	0	—	0
批准投资总额	万美元	0	0	—	13 528
其中：外商投资总额		0	0	—	4 340
增资额		0	0	—	0
合同利用外资		0	0	—	4 597
其中：增资额		0	0	—	0
企业实际到位资金		0	0	—	9 830
其中：实际利用外资		0	0	—	2 784
固定资产投资额	万元	0	0	—	41 764
其中：基础设施投资		0	0	—	14 000
开发公司投资		0	0	—	0
期末施工房屋建筑面积	平方米	0	0	-100.00	0
其中：在建厂房面积		0	0	-100.00	0
房屋竣工建筑面积		0	0	—	108 329
其中：已建成厂房面积		0	0	—	108 329
已建成仓库面积		0	0	—	0
土地实际已租售面积		0	0	—	6 000
已投产物流企业	个	0	0	—	0
已投产工业企业		0	0	-100.00	37
其中：投资额 5 000 万美元（含）以上		0	0	—	0
投资额 3 000（含）~5 000 万美元以上		0	0	—	0
投资额 1 000（含）~3 000 万美元以上		0	0	—	0
税收总额	万元	0	0	—	490
其中：海关税收及代征税		0	0	—	4
工商税收		0	0	—	486
期末从业人员	人	706	706	3.82	706
其中：外资企业从业人员		230	230	-48.89	230
期末出口加工区批准面积	平方公里	2.44	2.44	0.00	2.44
期末出口加工区验收封关面积		0.6	0.6	0.00	0.6

续表

指标	单位	上海漕河泾出口加工区			
		2013 年 12 月	当年累计	增幅（%）	历年累计
增加值	万元	0	0	—	1 518 343
营业总收入		533 303	6 422 684	2.67	62 581 559
工业总产值		530 378	6 394 672	2.42	63 203 908
其中：高新技术产业		523 297	6 295 368	2.59	30 036 358
电子信息产业		523 543	6 304 782	2.38	62 070 508
工业产品销售额		533 303	6 422 684	2.67	62 581 559
企业利润总额		6 304	83 059	74.87	308 008
物流企业营业收入		0	0	—	0
综合能源耗费量	吨标准煤	4 626	53 940	-13.53	436 334
批准企业数	个	0	0	—	20
其中：外资企业		0	0	—	16
仓储物流企业		0	0	—	4
批准投资总额	万美元	0	0	—	69 036
其中：外商投资总额		0	0	—	69 036
增资额		0	0	—	31 917
合同利用外资		0	0	—	25 163
其中：增资额		0	0	—	14 520
企业实际到位资金		0	0	—	25 268
其中：实际利用外资		0	0	—	25 124
固定资产投资额	万元	0	0	—	370 074
其中：基础设施投资		0	0	—	236 051
开发公司投资		0	0	—	12 203
期末施工房屋建筑面积	平方米	0	0	—	0
其中：在建厂房面积		0	0	—	0
房屋竣工建筑面积		0	0	—	581 700
其中：已建成厂房面积		0	0	—	581 700
已建成仓库面积		0	0	—	0
土地实际已租售面积		0	0	—	582 133
已投产物流企业	个	0	0	—	0
已投产工业企业		0	0	—	12
其中：投资额 5 000 万美元（含）以上		0	0	—	2
投资额 3 000（含）~5 000 万美元以上		0	0	—	0
投资额 1 000（含）~3 000 万美元以上		0	0	—	2
税收总额	万元	5 371	71 771	7.51	621 474
其中：海关税收及代征税		5 163	47 690	5.11	509 085
工商税收		208	24 081	12.60	112 389
期末从业人员	人	22 293	22 293	-32.54	22 293
其中：外资企业从业人员		22 206	22 206	-32.61	22 206
期末出口加工区批准面积	平方公里	3	3	0.00	3
期末出口加工区验收封关面积		0.9	0.9	0.00	0.9

续表

指标	单位	上海嘉定出口加工区			
		2013 年 12 月	当年累计	增幅（%）	历年累计
增加值	万元	740	11 935	-16.70	50 654
营业总收入		5 984	59 181	-10.47	333 418
工业总产值		5 952	58 967	-10.38	334 343
其中：高新技术产业		0	0	—	0
电子信息产业		0	0	—	0
工业产品销售额		5 952	58 967	-10.67	333 116
企业利润总额		367	5 901	-28.09	37 541
物流企业营业收入		0	0	—	0
综合能源耗费量	吨标准煤	557	1 982	-22.09	7 429
批准企业数	个	0	0	—	4
其中：外资企业		0	0	—	1
仓储物流企业		0	0	—	3
批准投资总额	万美元	0	0	—	4 000
其中：外商投资总额		0	0	—	4 000
增资额		0	0	—	0
合同利用外资		0	0	—	4 000
其中：增资额		0	0	—	0
企业实际到位资金		0	0	—	2 108
其中：实际利用外资		0	0	—	2 108
固定资产投资额	万元	0	0	—	80 362
其中：基础设施投资		0	0	—	57 540
开发公司投资		0	0	—	51 215
期末施工房屋建筑面积	平方米	0	0	—	0
其中：在建厂房面积		0	0	—	0
房屋竣工建筑面积		0	0	—	22 290
其中：已建成厂房面积		0	0	—	22 290
已建成仓库面积		0	0	—	0
土地实际已租售面积		0	0	—	40 000
已投产物流企业	个	0	0	-100.00	6
已投产工业企业		0	0	—	1
其中：投资额 5 000 万美元（含）以上		0	0	—	0
投资额 3 000（含）~5 000 万美元以上		0	0	—	1
投资额 1 000（含）~3 000 万美元以上		0	0	—	0
税收总额	万元	42	99	80.00	1 470
其中：海关税收及代征税		0	0	—	78
工商税收		0	0	—	1 219
期末从业人员	人	1 060	1 060	-7.99	1 060
其中：外资企业从业人员		1 060	1 060	-7.99	1 060
期末出口加工区批准面积	平方公里	3	3	0.00	3
期末出口加工区验收封关面积		1	1	0.00	1

续表

指标	单位	上海闵行出口加工区			
		2013 年 12 月	当年累计	增幅（%）	历年累计
增加值	万元	5 086	43 085	-30.36	372 781
营业总收入		57 736	784 020	-18.56	5 194 729
工业总产值		57 736	785 116	-19.59	5 236 164
其中：高新技术产业		0	0	—	0
电子信息产业		24 269	350 108	-26.71	3 370 467
工业产品销售额		57 696	783 567	-18.56	5 192 852
企业利润总额		1 188	-3 039	—	42 093
物流企业营业收入		37	431	14.02	1 855
综合能源耗费量	吨标准煤	613	17 040	23.75	54 532
批准企业数	个	0	0	—	26
其中：外资企业		0	0	—	17
仓储物流企业		0	0	—	4
批准投资总额	万美元	0	0	—	58 652
其中：外商投资总额		0	0	—	25 707
增资额		0	0	—	11 598
合同利用外资		0	0	—	13 656
其中：增资额		0	0	—	3 567
企业实际到位资金		0	0	—	16 602
其中：实际利用外资		0	0	—	10 446
固定资产投资额	万元	0	0	—	363 627
其中：基础设施投资		0	0	—	48 603
开发公司投资		0	0	—	2 912
期末施工房屋建筑面积	平方米	0	0	—	0
其中：在建厂房面积		0	0	—	0
房屋竣工建筑面积		0	0	—	463 016
其中：已建成厂房面积		0	0	—	433 280
已建成仓库面积		0	0	—	29 736
土地实际已租售面积		0	0	—	849 153
已投产物流企业	个	0	0	—	4
已投产工业企业		0	0	—	14
其中：投资额 5 000 万美元（含）以上		0	0	—	1
投资额 3 000（含）~5 000 万美元以上		0	0	—	1
投资额 1 000（含）~3 000 万美元以上		0	0	—	6
税收总额	万元	2 157	26 118	16.95	82 078
其中：海关税收及代征税		2 026	21 259	25.99	60 566
工商税收		131	4 859	-10.97	21 512
期末从业人员	人	6 518	6 518	-21.60	6 518
其中：外资企业从业人员		5 600	5 600	-27.08	5 600
期末出口加工区批准面积	平方公里	3	3	0.00	3
期末出口加工区验收封关面积		1.9	1.9	0.00	1.9

续表

指标	单位	上海松江出口加工区			
		2013 年 12 月	当年累计	增幅（%）	历年累计
增加值	万元	62 040	794 230	-6.91	7 242 813
营业总收入	万元	1 483 314	15 567 977	-1.49	174 623 994
工业总产值	万元	1 543 892	15 840 790	-2.77	176 229 905
其中：高新技术产业	万元	0	0	—	22 906 867
电子信息产业	万元	1 466 697	15 051 960	-2.74	164 728 238
工业产品销售额	万元	1 474 338	15 493 503	-1.68	174 292 486
企业利润总额	万元	-1 678	91 953	28.40	1 574 793
物流企业营业收入	万元	2 630	36 955	-20.31	183 321
综合能源耗费量	吨标准煤	23 268	95 094	-7.04	692 726
批准企业数	个	0	2	-77.78	110
其中：外资企业	个	0	1	—	84
仓储物流企业	个	0	1	-80.00	22
批准投资总额	万美元	0	873	50.52	253 229
其中：外商投资总额	万美元	0	872	—	245 674
增资额	万美元	0	600	—	192 729
合同利用外资	万美元	0	790	—	107 321
其中：增资额	万美元	0	600	—	80 808
企业实际到位资金	万美元	0	3 603	1 125.51	86 451
其中：实际利用外资	万美元	0	3 603	—	82 570
固定资产投资额	万元	30 641	30 641	-59.16	1 215 671
其中：基础设施投资	万元	30 641	30 641	—	151 641
开发公司投资	万元	0	0	—	0
期末施工房屋建筑面积	平方米	0	0	-100.00	0
其中：在建厂房面积	平方米	0	0	-100.00	0
房屋竣工建筑面积	平方米	25 148	25 148	476.00	1 067 839
其中：已建成厂房面积	平方米	25 148	25 148	—	913 966
已建成仓库面积	平方米	0	0	-100.00	153 873
土地实际已租售面积	平方米	0	0	—	2 134 695
已投产物流企业	个	0	0	-100.00	16
已投产工业企业	个	0	2	0.00	61
其中：投资额 5 000 万美元（含）以上	个	0	0	—	12
投资额 3 000（含）~5 000 万美元以上	个	0	0	—	0
投资额 1 000（含）~3 000 万美元以上	个	0	1	—	26
税收总额	万元	13 983	174 077	-21.24	1 392 042
其中：海关税收及代征税	万元	13 205	121 127	-20.41	974 770
工商税收	万元	778	52 950	-23.08	417 272
期末从业人员	人	87 337	87 337	-17.10	87 337
其中：外资企业从业人员	人	86 734	86 734	-17.24	86 734
期末出口加工区批准面积	平方公里	5.96	5.96	0.00	5.96
期末出口加工区验收封关面积	平方公里	4.28	4.28	0.00	4.28

续表

指标	单位	上海青浦出口加工区			
		2013 年 12 月	当年累计	增幅（%）	历年累计
增加值	万元	6 350	76 125	-38.59	528 351
营业总收入	万元	47 453	494 522	4.91	936 630
工业总产值	万元	47 043	475 230	-3.58	2 303 837
其中：高新技术产业	万元	46 059	425 289	-1.21	855 796
电子信息产业	万元	5 738	67 972	6.66	351 809
工业产品销售额	万元	44 690	470 414	1.44	2 201 905
企业利润总额	万元	-383	20 126	1.73	103 574
物流企业营业收入	万元	410	6 362	425.79	7 289
综合能源耗费量	吨标准煤	5 536	22 168	3.54	124 395
批准企业数	个	0	0	-100.00	31
其中：外资企业	个	0	0	—	25
仓储物流企业	个	0	0	-100.00	5
批准投资总额	万美元	0	0	—	80 751
其中：外商投资总额	万美元	0	0	—	80 000
增资额	万美元	0	0	—	33 726
合同利用外资	万美元	0	0	—	32 767
其中：增资额	万美元	0	0	—	15 630
企业实际到位资金	万美元	0	0	—	18 924
其中：实际利用外资	万美元	0	0	—	18 501
固定资产投资额	万元	2 671	29 189	37.39	207 617
其中：基础设施投资	万元	0	0	-100.00	66 101
开发公司投资	万元	0	1 300	-13.33	99 781
期末施工房屋建筑面积	平方米	31 676	31 676	-22.37	31 676
其中：在建厂房面积	平方米	31 676	31 676	-22.37	31 676
房屋竣工建筑面积	平方米	0	14 806	—	206 970
其中：已建成厂房面积	平方米	0	0	—	190 464
已建成仓库面积	平方米	0	0	—	1 200
土地实际已租售面积	平方米	0	0	—	661 683
已投产物流企业	个	0	0	-100.00	5
已投产工业企业	个	0	0	—	13
其中：投资额 5 000 万美元（含）以上	个	0	0	—	5
投资额 3 000（含）~5 000 万美元以上	个	0	0	—	0
投资额 1 000（含）~3 000 万美元以上	个	0	0	—	6
税收总额	万元	4 886	47 545	1.77	170 104
其中：海关税收及代征税	万元	3 623	39 203	3.39	128 869
工商税收	万元	1 263	6 764	92.16	41 104
期末从业人员	人	3 211	3 211	-0.19	3 211
其中：外资企业从业人员	人	3 032	3 032	0.50	3 032
期末出口加工区批准面积	平方公里	3	3	0.00	3
期末出口加工区验收封关面积	平方公里	1.6	1.6	0.00	1.6

续表

指标	单位	上海金桥出口加工区（南区）			
		2013年12月	当年累计	增幅（%）	历年累计
增加值	万元	0	0	-100.00	239 785
营业总收入	万元	26 518	264 612	13.69	1 085 316
工业总产值	万元	25 606	242 605	9.99	992 685
其中：高新技术产业	万元	5 271	42 154	9.55	893 361
电子信息产业	万元	7 336	59 636	22.65	221 494
工业产品销售额	万元	24 709	236 523	13.34	936 908
企业利润总额	万元	3 754	33 734	-13.04	101 386
物流企业营业收入	万元	1 133	20 626	16.34	55 991
综合能源耗费量	吨标准煤	0	0	-100.00	42 497
批准企业数	个	0	4	—	36
其中：外资企业	个	0	2	—	32
仓储物流企业	个	0	1	—	3
批准投资总额	万美元	0	6 547	—	168 171
其中：外商投资总额	万美元	0	4 528	—	159 935
增资额	万美元	0	0	—	14 954
合同利用外资	万美元	0	1 520	—	60 133
其中：增资额	万美元	0	0	—	2 231
企业实际到位资金	万美元	0	2 062	—	61 565
其中：实际利用外资	万美元	0	1 520	—	60 133
固定资产投资额	万元	0	0	-100.00	236 461
其中：基础设施投资	万元	0	0	-100.00	102 539
开发公司投资	万元	0	0	-100.00	127 475
期末施工房屋建筑面积	平方米	0	0	-100.00	0
其中：在建厂房面积	平方米	0	0	-100.00	0
房屋竣工建筑面积	平方米	0	0	—	225 322
其中：已建成厂房面积	平方米	0	0	—	222 123
已建成仓库面积	平方米	0	0	—	3 199
土地实际已租售面积	平方米	0	0	—	488 869
已投产物流企业	个	0	0	—	1
已投产工业企业	个	0	0	—	25
其中：投资额5 000万美元（含）以上	个	0	0	—	2
投资额3 000（含）~5 000万美元以上	个	0	0	—	0
投资额1 000（含）~3 000万美元以上	个	0	0	—	4
税收总额	万元	3 580	42 235	20.44	142 735
其中：海关税收及代征税	万元	2 386	16 311	91.08	39 637
工商税收	万元	1 194	25 924	-2.28	103 098
期末从业人员	人	2 171	2 171	41.34	2 171
其中：外资企业从业人员	人	2 171	2 171	41.34	2 171
期末出口加工区批准面积	平方公里	2.8	2.8	0.00	2.8
期末出口加工区验收封关面积	平方公里	1.55	1.55	0.00	1.55

续表

指标	单位	江苏南京出口加工区			
		2013 年 12 月	当年累计	增幅（%）	历年累计
增加值	万元	2 512	37 052	9. 83	133 934
营业总收入	万元	14 010	203 291	6. 78	393 667
工业总产值	万元	13 994	217 554	18. 75	919 833
其中：高新技术产业	万元	0	0	—	10 392
电子信息产业	万元	2 400	47 998	-19. 46	324 542
工业产品销售额	万元	10 550	181 884	4. 64	783 606
企业利润总额	万元	1 900	39 993	55. 43	100 375
物流企业营业收入	万元	70	880	6. 67	4 805
综合能源耗费量	吨标准煤	0	1 150	29. 21	8 825
批准企业数	个	0	0	—	10
其中：外资企业	个	0	0	—	6
仓储物流企业	个	0	0	—	4
批准投资总额	万美元	0	0	-100. 00	38 482
其中：外商投资总额	万美元	0	0	-100. 00	36 262
增资额	万美元	0	0	-100. 00	13 700
合同利用外资	万美元	0	0	-100. 00	11 440
其中：增资额	万美元	0	0	—	2 400
企业实际到位资金	万美元	0	0	-100. 00	11 960
其中：实际利用外资	万美元	0	0	-100. 00	8 539
固定资产投资额	万元	0	450	-92. 34	179 760
其中：基础设施投资	万元	0	450	-92. 34	105 206
开发公司投资	万元	0	0	—	8 500
期末施工房屋建筑面积	平方米	0	0	—	0
其中．在建厂房面积	平方米	0	0	—	0
房屋竣工建筑面积	平方米	0	0	—	302 900
其中：已建成厂房面积	平方米	0	0	—	254 340
已建成仓库面积	平方米	0	0	—	22 560
土地实际已租售面积	平方米	0	0	—	1 099 960
已投产物流企业	个	0	0	—	4
已投产工业企业	个	0	0	—	5
其中：投资额 5 000 万美元（含）以上	个	0	0	—	1
投资额 3 000（含）~5 000 万美元以上	个	0	0	—	2
投资额 1 000（含）~3 000 万美元以上	个	0	0	—	0
税收总额	万元	120	2 220	19. 55	10 192
其中：海关税收及代征税	万元	0	0	—	0
工商税收	万元	120	2 220	19. 55	10 192
期末从业人员	人	2 190	2 190	0. 00	2 190
其中：外资企业从业人员	人	1 900	1 900	-10. 76	1 900
期末出口加工区批准面积	平方公里	2. 5	2. 5	0. 00	2. 5
期末出口加工区验收封关面积	平方公里	1. 5	1. 5	0. 00	1. 5

续表

指标	单位	江苏南京出口加工区（南区）			
		2013 年 12 月	当年累计	增幅（%）	历年累计
增加值	万元	0	0	-100.00	366 352
营业总收入		76 567	896 257	78.10	1 399 497
工业总产值		76 367	684 978	-31.59	4 473 473
其中：高新技术产业		0	0	—	0
电子信息产业		72 683	647 982	-31.41	4 341 807
工业产品销售额		40 705	648 648	65.02	3 878 434
企业利润总额		341	5 772	—	25 393
物流企业营业收入		200	1 930	113.50	4 761
综合能源耗费量	吨标准煤	4 399	7 123	114.74	24 535
批准企业数	个	1	5	400.00	36
其中：外资企业		0	4	—	28
仓储物流企业		0	0	-100.00	7
批准投资总额	万美元	0	989	—	32 363
其中：外商投资总额		0	964	—	30 321
增资额		0	25	—	3 505
合同利用外资		0	1 683	320.75	20 594
其中：增资额		0	775	93.75	4 165
企业实际到位资金		0	750	-30.75	13 017
其中：实际利用外资		0	750	-30.75	12 943
固定资产投资额	万元	85	535	26.48	31 339
其中：基础设施投资		85	535	26.48	22 713
开发公司投资		0	0	—	309
期末施工房屋建筑面积	平方米	0	0	—	0
其中：在建厂房面积		0	0	—	0
房屋竣工建筑面积		0	0	-100.00	654 358
其中：已建成厂房面积		0	0	-100.00	234 158
已建成仓库面积		0	0	—	2 400
土地实际已租售面积		0	0	—	200 216
已投产物流企业	个	0	0	—	3
已投产工业企业		0	0	—	8
其中：投资额 5 000 万美元（含）以上		0	0	—	0
投资额 3 000（含）~5 000 万美元以上		0	0	—	0
投资额 1 000（含）~3 000 万美元以上		0	0	—	4
税收总额	万元	2 000	43 685	-47.86	309 617
其中：海关税收及代征税		1 800	40 855	-50.86	299 527
工商税收		200	2 830	342.19	10 061
期末从业人员	人	4 928	4 928	-0.54	4 928
其中：外资企业从业人员		4 928	4 928	-0.54	4 928
期末出口加工区批准面积	平方公里	1.2	1.2	0.00	1.2
期末出口加工区验收封关面积		1.2	1.2	0.00	1.2

续表

指标	单位	江苏常州出口加工区			
		2013 年 12 月	当年累计	增幅（%）	历年累计
增加值	万元	952	29 714	-19.28	141 730
营业总收入		4 611	79 989	-43.24	701 038
工业总产值		3 526	74 726	-44.56	693 599
其中：高新技术产业		0	0	—	0
电子信息产业		1 725	26 508	-23.72	182 484
工业产品销售额		4 521	78 682	-42.40	555 529
企业利润总额		581	8 464	17.41	30 897
物流企业营业收入		90	1 307	-2.75	4 407
综合能源耗费量	吨标准煤	1 521	3 046	-41.80	25 570
批准企业数	个	0	0	-100.00	13
其中：外资企业		0	0	—	12
仓储物流企业		0	0	—	1
批准投资总额	万美元	0	4 330	260.83	44 490
其中：外商投资总额		0	0	-100.00	36 110
增资额		0	4 330	—	12 528
合同利用外资		0	0	-100.00	19 157
其中：增资额		0	0	-100.00	6 861
企业实际到位资金		0	4 330	860.09	18 713
其中：实际利用外资		0	4 330	860.09	18 566
固定资产投资额	万元	0	0	-100.00	192 861
其中：基础设施投资		0	0	-100.00	139 367
开发公司投资		0	0	-100.00	135 352
期末施工房屋建筑面积	平方米	0	0	—	0
其中．在建厂房面积		0	0		0
房屋竣工建筑面积		0	0	—	234 471
其中：已建成厂房面积		0	0	—	198 121
已建成仓库面积		0	0	—	36 350
土地实际已租售面积		0	0	—	211 309
已投产物流企业	个	0	0	-100.00	3
已投产工业企业		0	0	-100.00	10
其中：投资额 5 000 万美元（含）以上		0	0	—	1
投资额 3 000（含）~5 000 万美元以上		0	0	—	0
投资额 1 000（含）~3 000 万美元以上		0	0	-100.00	3
税收总额	万元	321	11 668	9.79	43 781
其中：海关税收及代征税		125	10 563	77.47	29 191
工商税收		196	1 105	-76.37	14 287
期末从业人员	人	1 030	1 030	101.17	1 030
其中：外资企业从业人员		1 030	1 030	101.17	1 030
期末出口加工区批准面积	平方公里	1.66	1.66	0.00	1.66
期末出口加工区验收封关面积		1.33	1.33	0.00	1.33

续表

指标	单位	江苏武进出口加工区			
		2013 年 12 月	当年累计	增幅（%）	历年累计
增加值	万元	9 320	81 867	35.06	159 892
营业总收入	万元	57 806	510 359	6.21	990 877
工业总产值	万元	76 168	644 662	25.09	1 769 318
其中：高新技术产业	万元	75 320	633 994	23.02	1 349 860
电子信息产业	万元	75 320	633 994	23.02	1 761 585
工业产品销售额	万元	56 911	504 852	5.50	1 589 001
企业利润总额	万元	2 300	12 891	-14.97	39 351
物流企业营业收入	万元	895	5 507	178.27	9 739
综合能源耗费量	吨标准煤	1 191	10 371	21.81	27 209
批准企业数	个	0	3	0.00	19
其中：外资企业	个	0	1	—	6
仓储物流企业	个	0	0	—	5
批准投资总额	万美元	13 280	45 280	654.67	112 295
其中：外商投资总额	万美元	13 280	45 280	654.67	98 060
增资额	万美元	13 280	18 280	204.67	39 260
合同利用外资	万美元	3 095	19 500	983.33	46 605
其中：增资额	万美元	3 095	10 500	483.33	20 422
企业实际到位资金	万美元	3 095	13 265	363.81	50 756
其中：实际利用外资	万美元	3 095	13 265	363.81	37 605
固定资产投资额	万元	2 789	55 994	-40.34	242 899
其中：基础设施投资	万元	0	1 242	-59.58	9 259
开发公司投资	万元	0	4 571	-16.68	21 494
期末施工房屋建筑面积	平方米	0	0	—	0
其中：在建厂房面积	平方米	0	0	—	0
房屋竣工建筑面积	平方米	11 000	11 000	-96.74	537 356
其中：已建成厂房面积	平方米	0	0	-100.00	391 998
已建成仓库面积	平方米	11 000	11 000	-72.88	72 689
土地实际已租售面积	平方米	0	0	—	479 863
已投产物流企业	个	0	2	—	5
已投产工业企业	个	0	2	0.00	7
其中：投资额 5 000 万美元（含）以上	个	0	0	-100.00	4
投资额 3 000（含）~5 000 万美元以上	个	0	0	—	0
投资额 1 000（含）~3 000 万美元以上	个	0	0	—	0
税收总额	万元	2 849	17 003	12.76	47 166
其中：海关税收及代征税	万元	1 783	12 324	12.99	32 164
工商税收	万元	1 066	4 679	12.15	15 002
期末从业人员	人	11 093	11 093	25.71	11 093
其中：外资企业从业人员	人	10 547	10 547	26.71	10 547
期末出口加工区批准面积	平方公里	1.15	1.15	0.00	1.15
期末出口加工区验收封关面积	平方公里	1.08	1.08	0.00	1.08

续表

指标	单位	江苏吴中出口加工区			
		2013 年 12 月	当年累计	增幅（%）	历年累计
增加值	万元	2 451	25 441	-56.32	135 724
营业总收入	万元	4 282	74 366	-78.14	2 184 281
工业总产值	万元	3 747	66 047	-79.07	2 142 759
其中：高新技术产业	万元	0	0	—	0
电子信息产业	万元	3 747	66 047	-79.07	2 116 405
工业产品销售额	万元	3 486	65 781	-80.27	2 155 201
企业利润总额	万元	-653	-17 147	—	-64 591
物流企业营业收入	万元	412	3 665	-10.94	21 465
综合能源耗费量	吨标准煤	1 417	5 556	-1.28	20 395
批准企业数	个	0	2	-50.00	33
其中：外资企业	个	0	1	-50.00	7
仓储物流企业	个	0	2	100.00	22
批准投资总额	万美元	0	11 871	-40.76	68 089
其中：外商投资总额	万美元	0	1 000	-94.99	40 496
增资额	万美元	0	10 774	—	22 949
合同利用外资	万美元	0	4 000	-79.96	31 748
其中：增资额	万美元	0	3 000	—	6 000
企业实际到位资金	万美元	1 000	5 871	1 204.67	22 758
其中：实际利用外资	万美元	1 000	4 000	978.17	10 038
固定资产投资额	万元	51	2 444	-79.97	258 116
其中：基础设施投资	万元	0	0	—	86 903
开发公司投资	万元	0	0	-100.00	62 763
期末施工房屋建筑面积	平方米	82 606	82 606	0.00	82 606
其中：在建厂房面积	平方米	82 606	82 606	0.00	82 606
房屋竣工建筑面积	平方米	0	0	—	344 404
其中：已建成厂房面积	平方米	0	0	—	293 300
已建成仓库面积	平方米	0	0	—	51 104
土地实际已租售面积	平方米	0	0	—	903 359
已投产物流企业	个	0	0	—	17
已投产工业企业	个	0	0	—	5
其中：投资额 5 000 万美元（含）以上	个	0	0	—	1
投资额 3 000（含）~5 000 万美元以上	个	0	0	—	0
投资额 1 000（含）~3 000 万美元以上	个	0	0	—	2
税收总额	万元	2 106	26 325	-43.00	106 046
其中：海关税收及代征税	万元	1 638	24 211	-46.07	100 631
工商税收	万元	468	2 114	63.75	5 413
期末从业人员	人	1 357	1 357	-54.29	1 357
其中：外资企业从业人员	人	1 232	1 232	-55.97	1 232
期末出口加工区批准面积	平方公里	3	3	0.00	3
期末出口加工区验收封关面积	平方公里	1.38	1.38	0.00	1.38

续表

指标	单位	江苏南通出口加工区			
		2013 年 12 月	当年累计	增幅（%）	历年累计
增加值	万元	1 931	8 161	-30.40	87 309
营业总收入	万元	14 060	50 336	-15.61	376 124
工业总产值	万元	7 264	41 574	-30.76	358 843
其中：高新技术产业	万元	0	0	—	0
电子信息产业	万元	0	0	-100.00	44 893
工业产品销售额	万元	7 562	41 424	-29.68	364 032
企业利润总额	万元	0	541	-78.73	8 713
物流企业营业收入	万元	49	2 463	234.65	5 643
综合能源耗费量	吨标准煤	298	868	-22.36	10 944
批准企业数	个	8	15	650.00	36
其中：外资企业	个	2	4	100.00	15
仓储物流企业	个	0	0	-100.00	11
批准投资总额	万美元	6 703	24 487	210.95	58 791
其中：外商投资总额	万美元	3 245	11 745	49.14	52 369
增资额	万美元	0	0	-100.00	16 930
合同利用外资	万美元	1 232	2 790	-12.59	17 906
其中：增资额	万美元	0	0	-100.00	8 121
企业实际到位资金	万美元	1 972	6 823	187.41	20 295
其中：实际利用外资	万美元	440	761	-67.94	11 859
固定资产投资额	万元	55 797	69 382	—	104 423
其中：基础设施投资	万元	2 000	2 000	—	20 100
开发公司投资	万元	0	0	—	0
期末施工房屋建筑面积	平方米	99 769	99 769	—	99 769
其中：在建厂房面积	平方米	89 051	89 051	—	89 051
房屋竣工建筑面积	平方米	0	0	—	162 011
其中：已建成厂房面积	平方米	0	0	—	154 104
已建成仓库面积	平方米	0	0	—	3 707
土地实际已租售面积	平方米	0	53 600	—	673 955
已投产物流企业	个	0	0	—	10
已投产工业企业	个	0	0	—	7
其中：投资额 5 000 万美元（含）以上	个	0	0	—	0
投资额 3 000（含）~5 000 万美元以上	个	0	0	—	0
投资额 1 000（含）~3 000 万美元以上	个	0	0	—	3
税收总额	万元	370	9 617	32.63	28 970
其中：海关税收及代征税	万元	342	9 113	44.47	25 051
工商税收	万元	28	503	-46.60	3 916
期末从业人员	人	1 102	1 102	-63.41	1 102
其中：外资企业从业人员	人	1 022	1 022	-64.72	1 022
期末出口加工区批准面积	平方公里	2.98	2.98	0.00	2.98
期末出口加工区验收封关面积	平方公里	0.75	0.75	0.00	0.75

续表

指标	单位	江苏连云港出口加工区			
		2013年12月	当年累计	增幅（%）	历年累计
增加值	万元	1 121	18 343	-3.10	88 893
营业总收入		6 989	99 817	-8.93	447 039
工业总产值		4 279	85 603	-6.70	415 210
其中：高新技术产业		921	7 561	-27.31	44 626
电子信息产业		921	7 926	-26.09	55 730
工业产品销售额		6 437	93 732	-11.31	431 913
企业利润总额		526	8 105	16.17	21 283
物流企业营业收入		427	5 022	43.77	14 093
综合能源耗费量	吨标准煤	1 026	2 006	17.45	10 076
批准企业数	个	0	2	0.00	16
其中：外资企业		0	2	—	11
仓储物流企业		0	0	-100.00	6
批准投资总额	万美元	0	1 329	43.83	19 042
其中：外商投资总额		0	1 329	—	15 099
增资额		0	0	-100.00	1 990
合同利用外资		0	684	-18.57	8 594
其中：增资额		0	0	-100.00	1 415
企业实际到位资金		26	684	-25.97	9 811
其中：实际利用外资		26	684	-18.57	7 701
固定资产投资额	万元	0	0	—	39 493
其中：基础设施投资		0	0	—	14 999
开发公司投资		0	0	—	19 492
期末施工房屋建筑面积	平方米	0	0	-100.00	0
其中：在建厂房面积		0	0	-100.00	0
房屋竣工建筑面积		26 304	26 304	—	320 581
其中：已建成厂房面积		10 538	10 538	—	285 611
已建成仓库面积		15 766	15 766	—	27 902
土地实际已租售面积		0	0	—	400 168
已投产物流企业	个	0	0	-100.00	6
已投产工业企业		0	1	—	9
其中：投资额5 000万美元（含）以上		0	0	—	0
投资额3 000（含）~5 000万美元以上		0	0	—	0
投资额1 000（含）~3 000万美元以上		0	0	—	5
税收总额	万元	44	2 889	13.70	10 738
其中：海关税收及代征税		0	1 515	34.07	5 326
工商税收		44	1 372	-2.76	5 407
期末从业人员	人	3 200	3 200	18.52	3 200
其中：外资企业从业人员		2 610	2 610	0.19	2 610
期末出口加工区批准面积	平方公里	2.97	2.97	0.00	2.97
期末出口加工区验收封关面积		0.51	0.51	0.00	0.51

续表

指标	单位	江苏淮安出口加工区			
		2013 年 12 月	当年累计	增幅（%）	历年累计
增加值	万元	112 931	888 215	22. 17	2 317 329
营业总收入	万元	766 208	5 930 097	32. 80	14 021 542
工业总产值	万元	732 371	5 883 169	31. 12	14 086 128
其中：高新技术产业	万元	0	0	—	0
电子信息产业	万元	732 371	5 883 169	31. 12	14 086 128
工业产品销售额	万元	765 644	5 928 765	32. 79	14 018 743
企业利润总额	万元	－12 275	26 280	84. 78	147 790
物流企业营业收入	万元	564	1 332	69. 04	2 799
综合能源耗费量	吨标准煤	14 921	131 014	2. 07	451 600
批准企业数	个	0	2	—	14
其中：外资企业	个	0	2	—	9
仓储物流企业	个	0	1	—	4
批准投资总额	万美元	0	12 490	—	125 990
其中：外商投资总额	万美元	0	12 490	—	125 790
增资额	万美元	0	0	—	79 320
合同利用外资	万美元	0	3 653	－47. 81	59 133
其中：增资额	万美元	0	0	－100. 00	42 240
企业实际到位资金	万美元	0	3 000	－68. 52	56 330
其中：实际利用外资	万美元	0	3 000	－68. 52	56 270
固定资产投资额	万元	0	15 000	—	603 709
其中：基础设施投资	万元	0	1 460	—	348 597
开发公司投资	万元	0	681	—	11 601
期末施工房屋建筑面积	平方米	0	0	—	0
其中：在建厂房面积	平方米	0	0	—	0
房屋竣工建筑面积	平方米	0	0	—	1 490 000
其中：已建成厂房面积	平方米	0	0	—	1 046 400
已建成仓库面积	平方米	0	0	—	326 860
土地实际已租售面积	平方米	0	0	—	180 009
已投产物流企业	个	0	0	—	4
已投产工业企业	个	0	0	—	10
其中：投资额 5 000 万美元（含）以上	个	0	0	—	3
投资额 3 000（含）～5 000 万美元以上	个	0	0	—	0
投资额 1 000（含）～3 000 万美元以上	个	0	0	—	2
税收总额	万元	323	14 843	24. 18	76 010
其中：海关税收及代征税	万元	220	7 878	16. 44	45 751
工商税收	万元	103	5 093	－1. 62	29 934
期末从业人员	人	48 550	48 550	46. 52	48 550
其中：外资企业从业人员	人	48 550	48 550	46. 77	48 550
期末出口加工区批准面积	平方公里	1. 36	1. 36	0. 00	1. 36
期末出口加工区验收封关面积	平方公里	1. 36	1. 36	0. 00	1. 36

续表

指标	单位	江苏扬州出口加工区			
		2013 年 12 月	当年累计	增幅（%）	历年累计
增加值	万元	2 801	51 634	-41.58	387 686
营业总收入	万元	35 274	463 098	-26.95	1 097 040
工业总产值	万元	29 756	400 008	-31.50	2 177 494
其中：高新技术产业	万元	0	0	—	0
电子信息产业	万元	0	0	—	0
工业产品销售额	万元	20 565	280 278	-47.53	1 973 014
企业利润总额	万元	2 215	26 986	-39.38	215 954
物流企业营业收入	万元	352	7 908	-72.67	86 202
综合能源耗费量	吨标准煤	276	3 661	23.93	11 870
批准企业数	个	0	7	133.33	26
其中：外资企业	个	0	7	250.00	24
仓储物流企业	个	0	0	—	2
批准投资总额	万美元	0	15 240	180.15	114 631
其中：外商投资总额	万美元	0	15 240	237.62	112 850
增资额	万美元	0	0	-100.00	18 160
合同利用外资	万美元	0	18 021	756.10	83 651
其中：增资额	万美元	0	0	-100.00	15 477
企业实际到位资金	万美元	0	1 022	-68.15	44 535
其中：实际利用外资	万美元	0	1 022	-68.15	44 528
固定资产投资额	万元	153	3 497	-82.52	429 809
其中：基础设施投资	万元	0	0	-100.00	148 582
开发公司投资	万元	0	0	-100.00	104 533
期末施工房屋建筑面积	平方米	31 800	31 800	0.00	31 800
其中：在建厂房面积	平方米	31 800	31 800	0.00	31 800
房屋竣工建筑面积	平方米	0	0	-100.00	520 987
其中：已建成厂房面积	平方米	0	0	-100.00	516 846
已建成仓库面积	平方米	0	0	—	4 141
土地实际已租售面积	平方米	0	0	-100.00	731 817
已投产物流企业	个	0	0	—	2
已投产工业企业	个	0	0	—	13
其中：投资额 5 000 万美元（含）以上	个	0	0	—	6
投资额 3 000（含）~5 000 万美元以上	个	0	0	—	0
投资额 1 000（含）~3 000 万美元以上	个	0	0	—	7
税收总额	万元	983	19 870	-40.71	107 389
其中：海关税收及代征税	万元	574	12 632	-46.82	70 867
工商税收	万元	409	7 238	-25.84	36 522
期末从业人员	人	1 897	1 897	48.55	1 897
其中：外资企业从业人员	人	1 738	1 738	52.72	1 738
期末出口加工区批准面积	平方公里	3	3	0.00	3
期末出口加工区验收封关面积	平方公里	1.47	1.47	0.00	1.47

续表

指标	单位	江苏镇江出口加工区			
		2013 年 12 月	当年累计	增幅（%）	历年累计
增加值	万元	1 558	17 684	-2.92	60 760
营业总收入	万元	6 428	74 809	24.60	140 707
工业总产值	万元	6 769	74 541	16.61	246 886
其中：高新技术产业	万元	6 769	74 541	16.61	210 569
电子信息产业	万元	0	0	—	37 170
工业产品销售额	万元	5 857	65 736	22.83	218 471
企业利润总额	万元	964	13 430	-52.11	48 965
物流企业营业收入	万元	571	9 073	39.11	18 054
综合能源耗费量	吨标准煤	393	4 526	10.74	10 974
批准企业数	个	0	1	0.00	14
其中：外资企业	个	0	0	—	10
仓储物流企业	个	0	1	0.00	7
批准投资总额	万美元	0	16 667	208 237.50	45 594
其中：外商投资总额	万美元	0	0	—	28 190
增资额	万美元	0	0	—	670
合同利用外资	万美元	0	0	—	9 601
其中：增资额	万美元	0	0	—	350
企业实际到位资金	万美元	0	0	-100.00	8 250
其中：实际利用外资	万美元	0	0	-100.00	6 198
固定资产投资额	万元	400	14 650	208.16	76 292
其中：基础设施投资	万元	400	11 000	131.38	46 416
开发公司投资	万元	0	0	—	9 200
期末施工房屋建筑面积	平方米	0	0	-100.00	0
其中：在建厂房面积	平方米	0	0	-100.00	0
房屋竣工建筑面积	平方米	19 746	19 746	—	146 676
其中：已建成厂房面积	平方米	0	0	—	125 000
已建成仓库面积	平方米	19 746	19 746	—	21 676
土地实际已租售面积	平方米	0	0	—	546 764
已投产物流企业	个	0	4	—	4
已投产工业企业	个	0	2	—	2
其中：投资额 5 000 万美元（含）以上	个	0	0	—	0
投资额 3 000（含）~5 000 万美元以上	个	0	0	—	1
投资额 1 000（含）~3 000 万美元以上	个	0	1	—	1
税收总额	万元	1 906	21 446	94.10	44 941
其中：海关税收及代征税	万元	1 804	20 183	96.47	41 755
工商税收	万元	102	1 263	62.76	3 186
期末从业人员	人	836	836	31.65	836
其中：外资企业从业人员	人	836	836	31.65	836
期末出口加工区批准面积	平方公里	2.53	2.53	0	2.53
期末出口加工区验收封关面积	平方公里	0.91	0.91	0	0.91

续表

指标	单位	江苏泰州出口加工区			
		2013 年 12 月	当年累计	增幅（%）	历年累计
增加值	万元	4 772	48 164	17 287.73	48 441
营业总收入	万元	34 932	307 232	14 283.52	309 368
工业总产值	万元	34 553	318 398	17 157.34	326 445
其中：高新技术产业	万元	34 553	318 398	17 157.34	326 445
电子信息产业	万元	34 553	318 398	17 157.34	326 445
工业产品销售额	万元	34 558	303 730	16 362.33	305 575
企业利润总额	万元	224	4 184	3 884.76	4 289
物流企业营业收入	万元	374	2 753	846.05	3 793
综合能源耗费量	吨标准煤	1 710	6 421	131.14	9 199
批准企业数	个	0	2	—	5
其中：外资企业	个	0	1	—	2
仓储物流企业	个	0	0	—	2
批准投资总额	万美元	0	11 567	-35.74	58 367
其中：外商投资总额	万美元	0	9 900	-45.00	56 700
增资额	万美元	0	0	-100.00	18 000
合同利用外资	万美元	0	4 980	-19.68	20 980
其中：增资额	万美元	0	0	-100.00	6 200
企业实际到位资金	万美元	0	5 313	-14.31	21 313
其中：实际利用外资	万美元	0	4 980	-19.68	20 980
固定资产投资额	万元	7 283	35 309	-73.88	170 488
其中：基础设施投资	万元	0	802	-99.22	103 249
开发公司投资	万元	0	0	—	0
期末施工房屋建筑面积	平方米	0	0	—	0
其中．在建厂房面积	平方米	0	0		0
房屋竣工建筑面积	平方米	0	0	-100.00	421 197
其中：已建成厂房面积	平方米	0	0	-100.00	372 493
已建成仓库面积	平方米	0	0	-100.00	22 136
土地实际已租售面积	平方米	0	7 493	—	760 771
已投产物流企业	个	0	0	—	2
已投产工业企业	个	0	1	—	2
其中：投资额 5 000 万美元（含）以上	个	0	1	—	2
投资额 3 000（含）~5 000 万美元以上	个	0	0	—	0
投资额 1 000（含）~3 000 万美元以上	个	0	0	—	0
税收总额	万元	198	2 613	-54.60	8 369
其中：海关税收及代征税	万元	89	1 659	-67.96	6 837
工商税收	万元	109	954	65.05	1 532
期末从业人员	人	5 483	5 483	254.66	5 483
其中：外资企业从业人员	人	5 383	5 383	255.31	5 383
期末出口加工区批准面积	平方公里	1.76	1.76	—	1.76
期末出口加工区验收封关面积	平方公里	1.08	1.08	—	1.08

续表

指标	单位	江苏常熟出口加工区			
		2013 年 12 月	当年累计	增幅（%）	历年累计
增加值	万元	1 688	13 091	15. 13	51 696
营业总收入	万元	7 722	71 428	-1. 56	308 408
工业总产值	万元	6 067	59 281	-8. 20	309 140
其中：高新技术产业	万元	0	0	—	0
电子信息产业	万元	711	16 992	-37. 00	110 114
工业产品销售额	万元	7 039	60 000	-7. 19	288 322
企业利润总额	万元	575	1 877	183. 53	4 475
物流企业营业收入	万元	683	9 656	22. 01	18 314
综合能源耗费量	吨标准煤	151	638	0. 00	2 549
批准企业数	个	0	0	-100. 00	17
其中：外资企业	个	0	0	—	11
仓储物流企业	个	0	0	-100. 00	6
批准投资总额	万美元	150	150	-6. 83	10 406
其中：外商投资总额	万美元	150	150	—	9 907
增资额	万美元	150	150	—	3 040
合同利用外资	万美元	200	200	—	4 847
其中：增资额	万美元	200	200	—	1 367
企业实际到位资金	万美元	222	222	37. 89	4 070
其中：实际利用外资	万美元	222	222	—	3 703
固定资产投资额	万元	0	0	—	53 338
其中：基础设施投资	万元	0	0	—	28 000
开发公司投资	万元	0	0	—	7 640
期末施工房屋建筑面积	平方米	0	0	—	0
其中：在建厂房面积	平方米	0	0	—	0
房屋竣工建筑面积	平方米	0	0	-100. 00	123 740
其中：已建成厂房面积	平方米	0	0	-100. 00	105 640
已建成仓库面积	平方米	0	0	—	13 600
土地实际已租售面积	平方米	0	20 000	—	240 811
已投产物流企业	个	0	0	-100. 00	6
已投产工业企业	个	0	0	—	9
其中：投资额 5 000 万美元（含）以上	个	0	0	—	0
投资额 3 000（含）~5 000 万美元以上	个	0	0	—	0
投资额 1 000（含）~3 000 万美元以上	个	0	0	—	3
税收总额	万元	713	13 822	-56. 55	56 660
其中：海关税收及代征税	万元	487	11 190	-61. 84	50 270
工商税收	万元	226	2 632	5. 83	6 223
期末从业人员	人	1 225	1 225	-9. 33	1 225
其中：外资企业从业人员	人	1 159	1 159	-10. 16	1 159
期末出口加工区批准面积	平方公里	0. 94	0. 94	0. 00	0. 94
期末出口加工区验收封关面积	平方公里	0. 53	0. 53	0. 00	0. 53

续表

指标	单位	江苏吴江出口加工区			
		2013年12月	当年累计	增幅（%）	历年累计
增加值	万元	0	8 670	-70.66	83 257
营业总收入		8 859	239 025	-75.23	2 142 052
工业总产值		8 019	269 407	-75.81	2 478 421
其中：高新技术产业		468	97 294	-85.95	1 504 913
电子信息产业		5 622	233 107	-76.68	2 231 542
工业产品销售额		8 749	237 824	-75.28	2 135 827
企业利润总额		-616	-11 171	—	-43 119
物流企业营业收入		109	1 121	-56.97	6 044
综合能源耗费量	吨标准煤	738	3 450	-22.77	15 344
批准企业数	个	0	3	-25.00	31
其中：外资企业		0	3	-25.00	28
仓储物流企业		0	1	—	5
批准投资总额	万美元	0	16 498	-33.50	92 721
其中：外商投资总额		0	16 498	-33.50	91 081
增资额		0	0	—	9 777
合同利用外资		0	6 500	-47.79	42 036
其中：增资额		0	0	—	3 889
企业实际到位资金		433	2 761	-7.32	20 379
其中：实际利用外资		433	2 761	-7.32	18 780
固定资产投资额	万元	1 913	13 131	-52.01	164 538
其中：基础设施投资		0	288	7 100.00	37 054
开发公司投资		0	175	-97.75	70 738
期末施工房屋建筑面积	平方米	42 000	42 000	0.00	42 000
其中：在建厂房面积		32 000	32 000	0.00	32 000
房屋竣工建筑面积		0	0	-100.00	221 124
其中：已建成厂房面积		0	0	-100.00	207 795
已建成仓库面积		0	0	—	12 129
土地实际已租售面积		0	0	—	388 165
已投产物流企业	个	0	0	—	3
已投产工业企业		0	0	—	9
其中：投资额5 000万美元（含）以上		0	0	—	3
投资额3 000（含）~5 000万美元以上		0	0	—	0
投资额1 000（含）~3 000万美元以上		0	0	—	2
税收总额	万元	3 457	21 398	45.27	63 501
其中：海关税收及代征税		3 222	20 393	50.65	59 309
工商税收		235	1 005	-15.76	4 192
期末从业人员	人	1 490	1 490	0.00	1 490
其中：外资企业从业人员		1 421	1 421	0.00	1 421
期末出口加工区批准面积	平方公里	1	1	0.00	1
期末出口加工区验收封关面积		1	1	0.00	1

续表

指标	单位	浙江杭州出口加工区			
		2013 年 12 月	当年累计	增幅（%）	历年累计
增加值	万元	16 403	141 463	13. 30	947 658
营业总收入	万元	133 821	1 271 556	3. 31	2 502 421
工业总产值	万元	133 675	1 245 355	2. 65	12 627 980
其中：高新技术产业	万元	1 074	14 601	-34. 40	57 091
电子信息产业	万元	107 374	1 028 025	3. 12	10 924 518
工业产品销售额	万元	132 334	1 246 753	2. 88	12 552 600
企业利润总额	万元	5 088	40 258	39. 97	254 645
物流企业营业收入	万元	1 487	10 399	72. 11	47 867
综合能源耗费量	吨标准煤	3 583	13 597	2. 23	142 382
批准企业数	个	0	0	—	33
其中：外资企业	个	0	0	—	28
仓储物流企业	个	0	0	—	6
批准投资总额	万美元	0	0	—	59 787
其中：外商投资总额	万美元	0	0	—	49 771
增资额	万美元	0	0	—	21 492
合同利用外资	万美元	0	0	—	21 871
其中：增资额	万美元	0	0	—	7 505
企业实际到位资金	万美元	0	800	—	26 306
其中：实际利用外资	万美元	0	800	—	19 719
固定资产投资额	万元	8 825	22 116	13. 84	386 880
其中：基础设施投资	万元	8 825	22 116	13. 84	103 712
开发公司投资	万元	0	0	—	22 485
期末施工房屋建筑面积	平方米	0	0	—	0
其中：在建厂房面积	平方米	0	0	—	0
房屋竣工建筑面积	平方米	0	15 000	—	584 187
其中：已建成厂房面积	平方米	0	15 000	—	558 582
已建成仓库面积	平方米	0	0	—	17 147
土地实际已租售面积	平方米	0	0	—	886 049
已投产物流企业	个	0	0	—	6
已投产工业企业	个	0	1	—	25
其中：投资额 5 000 万美元（含）以上	个	0	0	—	2
投资额 3 000（含）~5 000 万美元以上	个	0	0	—	2
投资额 1 000（含）~3 000 万美元以上	个	0	1	—	8
税收总额	万元	6 440	86 662	-2. 07	387 404
其中：海关税收及代征税	万元	6 261	63 875	-10. 36	276 986
工商税收	万元	179	22 787	32. 14	110 417
期末从业人员	人	9 443	9 443	5. 11	9 443
其中：外资企业从业人员	人	9 223	9 223	4. 32	9 223
期末出口加工区批准面积	平方公里	2. 92	2. 92	0. 00	2. 92
期末出口加工区验收封关面积	平方公里	2	2	0. 00	2

续表

指标	单位	浙江宁波出口加工区			
		2013 年 12 月	当年累计	增幅（%）	历年累计
增加值	万元	22 056	313 932	-1.17	2 692 117
营业总收入		318 526	3 721 252	-15.02	28 609 300
工业总产值		309 039	3 636 470	-18.83	29 414 807
其中：高新技术产业		247 231	2 909 176	-18.83	25 728 328
电子信息产业		262 683	3 090 999	-18.83	24 659 437
工业产品销售额		289 081	3 622 460	-15.63	28 343 874
企业利润总额		5 410	66 186	-10.48	704 566
物流企业营业收入		29 445	98 792	15.44	131 862
综合能源耗费量	吨标准煤	13 768	165 324	-4.73	379 312
批准企业数	个	0	0	—	43
其中：外资企业		0	0	—	42
仓储物流企业		0	0	—	5
批准投资总额	万美元	0	0	-100.00	226 422
其中：外商投资总额		0	0	-100.00	226 422
增资额		0	0	-100.00	199 607
合同利用外资		0	0	-100.00	98 705
其中：增资额		0	0	-100.00	32 199
企业实际到位资金		0	3 700	1 323.08	51 785
其中：实际利用外资		0	3 700	1 323.08	51 785
固定资产投资额	万元	5 480	46 220	130.93	1 110 785
其中：基础设施投资		0	0	—	42 969
开发公司投资		0	0	—	0
期末施工房屋建筑面积	平方米	0	0	-100.00	0
其中：在建厂房面积		0	0	-100.00	0
房屋竣工建筑面积		0	0	-100.00	1 001 000
其中：已建成厂房面积		0	0	-100.00	1 001 000
已建成仓库面积		0	0	—	0
土地实际已租售面积		0	0	—	661 000
已投产物流企业	个	0	0	—	3
已投产工业企业		0	0	—	20
其中：投资额 5 000 万美元（含）以上		0	0	—	1
投资额 3 000（含）~5 000 万美元以上		0	0	—	3
投资额 1 000（含）~3 000 万美元以上		0	0	—	3
税收总额	万元	571	5 710	5.80	42 228
其中：海关税收及代征税		571	5 710	5.80	41 028
工商税收		0	0	—	1 200
期末从业人员	人	37 459	37 459	-12.59	37 459
其中：外资企业从业人员		35 586	35 586	-12.58	35 586
期末出口加工区批准面积	平方公里	3	3	0.00	3
期末出口加工区验收封关面积		2	2	0.00	2

续表

指标	单位	浙江嘉兴出口加工区			
		2013 年 12 月	当年累计	增幅（%）	历年累计
增加值	万元	365	8 688	-1.06	36 067
营业总收入	万元	5 791	52 576	14.04	189 638
工业总产值	万元	6 835	51 384	22.17	188 428
其中：高新技术产业	万元	0	0	—	0
电子信息产业	万元	0	0	—	0
工业产品销售额	万元	4 833	49 019	15.67	179 268
企业利润总额	万元	-261	1 432	-20.27	8 787
物流企业营业收入	万元	128	855	345.31	1 209
综合能源耗费量	吨标准煤	469	2 259	-3.91	9 176
批准企业数	个	0	3	0.00	22
其中：外资企业	个	0	0	—	10
仓储物流企业	个	0	2	100.00	4
批准投资总额	万美元	0	495	94.88	16 100
其中：外商投资总额	万美元	0	0	—	7 610
增资额	万美元	0	0	—	0
合同利用外资	万美元	0	0	—	3 718
其中：增资额	万美元	0	0	—	0
企业实际到位资金	万美元	0	787	-49.81	5 301
其中：实际利用外资	万美元	0	300	-77.17	3 170
固定资产投资额	万元	0	2 008	-81.91	157 196
其中：基础设施投资	万元	0	0	—	2 416
开发公司投资	万元	0	0	—	0
期末施工房屋建筑面积	平方米	0	0	—	0
其中：在建厂房面积	平方米	0	0	—	0
房屋竣工建筑面积	平方米	13 176	13 176	—	150 476
其中：已建成厂房面积	平方米	1 622	1 622	—	138 922
已建成仓库面积	平方米	11 529	11 529	—	11 529
土地实际已租售面积	平方米	0	49 258	—	81 058
已投产物流企业	个	0	0	—	2
已投产工业企业	个	0	0	—	12
其中：投资额 5 000 万美元（含）以上	个	0	0	—	0
投资额 3 000（含）~5 000 万美元以上	个	0	0	—	0
投资额 1 000（含）~3 000 万美元以上	个	0	0	—	5
税收总额	万元	3 941	22 336	2 281.24	28 652
其中：海关税收及代征税	万元	3 798	21 400	—	24 281
工商税收	万元	143	936	-0.21	4 371
期末从业人员	人	1 105	1 105	-6.04	1 105
其中：外资企业从业人员	人	387	387	-6.97	387
期末出口加工区批准面积	平方公里	2.98	2.98	0.00	2.98
期末出口加工区验收封关面积	平方公里	1.98	1.98	0.00	1.98

续表

指标	单位	浙江慈溪出口加工区			
		2013 年 12 月	当年累计	增幅（%）	历年累计
增加值	万元	321	3 562	-1.08	11 206
营业总收入	万元	1 001	14 225	26.33	38 552
工业总产值	万元	856	12 780	8.10	35 140
其中：高新技术产业	万元	0	0	—	0
电子信息产业	万元	856	12 780	8.10	35 095
工业产品销售额	万元	832	12 486	22.95	32 423
企业利润总额	万元	36	398	50.76	966
物流企业营业收入	万元	145	1 286	38.88	5 497
综合能源耗费量	吨标准煤	15	85	28.79	232
批准企业数	个	0	5	25.00	29
其中：外资企业	个	0	1	—	8
仓储物流企业	个	0	4	0.00	17
批准投资总额	万美元	0	6 928	331.11	32 788
其中：外商投资总额	万美元	0	4 144	564.10	19 138
增资额	万美元	0	144	—	144
合同利用外资	万美元	0	2 146	243.91	11 329
其中：增资额	万美元	0	146	—	146
企业实际到位资金	万美元	0	471	-52.04	9 420
其中：实际利用外资	万美元	0	146	-53.21	4 047
固定资产投资额	万元	700	16 097	0.31	85 227
其中：基础设施投资	万元	700	16 097	5.57	79 319
开发公司投资	万元	0	0	-100.00	22 675
期末施工房屋建筑面积	平方米	18 000	18 000	—	18 000
其中：在建厂房面积	平方米	18 000	18 000		18 000
房屋竣工建筑面积	平方米	0	0	-100.00	141 640
其中：已建成厂房面积	平方米	0	0	—	49 786
已建成仓库面积	平方米	0	0	-100.00	86 754
土地实际已租售面积	平方米	0	0	-100.00	270 416
已投产物流企业	个	0	3	0.00	14
已投产工业企业	个	0	0	—	6
其中：投资额 5 000 万美元（含）以上	个	0	0	—	0
投资额 3 000（含）~5 000 万美元以上	个	0	0	—	0
投资额 1 000（含）~3 000 万美元以上	个	0	0	—	1
税收总额	万元	859	10 189	73.34	27 894
其中：海关税收及代征税	万元	850	10 102	74.96	27 520
工商税收	万元	9	87	-16.35	374
期末从业人员	人	126	126	-11.89	126
其中：外资企业从业人员	人	27	27	-12.90	27
期末出口加工区批准面积	平方公里	2	2	0.00	2
期末出口加工区验收封关面积	平方公里	0.7	0.7	0.00	0.7

续表

指标	单位	安徽芜湖出口加工区			
		2013 年 12 月	当年累计	增幅（%）	历年累计
增加值	万元	3 632	38 214	-17.56	144 534
营业总收入	万元	20 965	215 291	-16.33	1 000 258
工业总产值	万元	30 704	220 133	-12.79	1 004 954
其中：高新技术产业	万元	1 925	12 628	73.94	36 791
电子信息产业	万元	21 678	151 580	-16.96	690 360
工业产品销售额	万元	20 963	215 270	-16.33	1 000 125
企业利润总额	万元	400	6 374	-36.80	9 365
物流企业营业收入	万元	2	21	-12.50	133
综合能源耗费量	吨标准煤	1 249	6 842	-37.50	60 304
批准企业数	个	0	1	-50.00	21
其中：外资企业	个	0	0	—	9
仓储物流企业	个	0	0	-100.00	5
批准投资总额	万美元	0	516	-96.91	52 027
其中：外商投资总额	万美元	0	0	-100.00	30 870
增资额	万美元	0	484	-97.06	28 443
合同利用外资	万美元	582	582	-96.23	30 590
其中：增资额	万美元	582	582	-96.23	25 880
企业实际到位资金	万美元	24 105	24 621	271.53	49 906
其中：实际利用外资	万美元	12 665	12 665	134.19	30 590
固定资产投资额	万元	4 106	42 116	9.97	251 766
其中：基础设施投资	万元	4 106	14 234	-32.53	134 930
开发公司投资	万元	0	0	—	11 651
期末施工房屋建筑面积	平方米	56 676	56 676	136.15	56 676
其中：在建厂房面积	平方米	56 676	56 676	136.15	56 676
房屋竣工建筑面积	平方米	23 922	60 697	767.10	360 646
其中：已建成厂房面积	平方米	13 206	39 981	471.16	313 609
已建成仓库面积	平方米	10 716	20 716	—	31 237
土地实际已租售面积	平方米	26.393	26 393	-86.98	952 398
已投产物流企业	个	0	0	—	3
已投产工业企业	个	0	0	—	13
其中：投资额 5 000 万美元（含）以上	个	0	0	—	2
投资额 3 000（含）~5 000 万美元以上	个	0	0	—	0
投资额 1 000（含）~3 000 万美元以上	个	0	0	—	1
税收总额	万元	1 088	9 516	38.98	37 432
其中：海关税收及代征税	万元	680	7 360	54.52	29 254
工商税收	万元	408	2 156	3.45	8 177
期末从业人员	人	4 422	4 422	-1.76	4 422
其中：外资企业从业人员	人	3 812	3 812	-4.89	3 812
期末出口加工区批准面积	平方公里	2.95	2.95	0.00	2.95
期末出口加工区验收封关面积	平方公里	2.17	2.17	0.00	2.17

续表

指标	单位	福建福州出口加工区			
		2013年12月	当年累计	增幅（%）	历年累计
增加值	万元	253	2 909	43.80	19 629
营业总收入	万元	1 810	20 621	72.56	49 231
工业总产值	万元	1 725	19 895	71.21	48 515
其中：高新技术产业	万元	0	0	—	0
电子信息产业	万元	0	0	—	0
工业产品销售额	万元	1 700	19 555	75.62	44 370
企业利润总额	万元	70	847	48.08	2 050
物流企业营业收入	万元	102	1 020	53.15	4 610
综合能源耗费量	吨标准煤	80	370	135.67	527
批准企业数	个	0	2	-33.33	20
其中：外资企业	个	0	1	—	5
仓储物流企业	个	0	1	-50.00	10
批准投资总额	万美元	0	2 558	2 945.24	9 801
其中：外商投资总额	万美元	0	2 550	—	6 980
增资额	万美元	0	0	—	0
合同利用外资	万美元	0	1 600	—	3 830
其中：增资额	万美元	0	0	—	0
企业实际到位资金	万美元	0	1 608	1 814.29	5 821
其中：实际利用外资	万美元	0	1 600	—	2 767
固定资产投资额	万元	420	4 780	-8.43	91 302
其中：基础设施投资	万元	0	75	-73.21	23 425
开发公司投资	万元	0	0	—	0
期末施工房屋建筑面积	平方米	21 793	21 793	142.14	21 793
其中：在建厂房面积	平方米	17 668	17 668	96.31	17 668
房屋竣工建筑面积	平方米	0	9 000	-67.27	119 680
其中：已建成厂房面积	平方米	0	9 000	-58.72	72 580
已建成仓库面积	平方米	0	0	-100.00	7 700
土地实际已租售面积	平方米	0	30 533	—	326 007
已投产物流企业	个	0	1	-50.00	6
已投产工业企业	个	0	0	—	1
其中：投资额5 000万美元（含）以上	个	0	0	—	0
投资额3 000（含）~5 000万美元以上	个	0	0	—	0
投资额1 000（含）~3 000万美元以上	个	0	0	—	1
税收总额	万元	7 746	61 714	143.11	128 053
其中：海关税收及代征税	万元	7 700	61 014	146.35	123 992
工商税收	万元	46	600	-2.60	3 959
期末从业人员	人	345	345	-1.43	345
其中：外资企业从业人员	人	290	290	-1.69	290
期末出口加工区批准面积	平方公里	1.14	1.14	0.00	1.14
期末出口加工区验收封关面积	平方公里	0.44	0.44	0.00	0.44

续表

指标	单位	福建福清出口加工区			
		2013 年 12 月	当年累计	增幅（%）	历年累计
增加值	万元	502	960	52.87	2 104
营业总收入		4 372	21 539	352.40	26 300
工业总产值		1 617	23 935	416.84	34 214
其中：高新技术产业		0	0	—	0
电子信息产业		0	0	—	0
工业产品销售额		4 363	21 377	361.61	26 008
企业利润总额		405	-411	—	-740
物流企业营业收入		9	162	24.62	606
综合能源耗费量	吨标准煤	10	38	40.74	70
批准企业数	个	1	1	—	13
其中：外资企业		0	0	—	9
仓储物流企业		0	0	—	3
批准投资总额	万美元	496	496	—	30 909
其中：外商投资总额		0	0	—	29 500
增资额		0	0	—	0
合同利用外资		0	20 000	—	31 280
其中：增资额		0	0	—	0
企业实际到位资金		99	398	-50.31	5 576
其中：实际利用外资		0	299	-62.67	4 549
固定资产投资额	万元	83	11 329	-59.06	127 052
其中：基础设施投资		41	4 195	10.83	40 699
开发公司投资		42	7 134	-70.13	76 873
期末施工房屋建筑面积	平方米	4 347	4 347	—	4 347
其中：在建厂房面积		0	0	—	0
房屋竣工建筑面积		0	0	—	159 328
其中：已建成厂房面积		0	0	—	151 122
已建成仓库面积		0	0	—	4 758
土地实际已租售面积		0	0	—	398 865
已投产物流企业	个	0	0	—	2
已投产工业企业		0	0	-100.00	2
其中：投资额 5 000 万美元（含）以上		0	0	—	0
投资额 3 000（含）~5 000 万美元以上		0	0	—	0
投资额 1 000（含）~3 000 万美元以上		0	0	—	0
税收总额	万元	2 078	31 956	58.68	68 712
其中：海关税收及代征税		2 050	31 698	58.17	67 589
工商税收		28	258	160.61	1 123
期末从业人员	人	299	299	43.06	299
其中：外资企业从业人员		225	225	59.57	225
期末出口加工区批准面积	平方公里	0.81	0.81	0.00	0.81
期末出口加工区验收封关面积		0.81	0.81	0.00	0.81

续表

指标	单位	福建泉州出口加工区			
		2013年12月	当年累计	增幅（%）	历年累计
增加值	万元	0	0	—	7 321
营业总收入		71 696	574 919	73.41	962 129
工业总产值		71 731	572 160	87.45	4 536 140
其中：高新技术产业		0	0	—	0
电子信息产业		0	0	—	0
工业产品销售额		71 696	574 919	75.06	953 027
企业利润总额		57	337	-97.68	250 400
物流企业营业收入		0	0	-100.00	9 102
综合能源耗费量	吨标准煤	45	1 305	-51.11	5 724
批准企业数	个	0	8	-27.27	29
其中：外资企业		0	2	0.00	8
仓储物流企业		0	0	—	1
批准投资总额	万美元	0	1 450	-89.73	20 348
其中：外商投资总额		0	50	-99.36	7 846
增资额		0	0	—	0
合同利用外资		0	100	-88.02	5 701
其中：增资额		0	0	—	0
企业实际到位资金		8 007	10 703	-29.64	35 286
其中：实际利用外资		953	1 452	—	5 237
固定资产投资额	万元	7 548	10 393	-20.62	146 496
其中：基础设施投资		383	383	—	75 503
开发公司投资		7 165	7 165	—	82 285
期末施工房屋建筑面积	平方米	0	0	—	0
其中：在建厂房面积		0	0	—	0
房屋竣工建筑面积		0	0	—	182 157
其中：已建成厂房面积		0	0	—	176 399
已建成仓库面积		0	0	—	5 758
土地实际已租售面积		0	0	—	199 123
已投产物流企业	个	0	0	—	1
已投产工业企业		0	0	—	8
其中：投资额5 000万美元（含）以上		0	0	—	0
投资额3 000（含）~5 000万美元以上		0	0	—	0
投资额1 000（含）~3 000万美元以上		0	0	—	4
税收总额	万元	834	17 786	83.32	37 016
其中：海关税收及代征税		822	16 464	79.15	34 415
工商税收		12	1 322	158.20	2 195
期末从业人员	人	732	732	26.21	732
其中：外资企业从业人员		362	362	44.80	362
期末出口加工区批准面积	平方公里	3.7	3.7	0.00	3.7
期末出口加工区验收封关面积		3	3	0.00	3

续表

指标	单位	江西南昌出口加工区			
		2013 年 12 月	当年累计	增幅（%）	历年累计
增加值	万元	5 733	46 291	338.61	76 465
营业总收入		31 647	438 539	127.29	631 480
工业总产值		31 346	437 079	131.11	785 289
其中：高新技术产业		0	0	—	0
电子信息产业		31 346	437 079	340.78	600 225
工业产品销售额		26 671	429 430	136.39	730 117
企业利润总额		250	2 040	—	413
物流企业营业收入		58	719	93.80	1 469
综合能源耗费量	吨标准煤	3	27	-96.97	27 284
批准企业数	个	0	3	0.00	14
其中：外资企业		0	3	50.00	14
仓储物流企业		0	1	0.00	4
批准投资总额	万美元	0	32 000	100.00	105 923
其中：外商投资总额		0	32 000	433.33	105 923
增资额		0	0	—	0
合同利用外资		0	10 000	38.89	47 715
其中：增资额		0	0	—	4 100
企业实际到位资金		0	2 941	-51.39	19 141
其中：实际利用外资		0	2 181	6.39	19 141
固定资产投资额	万元	0	500	-95.83	109 220
其中：基础设施投资		0	500	—	45 078
开发公司投资		0	0	-100.00	12 000
期末施工房屋建筑面积	平方米	50 000	50 000	233.33	50 000
其中：在建厂房面积		40 000	40 000	166.67	40 000
房屋竣工建筑面积		0	0	—	214 927
其中：已建成厂房面积		0	0	—	212 927
已建成仓库面积		0	0	—	2 000
土地实际已租售面积		0	0	—	272 680
已投产物流企业	个	0	0	—	2
已投产工业企业		0	2	0.00	11
其中：投资额 5 000 万美元（含）以上		0	2	—	4
投资额 3 000（含）~5 000 万美元以上		0	0	-100.00	2
投资额 1 000（含）~3 000 万美元以上		0	0	—	2
税收总额	万元	33	169	218.87	274
其中：海关税收及代征税		11	110	254.84	160
工商税收		22	58	190.00	96
期末从业人员	人	2 362	2 362	-13.92	2 362
其中：外资企业从业人员		2 362	2 362	-13.00	2 362
期末出口加工区批准面积	平方公里	1	1	0.00	1
期末出口加工区验收封关面积		1	1	0.00	1

续表

指标	单位	江西九江出口加工区			
		2013年12月	当年累计	增幅（%）	历年累计
增加值	万元	1 730	20 175	-32.55	73 017
营业总收入	万元	9 680	117 884	-65.40	458 581
工业总产值	万元	10 331	125 839	-61.29	958 766
其中：高新技术产业	万元	0	0	—	0
电子信息产业	万元	9 870	120 974	-62.79	945 712
工业产品销售额	万元	9 680	104 608	-67.06	881 247
企业利润总额	万元	225	3 076	-43.66	16 524
物流企业营业收入	万元	0	0	-100.00	14
综合能源耗费量	吨标准煤	180	619	-50.08	3 685
批准企业数	个	0	2	100.00	24
其中：外资企业	个	0	2	100.00	17
仓储物流企业	个	0	1	—	4
批准投资总额	万美元	0	1 110	-78.65	56 926
其中：外商投资总额	万美元	0	1 110	-78.65	47 776
增资额	万美元	0	0	-100.00	6 000
合同利用外资	万美元	0	3 930	-86.34	47 776
其中：增资额	万美元	0	0	-100.00	5 000
企业实际到位资金	万美元	0	670	11.67	17 926
其中：实际利用外资	万美元	0	670	11.67	16 415
固定资产投资额	万元	0	3	-99.98	101 085
其中：基础设施投资	万元	0	0	-100.00	20 469
开发公司投资	万元	0	0	—	13 946
期末施工房屋建筑面积	平方米	0	0	-100.00	0
其中：在建厂房面积	平方米	0	0	-100.00	0
房屋竣工建筑面积	平方米	0	0	-100.00	170 383
其中：已建成厂房面积	平方米	0	0	-100.00	127 669
已建成仓库面积	平方米	0	0	—	1 847
土地实际已租售面积	平方米	0	124 667	74.77	710 664
已投产物流企业	个	0	1	—	3
已投产工业企业	个	0	1	—	22
其中：投资额5 000万美元（含）以上	个	0	0	—	1
投资额3 000（含）~5 000万美元以上	个	0	0	—	8
投资额1 000（含）~3 000万美元以上	个	0	1	—	6
税收总额	万元	84	2 028	140.00	4 335
其中：海关税收及代征税	万元	69	1 444	334.94	1 937
工商税收	万元	15	584	13.84	2 398
期末从业人员	人	1 750	1 750	-56.14	1 750
其中：外资企业从业人员	人	1 650	1 650	-57.58	1 650
期末出口加工区批准面积	平方公里	0.99	0.99	0.00	0.99
期末出口加工区验收封关面积	平方公里	0.99	0.99	0.00	0.99

续表

指标	单位	江西赣州出口加工区			
		2013年12月	当年累计	增幅（%）	历年累计
增加值	万元	750	7 319	-33.82	19 179
营业总收入	万元	2 240	18 877	-49.29	76 278
工业总产值	万元	2 216	18 611	-14.00	54 094
其中：高新技术产业	万元	0	0	—	0
电子信息产业	万元	2 216	17 738	-18.03	53 221
工业产品销售额	万元	2 216	17 738	-18.03	52 465
企业利润总额	万元	0	266	-47.22	770
物流企业营业收入	万元	24	265	-98.30	22 183
综合能源耗费量	吨标准煤	181	919	46.34	1 992
批准企业数	个	0	0	-100.00	9
其中：外资企业	个	0	0	—	1
仓储物流企业	个	0	0	-100.00	6
批准投资总额	万美元	0	0	-100.00	1 200
其中：外商投资总额	万美元	0	0	—	1 200
增资额	万美元	0	0	—	0
合同利用外资	万美元	0	0	—	1 200
其中：增资额	万美元	0	0	—	0
企业实际到位资金	万美元	0	400	-82.43	1 200
其中：实际利用外资	万美元	0	0	-100.00	1 200
固定资产投资额	万元	0	11 800	86.56	39 798
其中：基础设施投资	万元	0	3 700	21.11	10 934
开发公司投资	万元	0	8 100	147.71	28 864
期末施工房屋建筑面积	平方米	0	0	-100.00	0
其中：在建厂房面积	平方米	0	0	-100.00	0
房屋竣工建筑面积	平方米	0	54 500	-30.48	245 700
其中：已建成厂房面积	平方米	0	54 500	-25.95	238 100
已建成仓库面积	平方米	0	0	-100.00	7 600
土地实际已租售面积	平方米	0	1 200	-99.40	371 200
已投产物流企业	个	0	1	-66.67	6
已投产工业企业	个	0	0	—	1
其中：投资额5 000万美元（含）以上	个	0	0	—	0
投资额3 000（含）~5 000万美元以上	个	0	0	—	0
投资额1 000（含）~3 000万美元以上	个	0	0	—	0
税收总额	万元	20	3 200	-23.08	7 588
其中：海关税收及代征税	万元	1	3 052	-20.52	6 892
工商税收	万元	19	148	-53.75	696
期末从业人员	人	3 247	3 247	-14.10	3 247
其中：外资企业从业人员	人	3 217	3 217	-5.38	3 217
期末出口加工区批准面积	平方公里	2.93	2.93	0.00	2.93
期末出口加工区验收封关面积	平方公里	0.93	0.93	0.00	0.93

续表

指标	单位	山东济南出口加工区			
		2013 年 12 月	当年累计	增幅（%）	历年累计
增加值	万元	4 858	32 439	10.82	92 950
营业总收入	万元	14 919	173 150	-26.60	409 036
工业总产值	万元	19 905	152 443	41.12	599 721
其中：高新技术产业	万元	669	5 739	-4.94	11 776
电子信息产业	万元	0	0	—	0
工业产品销售额	万元	14 511	152 794	41.41	607 673
企业利润总额	万元	768	8 260	-54.65	40 138
物流企业营业收入	万元	408	20 355	-84.08	148 525
综合能源耗费量	吨标准煤	75	283	25.22	1 372
批准企业数	个	0	19	216.67	58
其中：外资企业	个	0	2	0.00	11
仓储物流企业	个	0	3	200.00	10
批准投资总额	万美元	0	4 590	-7.68	32 340
其中：外商投资总额	万美元	0	1 600	-33.94	19 945
增资额	万美元	0	0	—	524
合同利用外资	万美元	4 900	11 500	1 716.75	19 945
其中：增资额	万美元	0	0	—	524
企业实际到位资金	万美元	5 351	46 952	479.73	68 179
其中：实际利用外资	万美元	2 055	3 821	1 173.67	8 180
固定资产投资额	万元	20 207	267 506	435.41	445 076
其中：基础设施投资	万元	1 012	6 027	163.42	19 163
开发公司投资	万元	0	0	—	16 053
期末施工房屋建筑面积	平方米	226 855	226 855	34.35	226 855
其中：在建厂房面积	平方米	202 582	202 582	23.09	202 582
房屋竣工建筑面积	平方米	0	73 000	421.43	348 035
其中：已建成厂房面积	平方米	0	73 000	421.43	287 850
已建成仓库面积	平方米	0	0	—	23 145
土地实际已租售面积	平方米	0	301 333	9.44	1 114 263
已投产物流企业	个	0	0	—	4
已投产工业企业	个	1	4	300.00	15
其中：投资额 5 000 万美元（含）以上	个	0	0	—	0
投资额 3 000（含）~5 000 万美元以上	个	0	0	—	0
投资额 1 000（含）~3 000 万美元以上	个	0	0	—	0
税收总额	万元	6 109	20 539	-17.20	69 949
其中：海关税收及代征税	万元	6 005	19 200	-7.69	62 175
工商税收	万元	104	1 339	-66.57	7 774
期末从业人员	人	1 140	1 140	17.77	1 140
其中：外资企业从业人员	人	271	271	20.98	271
期末出口加工区批准面积	平方公里	3.2	3.2	0.00	3.2
期末出口加工区验收封关面积	平方公里	1.2	1.2	0.00	1.2

续表

指标	单位	山东青岛出口加工区			
		2013 年 12 月	当年累计	增幅（%）	历年累计
增加值	万元	12 760	133 797	8.53	799 099
营业总收入	万元	43 199	473 633	-3.81	2 828 105
工业总产值	万元	45 820	481 045	9.41	2 877 957
其中：高新技术产业	万元	11 410	120 517	9.50	816 784
电子信息产业	万元	36 542	386 773	9.80	2 179 091
工业产品销售额	万元	43 130	470 708	9.58	2 813 110
企业利润总额	万元	7 880	84 756	8.93	468 470
物流企业营业收入	万元	69	796	2.71	3 342
综合能源耗费量	吨标准煤	2 402	8 017	9.75	36 292
批准企业数	个	0	7	16.67	73
其中：外资企业	个	0	6	20.00	66
仓储物流企业	个	0	0	—	2
批准投资总额	万美元	0	14 820	-54.59	190 067
其中：外商投资总额	万美元	0	12 122	-60.55	157 503
增资额	万美元	0	1 022	-93.93	38 486
合同利用外资	万美元	0	7 535	-28.28	70 039
其中：增资额	万美元	0	1 340	-78.75	19 440
企业实际到位资金	万美元	510	9 695	-17.09	160 657
其中：实际利用外资	万美元	232	6 481	11.36	45 268
固定资产投资额	万元	5 381	57 214	57.32	264 951
其中：基础设施投资	万元	0	470	-96.09	68 414
开发公司投资	万元	0	0	-100.00	100
期末施工房屋建筑面积	平方米	0	0	-100.00	0
其中：在建厂房面积	平方米	0	0	-100.00	0
房屋竣工建筑面积	平方米	0	4 000	-88.57	474 000
其中：已建成厂房面积	平方米	0	4 000	-84.00	416 719
已建成仓库面积	平方米	0	0	-100.00	23 000
土地实际已租售面积	平方米	0	0	—	1 455 404
已投产物流企业	个	0	3	—	5
已投产工业企业	个	0	3	—	52
其中：投资额 5 000 万美元（含）以上	个	0	0	—	2
投资额 3 000（含）~5 000 万美元以上	个	0	0	—	3
投资额 1 000（含）~3 000 万美元以上	个	0	2	—	16
税收总额	万元	2 354	23 886	63.84	81 224
其中：海关税收及代征税	万元	1 195	12 794	79.16	30 387
工商税收	万元	1 159	9 146	22.96	48 888
期末从业人员	人	7 700	7 700	1.18	7 700
其中：外资企业从业人员	人	7 380	7 380	-0.14	7 380
期末出口加工区批准面积	平方公里	2.8	2.8	0.00	2.8
期末出口加工区验收封关面积	平方公里	1.7	1.7	0.00	1.7

续表

指标	单位	山东青岛西海岸出口加工区			
		2013 年 12 月	当年累计	增幅（%）	历年累计
增加值	万元	1 293	8 003	45.80	175 846
营业总收入	万元	5 622	38 049	-4.93	616 767
工业总产值	万元	5 406	27 986	31.54	640 013
其中：高新技术产业	万元	0	0	—	0
电子信息产业	万元	4 140	17 187	—	17 187
工业产品销售额	万元	5 206	30 515	21.25	590 715
企业利润总额	万元	353	392	300.00	64 859
物流企业营业收入	万元	416	7 519	-48.50	26 037
综合能源耗费量	吨标准煤	499	1 182	4.32	4 427
批准企业数	个	2	9	200.00	25
其中：外资企业	个	0	3	0.00	17
仓储物流企业	个	2	4	—	7
批准投资总额	万美元	97	21 578	115.78	75 842
其中：外商投资总额	万美元	0	19 110	91.10	65 124
增资额	万美元	0	0	—	0
合同利用外资	万美元	0	13 260	110.51	49 014
其中：增资额	万美元	0	0	—	11 179
企业实际到位资金	万美元	1 978	7 079	127.84	52 229
其中：实际利用外资	万美元	1 484	5 078	203.53	35 767
固定资产投资额	万元	1 633	30 650	-2.54	121 003
其中：基础设施投资	万元	88	1 470	-73.00	46 948
开发公司投资	万元	0	0	—	0
期末施工房屋建筑面积	平方米	166 570	166 570	29.80	166 570
其中：在建厂房面积	平方米	166 570	166 570	29.80	166 570
房屋竣工建筑面积	平方米	34 669	77 261	10.60	542 107
其中：已建成厂房面积	平方米	34 669	59 779	-14.40	461 743
已建成仓库面积	平方米	0	17 482	—	80 364
土地实际已租售面积	平方米	0	0	—	1 816 377
已投产物流企业	个	0	0	-100.00	3
已投产工业企业	个	0	0	—	6
其中：投资额 5 000 万美元（含）以上	个	0	0	—	2
投资额 3 000（含）~5 000 万美元以上	个	0	0	—	0
投资额 1 000（含）~3 000 万美元以上	个	0	0	—	3
税收总额	万元	2 586	31 410	103.88	66 928
其中：海关税收及代征税	万元	2 523	30 301	102.07	56 514
工商税收	万元	63	1 109	169.83	10 414
期末从业人员	人	2 909	2 909	61.52	2 909
其中：外资企业从业人员	人	2 409	2 409	93.34	2 409
期末出口加工区批准面积	平方公里	2	2	0.00	2
期末出口加工区验收封关面积	平方公里	2	2	0.00	2

续表

指标	单位	山东潍坊出口加工区			
		2013 年 12 月	当年累计	增幅（%）	历年累计
增加值	万元	11 245	64 155	64. 34	129 811
营业总收入	万元	47 305	278 532	109. 03	525 084
工业总产值	万元	47 130	276 308	110. 10	521 097
其中：高新技术产业	万元	45 589	257 069	106. 23	475 651
电子信息产业	万元	46 115	259 361	105. 93	432 330
工业产品销售额	万元	47 155	275 981	110. 37	517 598
企业利润总额	万元	4 350	33 622	74. 04	61 409
物流企业营业收入	万元	150	2 474	88. 57	7 409
综合能源耗费量	吨标准煤	822	1 861	-8. 64	4 273
批准企业数	个	0	10	100. 00	53
其中：外资企业	个	0	0	-100. 00	14
仓储物流企业	个	0	3	50. 00	8
批准投资总额	万美元	0	40 488	782. 09	147 375
其中：外商投资总额	万美元	0	0	-100. 00	31 433
增资额	万美元	0	0	—	0
合同利用外资	万美元	0	0	-100. 00	10 910
其中：增资额	万美元	0	0	—	0
企业实际到位资金	万美元	1 148	14 619	108. 93	52 713
其中：实际利用外资	万美元	0	91	-81. 80	1 993
固定资产投资额	万元	7 650	108 766	138. 52	299 100
其中：基础设施投资	万元	650	14 150	1 473. 97	24 353
开发公司投资	万元	0	0	—	6 308
期末施工房屋建筑面积	平方米	433 542	433 542	4. 32	433 542
其中：在建厂房面积	平方米	262 097	262 097	-35. 73	262 097
房屋竣工建筑面积	平方米	0	270 066	696. 82	562 936
其中：已建成厂房面积	平方米	0	227 289	—	444 122
已建成仓库面积	平方米	0	0	-100. 00	42 541
土地实际已租售面积	平方米	0	80 512	-68. 24	1 446 353
已投产物流企业	个	0	0	—	6
已投产工业企业	个	0	0	-100. 00	15
其中：投资额 5 000 万美元（含）以上	个	0	0	-100. 00	1
投资额 3 000（含）~5 000 万美元以上	个	0	0	—	1
投资额 1 000（含）~3 000 万美元以上	个	0	0	—	1
税收总额	万元	1 557	32 691	40. 06	74 650
其中：海关税收及代征税	万元	889	20 015	19. 61	42 908
工商税收	万元	668	12 674	91. 83	31 740
期末从业人员	人	6 026	6 026	20. 52	6 026
其中：外资企业从业人员	人	500	500	-9. 09	500
期末出口加工区批准面积	平方公里	3	3	0. 00	3
期末出口加工区验收封关面积	平方公里	1. 7	1. 7	0. 00	1. 7

续表

指标	单位	山东威海出口加工区			
		2013 年 12 月	当年累计	增幅（%）	历年累计
增加值	万元	8 742	76 886	-11.31	789 974
营业总收入		23 760	322 565	-22.37	2 632 708
工业总产值		33 423	371 464	-6.36	2 633 248
其中：高新技术产业		0	68 861	12.60	331 416
电子信息产业		29 987	293 807	4.90	1 754 523
工业产品销售额		23 487	306 000	0.10	2 626 642
企业利润总额		-253	368	—	25 439
物流企业营业收入		273	1 986	31.00	6 606
综合能源耗费量	吨标准煤	912	4 142	4.65	28 454
批准企业数	个	1	1	—	76
其中：外资企业		1	1	—	57
仓储物流企业		0	0	—	8
批准投资总额	万美元	11	86	-85.67	74 274
其中：外商投资总额		11	11	—	68 391
增资额		0	75	-87.50	20 444
合同利用外资		2 540	2 640	285.96	68 381
其中：增资额		0	100	-83.33	20 444
企业实际到位资金		2 540	2 615	107.54	45 183
其中：实际利用外资		2 540	2 615	263.19	42 333
固定资产投资额	万元	431	29 160	-56.36	308 035
其中：基础设施投资		431	19 542	23.86	192 590
开发公司投资		0	0	—	100
期末施工房屋建筑面积	平方米	0	0	-100.00	0
其中：在建厂房面积		0	0	100.00	0
房屋竣工建筑面积		0	20 000	-67.21	459 552
其中：已建成厂房面积		0	20 000	-67.21	446 660
已建成仓库面积		0	0	—	6 200
土地实际已租售面积		0	0	—	1 127 010
已投产物流企业	个	0	1	—	8
已投产工业企业		0	0	—	37
其中：投资额 5 000 万美元（含）以上		0	0	—	2
投资额 3 000（含）~5 000 万美元以上		0	0	—	0
投资额 1 000（含）~3 000 万美元以上		0	0	—	15
税收总额	万元	205	5 839	-20.49	36 260
其中：海关税收及代征税		3	188	-53.92	3 478
工商税收		202	5 651	-18.51	32 782
期末从业人员	人	10 444	10 444	-9.47	10 444
其中：外资企业从业人员		10 348	10 348	-9.45	10 348
期末出口加工区批准面积	平方公里	2.6	2.6	0.00	2.6
期末出口加工区验收封关面积		1.34	1.34	0.00	1.34

续表

指标	单位	河南郑州出口加工区			
		2013年12月	当年累计	增幅（%）	历年累计
增加值	万元	11 080	145 951	21.58	426 657
营业总收入	万元	51 055	564 085	26.16	1 564 529
工业总产值	万元	42 277	580 446	23.05	1 611 748
其中：高新技术产业	万元	31 002	502 844	23.86	1 178 386
电子信息产业	万元	31 002	502 844	23.86	1 183 367
工业产品销售额	万元	50 958	562 828	26.11	1 557 763
企业利润总额	万元	505	17 895	0.24	68 868
物流企业营业收入	万元	97	1 257	49.82	6 766
综合能源耗费量	吨标准煤	4 240	14 722	14.35	42 543
批准企业数	个	2	7	-36.36	48
其中：外资企业	个	0	1	-75.00	14
仓储物流企业	个	1	3	-25.00	17
批准投资总额	万美元	1 560	1 866	-90.80	92 978
其中：外商投资总额	万美元	0	81	-99.48	62 510
增资额	万美元	0	0	-100.00	44 400
合同利用外资	万美元	0	8	-99.85	30 205
其中：增资额	万美元	0	0	-100.00	19 585
企业实际到位资金	万美元	180	6 379	-50.25	77 184
其中：实际利用外资	万美元	0	58	-98.85	28 714
固定资产投资额	万元	5 080	124 138	-59.92	873 639
其中：基础设施投资	万元	0	1 396	194.51	54 793
开发公司投资	万元	0	29 500	-14.49	101 204
期末施工房屋建筑面积	平方米	0	0	—	0
其中：在建厂房面积	平方米	0	0	—	0
房屋竣工建筑面积	平方米	0	0	-100.00	632 103
其中：已建成厂房面积	平方米	0	0	-100.00	536 307
已建成仓库面积	平方米	0	0	—	27 814
土地实际已租售面积	平方米	0	0	—	638 699
已投产物流企业	个	0	1	-66.67	12
已投产工业企业	个	1	2	-33.33	23
其中：投资额5 000万美元（含）以上	个	0	0	—	1
投资额3 000（含）~5 000万美元以上	个	0	0	—	0
投资额1 000（含）~3 000万美元以上	个	0	0	-100.00	4
税收总额	万元	7 452	35 122	78.52	70 517
其中：海关税收及代征税	万元	3 732	12 402	-9.18	38 627
工商税收	万元	3 720	22 720	277.53	31 890
期末从业人员	人	25 901	25 901	-9.06	25 901
其中：外资企业从业人员	人	23 723	23 723	-15.58	23 723
期末出口加工区批准面积	平方公里	2.7	2.7	0.00	2.7
期末出口加工区验收封关面积	平方公里	0.9	0.9	0.00	0.9

续表

指标	单位	湖北武汉出口加工区			
		2013 年 12 月	当年累计	增幅（%）	历年累计
增加值	万元	0	258	-43.42	38 206
营业总收入	万元	0	39 202	—	146 721
工业总产值	万元	0	39 167	-55.01	3 239 419
其中：高新技术产业	万元	0	29 328	-66.31	3 229 542
电子信息产业	万元	0	29 698	-65.88	3 208 208
工业产品销售额	万元	0	39 108	-55.08	3 026 561
企业利润总额	万元	0	280	—	1 357
物流企业营业收入	万元	0	94	5.62	811
综合能源耗费量	吨标准煤	0	152	-25.85	5 433
批准企业数	个	0	0	—	9
其中：外资企业	个	0	0	—	6
仓储物流企业	个	0	0	—	1
批准投资总额	万美元	0	0	—	10 705
其中：外商投资总额	万美元	0	0	—	8 880
增资额	万美元	0	0	—	2 200
合同利用外资	万美元	0	0	—	7 480
其中：增资额	万美元	0	0	—	0
企业实际到位资金	万美元	0	0	—	8 070
其中：实际利用外资	万美元	0	0	—	7 070
固定资产投资额	万元	0	0	—	32 000
其中：基础设施投资	万元	0	0	—	14 800
开发公司投资	万元	0	0	—	0
期末施工房屋建筑面积	平方米	0	0	—	0
其中：在建厂房面积	平方米	0	0	—	0
房屋竣工建筑面积	平方米	0	0	—	148 000
其中：已建成厂房面积	平方米	0	0	—	140 000
已建成仓库面积	平方米	0	0	—	8 000
土地实际已租售面积	平方米	0	0	—	140 000
已投产物流企业	个	0	0	—	1
已投产工业企业	个	0	0	—	8
其中：投资额 5 000 万美元（含）以上	个	0	0	—	0
投资额 3 000（含）~5 000 万美元以上	个	0	0	—	2
投资额 1 000（含）~3 000 万美元以上	个	0	0	—	2
税收总额	万元	0	7 833	-35.61	289 107
其中：海关税收及代征税	万元	0	7 768	-35.81	287 046
工商税收	万元	0	65	3.17	942
期末从业人员	人	699	699	16.69	699
其中：外资企业从业人员	人	564	564	13.71	564
期末出口加工区批准面积	平方公里	1.3	1.3	0.00	1.3
期末出口加工区验收封关面积	平方公里	1.3	1.3	0.00	1.3

续表

指标	单位	广东广州出口加工区			
		2013 年 12 月	当年累计	增幅（%）	历年累计
增加值	万元	5 985	71 395	2.51	398 883
营业总收入	万元	30 398	287 255	0.05	2 324 830
工业总产值	万元	23 940	285 580	2.51	2 361 290
其中：高新技术产业	万元	0	0	—	0
电子信息产业	万元	0	0	—	0
工业产品销售额	万元	30 398	287 255	0.05	2 324 830
企业利润总额	万元	-193	7 648	-4.80	65 969
物流企业营业收入	万元	0	0	—	0
综合能源耗费量	吨标准煤	975	3 584	-2.56	28 647
批准企业数	个	0	0	—	1
其中：外资企业	个	0	0	—	1
仓储物流企业	个	0	0	—	0
批准投资总额	万美元	0	0	—	12 500
其中：外商投资总额	万美元	0	0	—	12 500
增资额	万美元	0	0	—	0
合同利用外资	万美元	0	0	—	5 400
其中：增资额	万美元	0	0	—	0
企业实际到位资金	万美元	0	0	—	5 338
其中：实际利用外资	万美元	0	0	—	5 338
固定资产投资额	万元	0	0	—	127 232
其中：基础设施投资	万元	0	0	—	58 800
开发公司投资	万元	0	0	—	0
期末施工房屋建筑面积	平方米	0	0	—	0
其中：在建厂房面积	平方米	0	0	—	0
房屋竣工建筑面积	平方米	0	0	—	0
其中：已建成厂房面积	平方米	0	0	—	0
已建成仓库面积	平方米	0	0	—	0
土地实际已租售面积	平方米	0	0	—	0
已投产物流企业	个	0	0	—	0
已投产工业企业	个	0	0	—	1
其中：投资额 5 000 万美元（含）以上	个	0	0	—	1
投资额 3 000（含）~5 000 万美元以上	个	0	0	—	0
投资额 1 000（含）~3 000 万美元以上	个	0	0	—	0
税收总额	万元	0	0	—	0
其中：海关税收及代征税	万元	0	0	—	0
工商税收	万元	0	0	—	0
期末从业人员	人	1 095	1 095	-13.58	1 095
其中：外资企业从业人员	人	954	954	-20.76	954
期末出口加工区批准面积	平方公里	3	3	0.00	3
期末出口加工区验收封关面积	平方公里	0.9	0.9	0.00	0.9

续表

指标	单位	广东深圳出口加工区			
		2013 年 12 月	当年累计	增幅（%）	历年累计
增加值	万元	33 424	339 658	-3.21	2 332 771
营业总收入	万元	139 166	1 421 094	-5.62	9 687 895
工业总产值	万元	140 262	1 425 338	-5.16	9 922 014
其中：高新技术产业	万元	95 066	943 803	-1.45	5 044 205
电子信息产业	万元	98 478	942 709	-1.75	5 810 300
工业产品销售额	万元	139 166	1 421 094	-5.62	9 827 061
企业利润总额	万元	0	36 212	-24.60	808 751
物流企业营业收入	万元	0	0	—	0
综合能源耗费量	吨标准煤	0	27 555	-1.02	81 167
批准企业数	个	1	18	80.00	75
其中：外资企业	个	0	0	-100.00	1
仓储物流企业	个	1	14	55.56	26
批准投资总额	万美元	0	0	-100.00	115 135
其中：外商投资总额	万美元	0	0	-100.00	114 584
增资额	万美元	0	0	—	40 709
合同利用外资	万美元	0	0	—	47 849
其中：增资额	万美元	0	0	—	18 477
企业实际到位资金	万美元	0	0	—	39 605
其中：实际利用外资	万美元	0	0	—	36 331
固定资产投资额	万元	0	45 060	39.75	155 783
其中：基础设施投资	万元	0	0	—	84 984
开发公司投资	万元	0	0	—	0
期末施工房屋建筑面积	平方米	0	0	—	0
其中：在建厂房面积	平方米	0	0	—	0
房屋竣工建筑面积	平方米	0	0	—	57 290
其中：已建成厂房面积	平方米	0	0	—	57 290
已建成仓库面积	平方米	0	0	—	0
土地实际已租售面积	平方米	0	0	—	1 333 000
已投产物流企业	个	0	0	—	7
已投产工业企业	个	0	0	—	0
其中：投资额 5 000 万美元（含）以上	个	0	0	—	0
投资额 3 000（含）~5 000 万美元以上	个	0	0	—	0
投资额 1 000（含）~3 000 万美元以上	个	0	0	—	0
税收总额	万元	0	0	—	114 378
其中：海关税收及代征税	万元	0	0	—	89 430
工商税收	万元	0	0	—	24 941
期末从业人员	人	21 367	21 367	-0.66	21 367
其中：外资企业从业人员	人	10 084	10 084	5.32	10 084
期末出口加工区批准面积	平方公里	3	3	0.00	3
期末出口加工区验收封关面积	平方公里	3	3	0.00	3

续表

指标	单位	广西北海出口加工区			
		2013 年 12 月	当年累计	增幅（%）	历年累计
增加值	万元	14 710	179 248	7.60	800 861
营业总收入		73 581	888 121	-1.47	3 554 353
工业总产值		70 196	878 715	4.53	3 738 861
其中：高新技术产业		0	0	—	0
电子信息产业		62 357	790 330	3.53	3 389 498
工业产品销售额		73 448	886 550	6.25	3 542 101
企业利润总额		10 267	122 633	6.69	519 590
物流企业营业收入		133	1 471	22.79	7 152
综合能源耗费量	吨标准煤	1 605	7 208	8.11	29 772
批准企业数	个	0	5	-16.67	69
其中：外资企业		0	2	100.00	37
仓储物流企业		0	0	—	8
批准投资总额	万美元	0	6 477	467.16	68 877
其中：外商投资总额		0	3 200	4 823.08	46 124
增资额		0	0	-100.00	4 640
合同利用外资		0	1 350	57.89	29 955
其中：增资额		0	200	-74.68	5 650
企业实际到位资金		2 303	7 264	-0.60	57 764
其中：实际利用外资		456	806	2.03	28 776
固定资产投资额	万元	941	11 301	17.93	230 080
其中：基础设施投资		170	300	—	86 548
开发公司投资		170	300	—	22 948
期末施工房屋建筑面积	平方米	89 573	89 573	0.00	89 573
其中：在建厂房面积		89 573	89 573	0.00	89 573
房屋竣工建筑面积		0	0	—	744 244
其中：已建成厂房面积		0	0	—	730 644
已建成仓库面积		0	0	—	13 600
土地实际已租售面积		0	0	—	828 338
已投产物流企业	个	0	0	—	3
已投产工业企业		0	2	-33.33	29
其中：投资额 5 000 万美元（含）以上		0	0	—	3
投资额 3 000（含）~5 000 万美元以上		0	0	—	0
投资额 1 000（含）~3 000 万美元以上		0	1	—	5
税收总额	万元	6 628	28 527	50.12	68 681
其中：海关税收及代征税		2 503	15 503	60.15	32 096
工商税收		4 125	12 824	37.55	36 383
期末从业人员	人	16 670	16 670	1.21	16 670
其中：外资企业从业人员		15 910	15 910	2.78	15 910
期末出口加工区批准面积	平方公里	1.45	1.45	0.00	1.45
期末出口加工区验收封关面积		1.13	1.13	0.00	1.13

续表

指标	单位	四川绵阳出口加工区			
		2013 年 12 月	当年累计	增幅（%）	历年累计
增加值	万元	2 047	27 831	14.00	109 079
营业总收入	万元	8 968	91 210	-2.71	184 963
工业总产值	万元	10 374	96 012	-1.00	395 729
其中：高新技术产业	万元	0	0	—	0
电子信息产业	万元	10 374	96 012	-1.00	395 729
工业产品销售额	万元	8 955	90 817	-1.92	379 385
企业利润总额	万元	-381	1 527	-56.50	16 254
物流企业营业收入	万元	13	105	17.98	233
综合能源耗费量	吨标准煤	120	1 429	6.32	6 994
批准企业数	个	0	0	-100.00	7
其中：外资企业	个	0	0	—	2
仓储物流企业	个	0	0	—	2
批准投资总额	万美元	0	0	-100.00	3 970
其中：外商投资总额	万美元	0	0	-100.00	1 194
增资额	万美元	0	0	—	0
合同利用外资	万美元	0	0	—	310
其中：增资额	万美元	0	0	—	0
企业实际到位资金	万美元	0	0	-100.00	656
其中：实际利用外资	万美元	0	0	—	310
固定资产投资额	万元	0	1 817	-40.50	38 294
其中：基础设施投资	万元	0	0	—	2 000
开发公司投资	万元	0	0	—	0
期末施工房屋建筑面积	平方米	0	0	—	0
其中．在建厂房面积	平方米	0	0		0
房屋竣工建筑面积	平方米	0	0	—	105 804
其中：已建成厂房面积	平方米	0	0	—	96 754
已建成仓库面积	平方米	0	0	—	1 970
土地实际已租售面积	平方米	0	0	-100.00	17 517
已投产物流企业	个	0	0	—	2
已投产工业企业	个	0	1	—	5
其中：投资额 5 000 万美元（含）以上	个	0	0	—	0
投资额 3 000（含）~5 000 万美元以上	个	0	0	—	0
投资额 1 000（含）~3 000 万美元以上	个	0	0	—	0
税收总额	万元	107	914	0.66	2 782
其中：海关税收及代征税	万元	0	0	—	0
工商税收	万元	107	914	0.66	2 782
期末从业人员	人	7 370	7 370	-10.32	7 370
其中：外资企业从业人员	人	6 693	6 693	-12.03	6 693
期末出口加工区批准面积	平方公里	0.56	0.56	0.00	0.56
期末出口加工区验收封关面积	平方公里	0.15	0.15	0.00	0.15

续表

指标	单位	云南昆明出口加工区			
		2013 年 12 月	当年累计	增幅（%）	历年累计
增加值	万元	76	260	173.68	684
营业总收入	万元	119	509	-1.36	2 672
工业总产值	万元	11	211	-40.56	1 919
其中：高新技术产业	万元	0	0	—	0
电子信息产业	万元	0	0	—	935
工业产品销售额	万元	19	218	-46.57	2 112
企业利润总额	万元	56	89	—	117
物流企业营业收入	万元	100	262	151.92	527
综合能源耗费量	吨标准煤	190	735	37.90	2 164
批准企业数	个	0	0	-100.00	13
其中：外资企业	个	0	0	—	1
仓储物流企业	个	0	0	-100.00	5
批准投资总额	万美元	0	0	—	7 739
其中：外商投资总额	万美元	0	0	—	273
增资额	万美元	0	0	—	16
合同利用外资	万美元	0	0	—	270
其中：增资额	万美元	0	0	—	16
企业实际到位资金	万美元	0	0	—	7 720
其中：实际利用外资	万美元	0	0	—	270
固定资产投资额	万元	0	2	—	66 353
其中：基础设施投资	万元	0	0	—	24 690
开发公司投资	万元	0	0	—	37 803
期末施工房屋建筑面积	平方米	0	0	—	0
其中：在建厂房面积	平方米	0	0	—	0
房屋竣工建筑面积	平方米	0	0	—	36 835
其中：已建成厂房面积	平方米	0	0	—	21 327
已建成仓库面积	平方米	0	0	—	4 400
土地实际已租售面积	平方米	0	0	—	42 588
已投产物流企业	个	0	0	-100.00	5
已投产工业企业	个	0	0	-100.00	7
其中：投资额 5 000 万美元（含）以上	个	0	0	—	0
投资额 3 000（含）~5 000 万美元以上	个	0	0	—	0
投资额 1 000（含）~3 000 万美元以上	个	0	0	—	0
税收总额	万元	3	9	28.57	1 754
其中：海关税收及代征税	万元	0	0	—	1 701
工商税收	万元	3	9	28.57	53
期末从业人员	人	33	33	-38.89	33
其中：外资企业从业人员	人	10	10	-16.67	10
期末出口加工区批准面积	平方公里	2	2	0.00	2
期末出口加工区验收封关面积	平方公里	0.58	0.58	0.00	0.58

续表

指标	单位	陕西西安出口加工区（A区）			
		2013年12月	当年累计	增幅（%）	历年累计
增加值	万元	32 429	382 959	19.18	1 538 940
营业总收入	万元	142 936	1 642 719	19.12	6 517 811
工业总产值	万元	135 137	1 429 235	19.22	5 630 520
其中：高新技术产业	万元	46 213	626 903	24.71	2 213 787
电子信息产业	万元	182	2 132	40.54	221 854
工业产品销售额	万元	139 697	1 610 962	19.42	6 345 260
企业利润总额	万元	511	8 881	-7.70	55 395
物流企业营业收入	万元	3 239	31 757	5.65	172 551
综合能源耗费量	吨标准煤	2 285	7 164	19.70	27 191
批准企业数	个	0	5	-50.00	65
其中：外资企业	个	0	0	-100.00	27
仓储物流企业	个	0	1	0.00	9
批准投资总额	万美元	0	750	-96.57	92 549
其中：外商投资总额	万美元	0	0	-100.00	16 449
增资额	万美元	0	0	—	32 577
合同利用外资	万美元	0	500	1.63	13 049
其中：增资额	万美元	0	500	—	775
企业实际到位资金	万美元	0	4 926	-63.11	73 422
其中：实际利用外资	万美元	0	1 188	72.93	13 010
固定资产投资额	万元	18 232	221 197	46.71	944 200
其中：基础设施投资	万元	352	4 125	-81.84	177 566
开发公司投资	万元	282	5 298	-20.59	46 566
期末施工房屋建筑面积	平方米	34 700	34 700	-58.54	34 700
其中：在建厂房面积	平方米	34 700	34 700	-58.54	34 700
房屋竣工建筑面积	平方米	0	49 000	5.82	456 162
其中：已建成厂房面积	平方米	0	49 000	5.82	375 327
已建成仓库面积	平方米	0	0	—	49 955
土地实际已租售面积	平方米	0	0	-100.00	745 450
已投产物流企业	个	0	0	-100.00	10
已投产工业企业	个	1	4	-55.56	45
其中：投资额5 000万美元（含）以上	个	0	0	—	0
投资额3 000（含）~5 000万美元以上	个	0	0	—	1
投资额1 000（含）~3 000万美元以上	个	0	0	-100.00	9
税收总额	万元	3 936	51 633	98.57	113 109
其中：海关税收及代征税	万元	3 534	48 248	110.06	97 094
工商税收	万元	402	3 385	11.57	16 015
期末从业人员	人	3 716	3 716	15.58	3 716
其中：外资企业从业人员	人	1 541	1 541	-2.59	1 541
期末出口加工区批准面积	平方公里	1.46	1.46	0.00	1.46
期末出口加工区验收封关面积	平方公里	0.75	0.75	0.00	0.75

续表

指标	单位	陕西西安出口加工区（B区）			
		2013年12月	当年累计	增幅（%）	历年累计
增加值	万元	57 889	569 245	72.45	1 713 355
营业总收入	万元	289 447	2 846 248	69.60	7 491 620
工业总产值	万元	288 229	2 818 834	70.66	7 351 770
其中：高新技术产业	万元	288 229	2 818 834	70.66	7 351 770
电子信息产业	万元	288 229	2 818 834	70.66	7 338 018
工业产品销售额	万元	289 333	2 818 569	71.17	7 442 021
企业利润总额	万元	-9 171	-1 666	—	66 906
物流企业营业收入	万元	44	148	-99.06	16 769
综合能源耗费量	吨标准煤	4 450	17 778	63.33	44 353
批准企业数	个	12	16	220.00	40
其中：外资企业	个	2	2	0.00	11
仓储物流企业	个	10	14	—	21
批准投资总额	万美元	1 330	1 662	-64.26	139 662
其中：外商投资总额	万美元	250	250	-94.49	131 450
增资额	万美元	0	0	—	3 000
合同利用外资	万美元	500	500	-83.55	103 100
其中：增资额	万美元	0	0	—	9 200
企业实际到位资金	万美元	1 330	1 662	-84.67	107 056
其中：实际利用外资	万美元	250	250	-97.67	102 850
固定资产投资额	万元	2 988	55 172	-64.71	448 395
其中：基础设施投资	万元	0	0	-100.00	3 382
开发公司投资	万元	0	0	—	12 193
期末施工房屋建筑面积	平方米	0	0	—	0
其中：在建厂房面积	平方米	0	0	—	0
房屋竣工建筑面积	平方米	0	6 465	-93.54	343 000
其中：已建成厂房面积	平方米	0	6 465	—	232 700
已建成仓库面积	平方米	0	0	—	10 300
土地实际已租售面积	平方米	0	0	-100.00	366 047
已投产物流企业	个	0	2	—	6
已投产工业企业	个	0	0	—	6
其中：投资额5 000万美元（含）以上	个	0	0	—	3
投资额3 000（含）~5 000万美元以上	个	0	0	—	0
投资额1 000（含）~3 000万美元以上	个	0	0	—	1
税收总额	万元	1 679	9 913	93.65	43 084
其中：海关税收及代征税	万元	354	951	-30.23	16 751
工商税收	万元	1 325	8 962	138.60	26 333
期末从业人员	人	3 321	3 321	19.46	3 321
其中：外资企业从业人员	人	3 321	3 321	25.27	3 321
期末出口加工区批准面积	平方公里	1.34	1.34	0.00	1.34
期末出口加工区验收封关面积	平方公里	0.7	0.7	0.00	0.7

续表

指标	单位	新疆乌鲁木齐出口加工区			
		2013 年 12 月	当年累计	增幅（%）	历年累计
增加值	万元	2 014	3 095	259. 88	9 293
营业总收入	万元	3 114	25 994	84. 55	40 079
工业总产值	万元	1 840	22 803	123. 62	63 848
其中：高新技术产业	万元	1 840	8 510	40. 11	35 581
电子信息产业	万元	0	0	—	5
工业产品销售额	万元	3 114	22 999	153. 49	62 666
企业利润总额	万元	0	488	347. 71	855
物流企业营业收入	万元	0	0	—	2
综合能源耗费量	吨标准煤	0	1 131	9. 70	6 950
批准企业数	个	0	0	—	8
其中：外资企业	个	0	0	—	1
仓储物流企业	个	0	0	—	1
批准投资总额	万美元	0	0	—	11 316
其中：外商投资总额	万美元	0	0	—	600
增资额	万美元	0	0	—	0
合同利用外资	万美元	0	0	—	300
其中：增资额	万美元	0	0	—	0
企业实际到位资金	万美元	0	0	—	1 159
其中：实际利用外资	万美元	0	0	—	236
固定资产投资额	万元	0	0	—	22 954
其中：基础设施投资	万元	0	0	—	3 329
开发公司投资	万元	0	0	—	0
期末施工房屋建筑面积	平方米	23 581	23 581	0. 00	23 581
其中：在建厂房面积	平方米	23 581	23 581	0. 00	23 581
房屋竣工建筑面积	平方米	0	0	—	64 332
其中：已建成厂房面积	平方米	0	0	—	47 342
已建成仓库面积	平方米	0	0	—	7 539
土地实际已租售面积	平方米	0	0	—	229 310
已投产物流企业	个	0	0	—	1
已投产工业企业	个	0	0	—	4
其中：投资额 5 000 万美元（含）以上	个	0	0	—	0
投资额 3 000（含）~5 000 万美元以上	个	0	0	—	0
投资额 1 000（含）~3 000 万美元以上	个	0	0	—	0
税收总额	万元	0	32	-13. 51	297
其中：海关税收及代征税	万元	0	0	—	0
工商税收	万元	0	28	-24. 32	269
期末从业人员	人	184	184	20. 26	184
其中：外资企业从业人员	人	40	40	900. 00	40
期末出口加工区批准面积	平方公里	3	3	0. 00	3
期末出口加工区验收封关面积	平方公里	0. 4	0. 4	0. 00	0. 4

续表

指标	单位	湖南郴州出口加工区			
		2013 年 12 月	当年累计	增幅（%）	历年累计
增加值	万元	37 734	206 591	30.87	364 452
营业总收入	万元	125 664	880 912	56.17	1 444 989
工业总产值	万元	157 228	881 307	55.25	1 448 967
其中：高新技术产业	万元	108 983	507 410	62.72	819 241
电子信息产业	万元	84 245	407 324	48.12	682 325
工业产品销售额	万元	125 018	790 042	40.10	1 353 975
企业利润总额	万元	3 574	11 731	-71.20	52 464
物流企业营业收入	万元	12	144	0.00	288
综合能源耗费量	吨标准煤	4 353	6 289	9.55	12 030
批准企业数	个	0	1	—	1
其中：外资企业	个	0	0	—	0
仓储物流企业	个	0	0	—	0
批准投资总额	万美元	0	0	—	0
其中：外商投资总额	万美元	0	0	—	0
增资额	万美元	0	0	—	0
合同利用外资	万美元	0	9 139	0.43	18 239
其中：增资额	万美元	0	0	-100.00	1 000
企业实际到位资金	万美元	0	7 293	-6.50	15 093
其中：实际利用外资	万美元	0	7 293	-6.50	15 093
固定资产投资额	万元	0	15 668	-92.28	218 678
其中：基础设施投资	万元	0	4 100	-94.90	84 495
开发公司投资	万元	0	11 568	-89.81	125 139
期末施工房屋建筑面积	平方米	0	0	—	0
其中：在建厂房面积	平方米	0	0	—	0
房屋竣工建筑面积	平方米	0	0	-100.00	440 000
其中：已建成厂房面积	平方米	0	0	—	0
已建成仓库面积	平方米	0	0	—	0
土地实际已租售面积	平方米	0	0	-100.00	300 000
已投产物流企业	个	0	0	—	0
已投产工业企业	个	0	0	—	0
其中：投资额 5 000 万美元（含）以上	个	0	0	—	0
投资额 3 000（含）~5 000 万美元以上	个	0	0	—	0
投资额 1 000（含）~3 000 万美元以上	个	0	0	—	0
税收总额	万元	52	896	-57.29	2 994
其中：海关税收及代征税	万元	52	896	-57.29	2 994
工商税收	万元	0	0	—	0
期末从业人员	人	7 304	7 304	1.88	7 304
其中：外资企业从业人员	人	6 704	6 704	3.14	6 704
期末出口加工区批准面积	平方公里	3	3	0.00	3
期末出口加工区验收封关面积	平方公里	1.4	1.4	0.00	1.4

2013 年全国出口加工区进口额前 30 位国家和地区排名表

序号	国家和地区		2013 年	
	中文	代码	进口额（万美元）	同比（%）
	合计		4 259 059.4	-3.0
1	中国台湾	143	1 057 481.4	1.2
2	韩国	133	594 813.9	8.2
3	中华人民共和国	142	547 745.4	-20.9
4	美国	502	475 927.3	45.2
5	日本	116	405 217.4	-19.2
6	马来西亚	122	193 230.4	-14.1
7	新加坡	132	133 148.9	20.4
8	南非	244	123 427.4	-1.2
9	德国	304	113 298.7	-16.6
10	泰国	136	110 529.7	-9.5
11	菲律宾	129	77 607.8	-38.1
12	加纳	220	44 383.3	99 636.7
13	智利	412	23 473.3	-35.6
14	印度尼西亚	112	21 772.3	-25.7
15	墨西哥	429	21 493.7	11.3
16	秘鲁	434	21 189.3	104.4
17	澳大利亚	601	20 450.8	5.7
18	印度	111	19 701.3	-39.5
19	越南	141	19 427.9	-11.6
20	英国	303	18 560.7	23.6
21	缅甸	106	18 122.0	43.9
22	荷兰	309	17 885.3	1 222.8
23	加拿大	501	17 567.5	22.4
24	法国	305	14 646.7	2.9
25	意大利	307	13 726.2	-17.6
26	中国香港	110	10 140.5	-62.9
27	比利时	301	9 619.7	113.8
28	朝鲜	109	9 251.6	71.6
29	伊朗	113	8 850.7	18.7
30	瑞士	331	8 118.9	36.2

2013 年全国出口加工区出口额前 30 位国家和地区排名表

序号	国家和地区		2013 年	
	中文	代码	出口额（万美元）	同比（%）
	合计		7 326 975.8	-4.1
1	美国	502	2 255 656.0	-3.3
2	中国香港	110	1 392 861.2	7.3
3	日本	116	711 363.3	-7.5
4	荷兰	309	474 728.2	-6.0
5	新加坡	132	259 587.8	-1.3
6	中国台湾	143	252 938.3	102.7
7	英国	303	192 703.2	-8.3
8	德国	304	187 824.5	-34.6
9	澳大利亚	601	148 709.7	2.2
10	韩国	133	142 680.7	-39.9
11	墨西哥	429	138 140.5	22.2
12	加拿大	501	104 228.2	25.2
13	捷克	352	86 989.4	-14.0
14	意大利	307	82 069.7	-18.1
15	巴西	410	77 664.8	-14.9
16	印度	111	73 605.8	-30.3
17	法国	305	65 292.8	23.5
18	阿联酋	138	45 209.4	2.2
19	俄罗斯联邦	344	41 761.8	-25.0
20	泰国	136	41 551.5	-32.4
21	马来西亚	122	38 832.6	-37.3
22	越南	141	38 101.3	20.8
23	西班牙	312	35 506.0	98.2
24	爱尔兰	306	34 751.9	166.1
25	土耳其	137	33 832.7	-23.1
26	斯洛伐克	353	31 226.5	2.0
27	匈牙利	321	27 311.8	-51.8
28	印度尼西亚	112	26 137.4	-49.7
29	卢森堡	308	25 885.3	1.2
30	波兰	327	23 453.4	-3.1

2013 年全国出口加工区主要进口商品分类统计表（22 大类）

商品类别	2013 年	
	进口额（万美元）	同比（%）
合计	4 259 059.4	-3.0
第十六类　机器、机械器具、电气设备及其零件；录音机及放声机、电视图像、声音的录制和重放设备及其零件、附件	2 878 782.4	-2.6
第十八类　光学、照相、电影、计量、检验、医疗或外科用仪器及设备、精密仪器及设备；钟表；乐器；上述物品的零件、附件	605 284.4	-12.0
第二十二类　特殊交易品及未分类商品	171 936.5	32.0
第十五类　贱金属及其制品	164 741.6	-14.9
第七类　塑料及其制品；橡胶及其制品	122 904.0	14.0
第五类　矿产品	62 269.2	7.8
第六类　化学工业及其相关工业的产品	60 272.0	-28.0
第十一类　纺织原料及纺织制品	59 576.4	21.8
第十四类　天然或养殖珍珠、宝石或半宝石、贵金属、包贵金属及其制品；信首饰；硬币	26 501.0	34.7
第十七类　车辆、航空器、船舶及有关运输设备	21 572.6	12.6
第十三类　石料、石膏、水泥、石棉、云母及类似材料的制品；陶瓷产品；玻璃及其制品	20 559.7	41.8
第二十类　杂项制品	20 321.9	-14.3
第十类　木浆及其他纤维状纤维素浆；纸及纸板的废碎品	15 340.7	-22.2
第一类　活动物；动物产品	11 350.4	25.2
第八类　生皮、皮革、毛皮及其制品；鞍具及挽具；旅行用品、手提包及类似品；动物肠线（蚕胶丝除外）制品	8 209.1	11.4
第四类　食品；饮料、酒及醋；烟草、烟草及烟草代用品	4 494.7	41.4
第九类　木及木制品；木炭；软木及软木制品；稻草、秸秆、针茅或其他编结材料制品；篮筐及柳条编结品	3 007.1	-39.2
第二类　植物产品	1 398.2	-31.6
第十二类　鞋、帽、伞、杖、鞭及其零件；已加工的羽毛及其制品；人造花；人发制品	337.9	1 109.0
第三类　动、植物油、脂及其分解产品；精制的食用油脂；动、植物蜡	199.6	59.0
第二十一类　艺术品、收藏品及古物		

2013 年全国出口加工区主要出口商品分类统计表（22 大类）

商品类别	2013 年	
	出口额（万美元）	同比（%）
合计	7 326 975.8	-4.1
第十六类　机器、机械器具、电气设备及其零件；录音机及放声机、电视图像、声音的录制和重放设备及其零件、附件	6 123 086.1	-1.0
第十八类　光学、照相、电影、计量、检验、医疗或外科用仪器及设备、精密仪器及设备；钟表；乐器；上述物品的零件、附件	386 857.2	-11.1
第二十类　杂项制品	235 813.6	-49.8
第十四类　天然或养殖珍珠、宝石或半宝石、贵金属、包贵金属及其制品；信首饰；硬币	206 731.5	40.9
第十七类　车辆、航空器、船舶及有关运输设备	94 652.4	-6.8
第十一类　纺织原料及纺织制品	71 568.6	9.9
第六类　化学工业及其相关工业的产品	53 288.3	-46.8
第十五类　贱金属及其制品	47 378.8	21.2
第七类　塑料及其制品；橡胶及其制品	29 348.0	0.7
第二十二类　特殊交易品及未分类商品	19 512.8	45.8
第十三类　石料、石膏、水泥、石棉、云母及类似材料的制品；陶瓷产品；玻璃及其制品	9 776.8	9.8
第四类　食品；饮料、酒及醋；烟草、烟草及烟草代用品	9 481.7	4.1
第九类　木及木制品；木炭；软木及软木制品；稻草、秸秆、针茅或其他编结材料制品；篮筐及柳条编结品	8 089.5	-7.1
第十类　木浆及其他纤维状纤维素浆；纸及纸板的废碎品	7 302.5	4.0
第八类　生皮、皮革、毛皮及其制品；鞍具及挽具；旅行用品、手提包及类似品；动物肠线（蚕胶丝除外）制品	6 992.6	32.3
第二类　植物产品	5 687.9	3.6
第一类　活动物；动物产品	4 579.9	-18.8
第五类　矿产品	4 345.1	83.2
第十二类　鞋、帽、伞、杖、鞭及其零件；已加工的羽毛及其制品；人造花；人发制品	2 416.4	-28.1
第三类　动、植物油、脂及其分解产品；精制的食用油脂；动、植物蜡	43.9	25 152.1
第二十一类　艺术品、收藏品及古物	15.2	-59.9
第十九类　武器、弹药及其零件、附件	7.1	-19.4

河北秦皇岛出口加工区统计数据表

（1）2013 年河北秦皇岛出口加工区主要经济指标完成情况表

指标名称	单位	2013 年	比上年增长（%）
增加值	万元	3 116	0.6
营业总收入	万元	14 393	-16.7
工业总产值	万元	14 365	-16.7
其中：高新技术产业	万元	0	—
电子信息产业	万元	0	—
工业产品销售额	万元	14 365	-16.7
企业利润总额	万元	-8	97.0
物流企业营业收入	万元	28	0.0
综合能源耗费量	吨标准煤	1 385	-19.1
当年批准企业数	个	2	—
其中：外资企业	个	0	—
仓储物流企业	个	1	—
当年批准投资总额	万美元	10	—
其中：外资项目投资额	万美元	0	—
增资额	万美元	0	—
当年合同利用外资	万美元	0	—
其中：增资额	万美元	0	—
当年企业实际到位资金	万美元	10	—
其中：实际利用外资	万美元	0	—
固定资产投资额	万元	703	44.4
其中：基础设施投资	万元	703	
开发公司投资	万元	0	-100.0
期末施工房屋面积	平方米	4 267	—
其中：期末在建厂房面积	平方米	0	—
房屋竣工面积	平方米	0	—
其中：已建成厂房面积	平方米	0	—
已建成仓库面积	平方米	0	—
土地实际已租售面积	平方米	0	—
历年已投产物流企业	个	3	—
历年已投产工业企业	个	8	—
其中：投资额 1 000 万美元（含）以上	个	0	—
税收总额	万元	156	-96.5
其中：海关部门税收及代征税	万元	99	-97.8
工商税收	万元	57	-10.9
期末从业人员	人	1 082	-7.2
其中：期末外资企业从业人员	人	972	-5.5
期末出口加工区批准面积	平方公里	2.5	0.0
期末出口加工区验收封关面积	平方公里	0.67	0.0

（2）-1 截至2013年河北秦皇岛出口加工区历年招商引资情况表

指标	单位	历年累计
批准企业	个	17
其中：外资企业		6
投资总额	万美元	1 264
其中：外商投资总额		992
合同外资额		706
实际利用外资		508

（2）-2 截至2013年河北秦皇岛出口加工区历年主要外商投资情况表

按项目数排列			按投资额排列		
序号	国别（地区）	项目数（个）	序号	国别（地区）	投资额（万美元）
1	日本	4	1	日本	611
2	韩国	1	2	韩国	92
3	中国香港	1	3	中国香港	3

（3）2013年河北秦皇岛出口加工区出口加工企业工业产值排名表

单位：万元

序号	企业名称	工业总产值	序号	企业名称	工业总产值
1	秦皇岛关东针织有限公司	7 825	5	秦皇岛罗普钢索有限公司	314
2	秦皇岛飞凯特金属制品有限公司	2 609	6	秦皇岛优泰汽车镜制造有限公司	284
3	秦皇岛一心西服有限公司	2 245	7	秦皇岛嘉泰钢绳有限公司	187
4	秦皇岛信达尔机械工程有限公司	902			

（4）2013年河北秦皇岛出口加工区物流企业营业收入排名表

单位：万元

序号	企业名称	营业收入	序号	企业名称	营业收入
1	秦皇岛海源保税物流有限公司	13	3	秦皇岛运盛保税物流有限公司	6
2	秦皇岛通诚保税物流有限公司	9			

辽宁大连出口加工区 B 区统计数据表

（1）2013 年辽宁大连出口加工区 B 区主要经济指标完成情况表

指标名称	单位	2013 年	比上年增长（%）
增加值	万元	296 800	-11.4
营业总收入	万元	386 950	-32.1
工业总产值	万元	386 950	-32.1
其中：高新技术产业	万元	—	—
电子信息产业	万元	386 950	-32.1
工业产品销售额	万元	386 950	-32.1
企业利润总额	万元	150 149	-16.5
物流企业营业收入	万元	—	—
综合能源耗费量	吨标准煤	18 708	-2.0
当年批准企业数	个	—	—
其中：外资企业	个	—	—
仓储物流企业	个	—	—
当年批准投资总额	万美元	—	—
其中：外资项目投资额	万美元	—	—
增资额	万美元	—	—
当年合同利用外资	万美元	—	—
其中：增资额	万美元	—	—
当年企业实际到位资金	万美元	—	—
其中：实际利用外资	万美元	—	—
固定资产投资额	万元	—	—
其中：基础设施投资	万元	—	
开发公司投资	万元	—	—
期末施工房屋面积	平方米	—	—
其中：期末在建厂房面积	平方米	—	—
房屋竣工面积	平方米	—	—
其中：已建成厂房面积	平方米	—	—
已建成仓库面积	平方米	—	—
土地实际已租售面积	平方米	—	—
历年已投产物流企业	个	—	—
历年已投产工业企业	个	—	—
其中：投资额 1 000 万美元（含）以上	个	—	—
税收总额	万元	11 402	-24.4
其中：海关部门税收及代征税	万元	—	—
工商税收	万元	11 402	-23.5
期末从业人员	人	1 700	1 700.0
其中：期末外资企业从业人员	人	1 700	1 700.0
期末出口加工区批准面积	平方公里	1.45	1.45
期末出口加工区验收封关面积	平方公里	0.6	0.6

（2）-1　截至2013年辽宁大连出口加工区B区历年招商引资情况表

指标	单位	历年累计
批准企业	个	1
其中：外资企业		1
投资总额	万美元	250 000
其中：外商投资总额		250 000
合同外资额		250 000
实际利用外资		62 500

（2）-2　截至2013年辽宁大连出口加工区B区历年主要外商投资情况表

按项目数排列			按投资额排列		
序号	国别（地区）	项目数（个）	序号	国别（地区）	投资额（万美元）
1	美国	1	1	美国	250 000

上海松江出口加工区统计数据表

（1）2013 年上海松江出口加工区主要经济指标完成情况表

指标名称	单位	2013 年	比上年增长（%）
增加值	万元	794 230	-6.9
营业总收入	万元	15 567 977	-1.5
工业总产值	万元	15 840 790	-2.8
其中：高新技术产业	万元	0	—
电子信息产业	万元	15 051 960	-2.7
工业产品销售额	万元	15 493 503	-1.7
企业利润总额	万元	91 953	28.4
物流企业营业收入	万元	36 955	-20.3
综合能源耗费量	吨标准煤	95 094	-7.0
当年批准企业数	个	2	-77.8
其中：外资企业	个	1	—
仓储物流企业	个	1	-80.0
当年批准投资总额	万美元	873	50.5
其中：外资项目投资额	万美元	872	—
增资额	万美元	600	—
当年合同利用外资	万美元	790	—
其中：增资额	万美元	600	—
当年企业实际到位资金	万美元	3 603	1 125.5
其中：实际利用外资	万美元	3 603	—
固定资产投资额	万元	30 641	-59.2
其中：基础设施投资	万元	30 641	—
开发公司投资	万元	0	—
期末施工房屋面积	平方米	0	-100.0
其中：期末在建厂房面积	平方米	0	-100.0
房屋竣工面积	平方米	25 148	476.0
其中：已建成厂房面积	平方米	25 148	—
已建成仓库面积	平方米	0	-100.0
土地实际已租售面积	平方米	0	—
历年已投产物流企业	个	16	—
历年已投产工业企业	个	61	—
其中：投资额 1 000 万美元（含）以上	个	38	—
税收总额	万元	174 077	-21.2
其中：海关部门税收及代征税	万元	121 127	-20.4
工商税收	万元	52 950	-23.1
期末从业人员	人	87 337	-17.1
其中：期末外资企业从业人员	人	86 734	-17.2
期末出口加工区批准面积	平方公里	5.96	0.0
期末出口加工区验收封关面积	平方公里	4.28	0.0

（2）-1　截至2013年上海松江出口加工区历年招商引资情况表

指标	单位	历年累计
批准企业	个	110
其中：外资企业		84
投资总额	万美元	253 229
其中：外商投资总额		245 674
合同外资额		107 321
实际利用外资		82 570

（2）-2　截至2013年上海松江出口加工区历年主要外商投资情况表

按项目数排列			按投资额排列		
序号	国别（地区）	项目数（个）	序号	国别（地区）	投资额（万美元）
1	中国香港	30	1	中国香港	134 751
2	日本	14	2	开曼群岛	36 440
3	新加坡	11	3	马来西亚	23 380
4	萨摩亚	8	4	日本	17 558
5	英属维尔京群岛	5	5	萨摩亚	12 503

（3）2013年上海松江出口加工区出口加工企业工业产值排名表

单位：万元

序号	企业名称	序号	企业名称
1	达功（上海）电脑有限公司	11	庆业电子（上海）有限公司
2	达丰（上海）电脑有限公司	12	友达光电（上海）电子有限公司
3	国基电子（上海）有限公司	13	达利（上海）电脑有限公司
4	上海凯虹科技电子有限公司	14	上海昭和汽车配件有限公司
5	达人（上海）电脑有限公司	15	上海元豪表面处理有限公司
6	展运（上海）电子有限公司	16	同和金属材料（上海）有限公司
7	达研（上海）光电有限公司	17	大碇电脑配件（上海）有限公司
8	上海瑧宇光电有限公司	18	葵和精密电子（上海）有限公司
9	斯丹达（上海）能源有限公司	19	住友重机械减速机（上海）有限公司
10	达耐时工业（上海）有限公司	20	保思乐紧固件（上海）有限公司]

（4）2013年上海松江出口加工区物流企业营业收入排名表

单位：万元

序号	企业名称	序号	企业名称
1	上海华松物流有限公司	6	大众国际仓储物流有限公司
2	上海奇霖物流有限公司	7	上海基森仓储有限公司
3	达伟（上海）物流仓储有限公司	8	上海金若仓储服务有限公司
4	上海交运福祉物流有限公司	9	上海挚臻物流服务有限公司
5	上海富泰通国际物流有限公司	10	上海中外运松江物流有限公司

上海金桥出口加工区（南区）统计数据表

（1）2013 年上海金桥出口加工区（南区）主要经济指标完成情况表

指标名称	单位	2013 年	比上年增长（%）
增加值	万元	0	-100.0
营业总收入	万元	264 612	13.7
工业总产值	万元	242 605	10.0
其中：高新技术产业	万元	42 154	9.6
电子信息产业	万元	59 636	22.7
工业产品销售额	万元	236 523	13.3
企业利润总额	万元	33 734	-13.0
物流企业营业收入	万元	20 626	16.3
综合能源耗费量	吨标准煤	0	-100.0
当年批准企业数	个	4	—
其中：外资企业	个	2	—
仓储物流企业	个	1	—
当年批准投资总额	万美元	6 547	—
其中：外资项目投资额	万美元	4 528	—
增资额	万美元	0	—
当年合同利用外资	万美元	1 520	—
其中：增资额	万美元	0	—
当年企业实际到位资金	万美元	2 062	—
其中：实际利用外资	万美元	1 520	—
固定资产投资额	万元	0	-100.0
其中：基础设施投资	万元	0	-100.0
开发公司投资	万元	0	-100.0
期末施工房屋面积	平方米	0	-100.0
其中：期末在建厂房面积	平方米	0	-100.0
房屋竣工面积	平方米	0	—
其中：已建成厂房面积	平方米	0	—
已建成仓库面积	平方米	0	—
土地实际已租售面积	平方米	0	—
历年已投产物流企业	个	1	—
历年已投产工业企业	个	25	—
其中：投资额 1 000 万美元（含）以上	个	6	—
税收总额	万元	42 235	20.4
其中：海关部门税收及代征税	万元	16 311	91.1
工商税收	万元	25 924	-2.3
期末从业人员	人	2 171	41.3
其中：期末外资企业从业人员	人	2 171	41.3
期末出口加工区批准面积	平方公里	2.8	—
期末出口加工区验收封关面积	平方公里	1.55	—

（2）-1　截至2013年上海金桥出口加工区（南区）历年招商引资情况表

指标	单位	历年累计
批准企业	个	36
其中：外资企业		32
投资总额	万美元	168 171
其中：外商投资总额		159 935
合同外资额		60 133
实际利用外资		60 133

（2）-2　截至2013年上海金桥出口加工区（南区）历年主要外商投资情况表

按项目数排列			按投资额排列		
序号	国别（地区）	项目数（个）	序号	国别（地区）	投资额（万美元）
1	中国香港	10	1	中国香港	126 445
2	美国	6	2	马来西亚	14 400
3	英国	4	3	开曼群岛	10 504
4	开曼群岛	4	4	德国	2 570
5	德国	2	5	英国	1 392

（3）2013年上海金桥出口加工区（南区）出口加工企业工业产值排名表

单位：万元

序号	企业名称	工业总产值	序号	企业名称	工业总产值
1	上海世邦机器有限公司	47 964	7	百发汽车零部件（上海）有限公司	11 612
2	罗克韦尔自动化制造（上海）有限公司	44 121	8	费斯托（中国）自动化制造有限公司	9 692
3	中微半导体设备（上海）有限公司	37 978	9	安集微电子科技（上海）有限公司	7 758
4	英联川宁饮料（上海）有限公司	36 353	10	必达泰克光电设备（上海）有限公司	4 176
5	艾默生船用过程控制（上海）有限公司	23 236	11	飞世尔实验器材制造（上海）有限公司	3 325
6	西蒙通讯产品（上海）有限公司	13 900	12	比克（上海）文化用品制造有限公司	2 510

（4）2013年上海金桥出口加工区（南区）物流企业营业收入排名表

单位：万元

序号	企业名称	营业收入	序号	企业名称	营业收入
1	上海金桥出口加工区南区物流有限公司	20 626			

江苏南通出口加工区统计数据表

（1）2013 年江苏南通出口加工区主要经济指标完成情况表

指标名称	单位	2013 年	比上年增长（%）
增加值	万元	8 161	-30.4
营业总收入	万元	50 336	-15.6
工业总产值	万元	41 574	-30.8
其中：高新技术产业	万元	0	—
电子信息产业	万元	0	—
工业产品销售额	万元	41 424	-29.7
企业利润总额	万元	541	-78.7
物流企业营业收入	万元	2 463	234.7
综合能源耗费量	吨标准煤	868	-22.4
当年批准企业数	个	15	650.0
其中：外资企业	个	4	100.0
仓储物流企业	个	1	0.0
当年批准投资总额	万美元	24 487	211.0
其中：外资项目投资额	万美元	11 745	49.1
增资额	万美元	0	—
当年合同利用外资	万美元	2 790	-12.6
其中：增资额	万美元	0	—
当年企业实际到位资金	万美元	6 823	187.4
其中：实际利用外资	万美元	761	-67.9
固定资产投资额	万元	69 382	—
其中：基础设施投资	万元	2 000	—
开发公司投资	万元	0	—
期末施工房屋面积	平方米	99 769	—
其中：期末在建厂房面积	平方米	89 051	—
房屋竣工面积	平方米	0	—
其中：已建成厂房面积	平方米	0	—
已建成仓库面积	平方米	0	—
土地实际已租售面积	平方米	53 600	—
历年已投产物流企业	个	10	—
历年已投产工业企业	个	7	—
其中：投资额 1 000 万美元（含）以上	个	3	—
税收总额	万元	9 617	32.6
其中：海关部门税收及代征税	万元	9 113	44.5
工商税收	万元	503	-46.6
期末从业人员	人	1 102	-63.4
其中：期末外资企业从业人员	人	1 022	-64.7
期末出口加工区批准面积	平方公里	2.98	0.0
期末出口加工区验收封关面积	平方公里	0.75	0.0

（2）-1 截至2013年江苏南通出口加工区历年招商引资情况表

指标	单位	历年累计
批准企业	个	36
其中：外资企业		15
投资总额	万美元	58 791
其中：外商投资总额		52 369
合同外资额		17 906
实际利用外资		11 859

（2）-2 截至2013年江苏南通出口加工区历年主要外商投资情况表

按项目数排列			按投资额排列		
序号	国别（地区）	项目数（个）	序号	国别（地区）	投资额（万美元）
1	中国香港	6	1	中国香港	22 266
2	日本	5	2	开曼群岛	18 000
3	开曼群岛	1	3	日本	1 317
4	马来西亚	1	4	马来西亚	900
5	挪威	1	5	挪威	600

（3）2013年江苏南通出口加工区出口加工企业工业产值排名表

单位：万元

序号	企业名称	序号	企业名称
1	南通延锋江森座椅面套有限公司	4	南通市开发区千野实业有限公司
2	南通联亚药业有限公司	5	南通康赛克半导体工具有限公司
3	南通静和绿色家具有限公司	6	南通永安纺织科技发展有限公司

（4）2013年江苏南通出口加工区物流企业营业收入排名表

单位：万元

序号	企业名称	序号	企业名称
1	南通世瑞供应链管理有限公司	6	南通鼎吉国际物流有限公司
2	南通恒升物流有限公司	7	南通中外运物流有限公司
3	南通出口加工区物流中心有限公司	8	中国外运江苏集团公司南通公司
4	南通利达储运有限公司	9	南通远之通物流有限公司
5	南通翔帆国际物流有限公司		

江苏泰州出口加工区统计数据表

(1) 2013年江苏泰州出口加工区主要经济指标完成情况表

指标名称	单位	2013年	比上年增长(%)
增加值	万元	48 164	17 287.7
营业总收入	万元	307 232	14 283.5
工业总产值	万元	318 398	17 157.3
其中:高新技术产业	万元	318 398	17 157.3
电子信息产业	万元	318 398	17 157.3
工业产品销售额	万元	303 730	16 362.3
企业利润总额	万元	4 184	3 884.8
物流企业营业收入	万元	2 753	846.0
综合能源耗费量	吨标准煤	6 421	131.1
当年批准企业数	个	2	—
其中:外资企业	个	1	—
仓储物流企业	个	0	—
当年批准投资总额	万美元	11 567	-35.7
其中:外资项目投资额	万美元	9 900	-45.0
增资额	万美元	0	-100.0
当年合同利用外资	万美元	4 980	-19.7.0
其中:增资额	万美元	0	-100.0
当年企业实际到位资金	万美元	5 313	-14.3
其中:实际利用外资	万美元	4 980	-19.7
固定资产投资额	万元	35 309	-73.9
其中:基础设施投资	万元	802	-99.2
开发公司投资	万元	0	
期末施工房屋面积	平方米	0	—
其中:期末在建厂房面积	平方米	0	—
房屋竣工面积	平方米	0	-100.0
其中:已建成厂房面积	平方米	0	-100.0
已建成仓库面积	平方米	0	-100.0
土地实际已租售面积	平方米	7 493	—
历年已投产物流企业	个	2	—
历年已投产工业企业	个	2	—
其中:投资额1 000万美元(含)以上	个	2	—
税收总额	万元	2 613	-54.6
其中:海关部门税收及代征税	万元	1 659	-68.0
工商税收	万元	954	65.1
期末从业人员	人	5 483	254.7
其中:期末外资企业从业人员	人	5 383	255.3
期末出口加工区批准面积	平方公里	1.76	0.0
期末出口加工区验收封关面积	平方公里	1.08	80.0

（2）-1　截至2013年江苏泰州出口加工区历年招商引资情况表

指标	单位	历年累计
批准企业	个	5
其中：外资企业		2
投资总额	万美元	58 367
其中：外商投资总额		56 700
合同外资额		20 980
实际利用外资		20 980

（2）-2　截至2013年江苏泰州出口加工区历年主要外商投资情况表

按项目数排列			按投资额排列		
序号	国别（地区）	项目数（个）	序号	国别（地区）	投资额（万美元）
1	中国台湾	2	1	中国台湾	56 700

（3）2013年江苏泰州出口加工区出口加工企业工业产值排名表

单位：万元

序号	企业名称	工业总产值	序号	企业名称	工业总产值
1	纬创资通泰州有限公司	318 398	2	纬立资讯配件泰州有限公司	尚未列统

（4）2013年江苏泰州出口加工区物流企业营业收入排名表

单位：万元

序号	企业名称	营业收入	序号	企业名称	营业收入
1	泰州中外运物流有限公司	2 420.25	2	泰州鑫远物流有限公司	332.61

江苏连云港出口加工区统计数据表

（1）2013 年江苏连云港出口加工区主要经济指标完成情况表

指标名称	单位	2013 年	比上年增长（%）
增加值	万元	18 343	-3.1
营业总收入	万元	99 817	-8.9
工业总产值	万元	85 603	-6.7
其中：高新技术产业	万元	7 561	-27.3
电子信息产业	万元	7 926	-26.1
工业产品销售额	万元	93 732	-11.3
企业利润总额	万元	8 105	16.2
物流企业营业收入	万元	5 022	43.8
综合能源耗费量	吨标准煤	2 006	17.4
当年批准企业数	个	2	0.0
其中：外资企业	个	2	—
仓储物流企业	个	0	—
当年批准投资总额	万美元	1 329	43.8
其中：外资项目投资额	万美元	1 329	—
增资额	万美元	0	—
当年合同利用外资	万美元	684	-18.6
其中：增资额	万美元	0	—
当年企业实际到位资金	万美元	684	-26.0
其中：实际利用外资	万美元	684	-18.6
固定资产投资额	万元	0	—
其中：基础设施投资	万元	0	—
开发公司投资	万元	0	—
期末施工房屋面积	平方米	0	—
其中：期末在建厂房面积	平方米	0	—
房屋竣工面积	平方米	26 304	—
其中：已建成厂房面积	平方米	10 538	—
已建成仓库面积	平方米	15 766	—
土地实际已租售面积	平方米	0	—
历年已投产物流企业	个	6	—
历年已投产工业企业	个	9	—
其中：投资额 1 000 万美元（含）以上	个	5	—
税收总额	万元	2 889	13.7
其中：海关部门税收及代征税	万元	1 515	34.1
工商税收	万元	1 372	-2.8
期末从业人员	人	3 200	18.5
其中：期末外资企业从业人员	人	2 610	0.2
期末出口加工区批准面积	平方公里	2.97	0.0
期末出口加工区验收封关面积	平方公里	2.49	388.2

（2）-1　截至2013年江苏连云港出口加工区历年招商引资情况表

指标	单位	历年累计
批准企业	个	16
其中：外资企业		11
投资总额	万美元	19 042
其中：外商投资总额		15 099
合同外资额		8 594
实际利用外资		7 701

（2）-2　截至2013年江苏连云港出口加工区历年主要外商投资情况表

按项目数排列			按投资额排列		
序号	国别（地区）	项目数（个）	序号	国别（地区）	投资额（万美元）
1	美国	5	1	美国	6 569
2	中国香港	2	2	韩国	5 400
3	加拿大	2	3	日本	1 230
4	韩国	1	4	中国香港	1 100
5	日本	1	5	加拿大	800

（3）2013年江苏连云港出口加工区出口加工企业工业产值排名表

单位：万元

序号	企业名称	序号	企业名称
1	重山风力设备（连云港）有限公司	4	杰亮电子科技（连云港）有限公司
2	连云港艾业无纺布制品有限公司	5	连云港柏科医用制品有限公司
3	连云港中奥铝业有限公司	6	连云港伍江电器技术服务有限公司

（4）2013年江苏连云港出口加工区物流企业营业收入排名表

单位：万元

序号	企业名称	序号	企业名称
1	江苏锦达保税仓储服务有限公司	3	新世嘉（连云港）保税仓储有限公司
2	连云港中外运储运有限公司	4	连云港汉华保税仓储有限公司

江苏镇江出口加工区统计数据表

（1）2013年江苏镇江出口加工区主要经济指标完成情况表

指标名称	单位	2013年	比上年增长（%）
增加值	万元	17 684	-2.9
营业总收入	万元	74 809	24.6
工业总产值	万元	74 541	16.6
其中：高新技术产业	万元	74 541	16.6
电子信息产业	万元	0	—
工业产品销售额	万元	65 736	22.8
企业利润总额	万元	13 430	-52.1
物流企业营业收入	万元	9 073	39.1
综合能源耗费量	吨标准煤	4 526	10.7
当年批准企业数	个	1	0.0
其中：外资企业	个	0	—
仓储物流企业	个	1	0.0
当年批准投资总额	万美元	16 667	2 082.0
其中：外资项目投资额	万美元	0	—
增资额	万美元	0	—
当年合同利用外资	万美元	0	—
其中：增资额	万美元	0	—
当年企业实际到位资金	万美元	0	-100.0
其中：实际利用外资	万美元	0	-100.0
固定资产投资额	万元	14 650	208.2
其中：基础设施投资	万元	11 000	131.4
开发公司投资	万元	0	—
期末施工房屋面积	平方米	0	-100.0
其中：期末在建厂房面积	平方米	0	-100.0
房屋竣工面积	平方米	19 746	—
其中：已建成厂房面积	平方米	0	—
已建成仓库面积	平方米	19 746	—
土地实际已租售面积	平方米	0	—
历年已投产物流企业	个	4	—
历年已投产工业企业	个	2	—
其中：投资额1 000万美元（含）以上	个	2	—
税收总额	万元	21 446	94.1
其中：海关部门税收及代征税	万元	20 183	96.5
工商税收	万元	1 263	62.8
期末从业人员	人	836	31.7
其中：期末外资企业从业人员	人	836	31.7
期末出口加工区批准面积	平方公里	2.53	00.0
期末出口加工区验收封关面积	平方公里	0.91	0.0

（2）-1 截至2013年江苏镇江出口加工区历年招商引资情况表

指标	单位	历年累计
批准企业	个	14
其中：外资企业		10
投资总额	万美元	45 594
其中：外商投资总额		28 190
合同外资额		9 601
实际利用外资		6 198

（2）-2 截至2013年江苏镇江出口加工区历年主要外商投资情况表

按项目数排列			按投资额排列		
序号	国别（地区）	项目数（个）	序号	国别（地区）	投资额（万美元）
1	中国香港	3	1	瑞典	5 140
2	中国台湾	2	2	中国香港	2 480
3	美国	1	3	英国	1 830
4	瑞典	1	4	中国台湾	1 100
5	英国	1	5	美国	420

（3）2013年江苏镇江出口加工区出口加工企业工业产值排名表

单位：万元

序号	企业名称	序号	企业名称
1	先进光电科技（镇江）有限公司	3	镇江吉福装饰有限公司
2	圣睿太阳能科技（镇江）有限公司	4	镇江高博能源技术有限公司

（4）2013年江苏镇江出口加工区物流企业营业收入排名表

单位：万元

序号	企业名称	序号	企业名称
1	镇江瑞翔国际物流有限公司	3	镇江中沙保税物流有限公司
2	镇江远港物流有限公司	4	镇江出口加工区港城国际贸易有限责任公司

江苏常熟出口加工区统计数据表

（1）2013 年江苏常熟出口加工区主要经济指标完成情况表

指标名称	单位	2013 年	比上年增长（%）
增加值	万元	13 091	15.1
营业总收入	万元	71 428	-1.6
工业总产值	万元	59 281	-8.2
其中：高新技术产业	万元	0	—
电子信息产业	万元	16 992	-37.0
工业产品销售额	万元	60 000	-7.2
企业利润总额	万元	1 877	183.5
物流企业营业收入	万元	9 656	22.0
综合能源耗费量	吨标准煤	638	0.0
当年批准企业数	个	0	-100.0
其中：外资企业	个	0	—
仓储物流企业	个	0	-100.0
当年批准投资总额	万美元	150	-6.8
其中：外资项目投资额	万美元	150	—
增资额	万美元	150	—
当年合同利用外资	万美元	200	—
其中：增资额	万美元	200	—
当年企业实际到位资金	万美元	222	37.9
其中：实际利用外资	万美元	222	—
固定资产投资额	万元	0	—
其中：基础设施投资	万元	0	—
开发公司投资	万元	0	—
期末施工房屋面积	平方米	0	—
其中：期末在建厂房面积	平方米	0	—
房屋竣工面积	平方米	0	-100.0
其中：已建成厂房面积	平方米	0	-100.0
已建成仓库面积	平方米	0	—
土地实际已租售面积	平方米	20 000	—
历年已投产物流企业	个	6	—
历年已投产工业企业	个	9	—
其中：投资额 1 000 万美元（含）以上	个	3	—
税收总额	万元	13 822	-56.6
其中：海关部门税收及代征税	万元	11 190	-61.8
工商税收	万元	2 632	5.8
期末从业人员	人	1 225	-9.3
其中：期末外资企业从业人员	人	1 159	-10.2
期末出口加工区批准面积	平方公里	0.94	0.0
期末出口加工区验收封关面积	平方公里	0.53	0.0

（2）-1 截至2013年江苏常熟出口加工区历年招商引资情况表

指标	单位	历年累计
批准企业	个	17
其中：外资企业		11
投资总额	万美元	14 359
其中：外商投资总额		13 907
合同外资额		6 171
实际利用外资		4 103

（2）-2 截至2013年江苏常熟出口加工区历年主要外商投资情况表

按项目数排列			按投资额排列		
序号	国别（地区）	项目数（个）	序号	国别（地区）	投资额（万美元）
1	美国	6	1	美国	5 777
2	新加坡	1	2	新加坡	3 120
3	印度	1	3	中国台湾	2 980
4	韩国	1	4	印度	1 500
5	中国台湾	1	5	韩国	320

（3）2013年江苏常熟出口加工区物流企业营业收入排名表

单位：万元

序号	企业名称	序号	企业名称
1	长江国际物流（常熟）有限公司	4	苏州时创仓储物流有限公司
2	常熟外轮代理有限公司	5	常熟外运物流有限公司
3	常熟华顺物流有限公司	6	常熟天境物流有限公司

江苏常州出口加工区统计数据表

（1）2013 年江苏常州出口加工区主要经济指标完成情况表

指标名称	单位	2013 年	比上年增长（%）
增加值	万元	29 714	-19.3
营业总收入	万元	79 989	-43.2
工业总产值	万元	74 726	-44.6
其中：高新技术产业	万元	0	—
电子信息产业	万元	26 508	-23.7
工业产品销售额	万元	78 682	-42.4
企业利润总额	万元	8 464	17.4
物流企业营业收入	万元	1 307	-2.8
综合能源耗费量	吨标准煤	3 046	-41.8
当年批准企业数	个	0	-100.0
其中：外资企业	个	0	—
仓储物流企业	个	0	—
当年批准投资总额	万美元	4 330	260.0
其中：外资项目投资额	万美元	0	-100.0
增资额	万美元	4 330	—
当年合同利用外资	万美元	0	-100.0
其中：增资额	万美元	0	-100.0
当年企业实际到位资金	万美元	4 330	860.0
其中：实际利用外资	万美元	4 330	860.0
固定资产投资额	万元	0	-100.0
其中：基础设施投资	万元	0	-100.0
开发公司投资	万元	0	-100.0
期末施工房屋面积	平方米	0	—
其中：期末在建厂房面积	平方米	0	—
房屋竣工面积	平方米	0	—
其中：已建成厂房面积	平方米	0	—
已建成仓库面积	平方米	0	—
土地实际已租售面积	平方米	0	—
历年已投产物流企业	个	3	—
历年已投产工业企业	个	10	—
其中：投资额 1 000 万美元（含）以上	个	4	—
税收总额	万元	11 668	9.8
其中：海关部门税收及代征税	万元	10 563	77.5
工商税收	万元	1 105	-76.4
期末从业人员	人	1 030	101.0
其中：期末外资企业从业人员	人	1 030	101.0
期末出口加工区批准面积	平方公里	1.66	0.0
期末出口加工区验收封关面积	平方公里	1.33	0.0

（2）-1 截至2013年江苏常州出口加工区历年招商引资情况表

指标	单位	历年累计
批准企业	个	13
其中：外资企业		12
投资总额	万美元	44 490
其中：外商投资总额		36 110
合同外资额		19 157
实际利用外资		18 566

（2）-2 截至2013年江苏常州出口加工区历年主要外商投资情况表

按项目数排列			按投资额排列		
序号	国别（地区）	项目数（个）	序号	国别（地区）	投资额（万美元）
1	美国	4	1	美国	14 340
2	中国港台地区	2	2	中国港台地区	5 900
3	日本	1	3	土耳其	760
4	土耳其	1	4	加拿大	500
5	加拿大	1	5	日本	260

（3）2013年江苏常州出口加工区出口加工企业工业产值排名表

单位：万元

序号	企业名称	工业总产值	序号	企业名称	工业总产值
1	常州巴奥米特医疗器械有限公司	30 899	4	派纳维斯工具（常州）有限公司	1 104
2	常州高博能源材料有限公司	26 580	5	福地亚（常州）采矿设备有限公司	1 041
3	常州泰义精工有限公司	3 457			

（4）2013年江苏常州出口加工区物流企业营业收入排名表

单位：万元

序号	企业名称	营业收入	序号	企业名称	营业收入
1	常州高新区出口加工区投资有限公司	1 307			

江苏武进出口加工区统计数据表

(1) 2013 年江苏武进出口加工区主要经济指标完成情况表

指标名称	单位	2013 年	比上年增长（%）
增加值	万元	81 867	35.1
工业总产值	万元	644 662	25.1
其中：高新技术产业	万元	633 994	23.0
电子信息产业	万元	633 994	23.0
工业产品销售额	万元	504 852	5.5
企业利润总额	万元	12 891	-15.0
物流企业营业收入	万元	5 507	178.3
综合能源耗费量	吨标准煤	10 371	21.8
当年批准企业数	个	3	0.0
其中：外资企业	个	1	—
仓储物流企业	个	0	—
当年批准投资总额	万美元	45 280	654.7
其中：外资项目投资额	万美元	45 280	654.7
增资额	万美元	18 280	204.7
当年合同利用外资	万美元	19 500	983.3
其中：增资额	万美元	10 500	483.3
当年企业实际到位资金	万美元	13 265	363.8
其中：实际利用外资	万美元	13 265	363.8
固定资产投资额	万元	55 994	-40.3
其中：基础设施投资	万元	1 242	-59.6
开发公司投资	万元	4 571	16.7
期末施工房屋面积	平方米	0	—
其中：期末在建厂房面积	平方米	0	—
房屋竣工面积	平方米	11 000	-96.7
其中：已建成厂房面积	平方米	0	-100.0
已建成仓库面积	平方米	11 000	-72.9
土地实际已租售面积	平方米	0	—
历年已投产物流企业	个	5	—
历年已投产工业企业	个	7	—
其中：投资额 1 000 万美元（含）以上	个	4	—
税收总额	万元	17 003	12.8
其中：海关部门税收及代征税	万元	12 324	13.0
工商税收	万元	4 679	12.2
期末从业人员	人	11 093	25.7
其中：期末外资企业从业人员	人	10 547	26.7
期末出口加工区批准面积	平方公里	1.15	0.0
期末出口加工区验收封关面积	平方公里	1.08	0.0

（2）-1　截至2013年江苏武进出口加工区历年招商引资情况表

指标	单位	历年累计
批准企业	个	19
其中：外资企业		6
投资总额	万美元	112 295
其中：外商投资总额		98 060
合同外资额		46 605
实际利用外资		46 605

（2）-2　截至2013年江苏武进出口加工区历年主要外商投资情况表

按项目数排列			按投资额排列		
序号	国别（地区）	项目数（个）	序号	国别（地区）	投资额（万美元）
1	中国台湾	4	1	中国台湾	69 560
2	中国香港	2	2	中国香港	28 500

（3）2013年江苏武进出口加工区出口加工企业工业产值排名表

单位：万元

序号	企业名称	工业总产值	序号	企业名称	工业总产值
1	光宝科技（常州）有限公司	508 333	4	常州道达纺织科技有限公司	10 355
2	光宝光电（常州）有限公司	98 311	5	常州能盛线缆材料有限公司	313
3	晶品光电（常州）有限公司	27 350			

（4）2013年江苏武进出口加工区物流企业营业收入排名表

单位：万元

序号	企业名称	营业收入	序号	企业名称	营业收入
1	常州飞力达现代物流有限公司	3 870	4	常州中外运有限公司	62
2	常州亨通海晨物流有限公司	1 453	5	常州市武进亨通国际物流有限公司	26
3	上海立扬国际货运代理有限公司常州分公司	97			

浙江杭州出口加工区统计数据表

（1）2013 年浙江杭州出口加工区主要经济指标完成情况表

指标名称	单位	2013 年	比上年增长（%）
增加值	万元	141 463	13.3
营业总收入	万元	1 271 556	3.3
工业总产值	万元	1 245 355	2.6
其中：高新技术产业	万元	14 601	-34.4
电子信息产业	万元	1 028 025	3.1
工业产品销售额	万元	1 246 753	2.9
企业利润总额	万元	40 258	40.0
物流企业营业收入	万元	10 399	72.1
综合能源耗费量	吨标准煤	13 597	2.2
当年批准企业数	个	0	—
其中：外资企业	个	0	—
仓储物流企业	个	0	—
当年批准投资总额	万美元	0	—
其中：外资项目投资额	万美元	0	—
增资额	万美元	0	—
当年合同利用外资	万美元	0	—
其中：增资额	万美元	0	—
当年企业实际到位资金	万美元	0	—
其中：实际利用外资	万美元	0	—
固定资产投资额	万元	22 116	13.8
其中：基础设施投资	万元	22 116	13.8
开发公司投资	万元	0	—
期末施工房屋面积	平方米	0	—
其中：期末在建厂房面积	平方米	0	—
房屋竣工面积	平方米	15 000	—
其中：已建成厂房面积	平方米	15 000	—
已建成仓库面积	平方米	0	—
土地实际已租售面积	平方米	0	—
历年已投产物流企业	个	6	—
历年已投产工业企业	个	25	—
其中：投资额 1 000 万美元（含）以上	个	12	—
税收总额	万元	86 662	-2.1
其中：海关部门税收及代征税	万元	71 254	-10.4
工商税收	万元	17 244	32.1
期末从业人员	人	9 443	5.1
其中：期末外资企业从业人员	人	9 223	4.3
期末出口加工区批准面积	平方公里	2.92	0.0
期末出口加工区验收封关面积	平方公里	2	0.0

（2）-1　截至2013年浙江杭州出口加工区历年招商引资情况表

指标	单位	历年累计
批准企业	个	33
其中：外资企业		28
投资总额	万美元	59 787
其中：外商投资总额		49 771
合同外资额		21 871
实际利用外资		19 719

（2）-2　截至2013年浙江杭州出口加工区历年主要外商投资情况表

按项目数排列			按投资额排列		
序号	国别（地区）	项目数（个）	序号	国别（地区）	投资额（万美元）
1	日本	10	1	日本	30 857
2	中国香港	3	2	中国香港	8 786
3	美国	3	3	澳大利亚	1 400
4	澳大利亚	2	4	美国	819
5	萨摩亚	2	5	中国台湾	600

（3）2013年浙江杭州出口加工区出口加工企业工业产值排名表

单位：万元

序号	企业名称	工业总产值	序号	企业名称	工业总产值
1	东芝信息机器（杭州）有限公司	804 372	11	矢野电子（杭州）有限公司	8 629
2	杭州矢崎配件有限公司	193 633	12	真珠乐器（杭州）有限公司	7 723
3	杭州松下住宅电器设备（出口加工区）有限公司	79 592	13	莱蒙斯密封件（杭州）有限公司	5 403
4	希赛瓶盖系统（杭州）有限公司	32 176	14	杭州万事达装饰用品有限公司	5 041
5	中日龙电器制品（杭州）有限公司	29 747	15	杭州孟氏装饰材料有限公司	3 063
6	杭州东芝家电技术电子有限公司	20 809	16	杭州全镒橡塑制品有限公司	2 724
7	天裕光能科技有限公司	14 601	17	晟铭电子（杭州）有限公司	2 417
8	瑞奇包装系统（杭州）有限公司	13 535	18	杭州杭琦电子有限公司	1 080
9	杭州泰谷诺石英有限公司	10 675	19	杭州拜罗纺织有限公司	859
10	盛康橡胶（杭州）有限公司	8 896	20	聪缙电子（杭州）有限公司	379

（4）2013年浙江杭州出口加工区物流企业营业收入排名表

单位：万元

序号	企业名称	营业收入	序号	企业名称	营业收入
1	杭州九捷国际货运代理有限公司	5 787	4	杭州汉达国际货运代理有限公司	229
2	东芝货物管理（杭州）有限公司	3 845	5	美亚仓储综合服务有限公司	143
3	浙江杭州出口加工区国际物流有限公司	492	6	杭州八方仓储有限公司	51

浙江宁波出口加工区统计数据表

（1）2013年浙江宁波出口加工区主要经济指标完成情况表

指标名称	单位	2013年	比上年增长（%）
增加值	万元	313 932	-1.2
营业总收入	万元	3 721 252	-15.0
工业总产值	万元	3 636 470	-18.8
其中：高新技术产业	万元	2 909 176	-18.8
电子信息产业	万元	3 090 999	-18.8
工业产品销售额	万元	3 622 460	-15.6
企业利润总额	万元	66 186	-10.5
物流企业营业收入	万元	98 792	15.4
综合能源耗费量	吨标准煤	165 324	-4.7
当年批准企业数	个	0	—
其中：外资企业	个	0	—
仓储物流企业	个	0	—
当年批准投资总额	万美元	0	-100.0
其中：外资项目投资额	万美元	0	-100.0
增资额	万美元	0	-100.0
当年合同利用外资	万美元	0	-100.0
其中：增资额	万美元	0	-100.0
当年企业实际到位资金	万美元	3 700	1 323.1
其中：实际利用外资	万美元	3 700	1 323.1
固定资产投资额	万元	46 220	130.9
其中：基础设施投资	万元	0	—
开发公司投资	万元	0	—
期末施工房屋面积	平方米	0	-100.0
其中：期末在建厂房面积	平方米	0	-100.0
房屋竣工面积	平方米	0	-100.0
其中：已建成厂房面积	平方米	0	-100.0
已建成仓库面积	平方米	0	—
土地实际已租售面积	平方米	0	—
历年已投产物流企业	个	3	—
历年已投产工业企业	个	20	—
其中：投资额1 000万美元（含）以上	个	7	—
税收总额	万元	5 710	5.8
其中：海关部门税收及代征税	万元	5 710	5.8
工商税收	万元	0	—
期末从业人员	人	37 459	-12.6
其中：期末外资企业从业人员	人	35 586	-12.6
期末出口加工区批准面积	平方公里	3	0.0
期末出口加工区验收封关面积	平方公里	2	0.0

（2）-1　截至2013年浙江宁波出口加工区历年招商引资情况表

指标	单位	历年累计
批准企业	个	43
其中：外资企业		42
投资总额	万美元	226 422
其中：外商投资总额		226 422
合同外资额		98 705
实际利用外资		51 785

（2）-2　截至2013年浙江宁波出口加工区历年主要外商投资情况表

按项目数排列			按投资额排列		
序号	国别（地区）	项目数（个）	序号	国别（地区）	投资额（万美元）
1	中国香港	14	1	萨摩亚	122 906
2	英属维尔京群岛	7	2	中国香港	35 106
3	萨摩亚	6	3	英属维尔京群岛	31 290
4	美国	3	4	中国台湾	11 800
5	中国台湾	2	5	毛里求斯	8 000

（3）2013年浙江宁波出口加工区出口加工企业工业产值排名表

单位：万元

序号	企业名称	工业总产值	序号	企业名称	工业总产值
1	宁波群志光电有限公司	1 993 478	10	宁波奥威尔轮毂有限公司	28 845
2	宁波群友光电有限公司	629 740	11	宁波出口加工区提爱思泉盟汽车内饰有限公司	26 972
3	宁波奇美材料科技有限公司	238 109	12	宁波菱钢弹簧有限公司	17 820
4	宁波菱茂光电有限公司	211 890	13	宁波旺泉电子有限公司	8 870
5	宁波中集物流装备有限公司	132 721	14	宁波海伯精工机械制造有限公司	4 228
6	宁波海天华远机械有限公司	105 195	15	宁波智涌塑胶有限公司	4 103
7	宁波群辉光电有限公司	99 543	16	宁波宝洲金属材料有限公司	4 081
8	宁波璨宇光电有限公司	89 183	17	宁波斯易安清洁设备有限公司	1 020
9	宁波大亿科技有限公司	40 672			

（4）2013年浙江宁波出口加工区物流企业营业收入排名表

单位：万元

序号	企业名称	营业收入	序号	企业名称	营业收入
1	沃茨（宁波）国际物流有限公司	93 552	4	宁波群辉物流有限公司	1 040
2	宁波出口加工区物流中心	2 260	5	宁波出口加工区邦达兴仓储有限公司	181
3	宁波汎韩物流有限公司	1 230	6	宁波出口加工区乐威物流有限公司	17

浙江嘉兴出口加工区统计数据表

（1）2013 年浙江嘉兴出口加工区主要经济指标完成情况表

指标名称	单位	2013 年	比上年增长（%）
增加值	万元	8 688	-1.1
营业总收入	万元	52 576	14.0
工业总产值	万元	51 384	22.2
其中：高新技术产业	万元	0	—
电子信息产业	万元	0	—
工业产品销售额	万元	49 019	15.7
企业利润总额	万元	1 432	-20.3
物流企业营业收入	万元	855	345.3
综合能源耗费量	吨标准煤	2 259	-3.9
当年批准企业数	个	3	0.0
其中：外资企业	个	0	—
仓储物流企业	个	2	100.0
当年批准投资总额	万美元	495	94.9
其中：外资项目投资额	万美元	0	—
增资额	万美元	0	—
当年合同利用外资	万美元	0	—
其中：增资额	万美元	0	—
当年企业实际到位资金	万美元	787	-49.8
其中：实际利用外资	万美元	300	-77.2
固定资产投资额	万元	2 008	-81.9
其中：基础设施投资	万元	0	—
开发公司投资	万元	0	—
期末施工房屋面积	平方米	0	—
其中：期末在建厂房面积	平方米	0	—
房屋竣工面积	平方米	13 176	—
其中：已建成厂房面积	平方米	1 622	—
已建成仓库面积	平方米	11 529	—
土地实际已租售面积	平方米	49 258	—
历年已投产物流企业	个	2	—
历年已投产工业企业	个	12	—
其中：投资额 1 000 万美元（含）以上	个	5	—
税收总额	万元	17 679	1 784.8
其中：海关部门税收及代征税	万元	16 743	—
工商税收	万元	936	-0.2
期末从业人员	人	1 105	-6.0
其中：期末外资企业从业人员	人	387	-7.0
期末出口加工区批准面积	平方公里	2.98	—
期末出口加工区验收封关面积	平方公里	1.3	—

（2）-1 截至2013年浙江嘉兴出口加工区历年招商引资情况表

指标	单位	历年累计
批准企业	个	22
其中：外资企业		10
投资总额	万美元	16 100
其中：外商投资总额		7 610
合同外资额		3 718
实际利用外资		3 170

（2）-2 截至2013年浙江嘉兴出口加工区历年主要外商投资情况表

按项目数排列			按投资额排列		
序号	国别（地区）	项目数（个）	序号	国别（地区）	投资额（万美元）
1	中国香港	4	1	中国香港	3 660
2	美国	2	2	美国	2 060
3	英属维尔京群岛	1	3	英属维尔京群岛	1 800
4	日本	1	4	日本	50
5	英国	1	5	英国	40

（3）2013年浙江嘉兴出口加工区出口加工企业工业产值排名表

单位：万元

序号	企业名称	工业总产值	序号	企业名称	工业总产值
1	浙江圣泰戈新材料有限公司	11 314	7	嘉兴大丰制冷剂科技有限公司	914
2	嘉兴市迅蕾轴承有限公司	9 428	8	嘉兴德康工业气体探测仪器制造有限公司	891
3	浙江嘉盛汽车部件制造有限公司	9 210	9	嘉兴我爱妻日用品有限公司	635
4	嘉兴捷翔洁具制品有限公司	8 637	10	洛克沃德汉纳斯酒业（嘉兴）有限公司	439
5	浙江鹏莱制冷剂有限公司	6 681	11	嘉兴市制衡精仪有限公司	103
6	嘉兴固安金属制品有限公司	1 354	12	嘉兴嘉利食品有限公司	

（4）2013年浙江嘉兴出口加工区物流企业营业收入排名表

单位：万元

序号	企业名称	营业收入	序号	企业名称	营业收入
1	嘉兴港区保穗物流有限公司	520	2	嘉兴出口加工区保税物流中心有限公司	477

安徽芜湖出口加工区统计数据表

(1) 2013 年安徽芜湖出口加工区主要经济指标完成情况表

指标名称	单位	2013 年	比上年增长(%)
增加值	万元	38 214	-17.6
营业总收入	万元	215 291	-16.3
工业总产值	万元	220 133	-12.8
其中:高新技术产业	万元	12 628	73.9
电子信息产业	万元	151 580	-17.0
工业产品销售额	万元	215 270	-16.3
企业利润总额	万元	6 374	-36.8
物流企业经营收入	万元	21	-12.5
综合能源耗费量	吨标准煤	6 842	-37.5
当年批准企业数	个	1	-50.0
其中:外资企业	个	0	—
仓储物流企业	个	0	-100.0
当年批准投资总额	万美元	516	-96.9
其中:外资项目投资额	万美元	0	-100.0
增资额	万美元	484	-97.1
当年合同利用外资	万美元	582	-96.2
其中:增资额	万美元	582	-96.2
当年企业实际到位资金	万美元	24 621	271.5
其中:实际利用外资	万美元	12 665	134.2
固定资产投资额	万元	42 116	10.0
其中:基础设施投资	万元	14 234	-32.5
开发公司投资	万元	0	
期末施工房屋面积	平方米	56 676	136.2
其中:期末在建厂房面积	平方米	56 676	136.2
房屋竣工面积	平方米	60 697	767.1
其中:已建成厂房面积	平方米	39 981	471.2
已建成仓库面积	平方米	20 716	—
土地实际已租售面积	平方米	26 393	-87.0
历年已投产物流企业	个	3	—
历年已投产工业企业	个	13	—
其中:投资额 1 000 万美元(含)以上	个	7	—
税收总额	万元	9 516	39.0
其中:海关税收及代征税	万元	7 360	54.5
工商税收	万元	2 156	3.5
期末从业人员	人	4 422	-1.8
其中:期末外资企业从业人员	人	3 812	-4.9
期末出口加工区批准面积	平方公里	2.95	0.0
期末出口加工区验收封关面积	平方公里	2.17	0.0

（2）-1　截至2013年安徽芜湖出口加工区历年招商引资情况表

指标	单位	历年累计
批准企业	个	21
其中：外资企业		9
投资总额	万美元	52 027
其中：外商投资总额		30 870
合同外资额		30 590
实际利用外资		30 590

（2）-2　截至2013年安徽芜湖出口加工区历年主要外商投资情况表

按项目数排列			按投资额排列		
序号	国别（地区）	项目数（个）	序号	国别（地区）	投资额（万美元）
1	中国香港	4	1	中国香港	27 113
2	美国	2	2	美国	1 444
3	中国台湾	2	3	新加坡	1 250
4	新加坡	1	4	中国台湾	685

（3）2013年安徽芜湖出口加工区出口加工企业工业产值排名表

单位：万元

序号	企业名称	序号	企业名称
1	中达电子（芜湖）有限公司	8	芜湖市海晟塑业有限公司
2	合保电气（芜湖）有限公司	9	芜湖维德视频设备有限公司
3	芜湖美的洗涤电器有限公司	10	固镒电子（芜湖）有限公司
4	芜湖华烨工业用布有限公司	11	芜湖市海力渔网制造有限公司
5	芜湖晟志工业制品有限公司	12	芜湖大雁生物技术有限公司
6	芜湖安华玻璃有限公司	13	芜湖中鼎实业有限公司
7	芜湖昌永得机械有限公司		

（4）2013年安徽芜湖出口加工区物流企业营业收入排名表

单位：万元

序号	企业名称	序号	企业名称
1	芜湖中外运出口加工区物流有限公司	3	芜湖信威物流有限公司
2	芜湖捷瑞出口加工区物流有限公司		

安徽合肥出口加工区统计数据表

2013年安徽合肥出口加工区主要经济指标完成情况表

指标名称	单位	2013年	比上年增长（%）
增加值	万元		
营业总收入	万元	1 386 723	—
工业总产值	万元	1 422 313	—
其中：高新技术产业	万元	0	—
电子信息产业	万元	1 422 313	—
工业产品销售额	万元	1 402 592	—
企业利润总额	万元	-3 374	—
物流企业营业收入	万元	2 856	—
综合能源耗费量	吨标准煤	4 314.84	—
当年批准企业数	个	4	0.0
其中：外资企业	个	0	0.0
仓储物流企业	个	3	-25.0
当年批准投资总额	万美元	371	-32.0
其中：外资项目投资额	万美元	0	—
增资额	万美元	0	—
当年合同利用外资	万美元	0	—
其中：增资额	万美元	0	—
当年企业实际到位资金	万美元	16 071	410.0
其中：实际利用外资	万美元	15 700	504.0
固定资产投资额	万元	163 729	14.0
其中：基础设施投资	万元		
开发公司投资	万元		
期末施工房屋面积	平方米		
其中：期末在建厂房面积	平方米		
房屋竣工面积	平方米	312 514	—
其中：已建成厂房面积	平方米	197 067	—
已建成仓库面积	平方米	112 216	—
土地实际已租售面积	平方米	318 933	—
历年已投产物流企业	个	7	—
历年已投产工业企业	个	4	—
其中：投资额1 000万美元（含）以上	个	3	—
税收总额	万元	99 521	1 581.0
其中：海关部门税收及代征税	万元	94 748	2 692.8
工商税收	万元	4 773	97.0
期末从业人员	人	9 280	—
其中：期末外资企业从业人员	人	8 369	—
期末出口加工区批准面积	平方公里	1.42	0.0
期末出口加工区验收封关面积	平方公里	1.42	0.0

江西赣州出口加工区统计数据表

（1）2013 年江西赣州出口加工区主要经济指标完成情况表

指标名称	单位	2013 年	比上年增长（%）
增加值	万元	7 319	-33.8
营业总收入	万元	18 877	-49.3
工业总产值	万元	18 611	-14.0
其中：高新技术产业	万元	0	—
电子信息产业	万元	17 738	-18.0
工业产品销售额	万元	17 738	-18.0
企业利润总额	万元	266	-47.2
物流企业营业收入	万元	265	-98.3
综合能源耗费量	吨标准煤	919	46.3
当年批准企业数	个	0	-100.0
其中：外资企业	个	0	—
仓储物流企业	个	0	—
当年批准投资总额	万美元	0	—
其中：外资项目投资额	万美元	0	—
增资额	万美元	0	—
当年合同利用外资	万美元	0	—
其中：增资额	万美元	0	—
当年企业实际到位资金	万美元	400	-82.4
其中：实际利用外资	万美元	0	-100.0
固定资产投资额	万元	11 800	86.6
其中：基础设施投资	万元	3 700	21.1
开发公司投资	万元	8 100	147.7
期末施工房屋面积	平方米	0	—
其中：期末在建厂房面积	平方米	0	—
房屋竣工面积	平方米	54 500	-30.5
其中：已建成厂房面积	平方米	54 500	-26.0
已建成仓库面积	平方米	0	-100.0
土地实际已租售面积	平方米	1 200	-99.4
历年已投产物流企业	个	6	—
历年已投产工业企业	个	1	—
其中：投资额 1 000 万美元（含）以上	个	0	—
税收总额	万元	3 200	-23.1
其中：海关部门税收及代征税	万元	3 052	-20.5
工商税收	万元	148	-53.8
期末从业人员	人	3 347	-14.1
其中：期末外资企业从业人员	人	3 217	-5.4
期末出口加工区批准面积	平方公里	2.93	—
期末出口加工区验收封关面积	平方公里	0.93	—

（2）-1 截至2013年江西赣州出口加工区历年招商引资情况表

指标	单位	历年累计
批准企业	个	10
其中：外资企业		1
投资总额	万美元	1 200
其中：外商投资总额		1 200
合同外资额		1 200
实际利用外资		1 200

（2）-2 截至2013年江西赣州出口加工区历年主要外商投资情况表

按项目数排列			按投资额排列		
序号	国别（地区）	项目数（个）	序号	国别（地区）	投资额（万美元）
1	毛里求斯	1	1	毛里求斯	1 200

（3）2013年江西赣州出口加工区出口加工企业工业产值排名表

单位：万元

序号	企业名称	工业总产值	序号	企业名称	工业总产值
1	伟创力电源（赣州）有限公司	18 611			

（4）2013年江西赣州出口加工区物流企业营业收入排名表

单位：万元

序号	企业名称	营业收入	序号	企业名称	营业收入
1	赣州中核科技有限公司	100	4	赣州华南物流有限公司	26
2	赣州祺达物流有限公司	73	5	赣州盛鸿物流有限公司	22
3	赣州捷运仓储物流有限公司	33	6	赣州恒益物流有限公司	12

山东青岛出口加工区统计数据表

（1）2013 年山东青岛出口加工区主要经济指标完成情况表

指标名称	单位	2013 年	比上年增长（%）
增加值	万元	133 797	8.5
营业总收入	万元	473 633	-3.8
工业总产值	万元	481 045	9.4
其中：高新技术产业	万元	120 517	9.5
电子信息产业	万元	386 773	9.8
工业产品销售额	万元	470 708	9.6
企业利润总额	万元	84 756	8.9
物流企业营业收入	万元	796	2.7
综合能源耗费量	吨标准煤	8 017	9.8
当年批准企业数	个	7	16.7
其中：外资企业	个	6	20.0
仓储物流企业	个	0	—
当年批准投资总额	万美元	14 820	-54.6
其中：外资项目投资额	万美元	12 122	-60.6
增资额	万美元	1 022	-93.9
当年合同利用外资	万美元	7 535	-28.3
其中：增资额	万美元	1 340	-78.8
当年企业实际到位资金	万美元	9 695	-17.1
其中：实际利用外资	万美元	6 481	11.4
固定资产投资额	万元	57 214	57.3
其中：基础设施投资	万元	470	-96.1
开发公司投资	万元	0	-100.0
期末施工房屋面积	平方米	0	-100.0
其中：期末在建厂房面积	平方米	0	-100.0
房屋竣工面积	平方米	4 000	-88.6
其中：已建成厂房面积	平方米	4 000	-84.0
已建成仓库面积	平方米	0	-100.0
土地实际已租售面积	平方米	0	—
历年已投产物流企业	个	5	—
历年已投产工业企业	个	52	—
其中：投资额 1 000 万美元（含）以上	个	21	—
税收总额	万元	23 886	63.8
其中：海关部门税收及代征税	万元	12 794	79.2
工商税收	万元	9 146	23.0
期末从业人员	人	7 700	1.2
其中：期末外资企业从业人员	人	7 380	-0.1
期末出口加工区批准面积	平方公里	2.8	0.0
期末出口加工区验收封关面积	平方公里	1.7	0.0

（2）-1 截至2013年山东青岛出口加工区历年招商引资情况表

指标	单位	历年累计
批准企业	个	73
其中：外资企业		66
投资总额	万美元	190 067
其中：外商投资总额		157 503
合同外资额		70 039
实际利用外资		45 268

（2）-2 截至2013年山东青岛出口加工区历年主要外商投资情况表

按项目数排列			按投资额排列		
序号	国别（地区）	项目数（个）	序号	国别（地区）	投资额（万美元）
1	中国香港	22	1	日本	29 489
2	日本	15	2	中国香港	27 439
3	韩国	12	3	德国	8 445
4	美国	3	4	韩国	8 260
5	德国	2	5	新加坡	6 100

（3）2013年山东青岛出口加工区出口加工企业工业产值排名表

单位：万元

序号	企业名称	工业总产值	序号	企业名称	工业总产值
1	安德烈斯蒂尔动力工具（青岛）有限公司	107 864	8	青岛天湾电机有限公司	9 409
2	泰科电子（青岛）有限公司	100 801	9	高丽精线合金（青岛）有限公司	8 639
3	青岛福轮科技有限公司	36 989	10	青岛尖能办公用品有限公司	8 088
4	青岛奥技科光学有限公司	36 152	11	山德维克（青岛）有限公司	5 089
5	星电高科技（青岛）有限公司	31 211	12	青岛伟立精工塑胶有限公司	4 034
6	洋马发动机（山东）有限公司	14 508	13	青岛晓源电子有限公司	3 871
7	青岛开拓隆海制冷配件有限公司	10 235	14	青岛恩利旺精密工业有限公司	3 436

（4）2013年山东青岛出口加工区物流企业营业收入排名表

单位：万元

序号	企业名称	序号	企业名称
1	青岛德尔达国际物流有限公司	3	青岛永盛国际货运有限公司
2	诺得益轮胎（青岛）有限公司		

山东威海出口加工区统计数据表

（1）2013年山东威海出口加工区主要经济指标完成情况表

指标名称	单位	2013年	比上年增长（%）
增加值	万元	76 886	-11.3
营业总收入	万元	322 565	-22.4
工业总产值	万元	371 464	-6.4
其中：高新技术产业	万元	68 861	12.6
电子信息产业	万元	293 807	4.9
工业产品销售额	万元	306 000	-0.1
企业利润总额	万元	368	—
物流企业营业收入	万元	1 986	1 516.0
综合能源耗费量	吨标准煤	4 142	3 958.0
当年批准企业数	个	1	—
其中：外资企业	个	1	—
仓储物流企业	个	0	—
当年批准投资总额	万美元	86	-85.7
其中：外资项目投资额	万美元	11	—
增资额	万美元	75	-87.5
当年合同利用外资	万美元	2 640	286.0
其中：增资额	万美元	100	-83.3
当年企业实际到位资金	万美元	2 615	107.5
其中：实际利用外资	万美元	2 615	263.2
固定资产投资额	万元	29 160	-56.4
其中：基础设施投资	万元	19 542	23.9
开发公司投资	万元	0	—
期末施工房屋面积	平方米	0	—
其中：期末在建厂房面积	平方米	0	—
房屋竣工面积	平方米	20 000	-67.2
其中：已建成厂房面积	平方米	20 000	-67.2
历年已投产物流企业	个	8	—
历年已投产工业企业	个	35	—
其中：投资额1 000万美元（含）以上	个	17	—
税收总额	万元	5 839	-20.5
其中：海关部门税收及代征税	万元	188	-53.9
工商税收	万元	5 651	-18.5
期末从业人员	人	10 444	-9.5
其中：期末外资企业从业人员	人	10 348	-9.5
期末出口加工区批准面积	平方公里	2.6	0.0
期末出口加工区验收封关面积	平方公里	1.34	0.0

（2）-1 截至2013年山东威海出口加工区历年招商引资情况表

指标	单位	历年累计
批准企业	个	76
其中：外资企业		57
投资总额	万美元	74 274
其中：外商投资总额		68 391
合同外资额		68 381
实际利用外资		42 000

（2）-2 截至2013年山东威海出口加工区历年主要外商投资情况表

按项目数排列			按投资额排列		
序号	国别（地区）	项目数（个）	序号	国别（地区）	投资额（万美元）
1	韩国	29	1	韩国	62 708
2	日本	5	2	日本	4 673
3	法国	1	3	法国	1 000

（3）2013年山东威海出口加工区出口加工企业工业产值排名表

单位：万元

序号	企业名称	工业总产值	序号	企业名称	工业总产值
1	威海世一电子有限公司	101 242	11	俏昵机电（威海）有限公司	7 423
2	日月光半导体（威海）有限公司	68 861	12	威海久映汽车配件有限公司	6 466
3	威海仁昌电子有限公司	36 148	13	威海日都食品有限公司	5 070
4	威海广濑电机有限公司	34 320	14	威海兴宝纺织有限公司	3 974
5	威海海纳开碧有限公司	15 360	15	威海艾迪姆汽车配件有限公司	2 803
6	威海元晟电子有限公司	14 214	16	液化空气（威海）有限公司	2 658
7	威海金海食品有限公司	13 397	17	威海精诚特种纤维制品有限公司	2 450
8	威海世比亚食品有限公司	12 527	18	威海美京电子有限公司	2 261
9	威海新韩精工有限公司	9 810	19	威海参日电子有限公司	1 962
10	威海东源食品有限公司	8 289	20	威海一熈电子有限公司	1 920

（4）2013年山东威海出口加工区物流企业营业收入排名表

单位：万元

序号	企业名称	营业收入	序号	企业名称	营业收入
1	威海精诚物流	703	5	威海世丰物流	132
2	威海中外运物流	555	6	威海泛中物流	102
3	威海天皓物流	256	7	威海凯顺货运代理	95
4	威海泛亚仓储	142			

山东青岛西海岸出口加工区统计数据表

（1）2013年山东青岛西海岸出口加工区主要经济指标完成情况表

指标名称	单位	2013年	比上年增长（%）
增加值	万元	8 003	45.8
营业总收入	万元	38 049	-4.9
工业总产值	万元	27 986	31.5
其中：高新技术产业	万元	0	
电子信息产业	万元	17 187	—
工业产品销售额	万元	30 515	21.3
企业利润总额	万元	392	300.0
物流企业营业收入	万元	7 519	-48.5
综合能源耗费量	吨标准煤	1 182	4.3
当年批准企业数	个	9	—
其中：外资企业	个	3	—
仓储物流企业	个	4	—
当年批准投资总额	万美元	21 578	49.9
其中：外资项目投资额	万美元	19 110	116.7
增资额	万美元	—	—
当年合同利用外资	万美元	13 260	110.5
其中：增资额	万美元	—	—
当年企业实际到位资金	万美元	7 079	127.8
其中：实际利用外资	万美元	5 078	203.5
固定资产投资额	万元	30 650	-2.5
其中：基础设施投资	万元	1 470	-73.0
开发公司投资	万元	0	—
期末施工房屋面积	平方米	166 570	29.8
其中：期末在建厂房面积	平方米	166 570	29.8
房屋竣工面积	平方米	77 261	10.6
其中：已建成厂房面积	平方米	59 779	-14.4
已建成仓库面积	平方米	17 482	—
土地实际已租售面积	平方米	0	—
历年已投产物流企业	个	3	—
历年已投产工业企业	个	6	—
其中：投资额1 000万美元（含）以上	个	5	—
税收总额	万元	31 410	103.9
其中：海关部门税收及代征税	万元	30 301	102.1
工商税收	万元	1 109	169.8
期末从业人员	人	2 909	61.5
其中：期末外资企业从业人员	人	2 409	93.2
期末出口加工区批准面积	平方公里	2	—
期末出口加工区验收封关面积	平方公里	2	—

（2）-1 截至2013年山东青岛西海岸出口加工区历年招商引资情况表

指标	单位	历年累计
批准企业	个	25
其中：外资企业		17
投资总额	万美元	75 842
其中：外商投资总额		65 124
合同外资额		49 014
实际利用外资		35 767

（2）-2 截至2013年山东青岛西海岸出口加工区历年主要外商投资情况表

按项目数排列			按投资额排列		
序号	国别（地区）	项目数（个）	序号	国别（地区）	投资额（万美元）
1	中国香港	4	1	中国香港	15 110
2	美国	3	2	日本	12 500
3	日本	2	3	美国	9 835
4	新加坡	2	4	中国台湾	8 487
5	中国台湾	2	5	俄罗斯	7 692

（3）2013年山东青岛西海岸出口加工区出口加工企业工业产值排名表

单位：万元

序号	企业名称	序号	企业名称
1	青岛三美电子有限公司	3	青岛成霖科技工业有限公司
2	青岛圣美尔纤维科技有限公司		

（4）2013年山东青岛西海岸出口加工区物流企业营业收入排名表

单位：万元

序号	企业名称	序号	企业名称
1	青岛裕龙橡胶交易中心有限公司	3	青岛禹纺海联科技有限公司
2	青岛中韩国际物流有限公司	4	青岛绿辰经营管理服务有限公司

河南郑州出口加工区统计数据表

（1）2013年河南郑州出口加工区主要经济指标完成情况表

指标名称	单位	2013年	比上年增长（%）
增加值	万元	145 951	21.6
营业总收入	万元	564 085	26.2
工业总产值	万元	580 446	23.0
其中：高新技术产业	万元	502 844	23.9
电子信息产业	万元	502 844	23.9
工业产品销售额	万元	562 828	26.1
企业利润总额	万元	17 895	0.2
物流企业营业收入	万元	1 257	49.8
综合能源耗费量	吨标准煤	14 722	14.3
当年批准企业数	个	7	-36.4
其中：外资企业	个	1	-75.0
仓储物流企业	个	3	-25.0
当年批准投资总额	万美元	1 866	-90.8
其中：外资项目投资额	万美元	81	-99.5
增资额	万美元	0	-100.0
当年合同利用外资	万美元	8	-99.9
其中：增资额	万美元	0	-100.0
当年企业实际到位资金	万美元	6 379	-50.2
其中：实际利用外资	万美元	58	-98.9
固定资产投资额	万元	124 138	-59.9
其中：基础设施投资	万元	1 396	194.5
开发公司投资	万元	29 500	-14.5
期末施工房屋面积	平方米	0	—
其中：期末在建厂房面积	平方米	0	—
房屋竣工面积	平方米	0	-100.0
其中：已建成厂房面积	平方米	0	-100.0
已建成仓库面积	平方米	0	—
土地实际已租售面积	平方米	0	—
历年已投产物流企业	个	12	—
历年已投产工业企业	个	23	—
其中：投资额1 000万美元（含）以上	个	5	—
税收总额	万元	35 122	78.5
其中：海关部门税收及代征税	万元	12 402	-9.2
工商税收	万元	22 720	277.5
期末从业人员	人	25 901	-9.1
其中：期末外资企业从业人员	人	23 723	-15.6
期末出口加工区批准面积	平方公里	2.7	0.0
期末出口加工区验收封关面积	平方公里	0.9	0.0

（2）-1 截至2013年河南郑州出口加工区历年招商引资情况表

指标	单位	历年累计
批准企业	个	48
其中：外资企业		14
投资总额	万美元	92 978
其中：外商投资总额		62 510
合同外资额		30 205
实际利用外资		28 714

（2）-2 截至2013年河南郑州出口加工区历年主要外商投资情况表

按项目数排列			按投资额排列		
序号	国别（地区）	项目数（个）	序号	国别（地区）	投资额（万美元）
1	中国香港	6	1	中国香港	60 561
2	中国台湾	3	2	美国	600
3	加拿大	2	3	加拿大	565
4	美国	1	4	英属维尔京群岛	538
5	日本	1	5	中国台湾	196

（3）2013年河南郑州出口加工区出口加工企业工业产值排名表

单位：万元

序号	企业名称	序号	企业名称
1	富泰华精密电子（郑州）有限公司	6	郑州官田电子科技有限公司
2	郑州朝歌纺纱有限公司	7	河南科隆实业有限公司
3	锜昌科技（郑州）有限公司	8	华晶精密制造有限公司
4	河南省豫星华晶微钻有限公司	9	拉姆顿机械（郑州）有限公司
5	郑州建泰精密科技有限公司	10	河南瑞蓝斯机械零配件有限公司

（4）2013年河南郑州出口加工区物流企业营业收入排名表

单位：万元

序号	企业名称	序号	企业名称
1	瞻航保税物流服务（郑州）有限公司	4	郑州思博雅保税仓储服务有限公司
2	河南中部保税物流中心有限公司	5	河南外经进出口有限公司
3	郑州润嘉食品有限公司		

广东广州出口加工区统计数据表

（1）2013 年广东广州出口加工区主要经济指标完成情况表

指标名称	单位	2013 年	比上年增长（%）
增加值	万元	71 395	2.5
经营总收入	万元	287 255	0.1
工业总产值	万元	285 580	2.5
其中：高新技术产业	万元	0	—
电子信息产业	万元	0	—
工业产品销售额	万元	287 255	0.1
企业利润总额	万元	7 648	-4.8
物流企业经营收入	万元	0	—
综合能源耗费量	吨标准煤	3 584	-2.6
当年批准企业数	个	0	—
其中：外资企业	个	0	—
仓储物流企业	个	0	—
当年批准投资总额	万美元	0	—
其中：外资项目投资额	万美元	0	—
增资额	万美元	0	—
当年合同利用外资	万美元	0	—
其中：增资额	万美元	0	—
当年企业实际到位资金	万美元	0	—
其中：实际利用外资	万美元	0	—
固定资产投资额	万元	0	—
其中：基础设施投资	万元	0	—
开发公司投资	万元	0	—
期末施工房屋面积	平方米	0	—
其中：期末在建厂房面积	平方米	0	—
房屋竣工面积	平方米	0	—
其中：已建成厂房面积	平方米	0	—
已建成仓库面积	平方米	0	—
土地实际已租售面积	平方米	0	—
历年已投产物流企业	个	0	—
历年已投产加工企业	个	0	—
其中：投资额 5 000 万美元（含）以上	个	0	—
投资额 3 000（含）~5 000 万美元	个	0	—
投资额 1 000（含）~3 000 万美元	个	0	—
税收总额	万元	0	—
其中：海关税收及代征税	万元	0	—
工商税收	万元	0	—
期末从业人员	人	1 095	-13.6
其中：期末外资企业从业人员	人	954	-20.8
期末出口加工区批准面积	平方公里	3	0.0
期末出口加工区验收封关面积	平方公里	0.9	0.0

(2)–1　截至2013年广东广州出口加工区历年招商引资情况表

指标	单位	历年累计
批准企业	个	1
其中：外资企业		1
投资总额	万美元	12 500
其中：外商投资总额		12 500
合同外资额		5 400
实际利用外资		5 400

(2)–2　截至2013年广东广州出口加工区历年主要外商投资情况表

按项目数排列			按投资额排列		
序号	国别（地区）	项目数（个）	序号	国别（地区）	投资额（万美元）
1	日本	1	1	日本	5 400

(3) 2013年广东广州出口加工区加工企业工业产值排名表

单位：万元

序号	企业名称	工业总产值	序号	企业名称	工业总产值
1	本田汽车（中国）有限公司	285 580			

(4) 2013年广东广州出口加工区出口加工企业产品销售额排名表

单位：万元

序号	企业名称	产品销售额	序号	企业名称	产品销售额
1	本田汽车（中国）有限公司	287 255			

广东深圳出口加工区统计数据表

（1）2013 年广东深圳出口加工区主要经济指标完成情况表

指标名称	单位	2013 年	比上年增长（%）
增加值	万元	339 658	-3.2
工业总产值	万元	1 425 338	-5.2
其中：高新技术产业	万元	943 803	-1.4
电子信息产业	万元	942 709	-1.7
工业产品销售额	万元	1 421 094	-5.6
企业利润总额	万元	36 212	-24.6
物流企业营业收入	万元	0	—
综合能源耗费量	吨标准煤	27 555	-1.0
当年批准企业数	个	18	80.0
其中：外资企业	个	0	-100.0
仓储物流企业	个	14	55.6
当年批准投资总额	万美元	0	-100.0
其中：外资项目投资额	万美元	0	-100.0
增资额	万美元	0	—
当年合同利用外资	万美元	0	—
其中：增资额	万美元	0	—
当年企业实际到位资金	万美元	0	—
其中：实际利用外资	万美元	0	—
固定资产投资额	万元	45 060	39.7
其中：基础设施投资	万元	0	—
开发公司投资	万元	0	—
期末施工房屋面积	平方米	0	—
其中：期末在建厂房面积	平方米	0	—
房屋竣工面积	平方米	0	—
其中：已建成厂房面积	平方米	0	—
已建成仓库面积	平方米	0	—
土地实际已租售面积	平方米	0	—
历年已投产物流企业	个	29	—
历年已投产工业企业	个	37	—
其中：投资额 1 000 万美元（含）以上	个	0	—
税收总额	万元	0	—
其中：海关部门税收及代征税	万元	0	—
工商税收	万元	0	—
期末从业人员	人	21 367	-0.7
其中：期末外资企业从业人员	人	10 084	5.3
期末出口加工区批准面积	平方公里	3	0.0
期末出口加工区验收封关面积	平方公里	3	0.0

(2)-1 截至2013年广东深圳出口加工区历年招商引资情况表

指标	单位	历年累计
批准企业	个	79
其中：外资企业		37
投资总额	万美元	105 993
其中：外商投资总额		105 993
合同外资额		44 607
实际利用外资		36 100

(2)-2 截至2013年广东深圳出口加工区历年主要外商投资情况表

按项目数排列			按投资额排列		
序号	国别（地区）	项目数（个）	序号	国别（地区）	投资额（万美元）
1	中国香港	23	1	中国香港	75 475
2	日本	3	2	荷兰	19 800
3	英国	2	3	新加坡	4 150
4	美国	2	4	英国	1 940
5	新加坡、中国台湾、塞舌尔、荷兰、西萨摩亚、英属维尔京群岛	各1个	5	日本	921

(3) 2013年广东深圳出口加工区出口加工企业工业产值排名表

单位：千元

序号	企业名称	工业总产值	序号	企业名称	工业总产值
1	昱科环球存储科技（深圳）有限公司	8 327 339	11	华粤五金（深圳）有限公司	267 170
2	主力实业（深圳）有限公司	816 156	12	安柏家庭用品（深圳）有限公司	251 133
3	奥仕达主力电器（深圳）有限公司	806 306	13	中汇洲电子（深圳）有限公司	246 617
4	乐得利钟表（深圳）有限公司	475 890	14	怡程金属（深圳）有限公司	219 716
5	山能科技（深圳）有限公司	414 817	15	柯仕达家具（深圳）有限公司	180 193
6	旭硝子精细玻璃（深圳）有限公司	325 515	16	阿特拉斯螺栓（深圳）有限公司	149 009
7	发财制造（深圳）有限公司	317 838	17	全能电业科技（深圳）有限公司	116 272
8	珈伟太阳能光电（深圳）有限公司	311 112	18	深圳金山电池有限公司	95 368
9	深圳顶海电子有限公司	294 537	19	深圳腾辉威泰电子有限公司	93 879
10	肯发科技（深圳）有限公司	272 129	20	拜里斯科技（深圳）有限公司	75 321

四川绵阳出口加工区统计数据表

（1）2013年四川绵阳出口加工区主要经济指标完成情况表

指标名称	单位	2013年	比上年增长（%）
增加值	万元	27 831	14.0
营业总收入	万元	91 210	-2.7
工业总产值	万元	96 012	-1.0
其中：高新技术产业	万元	0	—
电子信息产业	万元	96 012	-1.0
工业产品销售额	万元	90 817	-1.9
企业利润总额	万元	1 527	-56.5
物流企业营业收入	万元	105	18.0
综合能源耗费量	吨标准煤	1 429	6.3
当年批准企业数	个	0	-100.0
其中：外资企业	个	0	—
仓储物流企业	个	0	—
当年批准投资总额	万美元	0	-100.0
其中：外资项目投资额	万美元	0	-100.0
增资额	万美元	0	—
当年合同利用外资	万美元	0	—
其中：增资额	万美元	0	—
当年企业实际到位资金	万美元	0	-100.0
其中：实际利用外资	万美元	0	—
固定资产投资额	万元	1 817	-40.5
其中：基础设施投资	万元	0	—
开发公司投资	万元	0	—
期末施工房屋面积	平方米	0	—
其中：期末在建厂房面积	平方米	0	—
房屋竣工面积	平方米	0	—
其中：已建成厂房面积	平方米	0	—
已建成仓库面积	平方米	0	—
土地实际已租售面积	平方米	0	-100.0
历年已投产物流企业	个	0	—
历年已投产工业企业	个	1	—
其中：投资额1 000万美元（含）以上	个	0	—
税收总额	万元	914	0.7
其中：海关部门税收及代征税	万元	0	—
工商税收	万元	914	0.7
期末从业人员	人	7 370	-10.3
其中：期末外资企业从业人员	人	6 693	-12.0
期末出口加工区批准面积	平方公里	0.56	0.0
期末出口加工区验收封关面积	平方公里	0.15	0.0

（2）-1 截至2013年四川绵阳出口加工区历年招商引资情况表

指标	单位	历年累计
批准企业	个	7
其中：外资企业		2
投资总额	万美元	3 970
其中：外商投资总额		1 194
合同外资额		310
实际利用外资		310

（2）-2 截至2013年四川绵阳出口加工区历年主要外商投资情况表

按项目数排列			按投资额排列		
序号	国别（地区）	项目数（个）	序号	国别（地区）	投资额（万美元）
1	美国	1	1	美国	1 000
2	中国台湾	1	2	中国台湾	194

（3）2013年四川绵阳出口加工区出口加工企业工业产值排名表

单位：万元

序号	企业名称	序号	企业名称
1	绵阳普思电子有限公司	4	绵阳景旺电子有限公司
2	虹锐电工有限责任公司	5	四川柯西澳光电科技有限公司
3	绵阳连康电子有限公司		

（4）2013年四川绵阳出口加工区物流企业营业收入排名表

单位：万元

序号	企业名称	序号	企业名称
1	绵阳出口加工区华泰物流有限公司	2	中外运空运发展股份有限公司绵阳分公司

陕西西安出口加工区（A区）统计数据表

（1）2013年陕西西安出口加工区（A区）主要经济指标完成情况表

指标名称	单位	2013年	比上年增长（%）
增加值	万元	382 959	19.2
工业总产值	万元	1 429 235	19.2
其中：高新技术产业	万元	626 903	24.7
电子信息产业	万元	2 132	40.5
工业产品销售额	万元	1 610 962	19.4
企业利润总额	万元	8 881	-7.7
物流企业营业收入	万元	31 757	5.7
综合能源耗费量	吨标准煤	7 164	19.7
当年批准企业数	个	5	-50.0
其中：外资企业	个	0	-100.0
仓储物流企业	个	1	0.0
当年批准投资总额	万美元	750	-96.6
其中：外资项目投资额	万美元	0	-100.0
增资额	万美元	0	—
当年合同利用外资	万美元	500	1.6
其中：增资额	万美元	500	—
当年企业实际到位资金	万美元	4 926	-63.1
其中：实际利用外资	万美元	1 188	72.9
固定资产投资额	万元	221 197	46.7
其中：基础设施投资	万元	4 125	-81.8
开发公司投资	万元	5 298	-20.6
期末施工房屋面积	平方米	34 700	-58.5
其中：期末在建厂房面积	平方米	34 700	-58.5
房屋竣工面积	平方米	49 000	5.8
其中：已建成厂房面积	平方米	49 000	5.8
已建成仓库面积	平方米	0	—
土地实际已租售面积	平方米	0	-100.0
历年已投产物流企业	个	10	—
历年已投产工业企业	个	45	—
其中：投资额1 000万美元（含）以上	个	10	—
税收总额	万元	51 633	98.6
其中：海关部门税收及代征税	万元	48 248	110.1
工商税收	万元	3 385	11.6
期末从业人员	人	3 716	15.6
其中：期末外资企业从业人员	人	1 541	-2.6
期末出口加工区批准面积	平方公里	1.46	0.0
期末出口加工区验收封关面积	平方公里	0.75	0.0

(2)－1 截至2013年陕西西安出口加工区（A区）历年招商引资情况表

指标	单位	历年累计
批准企业	个	65
其中：外资企业		27
投资总额	万美元	92 549
其中：外商投资总额		16 449
合同外资额		13 049
实际利用外资		13 010

(2)－2 截至2013年陕西西安出口加工区（A区）历年主要外商投资情况表

按项目数排列			按投资额排列		
序号	国别（地区）	项目数（个）	序号	国别（地区）	投资额（万美元）
1	中国香港	6	1	英国	5 301
2	美国	5	2	中国香港	4 955
3	英国	2	3	意大利	2 255
4	新加坡	2	4	法国	1 860
5	中国台湾	2	5	日本	1 530

(3) 2013年陕西西安出口加工区（A区）出口加工企业工业产值排名表

单位：万元

序号	企业名称	序号	企业名称
1	西安普瑞新特能源有限公司	11	西安赛威短舱有限公司
2	西安西航集团莱特航空制造技术有限公司	12	西安凤城精密机械有限公司
3	西安庆安航空机械制造有限公司	13	西安阿美瑞肯生物工程有限公司
4	西安富鑫珠宝有限公司	14	时硕科技（西安）有限公司
5	西安商泰机械制造有限公司	15	西安益仁机械制造有限公司
6	西安沃迈特航材有限公司	16	蒂森克虏伯航空材料（西安）有限公司
7	西安西罗涡轮制造有限公司	17	西安西艾航空发动机部件有限责任公司
8	西安图远机电有限公司	18	西安龙辉钻石加工有限公司
9	西安海博云天网络技术有限公司	19	天宇匹克电子（西安）有限公司
10	米斯尔钻石加工（西安）有限公司	20	西安天祺太阳能技术有限公司

(4) 2013年陕西西安出口加工区（A区）物流企业营业收入排名表

单位：万元

序号	企业名称	序号	企业名称
1	西安盈和展宏物流有限公司	6	西飞国际科技发展（西安）有限公司
2	西安陆海恒利物流服务有限公司	7	西安碧瑞祥物流有限公司
3	西安凯迪克航材物流有限公司	8	西安邦达吉通通物流有限公司
4	易通国际物流（西安）有限公司	9	陕西云通国际物流有限公司
5	西安融创航空科技发展有限公司	10	陕西易通国际货运有限公司

保税港区（综合保税区）

2013 年全国保税港区下分贸易方式进出口贸易额统计表

			进出口合计		出口		进口	
地区	贸易方式		2013 年 1 月至 2013 年 12 月		2013 年 1 月至 2013 年 12 月		2013 年 1 月至 2013 年 12 月	
中文	中文	代码	美元值（万）	美元值同比（%）	美元值（万）	美元值同比（%）	美元值（万）	美元值同比（%）
合计			5 871 032.2	68.3	2 495 301.0	84.1	3 375 731.2	58.2
天津东疆保税港区	合计		1 193 694.7	124.0	123 989.8	69.4	1 069 704.8	132.7
	一般贸易	10	71 452.0	142.4	34 113.4	350.7	37 338.6	70.5
	来料加工装配贸易	14	10.9	150.9	10.9			
	进料加工贸易	15	7 429.8	105.8	2 420.6	346.8	5 009.3	63.3
	租赁贸易	23	12 648.7		12 648.7			
	保税监管场所进出境货物	33	68.2	-87.5			68.2	-87.5
	海关特殊监管区域物流货物	34	1 101 598.9	120.8	74 792.4	14.9	1 026 806.5	136.6
	海关特殊监管区域进口设备	35	356.5	32.9			356.5	32.9
	其他贸易	39	129.6	1 462.4	3.9	70.3	125.7	1 987.1
大连大窑湾保税港区	合计		269 003.6	16.1	149 414.0	42.0	119 589.6	-5.4
	一般贸易	10	1 105.5	40.7	1 008.4	48.6	97.1	-9.2
	来料加工装配贸易	14	54.0	3 768.7	54.0	3 768.7		
	进料加工贸易	15	1 644.8	28.1	1 628.5	27.2	16.3	379.5
	保税监管场所进出境货物	33	1.5	-100.0	0.8		0.7	-100.0
	海关特殊监管区域物流货物	34	266 175.7	21.6	146 720.2	42.1	119 455.5	3.3
	其他贸易	39	22.3	138.2	2.2	-24.1	20.0	213.1

续表

地区	贸易方式		进出口合计		出口		进口	
			2013 年 1 月至 2013 年 12 月		2013 年 1 月至 2013 年 12 月		2013 年 1 月至 2013 年 12 月	
中文	中文	代码	美元值（万）	美元值同比（%）	美元值（万）	美元值同比（%）	美元值（万）	美元值同比（%）
洋山保税港区	合计		1 057 648.1	13.5	426 219.9	10.5	631 428.2	15.6
	一般贸易	10	26 338.1	261.6	8 775.4	83.2	17 562.7	604.7
	进料加工贸易	15	7.4	-13.2			7.4	-13.2
	保税监管场所进出境货物	33	9 916.0	-27.6	1 124.9	-51.8	8 791.1	-22.6
	海关特殊监管区域物流货物	34	1 021 366.3	12.2	416 319.5	10.0	605 046.8	13.7
	其他贸易	39	20.3	1.6			20.3	1.9
张家港保税港区	合计		441 253.1	-10.8	31 611.2	-32.0	409 641.9	-8.6
	一般贸易	10	1 388.4	-47.6	50.6	-89.5	1 337.7	-38.3
	保税监管场所进出境货物	33	20 663.4	-45.1	12 853.5	-46.6	7 810.0	-42.5
	海关特殊监管区域物流货物	34	419 069.8	-7.8	18 707.1	-14.8	400 362.7	-7.4
	海关特殊监管区域进口设备	35	131.5	299.2			131.5	299.2
宁波梅山保税港区	合计		26 569.9	81.0	23 677.2	112.5	2 892.6	-18.1
	一般贸易	10	2 162.9	3 604.4			2 162.9	3 604.4
	保税监管场所进出境货物	33	63.7	-53.1	63.7	-53.1		
	海关特殊监管区域物流货物	34	24 291.2	67.9	23 613.5	114.5	677.7	-80.4
	海关特殊监管区域进口设备	35	52.0	266.4			52.0	266.4
	其他贸易	39	0.1	-89.8			0.1	-89.8
厦门海沧保税港区	合计		153 143.2	-13.7	101 964.0	-2.4	51 179.2	-29.9
	一般贸易	10	1 985.2	784.4	1 102.6	3 481.0	882.7	355.7
	来料加工装配贸易	14	21 791.9	-7.2	12 557.7	-8.8	9 234.2	-4.9
	进料加工贸易	15	76 253.6	-7.1	54 065.4	0.2	22 188.2	-21.0

续表

地区	贸易方式		进出口合计		出口		进口	
			2013 年 1 月至 2013 年 12 月		2013 年 1 月至 2013 年 12 月		2013 年 1 月至 2013 年 12 月	
中文	中文	代码	美元值（万）	美元值同比（%）	美元值（万）	美元值同比（%）	美元值（万）	美元值同比（%）
	海关特殊监管区域物流货物	34	52 957.4	-24.7	34 238.2	-6.8	18 719.2	-44.2
	海关特殊监管区域进口设备	35	154.2	-89.3			154.2	-89.3
	其他贸易	39	0.8	284.1	0.1		0.7	221.5
青岛前湾保税港区	合计		173 475.0	42.4	74 340.5	23.1	99 134.4	61.5
	一般贸易	10	204.2	-53.7	96.3	-65.2	107.9	-34.4
	保税监管场所进出境货物	33	265.0	-82.6	106.4	27.1	158.5	-89.0
	海关特殊监管区域物流货物	34	173 005.7	44.4	74 137.8	23.5	98 867.8	65.4
	其他贸易	39	0.2	1 136.8			0.2	1 136.8
深圳前海湾保税港区	合计		369 377.1	49.4	228 829.8	19.3	140 547.3	153.6
	保税监管场所进出境货物	33	1.3	1.2	1.3	1.2		
	海关特殊监管区域物流货物	34	369 320.4	49.4	228 828.5	19.3	140 491.9	153.9
	海关特殊监管区域进口设备	35	55.4	-38.7			55.4	-38.7
广州南沙保税港区	合计		262 948.6	147.8	208 170.5	318.7	54 778.1	-2.9
	一般贸易	10	296.8	-81.4	31.5	6.0	265.3	-83.1
	进料加工贸易	15	11 339.9	40.4	6 530.1	71.2	4 809.9	12.9
	保税监管场所进出境货物	33	2 039.3	-18.5	2 039.3	-18.5		
	海关特殊监管区域物流货物	34	118 361.1	26.0	68 704.8	58.4	49 656.3	-1.8
	海关特殊监管区域进口设备	35	46.3	259.4			46.3	259.4
	其他贸易	39	130 865.1		130 864.8		0.3	
广西钦州保税港区	合计		149 884.3	17.4	39 638.5	27.7	110 245.8	14.1
	一般贸易	10	3 298.9	1 281.5	838.2	506.4	2 460.7	2 346.6

续表

地区	贸易方式		进出口合计		出口		进口	
			2013 年 1 月至 2013 年 12 月		2013 年 1 月至 2013 年 12 月		2013 年 1 月至 2013 年 12 月	
中文	中文	代码	美元值（万）	美元值同比（%）	美元值（万）	美元值同比（%）	美元值（万）	美元值同比（%）
	来料加工装配贸易	14	98 534.1	32.8	37 134.6	23.3	61 399.5	39.3
	进料加工贸易	15	108.7		108.7			
	海关特殊监管区域物流货物	34	47 703.2	-10.3	1 557.0	99.9	46 146.2	-12.0
	海关特殊监管区域进口设备	35	234.7				234.7	
	其他贸易	39	4.7	-33.2			4.7	-33.2
海南洋浦保税港区	合计		52 431.2	4 101.8	20.1	-17.1	52 411.1	4 183.3
	一般贸易	10	32 322.9	13 095.9			32 322.9	14 403.7
	进料加工贸易	15	579.4	623.2	17.3		562.1	601.5
	边境小额贸易	19	450.8	-39.7			450.8	-39.7
	保税监管场所进出境货物	33	19 006.8				19 006.8	
	海关特殊监管区域物流货物	34	71.3	-52.3	2.7	28.0	68.6	-53.5
重庆两路寸滩保税港区（水港）	合计		48 626.2	21.1	7 808.5	-9.5	40 817.7	29.4
	一般贸易	10	2 022.1	1 135.5	179.7	69.6	1 842.4	3 093.6
	保税监管场所进出境货物	33	20.3	-93.2			20.3	-93.2
	海关特殊监管区域物流货物	34	46 580.4	26.2	7 628.8	20.1	38 951.6	27.5
	海关特殊监管区域进口设备	35	3.3	-95.9			3.3	-95.9
	其他贸易	39	0.1	42.9			0.1	42.9
重庆两路寸滩保税港区（空港）	合计		1 667 487.6	264.5	1 078 474.1	276.1	589 013.5	245.2
	一般贸易	10	25.7	6 790.4			25.7	6 790.4
	进料加工贸易	15	1 299 979.0	356.1	1 042 399.2	272.6	257 579.8	4 848.7
	海关特殊监管区域物流货物	34	366 767.0	115.2	36 074.9	417.2	330 692.1	102.3

续表

			进出口合计		出口		进口	
地区	贸易方式		2013 年 1 月至 2013 年 12 月		2013 年 1 月至 2013 年 12 月		2013 年 1 月至 2013 年 12 月	
中文	中文	代码	美元值（万）	美元值同比（%）	美元值（万）	美元值同比（%）	美元值（万）	美元值同比（%）
	海关特殊监管区域进口设备	35	715.7	-63.9			715.7	-63.9
	其他贸易	39	0.3				0.3	
福州保税港区	合计		5 489.7	37.5	1 142.7	128.0	4 347.0	24.6
	一般贸易	10	2 177.9	22.6	607.0	1 781.9	1 570.9	-9.9
	来料加工装配贸易	14	461.0	56.1	204.1	3 874.9	256.9	-11.5
	进料加工贸易	15	272.9		161.1		111.9	
	海关特殊监管区域物流货物	34	2 575.2	35.3	170.6	-63.2	2 404.7	67.0
	海关特殊监管区域进口设备	35	2.6	-84.2			2.6	-84.2

2013 年全国保税港区进口额前 30 位国家和地区排名表

序号	国家和地区		2013 年	
	中文	代码	进口额（万美元）	同比（%）
	合计		3 375 731.2	58.2
1	美国	502	584 521.5	97.5
2	韩国	133	244 595.4	95.2
3	智利	412	228 820.8	-7.0
4	日本	116	184 896.2	-2.1
5	马来西亚	122	183 685.1	60.2
6	法国	305	176 889.9	175.4
7	中国台湾	143	175 628.2	47.2
8	德国	304	171 804.9	119.0
9	中国香港	110	156 847.4	4 901.6
10	中华人民共和国	142	104 120.5	103.4
11	沙特阿拉伯	131	94 340.4	15.6
12	泰国	136	93 929.7	101.7
13	加拿大	301	86 507.7	47.6
14	俄罗斯联邦	344	61 469.3	13.8
15	南非	244	57 682.5	618.2
16	澳大利亚	601	57 647.9	9.7
17	新西兰	609	54 022.4	99.0
18	菲律宾	129	42 460.2	159.2
19	印度	111	39 479.8	25.7
20	阿联酋	138	39 468.4	-1.7
21	秘鲁	434	38 068.4	43.5
22	比利时	301	37 999.9	25.4
23	赞比亚	253	34 791.2	50.4
24	伊朗	113	29 129.2	-11.6
25	巴西	410	28 853.8	-33.5
26	新加坡	132	28 342.3	56.3
27	阿曼	126	27 195.6	90.5
28	刚果（金）	252	24 135.2	131.6
29	伊拉克	114	21 768.4	
30	英国	303	21 485.0	149.4

2013 年全国保税港区出口额前 30 位国家和地区排名表

序号	国家和地区		2013 年	
	中文	代码	出口额（万美元）	同比（%）
	合计		2 495 301.0	84.1
1	中国香港	110	404 121.8	229.1
2	美国	502	322 284.8	61.0
3	德国	304	239 883.5	451.6
4	荷兰	309	160 708.8	70.9
5	日本	116	139 516.1	35.1
6	马来西亚	122	134 129.0	310.6
7	阿联酋	138	103 546.2	361.6
8	新加坡	132	76 713.7	155.8
9	印度尼西亚	112	62 716.3	-2.8
10	芬兰	318	56 816.4	70.9
11	澳大利亚	601	56 258.7	80.6
12	韩国	133	54 106.9	-34.6
13	俄罗斯联邦	344	49 215.3	94.0
14	印度	111	48 293.3	91.4
15	越南	141	44 257.3	138.0
16	墨西哥	429	41 934.6	-45.5
17	英国	303	39 086.8	28.3
18	法国	305	38 371.9	23.7
19	中国台湾	143	30 509.9	25.9
20	土耳其	137	23 286.8	104.8
21	意大利	307	21 340.4	60.9
22	泰国	136	20 631.4	-12.7
23	加拿大	501	19 386.0	57.6
24	菲律宾	129	17 464.7	121.9
25	巴拿马	432	16 699.8	-41.8
26	巴西	410	16 317.6	59.2
27	阿曼	126	14 932.3	1 401.1
28	比利时	301	13 474.0	67.1
29	波兰	327	13 093.7	49.5
30	尼日利亚	236	12 763.3	362.4

2013 年全国保税港区主要进口商品分类统计表（22 大类）

商品类别	2013 年	
	进口额（万美元）	同比（%）
合计	3 375 731.2	58.2
第十七类　车辆、航空器、船舶及有关运输设备	922 503.8	146.2
第十五类　贱金属及其制品	576 915.9	16.3
第十六类　机器、机械器具、电气设备及其零件；录音机及放声机、电视图像、声音的录制和重放设备及其零件、附件	499 558.1	43.8
第六类　化学工业及其相关工业的产品	406 599.5	4.8
第二十二类　特殊交易品及未分类商品	215 165.4	
第五类　矿产品	209 049.9	16.6
第十八类　光学、照相、电影、计量、检验、医疗或外科用仪器及设备、精密仪器及设备；钟表；乐器；上述物品的零件、附件	165 706.8	155.3
第一类　活动物；动物产品	100 092.9	79.6
第七类　塑料及其制品；橡胶及其制品	99 905.6	-1.2
第二十一类　艺术品、收藏品及古物	41 046.5	122 509.2
第十一类　纺织原料及纺织制品	31 812.0	-20.9
第三类　动、植物油、脂及其分解产品；精制的食用油脂；动、植物蜡	26 394.0	-27.6
第十类　木浆及其他纤维状纤维素浆；纸及纸板的废碎品	21 104.3	56.3
第十四类　天然或养殖珍珠、宝石或半宝石、贵金属、包贵金属及其制品；信首饰；硬币	18 312.9	23 297.8
第四类　食品；饮料、酒及醋；烟草、烟草及烟草代用品	15 994.4	27.5
第九类　木及木制品；木炭；软木及软木制品；稻草、秸秆、针茅或其他编结材料制品；篮筐及柳条编结品	10 450.6	42.7
第二十类　杂项制品	5 670.6	-32.6
第十三类　石料、石膏、水泥、石棉、云母及类似材料的制品；陶瓷产品；玻璃及其制品	4 191.3	2.9
第二类　植物产品	3 168.2	24.8
第八类　生皮、皮革、毛皮及其制品；鞍具及挽具；旅行用品、手提包及类似品；动物肠线（蚕胶丝除外）制品	1 586.6	9.8
第十二类　鞋、帽、伞、杖、鞭及其零件；已加工的羽毛及其制品；人造花；人发制品	501.9	33.0

2013 年全国保税港区主要出口商品分类统计表（22 大类）

商品类别	2013 年	
	出口额（万美元）	同比（%）
合计	2 495 301.0	84.1
第十六类　机器、机械器具、电气设备及其零件；录音机及放声机、电视图像、声音的录制和重放设备及其零件、附件	1 350 100.7	90.8
第十五类　贱金属及其制品	226 474.8	24.9
第十四类　天然或养殖珍珠、宝石或半宝石、贵金属、包贵金属及其制品；信首饰；硬币	223 210.1	13 308.3
第十八类　光学、照相、电影、计量、检验、医疗或外科用仪器及设备、精密仪器及设备；钟表；乐器；上述物品的零件、附件	125 422.8	51.1
第十一类　纺织原料及纺织制品	92 938.7	63.0
第二十类　杂项制品	91 557.8	60.8
第七类　塑料及其制品；橡胶及其制品	73 680.4	9.7
第十七类　车辆、航空器、船舶及有关运输设备	71 466.7	128.0
第五类　矿产品	63 412.7	-12.2
第六类　化学工业及其相关工业的产品	54 817.3	-0.3
第二十一类　艺术品、收藏品及古物	34 591.1	390 971.8
第十二类　鞋、帽、伞、杖、鞭及其零件；已加工的羽毛及其制品；人造花；人发制品	20 213.8	135.4
第四类　食品；饮料、酒及醋；烟草、烟草及烟草代用品	19 804.6	48.3
第十三类　石料、石膏、水泥、石棉、云母及类似材料的制品；陶瓷产品；玻璃及其制品	15 584.6	466.2
第八类　生皮、皮革、毛皮及其制品；鞍具及挽具；旅行用品、手提包及类似品；动物肠线（蚕胶丝除外）制品	13 949.1	105.9
第十类　木浆及其他纤维状纤维素浆；纸及纸板的废碎品	6 890.3	201.1
第九类　木及木制品；木炭；软木及软木制品；稻草、秸秆、针茅或其他编结材料制品；篮筐及柳条编结品	5 710.4	98.5
第一类　活动物；动物产品	2 835.2	23.4
第二类　植物产品	1 682.5	-27.2
第三类　动、植物油、脂及其分解产品；精制的食用油脂；动、植物蜡	955.7	85.2
第二十二类　特殊交易品及未分类商品	1.8	

洋山保税港区统计数据表

（1）2013 年洋山保税港区主要经济指标完成情况表

指标名称	单位	2013 年	比上年增长（%）
营业总收入	万元	1 570 4000	67.3
物流企业营业收入	万元	8 130 700	29.8
当年批准企业数	个	483	63.2
其中：加工企业	个	0	—
物流企业	个	294	34.2
当年批准外资企业数	个	37	42.3
其中：加工企业	个	0	—
仓储物流企业	个	4	-20.0
当年批准投资总额	万美元	324 042	288.7
其中：外商投资总额	万美元	71 608	84.6
增资额	万美元	0	—
当年合同利用外资	万美元	38 283	244.2
其中：增资额	万美元	0	—
当年实际到位资金	万美元	294 782	429.4
税务部门税收	万元	348 700	33.8
固定资产投资额	万元	50 700	52.7
期末从业人员	人	23 700	34.7
期末批准面积	平方公里	14.16	74.0
期末验收封关面积	平方公里	14.16	74.0

（2）截至 2013 年洋山保税港区历年招商引资情况表

指标	单位	历年累计
批准企业	个	1 095
其中：外资企业		102
投资总额	万美元	942 672
其中：外商投资总额		166 548
合同外资额		69 919

烟台保税港区统计数据表

（1）2013 年烟台保税港区主要经济指标完成情况表

指标名称	单位	2013 年	比上年增长（%）
增加值	万元	620 552	-3.2
营业总收入	万元	9 656 879	0.1
工业总产值	万元	9 637 091	0.1
企业利润总额	万元	229 903	13.5
物流企业营业收入	万元	19 788	5.6
综合能源耗费量	吨标准煤	24 307	5.2
当年批准企业数	个	21	10.5
其中：加工企业	个	3	-50.0
物流企业	个	18	38.5
当年批准外资企业数	个	7	16.7
其中：加工企业	个	1	-66.7
仓储物流企业	个	6	100.0
当年批准投资总额	万美元	2 985	-72.2
其中：外商投资总额	万美元	2 187	-78.3
增资额	万美元	1 932	-71.4
当年合同利用外资	万美元	1 655	-81.4
其中：增资额	万美元	1 364	-79.2
当年实际到位资金	万美元	2 199	-58.3
其中：实际利用外资	万美元	1 512	-68.7
历年已投产运作企业数	个	95	—
其中：已投产加工企业数	个	62	—
已投产物流企业数	个	33	—
其中：投资额 1 000 万美元以上	个	5	—
土地实际已租售面积	平方米	0	—
房屋竣工面积	平方米	0	—
其中：已建成厂房面积	平方米	0	—
已建成仓库面积	平方米	0	—
港区货物吞吐量（限保税港区）	万吨	3 889.6	40.2
港区集装箱吞吐量（限保税港区）	万标准箱	44.29	-9.5
税务部门税收	万元	25 298	-43.6
固定资产投资额	万元	5 383	-85.9
其中：基础设施投资	万元	38	-99.9
期末从业人员	人	73 731	-11.8
其中：期末外资企业从业人员	人	72 981	-12.1
期末批准面积	平方公里	7.26	0.0
期末验收封关面积	平方公里	4.86	0.0

（2）-1　截至2013年烟台保税港区历年招商引资情况表

指标	单位	历年累计
批准企业	个	149
其中：外资企业		81
投资总额	万美元	111 182
其中：外商投资总额		95 309
合同外资额		56 914
实际利用外资		39 958

（2）-2　截至2013年烟台保税港区历年主要外商投资情况表

按项目数排列			按投资额排列		
序号	国别（地区）	项目数（个）	序号	国别（地区）	投资额（万美元）
1	韩国	35	1	英属维尔京群岛	41 490
2	中国香港	17	2	萨摩亚	11 500
3	日本	11	3	韩国	9 123
4	美国	4	4	中国香港	8 745
5	中国台湾	3	5	美国	1 970

（3）2013年烟台保税港区物流企业营业收入排名表

单位：万元

序号	企业名称	序号	企业名称
1	山东朗越国际储运有限公司	6	世纪国际（烟台）物流有限公司
2	烟台富晋物流有限公司	7	烟台天隽物流有限公司
3	烟台富泰通国际物流有限公司	8	烟台捷顺物流服务有限公司
4	烟台瑞辰国际物流中心有限公司	9	烟台森泽物流有限公司
5	烟台海港国际物流有限公司	10	烟台爱美国际物流有限公司

（4）2013年烟台保税港区工业企业工业产值排名表

单位：万元

序号	企业名称	序号	企业名称
1	鸿富锦精密电子（烟台）有限公司	6	维京空调（烟台）有限公司
2	鸿富泰精密电子（烟台）有限公司	7	烟台赤外线桑拿制品有限公司
3	烟台农标普瑞纳有限公司	8	烟台致睿电子科技有限公司
4	烟台利时德拉索系统有限公司	9	烟台近畿塑料包装制品有限公司
5	烟台帕特仑精密电子有限公司	10	烟台但马汽车部件有限公司

青岛保税港区统计数据表

（1）2013 年青岛保税港区主要经济指标完成情况表

指标名称	单位	2013 年	比上年增长（%）
增加值	万元	1 414 126	11.3
营业总收入	万元	5 469 626	6.5
工业总产值	万元	437 863	7.2
企业利润总额	万元	91 894	45.6
物流企业营业收入	万元	1 186 188	10.4
综合能源耗费量	吨标准煤	13 629	-1.9
当年批准企业数	个	460	17.7
其中：加工企业	个	2	100.0
物流企业	个	20	300.0
当年批准外资企业数	个	24	60.0
其中：加工企业	个	2	100.0
仓储物流企业	个	4	—
当年批准投资总额	万美元	68 197	—
其中：外商投资总额	万美元	20 498	5.4
增资额	万美元	—	—
当年合同利用外资	万美元	25 178	270.3
其中：增资额	万美元	—	—
当年实际到位资金	万美元	56 333	—
其中：实际利用外资	万美元	10 061	53.4
历年已投产运作企业数	个	6 717	7.4
其中：已投产加工企业数	个	163	1.2
已投产物流企业数	个	164	2.5
其中：投资额 1 000 万美元以上	个	71	14.5
土地实际已租售面积	平方米	—	—
房屋竣工面积	平方米	31 585	4.3
其中：已建成厂房面积	平方米	14 275	8.6
已建成仓库面积	平方米	17 310	1.0
港区货物吞吐量（限保税港区）	万吨	13 177	8.5
港区集装箱吞吐量（限保税港区）	万标准箱	1 229	10.4
税务部门税收	万元	109 887	11.2
固定资产投资额	万元	43 228	11.8
其中：基础设施投资	万元	118	—
期末从业人员	人	31 675	8.3
其中：期末外资企业从业人员	人	21 136	6.9
期末批准面积	平方公里	9.72	—
期末验收封关面积	平方公里	7.94	—

(2)-1 截至2013年青岛保税港区历年招商引资情况表

指标	单位	历年累计
批准企业	个	6 717
其中：外资企业		1 459
投资总额	万美元	755 595
其中：外商投资总额		372 432
合同外资额		238 302
实际利用外资		115 484

(2)-2 截至2013年青岛保税港区历年主要外商投资情况表

按项目数排列			按投资额排列		
序号	国别（地区）	项目数（个）	序号	国别（地区）	投资额（万美元）
1	韩国	280	1	中国香港	146 652
2	中国香港	150	2	韩国	39 801
3	日本	105	3	新加坡	37 009
4	美国	104	4	美国	32 658
5	中国台湾	39	5	日本	17 289

(3) 2013年青岛保税港区物流企业营业收入排名表

单位：万元

序号	企业名称	序号	企业名称
1	青岛裕龙东雍国际物流有限公司	6	青岛港（集团）有限公司港运分公司
2	青岛保税区金来国际贸易有限公司	7	青岛骑士玻璃有限公司
3	青岛赛瑞特国际物流有限公司	8	青岛前湾新联合集装箱码头有限责任公司
4	青岛保税区百瑞来国际贸易有限公司	9	青岛保税区济钢国际物流有限公司
5	山东诺德英物流有限公司	10	青岛外轮理货有限公司

(4) 2013年青岛保税港区工业企业工业产值排名表

单位：万元

序号	企业名称	序号	企业名称
1	青岛松下电子部品（保税区）有限公司	6	青岛吉母皮亚珠宝有限公司
2	软控股份有限公司	7	青岛友和饲料有限公司
3	青岛和美饲料有限公司	8	青岛乔瑟食品有限公司
4	青岛优先出锐工具有限公司	9	青岛新韩金刚石工业有限公司
5	青岛普什宝枫实业有限公司	10	青岛金和宇通电气设备有限公司

厦门海沧保税港区统计数据表

（1）2013 年厦门海沧保税港区主要经济指标完成情况表

指标名称	单位	2013 年	比上年增长（%）
增加值	万元	129 985	7.4
营业总收入	万元	670 653	8.0
工业总产值	万元	511 359	-7.9
企业利润总额	万元	23 807	-49.5
物流企业营业收入	万元	142 189	28.4
综合能源耗费量	吨标准煤	9 290	-29.9
当年批准企业数	个	8	60.0
其中：加工企业	个	0	—
物流企业	个	8	60.0
当年批准外资企业数	个	2	-60.0
其中：加工企业	个	0	-100.0
仓储物流企业	个	2	-50.0
当年批准投资总额	万美元	527	-81.8
其中：外商投资总额	万美元	367	-87.3
增资额	万美元	0	-100.0
当年合同利用外资	万美元	317	-89.1
其中：增资额	万美元	0	-100.0
当年实际到位资金	万美元	317	-74.6
其中：实际利用外资	万美元	317	-74.6
历年已投产运作企业数	个	66	-75.0
其中：已投产加工企业数	个	33	—
已投产物流企业数	个	33	—
其中：投资额 1 000 万美元以上	个	8	—
土地实际已租售面积	平方米	0	—
房屋竣工面积	平方米	0	—
其中：已建成厂房面积	平方米	0	—
已建成仓库面积	平方米	0	—
港区货物吞吐量（限保税港区）	万吨	2 844.87	2.3
港区集装箱吞吐量（限保税港区）	万标准箱	332.86	7.2
税务部门税收	万元	10 637	-7.8
固定资产投资额	万元	94 430	112.1
其中：基础设施投资	万元	25 300	-43.2
期末从业人员	人	10 014	-24.6
其中：期末外资企业从业人员	人	7 533	-33.9
期末批准面积	平方公里	9.51	0.0
期末验收封关面积	平方公里	5.52	26.9

(2) 截至2013年厦门海沧保税港区历年招商引资情况表

指标	单位	历年累计
批准企业	个	71
其中：外资企业		47
投资总额	万美元	90 570
其中：外商投资总额		83 043
合同外资额		47 290
实际利用外资		38 744

(3) 2013年厦门海沧保税港区物流企业营业收入排名表

单位：万元

序号	企业名称	营业收入	序号	企业名称	营业收入
1	厦门海翼供应链管理有限公司	24 580	6	厦门新霸达物流有限公司	2 434
2	厦门路桥国际贸易有限公司	19 722	7	厦门港务货柜有限公司	2 161
3	厦门海投物流有限公司	11 106	8	厦门外贸供应链管理有限公司	1 544
4	厦门象兴集团有限公司	9 388	9	厦门建发保税储运有限公司	316
5	厦门嘉功物流有限公司	2 798	10	厦门陆海金贸国际物流有限公司	221

(4) 2013年厦门海沧保税港区工业企业工业产值排名表

单位：万元

序号	企业名称	工业总产值	序号	企业名称	工业总产值
1	威鸿（厦门）光学有限公司	99 341	6	海拉（厦门）汽车电子有限公司	34 045
2	品谱（厦门）工业有限公司	71 308	7	博格步（厦门）轻工制品有限公司	30 634
3	厦门嘉鹭金属工业有限公司	58 720	8	厦门朋鹭金属工业有限公司	26 300
4	联达科技（厦门）有限公司	35 706	9	柯达（厦门）数码影像有限公司	23 247
5	赫比（厦门）精密塑胶制品有限公司	34 060	10	崇仁（厦门）医疗器械有限公司	18 190

2013 年全国综合保税区下分贸易方式进出口贸易额统计表

			进出口合计		出口		进口	
地区	贸易方式		2013 年 1 月至 2013 年 12 月		2013 年 1 月至 2013 年 12 月		2013 年 1 月至 2013 年 12 月	
中文	中文	代码	美元值（万）	美元值同比（%）	美元值（万）	美元值同比（%）	美元值（万）	美元值同比（%）
合计			20 028 606.6	10.5	12 032 456.4	9.9	7 996 150.2	11.5
北京天竺综合保税区	合计		337 581.1	40.8	50 560.7	36.1	287 020.4	41.6
	一般贸易	10	1 908.2	3.2	105.0	1 121.9	1 803.2	-2.0
	来料加工装配贸易	14	28 206.3	-4.9	14 649.5	0.2	13 556.7	-9.8
	进料加工贸易	15	25 052.2	-7.4	13 087.1	-7.5	11 965.1	-7.2
	海关特殊监管区域物流货物	34	280 170.7	57.9	22 719.0	171.5	257 451.7	52.3
	海关特殊监管区域进口设备	35	2 239.5	-39.6			2 239.5	-39.6
	其他贸易	39	4.1	-47.5			4.1	-47.5
天津滨海新区综合保税区	合计		221 167.5	19.3	12 718.7	17.0	208 448.8	19.5
	一般贸易	10	1 279.6	215.7	473.9	471.9	805.7	149.9
	来料加工装配贸易	14	188 896.0	368.2	80.2		188 815.8	368.0
	进料加工贸易	15	509.3	2 555.2	132.6		376.7	1 863.7
	海关特殊监管区域物流货物	34	29 733.3	-79.4	12 027.8	11.5	17 705.6	-86.7
	海关特殊监管区域进口设备	35	727.5	62.0			727.5	62.0
	其他贸易	39	21.7	-43.5	4.2	3 163.1	17.6	-54.2
黑龙江绥芬河综合保税区	合计		64 922.3	218.5	57 487.3	195.8	7 435.0	681.9

续表

地区	贸易方式		进出口合计		出口		进口	
			2013 年 1 月至 2013 年 12 月		2013 年 1 月至 2013 年 12 月		2013 年 1 月至 2013 年 12 月	
中文	中文	代码	美元值（万）	美元值同比（%）	美元值（万）	美元值同比（%）	美元值（万）	美元值同比（%）
	一般贸易	10	40 369.4	190.4	39 136.7	183.4	1 232.7	1 250.4
	进料加工贸易	15	103.1	26.2	92.8	391.1	10.4	-83.5
	边境小额贸易	19	9 952.9	164.1	4 465.9	30.6	5 487.0	1 471.1
	保税监管场所进出境货物	33	1 077.5	41.0	559.5	42.7	518.0	39.2
	海关特殊监管区域物流货物	34	6 065.0	227.7	5 894.4	231.2	170.5	140.0
	其他贸易	39	7 354.4	43 514.7	7 338.0	58 575.5	16.5	278.4
上海浦东机场综合保税区	合计		388 194.3	105.6	138 430.9	101.3	249 763.4	108.0
	一般贸易	10	43 631.3	5 842 328.9	355.8		43 275.5	5 794 686.0
	进料加工贸易	15	8 327.2	5 391.0			8 327.2	5 391.0
	租赁贸易	23	87 165.8				87 165.8	
	保税监管场所进出境货物	33	2 857.3	509.3	1 024.4	190.7	1 832.9	1 473.3
	海关特殊监管区域物流货物	34	245 815.8	30.6	137 050.7	100.3	108 765.1	-9.2
	海关特殊监管区域进口设备	35	106.7	8 321.4			106.7	8 321.4
	其他贸易	39	290.2	3 196.6			290.2	3 196.6
苏州工业园区综合保税区	合计		2 319 937.9	0.8	1 535 415.0	5.5	784 522.9	-7.3
	一般贸易	10	1 845.0	-13.4	2.0	18.3	1 843.0	-13.4
	来料加工装配贸易	14	456 307.6	5.1	313 186.1	9.9	143 121.6	-4.0
	进料加工贸易	15	487 631.7	-3.9	369 334.7	2.6	118 297.0	-13.5
	保税监管场所进出境货物	33	221.4	-29.6			221.4	-29.6
	海关特殊监管区域物流货物	34	1 359 632.3	-1.2	852 892.3	2.4	506 740.1	-6.7
	海关特殊监管区域进口设备	35	14 282.0	-2.5			14 282.0	-2.5
	其他贸易	39	17.8	509.2			17.8	790.0

续表

地区	贸易方式		进出口合计		出口		进口	
			2013 年 1 月至 2013 年 12 月		2013 年 1 月至 2013 年 12 月		2013 年 1 月至 2013 年 12 月	
中文	中文	代码	美元值（万）	美元值同比（%）	美元值（万）	美元值同比（%）	美元值（万）	美元值同比（%）
苏州高新区综合保税区	合计		1 211 846.3	-9.3	831 859.4	-0.8	379 986.9	-23.6
	一般贸易	10	9.2		0.1		9.0	
	来料加工装配贸易	14	13 912.2	16.7	6 156.8	17.9	7 755.3	15.7
	进料加工贸易	15	947 270.7	1.6	729 002.0	6.1	218 268.7	-11.3
	海关特殊监管区域物流货物	34	244 231.3	-35.7	96 700.4	-33.9	147 530.9	-36.8
	海关特殊监管区域进口设备	35	6 422.6	-42.2			6 422.6	-42.2
	其他贸易	39	0.3	5.8			0.3	5.8
昆山综合保税区	合计		5 727 670.5	4.9	3 579 757.8	-0.6	2 147 912.7	15.7
	一般贸易	10	31.4	-97.5	0.0		31.4	-97.5
	来料加工装配贸易	14	427.3	11.2	72.5	-64.8	354.8	98.8
	进料加工贸易	15	2 441 401.3	-21.1	2 009 117.4	-22.4	432 283.9	-14.8
	保税监管场所进出境货物	33	27.1		12.8		14.3	
	海关特殊监管区域物流货物	34	3 272 601.7	39.6	1 570 555.2	54.8	1 702 046.5	28.0
	海关特殊监管区域进口设备	35	13 181.7	-28.0			13 181.7	-28.0
	其他贸易	39	0.1	-83.0			0.1	-83.0
河南新郑综合保税区	合计		3 578 774.6	25.6	2 029 979.4	29.7	1 548 795.1	20.6
	一般贸易	10	872.2	-11.1	4.3	1 554.7	867.9	-11.5
	来料加工装配贸易	14	111.0		29.1		81.9	
	进料加工贸易	15	3 419 631.8	30.1	2 001 303.1	28.8	1 418 328.7	32.0
	海关特殊监管区域物流货物	34	57 524.1	62.6	28 642.9	146.9	28 881.2	21.5
	海关特殊监管区域进口设备	35	100 635.5	-45.9			100 635.5	-45.9
广西凭祥综合保税区	合计		3 863.9	16 638.9	637.9		3 226.0	13 875.5

续表

地区	贸易方式		进出口合计		出口		进口	
			2013 年 1 月至 2013 年 12 月		2013 年 1 月至 2013 年 12 月		2013 年 1 月至 2013 年 12 月	
中文	中文	代码	美元值（万）	美元值同比（%）	美元值（万）	美元值同比（%）	美元值（万）	美元值同比（%）
	一般贸易	10	2 414.1	14 461.0	207.2		2 206.9	13 211.1
	边境小额贸易	19	14.6		13.4		1.2	
	海关特殊监管区域物流货物	34	1 435.2	21 966.7	417.3		1 017.9	15 550.7
重庆西永综合保税区	合计		2 311 936.4	31.3	1 568 797.4	34.1	743 139.0	25.7
	一般贸易	10	0.1				0.1	
	来料加工装配贸易	14	27 877.8	12.9	3 552.2	67.2	24 325.7	7.8
	进料加工贸易	15	1 831 712.5	42.7	1 534 647.0	33.5	297 065.5	121.7
	海关特殊监管区域物流货物	34	450 619.7	0.5	30 598.3	72.1	420 021.5	-2.4
	海关特殊监管区域进口设备	35	1 726.3	-60.9			1 726.3	-60.9
成都高新综合保税区	合计		2 765 051.0	5.5	1 658 778.5	6.5	1 106 272.6	3.9
	一般贸易	10	14.6	865.0	14.4	22 209.3	0.2	-86.3
	来料加工装配贸易	14	552 941.6	13.9	243 120.5	19.5	309 821.1	9.9
	进料加工贸易	15	1 540 602.0	-15.4	1 078 500.2	-13.9	462 101.8	18.8
	海关特殊监管区域物流货物	34	637 392.2	178.2	337 143.3	233.3	300 248.9	134.6
	海关特殊监管区域进口设备	35	34 100.6	-60.3			34 100.6	-60.3
	其他贸易	39	0.0	-17.6			0.0	-17.6
海口综合保税区	合计		8 634.6	88.9	5.2		8 629.4	88.8
	一般贸易	10	5 410.1	66.7	3.2		5 406.9	66.6
	进料加工贸易	15	49.4	18 043.4			49.4	18 043.4
	海关特殊监管区域物流货物	34	3 059.2	600.5			3 059.2	600.5
	海关特殊监管区域进口设备	35	6.5	-99.3			6.5	-99.3
	其他贸易	39	109.4	43 880.5	2.0		107.4	43 071.4
沈阳综合保税区	合计		13 334.0	7.0	7 014.1	-0.9	6 319.9	17.3

续表

			进出口合计		出口		进口	
地区	贸易方式		2013 年 1 月至 2013 年 12 月		2013 年 1 月至 2013 年 12 月		2013 年 1 月至 2013 年 12 月	
中文	中文	代码	美元值（万）	美元值同比（%）	美元值（万）	美元值同比（%）	美元值（万）	美元值同比（%）
	来料加工装配贸易	14	543.3	-30.8	344.0	-42.1	199.3	3.8
	进料加工贸易	15	10 086.2	0.1	6 571.3	1.4	3 514.9	-2.1
	保税监管场所进出境货物	33	7.7				7.7	
	海关特殊监管区域物流货物	34	2 278.7		98.8		2 179.8	
	海关特殊监管区域进口设备	35	418.1	-74.0			418.1	-74.0
盐城综合保税区	合计		5 991.3		2 181.5		3 809.8	
	进料加工贸易	15	3 172.9		2 181.5		991.4	
	海关特殊监管区域物流货物	34	1 542.4				1 542.4	
	海关特殊监管区域进口设备	35	1 276.0				1 276.0	
淮安综合保税区	合计		19 560.9		4 544.7		15 016.1	
	来料加工装配贸易	14	1.1				1.1	
	进料加工贸易	15	9 899.0		4 153.9		5 745.1	
	海关特殊监管区域物流货物	34	9 143.5		390.8		8 752.7	
	海关特殊监管区域进口设备	35	517.2				517.2	
无锡高新区综合保税区	合计		890 299.5	-3.3	462 815.0	-2.8	427 484.6	-3.9
	一般贸易	10	1.2				1.2	
	来料加工装配贸易	14	406 573.0	-13.4	265 801.3	-19.3	140 771.7	0.5
	进料加工贸易	15	223 948.1	2.8	100 590.5	11.4	123 357.6	-3.2
	海关特殊监管区域物流货物	34	132 497.2	11.6	96 423.1	70.7	36 074.0	-42.1
	海关特殊监管区域进口设备	35	127 279.0	10.8			127 279.0	10.8
	其他贸易	39	1.1	15.7			1.1	15.7

续表

地区	贸易方式		进出口合计		出口		进口	
			2013 年 1 月至 2013 年 12 月		2013 年 1 月至 2013 年 12 月		2013 年 1 月至 2013 年 12 月	
中文	中文	代码	美元值（万）	美元值同比（%）	美元值（万）	美元值同比（%）	美元值（万）	美元值同比（%）
武汉东湖综合保税区	合计		73 410.8		36 112.5		37 298.3	
	一般贸易	10	5.9		5.9			
	进料加工贸易	15	72 174.1		36 106.6		36 067.5	
	海关特殊监管区域物流货物	34	1 230.8				1 230.8	
西安综合保税区	合计		165.8				165.8	
	进料加工贸易	15	65.3				65.3	
	海关特殊监管区域物流货物	34.	100.5				100.5	
济南综合保税区	合计		23 018.4	-9.6	12 237.0	-41.7	10 781.4	140.3
	来料加工装配贸易	14	29.7	135.9	7.7	15.5	21.9	273.0
	进料加工贸易	15	9 126.9	39.6	5 915.1	-4.3	3 211.8	790.2
	海关特殊监管区域物流货物	34	9 270.8	-50.6	6 314.1	-57.3	2 956.7	-25.3
	海关特殊监管区域进口设备	35	4 591.0	2 784.0			4 591.0	2 784.0
潍坊综合保税区	合计		63 245.5	82.5	43 123.5	87.3	20 122.0	72.9
	来料加工装配贸易	14	1 095.3	1.4	871.9	-0.6	223.3	10.2
	进料加工贸易	15	44 762.2	168.4	31 247.1	138.9	13 515.1	276.1
	海关特殊监管区域物流货物	34	16 633.0	-1.4	11 004.5	21.4	5 628.4	-27.9
	海关特殊监管区域进口设备	35	755.2	2 177.8			755.2	2 177.8

2013 年全国综合保税区（保税港区）经济指标统计情况表

指标	单位	合计			
		2013 年 12 月	当年累计	增幅（%）	历年累计
增加值	万元	1 214 535	10 301 928	17.71	39 434 898
营业总收入	万元	10 165 214	97 496 295	12.44	379 835 492
工业总产值	万元	8 086 392	76 669 863	5.67	358 522 784
企业利润总额	万元	515 210	1 675 498	5.57	7 923 263
物流企业营业收入	万元	1 470 331	12 495 048	15.57	38 635 811
综合能源耗费量	吨标准煤	124 283	693 450	2.77	3 188 626
批准企业数	个	394	2 491	58.97	8 036
其中：加工企业	个	3	31	24.00	545
物流企业	个	67	585	30.58	2 191
批准外资企业数	个	26	176	24.82	1 077
其中：加工企业	个	1	14	16.67	468
物流企业	个	2	26	-25.71	179
批准投资额	万美元	187 239	1 145 417	106.94	6 249 229
其中：外商投资总额	万美元	82 798	375 902	43.19	3 233 033
增资额	万美元	18 671	38 726	11.06	937 118
合同利用外资	万美元	30 094	217 875	29.29	1 679 390
其中：增资额	万美元	6 585	16 834	-12.74	332 007
企业实际到位资金	万美元	101 670	885 382	116.77	4 015 010
其中：实际利用外资	万美元	15 820	168 937	17.16	1 380 982
已投产运作企业数	个	11	435	110.14	3 457
其中：已投产加工企业数	个	0	7	75.00	367
已投产物流企业数	个	7	78	-13.33	1 105
其中：投资额 1 000 万美元以上	个	0	13	30.00	324
土地实际已租售面积	平方米	630 657	1 134 340	-41.57	45 462 323
房屋竣工面积	平方米	645 018	958 517	-53.56	20 484 048
其中：已建成厂房面积	平方米	110 218	138 187	-89.79	11 355 921
已建成仓库面积	平方米	18 800	301 644	-26.86	5 669 264
港区货物吞吐量（限保税港区）	万吨	4 459.56	54 429.84	21.15	148 362.98
港区集装箱吞吐量（限保税港区）	万标准箱	400.44	4 841.47	12.03	18 141.52
税务部门税收	万元	70 054	1 385 297	16.32	5 290 827
固定资产投资额	万元	352 774	3 434 537	-11.66	32 566 023
其中：基础设施投资	万元	40 389	573 714	-11.80	4 584 204
期末从业人员	人	784 942	784 942	12.33	784 942
其中：期末外资企业从业人员	人	720 817	720 817	11.65	720 817
期末批准面积	平方公里	147.77	147.77	0.00	147.77
期末验收封关面积	平方公里	83.36	83.36	0.00	83.36

续表

指标	单位	北京天竺综合保税区			
		2013 年 12 月	当年累计	增幅（%）	历年累计
增加值	万元	39 309	631 766	61.02	1 553 983
营业总收入		206 118	1 936 303	-3.43	3 941 331
工业总产值		15 831	174 042	6.25	1 012 362
企业利润总额		16 643	127 774	115.55	435 336
物流企业营业收入		130 133	1 337 192	18.10	2 915 283
综合能源耗费量	吨标准煤	11 342	47 762	116.87	74 299
批准企业数	个	5	41	24.24	189
其中：加工企业		0	3	200.00	42
物流企业		0	3	-57.14	54
批准外资企业数		0	8	100.00	59
其中：加工企业		0	2	100.00	35
物流企业		0	0	-100.00	11
批准投资额	万美元	2 295	19 169	-55.90	220 554
其中：外商投资总额		0	8 062	-30.90	72 940
增资额		0	0	—	0
合同利用外资		0	8 062	-30.90	73 547
其中：增资额		0	0	—	0
企业实际到位资金		1 492	13 809	-62.75	113 927
其中：实际利用外资		0	6 942	-40.09	47 320
已投产运作企业数	个	0	0	-100.00	61
其中：已投产加工企业数		0	0	-100.00	18
已投产物流企业数		0	0	-100.00	27
其中：投资额 1 000 万美元以上		0	0	-100.00	9
土地实际已租售面积	平方米	184 269	184 269	—	3 237 569
房屋竣工面积		516 000	516 000	—	716 000
其中：已建成厂房面积		0	0	—	0
已建成仓库面积		0	0	—	0
港区货物吞吐量（限保税港区）	万吨	0	0	—	0
港区集装箱吞吐量（限保税港区）	万标准箱	0	0	—	0
税务部门税收	万元	8 716	85 253	55.63	206 759
固定资产投资额	万元	22 686	114 090	71.65	466 653
其中：基础设施投资		0	0	—	49 530
期末从业人员	人	23 391	23 391	12.12	23 391
其中：期末外资企业从业人员		13 445	13 445	8.12	13 445
期末批准面积	平方公里	5.94	5.94	0.00	5.94
期末验收封关面积		3.18	3.18	0.00	3.18

续表

指标	单位	天津滨海新区综合保税区			
		2013年12月	当年累计	增幅（%）	历年累计
增加值	万元	76 798	449 958	86.97	449 958
营业总收入	万元	161 326	1 672 281	—	1 672 281
工业总产值	万元	188 685	1 768 760	—	1 768 760
企业利润总额	万元	27 346	55 974	—	54 648
物流企业营业收入	万元	3 541	7 082	—	7 082
综合能源耗费量	吨标准煤	0	0	—	0
批准企业数	个	5	285	—	494
其中：加工企业	个	0	0	—	0
物流企业	个	0	0	—	0
批准外资企业数	个	0	0	—	0
其中：加工企业	个	0	0	—	0
物流企业	个	0	0	—	0
批准投资额	万美元	0	0	—	0
其中：外商投资总额	万美元	0	0	—	0
增资额	万美元	0	0	—	0
合同利用外资	万美元	0	0	—	0
其中：增资额	万美元	0	0	—	0
企业实际到位资金	万美元	0	0	—	0
其中：实际利用外资	万美元	0	0	—	0
已投产运作企业数	个	0	273	—	482
其中：已投产加工企业数	个	0	0	—	0
已投产物流企业数	个	0	0	—	0
其中：投资额1 000万美元以上	个	0	0	—	0
土地实际已租售面积	平方米	0	0	—	0
房屋竣工面积	平方米	0	0	—	0
其中：已建成厂房面积	平方米	0	0	—	0
已建成仓库面积	平方米	0	0	—	0
港区货物吞吐量（限保税港区）	万吨	0	0	—	0
港区集装箱吞吐量（限保税港区）	万标准箱	0	0	—	0
税务部门税收	万元	2 974	36 265	—	36 265
固定资产投资额	万元	0	0	—	1 630 228
其中：基础设施投资	万元	0	0	—	0
期末从业人员	人	243	243	—	243
其中：期末外资企业从业人员	人	0	0	—	0
期末批准面积	平方公里	1.96	1.96	0.00	1.96
期末验收封关面积	平方公里	1.20	1.20	0.00	1.2

续表

指标	单位	上海浦东机场综合保税区			
		2013 年 12 月	当年累计	增幅（%）	历年累计
增加值	万元	0	70 000	7.69	135 000
营业总收入		18 000	270 600	23.84	553 700
工业总产值		0	0	—	0
企业利润总额		0	0	—	0
物流企业营业收入		16 500	244 800	19.77	436 800
综合能源耗费量	吨标准煤	0	0	—	0
批准企业数	个	51	161	109.09	293
其中：加工企业		0	0	—	0
物流企业		2	10	25.00	36
批准外资企业数		5	12	71.43	26
其中：加工企业		0	0	—	0
物流企业		0	1	-50.00	5
批准投资额	万美元	7 200	66 200	480.40	90 059
其中：外商投资总额		541	26 045	192.80	18 308
增资额		0	0	—	174
合同利用外资		541	10 504	155.82	18 308
其中：增资额		0	0	—	0
企业实际到位资金		6 035	51 320	675.23	55 520
其中：实际利用外资		541	10 504	155.82	18 308
已投产运作企业数	个	0	0	—	56
其中：已投产加工企业数		0	0	—	0
已投产物流企业数		0	0	—	14
其中：投资额 1 000 万美元以上		0	0	—	13
土地实际已租售面积	平方米	0	0	—	386 800
房屋竣工面积		0	0	—	380 000
其中：已建成厂房面积		0	0	—	0
已建成仓库面积		0	0	—	380 000
港区货物吞吐量（限保税港区）	万吨	0	0	—	0
港区集装箱吞吐量（限保税港区）	万标准箱	0	0	—	0
税务部门税收	万元	1 100	17 300	64.79	34 400
固定资产投资额	万元	19 200	177 500	-11.21	456 700
其中：基础设施投资		0	0	—	0
期末从业人员	人	900	900	0.00	900
其中：期末外资企业从业人员		765	765	0.00	765
期末批准面积	平方公里	3.59	3.59	0.00	3.59
期末验收封关面积		3.59	3.59	0.00	3.59

续表

指标	单位	苏州工业园综合保税区			
		2013年12月	当年累计	增幅（%）	历年累计
增加值	万元	0	0	—	0
营业总收入	万元	310 161	4 602 168	5.52	8 963 653
工业总产值	万元	301 812	3 823 640	2.40	7 557 663
企业利润总额	万元	20 246	203 952	6.97	394 615
物流企业营业收入	万元	8 349	165 859	-0.70	332 887
综合能源耗费量	吨标准煤	0	43 362	—	43 362
批准企业数	个	0	21	75.00	249
其中：加工企业	个	0	5	66.67	117
物流企业	个	0	2	100.00	45
批准外资企业数	个	0	14	133.33	164
其中：加工企业	个	0	5	66.67	114
物流企业	个	0	1	—	10
批准投资额	万美元	0	11 169	120.60	359 386
其中：外商投资总额	万美元	0	10 742	124.63	347 388
增资额	万美元	0	861	-30.17	121 008
合同利用外资	万美元	0	3 082	-9.09	128 530
其中：增资额	万美元	0	294	-84.10	41 656
企业实际到位资金	万美元	0	3 440	21.21	135 854
其中：实际利用外资	万美元	0	2 725	6.61	123 857
已投产运作企业数	个	0	6	—	156
其中：已投产加工企业数	个	0	1	—	69
已投产物流企业数	个	0	0	—	32
其中：投资额1 000万美元以上	个	0	2	—	42
土地实际已租售面积	平方米	0	0	—	3 671 599
房屋竣工面积	平方米	0	0	—	1 825 180
其中：已建成厂房面积	平方米	0	0	—	1 432 980
已建成仓库面积	平方米	0	0	—	392 200
港区货物吞吐量（限保税港区）	万吨	0	0	—	0
港区集装箱吞吐量（限保税港区）	万标准箱	0	0	—	0
税务部门税收	万元	0	90 890	39.00	156 278
固定资产投资额	万元	0	68 018	-25.50	159 317
其中：基础设施投资	万元	0	369	-60.79	1 310
期末从业人员	人	42 500	42 500	0.71	42 500
其中：期末外资企业从业人员	人	37 500	37 500	0.81	37 500
期末批准面积	平方公里	5.28	5.28	0.00	5.28
期末验收封关面积	平方公里	4.86	4.86	0.00	4.86

续表

指标	单位	苏州高新区综合保税区			
		2013 年 12 月	当年累计	增幅（%）	历年累计
增加值	万元	51 004	245 335	66. 74	1 393 802
营业总收入		338 711	4 309 599	-10. 91	9 146 980
工业总产值		294 514	4 999 014	-0. 94	18 438 902
企业利润总额		4 212	34 586	79. 49	112 292
物流企业营业收入		6 500	44 593	3. 25	158 273
综合能源耗费量	吨标准煤	18 650	74 196	-0. 12	424 770
批准企业数	个	0	1	-66. 67	90
其中：加工企业		0	1	-50. 00	71
物流企业		0	0	-100. 00	18
批准外资企业数		0	1	-50. 00	72
其中：加工企业		0	1	-50. 00	71
物流企业		0	0	—	0
批准投资额	万美元	0	150	-76. 56	293 979
其中：外商投资总额		0	150	-73. 21	248 166
增资额		0	0	—	108 995
合同利用外资		0	150	-61. 54	123 918
其中：增资额		0	0	—	43 159
企业实际到位资金		95	2 356	627. 16	101 758
其中：实际利用外资		95	2 356	627. 16	101 583
已投产运作企业数	个	0	1	—	58
其中：已投产加工企业数		0	1	—	47
已投产物流企业数		0	0	—	11
其中：投资额 1 000 万美元以上		0	0	—	33
土地实际已租售面积	平方米	0	0	—	1 444 481
房屋竣工面积		0	0	—	1 858 361
其中：已建成厂房面积		0	0	—	1 608 824
已建成仓库面积		0	0	—	229 691
港区货物吞吐量（限保税港区）	万吨	0	0	—	0
港区集装箱吞吐量（限保税港区）	万标准箱	0	0	—	0
税务部门税收	万元	828	8 056	-37. 28	81 220
固定资产投资额	万元	8 739	120 000	20. 00	1 503 268
其中：基础设施投资		0	0	—	133 749
期末从业人员	人	39 500	39 500	5. 76	39 500
其中：期末外资企业从业人员		39 396	39 396	5. 48	39 396
期末批准面积	平方公里	3. 51	3. 51	0. 00	3. 51
期末验收封关面积		3. 51	3. 51	0. 00	3. 51

续表

指标	单位	昆山综合保税区			
		2013 年 12 月	当年累计	增幅（%）	历年累计
增加值	万元	147 488	878 416	-2.54	7 062 168
营业总收入	万元	1 403 105	17 810 042	-23.72	171 699 745
工业总产值	万元	1 384 499	17 573 800	-23.95	171 197 921
企业利润总额	万元	56 434	220 002	-8.18	2 149 388
物流企业营业收入	万元	5 968	103 924	-9.19	404 976
综合能源耗费量	吨标准煤	12 183	90 681	0.85	632 732
批准企业数	个	3	26	-16.13	132
其中：加工企业	个	1	2	-33.33	88
物流企业	个	0	6	20.00	35
批准外资企业数	个	0	7	75.00	94
其中：加工企业	个	0	1	0.00	84
物流企业	个	0	0	—	6
批准投资额	万美元	1 729	66 488	789.59	287 883
其中：外商投资总额	万美元	0	60 723	2 700.88	275 241
增资额	万美元	0	13 285	1 560.63	102 320
合同利用外资	万美元	0	21 523	1 731.74	124 072
其中：增资额	万美元	0	4 700	993.02	53 269
企业实际到位资金	万美元	371	18 007	134.56	120 880
其中：实际利用外资	万美元	0	15 137	402.22	111 915
已投产运作企业数	个	0	17	6.25	122
其中：已投产加工企业数	个	0	0	—	86
已投产物流企业数	个	0	7	75.00	32
其中：投资额 1 000 万美元以上	个	0	1	—	40
土地实际已租售面积	平方米	26 388	176 388	—	2 873 444
房屋竣工面积	平方米	24 800	155 416	126.65	2 947 477
其中：已建成厂房面积	平方米	24 800	34 800	-32.80	2 570 398
已建成仓库面积	平方米	0	120 616	618.72	377 079
港区货物吞吐量（限保税港区）	万吨	0	0	—	0
港区集装箱吞吐量（限保税港区）	万标准箱	0	0	—	0
税务部门税收	万元	865	84 387	-18.26	576 488
固定资产投资额	万元	23 329	104 216	-31.67	1 979 551
其中：基础设施投资	万元	0	5 000	11.11	71 190
期末从业人员	人	119 973	119 973	-2.33	119 973
其中：期末外资企业从业人员	人	118 305	118 305	-2.41	118 305
期末批准面积	平方公里	5.86	5.86	0.00	5.86
期末验收封关面积	平方公里	2.86	2.86	0.00	2.86

续表

指标	单位	成都高新区综合保税区			
		2013 年 12 月	当年累计	增幅（%）	历年累计
增加值	万元	309 125	1 850 533	-21.92	8 154 762
营业总收入		1 347 099	9 141 730	-14.70	19 858 376
工业总产值		1 519 657	11 252 478	-14.17	43 423 899
企业利润总额		128 018	364 813	-10.35	779 123
物流企业营业收入		5 504	52 610	24.76	97 298
综合能源耗费量	吨标准煤	53 735	179 982	13.46	412 887
批准企业数	个	0	0	-100.00	40
其中：加工企业		0	0	—	22
物流企业		0	0	-100.00	18
批准外资企业数		0	0	-100.00	25
其中：加工企业		0	0	—	20
物流企业		0	0	-100.00	5
批准投资额	万美元	0	0	-100.00	222 232
其中：外商投资总额		0	0	-100.00	213 255
增资额		0	0	—	42 876
合同利用外资		0	0	—	89 576
其中：增资额		0	0	—	7 713
企业实际到位资金		0	0	—	96 876
其中：实际利用外资		0	0	—	89 576
已投产运作企业数	个	0	4	33.33	39
其中：已投产加工企业数		0	1	—	22
已投产物流企业数		0	3	0.00	17
其中：投资额 1 000 万美元以上		0	0	—	15
土地实际已租售面积	平方米	0	0	—	3 816 276
房屋竣工面积		0	0	—	1 759 308
其中：已建成厂房面积		0	0	—	1 178 815
已建成仓库面积		0	0	—	100 188
港区货物吞吐量（限保税港区）	万吨	0	0	—	0
港区集装箱吞吐量（限保税港区）	万标准箱	0	0	—	0
税务部门税收	万元	706	49 246	-43.89	176 476
固定资产投资额	万元	18 791	715 443	-16.83	5 751 491
其中：基础设施投资		0	0	—	95 651
期末从业人员	人	132 305	132 305	-18.80	132 305
其中：期末外资企业从业人员		131 122	131 122	-19.12	131 122
期末批准面积	平方公里	4.68	4.68	0.00	4.68
期末验收封关面积		4.68	4.68	0.00	4.68

续表

指标	单位	广西凭祥综合保税区			
		2013 年 12 月	当年累计	增幅（%）	历年累计
增加值	万元	830	6 437	2 142.86	6 616
营业总收入	万元	6 160	138 647	297.69	174 211
工业总产值	万元	0	0	—	0
企业利润总额	万元	290	2 157	3 894.44	2 210
物流企业营业收入	万元	106	1 258	372.93	2 155
综合能源耗费量	吨标准煤	0	0	—	0
批准企业数	个	2	31	-8.82	65
其中：加工企业	个	0	1	—	1
物流企业	个	1	9	0.00	18
批准外资企业数	个	0	0	—	0
其中：加工企业	个	0	0	—	0
物流企业	个	0	0	—	0
批准投资额	万美元	182	3 017	1.38	5 993
其中：外商投资总额	万美元	0	0	—	0
增资额	万美元	0	95	—	95
合同利用外资	万美元	0	0	—	0
其中：增资额	万美元	0	0	—	0
企业实际到位资金	万美元	589	2 724	52.86	4 507
其中：实际利用外资	万美元	0	0	—	0
已投产运作企业数	个	0	10	25.00	18
其中：已投产加工企业数	个	0	0	—	0
已投产物流企业数	个	0	2	-33.33	5
其中：投资额 1 000 万美元以上	个	0	0	—	0
土地实际已租售面积	平方米	0	0	-100.00	492 090
房屋竣工面积	平方米	18 800	37 600	151.57	91 762
其中：已建成厂房面积	平方米	0	0	—	0
已建成仓库面积	平方米	18 800	37 600	151.57	55 308
港区货物吞吐量（限保税港区）	万吨	0	0	—	0
港区集装箱吞吐量（限保税港区）	万标准箱	0	0	—	0
税务部门税收	万元	70	895	78.29	1 399
固定资产投资额	万元	660	8 710	116.13	60 138
其中：基础设施投资	万元	155	7 458	126.00	23 458
期末从业人员	人	530	530	46.01	530
其中：期末外资企业从业人员	人	0	0	—	0
期末批准面积	平方公里	8.5	8.5	0.00	8.5
期末验收封关面积	平方公里	1.01	1.01	0.00	1.01

续表

指标	单位	海口综合保税区			
		2013 年 12 月	当年累计	增幅（%）	历年累计
增加值	万元	12	84	—	84
营业总收入	万元	199 410	607 196	73.27	607 196
工业总产值	万元	0	1 871	—	1 871
企业利润总额	万元	1 661	3 991	—	3 991
物流企业营业收入	万元	197 850	605 242	72.72	955 669
综合能源耗费量	吨标准煤	0	0	—	0
批准企业数	个	2	14	—	14
其中：加工企业	个	0	0	—	0
物流企业	个	2	8	—	8
批准外资企业数	个	0	0	—	0
其中：加工企业	个	0	0	—	0
物流企业	个	0	0	—	0
批准投资额	万美元	41	4 179	—	4 179
其中：外商投资总额	万美元	0	0	—	0
增资额	万美元	0	0	—	0
合同利用外资	万美元	0	0	—	0
其中：增资额	万美元	0	0	—	0
企业实际到位资金	万美元	0	0	—	0
其中：实际利用外资	万美元	0	0	—	0
已投产运作企业数	个	0	2	—	2
其中：已投产加工企业数	个	0	2	—	2
已投产物流企业数	个	0	0	—	0
其中：投资额 1 000 万美元以上	个	0	0	—	0
土地实际已租售面积	平方米	0	0	-100.00	550 000
房屋竣工面积	平方米	0	0	-100.00	58 260
其中：已建成厂房面积	平方米	0	0	-100.00	49 674
已建成仓库面积	平方米	0	0	-100.00	8 586
港区货物吞吐量（限保税港区）	万吨	0	0	—	0
港区集装箱吞吐量（限保税港区）	万标准箱	0	0	—	0
税务部门税收	万元	0	480	-73.35	2 281
固定资产投资额	万元	1 642	40 244	1 359.17	43 002
其中：基础设施投资	万元	1 642	36 642	1 228.57	39 400
期末从业人员	人	725	725	141.67	725
其中：期末外资企业从业人员	人	10	10	—	10
期末批准面积	平方公里	1.93	1.93	0.00	1.93
期末验收封关面积	平方公里	1.93	1.93	0.00	1.93

续表

指标	单位	郑州新郑综合保税区			
		2013 年 12 月	当年累计	增幅（%）	历年累计
增加值	万元	391 034	2 439 304	42.19	4 545 996
营业总收入		2 481 322	17 134 052	44.07	32 200 675
工业总产值		2 762 689	17 231 193	42.27	31 677 515
企业利润总额		53 655	310 112	46.77	1 090 828
物流企业营业收入		212	6 239	315.93	7 739
综合能源耗费量	吨标准煤	0	24 888	-70.95	145 569
批准企业数	个	0	4	100.00	11
其中：加工企业		0	1	—	1
物流企业		0	3	50.00	10
批准外资企业数		0	0	—	2
其中：加工企业		0	0	—	1
物流企业		0	0	—	0
批准投资额	万美元	0	0	—	149 500
其中：外商投资总额		0	0	—	124 556
增资额		0	0	—	119 200
合同利用外资		0	42 000	58.22	124 556
其中：增资额		0	0	—	0
企业实际到位资金		0	42 000	58.22	124 556
其中：实际利用外资		0	42 000	58.22	124 556
已投产运作企业数	个	0	0	-100.00	4
其中：已投产加工企业数		0	0	—	1
已投产物流企业数		0	0	-100.00	3
其中：投资额 1 000 万美元以上		0	0	—	1
土地实际已租售面积	平方米	0	0	-100.00	2 473 062
房屋竣工面积		0	0	-100.00	2 000 000
其中：已建成厂房面积		0	0	-100.00	2 000 000
已建成仓库面积		0	0	—	0
港区货物吞吐量（限保税港区）	万吨	0	0	—	0
港区集装箱吞吐量（限保税港区）	万标准箱	0	0	—	0
税务部门税收	万元	2 855	99 614	-2.77	193 663
固定资产投资额	万元	1 510	319 796	-57.90	1 682 814
其中：基础设施投资		1 500	121 194	-23.90	175 592
期末从业人员	人	248 881	248 881	73.90	248 881
其中：期末外资企业从业人员		245 535	245 535	75.60	245 535
期末批准面积	平方公里	5.07	5.07	0.00	5.07
期末验收封关面积		2.73	2.73	0.00	2.73

续表

指标	单位	无锡高新区综合保税区			
		2013 年 12 月	当年累计	增幅（%）	历年累计
增加值	万元	77 559	908 541	-27.58	7 532 637
营业总收入	万元	194 743	2 380 357	-13.86	21 964 442
工业总产值	万元	199 527	2 421 839	-13.70	22 667 704
企业利润总额	万元	175 091	50 466	-70.73	1 296 352
物流企业营业收入	万元	3 299	27 738	-38.32	120 999
综合能源耗费量	吨标准煤	15 895	183 692	-4.59	1 187 829
批准企业数	个	2	3	0.00	45
其中：加工企业	个	1	1	0.00	32
物流企业	个	1	1	-50.00	11
批准外资企业数	个	1	1	—	32
其中：加工企业	个	1	1	—	32
物流企业	个	0	0	—	0
批准投资额	万美元	18 130	18 130	-22.99	783 797
其中：外商投资总额	万美元	18 130	18 130	-22.99	765 091
增资额	万美元	18 130	18 130	-22.99	376 323
合同利用外资	万美元	6 080	6 085	-24.22	323 532
其中：增资额	万美元	6 080	6 085	-24.22	146 615
企业实际到位资金	万美元	2 483	5 720	-45.22	305 579
其中：实际利用外资	万美元	2 483	5 720	-35.04	274 357
已投产运作企业数	个	0	1	0.00	35
其中：已投产加工企业数	个	0	0	-100.00	21
已投产物流企业数	个	0	0	—	9
其中：投资额 1 000 万美元以上	个	0	0	-100.00	16
土地实际已租售面积	平方米	0	0	—	1 380 560
房屋竣工面积	平方米	85 418	85 418	—	994 736
其中：已建成厂房面积	平方米	85 418	85 418	—	895 274
已建成仓库面积	平方米	0	0	—	99 462
港区货物吞吐量（限保税港区）	万吨	0	0	—	0
港区集装箱吞吐量（限保税港区）	万标准箱	0	0	—	0
税务部门税收	万元	13 069	114 576	-9.45	503 243
固定资产投资额	万元	129 883	853 720	25.94	7 308 139
其中：基础设施投资	万元	809	34 384	—	94 746
期末从业人员	人	26 268	26 268	9.22	26 268
其中：期末外资企业从业人员	人	25 230	25 230	9.22	25 230
期末批准面积	平方公里	3.5	3.5	0.00	3.5
期末验收封关面积	平方公里	2.38	2.38	0.00	2.38

续表

指标	单位	天津东疆保税港区			
		2013 年 12 月	当年累计	增幅（%）	历年累计
增加值	万元	0	0	—	0
营业总收入	万元	0	0	—	0
工业总产值	万元	0	0	—	0
企业利润总额	万元	0	0	—	0
物流企业营业收入	万元	0	0	—	0
综合能源耗费量	吨标准煤	0	0	—	0
批准企业数	个	73	619	44.63	1 752
其中：加工企业	个	1	9	200.00	24
物流企业	个	8	121	47.56	351
批准外资企业数	个	6	48	37.14	154
其中：加工企业	个	0	2	100.00	10
物流企业	个	0	2	-60.00	26
批准投资额	万美元	63 347	371 197	166.85	1 347 716
其中：外商投资总额	万美元	36 977	119 888	77.84	356 822
增资额	万美元	0	0	—	0
合同利用外资	万美元	1 708	40 131	43.08	117 299
其中：增资额	万美元	0	0	—	0
企业实际到位资金	万美元	21 570	272 867	230.40	1 016 193
其中：实际利用外资	万美元	3 063	22 511	49.38	77 606
已投产运作企业数	个	0	0	—	900
其中：已投产加工企业数	个	0	0	—	2
已投产物流企业数	个	0	0	—	0
其中：投资额 1 000 万美元以上	个	0	0	—	0
土地实际已租售面积	平方米	0	0	—	4 800 000
房屋竣工面积	平方米	0	0	—	777 589
其中：已建成厂房面积	平方米	0	0	—	104 456
已建成仓库面积	平方米	0	0	—	625 133
港区货物吞吐量（限保税港区）	万吨	228	3 231	21.10	12 154
港区集装箱吞吐量（限保税港区）	万标准箱	22.94	285.12	9.08	1 190.79
税务部门税收	万元	15 248	202 785	119.71	394 574
固定资产投资额	万元	10 722	113 030	214.24	1 938 566
其中：基础设施投资	万元	9 906	78 656	304.57	597 476
期末从业人员	人	10 149	10 149	74.98	10 149
其中：期末外资企业从业人员	人	4 926	4 926	474.80	4 926
期末批准面积	平方公里	10	10	0.00	10
期末验收封关面积	平方公里	4	4	0.00	4

续表

指标	单位	大连大窑湾保税港区			
		2013 年 12 月	当年累计	增幅（%）	历年累计
增加值	万元	10 428	154 196	1.47	826 053
营业总收入		41 426	503 287	3.06	1 792 729
工业总产值		143	2 339	3.27	7 436
企业利润总额		998	13 354	6.69	62 251
物流企业营业收入		11 351	101 643	2.37	511 413
综合能源耗费量	吨标准煤	3 391	14 264	1.39	74 912
批准企业数	个	1	8	-20.00	115
其中：加工企业		0	0	—	3
物流企业		1	8	-20.00	83
批准外资企业数		1	8	-20.00	45
其中：加工企业		0	0	—	1
物流企业		1	8	-20.00	34
批准投资额	万美元	450	3 355	-66.93	154 935
其中：外商投资总额		330	2 593	-67.14	114 843
增资额		100	423	-22.10	9 501
合同利用外资		410	3 229	-67.13	132 481
其中：增资额		85	391	-10.32	7 453
企业实际到位资金		395	3 152	-66.86	152 970
其中：实际利用外资		290	2 411	-65.69	112 866
已投产运作企业数	个	0	8	33.33	76
其中：已投产加工企业数		0	1	—	2
已投产物流企业数		0	7	16.67	73
其中：投资额 1 000 万美元以上		0	1	-50.00	16
土地实际已租售面积	平方米	0	2 200	-96.63	2 623 790
房屋竣工面积		0	6 300	-51.20	1 008 138
其中：已建成厂房面积		0	0	—	45 628
已建成仓库面积		0	6 300	-51.20	961 510
港区货物吞吐量（限保税港区）	万吨	19.3	263.87	188.82	794.6
港区集装箱吞吐量（限保税港区）	万标准箱	22.61	282.62	23.16	1 277.55
税务部门税收	万元	7 676	81 889	-25.74	449 080
固定资产投资额	万元	1 580	17 253	7.54	588 987
其中：基础设施投资		93	1 191	5.40	52 167
期末从业人员	人	2 874	2 874	2.17	2 874
其中：期末外资企业从业人员		1 921	1 921	2.34	1 921
期末批准面积	平方公里	6.88	6.88	0.00	6.88
期末验收封关面积		3.06	3.06	0.00	3.06

续表

指标	单位	洋山保税港区			
		2013 年 12 月	当年累计	增幅（%）	历年累计
增加值	万元	0	1 750 000	187.69	2 383 000
营业总收入		1 380 000	15 704 000	67.32	37 680 000
工业总产值		0	0	—	0
企业利润总额		0	0	—	0
物流企业营业收入		660 000	8 130 700	29.79	26 470 000
综合能源耗费量	吨标准煤	0	0	—	0
批准企业数	个	101	483	63.18	1 095
其中：加工企业		0	0	—	0
物流企业		34	294	34.25	760
批准外资企业数		7	37	42.31	101
其中：加工企业		0	0	—	0
物流企业		0	4	-20.00	27
批准投资额	万美元	68 565	324 042	288.74	942 917
其中：外商投资总额		14 253	71 608	84.56	166 525
增资额		0	0	—	0
合同利用外资		9 008	38 283	244.24	69 913
其中：增资额		0	0	—	0
企业实际到位资金		64 197	294 782	429.44	838 268
其中：实际利用外资		9 008	38 283	244.24	69 913
已投产运作企业数	个	0	0	—	480
其中：已投产加工企业数		0	0	—	0
已投产物流企业数		0	0	—	360
其中：投资额 1 000 万美元以上		0	0	—	45
土地实际已租售面积	平方米	0	0	—	4 936 700
房屋竣工面积		0	0	—	920 000
其中：已建成厂房面积		0	0	—	0
已建成仓库面积		0	0	—	800 000
港区货物吞吐量（限保税港区）	万吨	1 088.3	13 518.8	4.24	35 169.96
港区集装箱吞吐量（限保税港区）	万标准箱	115	1 436.5	1.52	7 405.3
税务部门税收	万元	0	348 700	33.81	1 108 800
固定资产投资额	万元	4 300	50 700	52.70	2 381 600
其中：基础设施投资		0	0	—	115 900
期末从业人员	人	23 700	23 700	34.66	23 700
其中：期末外资企业从业人员		2 601	2 601	0.00	2 601
期末批准面积	平方公里	8.14	8.14	0.00	8.14
期末验收封关面积		8.14	8.14	0.00	8.14

续表

指标	单位	张家港保税港区			
		2013 年 12 月	当年累计	增幅（%）	历年累计
增加值	万元	17 432	53 121	35.54	227 479
营业总收入	万元	348 645	1 062 430	28.61	4 557 856
工业总产值	万元	0	0	—	0
企业利润总额	万元	0	0	—	0
物流企业营业收入	万元	348 645	1 062 430	28.61	4 557 856
综合能源耗费量	吨标准煤	0	0	—	0
批准企业数	个	119	578	62.36	2 195
其中：加工企业	个	0	0	—	0
物流企业	个	2	20	233.33	107
批准外资企业数	个	4	11	37.50	88
其中：加工企业	个	0	0	—	0
物流企业	个	0	0	-100.00	14
批准投资额	万美元	17 752	56 267	156.46	202 097
其中：外商投资总额	万美元	11 920	16 191	333.96	88 100
增资额	万美元	0	4 000	566.67	4 600
合同利用外资	万美元	11 920	16 191	333.96	65 750
其中：增资额	万美元	0	4 000	566.67	6 088
企业实际到位资金	万美元	4 103	40 594	92.23	80 356
其中：实际利用外资	万美元	0	5 178	31.29	24 842
已投产运作企业数	个	0	0	—	80
其中：已投产加工企业数	个	0	0	—	0
已投产物流企业数	个	0	0	—	61
其中：投资额 1 000 万美元以上	个	0	0	—	0
土地实际已租售面积	平方米	0	0	—	1 185 236
房屋竣工面积	平方米	0	0	—	833 700
其中：已建成厂房面积	平方米	0	0	—	0
已建成仓库面积	平方米	0	0	—	334 200
港区货物吞吐量（限保税港区）	万吨	0	0	—	0
港区集装箱吞吐量（限保税港区）	万标准箱	0	0	—	0
税务部门税收	万元	0	0	—	13 646
固定资产投资额	万元	0	0	—	0
其中：基础设施投资	万元	0	0	—	0
期末从业人员	人	5 641	5 641	11.42	5 641
其中：期末外资企业从业人员	人	453	453	14.11	453
期末批准面积	平方公里	4.10	4.10	0.00	4.10
期末验收封关面积	平方公里	1.53	1.53	0.00	1.53

续表

指标	单位	宁波梅山保税港区			
		2013 年 12 月	当年累计	增幅（%）	历年累计
增加值	万元	0	0	—	1 065 206
营业总收入	万元	115 087	901 605	5.33	2 882 422
工业总产值	万元	0	0	—	0
企业利润总额	万元	0	0	—	0
物流企业营业收入	万元	16 360	128 988	127.94	380 018
综合能源耗费量	吨标准煤	0	0	—	0
批准企业数	个	0	27	8.00	247
其中：加工企业	个	0	0	—	0
物流企业	个	0	7	75.00	131
批准外资企业数	个	0	14	27.27	34
其中：加工企业	个	0	0	—	0
物流企业	个	0	0	-100.00	2
批准投资额	万美元	0	126 105	43.57	524 202
其中：外商投资总额	万美元	0	16 605	-48.43	54 376
增资额	万美元	0	0	—	8 047
合同利用外资	万美元	0	9 000	50.00	22 836
其中：增资额	万美元	0	0	—	0
企业实际到位资金	万美元	0	124 105	42.92	480 410
其中：实际利用外资	万美元	0	7 000	40.00	22 296
已投产运作企业数	个	0	27	8.00	247
其中：已投产加工企业数	个	0	0	—	0
已投产物流企业数	个	0	7	75.00	131
其中：投资额 1 000 万美元以上	个	0	7	133.33	50
土地实际已租售面积	平方米	0	122 006	-14.67	1 752 988
房屋竣工面积	平方米	0	0	-100.00	347 031
其中：已建成厂房面积	平方米	0	0	—	0
已建成仓库面积	平方米	0	0	-100.00	186 412
港区货物吞吐量（限保税港区）	万吨	81.5	908.1	19.92	2 302.47
港区集装箱吞吐量（限保税港区）	万标准箱	11.3	110.4	26.33	263.04
税务部门税收	万元	4 423	66 661	34.71	348 833
固定资产投资额	万元	13 520	125 754	-45.54	1 315 975
其中：基础设施投资	万元	13 520	125 754	-45.54	1 315 974
期末从业人员	人	1 253	1 253	15.06	1 253
其中：期末外资企业从业人员	人	112	112	36.59	112
期末批准面积	平方公里	7.7	7.7	0.00	7.7
期末验收封关面积	平方公里	2.5	2.5	0.00	2.5

续表

指标	单位	厦门海沧保税港区			
		2013 年 12 月	当年累计	增幅（%）	历年累计
增加值	万元	11 928	129 985	7.36	746 326
营业总收入	万元	59 547	670 653	8.01	1 291 583
工业总产值	万元	43 004	511 359	-7.94	3 454 546
企业利润总额	万元	229	23 807	-49.50	331 268
物流企业营业收入	万元	16 543	142 189	28.44	309 203
综合能源耗费量	吨标准煤	1 919	9 290	-29.91	67 891
批准企业数	个	2	8	60.00	71
其中：加工企业	个	0	0	—	44
物流企业	个	2	8	60.00	27
批准外资企业数	个	1	2	-60.00	47
其中：加工企业	个	0	0	-100.00	36
物流企业	个	1	2	-50.00	11
批准投资额	万美元	317	527	-81.83	90 570
其中：外商投资总额	万美元	317	367	-87.35	83 043
增资额	万美元	0	0	-100.00	16 417
合同利用外资	万美元	317	317	-89.07	47 290
其中：增资额	万美元	0	0	-100.00	7 243
企业实际到位资金	万美元	317	317	-74.60	40 005
其中：实际利用外资	万美元	317	317	-74.60	38 744
已投产运作企业数	个	2	6	-75.00	62
其中：已投产加工企业数	个	0	0	—	32
已投产物流企业数	个	2	6	-76.00	24
其中：投资额 1 000 万美元以上	个	0	0	—	8
土地实际已租售面积	平方米	0	0	—	816 490
房屋竣工面积	平方米	0	0	—	813 408
其中：已建成厂房面积	平方米	0	0	—	663 804
已建成仓库面积	平方米	0	0	—	132 066
港区货物吞吐量（限保税港区）	万吨	292.43	2 844.87	2.29	8 146.14
港区集装箱吞吐量（限保税港区）	万标准箱	32.5	332.86	7.17	915.85
税务部门税收	万元	1 087	10 637	-7.76	35 419
固定资产投资额	万元	4 293	94 430	112.10	277 219
其中：基础设施投资	万元	4 293	25 300	-43.17	202 132
期末从业人员	人	10 014	10 014	-24.58	10 014
其中：期末外资企业从业人员	人	7 533	7 533	-33.88	7 533
期末批准面积	平方公里	9.51	9.51	0.00	9.51
期末验收封关面积	平方公里	5.52	5.52	0.00	5.52

续表

指标	单位	广州南沙保税港区			
		2013 年 12 月	当年累计	增幅（%）	历年累计
增加值	万元	8 958	113 700	10.55	345 268
营业总收入	万元	20 544	246 978	29.99	837 493
工业总产值	万元	6 678	73 792	44.38	153 355
企业利润总额	万元	1 873	34 607	36.57	78 398
物流企业营业收入	万元	19 288	200 948	10.05	694 406
综合能源耗费量	吨标准煤	61	1 026	-21.98	2 866
批准企业数	个	5	48	33.33	277
其中：加工企业	个	0	0	—	5
物流企业	个	5	42	16.67	266
批准外资企业数	个	0	2	100.00	10
其中：加工企业	个	0	0	—	4
物流企业	个	0	2	100.00	6
批准投资额	万美元	0	48 520	385.10	279 758
其中：外商投资总额	万美元	0	16 333	71.51	126 715
增资额	万美元	0	0	—	5 666
合同利用外资	万美元	0	12 763	176.08	96 235
其中：增资额	万美元	0	0	—	4 169
企业实际到位资金	万美元	0	3 090	115.63	149 325
其中：实际利用外资	万美元	0	1 441	51.05	38 652
已投产运作企业数	个	5	48	60.00	265
其中：已投产加工企业数	个	0	0	—	3
已投产物流企业数	个	5	42	40.00	256
其中：投资额 1 000 万美元以上	个	0	1	-50.00	19
土地实际已租售面积	平方米	420 000	420 000	762.92	3 741 433
房屋竣工面积	平方米	0	130 000	-13.33	736 689
其中：已建成厂房面积	平方米	0	0	-100.00	77 381
已建成仓库面积	平方米	0	130 000	-7.14	659 308
港区货物吞吐量（限保税港区）	万吨	1 286	14 601	57.41	41 562.27
港区集装箱吞吐量（限保税港区）	万标准箱	92	1 023.62	31.83	3 578.64
税务部门税收	万元	598	9 610	-32.67	44 094
固定资产投资额	万元	3 385	48 889	-10.89	184 238
其中：基础设施投资	万元	3 351	41 953	107.56	72 165
期末从业人员	人	4 028	4 028	6.56	4 028
其中：期末外资企业从业人员	人	1 167	1 167	8.36	1 167
期末批准面积	平方公里	7.06	7.06	0.00	7.06
期末验收封关面积	平方公里	3.7	3.7	0.00	3.7

续表

指标	单位	烟台保税港区			
		2013 年 12 月	当年累计	增幅（%）	历年累计
增加值	万元	72 630	620 552	-3.25	3 006 560
营业总收入	万元	671 838	9 656 879	0.11	46 759 933
工业总产值	万元	669 655	9 637 091	0.10	46 697 766
企业利润总额	万元	28 514	229 903	13.50	1 132 563
物流企业营业收入	万元	2 183	19 788	5.60	62 168
综合能源耗费量	吨标准煤	7 107	24 307	5.22	121 509
批准企业数	个	0	21	10.53	149
其中：加工企业	个	0	3	-50.00	72
物流企业	个	0	18	38.46	65
批准外资企业数	个	0	7	16.67	81
其中：加工企业	个	0	1	-66.67	55
物流企业	个	0	6	100.00	15
批准投资额	万美元	441	2 985	-72.18	111 182
其中：外商投资总额	万美元	330	2 187	-78.28	95 309
增资额	万美元	441	1 932	-71.37	21 896
合同利用外资	万美元	110	1 655	-81.40	56 914
其中：增资额	万美元	420	1 364	-79.16	14 642
企业实际到位资金	万美元	23	2 199	-58.34	61 230
其中：实际利用外资	万美元	23	1 512	-68.66	39 958
已投产运作企业数	个	0	5	-50.00	95
其中：已投产加工企业数	个	0	1	-50.00	62
已投产物流企业数	个	0	4	-50.00	33
其中：投资额 1 000 万美元以上	个	0	0	—	5
土地实际已租售面积	平方米	0	0	—	3 500 500
房屋竣工面积	平方米	0	0	—	1 142 118
其中：已建成厂房面积	平方米	0	0	—	384 148
已建成仓库面积	平方米	0	0	—	80 906
港区货物吞吐量（限保税港区）	万吨	191.01	3 889.6	40.16	10 125.89
港区集装箱吞吐量（限保税港区）	万标准箱	4.32	44.29	-9.54	143.66
税务部门税收	万元	6 906	25 298	-43.57	186 326
固定资产投资额	万元	40	5 383	-85.85	424 467
其中：基础设施投资	万元	0	38	-99.87	77 797
期末从业人员	人	73 731	73 731	-11.83	73 731
其中：期末外资企业从业人员	人	72 981	72 981	-12.07	72 981
期末批准面积	平方公里	7.26	7.26	0.00	7.26
期末验收封关面积	平方公里	4.86	4.86	0.00	4.86

续表

指标	单位	重庆两路寸滩保税港区			
		2013 年 12 月	当年累计	增幅（%）	历年累计
增加值	万元	0	0	—	0
营业总收入	万元	861 972	8 747 488	183.23	13 250 886
工业总产值	万元	699 698	7 198 645	221.86	10 463 084
企业利润总额	万元	0	0	—	0
物流企业营业收入	万元	17 999	111 825	42.81	211 586
综合能源耗费量	吨标准煤	0	0	—	0
批准企业数	个	15	80	-37.50	366
其中：加工企业	个	0	4	—	16
物流企业	个	7	20	-4.76	98
批准外资企业数	个	0	1	-50.00	23
其中：加工企业	个	0	0	—	4
物流企业	个	0	0	—	5
批准投资额	万美元	6 598	21 074	-59.50	121 671
其中：外商投资总额	万美元	0	4 900	-87.13	64 627
增资额	万美元	0	0	—	0
合同利用外资	万美元	0	4 900	-87.13	64 627
其中：增资额	万美元	0	0	—	0
企业实际到位资金	万美元	0	4 900	-90.48	136 796
其中：实际利用外资	万美元	0	4 900	-87.13	64 627
已投产运作企业数	个	4	25	-62.12	184
其中：已投产加工企业数	个	0	0	—	0
已投产物流企业数	个	0	0	—	0
其中：投资额 1 000 万美元以上	个	0	0	-100.00	9
土地实际已租售面积	平方米	0	0	—	0
房屋竣工面积	平方米	0	17 969	-96.29	1 123 643
其中：已建成厂房面积	平方米	0	17 969	-92.59	344 539
已建成仓库面积	平方米	0	0	-100.00	215 745
港区货物吞吐量（限保税港区）	万吨	51.7	378.82	26.97	677.78
港区集装箱吞吐量（限保税港区）	万标准箱	2.64	36.93	15.01	105.66
税务部门税收	万元	2 247	46 998	34.47	719 512
固定资产投资额	万元	66 500	324 347	-17.77	2 764 097
其中：基础设施投资	万元	2 203	11 072	-57.73	476 679
期末从业人员	人	17 815	17 815	72.93	17 815
其中：期末外资企业从业人员	人	17 815	17 815	72.93	17 815
期末批准面积	平方公里	8.37	8.37	0.00	8.37
期末验收封关面积	平方公里	8.37	8.37	0.00	8.37

续表

指标	单位	广西钦州保税港区			
		2013 年 12 月	当年累计	增幅（%）	历年累计
增加值	万元	0	0	—	0
营业总收入	万元	0	0	—	0
工业总产值	万元	0	0	—	0
企业利润总额	万元	0	0	—	0
物流企业营业收入	万元	0	0	—	0
综合能源耗费量	吨标准煤	0	0	—	0
批准企业数	个	8	32	-52.24	147
其中：加工企业	个	0	1	-83.33	7
物流企业	个	2	5	-66.67	50
批准外资企业数	个	1	3	-75.00	19
其中：加工企业	个	0	1	—	1
物流企业	个	0	0	—	2
批准投资额	万美元	192	2 843	-93.05	56 864
其中：外商投资总额	万美元	0	1 378	340.26	2 144
增资额	万美元	0	0	—	0
合同利用外资	万美元	0	0	—	0
其中：增资额	万美元	0	0	—	0
企业实际到位资金	万美元	0	0	—	0
其中：实际利用外资	万美元	0	0	—	0
已投产运作企业数	个	0	2	-80.00	35
其中：已投产加工企业数	个	0	0	—	0
已投产物流企业数	个	0	0	-100.00	17
其中：投资额 1 000 万美元以上	个	0	1	—	3
土地实际已租售面积	平方米	0	229 477	23.19	1 779 305
房屋竣工面积	平方米	0	9 814	-69.48	150 648
其中：已建成厂房面积	平方米	0	0	—	0
已建成仓库面积	平方米	0	7 128	137.60	31 470
港区货物吞吐量（限保税港区）	万吨	157.32	1 616.78	38.23	4 259.87
港区集装箱吞吐量（限保税港区）	万标准箱	6.13	60.13	26.88	175.03
税务部门税收	万元	686	5 757	-16.79	22 071
固定资产投资额	万元	21 994	133 014	6.38	1 649 573
其中：基础设施投资	万元	2 917	84 703	-21.84	989 288
期末从业人员	人	521	521	0.00	521
其中：期末外资企业从业人员	人	0	0	—	0
期末批准面积	平方公里	10	10	0.00	10
期末验收封关面积	平方公里	2.01	2.01	0.00	2.01

续表

指标	单位	青岛前湾保税港区			
		2013 年 12 月	当年累计	增幅（%）	历年累计
增加值	万元	0	0	—	0
营业总收入	万元	0	0	-100.00	0
工业总产值	万元	0	0	—	0
企业利润总额	万元	0	0	—	0
物流企业营业收入	万元	0	0	-100.00	0
综合能源耗费量	吨标准煤	0	0	—	0
批准企业数	个	0	0	—	0
其中：加工企业	个	0	0	—	0
物流企业	个	0	0	—	0
批准外资企业数	个	0	0	—	0
其中：加工企业	个	0	0	—	0
物流企业	个	0	0	—	0
批准投资额	万美元	0	0	—	0
其中：外商投资总额	万美元	0	0	—	0
增资额	万美元	0	0	—	0
合同利用外资	万美元	0	0	—	0
其中：增资额	万美元	0	0	—	0
企业实际到位资金	万美元	0	0	—	0
其中：实际利用外资	万美元	0	0	—	0
已投产运作企业数	个	0	0	—	0
其中：已投产加工企业数	个	0	0	—	0
已投产物流企业数	个	0	0	—	0
其中：投资额 1 000 万美元以上	个	0	0	—	0
土地实际已租售面积	平方米	0	0	—	0
房屋竣工面积	平方米	0	0	—	0
其中：已建成厂房面积	平方米	0	0	—	0
已建成仓库面积	平方米	0	0	—	0
港区货物吞吐量（限保税港区）	万吨	1 064	13 177	8.52	33 170
港区集装箱吞吐量（限保税港区）	万标准箱	91	1 229	10.42	3 086
税务部门税收	万元	0	0	—	0
固定资产投资额	万元	0	0	—	0
其中：基础设施投资	万元	0	0	—	0
期末从业人员	人	0	0	—	0
其中：期末外资企业从业人员	人	0	0	—	0
期末批准面积	平方公里	9.72	9.72	0.00	9.72
期末验收封关面积	平方公里	5.44	5.44	0.00	5.44

续表

指标	单位	海南洋浦保税港区			
		2013 年 12 月	当年累计	增幅（%）	历年累计
增加值	万元	0	0	—	0
营业总收入	万元	0	2 394	86.89	30 747
工业总产值	万元	0	1 791	63.56	29 213
企业利润总额	万元	0	477	68.55	636
物流企业营业收入	万元	0	603	224.19	1 534
综合能源耗费量	吨标准煤	0	0	—	0
批准企业数	个	0	0	—	49
其中：加工企业	个	0	0	—	3
物流企业	个	0	0	—	1
批准外资企业数	个	0	0	—	4
其中：加工企业	个	0	0	—	1
物流企业	个	0	0	—	0
批准投资额	万美元	0	0	—	46 065
其中：外商投资总额	万美元	0	0	—	3 438
增资额	万美元	0	0	—	0
合同利用外资	万美元	0	0	—	3 398
其中：增资额	万美元	0	0	—	0
企业实际到位资金	万美元	0	0	—	15 014
其中：实际利用外资	万美元	0	0	—	1 028
已投产运作企业数	个	0	0	—	16
其中：已投产加工企业数	个	0	0	—	2
已投产物流企业数	个	0	0	—	1
其中：投资额 1 000 万美元以上	个	0	0	—	7
土地实际已租售面积	平方米	0	0	-100.00	166 668
房屋竣工面积	平方米	0	0	-100.00	66 444
其中：已建成厂房面积	平方米	0	0	-100.00	15 597
已建成仓库面积	平方米	0	0	-100.00	20 549
港区货物吞吐量（限保税港区）	万吨	0	95.4	-26.62	982.69
港区集装箱吞吐量（限保税港区）	万标准箱	0	7	-32.04	71.03
税务部门税收	万元	0	2 365	-41.40	20 409
固定资产投资额	万元	0	753	-49.73	30 139
其中：基础设施投资	万元	0	753	-15.87	11 372
期末从业人员	人	710	710	2.16	710
其中：期末外资企业从业人员	人	0	0	—	0
期末批准面积	平方公里	9.21	9.21	0.00	9.21
期末验收封关面积	平方公里	2.3	2.3	0.00	2.3

1. 2013 年 1 月新增广西凭祥综合保税区、海口综合保税区，2013 年 7 月新增天津滨海综合保税区、苏州工业园综合保税区，2013 年 11 月新增无锡高新区综合保税区。截至 2013 年 12 月，共有综合保税区（保税港区）23 家，其中综合保税区 11 家，保税港区 12 家。

2. 由于新增指标“营业总收入”无去年同期数，故增幅显示为“—”。

3. 综合保税区中，昆山综合保税区将原昆山出口加工区整合在内。

苏州高新区综合保税区将原苏州高新区出口加工区和保税物流中心整合在内，北京天竺综合保税区将原北京天竺出口加工区和保税物流中心整合在内，成都高新综合保税区将原成都出口加工区和保税物流中心整合在内，无锡高新区综合保税区将原无锡出口加工区整合在内。

4. 保税港区中，大连大窑湾保税港区将原大连保税物流园区整合在内，烟台保税港区将原烟台出口加工区（A、B 区）整合在内，广州南沙保税港区将原南沙出口加工区整合在内，厦门海沧保税港区将原厦门出口加工区整合在内，宁波梅山保税港区将原宁波保税物流园区整合在内，重庆两路寸滩保税港区将原重庆出口加工区整合在内。

5. 由于保税港区（综合保税区）成立时间较短，部分数据尚未进行统计。

6. 由于青岛保税区与青岛前湾保税港区的整合工作暂未完成，故青岛分别申报青岛保税区与前湾保税港区的报表。

7. 部分区域为预测数据，全年实际情况以 2014 年两区年鉴为准。

2013 年全国综合保税区进口额前 30 位国家和地区排名表

序号	国家和地区		2013 年	
	中文	代码	进口额（万美元）	同比（%）
	合计		7 996 150.2	11.5
1	中华人民共和国	142	1 702 238.8	19.1
2	韩国	133	1 417 877.5	22.3
3	中国台湾	143	1 284 786.0	11.0
4	马来西亚	122	692 822.7	-4.5
5	美国	502	666 675.6	63.6
6	日本	116	579 935.5	-10.5
7	德国	304	204 567.4	18.6
8	法国	305	200 737.8	62.2
9	新加坡	132	198 636.4	-9.7
10	菲律宾	129	189 310.3	-14.3
11	泰国	136	179 187.2	-35.2
12	越南	141	134 833.0	2.6
13	爱尔兰	306	103 127.2	-0.4
14	以色列	115	60 246.7	60.0
15	英国	303	50 546.4	10.1
16	墨西哥	429	46 352.4	43.3
17	瑞士	331	44 067.3	44.5
18	意大利	307	38 157.0	-29.9
19	中国香港	110	36 668.6	504.2
20	荷兰	309	25 467.7	5.8
21	哥斯达黎加	415	16 241.2	3.0
22	马耳他	324	15 430.2	-27.9
23	比利时	301	14 388.7	-11.1
24	巴西	410	10 721.3	-71.1
25	奥地利	315	10 404.0	9.5
26	瑞典	330	9 769.0	94.2
27	印度尼西亚	112	9 467.3	-44.7
28	俄罗斯联邦	344	8 103.8	130.2
29	加拿大	501	7 877.2	47.1
30	印度	111	4 487.6	-15.4

2013 年全国综合保税区出口额前 30 位国家和地区排名表

序号	国家和地区		2013 年	
	中文	代码	出口额（万美元）	同比（%）
	合计		12 032 456.4	9.9
1	美国	502	3 851 730.0	16.7
2	中国香港	110	1 858 637.1	21.7
3	荷兰	309	1 176 608.8	8.3
4	日本	116	745 709.3	14.7
5	德国	304	493 768.9	8.4
6	中国台湾	143	383 198.0	-0.6
7	英国	303	356 722.7	30.2
8	韩国	133	326 812.4	-8.3
9	马来西亚	122	220 846.1	29.2
10	印度	111	218 954.9	36.6
11	新加坡	132	191 608.1	3.5
12	澳大利亚	601	171 778.7	-12.5
13	巴西	410	157 945.0	15.7
14	墨西哥	429	154 779.0	31.3
15	加拿大	501	151 210.9	-15.8
16	阿联酋	138	147 509.1	-17.4
17	俄罗斯联邦	344	125 755.1	4.4
18	越南	141	99 859.7	46.4
19	卢森堡	308	99 395.3	-28.2
20	捷克	352	91 713.3	-20.6
21	法国	305	81 985.3	-46.4
22	泰国	136	75 119.2	-22.6
23	印度尼西亚	112	72 131.0	20.0
24	意大利	307	62 950.5	-18.6
25	芬兰	318	61 372.8	-34.3
26	土耳其	137	55 213.7	-7.9
27	南非	244	51 442.5	9.2
28	阿根廷	402	42 444.2	41.5
29	波兰	327	35 914.8	-33.8
30	沙特阿拉伯	131	35 222.9	28.3

2013 年全国综合保税区主要进口商品分类统计表（22 大类）

商品类别	2013 年	
	进口额（万美元）	同比（%）
合计	7 996 150.2	11.5
第十六类　机器、机械器具、电气设备及其零件；录音机及放声机、电视图像、声音的录制和重放设备及其零件、附件	6 865 552.5	11.1
第十七类　车辆、航空器、船舶及有关运输设备	281 054.3	64.3
第十八类　光学、照相、电影、计量、检验、医疗或外科用仪器及设备、精密仪器及设备；钟表；乐器；上述物品的零件、附件	266 279.6	-29.1
第六类　化学工业及其相关工业的产品	249 971.2	27.5
第十五类　贱金属及其制品	102 374.1	12.0
第七类　塑料及其制品；橡胶及其制品	94 591.8	15.6
第二十二类　特殊交易品及未分类商品	39 006.0	921.0
第十四类　天然或养殖珍珠、宝石或半宝石、贵金属、包贵金属及其制品；信首饰；硬币	16 910.9	-11.6
第二十一类　艺术品、收藏品及古物	14 698.1	1 136.1
第十一类　纺织原料及纺织制品	14 154.2	17.2
第十三类　石料、石膏、水泥、石棉、云母及类似材料的制品；陶瓷产品；玻璃及其制品	11 279.0	14.4
第十类　木浆及其他纤维状纤维素浆；纸及纸板的废碎品	11 144.4	4.0
第八类　生皮、皮革、毛皮及其制品；鞍具及挽具；旅行用品、手提包及类似品；动物肠线（蚕胶丝除外）制品	7 325.7	28.9
第五类　矿产品	6 155.4	771.4
第二十类　杂项制品	6 154.3	35.9
第四类　食品；饮料、酒及醋；烟草、烟草及烟草代用品	4 393.6	78.3
第二类　植物产品	2 422.5	87.9
第九类　木及木制品；木炭；软木及软木制品；稻草、秸秆、针茅或其他编结材料制品；篮筐及柳条编结品	2 018.1	-27.0
第一类　活动物；动物产品	400.0	-0.1
第三类　动、植物油、脂及其分解产品；精制的食用油脂；动、植物蜡	208.8	304.0
第十二类　鞋、帽、伞、杖、鞭及其零件；已加工的羽毛及其制品；人造花；人发制品	55.8	-82.4
第十九类　武器、弹药及其零件、附件	0.0	

2013年全国综合保税区主要出口商品分类统计表（22大类）

商品类别	2013年	
	出口额（万美元）	同比（%）
合计	12 032 456.4	9.9
第十六类　机器、机械器具、电气设备及其零件；录音机及放声机、电视图像、声音的录制和重放设备及其零件、附件	11 580 455.2	9.6
第十八类　光学、照相、电影、计量、检验、医疗或外科用仪器及设备、精密仪器及设备；钟表；乐器；上述物品的零件、附件	153 022.1	-8.9
第十四类　天然或养殖珍珠、宝石或半宝石、贵金属、包贵金属及其制品；信首饰；硬币	50 647.1	242.5
第十五类　贱金属及其制品	49 579.4	27.9
第十七类　车辆、航空器、船舶及有关运输设备	45 363.0	-16.1
第二十类　杂项制品	39 910.9	50.1
第十一类　纺织原料及纺织制品	30 201.5	25.5
第六类　化学工业及其相关工业的产品	21 916.8	31.6
第七类　塑料及其制品；橡胶及其制品	19 689.5	23.5
第二十一类　艺术品、收藏品及古物	14 020.8	1 911.0
第二类　植物产品	5 910.6	118.7
第十二类　鞋、帽、伞、杖、鞭及其零件；已加工的羽毛及其制品；人造花；人发制品	5 198.0	90.9
第十三类　石料、石膏、水泥、石棉、云母及类似材料的制品；陶瓷产品；玻璃及其制品	4 992.2	120.9
第十类　木浆及其他纤维状纤维素浆；纸及纸板的废碎品	3 855.7	61.7
第八类　生皮、皮革、毛皮及其制品；鞍具及挽具；旅行用品、手提包及类似品；动物肠线（蚕胶丝除外）制品	3 566.3	-64.3
第二十二类　特殊交易品及未分类商品	1 468.0	3 904 025.0
第九类　木及木制品；木炭；软木及软木制品；稻草、秸秆、针茅或其他编结材料制品；篮筐及柳条编结品	936.4	-67.4
第四类　食品；饮料、酒及醋；烟草、烟草及烟草代用品	576.6	471.8
第五类　矿产品	498.1	157.9
第三类　动、植物油、脂及其分解产品；精制的食用油脂；动、植物蜡	380.6	386.0
第一类　活动物；动物产品	266.8	5 569.2
第十九类　武器、弹药及其零件、附件	0.9	

北京天竺综合保税区统计数据表

2013 年北京天竺综合保税区主要经济指标完成情况表

指标名称	单位	2013 年	比上年增长（%）
增加值	万元	394 477	57.7
经营总收入	万元	1 530 000	57.7
工业总产值	万元	175 042	-2.3
企业利润总额	万元	152 774	57.7
物流企业经营收入	万元	871 436	18.1
综合能源耗费量	吨标准煤	47 762	116.9
批准企业数	个	43	34.0
其中：加工企业	个	3	200.0
物流企业	个	3	-57.1
批准外资企业数	个	11	175.0
其中：加工企业	个	3	200.0
物流企业	个	3	200.0
批准投资额	万美元	19 128	-56.0
其中：外商投资总额	万美元	6 394	-78.5
增资额	万美元	0	0.0
合同利用外资	万美元	6 394	-78.5
其中：增资额	万美元	0	0.0
企业实际到位资金	万美元	14 147	-63.0
其中：实际利用外资	万美元	5 159	-82.6
已投产运作企业数	个	30	0.3
其中：已投产加工企业数	个	2	1.0
已投产物流企业数	个	3	-25.0
其中：投资额 1 000 万美元以上	个	3	2.0
土地实际已租售面积	平方米	3 479 967.31	4.0
房屋竣工面积	平方米	996 912.14	18.0
其中：已建成厂房面积	平方米	485 753	17.5
已建成仓库面积	平方米	428 129.34	23.0
港区货物吞吐量（限保税港区）	万吨	0	0.0
港区集装箱吞吐量（限保税港区）	万标准箱	0	0.0
税务部门税收	万元	78 000	57.5
固定资产投资额	万元	114 090	71.6
其中：基础设施投资	万元	0	0.0
期末从业人员	人	24 000	58.3
其中：期末外资企业从业人员	人	13 445	8.1
期末批准面积	平方公里	5.944	0.0
期末验收封关面积	平方公里	3.177	0.0

上海浦东机场综合保税区统计数据表

（1）2013 年上海浦东机场综合保税区主要经济指标完成情况表

指标名称	单位	2013 年	比上年增长（%）
营业总收入	万元	270 600	23.9
物流企业营业收入	万元	244 800	19.8
当年批准企业数	个	161	109.1
其中：加工企业	个	0	—
物流企业	个	10	25.0
当年批准外资企业数	个	12	71.4
其中：加工企业	个	0	—
仓储物流企业	个	1	-50.0
当年批准投资总额	万美元	66 200	480.4
其中：外商投资总额	万美元	26 045	192.8
增资额	万美元	0	—
当年合同利用外资	万美元	10 504	155.8
其中：增资额	万美元	0	—
税务部门税收	万元	17 300	64.8
固定资产投资额	万元	177 500	-11.2
期末从业人员	人	900	4.6
期末批准面积	平方公里	3.59	0.0
期末验收封关面积	平方公里	3.59	0.0

（2）截至 2013 年上海浦东机场综合保税区历年招商引资情况表

指标	单位	历年累计
批准企业	个	287
其中：外资企业		27
投资总额	万美元	90 734
其中：外商投资总额		43 616
合同外资额		18 787

苏州工业园综合保税区统计数据表

（1）2013 年苏州工业园综合保税区主要经济指标完成情况表

指标名称	单位	2013 年	比上年增长（%）
工业总产值	万元	3 823 640	2.4
物流企业营业收入	万元	165 859	-0.7
综合能源耗费量	吨标准煤	—	—
当年批准企业数	个	21	75.0
其中：加工企业	个	5	66.7
物流企业	个	2	100.0
当年批准外资企业数	个	14	133.3
其中：加工企业	个	5	66.7
仓储物流企业	个	1	—
当年批准投资总额	万美元	11 169	120.6
其中：外商投资总额	万美元	10 742	124.6
增资额	万美元	861	-30.2
当年合同利用外资	万美元	3 082	-9.1
其中：增资额	万美元	294	-84.0
当年实际到位资金	万美元	3 440	21.2
其中：实际利用外资	万美元	2 725	6.6
历年已投产运作企业数	个	156	—
其中：已投产加工企业数	个	69	—
已投产物流企业数	个	32	—
其中：投资额 1 000 万美元以上	个	42	—
房屋竣工面积	平方米	0	—
其中：已建成厂房面积	平方米	0	—
已建成仓库面积	平方米	0	—
税务部门税收	万元	90 890	39.0
固定资产投资额	万元	68 018	-25.5
其中：基础设施投资	万元	369	-60.8
期末从业人员	人	42 500	0.7
其中：期末外资企业从业人员	人	37 500	0.8
期末批准面积	平方公里	5.28	—
期末验收封关面积	平方公里	4.86	—

（2）-1 截至2013年苏州工业园综合保税区历年招商引资情况表

指标	单位	历年累计
批准企业	个	249
其中：外资企业	个	164
投资总额	万美元	359 385
其中：外商投资总额	万美元	347 388
合同外资额	万美元	128 530
实际利用外资	万美元	123 857

（2）-2 截至2013年苏州工业园综合保税区历年主要外商投资情况表

按项目数排列			按投资额排列		
序号	国别（地区）	项目数（个）	序号	国别（地区）	投资额（万美元）
1	中国香港	39	1	中国香港	174 041
2	美国	29	2	美国	54 151
3	新加坡	21	3	新加坡	43 873
4	日本	12	4	英属维尔京群岛	18 308
5	英国	10	5	英国	12 315

（3）2013年苏州工业园综合保税区物流企业营业收入排名表

单位：万元

序号	企业名称	序号	企业名称
1	苏州得尔达国际物流有限公司	6	苏州宏高货运有限公司
2	全球物流（苏州）有限公司	7	苏州工业园区伟创国际物流有限公司
3	优尼派特（苏州）物流有限公司	8	苏州锦海捷亚国际物流有限公司
4	苏州工业园区联合储运有限公司	9	江苏美集国际物流有限公司
5	苏州合冠国际供应链有限公司	10	苏州邦达新物流有限公司

（4）2013年苏州工业园综合保税区工业企业工业产值排名表

单位：万元

序号	企业名称	序号	企业名称
1	苏州三星电子家电有限公司	6	希捷科技（苏州）有限公司
2	苏州长城开发科技有限公司	7	泰科电子（苏州）有限公司
3	卡特彼勒（苏州）有限公司	8	康普科技（苏州）有限公司
4	泰金宝科技（苏州）有限公司	9	优利康听力技术（苏州）有限公司
5	精英电脑（苏州工业园区）有限公司	10	水星海事技术（苏州）有限公司

苏州高新区综合保税区统计数据表

（1）2013 年苏州高新区综合保税区主要经济指标完成情况表

指标名称	单位	2013 年	比上年增长（%）
增加值	万元	367 267	30.5
营业总收入	万元	4 309 599	-10.9
工业总产值	万元	4 999 014	-0.9
企业利润总额	万元	34 586	—
物流企业营业收入	万元	44 593	3.2
综合能源耗费量	吨标准煤	74 196	-0.1
当年批准企业数	个	1	-66.7
其中：加工企业	个	1	-50.0
物流企业	个	0	-100.0
当年批准外资企业数	个	1	-50.0
其中：加工企业	个	1	-50.0
仓储物流企业	个	0	—
当年批准投资总额	万美元	150	-76.6
其中：外商投资总额	万美元	150	-73.2
增资额	万美元	0	—
当年合同利用外资	万美元	150	-61.5
其中：增资额	万美元	0	—
当年实际到位资金	万美元	2 356	647.2
其中：实际利用外资	万美元	2 356	647.2
历年已投产运作企业数	个	58	—
其中：已投产加工企业数	个	47	—
已投产物流企业数	个	11	—
其中：投资额 1 000 万美元以上	个	33	—
土地实际已租售面积	平方米	0	—
房屋竣工面积	平方米	0	—
其中：已建成厂房面积	平方米	0	—
已建成仓库面积	平方米	0	—
港区货物吞吐量（限保税港区）	万吨	—	—
港区集装箱吞吐量（限保税港区）	万标准箱	—	—
税务部门税收	万元	8 056	-37.3
固定资产投资额	万元	120 000	20.0
其中：基础设施投资	万元	0	—
期末从业人员	人	39 500	5.8
其中：期末外资企业从业人员	人	39 396	5.5
期末批准面积	平方公里	3.51	—
期末验收封关面积	平方公里	3.51	—

（2）－1 截至 2013 年苏州高新区综合保税区历年招商引资情况表

指标	单位	历年累计
批准企业	个	90
其中：外资企业		72
投资总额	万美元	293 979
其中：外商投资总额		248 166
合同外资额		123 918
实际利用外资		101 583

（2）－2 截至 2013 年苏州高新区综合保税区历年主要外商投资情况表

按项目数排列			按投资额排列		
序号	国别（地区）	项目数（个）	序号	国别（地区）	投资额（万美元）
1	中国台湾	15	1	中国台湾	110 533
2	美国	8	2	英属维尔京群岛	71 941
3	萨摩亚	6	3	萨摩亚	26 490
4	韩国	6	4	中国香港	15 698
5	英属维尔京群岛	5	5	瑞士	5 395

（3）2013 年苏州高新区综合保税区物流企业营业收入排名表

单位：万元

序号	企业名称	序号	企业名称
1	苏州新宁物流有限公司	6	苏州华伟仓储物流管理有限公司
2	苏州大田仓储有限公司	7	苏州高新区伟天国际物流有限公司
3	苏州祥迎国际物流有限公司	8	苏州恒捷国际物流有限公司
4	苏州综保物流有限公司	9	苏州宏恒鑫物流有限公司
5	苏州综保通运国际货运代理有限公司	10	苏州综保通达供应链有限公司

（4）2013 年苏州高新区综合保税区工业企业工业产值排名表

单位：万元

序号	企业名称	序号	企业名称
1	名硕电脑（苏州）有限公司	6	倍雅电子护理制品（苏州）有限公司
2	百硕电脑（苏州）有限公司	7	铭裕科技（苏州）有限公司
3	凯硕电脑（苏州）有限公司	8	雅龙材料科技（苏州）有限公司
4	加贺沢山电子（苏州）有限公司	9	飞迅世通科技（苏州）有限公司
5	苏州统硕科技有限公司	10	顺固通用工具（苏州）有限公司

昆山综合保税区统计数据表

（1）2013年昆山综合保税区主要经济指标完成情况表

指标名称	单位	2013年	比上年增长（%）
增加值	万元	878 416	-2.5
营业总收入	万元	17 810 042	-23.7
工业总产值	万元	17 573 800	-24.0
企业利润总额	万元	220 002	-8.2
物流企业营业收入	万元	103 924	-9.2
综合能源耗费量	吨标准煤	90 681	0.8
当年批准企业数	个	26	-16.1
其中：加工企业	个	2	-33.3
物流企业	个	6	20.0
当年批准外资企业数	个	7	75.0
其中：加工企业	个	1	0.0
仓储物流企业	个	0	—
当年批准投资总额	万美元	66 488	789.6
其中：外商投资总额	万美元	60 723	2 700.9
增资额	万美元	13 285	1 560.6
当年合同利用外资	万美元	21 523	1 731.7
其中：增资额	万美元	4 700	993.0
当年实际到位资金	万美元	18 007	134.6
其中：实际利用外资	万美元	15 137	402.2
历年已投产运作企业数	个	122	—
其中：已投产加工企业数	个	86	—
已投产物流企业数	个	32	—
其中：投资额1 000万美元以上	个	40	—
土地实际已租售面积	平方米	176 388	—
房屋竣工面积	平方米	155 416	126.7
其中：已建成厂房面积	平方米	34 800	-32.8
已建成仓库面积	平方米	120 616	618.7
港区货物吞吐量（限保税港区）	万吨	0	—
港区集装箱吞吐量（限保税港区）	万标准箱	0	—
税务部门税收	万元	84 387	-18.3
固定资产投资额	万元	104 216	-31.7
其中：基础设施投资	万元	5 000	11.1
期末从业人员	人	119 973	-2.3
其中：期末外资企业从业人员	人	118 305	-2.4
期末批准面积	平方公里	5.86	0.0
期末验收封关面积	平方公里	5.86	0.0

（2）-1 截至2013年昆山综合保税区历年招商引资情况表

指标	单位	历年累计
批准企业	个	132
其中：外资企业		94
投资总额	万美元	287 883
其中：外商投资总额		275 241
合同外资额		124 072
实际利用外资		111 915

（2）-2 截至2013年昆山综合保税区历年主要外商投资情况表

按项目数排列			按投资额排列		
序号	国别（地区）	项目数（个）	序号	国别（地区）	投资额（万美元）
1	中国台湾	38	1	中国台湾	101 330
2	英属维尔京群岛	13	2	英属维尔京群岛	42 604
3	中国香港	12	3	萨摩亚	20 297
4	日本	8	4	中国香港	15 962
5	萨摩亚	8	5	日本	13 742

（3）2013年昆山综合保税区物流企业营业收入排名表

单位：万元

序号	企业名称	序号	企业名称
1	昆山飞力仓储服务有限公司	6	昆山恒莱亦禾供应链管理有限公司
2	昆山世远物流有限公司	7	江苏天合国际物流有限公司
3	昆山新宁物流有限公司	8	江苏飞力达现代物流有限公司
4	昆山中外运物流有限公司	9	昆山天隽物流有限公司
5	昆山叶水福物流有限公司	10	当纳利供应链管理（昆山）有限公司

（4）2013年昆山综合保税区工业企业工业产值排名表

单位：万元

序号	企业名称	序号	企业名称
1	仁宝信息技术（昆山）有限公司	6	纬新资通（昆山）有限公司
2	仁宝电子科技（昆山）有限公司	7	牧田（昆山）有限公司
3	纬创资通（昆山）有限公司	8	彩晶光电科技（昆山）有限公司
4	纬智资通（昆山）有限公司	9	启新通讯（昆山）有限公司
5	仁宝资讯工业（昆山）有限公司	10	富翔精密工业（昆山）有限公司

郑州新郑综合保税区统计数据表

（1）2013 年郑州新郑综合保税区主要经济指标完成情况表

指标名称	单位	2013 年	比上年增长（%）
增加值	万元	2 439 304	42.2
经营总收入	万元	17 134 052	44.1
工业总产值	万元	17 231 193	42.3
企业利润总额	万元	310 112	46.8
物流企业营业收入	万元	6 239	315.93
综合能源耗费量	吨标准煤	24 888	-70.9
批准企业数	个	4	—
其中：加工企业	个	1	—
物流企业	个	3	—
批准外资企业数	个	0	—
其中：加工企业	个	0	—
仓储物流企业	个	0	—
批准投资额	万美元	0	—
其中：外商投资总额	万美元	0	—
增资额	万美元	0	—
合同利用外资	万美元	42 000	1.8
其中：增资额	万美元	0	—
企业实际到位资金	万美元	42 000	58.2
其中：实际利用外资	万美元	42 000	58.2
已投产运作企业数	个	4	100.0
其中：已投产加工企业数	个	1	—
已投产物流企业数	个	3	50.0
其中：投资额 1 000 万美元以上	个	0	—
土地实际已租售面积	平方米	0	-100.0
房屋竣工面积	平方米	0	-100.0
其中：已建成厂房面积	平方米	0	-100.0
已建成仓库面积	平方米	0	—
港区货物吞吐量（限保税港区）	万吨	0	—
港区集装箱吞吐量（限保税港区）	万标准箱	0	—
税务部门税收	万元	99 614	-2.8
固定资产投资额	万元	319 796	-57.9
其中：基础设施投资	万元	121 194	-23.9
期末从业人员	人	248 881	73.9
其中：期末外资企业从业人员	人	245 535	75.6
期末批准面积	平方公里	5.073	0.0
期末验收封关面积	平方公里	2.73	0.0

（2）-1 截至2013年郑州新郑综合保税区历年招商引资情况表

指标	单位	历年累计
批准企业	个	11
其中：外资企业		2
投资总额	万美元	149 500
其中：外商投资总额		149 500
合同外资额		124 556
实际利用外资		124 556

（2）-2 截至2013年郑州新郑综合保税区历年主要外商投资情况表

按项目数排列			按投资额排列		
序号	国别（地区）	项目数（个）	序号	国别（地区）	投资额（万美元）
1	中国香港	1	1	中国香港	149 000
2	英国（开曼群岛）	1	2	英国（开曼群岛）	500

（3）2013年郑州新郑综合保税区物流企业营业收入排名表

单位：万元

序号	企业名称	序号	企业名称
1	郑州畅联国际物流有限公司	6	郑州天隽物流有限公司
2	郑州中技国际贸易有限公司	7	郑州泛力达物流有限公司
3	郑州准时达物流有限公司	8	郑州航空港区宇轩保税物流有限公司
4	郑州航空港区金象保税物流有限公司	9	郑州机场物流发展有限公司
5	郑州捷迅保税物流有限公司		

（4）2013年郑州新郑综合保税区工业企业工业产值排名表

单位：万元

序号	企业名称	工业总产值	序号	企业名称	工业总产值
1	鸿富锦精密电子（郑州）有限公司	17 231 193			

淮安综合保税区统计数据表

（1）2013年淮安综合保税区主要经济指标完成情况表

指标名称	单位	2013年	比上年增长（%）
增加值	万元	888 215	22.2
营业总收入	万元	5 930 097	32.8
工业总产值	万元	5 883 169	31.1
企业利润总额	万元	26 280	84.8
物流企业营业收入	万元	1 332	69
综合能源耗费量	吨标准煤	131 014	2.1
当年批准企业数	个	2	—
其中：加工企业	个	1	—
物流企业	个	1	—
当年批准外资企业数	个	2	—
其中：加工企业	个	1	—
仓储物流企业	个	1	—
当年批准投资总额	万美元	12 490	—
其中：外商投资总额	万美元	12 490	—
增资额	万美元	0	—
当年合同利用外资	万美元	3 653	-47.8
其中：增资额	万美元	0	-100.0
当年实际到位资金	万美元	3 000	-68.5
其中：实际利用外资	万美元	3 000	-68.5
历年已投产运作企业数	个	14	—
其中：已投产加工企业数	个	10	—
已投产物流企业数	个	4	—
其中：投资额1 000万美元以上	个	6	—
土地实际已租售面积	平方米	180 009	—
房屋竣工面积	平方米	1 490 000	—
其中：已建成厂房面积	平方米	1 046 400	—
已建成仓库面积	平方米	326 860	—
港区货物吞吐量（限保税港区）	万吨	—	—
港区集装箱吞吐量（限保税港区）	万标准箱	—	—
税务部门税收	万元	5 093	-1.6
固定资产投资额	万元	15 000	—
其中：基础设施投资	万元	1 460	—
期末从业人员	人	48 550	46.5
其中：期末外资企业从业人员	人	48 550	46.8
期末批准面积	平方公里	4.92	—
期末验收封关面积	平方公里	2.63	93.4

（2）-1 截至2013年淮安综合保税区历年招商引资情况表

指标	单位	历年累计
批准企业	个	14
其中：外资企业		9
投资总额	万美元	125 990
其中：外商投资总额		125 790
合同外资额		59 133
实际利用外资		56 270

（2）-2 截至2013年淮安综合保税区历年主要外商投资情况表

按项目数排列			按投资额排列		
序号	国别（地区）	项目数（个）	序号	国别（地区）	投资额（万美元）
1	萨摩亚	6	1	萨摩亚	60 860
2	中国香港	1	2	中国香港	49 460
3	文莱	1	3	文莱	2 980

（3）2013年淮安综合保税区物流企业营业收入排名表

单位：万元

序号	企业名称	营业收入	序号	企业名称	营业收入
1	淮安天隽供应链管理有限公司	739	3	伊安物流（淮安）有限公司	183
2	淮安弘运达供应链管理有限公司	410			

（4）2013年淮安综合保税区工业企业工业产值排名表

单位：万元

序号	企业名称	工业总产值	序号	企业名称	工业总产值
1	富誉电子科技（淮安）有限公司	3 916 418	3	富准精密模具（淮安）有限公司	913 600
2	宏恒胜电子科技（淮安）有限公司	1 153 151			

济南综合保税区统计数据表

（1）2013 年济南综合保税区主要经济指标完成情况表

指标名称	单位	2013 年	比上年增长（%）
增加值	万元	32 439	10.8
营业总收入	万元	173 150	-26.6
工业总产值	万元	152 443	41.1
企业利润总额	万元	8 260	-54.6
物流企业营业收入	万元	20 355	-84.1
综合能源耗费量	吨标准煤	283	25.2
当年批准企业数	个	19	216.7
其中：加工企业	个	6	100.0
物流企业	个	3	200.0
当年批准外资企业数	个	2	0.0
其中：加工企业	个	2	—
仓储物流企业	个	0	-100.0
当年批准投资总额	万美元	4 590	-7.7
其中：外商投资总额	万美元	1 600	-33.9
增资额	万美元	0	—
当年合同利用外资	万美元	11 500	1 716.7
其中：增资额	万美元	0	—
当年实际到位资金	万美元	46 952	479.7
其中：实际利用外资	万美元	3 821	1 173.7
历年已投产运作企业数	个	19	—
其中：已投产加工企业数	个	15	—
已投产物流企业数	个	4	—
其中：投资额 1 000 万美元以上	个	0	—
土地实际已租售面积	平方米	301 333	9.4
房屋竣工面积	平方米	73 000	421.4
其中：已建成厂房面积	平方米	73 000	421.4
已建成仓库面积	平方米	0	—
港区货物吞吐量（限保税港区）	万吨		
港区集装箱吞吐量（限保税港区）	万标准箱		
税务部门税收	万元	1 339	-66.6
固定资产投资额	万元	267 506	435.4
其中：基础设施投资	万元	6 027	163.4
期末从业人员	人	1 140	17.8
其中：期末外资企业从业人员	人	271	21.0
期末批准面积	平方公里	5.22	63.1
期末验收封关面积	平方公里	2.02	68.3

（2）-1 截至2013年济南综合保税区历年招商引资情况表

指标	单位	历年累计
批准企业	个	58
其中：外资企业		11
投资总额	万美元	32 340
其中：外商投资总额		19 945
合同外资额		19 945
实际利用外资		8 180

（2）-2 截至2013年济南综合保税区历年主要外商投资情况表

按项目数排列			按投资额排列		
序号	国别（地区）	项目数（个）	序号	国别（地区）	投资额（万美元）
1	中国香港	6	1	中国香港	52 410
2	英国	2	2	新加坡	50 000
3	美国	1	3	英国	2 420
4	新加坡	1	4	日本	300
5	日本	1	5	美国	30

（3）2013年济南综合保税区物流企业营业收入排名表

单位：万元

序号	企业名称	序号	企业名称
1	中国重汽集团济南港豪保税物流有限公司	5	济南益惠泽仓储有限公司
2	济南恩申特商贸有限公司	6	山东远洋祥丰物流有限公司
3	济南易安达保税物流有限公司	7	济南虎鲸保税物流有限公司
4	济南中外运保税仓储物流有限公司	8	济南泰凯瑞保税物流有限公司

（4）2013年济南综合保税区工业企业工业产值排名表

单位：万元

序号	企业名称	序号	企业名称
1	山东冠世时装加工有限公司	6	济南尼克焊接技术有限公司
2	济南隆泰纺织科技有限公司	7	济南赛奇防护用品有限公司
3	山东宏业纤维科技股份有限公司	8	济南爱诺特种防护制品有限公司
4	伟尧实业（济南）有限公司	9	毅石机械制造（济南）有限公司
5	山东华芯微电子科技有限公司	10	山东兴元服饰帽业有限公司

盐城综合保税区统计数据表

（1）2013年盐城综合保税区主要经济指标完成情况表

指标名称	单位	2013年	比上年增长（%）
增加值	万元	—	—
营业总收入	万元	11 366.7	—
工业总产值	万元	9 730	—
企业利润总额	万元	7 940.6	—
物流企业营业收入	万元	8 970	—
综合能源耗费量	吨标准煤	700	—
当年批准企业数	个	10	—
其中：加工企业	个	3	—
物流企业	个	2	—
当年批准外资企业数	个	5	—
其中：加工企业	个	2	—
仓储物流企业	个	3	—
当年批准投资总额	万美元	5 000	—
其中：外商投资总额	万美元	3 000	—
增资额	万美元	—	—
当年合同利用外资	万美元	2 000	—
其中：增资额	万美元	—	—
当年实际到位资金	万美元	2 500	—
其中：实际利用外资	万美元	1 800	—
历年已投产运作企业数	个	—	—
其中：已投产加工企业数	个	—	—
已投产物流企业数	个	—	—
其中：投资额1 000万美元以上	个	—	—
土地实际已租售面积	平方米	780 066	—
房屋竣工面积	平方米	203 766	—
其中：已建成厂房面积	平方米	132 336	—
已建成仓库面积	平方米	71 430	—
港区货物吞吐量（限保税港区）	万吨	—	—
港区集装箱吞吐量（限保税港区）	万标准箱	—	—
税务部门税收	万元	2 450	—
固定资产投资额	万元	64 500	—
其中：基础设施投资	万元	12 195	—
期末从业人员	人	1 500	—
其中：期末外资企业从业人员	人	800	—
期末批准面积	平方公里	2.28	—
期末验收封关面积	平方公里	2.21	—

(2)-1 截至2013年盐城综合保税区历年招商引资情况表

指标	单位	历年累计
批准企业	个	10
其中：外资企业		5
投资总额	万美元	5 000
其中：外商投资总额		3 000
合同外资额		2 000
实际利用外资		1 800

(2)-2 截至2013年盐城综合保税区历年主要外商投资情况表

按项目数排列			按投资额排列		
序号	国别（地区）	项目数（个）	序号	国别（地区）	投资额（万美元）
1	中国台湾	3	1	中国台湾	6 000
2	中国香港	1	2	中国香港	1 200
3	英国	1	3	英国	600

(3) 2013年盐城综合保税区物流企业营业收入排名表

单位：万元

序号	企业名称	序号	企业名称
1	盐城捷顺国际贸易有限公司	3	悦达成大出口服务有限公司
2	江苏悦禾供应链管理有限公司	4	捷通保税储运有限公司

(4) 2013年盐城综合保税区工业企业工业产值排名表

单位：万元

序号	企业名称	序号	企业名称
1	盐城晶美应用材料有限公司	3	富强电子（盐城）有限公司
2	耀崴光电（盐城）有限公司		

工作与研究篇

中国保税区出口加工区协会 2013年工作总结暨2014年工作计划

中国保税区出口加工区协会秘书处

（协会常务理事会2014年4月10日通过）

2013年，中国保税区出口加工区协会根据党的“十八大”和十八届三中全会深化改革的决定精神，按照国务院加快海关特殊监管区域（下简称特殊区域）整合优化的要求，认真执行协会第二届二次常务理事会的决议，紧紧围绕转型升级中心任务开展工作调研、咨询协调、统计分析和宣传培训，同时做好预测预警服务宏观和微观决策，较好地完成了年度工作计划，现报告如下。

一、关于2013年特殊区域建设发展的基本情况

2013年，是我国特殊区域以创新发展的实际行动落实党的“十八大”精神，贯彻《国务院关于促进海关特殊监管区域发展指导意见》（国发〔2012〕58号文）要求的重要一年。在过去的一年里，全国特殊区域的广大建设者、管理者和参与者坚持开放促改革，主动应对国际贸易不振和国内需求不旺的双重压力，从推进整合优化和促进发展的实际出发，在功能业务拓展、体制创新示范等方取得明显进步。保税物流、保税服务渐成主要业务，加工贸易转型升级正在逐步破题，在引进各类投资、承接产业转移、促进外贸增长和扩大社会就业方面取得明显成效，进一步为“构建开放型经济新体制”夯实了基础。

（一）加快整合优化促进发展工作特色鲜明

1. 以上海自由贸易试验区为突破口的特殊区域整合优化得到快速推进，特殊区域的布局更加科学规范合理。截至2013年年底，全国共有特殊区域114个。其中，保税区12个，出口加工区46个，保税物流园区5个，保税港区14个，综合保税区35个，跨境工业区2个。当年批准新设立5个，建成验收13个。东部加快整合和中西部优化布局的工作特点鲜明；中西部和内陆沿边特殊区域布局加速，数量已达到35个，当年新增比重占到全国同期的80%，进一步为欠发达地区开放经济发展夯实了基础和搭建了载体。

2. 多条空中、陆路国际物流通道形成，促进了内陆沿边特殊区域建设提速，东中西部特殊区域发展差距明显缩小。2013年，继重庆“渝新欧”国际货运专列之后，成都、西安和郑州等地先后开通了承东接西的陆上、空中国际货运专列专线，促进了内陆沿边特殊区域整体较快发展，有进出口统计的23个中西部特殊区域中有21个实现同比大幅增长，比例明显高于东部地区。在12个当年进出超百亿美元的特殊区域（不含保税区）里，中西部的郑州新郑综合保税区，成都高新综合保税区，重庆西永综合保税区、两路寸滩保税港区和西安出口加工区占据5席，初步改变了特殊区域发展中长期存在的

东强西弱的不平衡局面，实现了里程碑意义上的转折。

3. 完善政策功能工作有序推进，业务创新示范和通关改革举措渐次落地，充分调动了特殊区域整合优化积极性。金融租赁、文化创意、国际维修和跨境电子商务等创新示范业务及内销产品返区维修试点正在稳步推进。东疆保税港区的飞机融资租赁业务，逐步延伸到船舶、大型装备的融资租赁，取得明显的溢出效应，东疆保税港区 2013 年实现进出口 119.5 亿美元，同比增长 124.2%，首次超过洋山保税港区位居东部沿海保税港区进出口第一位。启运港退税、选择性征税和期货保税交割等完善涉税政策的试点起步，特别是区内加工产品内销选择性征税和 6 个中心建设目标的提出，正在充分调动地方政府建设好特殊区域和有需求企业利用好特殊区域政策功能优势发展开放型经济的积极性。

（二）进出口创历史新高为整合优化夯实基础

2013 年，全国有统计数据的 102 个特殊区域共实现进出口 7 074.7 亿美元，同比增长 16.6%，占同期全国外贸进出口总额的 17%。全年进出口增长额为 1 006.7 亿美元，占同期全国外贸增长总额 2 938.5 亿美元的 34.3%。

1. 保税物流较快增长成为我国特殊区域进出口再创历史新高的基本动力。2013 年，全国特殊区域实现保税物流业务进出口约 4 065.3 亿美元，其中出口 1539.1 亿美元，同比分别增长 27.4% 和 47.4%。总量占全国特殊区域同期进出口的 57.5%，增量占全国特殊区域同期进出口增量的 86.8%。以保税物流为主业的特殊区域达到 56 个，占有进出口数据特殊区域的 55%。

2. 部分特殊区域的超常增长是我国特殊区域进出口再创历史新高的主要动力。2013 年全国特殊区域的进出口实现较高速度的增长，在很大程度上是由部分特殊区域的进出口业务超常规增长拉动的。深圳福田、沙头角保税区，郑州新郑综合保税区、重庆西永综合保税区，重庆两路寸滩、天津东疆保税港区等 6 个特殊区域 2013 年实现进出口总值 2 666.1 亿美元，同比增长 57.3%，净增 970.9 亿美元，占全国特殊区域同期增长额 1 006.7 亿美元的 96.0%。

3. 中西部地区的特殊区域为我国特殊区域进出的稳定较快增长作出重要贡献。2013 年，中西部地区有统计数据的 23 个特殊区域中，增幅高于全国特殊区域同期增幅的有 14 个，占 60%。这 14 个特殊区域共实现进出口 920.8 亿美元，占全国特殊区域同期进出口总量的 13%，由 3 年前的可忽略不计变为举足轻重。重庆两路寸滩保税港区、郑州新郑综合保税区、重庆西永综合保税区、陕西西安出口加工区等 4 个区 2013 年共实现进出口 860.7 亿美元，同比净增 303.8 亿美元，占全国特殊区域同期进出口增长额的 30%。

（三）对 2014 年全国特殊区域进出口前景初步预测

2014 年全国特殊区域的进出口将呈现高位回落并相对疲软的走势。通过整合优化创新的动力稳出口、保增长将成为年度工作的重中之重。可能导致今年进出口疲软走势的一般因素有三方面：

1. 加工贸易新增产能驱动增长的后劲不足。近年来部分特殊区域，特别是中西部地区的郑州、成都和重庆等综合保税区引进的以“苹果系列产品”为主要特点的代工项目大多转入常态化生产，新增的有规模的加工贸易产能只有西安高新综合保税区引进的韩国“三星”等少数项目。

2. 特殊贸易方式增量空间可能受到挤压。近两年来以“贵金属”加工贸易和“一日游”保税物流等为载体的“特殊方式”的进出口业务可能因考核指标体系、发展方式的变化等受到挤压。继深圳保税区之后，近年来在东部地区和少数内陆地区特殊区域较为活跃的该类业务也可能会因被“关注”而失去增长动力。

3. 产业结构调整和业务结构转型进入关键期。加工贸易在东部地区部分进出口规模较大的特殊区域将继续调整，如昆山综合保税区、松江出口加工区等的加工贸易进出口的萎缩速度会进一步加快。保税物流进出口量超过本区50%及以上进出口比重的特殊区域数量会继续上升，但增长规模会有所下降，增速会进一步减慢。

二、关于2013年协会工作情况总结

2013年，协会认真贯彻二届二次常务理事扩大会议的决议精神，围绕特殊区域“整合优化”的中心任务开展“服务宏观决策，服务会员急需”等工作，取得一定成效。

（一）重点服务工作的情况

1. 参与主管部门举办的区情调研活动。协助和参与海关总署加贸司在珠海、厦门、威海和重庆等地就贯彻落实《国务院关于促进海关特殊监管区域科学发展指导意见》精神举办的区情调研座谈活动，充分了解广大会员单位关于加快特殊区域整合优化、完善政策功能、改革通关举措及优化发展环境的诉求和建议。

2. 继续主动反映会员单位重大诉求。围绕贯彻落实《国务院关于促进海关特殊监管区域科学发展指导意见》的精神，先后编发了2期内容包括“两个市场兼顾”、“企业完整法人地位”、“进出口情况预测分析”的《情况交流》，向有关方面继续反映会员单位的改革诉求。

3. 推进并完成协会重点课题调研。协会秘书处协调昆山、宁波等会员单位就如何完善功能政策，促进特殊区域科学发展等课题进行调研，并于2013年6月中旬向海关总署等十部委提交了《完善政策功能，释放改革红利》的调研报告，提出“完善税收政策、叠加功能业务、优化监管模式和落实企业完整法人地位”的改革建议，部分建议在中国（上海）自由贸易试验区得到采纳和验证。

4. 继续做好重点服务需求的组织协调工作。

（1）组织创新示范交流。针对会员单位对创新业务交流的强烈需求，组织30多个会员单位在新疆霍尔果斯举行了“部分特殊区域业务创新成果交流会”。会上交流了部分会员单位业务创新、联动发展、辐射服务和自由贸易示范等方面的做法及经验。

（2）协办政策宣讲会议。协助海关总署广东分署、广东省外经贸厅举办了“广东省特殊区域创新发展政策宣讲会”。组织上海、北京、天津、江苏、陕西和成都等地的8个会员单位的代表与会进行创新示范工作的经验交流。

（3）开展业务知识培训。应济南海关的要求，协助组织成都高新、陕西西安等特殊区域和有关专家为该关区的济南市、东营市的有关政府部门和外向型企业提供综合保税区业务知识培训讲座。

（4）联办专题业务培训。与江苏保税区域协会在苏州举办了“海关特殊监管区域和保税场所实务操作与技巧培训讲座”。邀请了国家发展改革委学术委员会张燕生秘书长、国务院发展研究中心外经部课题组和海关总署加贸司、南京海关加贸处有关专家到会宣讲宏观经济发展趋势，解读区域政策，现场进行操作技巧解析与答疑。近200名会员单位的代表参加培训。

（二）协会秘书处主要工作情况报告

1. 围绕加快整合优化开展调研咨询。

（1）推进重点调研，服务宏观决策。较

好地配合、协调和参与了由非驻会副会长、副秘书长单位牵头的调研课题，对课题中围绕促进会员单位可科学持续发展这个核心问题的探索发挥了积极的促进作用。

(2) 组织专题总结，交流建设经验。先后组织会员单位进行了建设成绩、发展经验和创新举措的总结和专题调研，形成了30多篇工作经验总结材料并进行交流，同时将部分建设发展经验以简报形式推荐给会员单位借鉴参考。

(3) 开展诊断咨询，服务整合优化。根据不同类型区域的政策功能特点，不同投资企业对政策理解的特殊要求，开展有针对性的咨询。如邀请专家学者与济南综合保税区的管理人和企业代表面对面地进行政策解读和业务咨询。

2. 围绕提升质量加强统计分析。

(1) 开展统计分析预警和评估服务工作。依托上海综合保税区统计所做好统计数据分析，开展了统计数据质量的互查和现场抽查，为业务主管部门规范管理做好基础工作；配合海关总署加贸司做好特殊区域建设发展水平评估测试的各项基础工作和数据分析。

(2) 组织提升统计质量的培训和检查。根据"出口加工区建设发展水平评估体系"运行中暴露出来的问题，特别是施行"海关特殊监管区域建设发展水平评估体系"的条件要求，有针对性地分3次围绕统计数据的"真实性、准确性、规范化"开展统计员的业务培训，在表彰优秀的同时通报了存在的差距，并组织了全国特殊区域统计质量自查工作。

(3) 做好统计分析、简报和年鉴出版。在做好常规统计和统计专题分析的同时，组织开展了全国特殊区域企业和产业现状调查，坚持做好季度和年度的综合统计分析。为进一步提高统计数据的质量，采用现场培训指导、实地抽查检查等措施，确保数据报送的真实和及时。2013年共编发统计月报12期，编辑刊发工作交流和情况反映的简报15期，组织会员单位编辑出版了2013年《中国保税区出口加工区年鉴》。

3. 围绕科学发展做好培训促进服务。

(1) 开展针对性较强的咨询培训工作。应有关会员单位和清华大学、杭州大学的要求，为西安、长春、凭祥、舟山、郑州、潍坊等地方政府和会员单位提供了特殊区域相关政策和业务知识培训服务，累计受众约有1 200人次。2013年还对会员单位的主管领导、企业单位代表及联络员、通讯员、统计员进行了政策业务知识专业培训，约200人次参训。

(2) 优化网络平台管理，及时通报更新信息。完善协会门户网站与海关业务管理网外挂网站的建设和管理，对网站信息数量、资料质量，以及上传的及时性、有效性逐步提出要求，及时更新信息和加强政策的宣传和解读，提高了可读性和吸引力。注重宣传各会员单位创新成果，以及共建和谐口岸、和谐园区的工作经验。网站点击率保持相对稳定。2013年共核发各类稿件1 045篇，文章132篇，排除网站故障214次，QQ群增加到160人，网站网络点击率达到4.4万人次。并首次在网上召开网站会议和联络员、通讯员会议。

4. 重视组织和制度建设，积极开展合作交流。

(1) 加强协会的组织与制度建设。组织召开了常务理事会、会长及秘书长（扩大）会议报告工作情况，通报和交流新政策、新情况和新动态。坚持驻会的会长、秘书长双月集体办公制度，汇报检查、点评布置前后各两个月工作，进一步确保各项业务的计划性、实效性和协调性。紧密结合贯彻八项禁令和有关规定，结合参加民政部社团评估，进一步整顿和规范了协会财务工作，严格了财务报销手续和范围。

（2）积极开展对外交流与国际合作。甄朴会长于2013年7月5日会见了迪拜自由贸易区协会主席穆罕默德·萨鲁德一行并交换了意见。对该协会倡议建立全球自由贸易区协会的提议予以支持。协会秘书处已将参加全球自由贸易区协会的请示上报有关部门。甄朴会长等还于2013年7月9日与应海关总署邀请来华访问的古巴海关总署第一副署长尼尔森·康多夫·雷亚斯先生一行进行了会见，着重交流介绍了我国特殊区域的发展情况。

（3）参加社团评估并改进内部管理。根据海关总署人教司要求，协会参加了民政部全国社团评估工作。2013年6月，秘书处对协会成立以来的文件和工作成果进行了规范整理，完善了档案资料和相关汇报材料。民政部检查组于2013年9月10日对协会服务协调、会费收缴和财务管理等工作进行检查并给予肯定。秘书处针对基础工作、制度建设方面存在的不足事后向协会领导提交了专题书面汇报和整改计划。

（4）认真做好会员发展与联系工作。2013年发展会员单位6个，协会现有会员单位163个。2013年，为了认真贯彻中央八项规定，同时做好与会员单位的联络联系工作，秘书处创新了网络会议、网上培训和QQ群网上交流等与会员单位通讯员、联络员和统计员的合作沟通方式。如2013年3月原定在湖南张家界召开的协会通讯员、联络员会议改为在协会网站上召开。会后，与会会员单位反映良好。

三、关于2014年协会工作打算

（一）指导思想

认真贯彻党的十八届三中全会关于深化改革的决定精神，围绕“加快海关特殊监管区域整合优化”的各项中心工作，研究新情况、新问题，为优化特殊区域建设发展环境提供符合实际的决策建议。继续提升服务理念，深化服务内涵，创新服务手段，优化对会员单位的服务。努力聚合会员单位的力量，促进特殊区域的科学和可持续发展。

（二）主要任务

1. 进一步发挥桥梁纽带作用，认真履行“双向服务”的职能。

（1）继续做好加快特殊区域整合优化的服务工作。围绕贯彻十八届三中全会关于“加快海关特殊监管区域整合优化”要求做好宣传工作，主动研判特殊区域发展趋势和进出口、招商引资、转型升级的业绩和情况，积极反映会员单位的合理诉求，及时调研和建言整改发展中的热点和难点问题。

（2）根据改革创新实际组织好会员间的交流。办好协会组织的各类业务研讨、创新示范交流活动，做好会员单位间的横向协作、经验互鉴、交流互助的组织协调工作。重点工作是按照十八届三中全会决定中关于加快特殊区域整合优化的要求，围绕贯彻《国务院关于促进海关特殊监管区域科学发展指导意见》精神，组织会员单位协助政府部门做好“自由贸易试验区”改革和创新成果的交流推广，选择“有条件地方设立自由贸易园（港）区”的论证。

（3）继续争取和做好政府委托交办的工作。

协助政府主管部门做好政策发布、解读和业务培训。在主管部门的支持下，与广东省保税区域协会联合，邀请深圳海关审价办开展保税区红酒展示交易相关的酒类品牌鉴别、品质鉴定、储运等相关知识和海关价格审定、出区内销等业务知识的交流培训。

重点做好4件事：一是适时组织“中国（上海）自由贸易试验区改革创新初步成果交流”活动，二是举办“加快特殊区域整合优化工作情况交流”活动，三是开展“特殊区域业务创新示范和产业升级情况交流”活动，四是组织会员单位进行“内陆沿边地区特殊区域在扩大对内对外开放中的地位和作用”的课题调研。

2. 进一步提高服务会员能力，努力地为会员单位发展排忧解难。

（1）做好咨询服务工作。加强在投资促进、政策法规、区域整合、产业升级、业务拓展等方面的总结、协调、沟通和链接服务工作，帮助会员单位进行有特色的探索和实践。

（2）做好有利促进发展的培训工作。紧密结合会员单位实际，举办多层次的业务培训，为人才强区战略提供智力服务。

（3）做好交流促进工作。充实协会简报内容，加大会员单位创新示范经验和海关监管改革举措的交流力度，争取每月出简报和信息快报各一期。继续做好统计预测预判分析，增加单项业务和贸易动态分析，进一步提高半年和全年预测预判的内容和准确度。提升特殊区域网站的水平，鼓励各特殊监管区通讯员在网站发表调研报告和区域发展动态，建立有特色栏目板块；扩展协会 QQ 群的功能，在让协会 QQ 群继续发挥积极作用的同时，使其成为广大会员交流的工具；加强与网站维护公司的合作，对网站、网页进行调整和更新，进一步提高网站的点击率。

重点做好 3 件事：一是继续跟踪天津、上海、江苏等地区特殊区域的改革创新示范，并适时组织交流活动；二是为内陆和沿边地区的会员单位进行体制和机制创新的专项咨询帮扶工作；三是继续做好中西部和东北地区有需求的会员单位的特色咨询服务。

3. 围绕提升业务素质，进一步做好统计分析和专项业务培训。

（1）做好提升统计质量服务决策工作。围绕贯彻落实《国务院关于促进海关特殊监管区域科学发展指导意见》精神和加快特殊区域整合优化，以及功能完善和产业升级的实际，做好调整完善特殊区域统计指标体系建议工作。优化统计分析和做好统计质量的抽检，防假挤虚。

（2）围绕改革创新开展专项业务培训。根据特殊区域渐进设立、梯度发展、地区差异大、需求不尽一致的特点，开展有特色且针对性强的专业化的实务培训活动。

（3）继续提升协会网站质量，扩大受众面。对网站信息数量、资料质量及上传的及时性、有效性逐步提出新要求，加强会员单位贯彻落实十八届三中全会精神的各项改革创新工作宣传和交流。

重点做好 3 件事：一是提出符合整合优化实际的特殊区域统计指标体系改革完善建议方案，二是围绕改革和创新示范组织专项业务培训，三是结合统计分析做好内陆沿边特殊区域的统计业务促进帮助工作。

4. 进一步加强协会的自身建设，夯实提升服务水平的基础。

（1）继续按照国家级优秀社团组织的标准完善协会的规章制度，建立绩效考核标准，规范工作程序，不断探索新的工作方式和服务方式。

（2）加强秘书处的组织和能力建设。开展业务技能培训，提高驻会人员素质。开展业务能力考核，提升服务质量和工作效率。

重点做好 3 件事：一是定期开展对协会专职工作人员的政策、区情和服务技能的专题培训，二是结合优秀社团标准完善和规范协会的各项制度建设，三是做好协会年鉴、工作简报、情况交流的编辑出版工作。

全国海关特殊监管区域2014年上半年进出口情况分析和下半年进出口情况预测

中国保税区出口加工区协会秘书处

（2014年8月8日）

截至2014年6月底，全国共有海关特殊监管区域（以下简称特殊区域）113个。7月份新增湖南岳阳、兰州新区两个综合保税区，总数达115个。

截至2014年6月底，全国有进出口统计数据的特殊区域共110个（包括批准整合后暂未撤销名称的保税区、物流园区和出口加工区），同比增长8.9%。

一、关于全国特殊区域2014年上半年进出口情况分析

2014年上半年，全国特殊区域外贸进出口受2013年特殊原因形成的高基数影响，出现高位回落，巨幅振荡，然后逐月回升，降幅缩小的走势。除保税区和保税物流园区外，其他类型的特殊区域都保持了稳定较快增长，总的情况是基本面向好。

（一）全国特殊区域上半年外贸进出口的基本态势是多数类型区域保持了稳定较快增长

2014年上半年，全国有统计数据的110个特殊区域实现进出口3 122.9亿美元，同比下降15.3%。其中，进口1 605.3亿美元，出口1 517.6亿美元，同比分别下降13.2%和17.4%。呈现前4个月高台跳水，后两个月逐步拉升的走势，总体情况是回暖向好。

出口加工区、保税港区、综合保税区和跨境工业区等4类特殊区域的增幅高于全国外贸进出口增长水平。其中，50个出口加工区实现进出口632.2亿美元，同比增长26.3%；13个保税港区实现进出口445.7亿美元，同比增长87.0%；27个综合保税区实现进出954.8亿美元，同比增长9.7%；1个跨境工业区实现进出口1.3亿美元，同比增长140.0%。上述4类共91个特殊区域共计实现进出口2 034.0亿美元，同比增长24.8%。净增406.4亿美元，分别为全国特殊区域、全国外贸上半年进出口的同比增长贡献了11.02个、2.04个百分点（详见表1）。

表1　2014年上半年全国外贸和全国特殊区域进出口情况统计表

单位：亿美元

区域名称		统计区域	2014年上半年进出口	2013年上半年进出口	2014年同比(%)	2014年同比增减额	对区域增长的影响(%)	对全国增长的影响(%)
全国外贸		/	20 216.6	19 976.9	1.2	239.7	/	-2.84
全国特殊区域		110	3 122.9	3 688.1	-15.3	-565.2	-15.30	-2.84
保税区		14	1 011.5	2 002.0	-49.5	-990.5	-26.86	-4.96
保税物流园区		5	77.3	76.4	1.1	0.9	0.30	0.01
4类特殊区域小计		91	2 034.0	1 627.6	24.8	406.4	11.02	2.04
1	出口加工区	50	632.2	564.4	26.3	67.8	1.84	0.34
2	保税港区	13	445.7	238.3	87.0	207.4	5.65	1.05
3	综合保税区	27	954.9	824.4	9.7	140.4	4.50	0.66
4	跨境工业区	1	1.3	0.5	140.0	0.8	0.03	0.10

资料来源：据海关总署统计资料。

（二）深圳保税区进出口的锐减拉低了同期全国特殊区域和全国外贸进出口的增幅

2014年上半年，14个保税区实现进出口1 011.5亿美元，其中进口664.2亿美元，出口247.3亿美元，同比分别下降49.5%、43.3%和58.1%，形成锐减的局面。进出口额共减少990.5亿美元，直接拉低了全国特殊区域和全国外贸进出口增幅26.86个、4.96个百分点。

上半年有统计数据的14个保税区中，有9个增幅超过全国外贸进出口增长水平，其中6个的增幅超过两位数，基本面也是向好的。保税区影响全国外贸进出口的主要诱因是深圳保税区（含沙头角和福田）的进出口同比“高台跳水”，巨额锐减。上半年，深圳保税区实现进出口311.9亿美元，同比减少1 031.4亿美元，下降76.8%，直接拉低了全国保税区、全国特殊区域和全国外贸进出口同比增幅约51.5个、28.0个和5.2个百分点（详见表2）。

表2　2014年上半年深圳保税区对全国及全国特殊区域进出口影响情况统计表

单位：亿美元

区域名称	统计个数	2014年上半年进出口合计	2013年上半年进出口合计	2014年同比增幅（%）	2014年同比增减额	对外货增幅影响（%）
全国外贸	/	20 216.6	19 976.9	1.2	239.7	-5.17
全国特殊区域	110	3 122.8	3 688.1	-15.3	-414.4	-27.97
全国保税区	14	1 011.5	2 002.0	-75.6	-990.5	-51.52
深圳保税区	3	311.9	1 343.3	-76.8	-1 031.4	/

资料来源：据海关总署统计资料。

（三）改革创新是2014年上半年推动全国特殊区域外贸进出口情况总体向好的关键力量

1. 上海自由贸易试验区进出口整体向好。中国（上海）自由贸易试验区的改革红利得到初步释放，成为全国特殊区域上半年外贸进出口同比向好的重要驱动力。上半年上海自由贸易试验区内的4个特殊区域共实现进出口604.1亿美元，其中进口451.6亿美元，出口152.5亿美元，同比分别增长13.2%、13.8%和11.5%。其中，外高桥保税区实现进出口476.4亿美元，同比增长5.8%；外高桥保税物流园区实现进出口29.4亿美元，同比增长24.9%；洋山保税港区实现进出口64.5亿美元，同比增长32.5%；浦东机场综合保税区实现进出口33.8亿美元，同比增长201.5%（详见表3）。

表3　2014年上半年中国（上海）自由贸易试验区进出口情况统计表

单位：亿美元

区域名称		进出口			主要业务进出口					
		进出口总额	同比（%）	进出口增长额	加工贸易	同比（%）	保税物流	同比（%）	一般贸易	同比（%）
全国特殊区域		3 122.8	-15.3	-564.1	1 406.1	-1.3	1 431.6	-29.5	230.4	26.1
上海自由贸易试验区合计		604.0	13.2	70.4	45.7	/	433.9	/	113.3	/
其中	外高桥保税区	476.4	5.8	26.1	45.2	23.8	317.0	-2.1	112.2	27.7
	外高桥保税物流园区	29.4	24.9	5.86	/	/	29.35	24.9	0.03	/
	洋山保税港区	64.5	32.5	15.8	/	/	63.39	34.3	1.05	9.2
	浦东机场综合保税区	33.8	201.5	22.6	0.54	64.2	24.12	122.1	0.03	178

资料来源：据海关总署统计资料。

2. 部分有规模的特殊区域稳定增长。2014年上半年，设立在东部地区和中西部地区的部分有规模的特殊区域实现了稳定或恢复性增长，成为全国特殊区域外贸进出口基本面向好的积极因素。其中，成都高新综合保税区实现进出口149.3亿美元，同比增长23.3%；重庆西永综合保税区实现进出口122.0亿美元，同比增长22.1%；无锡高新综合保税区实现进出口49.4亿美元，同比增长17.6%；烟台出口加工区实现进出口74.8亿美元，同比增长37.1%；宁波保税区实现进出口35.3亿美元，同比增长22.3%；张家港和深圳前海湾保税港区分别实现进出口22.4亿美元和20.9亿美元，同比分别增长13.2%和34.3%（详见表4）。

表4 2014年上半年全国部分有规模的特殊区域进出口情况统计表

单位：亿美元

区域名称	进出口			主要业务进出口			
	进出口额	同比（%）	增长额	加工贸易	同比（%）	保税物流	同比（%）
全国特殊区域	3 122.8	-15.3	-564.1	1 406.1	-1.3	1 431.6	-29.5
小计	538.0	26.2	111.5	544.9	/	605.1	/
成都高新综合保税区	149.3	23.3	28.2	91.0	-2.8	57.2	119.9
重庆西永综合保税区	122.0	22.1	22.1	98.7	21.9	22.6	18.3
烟台出口加工区	74.8	37.1	20.2	58.5	72.5	16.4	-20.6
深圳出口加工区	61.9	44.7	19.1	14.8	-30.1	46.9	119.0
无锡高新综合保税区	49.4	17.6	7.4	30.9	-1.7	10.1	84.1
宁波北伦港保税区	35.3	22.1	6.4	5.6	-3.9	27.5	46.3
张家港保税港区	24.4	13.2	2.8	/	/	23.6	18.9
深圳前海湾保税港区	20.9	34.3	5.3	/	/	20.9	34.3

资料来源：据海关总署统计资料。

3. 部分地区特殊区域逆势超常增长。2014年上半年，中西部和东部地区的部分特殊区域进出口逆势而上实现超常规增长，成为上半年特殊区域外贸进出口总体向好的中坚力量。如重庆两路寸滩保税港区实现进出口187.0亿美元，同比增长198.7%；广州南沙保税港区实现进出口17.3亿美元，同比增长219.7；广西钦州保税港区实现进出口17.6亿美元，同比增长210.2%；西安出口加工区实现进出口85.4亿美元，同比增长142.1%；合肥出口加工区实现进出口20.6亿美元，同比增长665.6%；南京出口加工区（南区）和九江出口加工区分别实现进出口14.5亿美元和11.3亿美元，同比分别增长152.7%和715.2%（详见表5）。

表5 2014年上半年部分超常规增长的特殊区域进出口情况统计表

单位：亿美元

区域名称	进出口			主要业务进出口			
	进出口额	同比（%）	增长额	加工贸易	同比（%）	保税物流	同比（%）
全国特殊区域	3 122.8	-15.3	-564.1	1 406.1	-1.3	1 431.6	-29.5
小计	387.5	246.2	257.5	268.5	/	154.2	/
重庆寸滩保税港区	187.0	198.7	124.4	161.0	279.4	25.9	32.8
西安出口加工区	85.4	142.1	50.1	60.8	177.5	23.9	93.5
浦东机场综合保税区	33.8	201.5	22.6	0.50	24.5	70.7	56.8
合肥出口加工区	20.6	665.6	17.9	13.8	1 092.0	6.5	364.1
广西钦州保税港区	17.6	210.2	11.9	12.8	279.1	4.5	97.6
广州南沙保税港区	17.3	219.7	11.9	0.7	47.2	11.6	141.9
九江出口加工区	11.3	715.2	9.9	5.3	279.0	6.1	10 000.0
南京出口加工区（南区）	14.5	152.7	8.8	13.6	171.0	5.0	-38.7

资料来源：据海关总署统计资料。

（四）上半年全国特殊区域外贸进出口总体向好中一些值得引起关注的特点和亮点

1. 少数特殊区域成为全国同类区域增长的基本动力。上半年全国特殊区域外贸进出口逐月回暖，一些类型的特殊区域实现两位数以上的同比增长，与其中少数特殊区域的超常规增长关联性极大。如陕西西安、山东烟台和广东深圳3个出口加工区的进出口同比共净增89.47亿美元，对全国50个出口加工区同期进出口增长的贡献率达到104.3%。成都高新、重庆西永和浦东机场3个综合保税区进出口同比共净增72.90亿美元，对全国27个综合保税区同期进出口增长的贡献率达到72.90%。重庆寸滩、天津东疆和上海洋山3个保税港区进出口同比净增168.52亿美元，对全国13个保税港区同期进出口增长的贡献率达到81.26%（详见表6）。

表6 2014年上半年部分特殊区域进出口对同类区域进出口影响情况统计表

单位：亿美元

序号	区域名称		统计个数	2014年上半年进出口	2013年上半年进出口	2014年同比（%）	2014年同比增长额	对整体增长的贡献率（%）
1	出口加工区		50	632.2	546.4	26.3	85.80	104.3
	其中	小计	3	222.1	132.7	67.4	89.5	104.3
		陕西西安	1	85.4	35.3	142.1	50.1	58.4
		山东烟台	1	74.81	54.6	37.1	20.2	23.6
		广东深圳	1	61.9	42.8	44.7	19.1	22.3
2	保税物流园区		5	77.3	76.4	1.1	0.9	651.1
	其中：上海		1	29.4	23.5	24.9	5.7	651.1
3	综合保税区		27	954.8	824.4	9.7	130.4	72.9
	其中	小计	3	305.2	232.3	31.4	72.9	72.9
		成都高新	1	149.4	121.2	23.3	28.2	21.6
		重庆西永	1	122.0	99.9	22.1	22.1	17.0
		浦东机场	1	33.8	11.2	201.5	22.6	17.3
4	保税港区		13	445.7	238.3	87.0	207.4	81.3
	其中	小计	3	328.3	161.8	49.2	168.5	81.3
		重庆寸滩	1	187.0	62.6	198.7	124.4	60.0
		天津东疆	1	76.8	48.5	58.4	28.3	13.7
		上海洋山	1	64.5	50.7	32.5	15.8	7.6
5	跨境工业区		1	1.3	0.5	140.0	0.8	100.0

资料来源：据海关总署统计资料。

2. 部分特殊区域已经成为当地外贸增长的绝对动力。上半年全国外贸进出口在不断克服2013年特殊增长因素消极影响的基础上实现恢复性增长，特别是中西部地区的陕西、重庆、宁夏、江西、安徽和四川等省（自治区、直辖市）外贸进出口分别实现了同比67.7%、44.8%、34.2%、16.0%、11.2%和12.5%的高位增长，进出口分别净增55.51亿美元、135.02亿美元、6.7亿美元、31.83亿美元、24.04亿美元和37.43亿美元，形势喜人。上述这些地方外贸进出口高增长与设立在当地的两路寸滩保税港区，西安、九江和合肥出口加工区，重庆西永、成都高新和银川综合保税区等特殊区域的进出口增长关系较为密切。如重庆的两个特殊区域上半年进出口净增146.50亿美元，对重庆市同期外贸进出口增长的贡献率达到108.51%（详见表7）。

表7　2014年上半年个别特殊区域对所在省市区外贸进出口影响情况统计表

单位：亿美元

	区域名称	2014年上半年进出口	2013年上半年进出口	2014年同比%	2014年同比增长额	对当地外贸增长贡献%
陕西	陕西省	137.50	81.99	67.7	55.51	90.31
	西安出口加工区	85.40	35.27	142.1	50.13	90.31
重庆市	重庆市	436.40	301.38	44.8	135.02	108.5
	两路寸滩保税港区	187.00	62.60	198.70	124.40	92.14
	西永综合保税区	122.03	99.93	22.10	22.10	16.37
宁夏	宁夏回族自治区	26.30	19.60	34.20	6.70	48.96
	银川综合保税区	3.28	0.00	100.00	3.28	48.96
江西	江西省	230.80	198.97	16.00	31.83	31.2
	九江出口加工区	11.32	1.39	715.20	9.93	31.20
四川	四川省	336.90	229.47	12.50	37.43	75.24
	成都高新综合保税区	149.35	121.15	23.30	28.20	75.24
安徽	安徽省	238.70	214.66	11.20	24.04	74.46
	合肥出口加工区	20.60	2.70	666.50	17.9	74.46

资料来源：据海关总署统计资料。

3. 特殊区域物流业务逐步成为特殊区域稳增长的主业。全国上半年有统计数据的110个特殊区域中，保税物流进出口量超过50%的有58个，有74个特殊区域依靠保税物流进出口维持高位增长，或扭转进出口下降趋势。如昆山综合保税区上半实现进出256.49亿美元，其中保税加工105.41亿美元，保税物流149.85亿美元，同比分别增长1.0%、下降14.8%、增长15.5%。这种趋势既说明特殊区域完善政策、优化功能促进转型的迫切性和必要性，也反映出特殊区域在扩大进口和服务扩大内需中的枢纽作用还有放大的空间（详见表8）。

表8　2014年上半年部分特殊区域保税物流业务进出口增长情况统计表

单位：亿美元

区域名称	进出口		主要业务进出口			
	进出口额	同比（%）	加工贸易	同比（%）	保税物流	同比（%）
昆山综合保税区	256.49	1.0	105.41	-14.8	149.85	15.5
成都高新综合保税区	149.34	23.3	90.98	-2.5	57.17	119.2
天津出口加工区	1.73	43.8	0.53	-5.0	1.17	81.0
沈阳综合保税区	0.85	42.1	0.57	7.6	0.27	645.0
深圳出口加工区	61.93	44.7	14.80	-30.1	46.86	119.0
芜湖出口加工区	3.44	13.5	2.04	-0.3	1.40	42.7
郑州出口加工区	1.73	43.9	0.58	-20.9	0.90	193.2
南昌出口加工区	5.42	57.0	3.74	15.8	1.65	1 310.9

资料来源：据海关总署统计资料。

（五）上半年全国特殊区域经济运行中其他方面的情况

1. 进出口业务类型的变化情况。上半年全国特殊区域一般贸易、进料加工贸易和特殊区域物流三大业务分别实现进出口244.0亿美元、1 282.7亿美元和1 419.9亿美元，同比分别增长26.8%、下降1.3%和30.5%。三大业务进出口合计为2 946.6亿美元，占全国特殊区域进出总额的94.4%。一般贸易增幅最大的是上海外高桥保税区和天津东疆保税港区。进料加工贸易增幅较大的是重庆两路寸滩保税港区，西安出口加工区B区和烟台加工区B区，重庆西永综合保税区和合肥加工区等。保税物流增幅较大的是上海自由贸易试验区、西安出口加工区B区、东疆保税港区、成都高新综合保税区和深圳出口加工区。对三大业务下降影响最大的是深圳保税区（详见表9）。

表9　2014年上半年全国特殊区域分贸易方式实际进出口情况统计表

单位：亿美元

区域主要贸易方式	进出口			出口		进口	
	代码	美元值	同比（%）	美元值	同比（%）	美元值	同比（%）
合计	共11类	3 122.9	15.3	1 517.6	-17.4	1 605.3	-13.2
一般贸易	10	244.0	26.8	16.6	20.7	181.6	29.0
来料加工加工装配贸易	/	123.4	-0.3	66.7	-7.3	56.7	9.3
进料加工贸易	15	1 282.7	-1.3	876.1	0.4	406.6	-4.8
其中：深圳保税区	15	116.2	-67.4	67.9	-63.7	48.3	-71.6
特殊区域物流货物	34	1 419.9	-30.5	501.6	-40.4	918.3	-23.8
其中：深圳保税区	34	170.2	-82.2	80.9	-82.6	89.3	-81.9

资料来源：据海关总署统计资料。

2. 批准项目进区等情况。上半年全国特殊区域招商引资的总体情况仍然是喜中有忧。一方面是上半年全国特殊区域批准投资项目数创历史纪录地达到11 402个，同比增长270.2%，其中加工项目80个，物流企业565个，贸易企业5 907个，增幅分别为100.0%、16.4%和290.7%。在上述批准项目中，上海自由贸易试验区分别占60.9%、2.5%和33.6%。另一方面是与现行保税区以外的5类特殊区域政策匹配的，可以顺利开展业务的加工项目、物流项目的批准数量偏低，仅占总数的5.7%。保税区以外的5类特殊区域上半年共批准上述两类项目355个（加工项目55个，物流项目300个），仅占5.7%的55.1%（其中上海自由贸易试验区的浦东机场和洋山港两区共批准两类项目101个，占355个项目总数的28.5%）。如若剔除并不适合多类特殊区域现行政策的贸易企业和其他项目数，全国特殊区域的招商情况总体上依然十分严峻（详见表10）。

表10　2014年上半年全国及部分特殊区域批准投资等方面基本情况统计表

单位：亿元

指标名称	上半年情况		保税区		出口加工区		综合保税区		其中:自由贸易区	
	累计	增幅(%)	累计	占比(%)	累计	占比(%)	累计	占比(%)	累计	占比(%)
统计区域数(个)	107	8.8	14	13.1	50	46.7	12	11.2	4	3.7
增加值(亿元)	2 776.6	11.8	2 011.3	72.4	273.4	9.8	396.2	14.3	/	/
物流企业营业收入(亿元)	3 140.9	17.6	2 422.5	77.1	14.5	0.5	547.2	17.4	2 379.8	75.8
批准企业数(个)	11 402	270.2	9 554	83.8	75	0.7	1 462	12.8	10 445	91.6
其中:加工企业	80	100	25	31.3	38	47.5	7	8.8	2	2.5
物流企业	565	6.4	255	45.1	28	5.0	254	45.0	194	34.3
贸易企业	5 907	290.7	5 907	100	0	0.0	0	0.0	3 789	64.2
其他企业	4 850	/	3 367	69.4	9	0.2	1 201	24.8	2 962	61.1
税务部门税收(亿元)	546.3	16.5	459.0	84.0	15.6	2.9	45.6	8.4	327.2	60.6

资料来源：据中国保税区出口加工区协会统计资料。

二、关于下半年全国特殊区域外贸进出口趋势的预测

2014年下半年全国特殊区域外贸进出口的总体趋势是继续向好。预计可以保持10%左右的平均增速，全年进出口累计达到同比下降6%至8%的区间，并有可能把降幅缩小到5%以内。

下半年全国特殊区域外贸进出口继续向好的动力主要在于以下几方面：

（一）国家出台的稳定增长措施开始发力

从2014年5月份开始，由于国际贸易形势趋暖，以及国务院出台的稳定外贸增长的各项措施逐步落实到位，全国特殊区域进出口开始全面稳步回升，并继续消化深圳保税区2013年虚高基数的负面影响，使向好局面得以保持（详见表11）。

表 11　2014 年上半年 4～6 月全国特殊区域实际进出口情况统计表

单位：亿美元

	进出口		出口		进口	
	美元值	同比（%）	美元值	同比（%）	美元值	同比（%）
2014 年四月	540.0	-24.2	257.6	-27.5	282.3	-22.0
2014 年五月	543.4	8.9	268.3	8.8	275.1	8.9
2014 年六月	537.4	16.6	273.2	18.7	264.2	14.4

资料来源：据海关总署统计资料。

（二）上海自贸试验区改革红利得到释放

在海关总署及各有关方面的共同努力下，海关总署和国家质检总局在上海自贸试验区施行的改善通关和通检环境的 14 条、23 条举措，正在各地特殊区域以不同方式进行复制和推广，这些改革创新红利将进一步改善特殊区域的营运环境，刺激一些特殊区域继续放量增长（详见表 12）。

表 12　2014 年上半年进出口增量列全国前 10 位的特殊区域情况统计表

单位：亿美元

区域名称	进出口			主要业务进出口			
	进出口额	同比（%）	增长额	加工贸易	同比（%）	保税物流	同比（%）
全国特殊区域	3 122.8	-15.3	-564.1	1 406.1	-1.3	1 431.6	-29.5
小计	1 310.0	37.8	359.29	544.91	/	605.08	/
重庆两路寸滩保税港区	187.0	198.7	124.4	161.0	279.4	25.9	32.8
西安出口加工区	85.4	142.1	50.13	60.84	177.5	23.94	93.5
天津东疆保税港区	76.8	58.4	28.32	0.50	24.5	70.69	56.8
成都高新综合保税区	149.3	23.3	28.2	91.00	-2.79	57.17	119.91
上海外高桥保税区	476.4	5.8	26.1	45.19	22.0	317.0	-2.1
浦东机场综合保税区	33.8	201.5	22.6	0.54	64.4	24.09	122.1
重庆西永综合保税区	122.0	22.1	22.1	98.74	21.9	22.55	18.3
烟台出口加工区	74.8	37.1	20.24	58.46	72.5	16.38	-20.6
深圳出口加工区	61.9	44.7	19.1	14.80	-30.1	46.86	119.0
合肥出口加卫区	20.6	665.6	17.9	13.84	1 092.0	6.50	364.1

资料来源：据海关总署统计资料。

（三）新增特殊区域和新增产能逐步放量

2014年5月份以来，陆续有一些新增的特殊区域，如西安高新等开始投入运行并纳入统计。同时，近两年在西安高新综合保税区内设立的三星半导体，在合肥出口加工区内设立的联宝电子科技等一批投资规模、生产能力较大的企业陆续投产放量，会在下半年为特殊区域进出口稳定增长产生一定的积极作用。

（四）深圳保税区高位回落的影响逐渐减弱

2013年上半年深圳保税区内盛行的特殊贸易方式在5月以后得到控制，虽下半年仍有反弹，但没有上半年前几个月那样高企，对全国特殊区域外贸进出口同比增幅的影响将逐步减弱，有利于全国特殊区域外贸进出口整体走出深圳保税区锐减的负面影响阴影。同时，建议有关方面高度关注深圳保税区2013年的特殊贸易方式向其他特殊区域蔓延的动向，以便防患于未然。